Friedrich Wilhelm Dörpfeld

**Evangelisches Schulblatt**

Einunddreißigster Band

Friedrich Wilhelm Dörpfeld

**Evangelisches Schulblatt**
*Einunddreißigster Band*

ISBN/EAN: 9783741125041

Hergestellt in Europa, USA, Kanada, Australien, Japan

Cover: Foto ©Lupo / pixelio.de

Manufactured and distributed by brebook publishing software (www.brebook.com)

Friedrich Wilhelm Dörpfeld

**Evangelisches Schulblatt**

# Evangelisches Schulblatt

und

## Deutsche Schulzeitung.

In Verbindung

mit

Seminardirektor a. D. Zahn auf Filb bei Mörs, Oberlehrer a. D. Dr. Finger in Frankfurt a. M., Seminardirektor Heine in Köthen, Seminardirektor a. D. Dr. Jütting in Burg, Seminardirektor Dr. Rein in Eisenach, Dekan Dr. Strack in Langgöns bei Gießen, Direktor Brandt an der höh. Töchterschule in Saarbrücken, A. Hollenberg, erstem Seminarlehrer in Rheydt, Rektor Horn an der Präparandenanstalt in Orsoy, Zeglin, Vorsteher der Präparandenanstalt in Schmiedeberg i. Schl., Seminarlehrer Lettau in Königsberg i. Pr., Rektor Dr. Just in Altenburg und Hauptlehrer G. Schumacher in Solingen

redigiert von

**Fr. Wilh. Dörpfeld,**
Rektor.

Einunddreißigster Band.

Gütersloh, 1887.
Druck und Verlag von C. Bertelsmann.

# Evangelisches Schulblatt.

Januar 1887.

## I. Abteilung. Abhandlungen.

### Die zehn Aussätzigen.

#### Eine Präparation.

Von Hauptlehrer Jul. Neuhaus in Barmen.

Vorbemerkung: Die nachfolgende Präparation ist ein Versuch, die Geschichte von den zehn Aussätzigen nach den formalen Stufen der Herbartschen Schule zu behandeln, wobei ich noch bemerke, daß ich in dem Anschauungsstadium nach Dörpfeldschen Grundsätzen, die hier von denen Zillers abweichen, verfahren bin.

### A. I. Anschauen:

a) Vorbereitung.

Ihr kennt aus eurem vorigen Lesebuche die Erzählung „der Dachdecker." (Gabriel und Supprian, Ausgabe B., erster Teil Nr. 117 „Der Dachdecker" von Caspari.) Welches Unglück traf den Mann? Als er an der Spitze eines Kirchturms arbeitete, riß das Seil, mit dem er sich befestigt hatte, und er fiel vom Turm herab.

Wie fügte es Gott, daß er ohne Schaden davonkam? Er fiel zuerst auf das Kirchendach, rollte dann hinab in einen Lindenbaum, fiel hier von Ast zu Ast und endlich herab auf das Pflaster. Er war ganz unversehrt geblieben.

Welcher Spruch aus Ps. 91 hätte dem Geretteten wohl einfallen können? Er hat seinen Engeln befohlen über dir, daß sie dich behüten auf allen deinen Wegen, daß sie dich auf den Händen tragen und du deinen Fuß nicht an einen Stein stoßest. (Ps. 91, 11. 12.)

Was hätte man von ihm erwarten sollen, wenn er in dem lieben Gott seinen Retter erkannte? Er hätte dem lieben Gott danken müssen.

Wie hätte er seine Dankbarkeit durch Wort und That an den Tag legen können? Er hätte den Leuten, die ihn umringten, sagen müssen, daß Gottes Hand ihn bewahrt habe. Und dann hätte er nach Hause gehen und dort im Kämmerlein dem Herrn Dank sagen sollen.

Wie benahm er sich statt dessen? Er ging mit andern ins Wirtshaus, zechte, lärmte und erzählte immer wieder die Geschichte seines wunderbaren Sturzes.

Wie gab er sich sogar selbst die Ehre anstatt Gott dem Herrn? Er erzählte die Geschichte so, als wenn es eine ganz besondere Geschicklichkeit und Besonnenheit von ihm selber gewesen wäre, daß er erst auf das Dach, dann auf den Lindenbaum und dann ganz allmählich von Ast zu Ast bis herunter auf das Pflaster gefallen wäre. Zuletzt prahlte er sogar, er wolle das ganze Kunststück noch einmal machen, wenn ihm jemand dafür viel Geld böte.

Wie urteilt ihr über sein Benehmen? Es war nicht schön; er war undankbar.

Welch ein Ende mit Schrecken hat er genommen? Er war von dem vielen Reden und Trinken milde geworden, legte sich auf die Ofenbank und schlief ein. Im Traum (wovon träumte er wohl?) bewegte er sich, fiel von der Bank und zerbrach den Hals, so daß er gleich tot war.

Welcher Fehler in seiner Gesinnung war die Quelle seines gottlosen Verhaltens und seines schrecklichen Endes? Die Undankbarkeit.

Wende Römer 2, 4 auf ihn an!

Zielangabe: Ich will euch heute eine Geschichte erzählen, in der auch von Errettung aus Unglück und von Dank und Undank die Rede ist.*)

b) Darbietung des Neuen.

Es war in den letzten Lebenswochen des Herrn Jesus, als diese Geschichte sich zutrug. Wenige Wochen vorher hatte der Herr seinen Freund Lazarus in Bethanien bei Jerusalem von den Toten auferweckt. (In welcher Provinz lagen Bethanien und Jerusalem?) Nun reiste er weiter durch Samaria in seine Heimatprovinz. (Welche war dies?) Dort hielt er sich jetzt auf und hatte vor, mit den Pilgerzügen durch Peräa (wo lag dasselbe?) nach Jerusalem zum Osterfeste zu ziehen. Auf dieser Reise ereignete sich unsere Geschichte. —

Wie auf allen seinen Reisen hatte der Herr Jesus auch hier wohl viele Begleiter, die seine Worte hören, seine Thaten sehen oder Hülfe aus mancherlei Not bei ihm suchen wollten. Als er nun in einen Markt, d. i. ein kleines Städtchen ohne Mauern, gehen wollte, traf er eine Gruppe von Leuten, die sich abgesondert von den übrigen hielten und von ferne stehen blieben. Es waren zehn aussätzige Männer. Sie litten an einer Krankheit; an welcher?

Mit welchen euch bekannten Krankheiten hat der Aussatz Ähnlichkeit? Krätze, Kopfausschlag, Flechte, Krebs.

Wie alle diese Krankheiten zeigt er sich zuerst an der Haut; wie nennt man ihn deshalb auch? Hautkrankheit. Der Aussatz gleicht der Flechte darin, daß er sich immer weiter über die Haut verbreitet, dringt aber zugleich tief ins Innere

---

*) Da die Casparische Erzählung früher eingehend mit den Schülern behandelt war und zugleich inhaltlich bequemen Anhalt zur Weckung der für die Apperception der Grundgedanken in der Geschichte von den zehn Aussätzigen nötigen Vorstellungen bot, so knüpfte ich bei Behandlung der Geschichte diesmal an diese Erzählung an. Die Stellung der Zielangabe zwischen „Vorbereitung" und „Darbietung" ergab sich dabei von selbst.

des Körpers ein, wie der Krebs. Es giebt verschiedene Arten des Aussatzes. Derjenige, der zur Zeit des Herrn Jesus vorkam, begann mit kleinen, weißen Flecken auf der Haut. In denselben wurden die Haare weiß oder goldgelb. Die Flecken verbreiteten sich immer weiter über den Körper. Die Haut erschien an den kranken Stellen eingedrückt. Im Verlaufe der Krankheit wurden die Flecken zu Ausschlag und Geschwüren. Diese drangen ins Innere der Organe ein; das Zahnfleisch verfaulte, so daß die Zähne ausfielen; das Auge wurde leidend und thränte unaufhörlich; die Sehkraft nahm ab; das Gehör schwand oft, und die Stimme wurde heiser. Es bildeten sich schlimme Wunden, in denen das rohe Fleisch sichtbar wurde. Bei dem höchsten Grade der Krankheit fielen endlich wohl die Finger, die Zehen, ja sogar die Hände und die Füße geradezu ab, da sie von den bösartigen Geschwüren vollständig zerfressen wurden. — Dabei konnte die Krankheit doch wohl an zwanzig Jahre dauern; ganz sicher aber trat der Tod ein, denn natürliche Heilmittel gegen diesen Ansatz kannte man nicht. —

Die Krankheit hatte aber auch schlimme Folgen anderer Art. Sie erbte von den aussätzigen Eltern auf die Kinder fort; wie wurden diese auch? Auch war sie sehr ansteckend. Wenn sich deshalb an einem Menschen die ersten Spuren des Aussatzes zeigten, so wurde er zu einem Priester gebracht, der die Merkmale der Krankheit kennen mußte und also hier die Stelle eines Arztes vertrat. Woran erkannte derselbe den Ansatz? Flecken, Vertiefung in der Haut, weiße oder goldgelbe Haare.

Fand der Priester diese Merkmale an dem Kranken, so erklärte er ihn für unrein und gefährlich. Der arme Mensch durfte dann nicht wieder zu seinen Angehörigen zurückkehren, sondern mußte sich von allen Leuten entfernt halten. Warum? Jeder Aussätzige war deshalb auch gezwungen, sich das Gewand vor den Mund zu halten, wenn ihm einer bis auf drei Meter nahe kam. Warum? Dabei mußte er rufen: „Unrein! Unrein!" Was sollte das heißen? —

Wo mögen die armen Leute sich denn aufgehalten haben, wenn sie so von der Gemeinschaft der Menschen ausgeschlossen waren? Sie wohnten meist in elenden Hütten draußen vor den Städten und Dörfern, getrennt von ihren Verwandten: von Vater und Mutter, von Bruder und Schwester, von Weib und Kind, von allen, die sie lieb hatten.

Wie würde man heutzutage bei uns für solche Kranke sorgen? Man würde Krankenhäuser für sie errichten, wo sie gepflegt würden. (Erinnerung an Cholera- oder Pockenlazarette.)

Warum hatten die Aussätzigen auch Pflege sehr nötig? Verbinden der schlimmen Wunden, Lindern der Schmerzen u. s. w. — Niemand aber kümmerte sich um sie; nur unter einander konnten sie sich etwas Hülfe leisten. —

Auch mit der Ernährung war es übel bestellt. Wer nicht selbst Vermögen hatte, war auf die Mildthätigkeit von Verwandten oder von andern Leuten angewiesen, die ihnen von weitem in elenden Scherben etwas zu essen hinsetzten und sich dann eilig entfernten. Warum von weitem und in alten zerbrochenen Gefäßen? Warum die eilige Entfernung? —

Warum verdienten sich denn die Leute nicht selbst ihr Brot durch Arbeiten? Sie konnten nicht arbeiten wegen ihrer schrecklichen Krankheit; auch hätte ihnen niemand Arbeit gegeben. Warum nicht?

Wiederhole jetzt, welchen Anfang und welchen Verlauf der Aussatz meist hatte! Welche Folgen hatte die Krankheit für das Leben des Kranken unter seinen Mitmenschen? Welchen Ausgang nahm sie fast immer? —

Solche Unglückliche waren auch die zehn Männer, die der Herr Jesus bei dem Markt in Galiläa traf. Wie können wir sie nach ihrer Lage mit Recht nennen? Arme, unglückliche Leute.

In was für einem Zustande befanden sie sich? In Unglück, Not.

Welcher Wunsch ist gewiß hundert-, ja tausendmal in ihr Herz gekommen? Was dachten sie aber wohl, als der Wunsch sich Jahr auf Jahr nicht erfüllte? Für uns giebt es keine Rettung. —

Von den zehn Männern waren neun Israeliten, einer war ein Samariter. Wie standen Israeliten und Samariter sonst zu einander? Sie mieden sich, ja sie haßten sich.

Hier sehen wir sie beisammen, ja sie haben auch wohl zusammen gewohnt; was hatte sie verträglich gemacht? Die Not. —

Ihr versteht jetzt, warum die zehn Leute abseits standen. Doch aber wissen sie, wer da mit dem großen Zuge von Leuten daherkommt; wie haben sie das wohl erfahren? Sie haben gewiß den einen oder andern Bekannten in dem Zuge gesehen und haben ihn gefragt: „Warum ziehen so viele Leute daher?"

Wie lautete die Antwort? Jesus von Nazareth kommt vorüber.

Von dem Jesus haben sie schon früher gehört; er hatte sich ja viel in Galiläa aufgehalten, dort große Zeichen und Wunder gethan und vielen armen und elenden Leuten aus der Not geholfen. Nennt mir solche Wohlthaten des Herrn Jesus, die er den Menschen in Galiläa erwiesen hatte! Hauptmann zu Kapernaum, Heilung des Gichtbrüchigen, Auferweckung des Jünglings zu Nain u. s. w.

Sein Ruf hatte sich durch die ganze Gegend verbreitet; was sagten die Leute von ihm nach der Auferweckung des Jünglings zu Nain? „Es ist ein großer Prophet unter uns aufgestanden und Gott hat sein Volk heimgesucht."

Von dem Manne war auch zu unsern zehn Aussätzigen eine Kunde gekommen, wie er so gütig und freundlich wäre und so vielen geholfen hätte. Welcher Wunsch wurde nun mit Macht in ihnen rege, als sie den Herrn Jesus erblickten? „Wenn uns der Jesus doch auch hülfe!"

Gewiß werden sie sich so nahe, als sie durften, herangedrängt haben

### Die zehn Aussätzigen.

(warum?) und nun fassen sie Mut, erheben ihre heisere Stimme und rufen, so laut sie können: „Jesu, lieber Meister, erbarme dich unser!" —

Ich sagte, „sie fassen Mut;" in wiefern gehörte dazu Mut? Sie hätten denken können: „Der Jesus kennt uns ja nicht; wie können wir von ihm verlangen, daß er uns heile?"

Woran hätten sie dann gezweifelt? An Jesu Güte. —

Auch hätten sie denken können: „Jesus hat zwar vielen geholfen, aber der Aussatz ist eine so schreckliche Krankheit, daß die niemand heilen kann, selbst Jesus nicht." Woran hätten sie dann gezweifelt? An Jesu Macht."

Was trieb nun die zehn Kranken, doch mit ihrer Bitte zu dem Herrn Jesus zu kommen? Ihre Not und sodann das große Vertrauen, das sie zu der Liebe und Macht des Herrn Jesus haben.

Woher haben sie dasselbe gewonnen? Aus den Mitteilungen anderer über die Wohlthaten, die der Herr Jesus den Bittenden erwiesen hatte.

Machen wir hier einen Abschnitt, und sagt mir, was wir bis jetzt von den zehn Aussätzigen gehört haben! „Ihre Not und ihre Bitte."

(1. Not und Bitte. Anschreiben an die Wandtafel.)

Durch ihr Rufen wird Jesus auf sie aufmerksam. Woher weiß er schon, was die Männer wollen? Daran, daß sie von ferne stehen, sieht er, daß es Aussätzige sind, die Heilung von ihrem Aussatze begehren.

Wie hat der Herr sich sonst wohl Bittenden gegenüber verhalten? Denkt an den Gichtbrüchigen, an den Hauptmann zu Kapernaum, an das kananäische Weib! Zuweilen hilft er gleich, z. B.? Wo nicht? —

Hier giebt er den Bittenden eine merkwürdige Antwort; er sagt nicht: „Ich will euch helfen," sondern kurzweg: „Gehet hin und zeiget euch den Priestern (nochmals)!" und dann setzte er seinen Weg fort. —

Zu welchem Zweck waren sie früher schon bei den Priestern gewesen?

Wie nun die Priester feststellen mußten, ob jemand aussätzig geworden sei, so mußten sie auch beurteilen, ob ein Aussätziger geheilt sei. War jemand geheilt, so mußte er sich von einem Priester reinsprechen lassen, Opfer bringen und durfte dann erst wieder zu anderen Leuten gehen. —

Wie werden die zehn Männer die Antwort des Herrn ausgelegt haben? Sie sollten sich den Priestern zeigen, damit diese ihnen bezeugten, daß sie rein wären.

Wie waren sie aber in dem Augenblicke noch? Aussätzig.

In wiefern stellte der Herr das Vertrauen der zehn kranken Männer durch diese Forderung auf die Probe? Sie mußten denken: „Wenn wir auch jetzt noch nicht rein sind, so werden wir doch dann rein sein, wenn wir zu einem Priester kommen." —

Ich weiß einen Mann, der auch am Aussatz litt und eine weite Reise unternahm, um sich heilen zu laſſen; als dem eine ſolche Glaubensprüfung zugemutet wird, will er das Verlangte zuerſt nicht thun. Welchen Mann habe ich im Sinne? Zu wem kam er, um Heilnng zu ſuchen? Was verlangt Eliſa von ihm? Warum wollte Naeman das nicht thun? —

Das Vertrauen der zehn Ausſätzigen zu dem Herrn Jeſus wankt nicht; obgleich ſie noch krank ſind und keine Spur von Beſſerung an ſich merken, machen ſie ſich doch auf den Weg. Welche Hoffnung zeigen ſie dadurch zuverſichtlich? Daß ſie mittlerweile geſund werden. —

So gehen ſie der nächſten Stadt zu, wo ein Prieſter wohnt. Worauf haben ſie unterwegs wohl voller Erwartung geachtet? Ob ſie noch nichts von Heilung merkten.

Und ſiehe, dem einen kommt es vor, als ob die böſen Wunden mit dem rohen Fleiſche darin ſich ſchlöſſen und aufingen zu heilen, als ob die Kraft ſeiner Arme und Beine wiederkehrte, als ob ſeine Schmerzen aufhörten. Aber er traut wohl ſeinen eigenen Augen, ſeinem eigenen Gefühl nicht; er teilt den andern mit, was er ſpürt, und auch dieſe merken Ähnliches an ſich ſelbſt. Sie beſehen ſich gegenſeitig, und wirklich — die Heilung hat angefangen. Als ſie in die nächſte Stadt zu dem Prieſter kamen, erklärte derſelbe ſie für geſund. —

Wir haben hier einen zweiten Abſchnitt. Wie lautete die Überſchrift für den erſten? Welche willſt du dieſem geben, wenn du ſiehſt auf die Geſinnung der zehn Männer, als ſie hingingen zu dem Prieſter, und auf den Erfolg ihres Ganges?

### 2. Vertrauen und Hülfe. (Anſchreiben.)

Wie mag es jetzt den zehn Leuten wohl zu Mute ſein? Vor einer Stunde noch war ihr Leib bedeckt und zerfreſſen von eklen Geſchwüren; wie iſt es jetzt? Die Geſchwüre haben ſich geſchloſſen, ſind in der Heilung. —

Vor einer Stunde waren ihre Augen triefend, ihr Gehör ſchwach, ihre Stimme heiſer; wie jetzt? Ihre Augen ſind klar; ſie können deutlich hören, und ihre Stimme klingt hell und vernehmlich. —

Vor einer Stunde noch ſchleppen ſie ſich mühſam dahin und wanken umher wie wandelnde Leichen; welche Änderung merken ſie jetzt in ihren Armen und Beinen? Ihre Arme und Beine werden kräftig; auch können ſie ſich ohne Schmerzen bewegen. —

Vor einer Stunde noch wohnten ſie in ihren elenden Hütten, ohne Hoffnung jemals wieder zu den Ihren zu kommen; wohin ſind ſie jetzt ſchon auf dem Wege? In ihre Heimat, zu ihren Angehörigen, mit denen ſie ſich freuen können über ihre Heilung.

Vor einer Stunde noch waren ſie arme Bettler, die auf die Mildthätigkeit anderer angewieſen waren; wie war durch ihre Heilung ihre Lage eine ganz andere, bessere geworden? Sie sind jetzt wieder arbeitsfähig und können ihr Brot selbst verdienen. —

Vor einer Stunde noch sahen sie einen qualvollen Tod nach einem elenden Leben vor sich; welches war jetzt ihre Aussicht in die Zukunft? worauf haben sie Hoffnung? Sie gehen einer frohen Zukunft entgegen und haben Hoffnung auf ein langes Leben. —

Wie mag den Leuten wohl zu Mute gewesen sein? Sie sind gewiß sehr froh gewesen.

Ja, sie haben sich wohl vor Freude nicht zu lassen gewußt. Und das war ja auch ganz natürlich, denn sie hatten gewiß große Ursache zur Freude.

Woran hätten sie aber auch denken müssen, wenn ihnen die Wohlthat vor Augen trat? An den Herrn Jesus, den Wohlthäter.

Wie nennen wir die Gesinnung, aus der dieses „denken an den Wohlthäter" fließt? Dankbarkeit.

Wie zeigt sich dagegen die Undankbarkeit? Der Undankbare denkt nicht mit Liebe an den Wohlthäter, sondern nimmt die Wohlthat kalt hin.

Von welchem Worte ist Dankbarkeit abgeleitet? Von dankbar. Dankbar? danken? Von denken. Und zwar woran denken? An das, was man dem Wohlthäter schuldet.

Bei neun der Geheilten war diese Gesinnung nicht vorhanden. Sie hatten nur Gedanken für die große Wohlthat, die ihnen der Herr erwiesen hatte; an den Herrn, den Wohlthäter, dachten sie nicht. Wohin möchten sie möglichst rasch kommen? In die Heimat.

Zu welchem Zwecke? Sich zu freuen mit den Ihren, ihr Brot zu verdienen u. s. w. —

Vielleicht hat das Gewissen doch dem einen oder andern von ihnen eine Mahnung zugeflüstert; welche wohl? Du mußt erst umkehren und dem Jesus danken, ehe du nach Hause gehst.

Aber keiner von ihnen hat auf die Stimme des Gewissens gehört; sie haben allerlei Entschuldigungen, z. B.? „Jesus ist vielleicht nicht mehr da, wir können ihm doch nicht nachlaufen."

Oder: „Wir sind eilig, daß wir heimkommen."

Oder: „Wir müssen ja im Tempel dem lieben Gott danken durch Opfer" ꝛc. —

Wie urteilt ihr über die Gesinnung der neun? Sie waren undankbar. —

Begleiten wir nun in Gedanken den zehnten. Der achtet es nicht, daß er ein paar Stunden oder etwa einen Tag später zu den Seinen kommt, sondern kehrt auf demselben Wege zurück, den er eben gekommen ist; zu welchem Zwecke? Er will zu dem Herrn Jesus, um ihm zu danken.

In welcher Stimmung befand auch er sich wohl? Er war froh.

Das zeigt sich auch in seinem Benehmen, denn unterwegs preist er Gott mit lauter Stimme. Wer nennt ein Lied Davids, das er wohl gesagt oder gesungen haben könnte? Pf. 103, 1—5: „Lobe den Herrn, meine Seele ꝛc. bis „und du wieder jung wirst wie ein Adler."

Gewiß haben ihn die Leute, denen er begegnete, verwundert angesehen; warum? Weil er mit lauter, freudiger Stimme zum lieben Gott rief.

Was mag er ihnen wohl zur Erklärung seiner Fröhlichkeit gesagt haben? „Leute, Gott hat mir eine große Wohlthat erwiesen; er hat mich durch den Herrn Jesus von meinem Aussatz heil gemacht; deshalb bin ich so fröhlich und danke Gott." —

Aber der Herr Jesus hat ihn doch geheilt; warum preist er denn Gott? Weil er weiß, daß nur Gottes Kraft so etwas vollbringen kann und daß Gott den Herrn Jesus gesandt hat.

Vielleicht hat der Herr Jesus, wie er oft bei seinen Wundern that, zum Himmel emporgeschaut und ein Gebetswort für die zehn Kranken gesprochen, als er ihnen sagte: Gehet hin u. s. w., und der Samariter hatte das gemerkt. —

So kommt er zu dem Herrn Jesus. Nach morgenländischer Sitte fällt er ihm zu Füßen. Schon in dieser Ehrenbezeugung spricht sich seine Dankbarkeit aus; gewiß hat er aber auch mit Worten dem Herrn gedankt. Wie mag er etwa gesagt haben? —

Merkwürdig, dieser Dankbare war gerade der Samariter. Woran erkannte der Herr wohl in ihm einen Samariter? Sprache, Gesichtsbildung, Kleidung u. s. w.

Das muß einem doch auffällig sein, daß gerade der Samariter der einzige Dankbare ist unter den zehn; von wem hätte man wohl eher Dankbarkeit erwartet? Von den Israeliten.

Warum? Sie wußten mehr von Gott und seiner Liebesgesinnung für die Menschen als die Samariter.

Als was wurden die Samariter von den Israeliten angesehen? Als halbe Heiden. —

Der Herr Jesus, der gewiß oft undankbare Leute gefunden hat, ist doch über die Undankbarkeit der neun erstaunt und klagt über dieselbe. Er spricht: „Sind ihrer nicht zehn rein geworden? Wo sind aber die neun? Hat sich sonst keiner gefunden, der wieder umkehrte und gäbe Gott die Ehre, denn dieser Fremdling?" — Nachdem er so über die neun geklagt, wendet er sich zu dem Dankbaren. Freundlich sagt er zu ihm: „Stehe auf, gehe hin, dein Vertrauen hat dir geholfen."

Wohin sollte er gehen? Nach Hause zu seinen Anverwandten, um sich mit ihnen zu freuen.

Welchen freundlichen Zuspruch fügte der Herr noch hinzu? „Dein Vertrauen hat dir geholfen."

Der Herr Jesus hat dies Wort öfter zu Leuten gesagt, die voll Vertrauen zu ihm gekommen sind und Hülfe gesucht und gefunden haben, z. B.? Zu der kranken Frau, die gesund geworden war, als sie des Herrn Kleid anrührte; zu dem Blinden, den er bei Jericho heilte; zu der großen Sünderin.

Zu unserem Samariter sagt der Herr dasselbe. Warum mag ihm Jesus beim Abschied dies Wort mit auf den Weg gegeben haben? Er will ihm sagen: „Was dir einmal geholfen hat, kann dir fort und fort helfen. Wo du in Not bist des Leibes oder der Seele, da denke daran, daß einer da ist, der dir gerne helfen will und helfen kann, und komme nur getrost mit deiner Bitte zu ihm." —

So hat der Samariter, weil ihn die Dankbarkeit wieder zurücktrieb, ein Wort mit auf seinen weiteren Lebensweg bekommen, das ihm nicht nur in allerlei Not des Lebens den rechten, einigen Helfer zeigte, sondern ihm auch in der letzten Not, im Tode und über den Tod hinaus helfen konnte. —

Gewiß dürfen wir annehmen, daß der dankbare Mann zeitlebens ein Jünger Jesu geblieben ist, und daß er in seiner Heimat, wo der Herr Jesus aus früherer Zeit schon Jünger hatte, diesen und anderen von dem barmherzigen Helfer Jesus Christus recht oft erzählt hat.

Welche Überschrift können wir diesem dritten Abschnitte geben, wenn wir auf die verschiedene Gesinnung der zehn Leute dem Helfer gegenüber sehen?

3. Undank und Dank. (Anschreiben.)

B. I. Einprägen.*)
a) Einprägung der Disposition (vor- und rückwärts) in judiciöser Weise, so daß stets auf die logische Folge hingewiesen wird.
b) Einprägung der Darbietung (abschnittweise)
α) nach folgenden zusammenfassenden Fragen.
1. Not und Bitte.

Wo und wann hat sich die Geschichte von den zehn Aussätzigen ereignet?

Welchen Anfang und welchen Verlauf hatte der Aussatz meist?

Welche Folgen hatte die Krankheit für das Leben der Kranken unter ihren Mitmenschen?

Welche Heilmittel kannte man, und welches war also fast immer der Ausgang der Krankheit?

Erkläre mir nun, warum die zehn Aussätzigen sich nicht unter die andern Leute begaben, die bei dem Herrn Jesus waren!

---

*) Falls bei der Darbietung einer Geschichte durch vollständige Erläuterung einzelner Punkte aus dem in der Geschichte gegebenen kulturhistorischen oder religiösethischen Material der Gang der Handlung zu sehr verlangsamt würde, so hat der Lehrer freie Hand, die erschöpfende Behandlung dieser Punkte zurückzustellen und bei dem nun folgenden Einprägen dieselbe in der Weise nachzuholen, daß die kulturhistorischen Züge bei der mündlichen Repetition, die religiös-ethischen beim Lesen oder aber beide bei der ersteren vollständig erklärt werden.

Aus welchen Personen bestand die Gruppe der Aussätzigen?
Warum könnte das auffallen?
Was hatte diese zehn verträglich gemacht?
Wie können wir uns erklären, daß die Aussätzigen trotz ihrer Absonderung wissen, wer da mit dem großen Zuge herkommt?
Woher haben sie das Vertrauen bekommen, den Herrn um Hülfe zu bitten?
Welche Bedenken hätten sie davon abhalten können?
Welches zwiefache Vertrauen mußten sie also zu dem Herrn Jesus haben?
Wie zeigen sie ihr Vertrauen zu dem Herrn?
    b) Freie Reproduktion des 1. Abschnittes durch die Schüler.
        2. Vertrauen und Hülfe.
a) Zusammenfassende Fragen.
Wozu forderte Jesus die zehn Aussätzigen auf?
Inwiefern stellte der Herr dadurch ihr Vertrauen auf die Probe?
Wie benahm sich Naeman in einer ähnlichen Lage?
Wie bestanden die zehn Männer die Probe?
Welchen Erfolg hatte ihr Gang zu den Priestern?
    b) Freie Reproduktion des 2. Abschnittes durch die Schüler.
        3. Undank und Dank.
a) Zusammenfassende Fragen.
Warum war die Stimmung der Geheilten wohl eine sehr freudige?
In welche zwei Gruppen zerfielen die zehn Männer, wenn wir auf ihre Gesinnung gegen ihren Wohlthäter sehen?
Wie haben die neun Undankbaren vielleicht ihr Gewissen zu beruhigen gesucht, wenn es sie zum Dank gegen den Herrn Jesus aufforderte?
Wie bezeugte der Samariter seine Dankbarkeit?
Warum pries er Gott, da ihm doch der Herr Jesus geholfen hatte?
Woran ist zu erkennen, daß selbst Jesus über die große Undankbarkeit der übrigen sich verwunderte?
Welchen freundlichen Zuspruch gab er dem Dankbaren mit auf den Lebensweg?
Wie wird dem Samariter dieser Ausspruch Jesu in der Folge nützlich geworden sein?
    b) Freie Reproduktion des 3. Abschnittes durch die Schüler.
    c) Lesen der Geschichte durch die Schüler (unter Beachtung der Disposition) an der Hand der Enchiridionsfragen. (S. Enchiridion der bibl. Geschichte" von Fr. W. Dörpfeld. Zwölfte verbesserte Auflage. Gütersloh bei Bertelsmann. Seite 42.)
Bemerkung: Sollten sich in den Fragen des Enchiridions Schwierigkeiten sprachlicher oder sachlicher Natur finden, die durch das vorausgegangene Anschau-

ungöstabinm, das auch Rücksicht auf diese Fragen zu nehmen hat, nicht leichter Hand zu lösen wären, so würden die betreffenden Fragen vor ihrer Anwendung bei dem einprägenden Lesen kurz zu erläutern sein. Hier ist dies nicht der Fall.

A. II. Deuten.
a) Urteilsbildung. Vergleichen.
In was für einer Lage (Zustand) befanden sich die zehn Aussätzigen? In Not, Unglück.

Zeige dies 1. an ihrem Leibeszustand, 2. an den Folgen des Aussatzes für das Leben der Kranken unter ihren Mitmenschen, 3. an dem Ausgange der Krankheit!

Welches war wohl der sehnliche Wunsch der armen Kranken? Geheilt, gesund zu werden.

Warum ging der Wunsch bei Aussätzigen nur selten in Erfüllung?

Wie verlangten unsere zehn Aussätzigen Hülfe?

Welche Gesinnung hatten sie dem Herrn Jesus gegenüber, als sie ihn um Hülfe baten? Vertrauen zu ihm.

Nennt noch ein Beispiel, wo Leute in der Not den lieben Gott oder den Herrn Jesus anrufen und erhört werden! Der Blinde zu Jericho; der Gichtbrüchige; der Sturm auf dem Meere.

Besinnt euch auf die letzte Geschichte; in welcher Not befanden sich die Jünger? Sie waren in Gefahr, zu ertrinken.

Was thaten sie in ihrer Angst? Sie weckten den Herrn Jesus und riefen: „Meister, Meister, wir verderben!"

Welche Bitte lag in diesem Rufe? „Herr, rette uns aus der Gefahr!"

Wie schaffte Jesus Rettung? Er bedrohte den Wind und die Wogen, und es wurde still. — —

Ihr kennt aus eurem alten Lesebuche eine Geschichte von einem armen Handwerker, welcher sich auch einst in großer Not befand. Welche Geschichte meine ich? „Heute noch." („Heute noch." Erzählung von G. H. Schubert.) Wer war und wo wohnte dieser Handwerker? Er war ein Schneider, Namens H. Er wohnte in Altenburg.

In welcher schlimmen Lage befand er sich einst? Er war fremd in Altenburg, wo er sich niedergelassen hatte; infolgedessen hatte er keine Arbeit gefunden und besaß keinen Pfennig Geld mehr, um Brot für sich und seine Familie zu kaufen.

Wodurch wurde die Not in seinem Hause noch größer? Seine Frau war vor Hunger und Kummer krank geworden.

Wie trat ihm an einem regnerischen, stürmischen Abend seine Bedrängnis recht vor Augen? An einem regnerischen Abend saß sein Töchterchen auf der

Thürschwelle und weinte vor Hunger; seine Frau lag krank zu Bette; er selbst konnte vor Mattigkeit kaum mehr aufrecht stehen.

Warum wandte er sich nicht um Hülfe an gute Menschen? Er war fremd in der Stadt.

Bei wem suchte er Rettung? Er betete zum Herrn: „Herr, hilf mir, hilf mir noch heute!"

Wie wurde sein Gebet erhört? Ein Fremder, der in dem gegenüberliegenden Gasthofe wohnte, wollte an jenem Abend für den andern Tag ein Paar Beinkleider gemacht haben und schickte den Hausknecht zu einem Schneider. In dem schlimmen Wetter wollte der Hausknecht nicht weit gehen zu einem ihm bekannten Meister und rief deshalb den armen Meister H., der ja in der Nähe wohnte, und der Fremde übertrug ihm die Arbeit.

Wie hat es Gott gefügt, daß H. nicht nur für den Augenblick aus der Not kam, sondern auch später Arbeit und Verdienst fand? Er bekam trotz seiner Mattigkeit die Hose bis zum nächsten Morgen fertig. Der fremde Herr fand sie ganz nach Wunsch und bezahlte ihn reichlich, so daß Meister H. für sich und die Seinen Brot kaufen konnte. Der Fremde aber, der noch einen Tag in Altenburg blieb, fand in einer vornehmen Gesellschaft Gelegenheit, den armen H. als einen tüchtigen Schneider zu empfehlen. Mehrere Anwesende merkten sich seinen Namen und seine Wohnung. Von nun an fand H. so viel Arbeit, daß er sich nie mehr mit den Seinen hungrig schlafen zu legen brauchte.

Woraus sehen wir, daß H. in dem lieben Gott den Helfer aus der Not erkannte? Er hat dem lieben Gott von Herzen gedankt. — —

Wir haben dreierlei Beispiele von Personen gehabt, die in ähnlicher Lage waren; welches war das Ähnliche (Gleiche)? Sie waren alle in Not.

Sage ein anderes Wort für Not! Unglück, Bedrängnis.

Warum nennt ihr solch eine Lage „Not"? Oder: Was fehlte den Leuten, was sie nötig hatten? Den Aussätzigen fehlte die Gesundheit; die Jünger auf dem Meere standen in Gefahr zu ertrinken; (was fürchteten sie ganz zu verlieren? das Leben); der arme H. hatte nichts zu essen für sich und seine Familie, es fehlte ihm an Nahrung.

In was für verschiedener Not befanden sich also unsere drei Gruppen von Personen? Die Aussätzigen waren in Leibesnot, die Jünger in Wassersnot (Lebensgefahr), der Schneider in Nahrungsnot.

Allen also fehlte etwas, was sie wozu nötig hatten? Zum Leben.

Warum helfen sie sich nicht selbst? Sie konnten es nicht.

Fasse zusammen: Wann ist einer in Not? Einer ist in Not, wenn ihm etwas fehlt, das er zum Leben nötig hat, ohne daß er sich helfen kann.

(Aufschreiben „Not.")

So war es bei all den genannten Personen. Was haben sie gethan, um

Hülfe zu bekommen? Die Aussätzigen und die Jünger riefen den Herrn Jesus, der Schneider den lieben Gott an.

Warum ist dies dasselbe? Der Herr Jesus sagt selbst: „Wer mich siehet, der siehet den Vater," und „der Vater aber, der in mir wohnet, derselbige thut die Werke."

Was haben alle diese Leute dem lieben Gott zugetraut? Daß er ihnen helfen wollte und helfen könnte.

Wie hat Gott ihr Vertrauen gerechtfertigt? Er hat ihnen allen geholfen.

Setzt einen andern Ausdruck statt „geholfen"! Errettet.

Was nennen wir denn Errettung? Wenn einer aus der Not befreit wird, herauskommt.

(Anschreiben „erretten.") —

Wie waren die Aussätzigen, die Jünger, der arme Schneider gestimmt, als sie aus der Not errettet waren? Sie waren froh.

Wer von ihnen hat es damit aber nicht gut sein lassen? Der Samariter und der Meister H.

Was haben sie nicht vergessen? Zu danken. Der Samariter pries Gott mit lauter Stimme und dankte dem Herrn Jesus; der Schneider dankte dem lieben Gott.

Was dürfen wir auch wohl von den Jüngern annehmen, als der Herr sie errettet hatte? Sie sind dem Herrn Jesus gewiß auch dankbar gewesen.

Wer hat das Danken ganz vergessen? Neun von den zehn Aussätzigen. —

Wir haben also drei Beispiele von Notständen und Errettung gehabt. Was ging der Errettung jedesmal voraus? Die Bitte um Errettung, das Anrufen.

(Anschreiben „anrufen" hinter „Not.")

Was folgte bei den Leuten, die uns wohlgefielen, der Errettung? Sie dankten und lobten Gott.

(Anschreiben „danken" hinter „erretten" und dabei in Klammern „Gott preisen.")

b) Begriffsbildung.

Vier Stücke haben wir an der Tafel stehen; lies dieselben! Not — anrufen — erretten — danken oder Gott preisen.

Diese vier Stücke will ich nun in einem schönen Worte, das ihr für eure ganze Lebenszeit gebrauchen könnt, zusammenfassen: „In der Not — rufe mich an, — so will ich dich erretten, — so sollst du mich preisen." Oder in der Reihenfolge, wie der Psalmdichter den Spruch sagt: „Rufe mich an in der Not, so will ich dich erretten, so sollst du mich preisen." Pf. 50, 15.

Gewiß werdet ihr den Inhalt dieses schönen Spruches auch in der folgenden Liederstrophe wieder erkennen: „Ich rief dem Herrn in meiner Not: Ach, Gott, vernimm mein Schreien! Da half mein Helfer mir vom Tod und ließ mir Trost gedeihen. Drum dank, o Gott, drum dank ich dir; ach danket, danket Gott mit mir! Gebt unserm Gott die Ehre."

(Aufschreiben und später eintragen in das onomatische Wörterheft „gedeihen = erwachsen, reifwerden.")

B. II. Einprägung des Denkergebnisses (Pf. 50, 15 und „Ich rief dem Herrn" u. s. w.).

A. III. Anwenden.

Wozu ermuntert uns der liebe Gott in dem ersten Teile unseres Spruches Pf. 50, 15? Wir sollen ihn in der Not anrufen.

Nenne Personen aus der bibl. Geschichte, die das gethan haben! Jairus bittet um Heilung seines kranken Kindes, der Hauptmann zu Kapernaum um Heilung seines Knechtes u. s. w.

Nenne eine Geschichte aus unserem Lesebuche, wo jemand in gefährlicher Lage den Herrn anruft! Der betende Schiffsjunge. („Macht des Gebets" aus Gabriel und Supprian Ausgabe B. 2. Teil Nr. 78.) Die Großmutter in der Erzählung „die sonderbare Mauer." (Gabr. u. Suppr. Ausg. B. 1. Teil Nr. 116.)

Bei welcher Gelegenheit hat einst Maria den Herrn Jesus um Hülfe? Auf der Hochzeit zu Kana.

In welcher Not war sie? Sie war nicht in Not.

Was hat sie denn vom Herrn?

Wem wollte sie also zu Hülfe kommen?

Woran fehlte es den Brautleuten?

Ist Wein zum Leben durchaus nötig?

Wie können wir also die Lage der Brautleute auch nicht nennen? Sie waren nicht in Not.

Warum war es ihnen aber doch sehr unangenehm, daß sie nicht genug Wein hatten? Sie hatten viele Gäste da; vor denen hätten sie sich geschämt, wenn sie dieselben nicht mehr hätten bewirten können.

Sucht ein anderes Wort statt „Not" für ihre Lage! Sie waren in Verlegenheit.

Das war lange nicht so schlimm, wie die Not der Aussätzigen, der Jünger im Sturm, des armen Schneiders u. s. w. Da hat der Herr wohl gedacht und gesagt: „Um solche kleine Dinge kann ich mich nicht bekümmern." Nein, er hat den Leuten aus der Verlegenheit geholfen.

Wie? —

Ich kenne eine Geschichte, in der ein frommer Diener Abrahams auch in Verlegenheit ist; welche Geschichte meine ich? Isaaks Heirat.

Welchen Diener Abrahams?

Welchen Auftrag hatte ihm sein Herr gegeben?

In welcher Verlegenheit war er nun, als er in Mesopotamien angelangt war? Er wußte nicht, wie er die rechte Frau für Isaak finden sollte.

Worin bestand denn für Elieser die Schwierigkeit? Wenn er ein Mädchen aus Abrahams Verwandtschaft fand, so konnte er nicht gleich wissen, ob sie gut und fromm war; er konnte den Leuten nicht ins Herz sehen.

Wie betete er zum Herrn in dieser Verlegenheit?

Wie hat der Herr sein Rufen erhört?

Wir sehen aus diesen Geschichten, daß wir den Herrn Jesus und den lieben Gott nicht nur dann anrufen dürfen, wenn wir in schwerer Not sind; auch aus welcher Lage errettet er die, die ihn anrufen?

Was verspricht der Herr im zweiten Teil unseres Spruches? Er will die erretten, die ihn in der Not anrufen.

Welche Personen haben wir bei der Betrachtung unserer Geschichte erwähnt, die auf ihr Gebet aus der Not errettet wurden? Die zehn Aussätzigen; die Jünger im Sturm; der arme Schneider in Altenburg; der betende Schiffsjunge; die betende Großmutter; Maria auf der Hochzeit zu Kana; Elieser u. s. w. —

In welcher Bedrängnis war einst der König Saul kurz vor seinem Lebensende? Die Philister hatten ein großes Heer gesammelt und waren in Israel eingefallen.

Wie wurde es Saul zu Mute, als er das feindliche Heer von einer Anhöhe überblickte? Er fürchtete sich sehr.

Seine Not wuchs aber noch. Es heißt, „er ratfragte den Herrn." (Wie geschah das? Durch Priester und Propheten, nachdem man zuvor selbst den Herrn angerufen hatte. Siehe 1 Sam. 23, 8—13.) Welche Antwort bekam er? Gar keine.

Das lautet ja fast, als wenn der liebe Gott dem Saul gegenüber sein eben genanntes Versprechen nicht gehalten hätte. Welches? Ich will dich erretten, wenn du mich in der Not anrufst.

Sehen wir einmal genauer zu. Vergleicht mit Sauls jetziger Mutlosigkeit sein Verhalten bei seiner ersten Königsthat, als die Ammoniter die israelitische Stadt Jabes bedrohten! Saul war damals voller Mut und Zuversicht.

Woher kam dieser Unterschied in seinem Verhalten? Er hatte vielleicht jetzt weniger Krieger als die Philister.

Das wäre ein Grund der Mutlosigkeit; wie viele Krieger hatte aber Saul bei sich, als er beschloß, gegen die Ammoniter in den Krieg zu ziehen? Er war allein; er kam vom Felde, wo er gepflügt hatte.

Ihr seht also, die große Zahl der Feinde war nicht der wichtigste Grund von Sauls Verzagtheit; die eigentliche Ursache derselben muß anderswo zu suchen sein. Was machte ihn in seinem ersten Kriege so mutig? Es heißt von ihm: „Der Geist Gottes kam über ihn."

Worauf hat Saul also in jenem ersten Kriege sich fest verlassen? Auf Gott.

Wie stand es nun wohl mit Sauls Vertrauen zu dem lieben Gott in seinem letzten Kriege? Er hatte kein Vertrauen zu Gott.

Welche Meinung mußte Saul also jetzt vom lieben Gott haben, daß er dachte, er könne sich nicht mehr auf ihn verlassen? Er mußte wohl meinen, Gott wolle ihm nicht mehr helfen, Gott habe ihn verlassen.

Wie war Saul zu dieser Meinung gekommen? Er war ungehorsam gegen Gott gewesen.

Bei welcher Gelegenheit? In dem Amalekiterkriege.

Wie benahm er sich, als Samuel ihm seinen Ungehorsam vorhielt? Er war unaufrichtig, er suchte Samuel zu täuschen und zu belügen.

Wie hat er sich später an dem armen unschuldigen David versündigt?

Wie hat er bei anderer Gelegenheit seine Hände mit unschuldigem Blute befleckt? Er ließ 85 Priester mit ihren Familien umbringen, weil er meinte, einer von ihnen hätte mit David einen Bund wider ihn gemacht.

So handelte Saul jahrelang gegen Gottes Willen, obgleich er oft gewarnt wurde, z. B. von wem und bei welchen Gelegenheiten? Samuel — Jonathan — David.

Wie hat er auch selbst zugestanden, daß er unrecht handelte? Er sprach zu David: „Du bist gerechter denn ich," und ein anderes Mal: „Ich habe gesündigt."

Vorhin habt ihr gesagt: Saul meinte, Gott habe ihn verlassen. Wie können wir das jetzt richtiger ausdrücken? Er hatte Gott verlassen.

Wenn jemand Gott verlassen hat, auf Gottes Stimme fortgesetzt nicht mehr hören will, wie ist's dann wohl mit seinem Beten bestellt? Er kann Gott nicht mehr in rechter Weise anrufen.

So auch Saul; es heißt zwar von ihm: „Er ratfragte den Herrn," d. h. er ließ Gott durch Priester und Propheten fragen; er selbst hatte nicht mehr das Vertrauen, zu Gott zu rufen. Wenn Saul mit aufrichtigem Herzen und bußfertiger Gesinnung zu dem Herrn gekommen wäre, so hätte ihn der Herr auch gehört und ihm geantwortet.

Sage mir noch einmal, an wem es nicht lag, daß Saul keine Antwort bekam vom Herrn!

Welches war der wirkliche Grund? Saul hat nicht in rechter Weise zum Herrn gerufen.

Warum nicht? Weil er nicht von seinem bösen Thun lassen wollte.

In wiefern behält unser Spruch also recht, wenn er sagt: Rufe mich an in der Not, so will ich dich erretten? Nur dann, wenn einer mit aufrichtigem, gottesfürchtigem Herzen den Herrn anruft, wird er erhört.

Welche Psalmstelle sagt uns auch, daß nur diejenigen, die mit Ernst und gottesfürchtigem Herzen den Herrn anrufen, erhört werden? Der Herr ist nahe allen, die ihn anrufen, allen die ihn mit Ernst anrufen. Er thut, was die Gottesfürchtigen begehren, und höret ihr Schreien und hilft ihnen. Pf. 145, 18. 19.

Auf welchen Spruch verweist unser Enchiridion an jener Stelle in Sauls Geschichte? Jes. 59, 1. 2: Siehe des Herrn Hand ist nicht zu kurz, daß er nicht helfen könne, und seine Ohren sind nicht dick geworden, daß er nicht höre, sondern eure Untugenden scheiden euch und euren Gott voneinander, und eure Sünden verbergen das Angesicht (Gottes) von euch, daß ihr nicht gehöret werdet. Wendet den Spruch auf Saul an! — — .

Wie lautet die letzte Mahnung aus Pf. 50, 15? So sollst du mich preisen.

Wie hat der Aussätzige dies befolgt?

Wie Elieser, als ihm der Herr aus der Verlegenheit geholfen hatte? Er dankte dem Herrn zweimal.

Welche Strophe aus „Lobe den Herren" enthält Preis für Rettung aus der Not? Str. 4.

Wie heißt die betr. Stelle? In wieviel Not hat nicht der gnädige Gott über dir Flügel gebreitet! —

Dem Könige Jerobeam hat der liebe Gott auch einmal aus der schlimmen Not geholfen; welche Not meine ich? Sein Arm wurde lahm, als er befahl, den Mann Gottes aus Juda zu greifen.

Wie half ihm der Herr? Er heilte ihm auf das Gebet des Propheten den lahmen Arm.

Wie wollte er sich nun dankbar erweisen? Er sprach zu dem Manne Gottes: „Komm mit mir heim, und labe dich; ich will dir ein Geschenk geben."

Wie wies der Prophet aber sein Anerbieten zurück? Er sprach: „Wenn du mir auch dein halbes Haus gäbest, so käme ich doch nicht mit dir; denn ich will an diesem Ort kein Brot essen, noch Wasser trinken. Denn also ist mir geboten durch des Herrn Wort."

Das klingt ja, als wenn Jerobeam wirklich dankbar hätte sein wollen und von dem Propheten daran verhindert worden wäre. Besehen wir's genauer. Wer hatte ihn geheilt?

Wie hätte er seinen Dank gegen Gott durch die That beweisen müssen? Er hätte den Bilderdienst abschaffen und seine Unterthanen nach Jerusalem zum Gottesdienst weisen müssen.

Wie hat er's nun damit gehalten? Er ließ den Bilderdienst fortbestehen.

Wie war seine Gesinnung in Wirklichkeit also dem lieben Gott gegenüber? Er war gottlos und undankbar.

Wie will er seine undankbare Gesinnung verbergen? Durch das Geschenk, das er dem Propheten geben will.

2*

Sage nun noch einmal, warum Jerobeams scheinbare Dankbarkeit dem Propheten (und auch dem lieben Gott) nicht angenehm war? Weil Jerobeam eine schlechte, gottlose Gesinnung hatte.

Oder: Weil sein Dank nicht aus welcher Quelle kam? Aus einer guten, gottesfürchtigen Gesinnung.

Wende auf Jerobeams Verhalten den Spruch an: Ein Mensch siehet, was vor Augen ist, der Herr aber siehet das Herz an. —

Denkt noch einmal zurück an Naemans Heilung vom Aussatz: Wie wollte Elisa den Geheilten darauf hinweisen, daß er Gott dankbar bleiben sollte? Er wies Naemans Geschenk zurück. — —

Nun zum Schluß, lieben Kinder, noch eine Frage: Wie kann unser Spruch Pf. 50, 15 samt den vielen schönen Geschichten auch für euch Trost und Ermunterung enthalten? Auch wir dürfen den lieben Gott in der Not anrufen, und auch uns will er dann erretten.

Ja, auch ihr könnt in mancherlei große und kleine Bedrängnis kommen, aus der ihr euch nicht zu erretten vermögt; wenn ihr dann mit Ernst und kindlichem Vertrauen zu dem Herrn ruft, so wird er euch auch hören und erretten. Vergeßt dann aber auch nicht, von Herzen dem Herrn zu danken und zwar nicht nur mit Worten, sondern auch durch euer Thun und euer ganzes Leben. —

Schlußgesang: Wenn unser Herze seufzt und schreit, wirst du gar leicht erweicht und giebst uns, was uns hoch erfreut und dir zu Ehren reicht.

Du zählst, wie oft ein Christe wein', und was sein Kummer sei. Kein Zähr- und Thränlein ist so klein, du hebst und legst es bei.

Wohlauf, mein Herze, sing' und spring' und habe guten Mut! Dein Gott, der Ursprung aller Ding, ist selbst und bleibt dein Gut.

Als weitere mündliche Schlußübungen können, falls der Lehrer dies noch für nötig oder ersprießlich halten sollte, folgen

a) die zusammenhangende Wiedergabe der Geschichte einschl. der vorgekommenen Reflexionen,

b) das Einlesen der Geschichte an der Hand der Enchiridionsfragen (als häusliche Aufgabe).

Schriftliche Übungen:

a) Reproduktion der Geschichte oder eines Teiles der Darbietung, z. B. „der Aussatz" (nach der in der Darbietung markierten Disposition),

b) Reproduktion eines Teiles der Anwendung, z. B. „Jerobeams Dankbarkeit," oder „Warum erhielt Saul keine Antwort, als er in seinem letzten Kriege den Herrn ratfragte?" u. s. w.

### Eine ethische Grundfrage.

(Zugleich Anzeige von Dr. Schwartzkopff, Gymnasiallehrer: Die Freiheit
des Willens als Grundlage der Sittlichkeit. Leipzig G. Böhme,
106 S. Pr. 1, 50.)
Von Dr. G. v. Rohden.

Anläßlich des Streites mit Dr. Diltes sind auch die ethischen Probleme wieder deutlicher in den Gesichtskreis der Herbartischen Schulmänner gerückt. Darüber sprach sich der verehrte Herausgeber des Schulblatts privatim sehr befriedigt aus, indem er dabei beklagte, daß bisher die ethischen nicht minder wie die metaphysischen Fragen von den Schulmännern nicht in ihrer ganzen Bedeutung für die Klarheit und Festigkeit ihrer Gesamtauffassung berücksichtigt zu sein scheinen. — Den willkommenen Anlaß zu einer ethischen Erörterung bietet uns heute die uns zur Anzeige vorliegende Schrift über die Freiheit des Willens als Grundlage der Sittlichkeit.

Das Problem der Willensfreiheit ist eines der grundlegenden der Ethik, wie der Verf. richtig sagt, und zugleich eins der verworrensten in der Philosophie, wovon leider ebenfalls des Verfs. Schrift ein sprechendes Zeugnis ablegt. Es dürfte daher angezeigt sein, um des wichtigen Gegenstandes willen den Rahmen einer gewöhnlichen Buchrecension zu überschreiten und die Frage selbst in Kürze zu erörtern.

Wir knüpfen an einen Satz an, der die Anwendung der Freiheitsidee auf die Pädagogik berührt und zugleich die Herbartianer provociert: Dagegen meinen manche, die Schule werde um so eher, vielleicht ausschließlich ihren Zweck erreichen können, wenn die Willensfreiheit der Erziehung keine Hindernisse in den Weg lege. Denn gerade, weil der Wille nicht frei sei, sondern seine Entscheidungen notwendig durch diejenigen Vorstellungsmassen bestimmt würden, welche die größere Stärke besäßen, werde eine richtige Erziehung ihn zur Entscheidung für das Gute zwingen (!) können. Diese Meinung geht von der durch die Erfahrung widerlegten Voraussetzung aus, als wäre allein die verkehrte Erziehung an der verkehrten egoistischen Willensrichtung schuld. Giebt es doch aber Leute, welche die beste Erziehung genossen haben und doch ausgemachte Egoisten sind!" (S. 226). „So faßt im wesentlichen," belehrt uns die bezgl. Anmerkung, „Herbart und seine Schule die Stellung der Erziehung zum Willen des Einzelnen auf." Nun, die Herbartianer haben doch wohl etwas gründlicher über die Bedingungen und Grenzen der Erziehung nachgedacht, als daß sie an das Phantom der Allmacht der Erziehung glaubten und erst durch Dr. Schwartzkopffs ‚Erfahrung' über diese Illusion sich belehren lassen müßten und werden insbesondere für den naiven Hinweis auf die „Egoisten trotz der besten Erziehung" nur ein Lächeln haben. --

Aber wie steht es thatsächlich mit der Willensfreiheit und ihrer Anwendung auf die Erziehung? Was haben wir auf den erst angeführten Satz zu sagen; steht die Willensfreiheit nicht in Wahrheit der Erziehung hindernd im Wege? Die Willensfreiheit im vulgären Sinne als „thun und lassen können, was man will" oder in der nur etwas verfeinerten Fassung des Dr. Schwartzkopff wäre allerdings ein böses Hindernis für jede erziehliche Beeinflussung.

Der Verf. glaubt nämlich, daß man ‚vernünftigerweise' nur den Begriff der ‚Selbstbestimmung' mit dem Wort Willensfreiheit verbinden könne (S. 10 u. 7) und erklärt wiederum den Begriff Selbstbestimmung sehr tiefsinnig so, „daß ich in Rücksicht auf die Entscheidung durch nichts als mich selbst bestimmt bin" (S. 7). Er nimmt ganz kühn eine ‚schöpferische', demnach ‚unerklärliche' Selbstentscheidung (S. 39) an und spricht ausdrücklich von ‚willkürlicher Wahl' (S. 72), scheint also unter Willensfreiheit nichts anderes als ‚Willkür', als die ursachlose, unbedingte und unbestimmbare Wahlfreiheit zu verstehen und die Unbestimmtheit der Definition ‚Selbstbestimmug' gar nicht einzusehen. Er eilt mit solch einer mangelhaften Begriffsbestimmung schnell vorwärts zu seinem apologetischen Ziel, die Willensfreiheit als unentbehrlich für die Moral aufzuweisen. Da zeigt er in seinem 2. Kap. S. 10—28 ganz richtig, daß alle Sittlichkeit, demnach natürlich auch Recht, Religion, Familie, Staat und Kirche nur bestehen kann bei der ernst gemeinten Unterscheidung und Geltung von Gut und Böse und der daraus folgenden sittlichen Verantwortlichkeit. Dieselbe wird aber thatsächlich aufgehoben durch die Behauptung des Pantheismus und Materialismus, daß alles, was geschieht, nur unter dem Zwang des unabänderlichen Welt-Kausalnexus geschehe, also mit mechanischer Notwendigkeit. Da ist also vernünftigerweise von Gut und Böse und Verantwortlichkeit nicht mehr die Rede und nach dieser Anschauung dürften Verbrecher nur als Kranke bemitleidet und behandelt werden. Der Verf. folgert mit Recht aus der Realisierung dieser Theorie die Herrschaft des Egoismus, Pessimismus und Nihilismus. Er hat also für seinen apologetischen Zweck diesen Feind des deterministischen Naturmechanismus im Auge, aber leider zu ausschließlich, denn während er die Scylla des äußeren Determinismus der bloßen Naturnotwendigkeit meidet, gerät er unversehens um so tiefer in die Charybdis des ebenso verhängnisvollen Indeterminismus.

Letzterer macht nämlich alle Willensentscheidungen zum Werk der unbestimmbaren Willkür, also folgerichtig des bloßen Zufalls. Und dadurch wird ebenfalls die reelle Unterscheidung von Gut und Böse und die Verantwortlichkeit untergraben; denn Zufall und Sittlichkeit lassen sich auf keine Weise mit einander reimen. Ist man, wie Schwartzkopff zu meinen scheint, bei den Entschlüssen durch keinerlei Motive bestimmt, ist die Entscheidung schlechthin „unerklärlich," so läßt sich nicht absehen, wie die Handlung dann zugerechnet werden könnte. Wenn ein Kind ein Unrecht verübt, so wird der Erzieher die indeterministische Entschuldigung: „Ich weiß selbst nicht, wie ich dazu gekommen bin, es kam eben zufällig dieser Entschluß zu Tage," ebensowenig gelten lassen wie die deterministische: „Ich mußte so handeln, meine Natur zwang mich dazu." Vor allem aber wäre es völlig unerfindlich, wie man solch einem ‚unerklärlichen, nur auf sich selbst beruhenden, nur durch sich selbst bedingten' Willen eigentlich beikommen, wie man solch ein Kind denn eigentlich erziehen sollte und könnte! Die gewöhnliche, durch die ‚Erfahrung' bewährte Auffassung ist doch die, daß man dem Kinde sagt, was es thun und lassen soll, damit es erkennt und weiß, was es zu thun hat; daß man ihm ferner auf sein Unrecht hin Vorstellungen macht, event. droht; hilft das nicht, so tritt wirklich die Strafe ein, wodurch das Kind die lebhafte Vorstellung von der übeln Folge seines Bösethuns gewinnt, eine Vorstellung, die mit Unlustgefühl verbunden und daher geeignet ist, es von einer ähnlichen That zurückzuhalten. Also bei aller erziehlichen Beeinflussung können wir uns lediglich an die Vorstellung wenden und nur durch Bearbeitung der Vorstellungen auf den Willen wirken; ist kein Kausalzusammenhang zwischen Vorstellung und Wille vorhanden, so ist alle Erziehung illusorisch. Und das ist nicht nur beim Kinde, sondern in erhöhetem Maße bei dem heranwachsenden und erwachsenen, „sich selbst bestimmenden" Menschen der Fall, auf den man nur einwirken kann durch Vorstellungen; so ist es auch bei der religiösen Einwirkung, denn „der Glaube kommt ja aus der Predigt." Wäre die Wirkung der erziehlichen Beeinflussung und „Willensbildung" dem blinden Zufall überlassen, dann verlohnte es sich ja gar nicht der Mühe, die doch thatsächlich auf „planmäßige Erziehung" von einsichtigen Eltern und Lehrern angewendet wird. Also trotz des Kopfschüttelns von Dr. Schwartzkopff wird dem Erzieher nichts anderes übrig bleiben, als die „Vorstellungsmassen" des Zöglings zu bearbeiten und sie in die Richtung zu lenken und in dem Grade zu stärken suchen, daß sie allerdings vermöge ihrer größeren Klarheit und Stärke einen entscheidenden Druck auf die Willensentschlüsse nach sittlichen Maximen ausüben; das ist eben „Willensbildung."

Das Kind soll nach allgemeinem Zugeständnis zur Freiheit erzogen werden. Was bedeutet das anderes, als daß es selbst mehr und mehr beurteilen lernt, was gut und böse ist, und sich mehr und mehr nach dieser sittlichen Einsicht richten, derselben folgen lernt, nicht aber, daß es thun und lassen kann nach seinem Belieben, seinen Launen und Begierden. Selbst bei letzterem Gedanken nehmen wir doch eben auch Motive für das Wollen an, eben das Belieben, die Lust, die Rechthaberei, Laune c.; gänzlich unverständlich ist der gesunden Volksauffassung nicht minder wie der denkenden Beurteilung ein Handeln ohne alle Beweggründe: „Es muß einer, wenn er überhaupt noch zurechnungsfähig ist, doch irgend etwas bei seinem Thun gedacht haben." Selbst die Unberechenbarkeit und Willkür eines Despoten oder schlecht erzogenen Menschen und Wunderlings ist doch im Grunde bedingt durch die ungeregelten Vorstellungen und die allerdings wohl oft recht wahnsinnigen Einfälle des Betreffenden. Kurz, immer wieder finden wir den notwendigen Kausalzusammenhang zwischen Vorstellung und Willen.

Niemals glauben wir jedenfalls in solcher Willkür und Unbeständigkeit die Idee der rechten Willensfreiheit wiederzufinden; bei einiger Überlegung erkennt auch der gemeine Mann schon leicht, daß die traditionelle Vorstellung von Freiheit, **thun und lassen zu können, was man will**, eine durchaus verkehrte ist und in ihrer Verwirklichung allgemeine Unfreiheit herbeiführen würde. Vielmehr nennen wir gerade den, der sich selbst beherrscht, frei und unabhängig, nämlich unabhängig von seinen Launen und Begierden, unabhängig von dem Drang und Druck der Natur und der äußeren Not, unabhängig von den Menschen und ihren Lockungen und Anfeindungen. Liegt in der Willensfreiheit die Grundidee der Sittlichkeit, wie Schwartzkopff behauptet, so nennt ein Vernünftiger wahrhaftig nicht den, der unberechenbar und unbestimmbar, „nur auf sich selbst beruhend" heute dieses, morgen das Gegenteil thut, sittlich frei; umgekehrt gerade der konsequente Charakter, der nach seinen sittlichen Grundsätzen und Maximen, selbst wenn sie noch nicht völlig geläutert sein sollen, sich richtet, der und der allein ist wahrhaftig frei. Wir schätzen nicht den unbestimmten, sondern gerade den bestimmten Menschen, selbst wenn derselbe zuweilen durch seine Bestimmtheit etwas hart und streng erscheint; man weiß wenigstens, wie man mit ihnen daran ist. Also nicht dadurch, daß ich in meinen Entscheidungen durch nichts als mich selbst bestimmt bin, wie der Verf. meint, sondern gerade, daß ich durch meine Einsicht und Maximen mich bestimmen und leiten lasse, bin ich ein sittlich freier Mensch. Und Schwartzkopff hätte es auch so leicht gehabt, selbst von seinem vagen ersten Begriff „Selbstbestimmung" aus zu einer richtigeren Fassung zu gelangen, wenn er nur nicht so einseitig den Gegensatz der äußeren Naturbestimmtheit im Auge gehabt und die Möglichkeit einer **inneren Willensbestimmtheit** durch die sittliche Einsicht daneben erwogen hätte; denn auch diese kann man mit vollem Recht ‚Selbstbestimmung' nennen, etwa mit Ritschl: „Selbstbestimmung durch allgemeine Zweckgedanken." Das bestimmende Selbst oder Ich ist doch wohl vorzugsweise an die herrschenden Vorstellungsmassen gebunden und schwebt nicht, wie der Verf. sich vorstellt, in unerreichbarer Höhe über dem Selbstbewußtsein und der Selbstbestimmung, um wie ein deus ex machina ‚unerklärlich,' ‚schöpferisch' nach Belieben einzugreifen und zu entscheiden!

Item, ‚vernünftigerweise' kann man mit dem Wort Willensfreiheit nicht den Begriff der unberechenbaren und unbestimmbaren Selbstentscheidung, der Willkür verbinden, sondern nur den der sittlichen **Antonomie**, der Selbstgesetzgebung (cf. Volkmann Psychologie II. Aufl. § 151 und 152. S. 455—476). Freiheit ist also die Fähigkeit, nicht seinem Belieben, sondern der sittlichen Einsicht zu folgen. Will nun Dr. Schwartzkopff **Wortklauberei** machen und uns vorhalten: Dann ist aber der Wille doch nicht frei, wenn er den stärkeren Vorstellungsmassen (vergl. das obige Citat) folgen soll, so können wir mit gutem Gewissen sagen: Allerdings, in diesem Sinne ist er nicht frei, und soll und darf es nicht sein, gerade auch in dem moralischen Interesse, was unser Gegner an die Spitze stellt; da kann es uns gar nicht auf die Freiheit des Willens an sich, sondern nur des Willens als **geleitet** von der richtigen Erkenntnis, von der **Vernunft** ankommen; das nennen wir, wenn uns der Ausdruck „Willensfreiheit" im strengen Sinne verwehrt wird, mit voller Überzeugung **persönliche, sittliche Freiheit** und halten diese für die allein mögliche und wertvolle.

Will nun Herr Schwartzkopff noch weiter mit uns rechten und etwa erwidern: „Ja, ich gebe natürlich zu, daß die Erwägungen, Werturteile ꝛc. auf den Willen einwirken und einwirken sollen (wie er es thatsächlich in seltsamem Widerspruch thut, indem er von „der sittlichen Wertschätzung und Beurteilung der Handlungen als Bedingung und innerer Veranlassung zur willkürlichen (!) Wahl" S. 72 spricht) — aber eben nur **einwirken**, nicht definitiv bestimmen, denn schließlich, nach aller Überlegung und Beurteilung muß doch der Wille noch völlig freie Hand haben; in seiner „Selbstursächlichkeit" (S. 85), das Gebilligte zu thun oder nicht", so erwidern wir einfach: Das ist nur eine Verschiebung des richtigen Gedankens: Wenn nach reiflicher Überlegung mein sittliches Urteil sagt, wie ich in dem gegebenen Falle handeln sollte, so kommt es allerdings leider oft noch vor, daß ich es doch nicht thue; kein Vernünftiger kann dann aber sagen, daran erkenne er die Freiheit seines Willens, im Gegenteil, daran erkenne ich die Schwäche, also **Unfreiheit** meines Willens, dem sittlichen Urteil und Gebot zu folgen. Das ist der alte trübe innere Zwiespalt der sittlichen Schwäche und Unfreiheit: „Wollen habe ich wohl, aber Vollbringen das Gute finde ich nicht", oder nur die Schwartzkopffschen Ausdrücke für die beiden letzten Akte seiner „unbedingten Selbstbestimmung" dafür einzusetzen: „Die **Zubilligung** oder **Anerkennung** des **Werturteils**" (S. 83. Nr. 10) habe ich wohl, aber die eigentliche wirksame **praktische Entscheidung** (ibid. Nr. 11) für das Anerkannte finde ich nicht. Das ist auch die Antwort für die Sokratiker und Pelagianer alten und neuen Stils, welche die knechtende Macht der Sünde nicht kennen und dem Intellekt in dem einzelnen Falle unbedingte Macht über den Willen zuschreiben und meinen: Wenn einer etwas für richtig erkennt und anerkennt, müßte er auch danach thun!

Schließlich glauben wir aber nicht sehr fehl zu gehen mit der Annahme, daß Dr. Schwartzkopff sich mit der versuchten exakteren Fassung der Willensfreiheit im letzten Grunde einverstanden erklären muß, da es ihm auch nur auf die sittliche persönliche Freiheit, nicht auf das bekannte indeterministische Phantom des philosophischen Idealismus ankommen kann. Die Schwierigkeit zur positiven

Verständigung liegt in des Verfassers unklarer, mangelhafter **Psychologie**. Und das ist für unsere **ethische** Frage bedeutsam. Solange der Verf. an der alten Vermögenstheorie festhält und unbefangen schreiben kann: „So viel Vermögen, so viel Triebe hat der Mensch. Das Nahrungsvermögen, insofern es sich zu bethätigen treibt, ist der Nahrungstrieb, das Lernvermögen äußert sich als Lerntrieb, Lernbegier" (S. 7), so lange dürfte es ihm schwer werden mit dem Phänomen des Willens aufs Reine zu kommen; wenn man sich denselben als ein reelles Wesen in der Seele, selbständig und unabhängig neben dem Intellekt und Gefühl bestehend, vorstellt und den kausalen Zusammenhang zwischen den Seelenfunktionen leugnet, dann muß man sich notwendigerweise in der Frage der Willensfreiheit in so unlösbare Schwierigkeiten, ja Widersprüche verwickeln, wie es der Verf. gethan.

Die Frage der Willensfreiheit gewinnt ihre richtige Beleuchtung aber nicht nur aus der Psychologie, sondern auch aus der **Metaphysik**. Und auch dies ist für uns bedeutsam. Auch mit den Elementen der Metaphysik gerät der Verf. auf seinen Gedankengängen notwendig in harten Konflikt. Wir können an dieser Stelle nicht weiter darauf eingehen und deuten nur den Fragepunkt an: Ist der Begriff ‚Selbstursächlichkeit',\*) den der Verf. der Freiheit beizulegen beliebt, metaphysisch überhaupt denkbar, bezw. besagt das irgend etwas, ist die Vorstellung nicht völlig leer: ‚Ursache seiner selbst sein'? Das heißt doch mit anderen Worten: Hier hört das Kausalitätsgesetz einfach auf, um der ‚Freiheit' willen müssen wir es schlankweg aufheben! Mit welch sonderbaren Ansprüchen von „freiheitlich wirkenden Ursachen" und „dem Wesen (!) des frei wollenden Geistes, durch welches jede That, als durch seine Ursache, völlig bestimmt ist" (S. 32) sich der Verf. um diese einfache Konsequenz herumzuwinden sucht, möge man in der Schrift selbst nachlesen.

Endlich bringen die so wenig geklärten psychologischen und metaphysischen Vorstellungen den Verf. in eine höchst fatale Lage gegenüber den **religiösen** Begriffen von den Eigenschaften Gottes. Denn in das religiöse Gebiet greift ja das Willensfreiheitsproblem bekanntlich sehr tief hinein und hat in den dogmatischen Streitfragen zu allen Zeiten eine große Rolle gespielt; vergl. Augustin und Luther, welche von ihrem Standpunkt durchaus folgerichtig die Unfreiheit des Willens behaupteten. Da der Verf. nämlich die vulgären religiösen Vorstellungen von Gottes Eigenschaften als hypostasierten ‚Vermögen' unbefangen teilt, so kann er sich gegenüber dem Einwurf, daß sowohl Gottes Allmacht, als besonders seine Allwissenheit die Freiheit aufhebe, nur helfen durch die zwar sehr beliebten, aber

---

\*) Vgl. S. 85: „Zuletzt kommt es darauf hinaus, daß man nicht lieben, sondern Selbstsucht üben will. Warum das? ist eben nicht zu beantworten, weil dieser Entschluß unmittelbar (!) aus der Freiheit entspringt, also nicht aus weiteren Gründen (?) abgeleitet werden kann, da die Freiheit eine Selbstverständlichkeit ist."

logisch doch höchst bedenklichen Wendungen von ‚Beschränkung' dieser Eigenschaften, als ob dieselben apriorisch festgesetzte, quantitativ bestimmbare Größen wären, von denen ein Teil abgezogen werden könne; wer sich insonderheit unter ‚Beschränkung oder Beschränktheit der Allwissenheit' etwas denken kann, der sollte eine neue Logik proklamieren, die alle Widersprüche denkbar macht. Jedenfalls gewinnen wir bei unserer Frage auch für unsere religiösen Vorstellungen Veranlassung und Anregung zu tieferem Nachdenken und zur Klärung! Dem Schwartzkopffschen wohl gemeinten, aber nicht genügenden Versuch der Lösung der Freiheitsfrage stellen wir die nach allen Seiten ausgezeichnete Untersuchung von Drobisch gegenüber: Die moralische Statistik und die menschl. Willensfreiheit, aus welcher der Verf. der besprochenen Schrift, sowie jeder für das wichtige Problem interessierte Leser reiche Belehrung schöpfen wird.

---

## II. Abteilung. Zur Geschichte des Schulwesens, Biographien, Korrespondenzen, Erfahrungen aus dem Schul- und Lehrerleben.

### Aus dem Leben.

(Regierungsbezirk Düsseldorf.) Der Überschrift entsprechend möchte ich einige Vorgänge erzählen, die in 1886 Thatsachen geworden. Einfach und schlicht und ohne weitere Auseinandersetzungen oder Reflexionen. Die Thatsachen mögen für sich selbst reden. Nur einen Wunsch schicke ich voraus. Möchten sich unter den Lesern auch geistliche Lokalinspektoren finden und möchten diese aus den Thatsachen heraus einen Weg erschauen, auf welchem sie der Schule und dem Schulamt einen wichtigen Dienst erweisen können, wenn sie wollen. Es bedarf dazu keiner Anträge, weder nach rechts, noch nach links, auch keiner Anträge nach oben; der Dienst, der erbetene, hängt lediglich vom Wollen der Pfarrer ab.

1.

Es ist Sonntag. Vom Turm herab laden gar hell und freundlich die Glocken zum Eintritt ins stille Gotteshaus. Und viele folgen dem Rufe. Allen voran eine große Kinderschar; unter Führung ihres Pfarrers nehmen sie heute die Plätze in vorderster Reihe vor dem Altare ein.

Die weiteren Bänke, selbst die Galerien füllen sich auch, denn viele, viele Eltern sind heute ihren Kindern gefolgt. Sollen die Kinder heute öffentlich von dem Zeugnis ablegen, was sie in stillen Stunden zu den Füßen ihres geistlichen Lehrers gelernt haben, die Eltern wollen es hören. Selbstredend fehlten auch die Mitglieder des Kirchenvorstandes nicht, sind sie doch berufen, mit ihrem Pfarrer zu entscheiden, ob die Kinder alle in wenig Tagen durch die Konfirmation der Gemeinde als selbständige Glieder sollen zugeführt werden.

Die Orgel ertönt, und Kinder und Eltern, Eltern und Kinder, in dieser Feierstunde singen sie fröhlich miteinander. Und dann tritt der Pfarrer vor, ihr bisheriger Lehrer. Anders, wie sonst, — und doch auch wieder wie früher. Ob die Stätte eine andere, ob der Pfarrer in Amtskleidung, die Kinder fürchten sich nicht. Sie wissen, ihr Pfarrer wird mit ihnen gerade so reden, wie sie es seither gewohnt.

Der Pfarrer selbst aber, — vielleicht erregt von dem Gedanken, die ihm lieb gewordenen Kinder bald scheiden zu sehen, — — er steht doch ruhig der Aufgabe gegenüber, die er in dieser Stunde zu lösen. Kein Superintendent, kein Kollege tritt vor, ihm die Prüfung vorwegzunehmen. Der Pfarrer weiß es, daß es die Würde des geistlichen Lehramts nimmer zuläßt, ihn, den bisherigen Lehrer, in dieser Feierstunde an die Seite zu stellen. Ihm, einem Fremden nicht, gebührt die Stelle, die er eingenommen. Und so darf und so wird er mit seinen Pfleglingen reden, wie gestern und ehegestern, — und so werden die Kinder, er weiß es, bald ihren Mund so fröhlich aufthun, wie ers an ihnen gewohnt.

Die Stunde der Prüfung wurde wirklich eine erhebende Feierstunde; erfreulich für die Kinder, erfreulich für den Pfarrer, erfreulich für die Angehörigen der Kinder. Die Herren vom Kirchenvorstande aber reichen dankbarlichst ihrem wackern Pfarrer für treuen Lehrdienst die Hand.

Und ich, ein Lehrer, der Zeuge gewesen, ich schließe: nur so entspricht der Gang der Prüfung der Würde des Pfarramtes. In der Schlußprüfung darf kein Fremder sich zwischen Lehrer und Schüler drängen. Einen Wunsch nahm ich beim Weggange mit heim: Gott lege seinen reichsten Segen auf das, was der treue Pfarrer in aller Stille in Kindesherzen gesät hat! —

2.

Morgen ist Prüfung! so heißts heute in der ersten Klasse einer vierstufigen Schule. Wie freudig wird die Kunde aufgenommen! Wie fröhlich haben die Schüler, alle in Festkleidern, schon zeitig ihre Plätze eingenommen!

Es ist in der Klasse anders, wie sonst. Da haben vor den Kindern die Schulvorsteher, die sämtlichen Lehrer der Schule Platz gefunden. Im Hintergrunde stehen auch viele Väter und Mütter. Den Schülern wird aber nicht bange, wissen sie doch, daß ihr Lehrer mit ihnen reden wird, reden von dem, was sie gemeinsam in vielen, vielen Schulstunden erarbeitet haben.

Der Herr Lokalinspektor, ein Pfarrer, tritt ein. Nun bedarf es nur weniger Worte zwischen diesem und dem Lehrer, da tritt letzterer schon vor, um mit Gesang und Gebet auch diese Feierstunde zu eröffnen.

Dann beginnt der Lehrer seine Prüfung in größter Ruhe. Er weiß es ja, daß ihm volle Dreiviertelstunden zugewiesen sind, um mit den Kindern von dem zu reden, was ihm Herzenssache ist; er darf reden, ohne Unterbrechungen befürchten zu müssen.

So redet er denn heute von der hehren Gestalt eines „Abraham", und kundig wird es den Zuhörern, daß jener Glaubensmann den Schülern gar „lieb und wert" geworden. Der Schlußgesang ertönt:

„Es gehe, wie es gehe!
Dein Vater in der Höhe,
Der weiß zu allen Sachen Rat."

Eine zweite Dreiviertelstunde ist dem Lehrer bewilligt, um öffentlich zu zeigen, was in „deutschen Stunden" die Kinder beschäftigt hat. Da zeigt es sich bald, daß die Schüler mit Verständnis lesen können; auch daß sie — fürs Leben gesammelt — frisch und fröhlich und würdig vortragen können:

Hoffnung . . . von Geibel,
Die alte Waschfrau „ Chamisso,
Sedan . . . . „ Geibel,
u. f. w.

Weitere Dreiviertelstunde, und die Prüfung beschäftigt sich mit dem, was jenem treu arbeitenden Hohenzoller, Friedrich Wilhelm I., „als die Hauptsache fürs Leben" erschien, mit Rechnen und Raumlehre.

Noch einmal Dreiviertelstunde, und der Lehrer wandert mit seinen Schülern durchs deutsche Vaterland, die Denkmäler beschauend, die aller Orten aufgerichtet sind, aber auch reden sollen, wie einst jene 12 Steine in Gilgal: von Kopernikus in Thorn bis zum Marschall Ney in Metz, von Luther in Worms, Clarenbach in Lüttringhausen bis zu Friedrich I. in Königsberg.

Die Prüfung ist zu Ende, damit die Entlassungsprüfung auch. Ein beredter Händedruck vom Pfarrer dem wackern Lehrer, — ein Händedruck auch von den anwesenden Lehrern ihrem geschätzten Hauptlehrer und — **das Schulamt ist zu seinem Rechte gekommen.** Der Lehrer aber und mit ihm seine Kollegen, sie werden „ohne Seufzen", sie werden freudig weiter arbeiten zu Gottes Ehre und der Kinder Heil.

### 3.

Wieder ists Prüfung; diesmal in einer ganz anderen Schule, in einer einklassigen. In derselben muß schon seit Jahren, weil die große Gemeinde keine Mittel mehr hat, **Halbtagsunterricht** erteilt werden.

Wenn irgend ein Lehrer in saurer Tagesarbeit der **Aufmunterung**, der **Anerkennung** bedarf, dann ohne Zweifel dieser. Ob sie ihm wird, wird sich herausstellen, wenn wir der dortigen Schulprüfung zuschauen.

An der Prüfung beteiligen sich der Bürgermeister (kath.) und zwei evang. Schulvorsteher. Eltern fehlen.

Punkt ein halb drei Uhr erscheint der Herr Pfarrer. Erste Frage: **wie viel Schüler? welche sollen entlassen werden?** Der Lehrer stellt ihrer drei vor. Und nun? Nun wird zunächst der Lehrer beauftragt, die nicht zu entlassenden Kinder zu beschäftigen und zu **beaufsichtigen**, damit — damit der Pfarrer und, wenn dieser müde geworden, der Herr Bürgermeister diese drei in aller Ruhe und ohne Störung im Lesen, in der Sprachlehre, in der Orthographie, im Rechnen, in den Realien und im Singen prüfen kann. Dabei wurde aber nicht eine Frage nach dem gestellt, was in evangel. Schulen den Kernpunkt bildet.

Und das Resultat?

Einer von den dreien bestand „gut"; der zweite, — mangelhaft beanlagt und häufig krank gewesen — „eben genügend"; der dritte, der jetzt schon ein Vagabund ist, dazu ausgerüstet mit allen Anlagen zur Verbrecherlaufbahn — „durchaus ungenügend".

Und **das Resultat**? frage ich zum zweitenmal.

Dort steht der Lehrer der Schule. Er hat alles gehört, seiner Assistenz bedurfte man nicht. Dort steht der, der allein imstande gewesen wäre, auch hier unter den widerwärtigsten Verhältnissen noch zu zeigen, daß jene Schüler, weil er treu gearbeitet, doch viel mehr gelernt hätten, als jene fremden Examinatoren auch nur geahnt. Er steht stumm daneben, heiligen Grimm in sich verschließend.

Ob er nicht zu dem Wunsche gedrängt wird, die Einrichtung einer Simultanschule möge ihn bald von dem Druck und von der Mißhandlung befreien?
Und das Resultat? frage ich noch einmal.

Einer von den Examinatoren geht wohl befriedigt von dannen, der Herr Bürgermeister. Wozu einer Diasporaschule aufhelfen, so mag er denken, die doch so wenig leistet! Haben nicht der evangel. Pfarrer und der kathol. Bürgermeister treulich das Ihre gethan, um dies Resultat klar zu stellen und festzunageln?

Und ich? Was ich eingangs gesagt, erzählen zu wollen ohne weitere Auseinandersetzungen, ich will's halten. Nur das sage ich: was der Würde des geistlichen Lehramts gebührt, das gebührt auch unserem Schulamt. Und — nein halt! keine Silbe mehr. — Matth. 7, 12. —

### 4.

Und nun lade ich die Lehrer schließlich noch einmal ein, mit mir am Prüfungstage in eine Schule einzutreten. Die Schule ist eine vierklassige, räumlich von der unter 3 erwähnten weit entfernt. Die Personen wechseln, der Kern bleibt leider! derselbe.

Der Herr Lokalinspektor ist — und das sei den Lesern des Schulblattes vorausgeschickt — ein Pfarrer, der Mitglied des evangel. Lehrervereins und auch Mitglied des Vereines zur Erhaltung der evangel. Volksschule ist.

Also: Prüfung heute.

Zwanzig Schüler sind es, die der Prüfung harren. Sehen wir uns die Schar zuvor etwas näher an! Ein großer Teil sind auf Grund vorhergegangener Anträge zur Prüfung „zugelassen". Etwelche gehören noch den Mittelklassen an. Andere waren schon Monate vorher aus der Schule: dispensiert bis zur Entlassungsprüfung.

Nur diese zwanzig sind in der Klasse anwesend, außer diesen der Herr Pfarrer, zwei Schulvorsteher, die sämtlichen Lehrer der Schule. Der Bürgermeister fehlt grundsätzlich. Wohl deshalb, weil er überzeugt ist, daß die Pfarrer durch ihre Prüfung das wahre Bild der Schule nur entstellen.

Die Prüfung zerfällt hier in eine schriftliche und mündliche.

Jeder Schüler erhält zur schriftlichen Bearbeitung ein besonderes Thema. Die Themen stellt der Herr Vorsitzende. Und so mögen hier die Themen der letzten Prüfung folgen. Also zwanzig.

1. Die Balkanhalbinsel.
2. Kämpfe Heinrichs IV. mit den Sachsen.
3. Gläubiger, Schuldner; Kapital, Zinsen und Zinsfuß.
4. Das Glück von Edenhall (Inhaltsangabe).
5. Jesu Gespräch mit der Samariterin (über das Wasser des Lebens).
6. Belsazar: eine Charakteristik.
7. Ein Mahnbrief.
8. Ein Neujahrsbrief.
9. Bäckerrechnung.
10. Zu Straßburg auf der Schanz (Inhaltsangabe).
11. Lebenslauf.
12. Das Stromgebiet des Rheines.
13. Der Wanderer in der Sägemühle und der Fichtenbaum (eine Parallele).

14. Das ..... Thal.
15. Eine Aufgabe aus der Zinsrechnung.
16. Beschreibung der rhombischen Säule.
17. Der deutsche Ritterorden.
18. Die Schlacht bei Leipzig.
19. Eine Bittschrift.
20. Nachbildung zu der Fabel: der kluge Star.
(Haben wir es nicht herrlich weit gebracht?)

Nachdem die Frist verstrichen, werden die Bearbeitungen einzeln den Schulvorstehern zur Begutachtung vorgelegt — (Schulvorstehern, die kaum imstande sind, eine der gestellten Aufgaben (?) selbst zu lösen).

Nun folgt die mündliche Prüfung. Sie erstreckt sich über sämtliche Fächer und wird in der Weise gehandhabt, daß jeder einzelne Schüler in allen Fächern nacheinander geprüft wird.

Der Lokalinspektor bestimmt die Themen, und nun muß der Lehrer auf Kommando examinieren, muß aber beliebige Unterbrechungen durch den Pfarrer in Kauf nehmen. — Sonderbar, auch bei dieser staatsmännischen Prüfung waren die Fragen nach Kenntnissen in der Religion wieder ausgeschlossen.

Und das Resultat?

Die Antworten, unter 3 zu lesen, sind auch hier am Platze. —

Also keine Reflexionen, — wenigstens für heute nicht. Nur der Wunsch sei hier wiederholt, die Herren Pfarrer, die zu der Einsicht gekommen, daß auch die Würde des Schulamts geachtet werden müsse, sie seien freundlich gebeten, nach dieser Seite hin Wandel zu schaffen. Es thut not. Weiterer Anträge bedarf es nicht. Damit würde auch der evangelisch konfessionellen Volksschule ein wesentlicher Dienst erwiesen. Und so sei dieser Artikel schließlich noch besonders dem Verein zur Erhaltung der evangel. Volksschule und namentlich seinem Vertreter, Herrn Pfarrer Züllessen in Orsoy, herzlichst empfohlen.

---

## Der Zweigverein evang. Lehrer und Schulfreunde für Barmen und Umgegend

blickt wieder auf ein reichgesegnetes Arbeitsjahr zurück. Seiner Aufgabe: in amtsbrüderlicher Weise die Fortbildung für den Beruf technisch und wissenschaftlich unter den Mitgliedern zu fördern, ist er auch in verflossenen Jahre allezeit getreu geblieben. Fast allmonatlich fand eine gutbesuchte Konferenz statt. Vortrefflich bewährte sich die Einrichtung, die Themen und die Herren Referenten für das ganze Jahr vorher zu bestimmen. Dadurch war aller Planlosigkeit gesteuert und ein bestimmter Gang in die Jahresarbeit des Vereins gebracht. Während im vorigen Jahre meist Fragen aus dem Gebiete der Regierung zur Besprechung gekommen waren, beschäftigte sich in diesem Jahre die Konferenz hauptsächlich mit den einzelnen Zweigen des Unterrichts. Zunächst kamen aus dem Deutschunterrichte zu eingehender Besprechung: der Unterricht in der Grammatik, die Behandlung des Gedichtes „die Kreuzschau" nach den formalen Stufen und der Aufsatzunterricht auf den verschiedenen Stufen der Volksschule. Aus dem Rechenunterrichte wurde das wichtige Kapitel der Bruchrechnung mit besonderer Berücksichtigung der von Seminarlehrer Steuer geforderten Beschränkungen zur Behandlung gezogen. Die meisten Themen waren den Realien entnommen: die Anwendung der 5 formalen Stufen auf den geographischen Unterricht, der Geschichtsunterricht auf der Mittelstufe eine Last und eine Lust, die Betrachtung der Naturkörper und das Experiment im Unterricht. Eingehend wurde auch das Thema behandelt: nach welchen Grundsätzen ist der Raumlehreunterricht in Volks- und Mittelschulen zu erteilen, damit er den Forderungen des praktischen Lebens und einer gesunden Didaktik gerecht werde? — Der schon lange gehegte Wunsch, neben den theoretischen Erörterungen auch praktische Proben aus der Unterrichtsthätigkeit zu sehen, ist ebenfalls erfüllt worden. In der Dezemberkonferenz des v. J. erfreute Herr Hauptlehrer Neuhans die Konferenz durch eine Lektion über „die zehn Aussätzigen", und im November d. J. Herr Foltz durch Behandlung der Geschichte „vom Gichtbrüchigen" nach darstellendem Unterrichte. Beide Lektionen konnten den Wunsch nach recht häufiger Wiederholung nur stärken. —

Die Feier des Stiftungsfestes fand am 7. August in dem schön gelegenen Hahnenfurth bei Elberfeld statt; sie war vom Wetter nicht begünstigt, verlief aber so schön, daß sie wohl allen Teilnehmern in froher Erinnerung bleiben wird. Eine freudige Überraschung war es, als der hochverehrte Gründer des Vereins, Herr Rektor Dörpfeld mit einigen Kollegen aus dem Mettmanner Lehrerkränzchen in die Mitte der Versammlung trat, um unser Fest mitzufeiern. Nach herzlicher Begrüßung der Gäste wies der Vorsitzende des Vereins, Herr Hauptlehrer Hindrichs aus Barmen, in eindringlichen Worten auf die Ziele hin, nach denen ein Lehrer allezeit streben müsse: ein rechter Volksschullehrer, ein christlicher und ein zufriedener Lehrer zu werden. Daran knüpfte Herr Dörpfeld noch interessante Bemerkungen aus seinen eigenen Erfahrungen und teilte u. a. aus der Geschichte des Vereins mit, daß derselbe schon 1849 entstanden sei und in der ersten Zeit nicht nur pädagogische Fragen, sondern auch litterarische Themata eingehend behandelt habe; einmal sei sogar der Anfang zu einer ausführlichen geschichtlichen Bearbeitung der Methodik der einzelnen Unterrichtsfächer gemacht worden. — Nun ergriff Herr Hackmann (Barmen), ein ehemaliger Schüler des seligen J. H. Schüren, das Wort, um von diesem seinem unvergeßlichen Lehrer ein Lebensbild zu entwerfen, das in meisterhaften Strichen das Bild eines Mannes entrollte, der nach menschlicher Beurteilung wirklich das Muster eines Lehrers gewesen ist. Wie die Worte des Vortragenden von Herzen kamen, so gingen sie auch wieder zu Herzen, das bewies der stürmische Beifall am Schlusse des Vortrages. —

Möge der Verein, der heute schon an 60 Mitglieder zählt, auch fröhlich weiter gedeihen und die Herzen seiner Mitglieder mit immer neuer Begeisterung für den herrlichen Erzieherberuf erfüllen.

Barmen im Dez. 1886. C. Sch.

## III. Abteilung. Litterarischer Wegweiser.

„A. Ritschls Philosophische Ansichten." Von O. Flügel. Separat-Abdruck aus der „Zeitschrift für exakte Philosophie." Langensalza, H. Beyer u. S.

Es kann fraglich erscheinen, ob ein Buch wie das genannte für die Besprechung in einem Schulblatt geeignet erscheine, ob es nicht vielmehr lediglich in Zeitschriften für Geistliche oder Theologen gehöre, da es sich mit den Anschauungen eines Universitätslehrers — A. Ritschl ist nämlich Professor der Theologie in Göttingen — beschäftigt. Wenn man jedoch bedenkt, daß das „Evangel. Schulblatt" auch von Geistlichen gelesen wird, ferner daß die Lokal- und Kreis-Schulinspektoren zum großen Teil aus dem Stande der Geistlichen gewählt werden, so wird man anderer Meinung. Die Schulinspektoren haben noch immer einen ganz bedeutenden Einfluß auf den Unterrichtsbetrieb selbst und es ist keineswegs gleichgiltig, welche Anschauungen sie beseelen. Darum ists auch für die Lehrer von Interesse zu erfahren, mit welchen philosophischen Anschauungen diejenigen auf der Universität genährt werden, die später die Revisoren des Schulunterrichts werden sollen.

Bereits in seinem früheren Werke „Die spekulative Theologie der Gegenwart" hat Flügel die Hauptrichtungen, wie sie gegenwärtig auf den deutschen Universitäten vertreten sind, besprochen, sowohl die negativen als die positiven, als auch die Schule Ritschls. Das letztere geschieht hier noch ausführlicher und mit Rücksicht auf neuere Erscheinungen desselben und seiner Schule.

Flügel beginnt damit, nachzuweisen, daß der Philosophie jetzt weniger Originalität als vielmehr Genauigkeit not thue. Solange Begriffe ungenau genommen werden, vertragen sich auch solche, welche, genau genommen, einander vollständig ausschließen. Auch bei dem Versuche, eine allgemeine Weltanschauung zu gründen, sei der Kreis der möglichen Ansichten ein sehr enger. Im Grunde betrachtet giebt es nur zwei Weltanschauungen: den Atheismus (bez. Materialismus) und den Theismus. Was dazwischen liegt, beruht auf Ungenauigkeit bez. Inkonsequenz des Denkens. Dahin ist besonders alle pantheistische Spekulation zu rechnen. Auch die den Theismus oder die Theologie entscheidenden Fragen — die Fragen nach Sein und Geschehen, Stoff und Kraft, Geist und Materie, Zweck oder Zufall — liegen innerhalb der Philosophie, daher sei es nicht zu viel gesagt, daß die Theologie, sofern sie nicht bloß historische Wissenschaft ist, ganz und gar von der Philosophie abhängig sei und auch nur von hier aus gründlich beurteilt werden könne. Darum strebe die Theologie, sich von falscher Philosophie frei zu machen. Zwei Wege kann man dazu einschlagen, entweder die falsche Philosophie zu widerlegen und durch eine gesunde zu ersetzen, oder die Philosophie ganz zu vermeiden. Letzterer ist nicht zu empfehlen; denn auch in der Theologie lassen sich die Fragen nach den Fundamenten gar nicht umgehen; wider Willen gerät man hinein.

Daß dies thatsächlich der Fall ist, hat O. Flügel an den Äußerungen des Professors A. Ritschl, dem bedeutendsten Vertreter des Versuchs, die Philosophie, namentlich die Metaphysik soviel als möglich von der Theologie auszuschließen, nachgewiesen. Dabei hat er auch die schwachen Seiten des in Rede stehenden Systems aufgedeckt; dieselben bestehen weniger im Mangel einer Metaphysik, als vielmehr in Ungenauigkeiten solcher Begriffe und Anschauungen, welche konsequent durchdacht, ganz und gar in den sonst so stark von Ritschl verurteilten Monismus und Pantheismus hineinführen.

Zuerst wendet sich der Verfasser gegen Ritschls Metaphysik. Schon die Definition Ritschls über Metaphysik — unter Metaphysik versteht Ritschl die Untersuchung der allgemeinen Gründe alles Seins — ist ungenau. Vgl. S. 67. Was soll das bedeuten „Gründe des Seins"? Erkenntnisgrund oder Ursache des Seins? Es sei durchaus nicht gleichgiltig, welche Begriffe vom Sein und Geschehen man hegt; denn hier liegt die Entscheidung, ob man ein Urwesen, welches sich in eine Vielheit spaltet, voraussetzen darf, oder ob absolutes Werden in jeder Gestalt von wissenschaftlicher Betrachtung fern zu halten ist. Hier also liegt die Entscheidung, ob der Monismus und der Pantheismus wissenschaftliche Berechtigung hat oder nicht. Wenn die Theologie nicht aufhören will, Wissenschaft zu sein, muß sie eingehen auf die Untersuchungen, von welchen die Wahrheit oder die Unwahrheit des Pantheismus abhängt. Ferner zeigt Verfasser, daß Ritschl sich mit seiner Erkenntnistheorie in Widersprüche verwickelt, auf S. 14, 15, daß Ritschls Einwendungen gegen die Geltung des teleologischen Beweises nicht stichhaltig sind. Weiterhin kritisiert der Verfasser die Versuche Ritschls, den Materialismus abzuwehren und die Annahme eines besonderen Seelenwesens darzuthun, seine Entgegensetzung von Geist und Natur, seine und namentlich seines Schülers Thikötter Ansicht über Freiheit des Willens, die sich zum Teil mit der transcendentalen Freiheit ziemlich genau deckt. Zum letzten Punkte macht Flügel die Bemerkung: Wenn Natur und Geist nicht in ein gegenseitiges Kausalverhältnis gesetzt sind, ist eine kausale Beziehung von Mittel und Zweck, zwischen Natur und Geist völlig undenkbar, der Geist gestattete dann überhaupt keine wissenschaftliche Untersuchung, denn die Kausalität in irgend einem Bereich der Welt, wozu doch der Geist auch gehört, leugnen oder überhaupt als zweifelhaft hinstellen, das heißt brechen mit jedem strengen Denken und sich bloßen Phantasien überlassen. Dann könnte von Religion überhaupt nicht mehr die Rede sein, denn der Geist wäre dann für jedes Motiv, es möchte noch so rührend, noch so religiös sein, völlig unzugänglich. Allerdings hat Ritschl an andern Orten wieder eine andere, die gerade entgegengesetzte Ansicht über Freiheit des Geistes, die Bestimmbarkeit durch Motive, vertreten.

Diese Ansicht ist aber völlig unverträglich mit der erst aufgestellten.

Im II. Teile beleuchtet Flügel Ritschls Begründung der Theologie. Um seine Urteile zu begründen, geht er auf Kant und auf Fichte zurück, um ausgehend von Kants Autonomie die historische Entwicklung der in Betracht kommenden Anschauungen darzulegen. Es ist dies nötig für die Darstellung der Art, wie Ritschl die Religion und die Wissenschaft davon, die Theologie, zu begründen sucht. Fichtes Fehlschluß von der Dignität einer Sache auf die Realität derselben sei das eigentliche Fundament der Weltanschauung bei Ritschl. Das heiße aber nichts anderes als praktischen Werturteilen die Kraft theoretischer Beweise geben; es heißt, den Wunsch, daß das höchste sein möchte, den Ausschlag geben lassen in der Frage nach dessen Existenz. Die ganze Argumentation Ritschls für die Annahme des Christentums und des persönlichen Gottes beruht, wie Verfasser auf S. 44 u. f. f. ausgeführt hat, keineswegs auf Beweisen. Ihm leistet die praktische Vernunft dieselben Dienste, die man sonst von der theoretischen fordert. Statt also die Autorität der Schrift historisch zu erweisen, stützt er dieselbe auf das praktische Postulat von der moralischen Weltordnung und deutet dasselbe ganz im theoretischen Sinne. Auf diesem theoretisch verstandenen praktischen Resultate beruht Ritschls ganze Theologie, und Flügel hat gezeigt, daß dieses ein sehr zweifelhaftes Fundament ist. — Darauf lenkt er die Betrachtung auf einen andern für das Ritschlsche Denken wesentlichen Punkt, nämlich auf den Begriff von Wissenschaft, ob derselben ein interessiertes oder uninteressiertes Wissen zu Grunde liege. Erstere Anschauung wird besonders von Ritschls Schülern, zu denen im weitern Sinne auch Professor J. Kaftan in Berlin zu rechnen ist, geteilt. Hiergegen erhebt Flügel ebenso

III. Abteilung. Litterarischer Wegweiser.

entschieden als überzeugend Einspruch. „Es läßt sich kaum etwas Betrübenderes denken, als wenn die officiellen Vertreter der Wissenschaft, des Idealen, der Moralität und des höheren Unterrichts ein solcher Geist beseelen sollte.... Was würde aus der Wissenschaft, wenn hier nur der Nutzen, nur die Brauchbarkeit der Resultate zum Leben das Entscheidende und Antreibende sein sollte." — Die Gegenüberstellung von unmittelbarem und mittelbarem Interesse auf S. 59 u. f. f., sowie die Ausführungen über Wert und Schätzung des Wissens sind gewiß sehr beherzigenswert. Von S. 66 an präzisiert Flügel seine Stellung zu Ritschls Ansichten. Zwar hat er fast in keiner einzigen einzelnen Position ihm zustimmen können, dennoch stimmt er letzterem seiner Tendenz nach zu, sofern dieser bemüht ist, das eigentlich Metaphysische aus der Theologie auszuscheiden, soweit es angeht, und vorzugsweise das Sittlich-Religiöse zu betonen. — Am Schlusse giebt Verfasser noch eine Reihe wichtiger Bemerkungen, z. B. darüber, daß kein einziger Glaubenssatz im eigentlichen Sinne streng bewiesen werden kann, ferner, daß es Sache der theologischen Wissenschaft sei, die Glaubenssätze als theoretisch möglich und widerspruchsfrei zu erweisen, wobei aber eine gesunde Philosophie nicht zu umgehen ist u. a. m. Die eigentliche Pointe der ganzen Schrift ist wohl, an einem besonderen Beispiel nachzuweisen: entweder man philosophiert **gut** oder man philosophiert **schlecht**. Aber gar nicht zu philosophieren, geht für einen systematischen Theologen nicht an. H. Grabe.

Geschichte.

Lebensbilder aus der deutschen und brandenb.-preuß. Geschichte für Volks- und Bürgerschulen. Bearbeitet von C. A. Krüger. (Danzig bei Axt.)

Das Büchlein liefert in klarem Druck 114 Seiten Text auf gutem Papier für 50 Pf. Es ist zu loben, daß der Herr Verf. sich Mühe gegeben hat, die Geschichte nicht nur in einfacher, schlichter Sprache, sondern auch in ausführlicher Weise zu erzählen. Schade, daß diese Darstellungsweise nicht überall angewandt worden ist. Auch würde die Brauchbarkeit des Büchleins noch wesentlich erhöht, wenn in jedem einzelnen Bilde nicht nur die Begebenheiten, sondern auch die kulturhistorischen Verhältnisse und Zustände durch gehaltvolle und charakteristische Züge dargestellt wären. Eine Anzahl der gebotenen dürftigen Bilder würde ohne Schaden fallen und der gewonnene Raum für solche Verbesserungen benutzt werden können. Die Schüler würden weniger Namen und Zahlen, aber eine um so größere und deutlichere Einsicht und Erkenntnis der Vergangenheit erhalten. — In den gebotenen Einzelbildern dürften auch manche unbedeutende Einzelheiten, wie auch ebensolche Züge ausfallen, z. B. in dem Lebensbild Otto I. die Erzählung von der Königswitwe Adelheid und am Schlusse desselben Bildes die angeführten Einzelheiten. Ferner bedarf das Büchlein überhaupt einer gründlichen Durchsicht. So wird beispielsweise in dem Bilde „Ludwigs XIV." anfangs gesagt: „Der Staat gelangte damals zu einer seltenen Blüte" und hernach heißt es: „Ludwig hinterließ ein verarmtes und im Innern zerrüttetes Reich."
R. H. —t.

Die wichtigsten Begebenheiten aus der Kirchengeschichte, zum Gebrauch in ev. Mittel- und mehrkl. Volksschulen von Rudi Moritz. (Forbach bei R. Hupfer.)

An jedes Geschichtslehrbuch für niedere Schulen muß man die Anforderung stellen, daß es außer den politischen und socialen Begebenheiten und Zuständen

3*

selbstverständlich auch die religiös-sittlichen enthält, und zwar in jedem einzelnen Charakterbild. Somit wird dann auch für die Kirchengeschichte aufs beste gesorgt, die ohne die Kenntnis der übrigen geschichtlichen Begebenheiten doch zu sehr im Dunkel stehen bleibt. Dem Verf. einer Kirchengeschichte, der den genannten Mangel vermeiden will, bleibt daher nichts übrig, als ein gut Teil Profangeschichte mit aufzunehmen (so 30jähr. Krieg). Dadurch entsteht dann ein doppelter Lehrgang in Geschichte, der unter allen Umständen zu vermeiden ist. Eine Folge dieses gesonderten Lehrganges ist die, daß, weil sich das Auge eben nur auf den einen Gegenstand richtet, zuviel Stoff aufgenommen wird. Diese Thatsache macht sich auch in Büchlein bemerkbar, z. B. in den Mitteilungen über „die Kirchenväter, die Reformation in fremden Ländern, die Sekten ꝛc.". Der Stoff dürfte zu verringern und dafür die bedeutsamen Züge über die Verhältnisse ꝛc. der Kirche in einer bestimmten Zeit zu vermehren sein. So würden die Schulen an bloßem Wissen weniger, aber an wirklicher Einsicht um so viel mehr besitzen. Aus diesem Gesichtspunkte betrachtet, muß es als ein Mangel empfunden werden, daß in dem Lebensbilde Luthers gar nicht die Rede ist von dem damaligen Zustande und den Verhältnissen der röm. Kirche, von den Mängeln in der Lehre, dem Gottesdienste, der Verfassung ꝛc. Ohne diese Einsicht bleibt Luthers Wirksamkeit durchaus unverständlich. In Luthers Leben finden sich außerdem noch einige unrichtige Angaben, z. B. über den Namen seiner Mutter und seinen Ausspruch über die Romreise. Zu loben ist die Ausstattung des Büchleins in Bezug auf Druck und Papier. Auch ist zu bemerken, daß der Verf. bemüht gewesen ist, ausführlich und in einfacher Sprache zu berichten. Daß die Ausführung diesem Bestreben nicht durchweg entspricht, mag darin seinen Grund haben, daß die Stoffmenge hindernd im Wege gestanden hat.

R. H. —t.

**Bausteine für den vaterländischen Geschichtsunterricht in einfachen Volksschulen** von A. Liese, Kreisschulinspektor.

Der Verf. tadelt im Vorwort die trockene Leitfadenmanier mit folgenden Worten: . . . . . „Dies Leben (welches der Geschichtsunterricht erwecken kann) wird erstickt, dies Feuer gedämpft durch die Form (?) unserer Leitfäden, deren in die knappste sprachliche Gewandung wie in eine Zwangsjacke gesteckte Geschichtserzählung keinen zündenden Strahl leuchten, keinen lebenswarmen Pulsschlag empfinden läßt. Die Qual der wörtlichen Aneignung des im Leitfaden knochendürr gegebenen Stoffes, läßt den Schüler zum herzquickenden Genuß nicht gelangen u. s. f." — Je mehr man sich mit der Verurteilung des trockenen Leitfadens einverstanden erklären kann, desto mehr muß man sich wundern, wenn der Verf. wenige Zeilen nachher also fortfährt: „Geben wir unsern Schülern nur kurze Notizen, die Namen und Thaten in logischer und chronologischer (?) Folge ihnen präsent erhalten, nur Bausteine, aus denen der Lehrer seinen Vortrag erbaut ꝛc. . . ." Demnach bietet sich das Büchlein als gewöhnlicher Leitfaden dar, welcher dadurch nichts an seiner Trockenheit verliert, daß der Verf. denselben „Bausteine" betitelt. Die Folge dieser notizmäßigen Darstellung ist zunächst ein gewaltiges Stoffübermaß. Dasselbe wird dadurch um nichts geringer, daß der Verf. einen zweijährigen Kursus verlangt. — Außerdem leidet das Büchlein noch an einer Reihe anderer Mängel: 1. Der Verf. will die Geschichte in pragmatisch zusammenhängender Weise behandelt haben, während es doch als ausgemacht gilt,

### III. Abteilung. Litterarischer Wegweiser. 37

daß für die Volksschule, selbst unter ungünstigen Verhältnissen, nur abgerundete Einzelbilder das einzig richtige sind. 2. Die Überschriften sind sogar nicht immer zutreffend. Beispielsweise steckt unter der Überschrift „Rud. von Habsburg" die ganze Zeit von Fr. Barbarossa bis Rud. von Habsburg, Wirren im Reich nach Barbarossas Tod, Kampf und früher Tod seines Sohnes, Streit der Welfen und Waiblinger, 2 Kaiser, Ermordung Philipps von Schwaben, Kämpfe Fr. II., Tod Konradins, das Interregnum, Faustrecht, Raubritter, „Femgerichte anfangs gut, können aber das Reich nicht retten". 3. Die logische Gliederung ist sehr mangelhaft, z. B. Fr. Barbarossa: a) Zustände im Reich, b) hat keine Überschrift. Solche und ähnliche Fehler kommen mehrfach vor. 4. Die gegebenen Daten, besonders wenn sie sich auf kulturhistorische Zustände beziehen, sind oft a) nicht ausreichend, z. B. bei Karl dem Gr., b) nicht faßbar für das kindliche Verständnis. Unter der Überschrift „Karl der Gr." heißt es beispielsweise: Aus dem Einsturz des Römerreichs rettete sich die Macht der Geistlichen. c) nicht charakteristisch, z. B. Kurfürst Friedr. I. sorgt väterlich für die Mark. 5. Ethisch-religiöse Züge fehlen fast ganz. 6. Ist die sprachliche Darstellung mangelhaft. Unter der Überschrift „Karl der Gr." steht von 2 aufeinanderfolgenden Sätzen ohne irgend eine Ursache der 1. im Präsens, der 2. im Imperfektum. Dieser Fehler findet sich öfter. Oder bei Kaiser Rudolf heißt es: Gründung des Hauses Habsburg bis auf diesen Tag. Endlich 7. bedarf das Heftchen noch der Korrektur hinsichtlich der Druckfehler.

N. H. —l.

Erzählungen aus der Weltgeschichte. Zugleich als Vorstufe zu Backhaus Leitfaden der Geschichte. Bearbeitet von Harburger Lehrern. 3. Aufl.

Der Preis des Buches ist nicht angegeben. Das Buch enthält auf 164 Seiten 68 Geschichtsbilder in ziemlich engem Druck. Aus dem angeführten Titel läßt sich weder recht erkennen, welcher Art von Schulen, noch auch welcher Stufe der betreffenden Schuleinrichtung das Büchlein dienen will. Hierüber giebt ein empfehlendes Vorwort des Herrn Schulinspektors Backhaus folgende Auskunft: „Die vorliegenden Geschichtsbilder sind für die Hand solcher Schüler bestimmt, die in der Vorhalle stehen: zunächst für die 8—10 bezw. 9—11jährigen Kinder mehrklassiger Anstalten, dann aber auch für alle diejenigen Schulen, welche sich auf einen rein biographischen Unterricht beschränken müssen. Ich sehe sie zugleich als eine zweckmäßige Vorstufe für den geschichtlichen Teil meines Leitfadens, sowie aller derjenigen Handbücher an, die den Gegenstand in mehr zusammenhängender und übersichtlicher Weise behandeln z. . ." Das Werkchen will demnach einen doppelten Zweck erfüllen; es bietet sich sowohl der Volksschule, als auch den höheren Schulen an. Vorzugsweise scheinen aber die Herren Verfasser den letzten Gesichtspunkt im Auge gehabt zu haben. Es läßt sich sonst nicht absehen, weshalb aus der Zeit vor Chr. G. allein 27 Geschichtsbilder aus der alten Geschichte aufgenommen worden sind, wie Herkules, Theseus, Tarquinius, Pyrrhus, Regulus u. s. w. Auch die sprachliche Darstellung läßt vermuten, daß das Buch nicht für die schlichten Schüler der Volksschulen geschrieben ist; dieselben verlangen in der sprachlichen Darstellung solcher Lernbücher bekannte, geläufige Ausdrücke, zu denen solche wie „Überlegenheit des Geistes — unparteiische Handhabung des Rechts zc." nicht gehören, und einen einfachen Satzbau. Wie in einem gemalten Bilde, so müssen auch in einem Geschichtsbilde die einzelnen Züge bestimmt hervortreten. Wenn aber die ganze französische Revolution, die, nebenbei gesagt, noch unter der Überschrift „Napoleon" untergestedt ist, in acht Reihen abgethan wird, so läßt sich daraus schon sehen, daß man dieser Forderung nicht gerecht geworden ist. Dieser Mangel tritt aber in dem Büchelchen nicht vereinzelt auf. In dem Bilde „die Hansa" heißt es gleich eingangs: „Das Streben nach Sicherung der Person und des Eigentums, nach Schutz vor Betrug und Zollplackereien, nach Abwehr des Strandrechts und des Seeraubs zwang die deutschen Kaufleute, in der Fremde, wohin sie ihre Waren in eigener Person führen mußten, sich zusammenzuschließen." Das sind lauter Behauptungen, und für die Kinder sogar inhaltlose Behauptungen, aber keine Züge. Auch ist die sprachliche Darstellung nicht einfach. — Von einem Lernbuch für Kinder darf man auch erwarten, daß die einzelnen kleinen Abschnitte mit passenden Überschriften versehen sind.

R. H. —k.

**Kleine Vaterlandskunde von Thomas Kuzuyk**, herausgegeben von Rob. Meise. Verlag von Leucart in Leipzig.

Das Schriftchen bietet auf 90 Seiten die Geographie Preußens, des übrigen Teiles von Deutschland, Östreich-Ungarns und Palästinas, sowie einen Abriß der preußisch-brandenburgischen Geschichte.

Außer einigen Ungenauigkeiten, wie beispielsweise: „Die Gebirge in der Rheinprovinz sind auf der rechten Rheinseite der Westerwald und das sauerländische Gebirge" und: „seit 1866 wird Preußen in 12 Provinzen eingeteilt" u. a., leidet der geographische Teil an einem gewaltigen Stoffübermaß. Er enthält für Deutschland und Östreich-Ungarn etwa 1500 geographische Namen. Da darf man wohl mit dem Herausgeber d. Bl. daran erinnern, daß die Schüler doch nicht sämtlich zum Berufe der Generalstabsoffiziere übergehen. — Wollten aber die Schulen dem Vorschlage des Verfassers nachkommen, nämlich das, was nicht zur Aneignung gelangen kann, zu durchstreichen, so möchte unseres Bedünkens nicht viel übrig bleiben, zumal das den Städtenamen beigefügte Notizwerk fast ausnahmslos fallen müßte. Hätte der Verfasser statt des erdrückend vielen notizmäßigen Stoffes ein paar geographische Charakterbilder geboten, so würde auch der geographische Teil nicht in vollem Gegensatze zum geschichtlichen bezüglich der sprachlichen Darstellung stehen; da der Herr Verfasser im geschichtlichen Teile eine ausführlichere sprachliche Darstellung angestrebt hat. Freilich sind die Geschichtsbilder aus der Zeit vor dem großen Kurfürsten sehr dürftig, weil der Herr Verfasser hier in den Fehler einer chronologisch zusammenhängenden Darstellung verfällt. Vom großen Kurfürsten an sind die Bilder deutlicher. Schade, daß den Kindern selbst die angeführten kulturhistorischen Begebenheiten und Zustände meist unverständlich bleiben, weil dieselben nicht ausführlich, sondern nur skizzenhaft dargestellt sind. Die Charakterisierung König Fr. W. I. ist gänzlich verfehlt. Die Sprache muß stellenweise noch einfacher sein. Daß der Verfasser sich bemüht hat, charakteristische Auszüge und Einzelzüge zu verwerten, ist durchaus zu loben; doch scheinen uns die dargebotenen nicht immer gehaltvoll und dem kindlichen Verständnis angepaßt zu sein.

R. H. —k.

**Grundzüge der Physik von Dr. H. Dorner.** 5. Aufl. Mit 321 Holzschnitten. Hamburg bei Otto Meißner. 1883. 311 S. 3 M.

Das Buch setzt den Unterricht eines Lehrers voraus und soll dazu dienen, den Lehrstoff einzuprägen. Es ist Wert auf relative Vollständigkeit, auf Kürze und Genauigkeit der Definitionen, Beschreibungen und Erklärungen gelegt. Die Lehrsätze und wichtigsten Erklärungen sind zu leichterer Übersicht durch

III. Abteilung. Litterarischer Wegweiser.

lateinischen Druck ausgezeichnet. Als Wiederholungsbuch gut zu gebrauchen.
R. A. H.
Geschichtsbilder aus der allgemeinen und vaterländischen Geschichte. Leitfaden für mittlere und höhere Schulen von Fr. Polack, Kreisschulinspektor. 1,80 M., geb. 2,20 M.

Das Buch ist besonders für Mittelschulen bestimmt. Auf 300 Seiten enthält es 81 Geschichtsbilder aus dem Altertum (29), dem Mittelalter (31) und der Neuzeit (21). Der Titel berechtigt zu der Annahme, daß die Stoffauswahl nicht eine streng chronologische sei, sondern daß nur das kulturhistorisch Bedeutende Aufnahme gefunden habe. Diese Annahme ist irrig; die chronologische Folge ist nicht unterbrochen. Daraus schon ergiebt sich ein Übermaß von Lehrstoff, das unmöglich schulgerecht behandelt werden kann, wie es der Herr Verf. laut Vorwort doch zu wünschen scheint. Um so auffälliger klingt es, wenn im Vorwort behauptet wird: „der Stoff ist auf das nötige und mögliche beschränkt". Hierzu eine Probe: Die angefügte Zeittafel, also eine Zusammenstellung der Hauptbegebenheiten, enthält schon etwa 450 Zahlen und eben so viele Namen. Wie steht es nun in dieser Beziehung mit den dargebotenen Bildern? In jener Tafel ist beispielsweise angeführt: „die Eroberung von Konstantinopel 1453". Schlägt man nun dieses in 4 Abschnitte zerlegte Bild auf, so wird man gleich im ersten Abschnitte mit 15 Namen von Personen und mit eben so viel geographischen Namen erfreut und außerdem noch mit fünf in den Text und auf den Rand gedruckten Geschichtszahlen; das sind in Summa 35 Namen und Zahlen in einem einzigen Abschnitte dieses Bildes. Und dabei betont der Herr Verf. im Vorworte: „Die Geschichte ist nicht ein Konglomerat von Namen und Zahlen".

Noch ein 2. Beispiel: Das Geschichtsbild „Rom unter den Königen" besteht aus 4 Abschnitten. Im 3. Abschnitte sind in den ersten 26 Reihen die fünf ersten Könige Roms behandelt. Dabei kommen in diesen wenigen Reihen für die Schüler 18 fremde Namen vor. — Die angeführten Proben können zeigen, wie es mit der Stoffmenge in dem Buche bestellt ist. Ist es wirklich möglich, solche Stoffmassen zu bewältigen? und sind diese Unsummen von Namen und Zahlen nötig? — Ähnlich wie die Namen und Zahlen drängen sich die Ereignisse; denn in dem zuletzt angeführten Abschnittchen von 26 Reihen sind 21 Begebenheiten angeführt. — Ein weiterer Mangel des Buches steckt auch darin, daß die Überschriften nicht sorgfältig ausgewählt sind; der Inhalt ragt oft über den Rahmen der Überschrift hinaus. — Eine unerläßliche Forderung ist die, daß jedes einzelne Geschichtsbild notwendig auch die kulturhistorischen Zustände und Verhältnisse, und zwar durch Züge, durch gehaltvolle und charakteristische Züge darstellen muß, denn sonst bietet es eben kein Bild der betreffenden Zeit. — Betrachtet man darauf hin den Inhalt der einzelnen Bilder, so findet man auch diese Forderung nicht erfüllt. Um ein paar Beispiele anzuführen, sei hingewiesen auf die Bilder „Friedrich Barbarossa und Otto der Große". Im letzteren sind auf 2½ Seiten nur Ereignisse aus Kriegen, Veränderungen im Ländergebiet ꝛc. erzählt, und am Schlusse sind in 4 Reihen 6 Behauptungen über kulturhistorische Zustände aufgestellt. Selbst da, wo man am sichersten gehaltvolle und charakteristische Züge erwarten darf, finden sie sich nicht vor. In dem Lebensbild „Friedrich d. Gr." findet sich als 8. Abschnitt „die Kultur im Zeitalter Friedrich des Gr.". Der Abschnitt umfaßt 2 Seiten und handelt auf diesem Raum von 14 Dichtern, 6

Musikern, 2 Gelehrten, 6 Pädagogen und 3 Erfindern, zusammen von 31 Personen. Von irgend einem Zuge ist keine Spur, geschweige von solchen Zügen, die dem Schüler einen hellen Lichtblick in die betreffende Zeit verschaffen. Die vorgeführten Personen huschen wie Schattenbilder vorüber. Als Beispiel mag folgendes genügen: „Ein Zeitgenosse Fr. d. Gr. war der große Philosoph Kant in Königsberg († 1804) der Vater der neueren kritischen Philosophie." — 14- bis 16jährige Schüler der Mittelschule und — neuere kritische Philosophie!

R. H. —t.

**Naturgeschichte für Oberklassen der Volksschulen** nach monographisch-gruppierender Methode von B. Starck.

Der Herr Verf. hat aus jeder Ordnung des Tierreiches, sowie aus 14 Pflanzenfamilien und den 4 Klassen des Mineralreiches je einen oder zwei Repräsentanten zur genaueren Beschreibung ausgewählt und die übrigen Vertreter skizzenhaft angereiht. Im Vorworte weist der Herr Verf. darauf hin, daß er der ausführlichen Darstellung statt der steckbriefartigen den Vorzug gegeben habe, so wohl im Interesse des sachlichen als des sprachlichen Lernens. Je freudiger man diesem Gedanken des Herrn Verf. zustimmt, um so mehr wird man bedauern, daß die Ausführung desselben der Erwartung lange nicht genug entspricht. Die Darstellungsweise ermangelt zu sehr der Anschaulichkeit. So fehlt zunächst die logische Gliederung in kleinere Abschnitte. Dies hat u. a. zur Folge, daß die Beschreibungen meist zu dürftig sind; so ist z. B. die ganze Beschreibung über den Körperbau des Esels als des Vertreters der Einhufer mit 5 Reihen abgethan und die ganze Monographie in 16 Reihen. Vom Kopfe wird weiter nichts gesagt als: „er ist verhältnismäßig groß und die Ohren sind lang". Rumpf und Hals werden gar nicht erwähnt ꝛc. . . . .
Bei einer logischen Gliederung würde eine solche Behandlung unmöglich geworden sein. — Eine weitere Folge dieser Unterlassung ist die, daß die sprachliche Darstellung nicht einfach genug ist. Es ist zu viel in einem Satze zusammengezogen. Beispielsweise heißt es beim Goldkäfer: „Er hat einen breiten, flachen, hinten abgestumpften Leib, kurze Fühler mit blätterförmiger Keule am Ende, ein ausgerandetes Kopfschild und beinahe viereckige, lederartige Flügeldecken mit kreideweißen Querstrichen". Beim Lesen solcher Sätze schwirren dem Kinde eine so große Menge von Vorstellungen mit einer so großen Geschwindigkeit am Kopfe vorbei, daß es ihm unmöglich wird, sie einzeln bestimmt aufzufassen und festzuhalten; denn dazu gehört, daß jede einzelne Vorstellung auch deutlich hervorgehoben wird. Dann aber fehlt auch die für das Kind so notwendige Ordnung. Leider ist das Ganze doch noch zu viel kompendienhaft und wenig anschaulich und ausführlich. Bei einer anschaulichen Darstellung hätte sich auch ganz von selbst das Stoffquantum vermindert. Das Büchelchen enthält außer der Beschreibung der Ordnungen die Namen von noch ungefähr 350 Tieren und 150 Pflanzen und einer Reihe von Mineralien. Ferner würde dadurch auch auf eine zweckmäßigere Anordnung des Stoffes hingedeutet worden sein, indem zunächst die allgemeinen Bemerkungen überflüssig geworden wären. Auch würden dann, ähnlich wie es bei den Pflanzen zweckmäßig geschehen ist, die ausländischen Tiere am Schlusse kurz haben behandelt werden können. Endlich muß noch darauf hingewiesen werden, daß die ausgewählten Vertreter überhaupt nicht glücklich gegriffen sind.

R. H. —t.

# Evangelisches Schulblatt.

**Februar 1887.**

**II. Abteilung.** Zur Geschichte des Schulwesens, Biographien, Korrespondenzen, Erfahrungen aus dem Schul- und Lehrerleben.

## Karl Friedrich von Klöden.

Gedenkblatt zum 21. Mai 1886.*)

Von Ernst Schreck in Hannover.

> „Leicht ist's, folgen dem Wagen,
> Den Fortuna führt,
> Wie der gemächliche Troß
> Auf verbesserten Wegen
> Hinter des Fürsten Einzug.
> Aber abseits, wer ist's?!"

Am 21. Mai v. J. waren 100 Jahre verflossen, daß Karl Friedrich von Klöden geboren ward. Nicht allein als Altmeister brandenburgischer Natur- und Geschichtskunde, als Geograph und Kartograph verdient er das Interesse der Lehrerwelt, das durch den abseits der gebahnten Heerstraße liegenden Bildungsgang, den er genommen, noch erhöht wird, sondern auch als Schulmann. Sein Leben zeigt — nach den Worten seines Enkels Max Jähns in dem Vorwort zu Klödens Jugenderinnerungen — das harte Ringen einer selten begabten Natur aus den kümmerlichsten, ärmlichsten Lebensbedingungen hinauf in die Sphäre freier wissenschaftlicher Thätigkeit und folgereichen amtlichen Wirkens.

Zu den ältesten Familien der Altmark, dem Stammlande der Mark Brandenburg, gehört auch die von Klöden, deren Stammsitz, das Rittergut Klöden, 1½ Meile westlich von Stendal gelegen, ist. Der Großvater unseres Karl Friedrich hatte unter Friedrichs Fahnen die beiden ersten schlesischen Kriege mit gekämpft, später aber den Kriegsdienste Valet gesagt und die Bewirtschaftung seiner Güter übernommen. Sein Sohn Joachim Friedrich erhielt eine mangelhafte Ausbildung in der Dorfschule zu Badingen, da die Mittel nicht ausreichten, einen Erzieher zu halten. In seinem 12. Jahre starb die Mutter, und so blieb dem Knaben nur die Erziehung von seiten des Vaters, die eine sehr rauhe war. Gern wäre er Soldat geworden, aber der Vater, der es während seiner Militärzeit nur bis zum Lieutenant gebracht hatte, wollte hiervon nichts wissen. Als dieser nun zu einer zweiten Ehe schritt, verließ der Sohn heimlich das elterliche Haus und ging nach Berlin, wo er sich unter dem Namen: Joachim Friedrich Klöden, ohne seinen Adel anzugeben, als Bombardier in die Regimentsliste der reitenden Artillerie eintragen und einkleiden ließ. Er brachte es bis zum Unteroffizier, als welcher er 1778 den bayrischen Erbfolgekrieg mitmachte. Nach der Rückkehr vermählte er sich mit der Tochter des Kompanie-Chirurgus Willmanns. Das erste Kind dieser Ehe, eine Tochter, starb im Alter von einem Jahre. Am 21. Mai 1786 er-

---
*) Quelle: Jähns, Jugenderinnerungen K. F. v. Klödens. Leipzig 1874.

4

hielten die Eltern für den Verlust Ersatz in der Geburt eines Sohnes, unseres Karl Friedrich, dessen Andenken nachfolgende Zeilen gewidmet sind.

Während der Geburt dieses Sohnes, der in der Kaserne das Licht der Welt erblickte, war der Vater in Parade auf dem damaligen Exerzierplatze im Tiergarten. Seine erste Knabenzeit ist voll von Erlebnissen in der militärischen Atmosphäre, in der der Knabe aufwuchs. So erzählt er später in seinen „Jugenderinnerungen" von zwei Kanonen, die unten auf der Hausflur der Kaserne, in der die Eltern wohnten, standen und den Jungen zu Turnübungen dienten. Klöden erzählt: „Waren wir müde, so setzten wir uns reitend auf Rohr und Lafette, und sangen mit heller Kehle: „Auf, auf! ihr Brüder und seid stark," oder andere Soldatenlieder, die wir aufgeschnappt hatten, und die einer den andern lehrte. Sie gehörten oft nicht zur besten Sorte dieser Lieder, aber wir verstanden sie meistens nicht und hatten kein Arg dabei." Bei dem spärlichen Solde, den er erhielt, fiel es dem Vater schwer, die Seinen redlich durch die Welt zu bringen; auch die Nebeneinnahmen, die er sich durch Vergolden von Schnitzarbeiten, womit er sich außer seiner Dienstzeit beschäftigte, verschaffte, waren nur gering. Da lag es der Mutter ob, durch Handarbeiten das Ihre zur Bestreitung der Haushaltungskosten beizutragen. Leider waren aber nicht immer Bestellungen genug da, und wenn sie bloß auf den Verkauf arbeitete, so mußte sie die Waren oft so billig losschlagen, daß sie nicht imstande war, Seide zu neuer Arbeit zu kaufen. Dazu kam noch, daß der Vater „Freiwächter" ward. Nach den damaligen Heereseinrichtungen konnte der Kompaniechef nämlich einen Teil seiner Kompanie auf 4 Monate beurlauben, während er inzwischen den Sold dieser Mannschaften für seine Privatkasse bezog. Diese Beurlaubten und also vom Dienst Befreiten erhielten den Namen „Freiwächter." Dieses Los traf auch Klödens Vater, sodaß er wohl während seiner unfreiwilligen Beurlaubung keinen Dienst zu thun brauchte, seine Wohnung behielt, aber in 4 Monaten keinen Pfennig Sold erhielt, sich auch, da er Unteroffizier war, keine Nebenbeschäftigung als Packträger, Handlanger, Schuhputzer ꝛc. suchen durfte. Das war eine schlimme Zeit für die Familie und Schmalhans oft Küchenmeister, da die Mutter jetzt die ganze Wirtschaft erhalten mußte. Auch der Vater von Klödens Mutter war so arm, daß er nicht helfen konnte.

Im Juli 1792 mußte der Vater mit dem Heere nach Frankreich ziehen. Das wenige Geld, das er für die Seinen zurückließ, war bald ausgegeben, und da wegen des Krieges die Kaufleute keine Geldbeutel, die die Mutter verfertigte, auf Lager kaufen wollten, so brach das bitterste Elend über die Familie herein. K. sagt: „Wie oft sind wir, zumal meine Mutter, hungrig zu Bette gegangen; wie oft hat sie allein gehungert, nur um uns Kinder satt zu machen!" Während die Familie daheim darbte, erging es auch dem Vater im Feldzuge nicht besonders. Bei dem Rückzuge der Preußen aus der Champagne geriet er in französische Gefangenschaft und ward nach Longwy gebracht, wo er von dem dort herrschenden Lazarettyphus ergriffen ward. Nachdem er ein Vierteljahr daran gelitten hatte, ward er wieder hergestellt und kehrte nach der Auswechselung zu den Seinen zurück.

Unser Karl Friedrich war inzwischen 7 Jahre alt geworden, konnte aber noch nicht lesen. Wohl besuchte er die Armenschule, konnte sie aber, da er seine Geschwister zu warten hatte, während die Mutter ihrer Arbeit nachgehen mußte, nur unregelmäßig besuchen; auch zeigte er wenig Lust zum Lernen. Er erzählt darüber: „Es waren zwei Gebrüder, welche die sehr zahlreich besetzte Schule hielten und von welchen jeder eine Abteilung beschäftigte. Ich habe die Schule innerhalb vier Wochen etwa 14 Tage lang besucht. Was darin vorgenommen wurde, begriff ich nicht, und das „a, b, ab, b, a, ba"" langweilte mich unendlich. Die beiden Pädagogen saßen im schlechtesten Anzuge mit baumwollenen weißen Nachtmützen auf den Köpfen, einen Stecken in der Hand da, und das Einzige, was ich verstand, waren die Prügel, die es häufig regnete. Neu war mir die Strafe des Eseltragens. Auf ein braunes, rundes Brett war ein Esel gemalt, der einem nach dem andern um den Hals gehangen wurde. Ich begriff nur soviel davon, daß es geschah, wenn der Lehrer mit einem unzufrieden war. Gelernt habe ich dabei eigentlich nichts, denn dazu war die Sache nicht angethan."

Bald nach der Rückkehr des Vaters aus dem Feldzuge ward dieser als Accise-Aufseher nach Preußisch Friedland in Westpreußen versetzt. Aber auch hier mußte sich die Familie kümmerlich durchschlagen, da die Einnahmen des Vaters nur sehr gering waren. Da Karl Friedrich noch nicht lesen konnte, ward er in eine Vorschule gebracht, die von einer mehr als 70 Jahre alten Frau gehalten ward, die während des Unterrichts, wenn man das Abhören des „a, b, ab" so nennen will, das Spinnrad nicht ruhen ließ. „Die Alte sprach wenig; machte ein Kind Fehler, so schob sie ihr Spinnrad zur Seite, lippte mit einer Hand das Kind über den Schoß, hob mit der andern den Rock in die Höhe, ergriff die Kelle oder Rute und bearbeitete nach Gutdünken das Sitzfleisch. Dann kam ein anderes Kind an die Reihe, bis man durch war. Etwas anderes wurde nicht vorgenommen, und lange Stunden saß man still und müßig, bis die bestimmte Zeit verflossen war. Zuviel lernte man nicht, ausgenommen Jungenstreiche."

Nachdem Klöden die Schule der alten Frau einige Zeit besucht hatte, schickten ihn die Eltern in die Stadtschule, die von dem Rektor Fraul, der zugleich Organist und Nachmittagsprediger an den Festtagen war, gehalten ward. „In der Schule erschien er nie anders als den runden kahlen Kopf mit einer weißen Zipfelmütze bedeckt, im weiten, klein geblümten kattunenen Schlafrock, der den starken Spitzbauch weit bedeckte, und mit Pantoffeln an den Füßen. Solange ich ihn gekannt habe, blieb es immer derselbe Schlafrock." So erzählt Klöden. Interessant ist die Schilderung, die er in seinen Jugenderinnerungen" von dem Unterrichte und dem Geiste, der in dieser Schule herrschte, giebt. Im Bibellesen, mit dem täglich die erste Schulstunde begann, ward z. B. die ganze Bibel, einschließlich der Apokryphen, also vom ersten Worte der Genesis bis zum letzten der Apokalypse, gelesen, ohne ein Wort auszulassen, ohne daß etwas erläutert ward. Vom Rektor hörte man in der ganzen Stunde fast nichts als das Wort: „Weiter!", wenn ein anderer Schüler fortfahren sollte. In der Religionslehre ward das ganze kleine Kompendium der Dogmatik, welches auf des Ministers Wöllner Veranlassung geschrieben und unter dem Titel: „Die christliche Lehre im Zusammenhange" herausgegeben war, mechanisch mit den zahlreichen Beweisstellen und ohne irgend eine Erklärung eingelernt. In ähnlicher Weise ward der Unterricht in der biblischen Geschichte betrieben. Geschrieben wurde nur im Hause; in der Schule ward bloß das Geschriebene vom Rektor angesehen und Neues vorgeschrieben. Wer gerade nicht vor dem Rektor stand, der saß fast für die ganze Stunde unbeschäftigt da. Auch das Rechnen ward rein mechanisch betrieben. Klöden läßt sich über die Schule folgendermaßen aus: „An Stelle des lebendigen Geistes war der Buchstabe getreten. Man hielt alles Äußere in gewohnter Form fest und wußte sich viel damit, aber das Innere war hohl und leer. Betrachte man unsere Schule un-

4*

befangen und frage sich, ob irgend eine Geisteskraft darin geweckt, genährt und geübt wurde, außer dem Gedächtnisse? Das lebendige Wort war so gut wie verbannt; denn der Rektor sprach in einem ganzen Vormittage nicht 50 Worte; ein toter Mechanismus herrschte; die Schule ging von selber; der Unterricht, die Belehrung, das Verständnis, die lebendige Überzeugung fehlte. Daß es außer dem religiösen Wissen auch noch ein anderes gäbe, davon erfuhren wir nichts. Wir wußten nicht, daß es eine deutsche oder fremde Sprachlehre gab; Geschichte, außer der biblischen, Geographie, Naturgeschichte ꝛc. waren uns bedeutungslose Worte. Wenn es darauf angekommen wäre, eine Methode anzugeben, wie man eine Schule mit dem wenigsten Wissen, mit den wenigsten Worten und der geringsten Mühe halten könne, so hätte man keine trefflichere ersinnen können als die angegebene. Jeder der besseren Schüler hätte, wenn man von der Autorität absieht, die Stelle des Rektors vertreten können. An manchen Tagen war es kaum nötig, ein Wort zu sprechen. Mit Kopfnicken und Winken konnte fast alles abgemacht werden. Wahrlich, es that not, daß der Geist Pestalozzis in den preußischen Schulen lebendig ward, aber erst die Trübsale der französischen Invasion und das erwachende Morgenrot der Freiheit brachten auch für die preußische Schule neuen Geist und neues Leben; es mußten erst Fichtes Donnertöne die Herzen wach rufen, Zeller, Dinter, Plamann, Jahn, Harnisch die pestalozzischen Ideen verwirklichen."

Trotz der großen Einseitigkeit der Schule zog er doch von ihr Nutzen. So ward durch sie sein Gedächtnis geübt. Aus der Bibel prägte er sich einen Schatz der schönsten biblischen Erzählungen und Sprüche und aus dem Gesangbuche einen Schatz der vortrefflichsten Kirchenlieder ein, was sich ihm, wie er wiederholt versicherte, später als ein wahrer Segen erwies; „denn", pflegte er hinzuzufügen, „aus diesen Schätzen habe ich in schweren Zeiten die Kraft geschöpft, die mich aufrecht erhielt und über Gefahren und Klippen hinweg führte."

Die Verhältnisse der Familie wurden immer trauriger; sie verarmte vollständig; die Nebeneinnahmen des Vaters hatten sich außerordentlich vermindert, und für die Mutter war mit weiblicher Handarbeit in Pr. Friedland nichts zu verdienen. Dazu kam noch, daß der Vater, infolge seiner häufigen dienstlichen Anwesenheit in den Brennereien verführt, sich dem Trunke hingab. Aus dieser unseligen Verbindung mit den Branntweinbrennern ward er durch seine anfangs 1796 erfolgte Versetzung als Thoreinnehmer nach dem 10 Meilen entfernten Märkisch-Friedland gerissen, aber die Neigung zum Trunke blieb.

Karl Friedrich besuchte auch hier wieder die Schule, aber nicht die Stadtschule, da diese von einem alten Kantor gehalten ward, der ziemlich alle Tage betrunken war, sondern die Eltern schickten ihn in die Privatschule des zweiten Predigers Meerkatz. Aber auch hier war der Unterricht nicht besonders, und Klöden merkte gar bald, daß er alles, was in dem Unterrichte vorkam, schon weit vollständiger wußte. Der ganze Lehrplan bestand in Bibellesen, Katechismus, Schreiben und Rechnen, etwas biblischer Geschichte, Auswendiglernen von Gesangbuchversen und Sprüchen, und auch hierin war der Unterricht nur sehr mangelhaft. Da war die Mutter, die übrigens eine gute Bildung besaß, von großem Einflusse auf ihren Sohn, weshalb er auch mit inniger Liebe an ihr hing. Sie suchte sich durch Lektüre, soviel sie deren in dem kleinen Städtchen, das größtenteils von Juden bewohnt war, habhaft werden konnte, fortzubilden, und hieran nahm unser Karl Friedrich teil. So kam ihm auch Campes Robinson Crusoe in die Hände, der eine große Wirkung auf ihn ausübte, so daß er das Buch elfmal nach einander durchlas, ohne eine Silbe zu überspringen. Jede Scene stellte sich — wie er erzählt — ihm plastisch dar, alle Erklärungen verschlang er vollstäubig; seine Welt-, Menschen- und Sachkenntnis erhielt durch dieses Buch einen großen Zuwachs. Er sagt u. a.: „Mir ging eine ganz neue Welt auf, ich hätte jede Scene bis ins kleinste malen können; ich lebte mit Robinson, empfand mit ihm, er wurde mein anderes Selbst. Außer der Bibel hatte kein Buch auf mich so mächtig gewirkt, keines mich so wesentlich gefördert und meinen Ideenkreis erweitert. Zum zweiten Male dürfte nicht leicht ein pädagogischer Schriftsteller einen so glücklichen Griff thun wie Campe mit dem Robinson." Ebenso las er Campes Entdeckung von Amerika mit großem Interesse. Über das Lesen selbst spricht er sich folgendermaßen aus: „Ich gewann die Überzeugung, daß es weit besser sei, zwei Bücher stationär und oft wiederholt zu lesen, als zehn flüchtig und oberflächlich, daß überhaupt der Wert eines Buches für den Menschen nicht an sich, sondern durch seine Wirkung auf den Menschen zu bestimmen ist."

Auch Comenius Orbis pictus fiel Klöden in die Hände, in welchem er besonders einen reichen Schatz von lateinischen Vokabeln fand, die er dann lernte; auch Hübners Geographie, die er in einem alten Exemplare bekam, bereicherte sein Wissen. Bei dem Rektor Pax, der dem alten Kantor gefolgt war, erhielt er dann auch Privatunterricht im Lateinischen und besuchte auch dessen Schule, von der er sagt: „Es war doch ein anderes Lernen bei ihm als bei meinen bisherigen Lehrern. Er erklärte, verdeutlichte, ließ Anwendungen machen, wies die Ursachen und Gründe nach, soweit wir sie verstehen konnten, kurz, er weckte das Nachdenken und bildete den Verstand, indem er auf Einsicht drang. Davon war bisher nicht die Rede gewesen. Auch die Büchersammlung des Rektors benutzte er fleißig und mit großem Gewinn für sein Wissen. Von einem alten verarmten Barone, der mit in demselben Hause wohnte, erbte er den ersten Teil von Wolfs „Anfangsgründen der Mathematik," dessen Studium in ihm den ersten Grund zu seinem später so umfangreichen mathematischen Wissen legte. In den „Jugenderinnerungen" heißt es: „Die Mathematik ließ mir keine Rast noch Ruhe. Durch oftmaliges Wiederholen drang ich immer besser in das Verständnis ein, und namentlich war es die Geometrie, in welcher ich immer größere Fortschritte machte." Auch die Anfangsgründe der französischen Sprache erlernte er, ebenso das Klavierspiel. Fleißig las er seiner Mutter vor, freilich ohne Wahl, wie die Bücher gerade zu haben waren. Das häusliche Leben ward indes immer trüber, da der Vater nicht mehr von seiner unglücklichen Neigung lassen konnte.

Vierzehn Jahre alt, erfolgte Klödens Einsegnung. Mit dem Denkspruche des Psalmisten: „Wie wird ein Jüngling seinen Weg unsträflich gehen? Wenn er sich hält nach deinem Worte" ward er in den Bund der Christen aufgenommen. Dieser Denkspruch behielt für ihn die Bedeutung eines ihn leitenden Sternes auf seiner Lebensbahn. Gemäß den Wünschen der Eltern, begab er sich im Jahre 1801 nach Berlin und trat in das Geschäft seines Oheims, eines Goldarbeiters, als Lehrling ein. Neigung zum Geschäfte fühlte er zwar nicht in sich; am liebsten hätte er studiert, aber hieran durfte er nicht denken, da seine Eltern nicht die Mittel besaßen, um ihn auf einem Gymnasium und nachher auf der Universität zu unterhalten. Obgleich alle seine Seelenkräfte — wie er sagt — auf die Erfüllung des Lieblingswunsches seiner Seele hinarbeiteten, so mußte er ihn doch unterdrücken. Als Lehrbursche mußte er viele Dienstleistungen, als Küchengeschäfte, Botendienste zc. thun; überhaupt war er des Tags über 13 Stunden ohne Unterbrechung im Hause thätig, so daß man denken sollte, er hätte sich an seine früheren Studien nicht mehr kehren können. Dem war aber nicht so. Er führte eine Art Doppelleben. Jede freie Zeit, die er nur für sich erübrigen konnte, verwandte er dazu, sein Wissen zu vervollständigen. Während andere junge Leute doch des Sonntags ausgingen, sich Bekannte suchten, Bier tranken und sich lustig machten, saß er zu Hause über den Büchern. Er sagt: „In den Büchern fand ich eine Welt, die mir zusagte; die wirkliche stieß mich ab oder ließ mich kalt." Von seinen französischen Studien erzählt er: „Ich trieb fleißig Französisch und machte merkliche Fortschritte. Beim Schreiben fehlte mir allerdings ein Korrektor; allein ich sah die Arbeit jederzeit genau durch, verbesserte, was ich konnte, und ließ sie dann einige Wochen liegen, während ich weiter arbeitete. Dann wurde sie wieder vorgenommen, und gewöhnlich war ich nun imstande, Fehler aufzufinden; denn der Korrektor hatte bereits mehr Kenntnisse, als der Schreiber. Ich kann diese Methode als probat empfehlen." Bei der Arbeit ward in Gedanken fleißig konjugiert, Vokabeln wurden eingelernt, des Sonntags schriftlich gearbeitet; oft saß er Sonntags einsam auf dem Hausboden, durch dessen Luke die Sonne schien, mit seinen Büchern, die er zum größten Teile von Antiquaren kaufte. Um seine historischen Kenntnisse zu vermehren, begann er Briefe an seine Schwester, in welcher er ihr die Geschichte nach seiner Weise erzählte. Als Material benutze er Schröckh's Weltgeschichte für Kinder, Ruffels Geschichte von Europa, einige Taschenkalender und andere Bücher. Auf diese Weise schrieb er im Laufe einiger Jahre 52 enggeschriebene Bogen zusammen, ohne zu Ende gekommen zu sein. Auch Mathematik trieb er sehr eifrig. Sonntags machte er auch häufiger Spaziergänge nach einsam gelegenen Orten. Hier streckte er sich ins Gras, holte die mitgebrachten Bücher hervor und versenkte sich in eine fremde Welt. Auch Italienisch begann er nach einer von seinem geringen sich abgedarbten Taschengelde gekauften Grammatik. Später bekannte er: Verdankte ich doch den Büchern fast alles, was ich wußte, und somit auch großenteils das, was ich war."

Trotz seiner mannigfachen Studien machte Klöden doch in der Werkstätte gute Fortschritte und erwarb sich dadurch die Zufriedenheit seines Oheims, der ihm dann auch gestattete, in einigen Stunden in der Woche an dem unentgeltlich erteilten Zeichenunterrichte in der Akademie teilzunehmen. Auch beschloß er das Gravieren, das eigentlich nicht zur Goldarbeiterei gehörte, zu erlernen; dieses führte ihn dann zum Stechen geographischer Karten. So trieb sein Wissensdrang ihn unaufhaltsam vorwärts. Auch legte er sich ein Gedächtnisbuch an, worin er die Aufsätze sammelte, die ihm besonders wichtig und lehrreich erschienen, vorzüglich mathematischen und physikalischen Inhalts. Kurz vor Beendigung seiner fünfjährigen Lehrzeit, am zweiten Weihnachtstage 1806, traf ihn ein harter Schlag: seine Mutter, die sich in Berlin einer Operation unterzog, erlag derselben. Er widmete ihr in seinen „Jugenderinnerungen" folgenden Nachruf: „Ruhe sanft, Du gute, liebe, treffliche Mutter! Alles, was ich bin und habe verdanke ich nächst Gott, Dir! Deiner Erziehung, Deiner Sorgfalt, Deiner Leitung verdanke ich die Richtung meines Geistes, meines Gemütes, meines Willens; Du wecktest meine Neigungen und Anlagen und richtetest sie auf ein würdiges Ziel; Du hieltest Deine Hand über mir, wenn mein Fuß strauchelte, und ermunterst mich, wenn ich auf gutem Wege war. Wäre es mir doch vergönnt gewesen, Dir ein heiteres, sorgenfreies, freudenreiches Alter zu bereiten, das Du so sehr verdientest, da Dein Leben nur eine Kette von Leiden war, mit denen Du gottergeben, als eine Christin und Heldin rangest."

Mit dem Jahresschlusse 1806 endete auch Klödens Lehrzeit. Zuerst war er noch als Geselle bei seinem Oheime thätig, kam aber bald außer Arbeit und mußte sich nun seinen Unterhalt durch Unterricht in Guitarrespiel, Kupferstechen und Goldarbeiten erwerben. Im Jahre 1808 lernte er Johanne Heyl, die Schwägerin seines Freundes, des Malers Schuler, kennen, mit der er dann auch am 29. Oktober 1809 den Bund fürs Leben schloß. Er sagt von ihr: „Ihr Herz war rein und tieffühlend, ihr Sinn ernst, ihr Geist fromm ohne Frömmelei, ihr Charakter gutmütig, still, bescheiden, ohne alle Ansprüche und geduldig — Eigenschaften, die mich sehr anzogen." Sein Brautstand und auch sein Ehestand hinderten ihn aber nicht, seine wissenschaftlichen Studien fortzusetzen; so trieb er noch an seinem Hochzeitstage vormittags einige Stunden Algebra. Besonders beschäftigte er sich mit physischer Geographie und Astronomie, da diese ihn vor andern interessierten. An allen wissenschaftlichen Bestrebungen nahm er innigen Anteil. Was er mit seinen Kenntnissen wollte, wußte er nicht; ihn trieb nur der Wissensdrang zum Weiterarbeiten. Er sagt a. a. O.: „Mich trieb eine Art von Instinkt in die Wissenschaft hinein, und ich konnte nicht anders, wenn ich es auch gewollt hätte. Wie der Wandervogel im Herbste nach Süden zieht und unaufhaltsam Länder und Meere überfliegt, ohne ein anderes Ziel zu kennen, als die Richtung nach Süden, so war es mir; mein Ziel aber war die Wissenschaft, und der Zug dahin richtete meine Schritte, ohne daß ich wußte, wo ich anlangen würde und anlangen wollte. Der Campesche Grundsatz aus dem Robinson: zu lernen, was man nur irgend vermöge, leitete mich, und ließ mich weder ruhen noch rasten, ja er wird mich nicht ruhen lassen, solange ich lebe."

Inzwischen war er mit der damals berühmten Landkartenhandlung von Simon Schropp & Comp. bekannt geworden, für die er als Zeichner arbeitete. Auch machte er die Bekanntschaft des berühmten Staatsrates Niebuhr, nachmaligen preußischen Gesandten in Rom, für dessen römische Geschichte er zwei Karten vom alten Italien anfertigte. Niebuhr fällte darüber im 2. Teile des Werkes folgendes Urteil: „Zuvörderst muß ich ferner bemerken, daß das Verdienst der geographischen Darstellung, wie die Pflicht, sie zu rechtfertigen, sowohl für diese Karte, als die des vorhergehenden Bandes, nicht mir gebührt, sondern dem geschickten Zeichner, dessen Namen beide anzeigen." Durch die Anfertigung eines Globus für das Plamannsche Institut, in dem nach Pestalozzis Grundsätzen unterrichtet ward, machte Klöden die Bekanntschaft des Professors Plamann. Dieser übertrug ihm den Leseunterricht in seiner Anstalt für einige Stunden der Woche, bis ein Lehrer, der noch in der Schweiz weilte, eintraf. Diese Wirksamkeit an der Plamannschen Schule war für seine Folgezeit von großem Einflusse; er lernte hier die Pestalozzischen Ideen in ihrer praktischen Gestaltung kennen und von den Lehrern: Friesen, Jahn, Eiselen, Harnisch u. a. die Begeisterung für das Werk der Jugendbildung. Er ahnte wohl nicht, daß er später selbst dauernd dem Lehrerberufe angehören werde. Neben seiner einige Monate dauernden Beschäftigung im Plamannschen Institute trieb er seine geographischen und physikalischen Studien, zu denen noch Mineralogie und Geognosie hinzukamen, eifrig weiter und blieb auch noch für die Schroppsche Handlung in Thätigkeit. So zeichnete er im Jahre 1811 eine Gebirgs- und Gewässerkarte von Europa, die zuerst 1813 erschien und vielen Beifall fand.

Während des Feldzuges 1813 beschäftigte Klöden sich viel mit den Ingenieurwissenschaften, um vielleicht als Ingenieur oder als Ingenieur-Geograph den Feldzug mitmachen zu können. Dieses geschah zwar nicht, doch kamen ihm diese Studien, als es galt, Berlin durch Verschanzungen gegen die nach der Schlacht bei Großgörschen heranrückenden Franzosen zu schützen, sehr zu statten. Zu Anfang desselben Jahres trat er auch als ordentlicher Lehrer in die Plamannsche Anstalt ein, um an Friesens Stelle, der zum Heere abgegangen war, das Lehrfach der Formenlehre, Geometrie und Mineralogie nach Pestalozzis Methode zu übernehmen. Schon vorher hatte er sich mit dem Studium der Schriften von Pestalozzi und seiner Jünger befaßt und über Mineralogie einer Anzahl von Lehrern unentgeltliche Vorträge gehalten. Über die Plamannsche Anstalt schreibt er: „Es herrschte wirklich ein vortrefflicher Geist in der Anstalt, ein Geist des frischesten Lebensmutes, der freudigsten Hoffnung, der hingebenden Vaterlandsliebe, der ungeheuchelten Gottesfurcht und Frömmigkeit und des wissenschaftlichen Lerneifers. Lehrer und Schüler lernten mit gleicher Freudigkeit und bildeten eine große gemeinsame Familie, die durch gegenseitiges Wohlwollen eng verbunden war. Jeder stand im Bewußtsein, das Gute zu wollen, das Rechte zu thun, und damit den vielfachen, wenn auch oft recht schwachen Gegnern der edlen Methode den wirksamsten Schild entgegen zu halten. Diese schönen Bemühungen der Lehrer und Schüler wurden damals von den, jede Kräftigung des Geistes eifrigst befördernden hohen Behörden auf das Lebhafteste und im besten Sinne unterstützt, und so konnte ein gedeihliches Wirken nicht ausbleiben."

Ungeachtet seines reichen Wissens fand Klöden doch in manchen Kreisen nicht die Würdigung, die ihm zukam, nur aus dem Grunde, weil er die Universität nicht besucht hatte. Er sagt darüber: „Wie ganz anders wäre es gewesen, wenn ich zur gehörigen Zeit immatrikuliert worden wäre! Ob ich dann mehr gewußt hätte als jetzt, wen kümmerte das? Ich wäre nach drei Jahren ein Studierter, ein „Literat" gewesen, und jeder Zweifel an meiner Befähigung wäre durch einige Zeilen Schwarz auf Weiß niedergeschlagen. Wie sehr bedauerte ich, dieser äußeren Vorteile halber, daß ich nicht imstande gewesen war, in gewohnter Weise meinen Studiengang zu machen, daß ich mit einem Worte „nicht studiert" hatte, obgleich ich wohl mehr studiert hatte, als gar viele Studierte." Endlich auf vieles Drängen seiner Freunde entschloß er sich, sich für die Universität vorzubereiten. Sein Latein, das er nach seinem Fortgange von Friedland vernachlässigt hatte, nahm er wieder auf. Im September 1814 bestand er dann mit gutem Erfolge die Prüfung für die Immatrikulation bei der Universität, die bald darauf für die philosophische Fakultät erfolgte. Er sagt: „Ich hatte endlich erreicht, was mein sehnlichster Wunsch von Jugend auf gewesen war, aber auf welch einem gewaltigen Umwege, und nach wieviel vergeblicher Arbeit und nach welchen Mühen! Ich war jetzt 27½ Jahr alt, war Familienvater, war Lehrer und hatte bereits einen Ruf als Geograph, aber fast 10 Jahre war ich meiner eigentlichen Bestimmung entfremdet gewesen, und wenn diese auch nicht für mich verloren waren, so hatten sie doch nicht die Früchte tragen können, welche sie unter andern Umständen gebracht haben würden. Und doch war es nicht anders möglich gewesen; ich mußte im Gegenteile froh sein, daß es mir trotz aller Hindernisse durch treuen Fleiß, unermüdete Anstrengung und aufmerksame Benutzung der Umstände möglich geworden war, das Ziel zu erreichen."

Als Student blieb er doch noch immer am Plamannschen Institute thätig. Vornehmlich beschäftigte er sich mit naturwissenschaftlichen und geographischen Studien; auch begann er das Griechische, da er sich auf Anraten mehrerer Freunde, besonders des auch bei Plamann thätigen Dr. Zernial, cand. theol., entschlossen hatte, sich für den Predigerstand vorzubereiten. Daß er jetzt bei seinen mannigfachen Arbeiten und Studien viel zu thun hatte, ist einleuchtend, doch „das Geheimnis Leistungsfähigkeit bestand in einer sehr geregelten Zeiteinteilung." Durch seine geographischen Arbeiten war er inzwischen so bekannt geworden, daß die ihm einst so feindlichen geographischen Ephemeriden nicht umhinkonnten, ihn in einem Aufsatze unter den vorzüglichsten Geographen der Gegenwart zu nennen. Von den theologischen Vorlesungen, die er belegt hatte, waren es besonders die Schleiermachers, die ihn sehr anzogen; neben den theologischen Studien wurden aber auch die übrigen fortgesetzt. Auch die Fichteschen Schriften wurden von ihm fleißig durchstudiert und waren auf ihn von großem Einflusse. Auch versuchte er mehrere Mal in den Kirchen benachbarter Geistlichen zu predigen.

Mit dem Jahre 1817 trat ein neuer Wendepunkt in Klödens Leben ein. Das Schullehrer-Seminar in Berlin war aufgelöst worden, und Regierungsrat von Türk in Potsdam hatte den Auftrag erhalten, dasselbe dort in erweiterter Gestalt, dem Bedürfnisse der Zeit gemäß, neu zu gründen und zu gestalten. Klöden, der inzwischen die Bekanntschaft Türks gemacht hatte, war der Regierung von diesem als Direktor der neuen Anstalt empfohlen worden, die ihm dann auch die Stelle antrug. Dieser für ihn ehrenvolle Antrag kam ihm sehr überraschend, und schwer ward ihm das Scheiden von der Plamannschen Anstalt. Dem Staatsrate Süvern, der diese Angelegenheiten im Kultusministerio zu bearbeiten hatte, erbot er sich, sich einer Prüfung unterziehen zu wollen, wenn diese verlangt würde. Doch Süvern erwiderte: „Was Sie bisher bei Plamann geleistet haben, ist meiner Meinung nach mehr als Prüfung, und macht jede andere überflüssig." So war Klöden nun Leiter eines Lehrerseminars geworden. Er sagt: „Am erstauntesten war mein Schwiegervater über die mit mir eingetretene Veränderung. Er hatte seine Tochter einem Graveur gegeben, und nun sollte sie mit einem Male die Frau eines Seminardirektors sein! Er konnte sich gar nicht darin finden."

Am 15. November 1817 siedelte Klöden mit seiner Familie nach Potsdam über. Da gab es nun, besonders in der ersten Zeit, viel Arbeit für ihn. Mußte doch der Lehr- und Lektionsplan, der Organisationsplan der Anstalt und die Hausordnung der Seminaristen ausgearbeitet werden. Dazu kamen noch die Arbeiten für seine Unterrichtsfächer: Pädagogik und Didaktik, Formenlehre und Geometrie, Geographie, Naturlehre und Naturgeschichte, ferner Prüfungen, deren er viele abzuhalten hatte; denn alle diejenigen, die sich zu Schulämtern meldeten, ohne in einem Seminar gewesen zu sein, hatte er mit den Lehrern des Seminars zu prüfen, und darüber der Regierung Bericht zu erstatten. Doch Klöden zeigte sich seiner Aufgabe gewachsen und fand auch noch Zeit für wissenschaftliche Arbeiten. Seinen Seminaristen war er ein väterlicher Leiter; er suchte sie nicht von der Welt in klösterlicher Weise abzusperren, da er wohl wußte — wie er sagt — daß die Belehrungen der Welt ihren Weg auch über jede Klostermauer finden würden und daß die Menschen innerhalb dieser Mauern nicht um ein Haar besser, als außerhalb derselben, wohl aber notgedrungen größere Heuchler sind. Er führte sie vielmehr, soviel es anging, in das gesellschaftliche Leben ein; so ließ er sie u. a. auch an dem Gesangvereine der Stadt, dem er selbst angehörte, teilnehmen. In seiner Seminararbeit fand er viel Unterstützung von seiten des Schulrats von Türk, mit dem er dann in den Ferien auch Schulreisen unternahm. Für den Lehrerstand, für welchen er die jungen Leute bilden sollte, hatte er ein warmes

Herz; er bedauerte sehr die kläglichen Gehaltsverhältnisse desselben; so sagt er bei der Erzählung von dem traurigen Schicksale des Rektors Pax in Märkisch-Friedland: „Man glaubt nicht, wie viel edle Kräfte im Lehrerstande untergehen infolge der jämmerlichen Umstände, in welchen man sie schlechthin verkümmern läßt. Vieles ist in neuerer Zeit geschehen, um dies traurige Verhältnis zu ändern, aber viel, viel mehr muß noch geschehen. Wann wird es durchgreifend und genügend darin besser werden?!"

Für die Schullehrer der nächsten Umgegend Potsdams richtete er einen Nachhilfe-Kursus im Seminare ein, ebenso eine Sonntagsschule für Handwerkerlehrlinge und Gesellen, in der diese in den notwendigsten Kenntnissen des Lesens, Schreibens und Zeichnens Belehrung und Nachhilfe erhielten. Auch stellte er auf Aufforderung der Regierung meteorologische Beobachtungen an. Regen Anteil und Mitwirkung hatte er auch an dem von Türk in Potsdam gestifteten Civil-Waisenhause. Von der Regierung aufgefordert, arbeitete er einen Plan zur Errichtung einer Handwerksschule, die für das Königliche Gewerbeinstitut in Berlin vorbereiten sollte, aus. Diese Anstalt ward dann auch 1822 eröffnet und die Direktion und einiger Unterricht Klödens mit übertragen. Für W. von Türk bearbeitete er mehrere neuere Abschnitte in dessen „Leitfaden zur Behandlung des Unterrichts in der Formen- und Größenlehre." Einen Ruf nach Magdeburg zur Übernahme des Direktorats der höheren Bürgerschule lehnte er ab. 1823 erschienen von ihm „Grundlinien einer neuen Theorie der Erdgestaltung;" denn schon längere Zeit hatte er sich mit eigentümlichen Ideen über die Art und Weise, wie sich die Erde, ihre Kontinente und Meere gebildet hätten, herumgetragen. Für obige Schrift ward ihm im folgenden Jahre von Friedrich Wilhelm III. die große silberne Medaille für Kunst und Wissenschaft nebst einem huldvollen Schreiben übersandt.

In der Oberaufsicht der Seminare trat durch Beckedorff eine andere, ganz von Klödens Ansichten über Lehrerbildung abweichende Änderung ein. Die religiösen Unterrichtsgegenstände erhielten eine größere Ausführlichkeit; die Realien und Formenlehre wurden dagegen als entbehrliche Gegenstände angesehen. Die Seminaristen sollten ihre Stuben selbst fegen. Klöden konnte die neuen Ansichten nicht zu den seinen machen; er hätte sonst — wie er sagt — sich selber und allem, was er als wahr und gut in seinem erfahrungsreichen Leben erkannt hatte, untreu werden müssen. Wohl hatte er bei den Behörden bisher volle Anerkennung seiner Seminararbeit gefunden; aber jetzt erkannte er deutlich, daß die Zeit seines Wirkens im Seminare vorüber war.

Inzwischen hatte er von Berlin aus eine Berufung zur Übernahme der Direktorstelle der neu zu gründenden Gewerbeschule erhalten, die er dann auch annahm. So siedelte er denn 1824 wieder nach Berlin über. Hier gab es nun wieder viele und neue Arbeit für Klöden, um die Organisation der neuen Anstalt, die eine Bildungsanstalt für das praktische Leben sein sollte, durchzuführen. Hauptlehrgegenstände waren Naturkunde, Mathematik und neue Sprachen. Klöden gab sich aber mit voller Kraft der neuen Arbeit hin, und es gelang ihm auch, die seiner Leitung anvertraute Anstalt rasch zur Blüte zu bringen. Viel Arbeit, viele Mühe lag ihm freilich ob; hatte er doch in den ersten drei Jahren auch noch die Leitung des Köllnischen Real-Gymnasiums in seinen Händen. Trotz der so umfassenden Direktoratsgeschäfte setzte Klöden doch seine wissenschaftlichen Arbeiten und Studien fort. So erschien von ihm 1826 die Abhandlung: „Die vier

Rechnungsarten und die Kasus der deutschen Sprache in ihren gegenseitigen Beziehungen und ihrem Zusammenhange mit einigen anderen Verstandesverrichtungen" und 1829 die zweite vermehrte Auflage der „Grundlinien zu einer neuen Theorie der Erdgestaltung" unter dem Titel: „Über die Gestalt und die Urgeschichte der Erde nebst den davon abhängigen Erscheinungen in astronomischer, geognostischer und physischer Hinsicht." Besonders traten jetzt bei ihm die geognostischen Studien in den Vordergrund, deren Resultate zunächst in den „Beiträgen zur mineralogischen und geognostischen Kenntnis der Mark Brandenburg" niedergelegt wurden (1828—1837), die den Beifall Goethes fanden. 1834 erschienen ebenfalls als Früchte jener Studien: „Die Versteinerungen der Mark Brandenburg". Eine Frucht seiner geognostischen Forschungen war auch seine Entdeckung der Braunkohlenlager bei Rauen (Fürstenwalde), die dort eine bergmännische Industrie hervorrief, die für die Residenz sehr wichtig war. Von 1826 an hielt er fast 30 Winter hindurch Vorlesungen über naturkundliche Gegenstände für ein höher gebildetes Publikum. Zu den Zuhörern gehörten u. a.: General Lützow, der Führer der „wilden Jagd", der evang. Bischof Dr. Neander und der spätere Generalfeldmarschall Graf Roon. Von 1831 ab hielt er 14 Winter lang Sonntagsvorlesungen für Handwerker über Mathematik. So suchte er außer seiner hingebenden Arbeit an der Gewerbeschule durch Wort und Schrift das Wissen zu popularisieren. Für verschiedene Zeitschriften schrieb er Artikel naturkundlichen und gewerblichen Inhalts. 1832 erschien: „Anleitung zur Sternenkenntnis." Jetzt begann er auch eingehend das Studium der Geschichte, namentlich der brandenburgischen. Seit 1830 arbeitete er an einer breit angelegten, umfassenden „Monographie von Berlin," die aber nicht ganz vollendet ward und Manuskript geblieben ist. 1836 und 1837 erschien von ihm: „Die Mark Brandenburg unter Kaiser Karl IV. bis zu ihrem ersten hohenzollernschen Regenten, oder: die Quitzows und ihre Zeit." 4 Bde. Von diesem Werke erschien 1846 die 2. Auflage. Ferner erschienen von ihm: „Über die Entstehung, das Alter und die früheste Geschichte der Städte Berlin und Kölln." „Erwiderung auf die Schrift des Herrn Fidizin: Die Gründung Berlins." „Zur Geschichte der Marienverehrung, besonders im letzten Jahrhunderte vor der Reformation in der Mark Brandenburg und der Lausitz" (1840). „Über die Stellung des Kaufmanns im Mittelalter, besonders im nördlichen Deutschland" (1841—1843). Für die „Märkischen Forschungen" gab Klöden drei größere Beiträge: 1) „Über den Verfasser der niedersächsischen Glosse zum Sachsenspiegel und des Richtsteigs" (1843), 2) „Die ehemalige große Heide Werbellin" (1845), 3) Die Götter des Wendenlandes und die Orte ihrer Verehrung" (1845). In den Jahren 1844—1846 erschien von ihm: „Diplomatische Geschichte des Markgrafen Waldemar von Brandenburg." Unmittelbar nach den Quellen dargestellt. 4 Bde. nebst Tabellen und Karten. Von 1844—1848 gab er bei Simion in Berlin einen Haus- und Taschenkalender heraus, der lediglich Aufsätze aus Klödens Feder enthielt. 1847 schrieb er: „Der Sternenhimmel" (575 S.); 1849 bearbeitete er als Ergänzung dazu ein großes Wandkartenblatt: „Das Planetensystem der Sonne." 1851 erschien die Broschüre: „Die große Sonnenfinsternis vom 28. Juli 1851." Fertig im Manuskript (1847—1854), aber ungedruckt blieb das Werk: „Die Farben des Himmels und der Atmosphäre." Im Selbstverlage erschien 1854: „Geschichte einer Altmärkischen Familie im Laufe der Zeit von ihrem Anfange bis zur Gegenwart (610 S. Familie von Klöden); 1855 erschien: „Andreas Schlüter. Ein Beitrag zur Kunst- und Baugeschichte von Berlin."

Vielfache Ehrenbezeugungen wurden Klöden für sein Wirken zu teil. So ward er 1830 Ehrenmitglied der „Gesellschaft naturforschender Freunde" zu Berlin, und empfing am 18. Januar 1833 den Roten Adler-Orden 4. Klasse. Ferner ward er korrespondierendes Mitglied der „Gesellschaft für pommersche Geschichte und Altertumskunde" und 1841 Mitglied des „Vereins zur Untersuchung der geognostischen Verhältnisse in den baltischen Ländern," 1838 Mitglied des „Vereins für die Geschichte der Mark Brandenburg", 1844 der Berliner polytechnischen Gesellschaft. März 1845 ward er Ritter des anhaltinischen Gesamthaus-Ordens Albrechts des Bären. Am 21. Mai 1846, an seinem 60. Geburtstage, erhielt er von der philosophischen Fakultät der Universität Berlin den Doctor honoris causa, und am 21. Januar 1847 ward ihm der Rote Adlerorden 3. Klasse mit der Schleife verliehen. Im Oktober 1849 ward das Fest des 25jährigen Bestehens der Gewerbeschule gefeiert.

Klödens Vater hatte den Adel ruhen lassen. Seiner Nachkommen wegen wandte sich Klöden Anfang des Jahres 1853 an Friedrich Wilhelm IV. mit der Bitte, den Adel wieder aufnehmen zu dürfen, was ihm auch sofort durch einen Allerhöchsten Erlaß gestattet ward. Seine jüngste Tochter Ida vermählte sich 1835 mit dem Komponisten und späteren Königl. Professor und Musikdirektor F. W. Jähns; sein Sohn Dr. Gustav Adolf von Klöden ward 1840 ordentlicher Lehrer an der Gewerbeschule und gehörte später zu den bedeutendsten Geographen der Neuzeit. Im Mai 1852 traf Klöden ein sehr bedenklicher Schlaganfall. Genesung suchte er in den Sommern 1852—1855 in dem tannenumrauschten Ruhla im Thüringer Walde. Leider war die eintretende Besserung nicht von Dauer. Es traten in den folgenden Jahren schlagartige Zufälle wiederholt ein. Seine zunehmende Körperschwäche zwang ihn 1855, nachdem er 31 Jahre hindurch an der Gewerbeschule mit treuer Pflichterfüllung gewirkt hatte, um seinen Abschied zu bitten, der ihm dann auch in der ehrenvollsten Weise unter voller Anerkennung seiner Leistungen bewilligt ward. Aber auch in seinem Ruhestande konnte er es sich nicht versagen, täglich einige Stunden litterarisch thätig zu sein. So arbeitete er an einer Geschichte des geistlichen Gesanges, die aber nicht mehr vollendet ward. Am 5. Januar 1856, als er sich in einem verwandten Freundeskreise befand und eben über einen Scherz fröhlich auflachte, traf ihn wieder ein Schlaganfall, der letzte. Am 9. Januar 1856 entschlummerte er zu einem bessern Dasein.

Klöden befolgte in seinem Leben den Ausspruch von Englands größtem Maler Jeschua Reynolds: „Will jemand Hohes und Vortreffliches leisten, so arbeite er, gleichviel, ob gern oder ungern, morgens, mittags und abends an seiner Vervollkommnung; er wird finden, daß es kein Kinderspiel ist, sondern ein schönes Stück Arbeit." Wohl war sein Leben reich an Entbehrungen, Arbeit und Sorgen, aber reich auch an Früchten und Ruhm. „Wie müssen im Hinblicke auf einen solchen Mann diejenigen Jünglinge die Augen zu Boden schlagen, die ihre Zeit und ihre Kräfte leichtsinnig vertändeln!" (Ferdinand Schmidt.) So sei auch Klöden uns Lehrern ein leuchtendes Beispiel, weiter zu arbeiten mit der vollen Kraft unseres Geistes; wahrlich, den größten Nutzen wird unser Beruf davon tragen! Beethoven that einmal den Ausspruch: „Die Schranken möchte ich sehen, welche dem strebsamen Talent und Fleiß zurufen könnten: Bis hierher und nicht weiter!"

### Nachbemerkung der Redaktion.

Das Werk, dem die vorstehend mitgeteilten Daten entnommen, verdient es aus verschiedenen Gründen, daß auf dasselbe noch besonders aufmerksam gemacht werde. Die Jugenderinnerungen Karl Friedrichs von Klöden, herausgegeben von Max Jähns und mit Klödens Bildnis geziert, erschienen im Jahre 1874 bei Grunow in Leipzig. Preis 7 M.

Sie bilden einen stattlichen Band von VIII und 532 Seiten. Die Selbstaufzeichnungen v. Klödens reichen bis zu seinem 37. Lebensjahre, bis dahin, wo er (1824) als Direktor der Gewerbeschule sein Amt in Berlin angetreten hatte, und umfassen 475 Seiten. In dem Schluß des Buches bietet der Herausgeber einen schlichten Bericht über das weitere Leben seines Großvaters und giebt namentlich ein genaues Verzeichnis der Produkte der außerordentlich fruchtbaren schriftstellerischen Thätigkeit desselben.

Jähns, 1874 Hauptmann im großen Generalstabe und Lehrer an der Kriegsakademie, berichtet, daß er durch die Lektüre der interessanten „Jugenderinnerungen eines alten Mannes" (W. v. Kügelgen) in dem Gedanken an die Herausgabe der Aufzeichnungen wesentlich sei bestärkt worden. Sie bilden allerdings ein würdiges Seitenstück zu v. Kügelgens Erinnerungen. Wie diese in höchst poetischer Weise uns in die Kreise einführen, in denen um den Anfang dieses Jahrhunderts der als Maler berühmte Vater lebte, so führen nicht minder anschaulich, wenn auch in sehr nüchterner Weise, die Aufzeichnungen v. Klödens in das Leben der untern Volksschichten in dieser Zeit ein.

Noch mehr, als an Kügelgen, hat mich Klöden an Friedr. Perthes erinnert; beide self made men, die aus kümmerlichen Verhältnissen sich herausarbeiteten, bis sie zu den besten ihrer Zeit zählten.

Verdienen die „Jugenderinnerungen" als Biographie eines bedeutenden Menschen, als wertvolle Quelle für die Zeit- und namentlich Kulturgeschichte eine allgemeine Beachtung, so sind sie für uns noch besonders dadurch von Bedeutung, daß sie ein so reiches Material für die Geschichte der praktischen Pädagogik liefern, wie ich es an einem andern Orte nicht gefunden habe. Was v. Klöden in den verschiedenen Schulen als Schüler und Lehrer beobachtet, was ihm in dem Verkehr mit Männern wie F. A. Wolf, Niebuhr, Süvern, v. Türk, Plamann bedeutsam erschien, das hat er sorgsam und rückhaltlos niedergeschrieben. Als Probe mag hier einiges von dem mitgeteilt werden, was v. Klöden über die Folgen der politischen Erregung bald nach den Freiheitskriegen für sein Potsdamer Seminar aufgezeichnet hat.

Die Beteiligung der studierenden Jugend an der Politik war Klöden sehr zuwider. Schwer lag ihm die Besorgnis auf, daß das Wartburgfest, die Ermordung Kotzebue's und ähnliches schlimme Folgen für die Schule haben werde. „Wann wäre jemals in der Welt eine Reaktion eingetreten, die nicht um ebensoviel zu weit gegangen wäre, als vorher die Aktion? Wir Menschen bewegen uns leider in einer Zickzacklinie zwischen Wahrheit und Irrtum fort und sind bald dem einen, bald dem andern näher. Traurig aber ist es, daß oft dem Einen dasjenige Irrtum ist, was der andere als Wahrheit erkennt?"

Der Turnplatz in Berlin wurde geschlossen, Jahn gefangen gesetzt, den Preußen der Besuch der Universität Jena untersagt, Prof. de Wette, „der sich in einem Briefe an Sands Mutter unbehutsam geäußert", erhielt den Abschied, die Universitäten wurden unter strengere Aufsicht gestellt, bei den Gymnasien begnügte man sich mit Anordnungen, die Jugend in den gehörigen Schranken zu erhalten.

„In Bezug auf niedere Schulen geschah noch nichts; aber es fehlte nicht an Schreiern, welche in öffentlichen Blättern und Broschüren behaupteten, die Jugend würde viel zu weit geführt; die Naturkunde sei für Schulen wertlos (ein Satz, gegen den Oken gewaltig losdonnerte); die Mathematik gedeihe am besten in stumpfen Köpfen u. dergl.; kurz, es ergab sich, daß vielen eine Schule wie die, welche ich in Preußisch-Friedland durchgemacht hatte, ganz recht gewesen wäre." (S. 444.)

Beckedorf trat als Geh. Ober-Regierungsrat in das Ministerium.

„Er begann ganz zweckmäßig damit, zunächst die Seminarien zu bereisen und durch eigene Anschauung kennen lernen. Das Potsdamer Seminar ließ er bis zuletzt. Erst im April 1823 kam er nach Potsdam, unmittelbar von Neuzelle in der Niederlausitz, einem ehemaligen Cistercienserkloster, das erst vor kurzem aufgehoben und dessen Gebäude und andere Räumlichkeiten, Kirche ꝛc. dem Seminar eingeräumt worden waren. Dort hatte es Herrn Beckedorf ungemein gefallen, und das war kaum anders möglich. Die Klostergebäude boten vortreffliche Räume dar für Wohnungen und Lehrzimmer; das Ganze hatte einen grandiosen und dennoch klösterlichen Stil; der Direktor hauste in der Wohnung des früheren Abts, und eine Prälatenwohnung ist bekanntlich eine schöne Wohnung. Herr Beckedorf wohnte während seines Aufenthaltes in Neu-Zelle bei dem Direktor, und beide Männer gingen ziemlich von gleichen Ansichten aus. Dagegen machte das Potsdamer Seminar, eine ehemalige Tabaksfabrik, eine recht schlechte Figur. Die Wohnungen der Seminaristen boten keinen freundlichen Anblick, waren überaus niedrig mit kleinen Fenstern, und es gab nur 5 Stuben, in welchen einige 60 Seminaristen sich behelfen mußten. In der größten Stube wohnten ihrer 20, standen 5 Tische, 20 Schemel, 10 Kommoden, 20 Koffer, 2 Klaviere; da hingen die in den Koffern nicht Platz findenden Röcke, Violinen ꝛc. Die Kommoden waren unter die Schüler verteilt, faßten aber nicht alle die Bücher, Zeichnungen, Noten ꝛc. und waren daher mit diesen Dingen belegt; die Fußböden waren schlecht, und die Zimmer hatten wenig Licht. Sie konnten unmöglich einen freundlichen Anblick bieten, da ohnehin die Seminaristen im Winter sich auch in denselben Stuben waschen mußten und eine Anzahl Wasserkrüge zum Trinken darin standen, von denen wohl einmal einer umgestoßen wurde. So streng auch auf Ordnung und Reinlichkeit gehalten wurde, so war es doch unmöglich, den Zimmern einen netten, heitern Anblick zu verschaffen. Dies konnte niemandem gefallen und gefiel mir am wenigsten. Herr Beckedorf wohnte in einem Gasthofe. Daß er mit dem Lehrplan nicht ganz einverstanden sein würde, konnte ich nach dem, was ich gehört hatte, und selbst nach den Äußerungen in seinen Gesprächen mit mir erwarten. Übrigens war er freundlich und höflich; ich glaube aber doch, wir fühlten beide, daß unsere Ansichten in wesentlichen Punkten auseinander gingen. Daß Änderungen verlangt werden würden, konnte ich daher voraussehen. Mit Runge, dessen Religionsstunde Beckedorf beigewohnt hatte, trat er in einen lebhaften Briefwechsel über theologische Gegenstände und Lehrmeinungen, in welchem eine reiche Zahl von Bibelstellen auf beiden Seiten die Hauptargumente bildeten, und welcher den Beweis lieferte, wie sehr die Religion ihm eine Angelegenheit seines innern Menschen, wie reich seine Kenntnis derselben war, und wie reiflich er darüber nachgedacht hatte. Obgleich ich nur einige Bruchstücke dieser Korrespondenz kannte, so mußte ich mir doch sagen, daß dieses System der Religion, konsequent durchgeführt, notwendig zum Katholizismus führen müsse." (S. 445.)

Im November „kam vom Ministerio ein Schreiben, die Einrichtungen des Seminars betreffend, und wie ich es vermutet hatte, wich das Seminar, wie ich es gestaltet, sehr wesentlich von dem ab, wie es das Reskript verlangte. Ich gebe im folgenden nur kurz die Grundzüge derselben an und beziffere sie einzeln.

1. Die Bildung im Seminar soll vorzugsweise auf Landschullehrer gerichtet sein.
2. Demgemäß muß zwischen den unerläßlichen Lehrgegenständen und den bloß wünschenswerten unterschieden werden. — Unerläßliche sind: Religion in großer Ausführlichkeit. Deutsch, sehr ausführlich nach allen Unterabteilungen und so, daß jeder Seminarist dadurch logisch denken lerne und die Gesetze des Denkens in der Sprache nachzuweisen vermöge. Rechnen, beschränkt auf das gemeine Rechnen, wie es im gewöhnlichen Leben gebraucht wird. Schönschreiben und Musik, namentlich Gesang. Naturgeschichte kann in wenigen Stunden gelehrt werden, aber so, daß keine Liebhaberei daraus entsteht. Sie gehört, wie Geschichte, Geographie und Formenlehre zu den entbehrlichen Gegenständen.
3. Algebra, Geometrie mit dem Feldmessen und eigentliche Naturlehre sind für jetzt ganz auszuschließen, können aber für besonders eifrige Schüler von den andern getrennt in besondern Stunden gelehrt werden, wenn die Lehrer wollen.
4. Es sei festzuhalten, daß die meisten Landschulstellen nur eine beschränkte äußere Lage gewähren und daß mithin diejenigen, welche jene Stellen bekleiden sollen, auch nicht zu dem Dünkel verleitet werden dürfen, als seien sie zu gut und zu kenntnisreich für dieselben, ein Dünkel, der sich bei Halb- und bei Schnell-Gebildeten nur zu leicht einzustellen pflegt. Das Ziel des Seminars sei, recht viele Landschullehrer zu bilden, welche weder an ihre künftigen Schulkinder, noch an ihre äußere Stellung größere Anforderungen machen, als solche, zu denen der dermalige Zustand der Dinge 2c. berechtigen.
5. Auf Sauberkeit und Ordnung ist bei den Seminaristen selbst wie in ihren Stuben streng zu halten; ihre Zimmer haben sie selber zu reinigen, ihre Betten künftig selber zu machen. Über die Art, wie die Vorschriften, welche die Aufsicht und Ordnung im Hause betreffen, zur Ausführung zu bringen wären, hätte ich mich gutachtlich zu äußern.
6. Demnächst würde mir aufgegeben, nach diesen Grundsätzen zwei Lektionspläne auszuarbeiten, den einen für drei Klassen mit vier Lehrern und jährlicher Aufnahme und Entlassung der Seminaristen, den andern für zwei Klassen mit drei Lehrern, beide mit dreijährigen Kursen." (S. 450.)

v. Klöden spricht nun seine Bedenken gegen diese Bestimmungen aus und erzählt dann, wie er Direktor der Gewerbeschule wurde und wie ihm sein Begleitschreiben zu den unter 6 geforderten Lehrplänen einen Verweis zugezogen. „Es ist einer meiner Fehler, beim Schreiben leicht erregt und dann oft beißend zu werden, ohne es zu wollen oder zu wissen. Auch hier war es nicht meine Absicht gewesen, irgendwie zu verletzen. Bei meiner Hinüberkunft nach Berlin besuchte ich deshalb Herrn v. Beckedorf; er hatte einige Äußerungen als persönlich gegen ihn gerichtet aufgenommen; ich verſicherte ihn, daß ich nur mit der Sache zu thun gehabt hatte. Er ließ meine Verteidigung gelten, benahm ſich dabei wie ein Ehrenmann und wurde wieder freundlich, ja ſelbſt zutraulich gegen mich. Er lenkte das Geſpräch auf religiöſe Gegenſtände, worin unſere Anſichten jedoch öfter auseinander gingen. Ich ſchied in Freundlichkeit und mit aufrichtiger Hochachtung von ihm, ſo wenig ich auch mit ſeinen Anſichten übereinſtimmen konnte. Denn dieſe Verſchiedenheit betraf ſehr weſentliche Gegenſtände, wie ſich deutlich ergab, als er wenige Jahre ſpäter zum Katholicismus übertrat." (S. 459.)

Horn.

## Ein deutſcher Univerſitätsprofeſſor und die Methode des Geſchichtsunterrichtes.

Seitdem die Civiliſation mehr und mehr an Terrain gewinnt und weite Kreiſe zieht, erwacht auch lebhafter das Bedürfnis nach Kenntnis der Kulturentwicklung. Dieſem Verlangen der Menſchen nach Kenntnis der Entwicklung der Menſchheit kommen in der neuſten Zeit immermehr Werke entgegen, denn die Darlegung kultureller Verhältniſſe iſt jetzt ungleich mehr Gegenſtand der Geſchichtsſchreibung geworden als ſonſt, ja es muß zugeſtanden werden, wenn man auch auf dem Gebiete der Geſchichtsmethode noch zu keinem Austrage gekommen iſt, dem modernen Geſchichtſchreiber iſt das Studium der Kulturgeſchichte die Hauptſache, die Baſis geworden, auf der er ſein ganzes Gebäude aufrichtet. Das iſt ja insbeſondere die Bedeutung von Schloſſers Werk, das einen unvergänglichen Wert behalten wird, weil es zuerſt die Geſchichte auf ein ſorgfältiges Studium der allgemeinen Kulturverhältniſſe begründet und damit neue Normen für den Geſchichtſchreiber aufſtellte, der ſich nun nicht mehr damit begnügen darf, vom Pergament aufs Papier abzuſchreiben und lediglich die Heldenthaten und Leiden hervorragender Menſchen darzuſtellen. Seitdem nun die deutſche Geſchichtſchreibung einen neuen, vollkräftigen Aufſchwung genommen hat, beſitzen wir auch eine Anzahl bedeutender Geſchichtswerke, in denen nicht blutige Geſechte, Schlachten und kriegeriſche Schauſpiele, noch Notizenkram und wirre Maſſen von Merkwürdigkeiten oder ſchematiſche Darſtellungen den einzigen Inhalt der Geſchichte ausmachen, ſondern in ihnen entrollt ſich vor uns das Bild der friedlichen Thätigkeiten der Völker. An Stelle der Tragödien grauſamer Kriege und blutiger Eroberungszüge finden wir eine Darſtellung der Völker einenden Zuſtände, wie ſie ſich in der Wiſſenſchaft, in Kunſt, in Sprache und Litteratur, im kommerziellen, wie im ſocialen und religiöſen Leben der Völker offenbaren.

Das Erſcheinen dieſer kulturgeſchichtlichen Werke iſt von nachweisbarem Einfluß auf die Erteilung des Geſchichtsunterrichts geweſen. Die Forderung, daß neben der politiſchen Geſchichte auch die der Kultur gebührend berückſichtigt werden müſſe, wurde immer gebieteriſcher erhoben und heutzutage iſt die kulturgeſchichtliche Behandlung nach ihrer Idee und ihrer Bedeutung beinahe und ausnahmslos von den Schulmännern anerkannt und gewürdigt. Es bedurfte freilich zu dieſem Umſchwung der Anſchauungen geraume Zeit. Zu den Perſönlichkeiten, welche unausgeſetzt auf Betonung des kulturgeſchichtlichen Elements drangen, gehörte in erſter Linie der Univerſitätsprofeſſor Dr. Karl Biedermann in Leipzig. In ſeinem Hauptwerke „Deutſchland im achtzehnten Jahrhundert" hat er ein Muſter für das aufgestellt, was wir gemäß der civilisatorischen Idee, von der unsere Zeit getragen wird, von einer Kulturgeschichte fordern müssen. Der Verfasser hat mehr als 25 Jahre auf dessen Abfassung verwendet. Welches gewaltige Material von Quellen, ungedruckten und gedruckten, zeitgenössischen und spätern, er dazu studiert und benutzt hat, bekundet das angehängte Quellenverzeichnis, welches mehr als 1000 solcher Quellenschriften aufzählt, darunter manche von 2, 3 bis 6, 8 und mehr Bänden. Wir empfangen in diesem großartigen Werk ein ganzes, in sich abgerundetes, wirkliches, lebensgetreues Gesamtbild des Kulturlebens jenes denkwürdigen Jahrhunderts, eine strenge, gewissenhafte Analyse der sittlichen Zustände. Biedermann bietet keine Nebeneinanderstellung der materiellsten wie der ideellsten, der politischen, volkswirtschaftlichen und socialen, wie der wissenschaftlichen und künstlerischen oder sonstigen kulturgeschichtlichen Erscheinungen, sondern eine gleichmäßige Erfassung und Veranschaulichung aller Richtungen des Kulturlebens, deren Mannigfaltigkeit in ihrem organischen Zusammenhang erfaßt wird, unserer Nation. Dabei liest sich das Werk mit dem frischen anziehenden Detail so angenehm wie ein spannender Roman, und nirgends läßt es uns die aufgewendete Mühe gewissenhaften und ausgebreiteten Forschens fühlen, noch stößt es uns durch abgeblaßte summarische Urteile ab.

Im Jahre 1860 erschien von Biedermann die kleine Schrift: Der Geschichtsunterricht in der Schule, Braunschweig, von der die deutsche Lehrerwelt gründlich Notiz nahm. Sie erschien zu einer Zeit, in welcher auf dem Gebiete der Methode des Geschichtsunterrichtes eben eine lebhafte Bewegung begonnen hatte, denn eine größere Berücksichtigung des kulturgeschichtlichen Elements im Unterrichte war in einer Verfügung des Unterrichtsministers von Bethmann-Hollweg vom 31. August 1859 den Geschichtslehrern zur Pflicht gemacht.*) Aus der langen und weiten Reihe wohlgemeinter und gründlicher Ratschläge über die nun zu betretenden Wege fanden die von Biedermann in der oben angez. Schrift niedergelegten den meisten Beifall, besonders seitens Zillers. Biedermanns Forderungen sind so bekannt geworden, daß es unnötig erscheint, sie hier nochmals vorzuführen. Es sei nur gestattet, darauf hinweisen zu dürfen, daß Biedermann als die erste Aufgabe des eigentlichen planmäßigen Geschichtsunterrichtes auf kulturgeschichtlicher Grundlage die Auseinanderlegung einer bestimmten Kulturepoche der deutschen Geschichte in ihrer ganzen Breite nach allen wesentlichen für die Jugend faßbaren und wissenswerten Beziehungen des Staates und Völkerlebens verlangt, so daß der Schüler ein möglichst deutliches und in dem Umfang, wie es für ihn nötig und nützlich ist, ausgeführtes Bild einer bestimmten Kulturepoche erhält. Dann soll der Lehrer nicht wie es sonst geschieht, zur Erzählung der einzelnen Ereignisse übergehen, welche sich der Zeitfolge nach zunächst an jenen Zustand anknüpfen, sondern den Schüler sofort in eine zweite von jener ersten einigermaßen entfernten Kulturepoche versetzen. Der Schüler wird nun durch vergleichende Winke hingeleitet, daß dieses zweite Bild des deutschen Landes und Volkes in vielen Zügen von dem ersten abweicht. Die Veränderungen lenken nun

*) In der Verordnung ward gesagt: „In den beiden oberen Klassen der Gymnasien und Realschulen tritt eine Erweiterung des Geschichtsunterrichtes ein durch Aufnahme des Kulturgeschichtlichen, der Litteratur, der Kunst und solcher Mitteilungen aus den Gebieten der Wissenschaft, Religion, der Erfindungen, des Verkehrs, der Sitten und Einrichtungen, die geeignet sind, ein anschauliches Bild von der Individualität des Volkes und den Fortschritten der gesamten Menschheit zu erzeugen."

5

seine Aufmerksamkeit alsobald auf die zwischen beiden Epochen liegenden Ereignisse hin und legen ihm gleichsam die Fragen auf die Lippen: wie, wodurch und wann alle diese Veränderungen eingetreten seien. Dadurch ist der Lehrer in die günstige Lage versetzt, durch seine Ausführungen ein lebhaftes Interesse und erwachtes Bedürfnis zu befriedigen. Damit tritt nun die rückschauende Betrachtung der geschichtlichen Ereignisse ein, welche stets auf ein Kulturereignis der spätern Epoche bezogen werden, um dieses zu erklären. — Das Schriftchen sandte der Verf. dem damaligen Decernenten für das Gymnasial- und Realschulwesen im Preuß. Kultusministerium Geh. Regierungsrat Wiese, welcher dem Universitätsprofessor Biedermann schrieb: Sehr erwünscht würde mir für unsere Realschulen ein Lehrbuch der Geschichte sein, welches nach der von Ihnen gegebenen trefflichen Probe ausgearbeitet wäre. Bei den Gymnasien würde es jedenfalls zum Privatstudium, dem in der Geschichte vieles überlassen werden muß, zu empfehlen sein. — Diese Anerkennung der principiellen Berechtigung seines Standpunktes von so gewichtiger Seite, war ihm Anregung, ein Geschichtswerk, mit dem der Schule gedient wäre, zu verfassen und ein wissenschaftlich gesichtetes, planmäßig geordnetes, kulturgeschichtliches Material darzubieten, bei dessen Anordnung die großen, weltgeschichtlichen Ereignisse und Personen nicht vereinzelt nach der Zeitfolge, sondern in ihrem organischen Zusammenhange vorgeführt werden, damit die Geschichte nicht als ein bloßes Gedächtniswerk von Zahlen, Namen und Daten erscheine, sondern zu einem Gegenstand wirklichen Verständnisses und Interesses erhoben werden könne. Auf diese Momente gründet Biedermanns neustes Werk: Deutsche Volks- und Kulturgeschichte für Schule und Haus. 3 Teile. 6 M. Wiesbaden, J. F. Bergmann — die Berechtigung seines Erscheinens. Sollte jemand der Meinung sein, Prof. Dr. Biedermann sei infolge seiner Stellung nicht mit den Bedürfnissen der Volksschule vertraut, so wollen wir nur daran erinnern, daß er als akademischer Lehrer, als vieljähriger Leiter einer Gesellschaft für Kulturgeschichte, als Mitglied der Prüfungskommission für Kandidaten des höheren Schulamts ein Urteil über die auf Gymnasien, Realschulen und Seminaren geübte Methode und deren praktische Erfolge sich bilden konnte, zudem ist Biedermann bei seiner geschichtlichen Belesenheit und Beurteilung und großen Geschichtskenntnisse, durch seine jahrelange Beschäftigung als Mann der Wissenschaft und Schriftsteller*) mit den ideellsten Bestrebungen, Philosophie, Poesie 2c. auch befähigt, maßgebende Grundsätze aufzustellen. — Die „deutsche Volks- und Kulturgeschichte" von ihm bietet nur Material von allgemeingültigem Wert; das Wesentliche, Bedeutungsvolle und Charakteristische des Gesamtlebens des deutschen Volkes und seiner inneren Entwicklung. Nicht das äußere Leben desselben ist zum alleinigen oder Hauptgegenstand der geschichtlichen Betrachtung gemacht, sondern das geistige Leben, die inneren Verhältnisse, welche den äußeren Begebenheiten den Anstoß, ihre Entfaltung und schließlich Gestalt verliehen, werden in einem einheitlichen, abgerundeten, lebensvollen und durchsichtigen Bilde vorgeführt. Die Begebenheiten sind in den Vordergrund gerückt, welche von nachhaltigen Wirkungen waren und die Haupteigentümlichkeiten des deutschen Volkes in das klarste Licht setzen. Die kulturgeschichtlichen Mitteilungen erscheinen deshalb nicht als bloße zusammenhangslose Anhängsel zu den einzelnen Perioden der politischen Geschichte,

*) Weitere von ihm verfaßte Geschichtswerke sind: Deutschlands trübste Zeit oder der dreißigjährige Krieg in seinen Folgen für das deutsche Kulturleben. 1862. Dreißig Jahre deutscher Geschichte. 1840—1871.

Der didaktische Materialismus.

sondern stehen im engsten Rapport mit den bewegenden Thaten und deren Trägern. Es war freilich dem Verfasser nicht leicht gemacht, die ganze deutsche Geschichte von den ältesten bis auf die neusten Zeiten, politische und Kulturgeschichte auf nur soviel Bogen zusammenzudrängen, daß kein zu umfangreiches Werk entstände. Man kann dem Schriftsteller die Anerkennung nicht versagen, daß trotz des vorliegenden ungeheuren Materials er seine Arbeit so zu konzentrieren wußte, daß sie einen sehr mäßigen Umfang einnimmt und in ihr nichts wirklich Wichtiges, d. h. nichts, was für unser National= und Volksleben von eingreifender und nachhaltiger Bedeutung gewesen ist, vermißt wird. — Gewiß verdiente im gen. Werke die Neubelebung des religiös-kirchlichen Sinnes in und nach den Freiheitskriegen eine ausführlichere Erwähnung, desgleichen konnte noch mehr hervorgehoben werden, wie man während der Freiheitskriege in der Schule der Leiden mehr auf Gottes Wort merken gelernt hatte, das religiöse Element der Erziehung stärker betonte und sich auf den höchsten Zweck der Erziehung mehr besann. Die religiöse Erhebung des deutschen Volkes in und nach trübseliger Zeit schuf später die Werke der „Inneren Mission", welche doch von tiefeingreifendem Einfluß auf die sittliche und intellektuelle Bildung so vieler geworden ist. Die an den verschiedensten Orten Deutschlands in das Leben gerufenen Vereine zur Verbreitung christlicher Schriften haben dadurch, daß sie die reichen und gediegenen Schätze der Erbauungslitteratur, die Werke eines Luther, Arnd, Scriver, Schmolke, Stark ꝛc neu herausgaben und stark vertrieben, in mehr als in einer Hinsicht vorteilhaft auf uns gewirkt. Auch die Thatsache, daß König Friedrich Wilhelm III. die vollständigste und zuverlässigste Sammlung zeitgenössischer Geschichtsquellen, die Monumenta Germaniae historica, durch G. J. Pertz herstellen ließ, war, als ein bedeutsamer kulturgeschichtlicher Akt, der Erwähnung wert zu achten. Diese Bemerkungen sollen aber durchaus nicht den hohen Wert der Biedermannschen deutschen Volks= und Kulturgeschichte beeinträchtigen, sie sind vielmehr nur in Befolgung des alten Sinnspruches:

   Lobst du mich in allen Stücken,
   Räumst du deine Thorheit ein.
   Lobst du nichts, mein lieber Leser,
   Muß ich dich des Neides zeihn.

notiert worden.
**Auerbach.**                   **Freytag.**

---

## Einiges zur Vorgeschichte der neuaufgelegten Schrift Dörpfelds: „Der didaktische Materialismus".*)

In der letzten Hälfte des vorigen Jahres ist von der im Thema genannten Schrift Dörpfelds eine neue Auflage erschienen. In den nachfolgenden Zeilen möchte ich den geneigten Lesern dazu einige Bemerkungen unterbreiten.

Für diejenigen, welche die Dörpfeldsche Arbeit noch nicht kennen, will ich vorweg bemerken, daß dieselbe sich ursprünglich als eine Besprechung des ersten Schuljahres von Rein, Pickel und Scheller ankündigte. Daß aber einem verhältnismäßig nur kleinen Buche eine so umfangreiche Arbeit gewidmet

---
*) Der didaktische Materialismus. Eine zeitgeschichtliche Betrachtung und eine Buchrecension. 220 S. 2 M. Verlag von C. Bertelsmann in Gütersloh.

wird, ist so ungewöhnlich, daß man ohne irre zu gehen, noch einen besonderen
Zweck vermuten darf. Dieser besondere Zweck ist leicht zu erkennen: es galt,
der Herbart-Zillerschen Pädagogik in weiteren Kreisen Bahn
zu machen. Herr Dörpfeld war sich wohl bewußt, daß das Buch, welches er
besprechen wollte, kein unbefangen urteilendes Auditorium in der Lehrerschaft erwarten konnte, sondern daß die durch Herbart begründete neue Richtung auf dem
Gebiete der Pädagogik bereits eine lebhafte Opposition wachgerufen hatte,
und er befürchtete mit Recht, daß diese Opposition nun noch wachsen werde, da
mit dem Erscheinen der Reinschen Schrift, die bisher ausschließlich theoretischen
Verhandlungen auf das praktische Gebiet übergetreten waren. Bis
dahin hörten die Lehrer bloß von formalen und kulturhistorischen Stufen, von
Konzentration ꝛc. ꝛc. Das waren ihnen aber größtenteils unbekannte Dinge, das
hatten sie in concreto nicht gesehen; sobald sich das aber sichtbar darstellte,
konnte jeder sein Urteil abgeben und somit war zu gewärtigen, daß der Streit
nunmehr erst recht lebhaft entbrennen würde.

Zwar hatte Dittes seine größeren Artikel noch nicht geschrieben, aber er
hatte doch in seinen Recensionen zu Zillers Schriften seinen Standpunkt bereits
dahin präzisiert, daß er die neue Richtung aus allen Kräften bekämpfen werde.
Kehr nahm eine ähnliche, wenn auch weniger schroffe Stellung ein. Ja selbst
Stoy stand in gewisser Beziehung mit in den Reihen der Opposition, wenn er
sich auch — durch die Verhältnisse gezwungen — vorsichtiger bewegen mußte.
Seine Mißstimmung gegen Ziller war jedoch so tief, daß er die bedauerliche
Äußerung thun konnte: „Was Ziller Gutes hat, ist nicht neu, was er Neues
hat, ist nicht gut." Diese wegwerfende Beurteilung der wissenschaftlichen Arbeit
eines nahestehenden Kollegen ist selbst von den Anhängern Stoys lebhaft bedauert
worden. Doch genug; Herr Dörpfeld wußte, daß die Opposition gegen die
Herbart-Zillersche Pädagogik sogar von Anhängern der Herbartschen Schule (wenn
auch ungewollt) Stärkung erfuhr. Da er es nun unternahm, trotz all dieser
entgegenstehenden Schwierigkeiten, für die gute Sache Propaganda zu
machen,*) so hatte er ein Doppeltes zu berücksichtigen. Zunächst mußte er
sich hüten, die Opposition noch mehr zu wecken, er durfte die Gegner nicht unnötig reizen, gegen dieselben nicht aggressiv vorgehen, und sodann galt es zweitens
vorab nur solche Punkte der Herbart-Zillerschen Pädagogik hervorzuheben, die
ganz unanfechtbar sind, die sich nötigenfalls auch ohne Berufung auf Herbartsche
oder Zillersche Autorität verteidigen lassen. Wie Dörpfeld diesen beiden Überlegungen überall Rechnung zu tragen versuchte, darüber spricht er sich in dem
5. Zusatz der neuen Auflage seiner Schrift aus. Hören wir ihn selbst.

Warum ich in den sog. fünf formalen Stufen drei Hauptlehroperationen hervorhebe.

„In den Kreisen der Zillerschen Schüler ist hie und da die Frage laut geworden, warum ich bei den sogenannten formalen Stufen erst von drei Hauptoperationen spreche, und nicht schlichtweg nach Herbart-Zillers Vorgang die fünf
Einzelafte zähle. Man meinte, das sei eine unmotivierte Neuerung, und

---

*) Wie sehr die diesbezügliche Operationsweise Dörpfelds das richtige getroffen
hat, das bezeugt Dr. E. von Sallwürk, wenn er sagt: „Herbarts Gedanken den an
philosophische Spekulation nicht gewöhnten zugänglich zu machen, ist eine schwere
Aufgabe, die bis jetzt niemand besser und erfreulicher gelöst hat als
Dörpfeld." — Handel und Wandel der pädagogischen Schule Herbarts. — Eine
historisch-kritische Studie. 1885. S. 46.

die könne nach außen hin leicht Verwirrung anrichten. Hätte ich ja selbst gesagt, es sei unwesentlich, ob man die formalen Stufen so oder so zähle und bezeichne.

Auf dieses Bedenken will ich gern Antwort geben und ich hoffe, meine Motive werden die Fragesteller beruhigen.

Erstlich. Logisch betrachtet, ordnen sich die vier ersten Operationen paarweise den beiden höheren Begriffen: „Anschauen" und „Denken" (Abstrahieren) unter. Das wird niemand bestreiten. Ferner geschieht in der fünften Operation offenbar nichts anderes, als was man von alters her in der Logik „Anwendung" nennt. Meine Dreizahl ist somit nach Begriff und Benennung unanfechtbar. Auch in Wigets trefflichem Schriftchen über die formalen Stufen (Chur, 2. Aufl.) wird dies anerkannt und gelegentlich meine Bezeichnungsweise neben der üblichen gebraucht. Hat es nun mit den drei Hauptoperationen seine Richtigkeit, und ist in Erkenntnissachen das Licht nützlicher als die Dunkelheit, so darf man vermuten, daß auch dieses kleine Stückchen Wahrheit sich irgend einmal als nützlich erweisen werde. — Die vorstehende logisch-theoretische Reflexion, wie berechtigt sie ist, würde mich übrigens für sich allein nie bewogen haben, neben der in der Zillerschen Schule gebräuchlichen Zähl- und Benennungsweise noch eine andere zur Sprache zu bringen; was mich zu der „Neuerung", falls es eine solche ist, veranlaßte, war vielmehr eine Erwägung praktischer Art, — wie der Leser aus dem Folgenden erkennen wird.

Zweitens. Die geehrten Herren, denen meine Darstellungsweise der formalen Stufen anstößig gewesen ist, werden sich erinnern, daß Zillers Forderung einer fünffachen Durcharbeitung jedes Pensums, als sie von seinen Schülern in der Form des Meisters frischweg auf den pädagogischen Markt gebracht wurde, teils großes Befremden, teils lebhafte Opposition erregte. (Bekanntlich ist diese Opposition auch jetzt noch nicht überall verstummt.) Fünf bestimmt geschiedene Lehrakte — das klang für solche, die Herbarts Psychologie nicht kannten, zu neu, um nicht befremdlich zu sein. Dazu kamen etliche fremdartige Ausdrücke. Wer konnte erraten, daß der Name „Klarheitsstufe" (bei der 1. Hauptoperation) nichts anderes meint, als was die gangbare Sprache „klare und genaue Anschauung" nennt? Und daß der Ausdruck „Methodestufe" (beim fünften Akte) das bezeichnet, was man sonst „Anwendung" heißt? Manche, die es nicht beim stillen Verwundern bewenden ließen, sprachen daher laut von „Künstelei", von „Schablonisieren" der Lehrarbeit u. s. w.; andere von „Methodenreiterei", von „Einschnürung" der Persönlichkeit und der Individualität des Lehrers u. s. w. So entstand anstatt der erhofften Zustimmung vielfach Verstimmung, Opposition und Verwirrung. Mir als altem Herbartianer hatte die Propaganda für die Psychologie und Pädagogik des Meisters nicht weniger am Herzen gelegen als irgend einem der jüngeren; allein ich hatte auch in derselben Schule gelernt, daß bei der Darbietung von etwas Neuem, von Reformgedanken, die Gesetze der Apperception sorgfältig beachtet werden müssen — und zwar überall, also nicht bloß im Schulunterricht, sondern auch beim Schriftstellern, ja hier mit ganz besonderer Sorgfalt. Zu den Bedingungen einer richtigen Apperception gehört bekanntlich mancherlei, so namentlich dies, daß zwischen den älteren Gedanken und den neuen eine Brücke geschlagen werde, — ohne Bild geredet: daß man in dem älteren Gedankenkreise zuerst die dem neuen verwandten Vorstellungen wachrufe, damit die neuen von vornherein einen freundlichen Empfang finden; und daß das Neue nicht in fremdartigem Gewande auftrete, sondern soviel thunlich in gangbaren, vertrauten Ausdrücken; dahin gehört ferner, daß man nicht dunkle Stichworte, die einen ganzen Komplex von methodischen Maßnahmen umspannen, ohne weiteres aufs Tapet bringe, sondern die einzelnen Maßnahmen gesondert diskutiere, eine nach der andern, ja vielleicht die eine oder andere einstweilen zurückhalte. Nach diesen guten Regeln der Apperception und der Dialektik bin ich immer verfahren. Ich will nur erinnern an „die Grundlinien einer Theorie des Lehrplans". Dort war namentlich auch die komplizierte Idee der Konzentration zu erörtern. Das Stichwort „Konzentration" ist aber gänzlich vermieden, nur die Einzelmaßnahmen, z. B. die unterrichtliche Verbindung von Sach- und Sprachunterricht u. f. w., kommen der Reihe nach zur Sprache. Überdies wird die Spitze der Idee, die centrale Stellung des Religionsunterrichts, gar nicht erwähnt; sie wurde in einem besonderen Aufsatze behandelt, jedoch erst zwei Jahre nachher und unter der bereits geläufigen allgemeinen Überschrift: „Die unterrichtliche Verbindung der drei sachunterrichtlichen Fächer" (Ev. Schulbl., 1875). — In derselben vorsichtigen Weise sind dann seiner Zeit die sog. formalen Stufen zur Erörterung gekommen. Zuvor suchte ich mir aber genau zu vergegenwärtigen, ob und wie weit auch außerhalb der Herbartschen Schule von älteren oder neueren Didaktikern das Richtige gesehen worden, und wie viel von dieser älteren Einsicht bereits in die gangbare Praxis eingedrungen sei; ebenso, was dort noch nicht deutlich erkannt worden, oder was hier noch nicht in Übung sei. Daneben sagte ich mir, daß die eigentümlichen Lehren der Herbartschen Pädagogik nur da mit Erfolg angeboten werden können, wo seine Psychologie einigermaßen gekannt ist, weil sonst die nötige Unterlage fehlt und schließlich alles in ein von Mißverständnissen wimmelndes Disputieren ausläuft. Auf Grund dieser Borerwägungen entstand dann meine psychologische Monographie über den Denkprozeß — unter der Überschrift: „Die schulmäßige Entwicklung der Begriffe" (Ev. Schulbl., 1877). Aus dieser psychologischen Untersuchung ergab sich für die Lehrpraxis die zweifellose Forderung, daß die unterrichtliche Behandlung jeder Lektion die drei Hauptlehroperationen: Anschauen, Denken und Anwenden durchlaufen muß, und zwar in allen Fächern, wenn die betreffende Lektion nicht lediglich konkreten Stoff zu übermitteln hat, wie z. B. beim Einüben einer Melodie. Die Formulierung des Themas bringt es mit sich, daß vornehmlich nur die zweite und dritte Hauptoperation — Begriffsbildung und Anwendung — eingehend betrachtet werden; die Anschauungsoperation wird nur so weit herangezogen, als es zum Verständnis des Denkprozesses nötig ist. Hier durfte ich mir ein tieferes Eingehen schon deshalb erlassen, weil seit Pestalozzi niemand mehr bezweifelt, daß vor allem für ein genaues Anschauen gesorgt werden muß; überdies hätte andernfalls auch eine Differenz mit der Zillerschen Schule zur Sprache kommen müssen, was mir aber in einem Aufsatze, der für Zillers Verdienste die Augen öffnen wollte, nicht paßte. Daß in dieser psychologischen Untersuchung zunächst nur die Hauptakte des Denkvorganges dem Leser vor die Augen traten, während nur die Unterakte noch im Hintergrunde bleiben, hat genau dieselbe Ursache wie die bekannte Erfahrung, daß bei einem Gebirge zunächst die höchsten Kuppen es sind, welche dem Wanderer sichtbar werden. Es ist eben natürlich und läßt sich ohne Hexerei

### Der didaktische Materialismus.

nicht anders machen. Wer von vornherein schon alle fünf Akte vordemonstrieren will, der macht in der Demonstration einen Sprung; der Leser hat dann aber außer der Erschwernis noch obendrein einen Schaden, da er nicht darauf aufmerksam wird, daß jene fünf Akte sich unter drei Hauptoperationen subsummieren, worin eben die Brücke zwischen der älteren und der neueren Didaktik liegt. (Ich muß bitten, diese beiden Übelstände, jenen Sprung und diesen Schaden, nicht aus dem Auge zu verlieren). Hat dagegen ein Leser, wie es bei meiner Demonstrationsweise nicht ausbleiben kann, die Überzeugung gewonnen, daß die drei Hauptoperationen unerläßlich sind, und wird nun die Ausführung näher besehen, so bedarf es nur ein paar einfacher Fingerzeige, um ihn bei der I. und II. Operation die Notwendigkeit je zweier Unterakte erkennen zu lassen. Denn bei der Anschauungsoperation braucht nur an den geläufigen Satz erinnert zu werden, daß das Unbekannte an das Bekannte angeknüpft werden müsse, also hier ein Vorakt, eine einleitende Besprechung, gewiesen ist. Und bei der Denkoperation sagt sich die Gliederung in zwei Unterakte sogar ganz von selbst, da die Begriffsbildung gar nicht stattfinden kann, wenn kein Vergleichen vorhergeht.

So dürfte denn klar sein, daß meine Demonstrationsweise schon an und für sich gerade der bequemste und sicherste Weg ist, um für Zillers Gliederung des Lehrverfahrens Propaganda zu machen. Ich sage: an und für sich, — also selbst dann, wenn Leser vorausgesetzt werden müßten, denen das über die drei Hauptoperationen gesagte etwas völlig Neues wäre. Damit haben wir aber nur eine der vorteilhaften Seiten dieses Weges besehen; die andere, die wichtigste, ist noch zu nennen.

Kommen die von mir hervorgehobenen drei Hauptlehrstadien denjenigen Schulmännern, welche mit der Geschichte der Methodik einigermaßen vertraut waren und ihr eigenes Lehrverfahren sich begrifflich klar gemacht hatten, als eine völlig neue Theorie erscheinen? Unmöglich! Hatte doch schon Lessing, der kein Schulmann war, dieselben als notwendig bezeichnet. Es sind aber auch vor mehr als 40 Jahren zwei namhafte Didaktiker aufgetreten, welche in einem der Lehrfächer nicht nur jene drei Hauptlehroperationen für jede Lektion entschieden forderten, sondern dieselben auch in den von ihnen herausgegebenen Schulbüchern bestimmt markierten. Es waren Ph. R. Wurst und Dr. Mager; der Lehrgegenstand war der Sprachunterricht. In Wursts „Sprachdenklehre" ist jede Lektion in drei Teile (A, B, C) gegliedert. In der Sprachlehre z. B., womit das Buch beginnt, stehen unter A Beispielsätze als das Anschauungsmaterial; unter B die daran zu entwickelnden grammatischen Begriffe oder Regeln; und unter C die Anwendungsaufgaben, wodurch die gewonnene grammatische Erkenntnis exprobt und eingeübt werden soll. So mußte der Lehrer genau, was bei jeder Lektion zu thun sei. Ohne Zweifel war es nicht nur der Inhalt, d. h. die Popularisierung der Beckerschen Grammatik, sondern namentlich auch jener glückliche methodische Griff, dem das Buch damals seine so überraschend schnelle und ausgedehnte Verbreitung verdankte. — Magers „französisches Elementarwerk", das fast gleichzeitig erschien, hat bei jeder Lektion genau dieselbe Einrichtung. Unter A finden sich französische Sätze als das Anschauungsmaterial; unter B die grammatischen Regeln, und unter C deutsche Sätze zum Übersetzen ins Französische — als Anwendungsaufgaben. Im Sprachunterricht sind meines Wissens diese beiden

Schulbücher die ersten gewesen, welche die drei Hauptlehrstadien deutlich hervorhoben. Gekannt war diese methodische Forderung freilich schon früher und darum auch wohl in irgend einem Maße in der Praxis in Übung, wie das lateinische Elementarbuch des Konrektors Seidenstücker in Soest beweist, das zu Anfang dieses Jahrhunderts erschien. Vielleicht ist dem Leser die Notiz interessant, daß Wurst seine Psychologie aus Benecke gelernt hatte, während Mager damals noch ein eifriger Anhänger der Hegelschen Philosophie war und erst später zur Herbartschen Schule überging. — Im Rechnen und in der Raumlehre finden wir die drei Hauptlehroperationen gleichfalls seit langem gekannt und geübt, genauer gesagt sogar länger als im Sprachunterricht. Hier drängte von jeher schon das praktische Lebensbedürfnis zu sehr auf die Umsetzung des Wissens in ein fertiges Können, als daß die Anwendungsaufgaben hätten versäumt werden dürfen; und was hinsichtlich der beiden ersten Operationen noch unklar geblieben war, hatte Pestalozzi aufgehellt. — Weniger deutlich sind in allen übrigen Lehrgegenständen die drei Lehrstadien bisher zur Ausprägung gekommen, wenn man die Physik (und Chemie) abrechnet. Bei den sachunterrichtlichen Fächern — Religion, Geschichte u. s. w. — ist es vornehmlich die dritte Operation, wo ein Manko hervortritt; im Zeichnen und Gesang verhält es sich gerade umgekehrt. Diese Verschiedenheit hängt, wie leicht ersichtlich, mit der eigentümlichen Natur der betreffenden Lehrgegenstände zusammen.

Wir sehen somit, daß die drei Lehroperationen, welche meine Abhandlung als den Kern der formalen Stufen hervorhebt, in der gangbaren Methodik seit langem nicht bloß theoretisch gekannt sind, sondern auch praktisch ausgeführt werden, wenn auch in einigen Fächern noch nicht mit der wünschenswerten Strenge und Genauigkeit. Ob jeder einzelne Lehrer sich sein Verfahren in den verschiedenen Gegenständen begrifflich klar gemacht hat, und wie weit die Ausführung jeder Operation dem Ideal entspricht, kann ich natürlich nicht wissen, braucht aber hier auch nicht in Frage zu kommen. Genug, was mein Aufsatz im Lehrverfahren forderte, konnte keinem, der mit der Geschichte der Methodik einigermaßen vertraut war, als etwas völlig Neues erscheinen. Ebensowenig konnte es einem solchen einfallen, diese Forderungen als „Künstelei" oder als „Schablonisieren" oder als „Methodenreiterei" oder als ein „Einschnüren der Persönlichkeit des Lehrers" u. s. w. zu verschreien, da er ja damit zugleich die hervorragendsten Didaktiker der Vergangenheit für Künsteleitreiber u. s. w, erklärt hätte. Es ist mir aber auch keine Nachrede dieser Art, die sich auf meine Abhandlung bezog, zu Gehör gekommen.

War aber nicht zu befürchten, daß meine Demonstrationsweise, eine genserische Einrede andrer Art hervorrufen würde, — nämlich die Behauptung, die Herbart-Zillersche Lehre von den formalen Stufen, wie sie sich entwickelt hatte, biete gar nichts Neues? Darauf kann ich nur sagen, daß ich dieserhalb nicht die geringste Sorge gehabt habe. Wäre eine Einrede dennoch irgendwo aufgetaucht, und an mich adressiert gewesen, so hätte mir dieselbe nur willkommen sein können, da dann Gelegenheit gegeben war, etwas zur Sprache zu bringen, was man sonst um des Friedens willen lieber ruhen läßt. Ich würde nämlich diesen Kritiker gebeten haben, alle in den Seminarien gebrauchten Lehrbücher der Methodik, welche die Ehre beanspruchen, sich von der Herbartschen Pädagogik unbefleckt erhalten zu haben, gefälligst mit mir durchzugehen, um dieselben in Bezug auf folgende Fragen zu untersuchen: 1. wie viele dieser Lehrbücher die drei Hauptlehroperationen nach Wesen und Bgriff klar und gründlich entwickeln; 2. wie viele dieselben in allen Lehrfächern fordern; 3. in wie vielen man auch die praktische Ausführung der drei Operationen in allen Fächern lernen kann und zwar eben so gut als in den Schriften der Herbart-Zillerschen Schule. Wenn diese Untersuchung wirklich vor sich ginge, natürlich vor der Öffentlichkeit, so achte ich, jener Kritiker würde in den Kreisen, wo man von den Verdiensten Herbarts und Zillers nicht gern reden hört, wenig Dank ernten dafür, daß er dieselbe provociert hätte.

Soviel zur Verantwortung meiner „aparten" Demonstrationsweise. Dieselbe ist, wie man sieht, nicht aus einem Gelüst nach Eigenartigkeit hervorgegangen, sondern einzig aus der sehr praktischen Erwägung, daß bei der Verkündigung von Reformgedanken ebensowenig gegen die Gesetze der Apperception gesündigt werden darf als im Unterricht. Wenn diejenigen meiner Herbartischen Mitschüler, welche dies bisher noch nicht gewußt haben, es aus dieser abgedrungenen Verantwortung lernen wollen, so wird das für die gute Sache wie für sie selber unzweifelhaft nützlich sein."

So weit Dörpfeld.

Ich könnte hier schließen, wenn ich es nicht für meine Pflicht hielte, diejenigen der geehrten Leser, welche die Dörpfeldsche Schrift aus der früheren Auflage bereits kennen, noch auf eine — und nach meinem Dafürhalten die bei weitem wertvollste — Bereicherung der neuen Auflage kurz aufmerksam zu machen. Es betrifft die längst mit Sehnsucht erwartete Auseinandersetzung Dörpfelds mit der Zillerschen Schule hinsichtlich der Differenzen in der Anschauungsoperation bei historischen Stoffen. Wie den Lesern bekannt sein wird, hatte Dörpfeld in seiner psychologischen Monographie „Denken und Gedächtnis" die diesbezüglichen Differenzpunkte nur kurz fixiert, weil für eine ausführliche Besprechung sich dort nicht der nötige Raum bot. Prof. Dr. Rein unternahm es alsdann im Jahrbuch des Vereins für wissenschaftliche Pädagogik 1885, das Dörpfeldsche Verfahren kritisch zu beleuchten. Diese Besprechung der Dörpfeldschen Lehrweise war aber völlig unzureichend; ja noch weniger als das, da sie eine wesentlich verkehrte Vorstellung von Dörpfelds Verfahren verbreitet: es sind nämlich mehrere der wichtigsten Charakterzüge nicht bloß ausgelassen, sondern es wird an ihre Stelle das gerade Gegenteil gesetzt. Darum hielt es Herr Dörpfeld für angemessen, jetzt seinerseits das von ihm geforderte Verfahren in einer ausführlichen Beschreibung und mit der ihm eigentümlichen Gründlichkeit genau darzulegen. Es geschieht dies in dem 6. Zusatz, der dem Umfange nach (56 Seiten) einen selbständigen Aufsatz bilden könnte, und ich zweifle nicht, daß alle, die davon Kenntnis nehmen, die Dörpfeldschen Ausführungen mit außergewöhnlichem Interesse und großem praktischen Gewinn lesen werden. Wie sehr es aber dem Herrn Dörpfeld in dieser Auseinandersetzung einzig und allein darum zu thun ist, die Wahrheit ans Licht zu bringen, das kann uns der Schlußpassus der genannten Abhandlung zur Genüge beweisen. Er schreibt: „Zum Schluß möchte ich mir noch einen Wunsch vom Herzen reden, der mich bei der vorstehenden Auseinandersetzung beständig begleitet hat. Daß die Schüler Zillers treu zu ihrem Lehrer halten, ist gewiß löblich; ich kann sie nur darin bestärken. Möchten sie aber auch das mit zur Verehrung des Meisters rechnen, etwaige kleine Irrungen, die ihm nach Menschenweise begegnet sind, möglichst bald still aus dem Wege schaffen zu helfen, damit die zahlreichen großen Wahrheiten, welche er aufgedeckt hat, desto heller aus Licht treten und dadurch desto eher weiteren Kreisen zum Segen werden können."

Ich aber schließe diese Zeilen mit dem letzten Satze des Vorwortes zu der neuen Auflage: „So gehe denn dieses Schriftchen, dem Geleite Gottes befohlen, nochmals hin an seinen Dienst, die Wahrheit suchen zu helfen, die überall frei machen kann."

A. K.                           Barmen-Wupperfeld.

## Wie stellen wir uns zur Sonntagsschulfrage?

Vom 2.—4. November tagte bei uns in Bremen der deutsche evangelische Sonntagsschulkonvent. Weil er ein Schul-Konvent ist, so darf derselbe auch das Interesse der Schullehrer und der Schulblätter beanspruchen. Ja, er sollte das auch ohne diesen Namen; denn die Konvention will ja mit uns derselben Sache dienen, der Pflege einer religiös-sittlichen Gesinnung in unserm Volk.

Leider war es uns nicht vergönnt, an den Verhandlungen teilzunehmen, weil diese Schulkonvention keine Rücksicht auf die Schule und die Schullehrer genommen hatte; denn sonst wäre die Versammlungszeit wohl in die Ferien verlegt worden. Nur dem öffentlichen Festgottesdienste, der am Abend des letzten Tages in U. l. Frauen-Kirche abgehalten wurde, konnte ich beiwohnen. Herr Hofprediger Schrader-Berlin hielt die Festpredigt über Offenb. 3, 7. 8 und 11. „Halte, was du hast, daß niemand deine Krone nehme!" mahnte er in salbungsvollen Worten und unterließ dabei nicht, hier auf der Kanzel vom „eisig-kalten Zuge" in unsern öffentlichen Schulen zu reden, demgegenüber alle christlich Gesinnten sich der Sonntagsschule annehmen möchten.

Wir wollen nicht behaupten, daß es keine öffentlichen Schulen in Deutschland giebt, in welchen eine eisig-kalte Windrichtung herrscht; wollen auch nicht bestreiten, daß es Lehrer giebt, welche — nicht selten durch das Verhalten gewisser Geistlichen — dem kirchlichen Leben vollständig entfremdet sind. Aber ebenso entschieden wagen wir zu behaupten, daß die große Mehrzahl der Lehrer sich die „Krone des Unterrichts" nicht nehmen und nicht verkümmern lassen will. Überdies ist es eine nachweisbare Thatsache, daß die allermeisten Reformbestrebungen im Religionsunterrichte, welche die Kinderherzen bewahren wollen vor dem eisig-kalten religiösen Frösteln beim Memorieren und Abschreiben von z. T. unverstandenen und unverdauten Katechismusabschnitten und Bibelsprüchen, selten von Geistlichen, welche sich über die Schulluft beklagen, sondern meistens von andern Vertretern des „öffentlichen Schulunterrichts" ausgegangen sind. Sogar das ist nachzuweisen, daß viele Geistliche wiederholt diesen Reformbestrebungen entgegengetreten sind und andere sie bis auf den heutigen Tag vollständig ignorieren und nach wie vor im alten Memoriermaterialismus fortfahren, wie Einsichtsvolle aus ihrer eigenen Mitte mit Bedauern eingestehen. Gegen Sonntagsschulbestrebungen, welche Mißtrauen gegen die Alltagsschulen säen, müssen wir durchaus auf der Hut sein. „Halte, was du hast, daß niemand deine Krone nehme" — auch dein Ansehen nicht!

Anders sollten wir uns zu den Bestrebungen einer anderen Richtung in jener Konvention stellen. Sie sind zum Ausdruck gekommen in Nr. 44 des „Br. Kirchenblattes". „Zur Sonntagsschul=Konvention in Bremen" ist daselbst ein Brief von Prof. Dr. Achelis in Marburg (früher Prediger in Hastedt bei Bremen) überschrieben. Wir wollen ein paar Gedanken daraus wiedergeben, dem Herrn Hofprediger und seinen gleichdenkenden Amtsgenossen zur Erwiderung und zur Beherzigung.

„Es ist Pflicht der Kirche, für Sonntagsschulen zu sorgen." — „Die amerikanische Sonntagsschule kann uns nicht ohne weiteres als Muster dienen." — „Die Voraussetzung der dortigen Sonntagsschule trifft bei uns nicht zu. Amerika hat weder staatlichen Schulzwang, noch wird an den freien Schulen für Religionsunterricht gesorgt. Die Sonntagsschule hat demnach den Beruf, dem schreienden Mangel an religiöser Unterweisung abzuhelfen; ohne sie würde die Jugend in religiöser Unwissenheit und Verwilderung aufwachsen; die Sonntagsschule ist eben das, was ihr Name sagt: Schule und nichts anderes soll und kann sie dort sein."

„Wir haben in Deutschland staatlichen Schulzwang für alle Kinder vom vollendeten sechsten Lebensjahre an; mehr noch: wir haben christliche Schulen nicht bloß dem Namen nach, wir haben Schulen, in welchen der Religionsunterricht eine mehr oder weniger centrale Stellung einnimmt; unter relativ normalen Verhältnissen ist für die Sonntagsschule bei uns gar kein Bedürfnis vorhanden. Durch einfache Übertragung amerikanischen Wesens auf unsere Sonntagsschule entsteht die stillschweigende und doch sehr beredte Verdächtigung (!) unserer Schulen, als ob sie des christlichen Charakters entbehrten und nun eine Ergänzung notwendig wäre; es wird die wohlbegründete (!) Abneigung aller Freunde unserer staatlichen Schulen gegen die Sonntagsschule erzeugt; Schulmänner sehen mitleidig auf die ganz ungeschulten Lehrer der Sonntagsschule hin, als ob diese imstande wären, ihnen gesunde Konkurrenz zu machen, und es entsteht das Mißverhältnis, daß das Gedeihen der Sonntagsschule in demselben Maße gesichert ist, wie die Schulen entchristlicht werden."

„Es würde ein großer Gewinn sein, wenn die Einsicht sich verbreitete, daß unsre deutschen Sonntagsschulen gar keine Schulen sind; das kann freilich nicht eher geschehen, als bis auch der unpassende Name dem einzig richtigen Namen weicht. Nicht Schulen, sondern Kindergottesdienste haben wir, und sie allein wollen wir haben, solange unsre staatlichen Schulen dem holländischen Muster der Religionslosigkeit oder einem principiellen widerchristlichen Geiste fern bleiben. Diese Kindergottesdienste sind in der Kirche zu halten und ihr Betrieb ist eine kirchliche Pflicht."

Wenn der Sonntagsschulkonvent sich ganz auf Achelis Standpunkt stellen will, so können wir Lehrer seine Bestrebungen nur mit Freuden begrüßen und nach Kräften unterstützen, nicht bloß im Interesse der Kirche, sondern auch im Interesse der Schule. Leider ist das aber nicht der Fall. Auch in Bremen nicht. Die Redaktion des Kirchenblattes erinnert in einer Anmerkung daran, — sich „in allem Wesentlichen und Sachlichen mit dem geehrten Briefschreiber" einverstanden erklärend, — „daß unter hiesiger Sonntagsschulverband sich vor einigen Jahren dahin entschieden hat, den Namen „Sonntagsschule" nicht mit dem in mancher Beziehung allerdings zutreffenden „Kindergottesdienst" zu vertauschen. Durch Festhaltung des einmal eingeführten Namens sollte unsre Gemeinschaft mit der ganzen, das evangelische Deutschland mehr und mehr erfüllenden Bewegung ein Ausdruck gegeben werden."

Wir bedauern das; umsomehr, weil aus der ganzen Handhabung des Sonntagsschulunterrichts bei uns die Schradersche Tendenz hervorblickt.\*) Denn so viel uns darüber zu Ohren gekommen, wird hier einfach unterrichtet wie in der Religionsstunde einer Volksschule, und zwar von Personen, die durchaus nicht die nötige Befähigung dazu haben, oft von 15- bis 17 jährigen jungen Mädchen, die bloß eine einfache Volksschulbildung besitzen. Weil diese Sonntagsschulen in demselben Sinne wie die Privatschulen zu den öffentlichen Schulen (das Wort im weitesten Sinne genommen) zu zählen sind, so müßte konsequenterweise der Staat von den Lehrerinnen den Nachweis ihrer pädagogischen Qualifikation verlangen.

Wir haben an unserer Schule wöchentlich vier Stunden Religionsunterricht. Vom zwölften Lebensjahre kommen zwei Predigerstunden hinzu. In diesen sechs Stunden werden die Kinder sich religiöses Wissen genug aneignen. Im andern Falle wolle man für Vermehrung der Religionsstunden doch offen eintreten und doch offen und frei, anstatt auf der geweihten Kanzel, die Anklage gegen den Religionsunterricht in den öffentlichen Schulen erheben. Sind die Anschuldigungen begründet, so bieten wir uns als Bundesgenossen zum Kampfe gegen die „eisige Kälte" an. Eins jedoch wolle man bedenken: nicht durch ein bloßes Wissen bleibt die Religion in erster Linie dem Volke erhalten, sondern durch etwas ganz anderes, was gerade jene Freunde der Sonntagsschule am meisten verabsäumt haben und viele auch noch verabsäumen.

Den auch von der Herbartschen Schule und erst recht an diesem Orte schon seit langem warm befürworteten Kindergottesdienstbestrebungen dagegen möge es gelingen, schon den Kleinen die Stätte lieb und heilig zu machen, wo Gottes Ehre wohnt, und ihre Herzen zu erwärmen zur Bethätigung eines wahrhaft religiösen Lebens!

Über die Verhandlungen des Konvents mag nun noch einiges aus dem Berichte des „Brem. Kirchenblattes" nachgetragen werden, was uns als Lehrer interessieren und die Beantwortung der in der Überschrift aufgeworfenen Frage erleichtern dürfte.

Den ersten Vortrag hielt Past. Lahusen aus Bremen über das Thema: „Was will und was wirkt die Sonntagsschule?"

„In diesem sehr eingehenden und warmen Referate ward vor allem betont, daß die Sonntagsschule durchaus als eine normale Einrichtung der Kirche betrachtet werden muß. Nicht gegen Notstände soll sie gelten, etwa bei mangelnder Religionsunterweisung in Schule und Haus, obwohl sie auch da eine Lücke ausfüllen kann, sondern die Kinder in die Kirche einzuführen, ihnen am Sonntag einen Gottesdienst zu bieten und in kindlicher Weise sie zu erbauen, ist ihre Bestimmung. Daher soll sie keine „Schule" sein, sondern ein „Kindergottesdienst"; man halte sie nicht in einem beliebigen Lokale, sondern in der Kirche; wolle nicht die Kinder belehren oder bekehren, sondern im rechten Sinne erbauen, und bei aller dankbaren Benutzung anderer Kräfte soll doch die Leitung möglichst in der Hand des Pastoren liegen. „Die Kirche nimmt dankbar aus der Hand der inneren Mission die Sonntagsschule und gestaltet daraus den Kindergottesdienst!"

---

\*) Erst im vorigen Jahre hat unseres Wissen eine (liberale) Gemeinde (St. Ansgari) den Anfang mit Kindergottesdiensten gemacht. In den letzten Wochen (nach der Konvention) ist die positive Gemeinde U. l. Frauen mit den Pastoren Lahusen und Thilötter nachgekommen.

Wie stellen wir uns zur Sonntagsschulfrage? 69

Das Kirchenblatt läßt aus seinen wenigen Bemerkungen über die „sehr bewegte Diskussion" durchblicken, daß diese Forderungen auf entschiedenen Widerstand gestoßen sind — zu unserem großen Bedauern.

Im zweiten Vortrage wurde „der Lehrgegenstand der Sonntagsschule behandelt. Reiseprediger Reinhard aus Berlin hatte das Referat, Past. Wernicke aus Minsleben das Korreferat. „Die Gedanken des Referenten gingen darauf hinaus, daß der Gegenstand lediglich aus dem geschichtlichen Teile der Bibel zu nehmen ist, und zwar aus dem Alten wie dem Neuen Testamente; dabei ist das Kirchenjahr sehr genau zu berücksichtigen und der Stoff so einzurichten, daß er in 3—5 Jahren — solange werden ja durchschnittlich die Kinder die Sonntagsschule besuchen — durchgearbeitet werden kann." „Der Korreferent erklärte sich mit dem Vorredner völlig einverstanden, fügte nur einiges hinzu; vor allem wünschte er noch einige weitere Abschnitte der Bibel behandelt zu sehen, so die „Hohenlieder" derselben, nämlich Jesaia 53; Röm. 8; 1 Kor. 13 und 15; desgleichen die letzten Reden des Herrn bei Johannes u. a. — Die Debatte ergab ebenfalls im ganzen ein Einverständnis, nur hielten die meisten die vom letzten Redner erwähnten Abschnitte für zu schwierig und auch über andre Nebenpunkte zeigten sich verschiedene Auffassungen."

Bei der Verhandlung über diesen Gegenstand scheint also das „Durcharbeiten" großer Stoffmassen fast allgemeine Zustimmung gefunden zu haben und das „Lehren" vollständig mit dem „im rechten Sinne erbauen" des Herrn Pastor Lahusen durchgegangen zu sein.

Das Hauptthema am zweiten Tage lautete: „Die Gefahr der Veräußerlichung des Sonntagsschullebens und ihre Bekämpfung." Der Referent, Past. Petri aus Hannover, sah die Gefahren sowohl in einer fehlerhaften Fundamentierung, als in einem fehlerhaften Aufbau." — „Ersteres besteht nach ihm darin, daß allerlei Leute hier lehren, (!) die äußerlich und innerlich keinen Beruf dazu haben, und dann auch manchmal Dinge vorbringen, die mit der Kirchenlehre wenig in Übereinstimmung stehen; darum ist hier zu verlangen eine feste Anlehnung aus Pfarramt und eine bestimmte Verpflichtung aller Lehrenden (!) auf die Lehre der betreffenden Landeskirche."

Gottlob haben „sich viele mit den Forderungen des ersten Teiles nicht befreunden können; man fragte: wie können denn in den großen Städten die Geistlichen alle die Sonntagsschulen leiten? (die Kindergottesdienste scheinen also auch hier vollständig wieder in Vergessenheit geraten zu sein. D. Ref.) und was soll mit denen werden, die nun selbständig dastehen und doch lehren? und ebenso: ists nicht besser, die Hilfskräfte nach ihrer persönlichen christlichen Stellung auszusuchen, statt sie auf die kirchliche Lehrnorm zu verpflichten?"

Soviel aus dem Berichte des Kirchenblattes.

Hoffen wir, daß die Sonntagsschulen recht bald verschwinden, die Schulen, welche am Ruhetage die Kinder wollen „arbeiten" lassen, noch dazu im Namen der Kirche. Möge man in andern Falle aber wenigstens das „Lehren" und die „Lehre" in den Sonntagsschulen nicht allzuviel betonen. Dadurch könnte die Sonne verschleiert werden und eine „eisig-kalte Luft" entstehen, in welcher die Kinder ohne künstliche Erwärmungsmittel sich nicht wohl fühlen und in welche viele nur durch besondre Reizmittel, wie durch Verteilung von Karten, Bildchen, Traktätchen u. s. w. oder durch Veranstaltungen von Weihnachtsfeiern und „lustigen Tagen" (Sommerausflügen), sich locken lassen.

Bremen, Ende November 1886. T.

## Seminarfeier.

**Gotha.** — In dem von Stoy geleiteten pädagogischen Universitätsseminar zu Jena war es eine althergebrachte Sitte, am 9. oder am den 9. Dezember „Geburtstag" zu feiern. Da rief Stoy seine „Getreuen" in Kirche und Schule und freute sich herzlich über jeden mündlichen oder schriftlichen Dankesgruß, der zu dem Feste eintraf; da beurteilte er in ernster Weise die Thätigkeit des „Geburtstagskindes" im vergangenen Jahre und stedte ihm in einem „Geburtstagsgeschenke" neue Ziele seines Strebens; da wurde abends zehn Uhr mit den Fernerweilenden der „Geistergruß" getauscht, und alle, denen die Gunst der Verhältnisse persönliche Teilnahme an der Feier gestattete, schöpften aus den Vorträgen und Verhandlungen, sowie aus dem trauten Verkehr neue Anregung zu freudigem Streben. Darum ist der „9. Dezember" den Mitgliedern des pädagogischen Seminars in lieber Erinnerung geblieben, und es war natürlich, daß der Wunsch, dieses Tags auch ferner zu gedenken, freudigen Anklang fand. So versammelten sich denn am 11. Dezember in Gotha, trotz der Ungunst der Witterung und obgleich die Wahl des Tags, eines Sonnabends, den im geistlichen Amte wirkenden Genossen eine Beteiligung nicht gut möglich machte, nicht weniger als 32 Mitglieder, und zwar aus Eisenach, Gotha, Jena, Ohrdruf, Waltershausen und Weimar; unter ihnen: Seminardirektor Ackermann, Bezirksschulinspektor Benfer, Seminarlehrer Dr. Wiedner, Professor Burdach, Seminardirektor Gleichmann, Seminarlehrer Hausmann und Heiland, Seminardirektor Kanitzsch, Gymnasiallehrer Dr. Redslob, Institutsdirektor Dr. Stoy, Schulrat Zeyß, Stiftslehrer Dr. Zenker, Schulrat Dr. Zschäck u. a. Der „ernste Teil" der Feier fand in dem geräumigen Konferenzzimmer der Gotthardt-Schule statt, wo das Bild Stoys sinnig mit Blumen umkränzt war. Nach herzlicher Begrüßung der Anwesenden durch Schulrat Zschäck, hielt Ritter-Jena einen fleißig gearbeiteten Vortrag „über den naturgeschichtlichen Unterricht im Dienste des erziehenden Unterrichts", welcher Vortrag, wegen Mangels an Zeit, leider nicht zur Debatte gestellt werden konnte. Darauf berichtete Stoy-Jena in eingehender Weise über seine nach des Vaters Tode übernommene Fortführung des pädagogischen Seminars, sowie über die Thätigkeit der von ihm geleiteten pädagogischen Gesellschaft, als deren wesentlichste Merkmale er bezeichnete: „einen mit dem rechten philosophischen Geiste verbundenen freien wissenschaftlichen Standpunkt" und „die aus der Achtung der Fachwissenschaften erwachsende Bescheidenheit." Sodann erteilte der Vorsitzende Zschäck das Wort dem letzten Oberlehrer am Stoyschen Seminar, Dr. Mollberg-Jena, dem nach dem Ableben Stoys die Leitung der Seminarschule übertragen worden und aus dessen Mitteilungen über die Vollziehung dieses Auftrags ersichtlich war, daß er seine Seminarschule auf dem Herzen getragen. Längere Zeit nahm die Beratung der Frage in Anspruch, ob und wie der Geburtstag des Seminars fortzufeiern sei. Es wurde schließlich ein Ausschuß gewählt, der eine

III. Abteilung. Litterarischer Wegweiser.

Zusammenkunft der Seminarmitglieder zum Zwecke etwaiger weiterer Beratung an einem Sonntage nach Pfingsten d. J. in einem passend gelegenen Thüringerwaldorte vorbereiten und bis dahin zur Ermöglichung einer stetigen Wiederkehr jener Feier die geeigneten Schritte thun soll. — Da es sich herausstellte, daß der im Juni v. J. zur Versendung gekommene Aufruf zur Begründung einer „Stoy-Stiftung" an manche Mitglieder nicht gelangt war, so wurde beschlossen, den eigens hierfür bestehenden Ausschuß darum zu ersuchen, daß dieser Aufruf an diejenigen, von denen eine Antwort noch nicht eingegangen, noch einmal abgeschickt werden möge. Danach vereinigte jung und alt ein einfaches, aber fröhliches Mahl, mit dem die Verlesung der zahlreich eingegangenen Telegramme und Briefe verbunden wurde. Manch herzlicher Trinkspruch, ernst und heiter, erhöhte die Feststimmung. Möge die Hoffnung auf Treue und Einigkeit unter den Herbartianern sich erfüllen!

--- —ch.

## III. Abteilung. Litterarischer Wegweiser.

Vaterlandskunde des Kaiserreichs Deutschland von R. Langheim, Lokalschulinspektor. Langensalza, Greßler.

Das Buch umfaßt zum Preise von 85 Pf. über 200 Seiten. Es ist so eingerichtet, daß auf der ersten Hälfte jeder Seite Fragen, auf der andern Hälfte der Seite, der Frage genau gegenüber, die entsprechende Antwort abgedruckt ist. — Wir halten diese Einrichtung mindestens für unzweckmäßig und zwar zunächst deshalb, weil die Kinder dadurch verleitet werden, die Antworten nicht von der Karte, sondern aus dem Buche abzulesen. So werden die Kinder zur Gedankenlosigkeit und zur bloßen Wortlernerei angehalten. — Der Stoff muß in zusammenhängender Darstellung, in der Form von Lesestücken gegeben werden, und die Fragen dazu müssen separat gedruckt sein, damit sich die Schüler beim Lesen der Antwort genau auf den Inhalt der Frage besinnen müssen. Auch müssen die Fragen zusammenfassender Art sein, also in der Form von Aufgaben auftreten. Reine Abwickelungsfragen sind hier nicht am Platze. Viele Fragen sind auch zu unbestimmt, z. B.: Welchen Abhang lehrt der Schwarzwald dem Rhein zu? Antw.: Den schroffen; — oder: Wessen Anbau ermöglicht der Teutoburger Wald? Antw.: Des Flachses! 2c. Als ein weiterer Mangel muß hervorgehoben werden, daß das Werkchen an einem gewaltigen Stoffübermaß leidet. Es bietet allein von Deutschland etwa 600 geographische Namen von Flüssen, Gebirgen 2c. und unter diesen über 250 Namen von Orten. Wollte man in ähnlicher Weise auch die noch übrigen europäischen und außereuropäischen Gebiete behandeln, so würde sich die Unsumme von mindestens 1500 geograph. Namen ergeben. Dazu enthält das Werkchen noch eine erdrückende Fülle von Notizen, Höhenangaben, Einwohnerzahl 2c. — Im Vorworte sagt der Herr Verfasser, daß die Kinder durch sein Büchlein zu beständigen Schlußfolgerungen angeleitet würden von der Lage auf das Klima, von diesem auf die Produkte und von letzteren auf die Beschäftigung der Bewohner. Hierzu ein Beispiel aus der Lektion über die Alpen: Fr. 27: Welches Klima bedingen die Hochalpen durch ihre Höhe? Antw.: ein kaltes; Fr. 28: Welche Produkte liefern die Alpen? Antw. Kulturland, Weiden, Waldungen, Alpenrose, Edelweiß, Kräuter, Alpenspitzmaus, Schneehase, Murmeltier, Steinbock, Gemse, Adler und Viehherden. Fr. 29: Welche Beschäf-

tigung rufen die Alpen ins Leben? Ackerbau, Viehzucht, Jagd, Spinnerei, Weberei, Holzschnitzerei, Uhrenfabrikation, Handel und Fremdenführung. Fr. 31: Wie sind die Alpenbewohner geartet? Kräftig, wohlgestaltet, gewandt, mutig, erfinderisch, heiter, treu und fromm. — Aus der hohen Lage und dem kalten Klima läßt sich doch unmöglich durch Schließen finden, daß gerade dort sich große Weiden und Viehherden befinden müssen. Und wie will man aus den angeführten Naturobjekten schließen, daß gerade in den Alpen mit Notwendigkeit Spinnerei und Weberei entstehen mußten und daß durch Lage, Klima, Produkte und Beschäftigung in den Alpen ihre Bewohner durchaus wohlgestaltet, treu und fromm sein müssen? — Diese scheinbaren Schlußfolgerungen sind in den allermeisten Fällen nichts als ein neuer Versuch, die alte Verkehrtheit des notizmäßigen, zusammenhangslosen Lernens in einem andern Gewande wieder zu Ehren zu bringen. Zwar scheint das Werkchen aus der ganz richtigen Einsicht hervorgegangen zu sein, daß dem Realunterrichte behufs des gründlichen sachlichen und sprachlichen Lernens 1. ein Lesebuch und 2. ein Frageheft zur Seite stehen muß. Soll das Buch aber seinen Zweck erfüllen, so bedarf es einer vollständigen Umarbeitung.

R. H. —t.

Wie wird man Maschinentechniker? Winke und Ratschläge bei der Wahl des maschinentechnischen Berufes. Zusammengestellt und herausgegeben von C. Weitzel, Direktor des Technikum Mittweida. Verlag des Technikum Mittweida. 1884. 30 S. 1 M.

Da nicht selten Lehrer ersucht werden, jungen Leuten vor dem Eintritt in die Fachschulen durch Privatunterricht behülflich zu sein, so erscheint es nicht unangemessen, auf das vorliegende Heft aufmerksam zu machen. Es werden dort die verschiedenen Ziele und die verschiedenen Wege, welche denselben entsprechen, näher dargelegt, ebenso wird vor dem Einschlagen falscher Bildungswege gewarnt.

R. A. H.

Chemie für Schulen und zum Selbstunterricht von A. Berthelt. Mit 25 Abbildungen. 7., vermehrte und verbesserte Auflage. Bearbeitet von Dr. R. Kell. Leipzig und Berlin, J. Klinkhardt. 1883. 118 S.

Das Buch hat Beifall gefunden und liest sich angenehm. Doch läßt sich ein Bedenken nicht unterdrücken, welches bei ruhigem Lesen sich unwiderstehlich aufdrängt. Das Buch mahnt nämlich an vielen Stellen allzusehr an Vorträge für Bildungsvereine und scheint hier und da mehr der Unterhaltung als der Belehrung zu dienen. Nicht das ist zu tadeln, daß manches nicht berührt wird, — denn das versteht sich bei einem Hefte für Anfänger von selbst, — aber wohl, daß es schwere Dinge berührt und sie dabei spielend überhüpft. S. 19. „Es ist übrigens merkwürdig, aber auch erklärbar, daß man Sauerstoff aus manchen Verbindungen, z. B. dem Quecksilberoxyd, durch Erhitzen austreiben kann, während er sich gerade mit andern Körpern bei großer Hitze verbindet." Hier hüpft offenbar der Zwischensatz „aber auch erklärbar" über die Schwierigkeit hinweg und erzeugt im Lesenden die Vorstellung, er wisse die Sache. So geht es auch an andern Stellen. Dann aber finden sich auch Sätze, die zu sehr an Phrasen gemahnen. S. 11. „Wie mancher beneidet einen andern um die kostbaren Speisen, die auf dessen Tafel kommen, gleichwohl bietet ihm seine eigene Kost ganz dieselben Grundstoffe, die jene enthalten. So geht es uns häufig in der Welt. Nur bei genauer Kenntnis der Dinge lernt man ihren wahren Wert erst beurteilen." Ich möchte wohl wissen, ob dem Herausgeber jede Mahlzeit, welche ihm die nötigen Grundstoffe liefert, wirklich gleichwertig ist. S. 29 heißt es: „Machen wir also jenem ruhigen und stillen Bürger der Natur (dem Stickstoff) keine ungerechten Vorwürfe, daß er kein solcher unruhiger Kopf ist wie der Sauerstoff." Da müßten wir also eigentlich dem Sauerstoff Vorwürfe machen und so den Schöpfer meistern. Eine solche meisternde Redeweise findet sich auch S. 37: „Aus diesem Grunde ist es eine sehr weise Einrichtung, daß der Sauerstoff in der Luft mit ⁴/₅ eines andern Gases, dem Stickstoff, verdünnt ist." Gegen solche Dinge hat schon Diesterweg im Wegweiser geeifert. Ferner muß mit Arendt dagegen protestiert werden, daß spekulative Erörterungen über Dinge, die außerhalb der thatsächlichen Erfahrung liegen und über Hypothesen metaphysischer Art in ein solches Schulbuch geschmuggelt werden, welches offenbar für Stufen geschrieben ist, denen die Erklärungen unzugänglich sind und denen überhaupt Fragen von solcher Art absolut fern liegen. Zu solchen Stücken gehören Ätherhüllen, die Erklärung der Aggregatzustände aus der Art der Bewegung der Moleküle, Notizen über Ozon, über Allotropie, über isomere und metamere Körper und deren Molekularunterschied. Das Kapitel über Wertigkeit und elektrisches Verhalten der Elemente ist in der gebotenen Form ganz unzugänglich. Überhaupt ist manches der sogenannten Vollständigkeit wegen aufgezählt, was auch ohne einen Schimmer von Veranschaulichung bleibt. Die Umbildung der Formel für Wasser, für Salze u. s. w. gehört nicht in ein Buch für Anfänger. Ebenso ist es nur Rücksicht auf Geschichte der Chemie, wenn von coerciblen und permanenten Gasen gesprochen wird, nachdem dieser Unterschied seit acht Jahren verwischt ist.

Noch einige andere Bemerkungen. S. 4. „Jedermann weiß, daß man die festen Körper durch Wärme und Hitze in den flüssigen Zustand versetzen kann." Auch Holz? S. 9. „Von dem Wasser ist weniger geworden" ist eine ungewöhnliche Redewendung. S. 16. „Der dritte Versuch, durch Glühen von Braunstein Sauerstoff zu gewinnen, bliebe wohl besser fort, da er in den meisten Schulen nicht vorgeführt werden kann. S. 50. Das Beispiel zur Bildung eines Salzes aus Schwefelsäure und Kalk ist unglücklich gewählt, da schwefelsaurer Kalk beim Versuch nicht krystallisierbar ist. Es müßte ein solches Beispiel genommen werden, bei dem sich das Salz auch zeigen läßt; dann wird der Name Salz für solche Verbindungen verständlich. S. 65. „In diesen (Pflanzen-) Zellen befinden sich Flüssigkeiten, in denen verschiedene Stoffe aufgelöst enthalten sind. Noch öfterer finden sich in den Pflanzenzellen auch feste Körperchen" u. s. w. Ist das wahr? S. 76. konnte die Lebenskraft wohl fortbleiben. S. 77 u. 80 hätte man die Zahl der Atome in den Abbildungen wohl in richtigem Verhältnisse geben können. S. 100. Die Notiz „¹/₅ der Knochen besteht aus Knochenleim" ist falsch; die folgende Seite giebt das Richtige. Abgesehen von solchen Ausstellungen ist das Buch für einen Lehrer mit hinreichender Sachkenntnis stellenweise wohl brauchbar, wenn er pädagogisch auswählt. Als Schulbuch würde ich es nicht benutzen.

R.                                A. H.

Pädagogische Fragen. Nach den Grundsätzen der Herbartschen Schule bearbeitet von E. Ackermann, Direktor der Karolinenschule und des Lehrerinnenseminars zu Eisenach. Zweite Reihe. Dresden, 1886. Preis 1,80 M. Die vorliegende Schrift enthält fünf Abhandlungen, die in ihrer Mehrheit sich aufeinander beziehen und sich gegenseitig ergänzen. Die Überschriften lauten:

1. Die Bedeutung der Phantasie für das geistige Leben. 2. Die Bildung des sittlichen Urteils durch den Unterricht. 3. Das Rechtsgefühl und seine Pflege durch die Erziehung. 4. Die Erziehung zum Wohlwollen. 5. Strafe und Lohn im Dienste der Erziehung. Wir freuen uns aus mehrfachen Gründen, das Buch hier zur Anzeige bringen zu können.

1. Herbart unterscheidet bekanntlich drei Gruppen erziehlicher Maßregeln, die er insgesamt den Begriffen der „Regierung", des „Unterrichts" und der „Zucht" unterordnet. Die Sonderung der Regierung von der Zucht ist oft beanstandet, als theoretisch unzulässig und praktisch nicht durchführbar bezeichnet worden. In der That darf man nicht mit Herbart und Ziller sagen, die Regierung stehe zur eigentlichen Erziehung in einem kontradiktorischen Gegensatze; Ziller hat diesen Ausdruck später (in der „Allgemeinen Pädagogik") auch vermieden. Denn jener Gegensatz würde die Lehre von der „Regierung der Kinder" von der Pädagogik ganz ausschließen. Abgesehen aber von dieser logischen Übereilung ist die Unterscheidung zwischen Maßregeln der Regierung und Veranstaltungen der Zucht nicht nur theoretisch zu rechtfertigen, sondern auch praktisch überaus wichtig und folgenreich, und Herrn Dir. Ackermann gebührt das Verdienst, dies neuerdings in der fünften Abhandlung der vorliegenden Schrift klar und eindringlich und überzeugend nachgewiesen zu haben. Vgl. insbesondere S. 98 ff.

2. In Lehrerkreisen gewinnt die Überzeugung immer mehr Boden, daß das volle Verständnis der Herbartischen Pädagogik nicht nur psychologisches Studium, sondern auch eine gewisse Kenntnis der Herbartischen Ethik voraussetze. Man möchte nun aber die ethischen Ideen nicht etwa nur kennen lernen, sondern auch erfahren, wie diese Kenntnis zu verwerten sei im Umgang mit den Kindern. Diesem Wunsche kommt das vorliegende Buch entgegen. Der Herr Verfasser weist darin nach, was die Schule zu thun hat, damit die Weisungen der Ideen des Wohlwollens, des Rechts und der Vergeltung in den Schülern praktisch werden, d. h. wie man die Zöglinge zum Wohlwollen und zur Rechtlichkeit erziehen könne, und welche Art der Austeilung von Lohn und Strafe allein der Idee der Vergeltung entspreche. Das führt uns zu einem dritten Punkte.

3. Erst vor kurzem erging an den Rez. von befreundeter Seite die Aufforderung, eine Schrift namhaft zu machen, welche dem Studium der Lehre von der Zucht im Sinne der Herbartischen Pädagogik zu Grunde gelegt werden könne. Wesen und Aufgabe der Regierung sind durch Stoy („Haus- und Schulpolizei") und Ziller („Regierung der Kinder") eingehend begründet und erörtert worden. Für die Ausgestaltung und Anwendung der Theorie vom erziehenden Unterricht haben in der neueren Zeit Ziller und seine Schüler, ferner Dörpfeld u. a. m. Hervorragendes geleistet. Am wenigsten geschah bisher in Bezug auf die Fortbildung der Lehre von der Zucht, und um so dankbarer ist es daher zu begrüßen, daß Herr Dir. Ackermann in der zweiten Reihe seiner pädagogischen Fragen gerade dieser oft stiefmütterlich behandelten und doch so überaus wichtigen Lehre vorzugsweise seine Aufmerksamkeit zugewendet hat. Ganz ungesucht (und auch das verdient hervorgehoben zu werden) ergiebt sich dem Herrn Verf. immer wieder der Gedanke, daß der Unterricht die Bestrebungen der Zucht fördern, daß er eben ein erziehender Unterricht sein solle. Der Unterricht arbeitet direkt der Zucht in die Hände, wenn er in der vom Verf. entwickelten Weise (vgl. die 2. Abh.) zur Bildung

des sittlichen Urteils seinen Beitrag liefert.

4. In seiner ersten Abhandlung bespricht Verf. die „Bedeutung der Phantasie für das geistige Leben" u. s. w. Hier möchten wir uns die Frage erlauben, ob man wirklich die Begriffe „Denken", „Gedächtnis" und „Phantasie" nicht schärfer von einander abgrenzen könne, als es vom Herrn Verf. geschieht? Das Gedächtnis ist ihm das Vermögen der unveränderten, die Phantasie das Vermögen der veränderten Reproduktion (S. 2); und in dem Denken erblickt er eine Art der Vorstellungsverknüpfung, welche dem Inhalt des Vorgestellten gemäß ist (S. 7.). Der Herr Verf. bemerkt wohl das Unzulängliche und Zerfließende dieser Erklärungen und sucht sich durch Quantitätsbestimmungen zu helfen. Das Maß der Veränderung, so meint er (S. 2), charakterisiere die Phantasie im Gegensatze zum Gedächtnis, und das Denken finde erst bei komplizierten Dingen und Vorgängen seinen Platz (S. 7). Aber aller Liebe Mühe ist umsonst. Er sieht sich zuletzt (S. 8) doch zu dem Bekenntnis genötigt: „Die Thätigkeit der Einbildungskraft und das Denken sind in ihrem Wesen so wenig von einander verschieden, wie das Gedächtnis und die Einbildungskraft es waren." Also dem Wesen der Sache nach könnte die Gleichung aufgestellt werden: Gedächtnis=Phantasie=Verstand? Wir glauben das nicht und möchten darum andere Erklärungen in Vorschlag bringen. Das Denken geht den Beziehungen (Verhältnissen) zwischen mehreren Bewußtseinsinhalten nach. Die Phantasie ist die Fähigkeit der Seele, selbstschöpferisch neue, konkrete Vorstellungsgebilde zu erzeugen; bei ihrer Thätigkeit ist stets das Gemüt mitbeteiligt. Das Gedächtnis endlich ist das Vermögen der unveränderten Reproduktion. — Es ist natürlich hier nicht der Ort, diese Begriffserklärungen eingehend zu erläutern und zu begründen; aber das ist leicht zu zeigen, daß durch sie der Gefahr des Ineinanderfließens der drei Begriffe vorgebeugt wird. Das Denken fällt auf keine Weise mit dem Phantasieren zusammen, denn sein Objekt ist das Abstrakte, während die Phantasie stets ein Konkretes zu ihrem Gegenstande hat. Die Phantasie kann nicht mit dem Gedächtnis verwechselt werden, weil ihre Eigentümlichkeit darin liegt, daß die reproduzierten Vorstellungen sich von selbst, ohne äußere Anregung, zu neuen, konkreten Vorstellungsgebilden zusammenschließen. Ohne äußere Anregung: denn man redet noch nicht von phantasiebegabten Kindern, wenn es dem Unterrichte gelingt, aus den im kindlichen Geiste vorhandenen Vorstellungselementen neue, konkrete Anschauungen zu gestalten. Will man freilich unserer Auffassung der Phantasie sich anschließen, so muß man auch die hergebrachte Dreiteilung (abstrahierende, determinierende, kombinierende Ph.) fallen lassen, und das dürfte auch wirklich rätlich sein. Kann man wohl mit Recht sagen, die Gemeinbilder (psychol. Begriffe) seien Produkte der Phantasie? Die Einbildungskraft ist stets abstrahierend und determinierend zugleich, d. h. es giebt nur eine kombinierende Einbildungskraft. Der Herr Verf. wird diese Bemerkungen wohlwollend aufnehmen und prüfen. Vielleicht gefällt es ihm im Interesse der Psychologie, sich darüber zu äußern und ev. unsere Auffassung als eine irrtümliche zurückweisen.

Eisenach. D. Folz.

Das Volksschulwesen im Königreich Sachsen in den Jahren 1874—1884. Eine auf amtlichen Quellen beruhende vergleichende Statistik. Leipzig, Roßbergsche Buchhandl. 1885. IV und 58 S. M. 1.

Das sächsische Unterrichts-Ministerium hat im Jahre 1884 einige statistische

Unterlagen in der Absicht sammeln lassen, die Zustände des Volksschulwesens im Königreich Sachsen in den Jahren 1874—1884 nach mehreren besonders wichtigen Richtungen hin vergleichend einander gegenüber stellen zu können. Einiges aus dieser Statistik ist unter Hinzufügung erläuternder Bemerkungen in der wissenschaftlichen Beilage zur „Leipziger Zeitung" veröffentlicht worden und hat lebhaftes Interesse erregt. Die vorliegende Broschüre macht den Artikel weiteren Kreisen zugänglich. Auch nicht sächsische Lehrer und Pädagogen werden diesen Darlegungen mit Freuden folgen, welche ziffernmäßig zum Ausdruck bringen, in welch einschneidender und segensreicher Weise das neue Volksschulgesetz auf die äußeren — denn darum kann es sich hier nur handeln — Verhältnisse der sächsischen Volksschule eingewirkt hat.

Wir entnehmen aus der Fülle des Gebotenen folgendes. Dir Zahl der Schulorte, d. h. derjenigen Orte, an welchen sich öffentliche Volksschulen befinden, ist von 1848 auf 1901, mithin um 53 (d. i. um ca. 3%) gestiegen: die Zahl der Schulen hat sich von 2082 auf 2142, also um 60 (d. i. etwa 3%) gehoben. Die Zahl der zweiklassigen Schulen ist den 10 Jahren von 1046 auf 943, die der dreiklassigen von 374 auf 174 gefallen, dagegen haben sich die vierklassigen von 290 auf 419 und die mehrklassigen von 372 auf 606 gehoben. Dies bedeutet eine erhebliche Abnahme der minder günstigen und eine wesentliche Vermehrung der wirksameren Schulorganismen. Die Anzahl der Lehrerstellen hat sich von 4820 auf 6717 vermehrt, die Zahl der Lehrer ist um 2075 gestiegen. Das Durchschnittseinkommen der ständigen Lehrer hat sich um 176 M., das der Hilfslehrer um 68 M. erhöht. Die Schülerzahl betrug im Jahre 1874 439 619, im Jahre 1884 dagegen 531 582, sie ist um 91 963 (fast 21%) gestiegen. Die ungerechtfertigten Schulversäumnisse und die Gesuche um vorzeitige Entlassung haben sich gemindert — ein Zeichen höherer Achtung vor der Schule. Auch die Lehrmittel und Lehrpläne stehen mit dem innern Aufschwunge des Schulwesens in einem nahen Zusammenhang. Im Jahre 1874 waren von den vorhandenen Schulen nur 404 (d. i. 19%) genügend, 1678 (b. i. 81%) nicht genügend, im Jahre 1884 jedoch 1752 (82%) genügend und 390 (d. i. 18%) nicht genügend mit Lehrmitteln versehen. 1874 arbeiteten 21% der Schulen nach Lehrplänen, 79% leider nicht; 1884 sind von den vorhandenen 2142 Schulen 2038 (95%) mit Lehrplänen versehen, nur 104 (ca. 5%) noch nicht (d. h. nicht mit specielleren Lehrplänen). Ortsschulinspektoren waren 1874 139 Schuldirektoren und 975 Geistliche, 1884 217 Schuldirektoren und 973 Geistliche. Turnunterricht wurde im Jahre 1874 in nur 141 Schulen (7%) erteilt, in den übrigen 1941 (ca. 93%) aber nicht. Im Jahre 1884 wird er in 744 (d. i. ca. 35%) Schulen betrieben, in 1398 (65%) nicht. Unterricht in weiblichen Arbeiten wurde 1874 in 158 Schulen erteilt, im Jahre 1884 ist derselbe in 1890 Schulen (88%) eingeführt und nur in 252 (12%) nicht. Fortbildungsschulen existierten im Jahre 215 mit 7404 Schülern, zehn Jahre später 1881 Schulen mit 66 576 Schülern. Die Zahl der Fortbildungsschulen ist also um 1666, die der Schüler um 59 172 gestiegen. Die Schulgebäude haben sich seit dem Jahre 1874 von 2152 auf 2265 vermehrt, also um 113 (ca. 5%).

Mit einem Blick auf die Privat-Volksschulen schließt das Schriftchen, dessen Lektüre pädagogischen Kreisen warm empfohlen werden kann. Es ist hier statistisch nachgewiesen, daß das sächsische

Volksschulwesen in den letzten zehn Jahren einen bedeutenden Fortschritt gemacht hat, daß es unter sehr sorgfältiger Leitung steht und daß das zu Ende gegangene Dezennium in der Geschichte dieses Volksschulwesens eines der denkwürdigsten und bedeutendsten genannt werden muß, das auch für die Zukunft von hoher Bedeutung sein wird.

H. Gr.

Dr. Wohlrabe, Meier Helmbrecht von Wernher dem Gärtner. Die älteste deutsche Dorfgeschichte. Für Schule und Haus herausgegeben. Gotha, Thienemann. 1884. IV und 79 S. 1 M.

Der berühmte Germanist F. Pfeiffer hat diese wichtige Dichtung des Mittelalters die „erste wahrhaftige deutsche Dorfgeschichte" genannt. Sie verdient in der That in den weitesten Kreisen unseres heutigen Publikums bekannt gemacht und geschätzt zu werden, denn sie entspricht voll und ganz den an ein gutes Volksbuch zu stellenden Anforderungen. Die Meier Helmbrecht-Dichtung giebt eine anschauliche, fesselnde Belehrung über die gesellschaftlichen und sittlichen Zustände jener Zeit. Die Reden des alten Bauers Helmbrecht lassen uns einen Einblick thun in die unabhängige Anschauungsweise jener mittelalterlichen Bauern, die man sich gern als gänzlich unterdrückt vorstellt. Die Reden des Sohnes dagegen führen uns die Anschauungen der jungen Welt vor, während die Schilderung seines Lebens als Knappe eines Raubritters, sowie sein erschütterndes Ende ein Gemälde damaliger socialer Zustände entrollen, wie wir es in gleicher Vollendung wohl vergebens suchen würden. Wir erfahren von den damaligen Sitten und Gebräuchen die anziehendsten Einzelheiten, und die schöne Sprache des Gedichtes bietet uns in der Übertragung ins Neuhochdeutsche hohes Interesse. Die Idee einer Bearbeitung des Gedichtes für Schule und Haus muß als eine glückliche bezeichnet werden.

G. Freytag hat in den „Bildern aus der deutschen Vergangenheit Bd. II" die Erzählung von dem Sohne des Meiers Helmbrecht im Auszug bekannt gemacht; durch K. Schröder, Panier und Oberbreyer besitzen wir Übertragungen des Textes aus dem Mittelins Neu-Hochdeutsche. Die vorliegende Bearbeitung, die bis auf einige geringfügige Ausnahmen der trefflichen Übertragung Schröders folgt, schließt diejenigen Stellen aus, deren Wiedergabe in einer Jugendschrift oder einem Schulbuche aus pädagogischen Gründen sich verbietet. Die Einleitung und die Textanmerkungen sind mit Benutzung der vorhandenen Litteratur und nach Vorlesungen von Prof. Hildebrand in Leipzig gegeben. — Das hübsch ausgestattete Buch sei als Lektüre für die reifere gebildete Jugend und zur Anschaffung für Bibliotheken bestens empfohlen. Gr.

Als schönes Festgeschenk für das christliche Haus empfiehlt sich:

Die vier Apostel und Evangelisten: Johannes und Petrus, Markus und Paulus, gemalt von A. Dürer, gestochen von A. Reindel und erschienen in Joh. Leonh. Schrags Kunstverlag in Nürnberg.

Wie bekannt, hat A. Dürer dieses sein großartigstes und reifstes Gemälde, das jetzt in der Pinakothek zu München aufbewahrt wird, zwei Jahre vor seinem Tode geschaffen. Der Tiefblick des seelenkundigen Philosophen und die freiwaltende Schöpferkraft des echten Künstlers haben sich hier vereinigt, um die Charaktere der vier Hauptträger des Urchristentums — Johannes und Petrus, Paulus und Markus — aus den Worten der Schrift heraus so wuchtig zu gestalten, daß man in ihnen die vier

Urtypen menschlicher Charaktere überhaupt zu sehen vermeinte; gab man ihnen doch auch den Namen der vier Temperamente. Die Gewandung ist durch kein kleinliches Motiv entstellt, in wenigen wuchtigen Falten fällt sie nieder. Die aus der bekannten Kunstanstalt von Schrag in Nürnberg hervorgegangenen Kupferstiche sind vortrefflich gelungen, sie sind in strenger Linienmanier durchgeführt und bilden eine schöne Zimmerzierde. Die Kunstblätter haben eine Höhe von 78 cm und eine Breite von 59 cm (inkl. Papierrand). Der Preis ist sehr mäßig und beträgt für die Ausgabe in zwei Blatt 13,50 M. (weiß Papier) und 18 M. (chinesisches Papier), für die Ausgabe auf ein Blatt gleichfalls 13,50 M. resp. 18 M.

Gr.

1. Deutscher Jugendschatz. Bd. 8. Ein wahres Weihnachtsgeschichtchen. Aus eiserner Zeit. Wilh. Behrend. Drei Erzählungen von H. M. Frey. Kattowitz, G. Siwinna (71 S.) brosch. 0,75 M.

2. Dasselbe. Bd. 11. Sonnenwende oder: Die Macht des Gebets. Harte Jugend — frohes Alter. Des Hauses Ehr. Drei Erzählungen von H. M. Frey. (71 S.) Ebendas. brosch. 0,75 M.

3. Unserer Töchter Schaffen und Wirken. Drei Novellen für junge Mädchen von 14—18 Jahren von H. M. Frey. Kattowitz, G. Siwinna. (232 S.) geb. 3 M.

Unter dem Pseudonym J. M. Frey verbirgt sich die durch schweres Leiden geprüfte Emilie Schuppe in Breslau, die Schwester eines bekannten deutschen Gelehrten. Verfasserin hat ohne Zweifel Talent zur Schriftstellerin für unsere Jugend. Ihr ernstes Streben, fördernd und hebend auf Kinderseelen einzuwirken, tritt uns überall entgegen. Ein auf das Ideale gerichteter Sinn, ein tief religiöses Gemüt, eine hingebende, treue Vaterlandsliebe sind an unserer Verfasserin charakteristisch. Frei von aller Sentimentalität weiß sie herzlich und fesselnd zu schreiben. Man merkt es den Geschichten an, daß sie zum Teil selbst erlebt sind.

Band 8 und 11 vom „Deutschen Jugendschatz" bietet Original-Erzählungen für Mädchen und Knaben im Alter von 10—13 Jahren (besonders für die letzteren geeignet). Die Geschichten sind zum größten Teil aus den Jahren 1806—1815 und 1870—1871 genommen, aus jenen großen und schweren Zeiten unseres Vaterlandes, die unserer Jugend immer wieder mit Nachdruck und Liebe vor die Augen geführt werden müssen, wenn wir ein patriotisches Geschlecht erziehen wollen. Das größere Werk: „Unserer Töchter Schaffen und Wirken" ist für die weibliche Jugend von 14—18 Jahren bestimmt; es eignet sich gut als Geschenkbuch. Von der Liebe als treibendes Agens ist abgesehen. Die hier vorgeführten Frauengestalten sind tief religiös, sie sind bestrebt in ihrem Kreise Gutes zu wirken und schaffen in thätiger Nächstenliebe. Dabei entbehren sie nicht der Würde und weiblichen Zartheit. Die Gestalten sind dem Leben entnommen; die niederen Kreise des Volkes als auch die höheren Gesellschaftsschichten sind vertreten. — Zu bedauern sind die vielen Druckfehler und einige Inkorrektheiten, die in einer Jugendschrift, an die man nach formeller Seite sehr hohe Ansprüche stellen muß, uns besonders störend gewesen sind. Trotzdem stehen wir nicht an, die genannten Schriften warm zu empfehlen, da bei späteren Auflagen und bei neuen Werken der Schriftstellerin diesem Mangel leicht abgeholfen werden kann. Das Streben der Verfasserin giebt uns hierfür hinlängliche Garantie.

Gr.

Geschichte der Kirche Christi in übersichtlicher Darstellung. Ein

III. Abteilung. Litterarischer Wegweiser.

**Hülfsbuch bei der Fortbildung evang. Lehrer** von Hermann Braitmaier. Minden, Alfred Hufeland. 4,80 M.

Dies Buch erschien erst in acht nach einander folgenden Lieferungen, à 60 Pf., ist jetzt aber als komplettes Werk vorhanden. Wenn auch an „Kirchengeschichten" kein Mangel ist, so müßte man doch nach einem „Hülfsbuche zur Fortbildung evang. Lehrer" oft suchen, ohne eins zu finden, welches allen Anforderungen annähernd entspräche. Wir haben in dem qu. Werke ein solches Hülfsbuch gefunden. Nachdem wir dasselbe eingehend durchgelesen, in einzelnen Teilen seinen Inhalt einer speciellen Kritik und Vergleichung mit andern Werken unterzogen, können wir es jedem evang. Lehrer, nicht allein dem jüngeren, sondern auch dem älteren und gereifteren angelegentlichst empfehlen. Besonders ist es ein gutes Hülfsmittel zur Vorbereitung für das Mittelschul- und Rektoratsexamen. Der Verf. ist ein bibelfester Christ mit klarem nüchternem Verstande und mit einem warmen, religiösen Herzen. Seine Diktion ist einfach, aber dabei doch edel und gewählt, dem Gegenstande in jeder Beziehung angemessen. Eine theologische und philos. Ausdrucksweise, wie man sie z. B. in der Kirchengeschichte von Kurz findet, die oft erst eigentlich in ein gangbares Deutsch übersetzt werden muß, ist zum großen Vorteil des Buches vermieden. Die Einteilung ist recht übersichtlich; die Einzelbilder umfassen höchstens 3—4 Seiten. Alle Partien sind mit gleicher Hingabe und Gründlichkeit bearbeitet. Dies gilt auch insbesondere von den schwierigen Teilen der arianischen und pelagianischen Streitigkeiten zur Zeit der großen Kirchenväter und des byzantinischen Kaisertums. — Auf die Keime und Vorbereitungen zur Reformation, besonders in deutschen Landen, wird rechtzeitig hingewiesen; ebenso aber auch auf die einzelnen Stadien des Konfliktes zwischen der päpstlichen Hierarchie und dem deutschen Kaisertume, auf die Kluft, die sich im Laufe der Jahrhunderte zwischen papistisch-romanischem Kirchenwesen und der religiösen deutschen Gemütstiefe entwickelte. Die Reformationsgeschichte ist dann eingehend und mit Liebe behandelt; man hört darin noch die Klänge des Jubeljahres 1883. Wer die Dogmatik unserer Kirche, ihre Bekenntnisschriften studieren will und muß, der findet hier ihren historischen Ursprung und Mutterboden. — Ein besonderer Vorzug des Buches ist es auch, daß es die Neuzeit eingehend behandelt. Die religiösen Strömungen der letzten Jahrhunderte, besonders in der evang. Kirche, werden in hinreichender Ausführlichkeit und anschaulich vorgeführt. Bezüglich der inneren und äußeren Mission wird klare Übersicht und näheres Eingehen in ihr Wesen und ihre Bestrebungen gegeben. Wenn wir bei unseren Geschichtsstudien einen Abschnitt durchgearbeitet haben, z. B. den der deutschen Kaiser von Karl dem Gr. bis zu Rud. von Habsburg, so nehmen wir denselben Zeitabschnitt aus der Litteraturgeschichte, danach den gleichen aus der Geschichte der Pädagogik und endlich auch aus der Kirchengeschichte, da alle diese Teile schließlich wieder ein Ganzes bilden, wie Herder „Gott in der Geschichte" genannt hat. Auch bei diesem Studium haben wir das Werk wohl benutzen können. Je eingehender man sich mit demselben beschäftigt, desto mehr erkennt und schätzt man die Arbeit und den Geist, der bei der Abfassung thätig gewesen ist. H.

**Grundriß der Pädagogik Luthers.** Zur 400jähr. Lutherfeier den evang. Eltern, Lehrern und Erziehern als Jubelfestgabe dargebracht und gewidmet von Wilh. Glock. 94 S. kl. 8. Karlsruhe, J. J. Reiff.

Der Verf. sagt in der Vorrede: „Als Lehrersohn und Lehrerfreund widme ich dieses Jubelschriftchen den evang. Lehrern und Erziehern unserer lieben deutschen Jugend in aufrichtiger amtsbrüderlicher Freundschaft mit dem herzlichen Wunsche: Möge der große und tiefe Geist des Pädagogen der Reformation in Haus, Schule und Kirche Wohnung und Wartung finden in diesen festlichen Tagen zu Gottes Ehre und des Vaterlandes Heil!" — Die festlichen Tage sind vorüber und somit könnte die Anzeige als verspätet erscheinen. Doch glaubte Rec. solche nicht unterdrücken zu sollen, zumal da er die Verspätung nicht verschuldet, und da vorliegendes Schriftchen auch jetzt noch verbreitet zu werden verdient. Es sind allerdings in dem Jubeljahr mehrere Schriften über die päd. Thätigkeit Luthers erschienen, aber zuviel ist über diesen wichtigen Gegenstand noch nicht geschrieben worden. Abgesehen von den Angriffen und falschen Darstellungen Janssens, ist die Behauptung protestantischer Pädagogen, daß Luther bei seinen Bemühungen, das Schulwesen zu fördern, fast ausschließlich das höhere Schulwesen im Auge gehabt, noch nicht zurückgenommen oder widerlegt, und doch würden wir eine ganz falsche Vorstellung von Luthers päd. Verdiensten bekommen, wenn wir den erwähnten Ansichten beipflichten wollten. Der Verfasser ist nun nicht geradezu polemisch gegen diese falsche Auffassung zu Werke gegangen und hat nur kurz hier und da auf dieselbe Rücksicht genommen mit Anführung von schwer zu widerlegenden Gegengründen; doch ist seine ganze Darstellung eine Widerlegung der von Heppe, K. Schmidt und anderen wiederholt ausgesprochenen Behauptung. (Man vergl. auch meinen Aufsatz: „Luthers Verdienst um das deutsche Volksschulwesen" in Heft 1 des Evang. Monatsblattes für die deutsche Schule 1884.) Was der Leser in der vorliegenden Broschüre zu erwarten hat, möge die Inhaltsangabe sagen. Die Pädagogik vor Luther. Die Pädagogik Luthers. I. Die Quellen. II. Die Lehrprincipien. III. Der Lehrstoff. IV. Die Lehrform. V. Die Lehrmittel. VI. Das Lehramt. VII. Die Lehranstalt. VIII. Das Lehrziel. IX. Das päd. Charakterbild. Ob nicht der Verf. auf Grund der Klagen Luthers die Pädagogik vor demselben etwas zu schwarz geschildert hat, kann nur der entscheiden, der auch andere Quellen studiert hat, und wenn man es nicht als Anmaßung aufnehmen will, so möchte ich hierüber auf meine Geschichte des deutschen Volksschulwesens verweisen. Auch verdienen hier manche Anführungen Janssens geprüft zu werden. Der Verf. hat, das ist anzuerkennen, die Schriften Luthers fleißig studiert, und darum die päd. Ansichten des großen Reformators nach den angeführten Rubriken richtig dargestellt. Hierin besteht der Hauptwert des Schriftchens, das auch nach den Jubeltagen noch gelesen zu werden verdient.

Str.

# Evangelisches Schulblatt.

### März 1887.

**II. Abteilung.** Zur Geschichte des Schulwesens, Biographien, Korrespondenzen, Erfahrungen aus dem Schul- und Lehrerleben.

## Das „VIII. Schuljahr" von Rein, Pickel und Scheller und seine Kritik.

#### Von einem praktischen Schulmanne.

### I.

Im vorigen Jahre ist der letzte, VIII. Band der „Theorie und Praxis des Volksschulunterrichtes" nach Herbartschen Grundsätzen, herausgegeben von Dr. Rein, A. Pickel und E. Scheller, erschienen. Derselbe hat die verschiedenartigste Beurteilung erfahren. Vor mir liegen vier verschiedene Kritiken des bez. Schuljahres, eine von Herrn R. Rißmann in der Schlesischen Schulzeitung (1885, Nr. 43. 44), eine in der „Neuen Pädagogischen Zeitung" (1886, Nr. 8), eine von Dr. v. Sallwürk in den Deutschen Blättern für erziehenden Unterricht (1886, Nr. 24—26) und eine in Dittes „Pädagogium" (Juliheft 1886), gezeichnet von D. — Die Kritik ist schlechterdings notwendig; sie ist dann um so mehr geboten, wenn Verfasser an die Stelle des Gebräuchlichen etwas anderes oder Neues setzen wollen. Nirgend, am wenigsten in Sachen der Erziehung, kann jemand zugemutet werden, das Neue auf Treu und Glauben anzunehmen. Da gilts, das Angepriesene zu besehen und auf Wert und Richtigkeit zu prüfen. Aber diese Prüfung sei würdig, der ernsten Arbeit ernster Männer entsprechend; im andern Falle wird sie ungerecht, charakterisiert sich als Ausfluß von Voreingenommenheit oder gar Gehässigkeit und erniedrigt zweifach, am meisten aber den, der durch seine Feder das Werk der Autoren herabzusetzen bemüht war.

Leider gilt dies von einer der genannten Kritiken.

Während drei Kritiker trotz der größeren oder geringeren Ausstellungen den Wert der bez. Arbeit anerkennen — v. Sallwürk sagt am Schlusse: „Für uns bleibt es Reins Verdienst, die Durchführbarkeit eines nach Herbartschen Grundsätzen eingerichteten Lehrplans für Volksschulen dargethan zu haben," in der Neuen Pädag. Zeitung heißt es am Schlusse: „Ich halte das Werk für eine der bedeutendsten Erscheinungen der Zeit, für ein Buch, das in jeder Zeile zum Denken anregt, auf jeder Seite praktische Winke giebt und von Anfang bis Ende die Verfasser als tüchtige Schulmeister erkennen läßt ıc.;" Rißmann, ein entschiedener Gegner der Herbart-Zillerschen Pädagogik, bezeichnet die Arbeit als eine „respektable" und „dankenswerte Leistung", die „zu den nicht zahlreichen Werken gehört, welche verdienen, von jedem Lehrer nicht nur gelesen, sondern wiederholt studiert zu werden" —, spricht der Kritiker D. dem Buche jeden Wert ab. Auf S. 678 behauptet er, daß sich das Gute in dem Buche ausnehme „wie ein wenig Weizen auf einem Acker voller Unkraut." Den Verfassern der „Schuljahre" aber giebt er den Rat, „ihre Grillen und Allotria aufzugeben, Wissenschaft und Vernunft höher zu stellen als subjektive Einfälle und Tendenzen, in die Geleise der pädagogischen Klassiker einzulenken und an das Ganze sich anzuschließen." Ein schöner Rat! Ob dieser Kritiker eine Ahnung haben mag, wo uns Lehrern, die wir nicht Stundengeber, sondern Erzieher sein wollen, der Schuh drückt?

Doch fragen wir: was mögen das für Grillen und Allotria sein, welchen die Eisenacher Pädagogen nachhängen? Damit meint D. nichts anderes als die dem gesamten Werke zu Grunde liegenden Reformideen oder die Herbartschen Grundsätze, nach der Terminologie Zillers die Forderung der „Formalstufen", der „Konzentration des Unterrichts" und der „Kulturstufen". Die erste liefert die Norm für die Bearbeitung jeder Unterrichtseinheit, die zweite ist bestimmend für das Nebeneinander, die dritte für das Nacheinander im Unterricht. Die **Formalstufen** basieren auf dem gesetzmäßigen Geschehen während des Lernprozesses, sie sind also nichts anderes als eine Anbequemung der Methode an den stufenweisen Fortschritt des psychischen Lernvorganges; die **Konzentration des Unterrichts** ist gegenüber dem ursprünglich ungeordneten Geisteszustande des Zöglings, sowie der Vielheit der Lehrfächer und der Verschiedenheit der Wissensgegenstände eine unbedingt notwendige Voraussetzung für die Charakterbildung, ohne sie entsteht Diszentration des Bewußtseins, — in einem zerfahrenen, zersplitterten Geiste kann das klarbewußte und starke Wollen des edlen Charakters nicht aufkommen —; die **Kulturstufen**-Forderung gründet sich auf die Entwicklungsgeschichte der Menschheit, der Menschheit, welche sich im Laufe der Jahrtausende mühsam von niederen Stufen auf höhere Stufen der Gesittung emporgerungen; sie leitet nach diesem kulturgeschichtlichen Gange, den jeder einzelne wenigstens in seinen Hauptzügen in sich durchmachen muß, die Auswahl des Urteil und Gemüt bildenden Unterrichtsstoffs.

Wie verhalten sich nun die Kritiker zu diesen obersten Principien?

Herr v. Sallwürk erkennt die Richtigkeit derselben an; er sagt, sein Widerspruch soll nicht die wissenschaftliche Grundlage, nicht das System treffen. Der andere Recensent sagt: „es liegt mir fern, die Grundsätze der Verfasser verketzern zu wollen — im Gegenteil: ich habe die Überzeugung gewonnen, daß die Zukunft vieles acceptieren wird, aber nicht alle Einzelheiten." Selbst Herr Rißmann verhält sich zu den Reformforderungen nicht einfach ablehnend. Die Forderung der Formalstufen erkennt er als berechtigt an. Betreffend die Konzentrationsforderung sagt er, daß er dieser Idee selbst gar nicht so unzugänglich gegenüberstehe. „Es ist vielmehr wirklich anziehend, dem Gedanken nachzugehen, daß an die Stelle des bunten Vielerlei unserer Lehrpläne ein einheitliches Ganze treten könnte." Er rechnet es den Verfassern als großes Verdienst an, daß sie „die gegenseitigen Beziehungen der verschiedenen Lehrfächer sorgsam aufgesucht und bei der Festställung des Lehrplans beachtet haben." Anders steht Rißmann, der keineswegs zu den Verehrern der konzentrischen Kreise gehört, der „Idee der kulturhistorischen Stufen" gegenüber; nach seiner Meinung beruht sie auf noch unbewiesenen Voraussetzungen.

Was sagt nun aber Herr D. dazu? Zunächst bestreitet er, daß diese Ideen von Herbart herstammen. Diesen Punkt, der kein pädagogisches, sondern nur geschichtliches Interesse hat, könnten wir übergehen, wenn D. den Verfassern nicht unlautere Absicht unterschöbe und die Bezeichnung „nach Herbartschen Grundsätzen" als einen „Titelschmuck" und eine Verdunkelung der historischen Wahrheit bezeichnete. Er ließ den Verfassern sogar einen Sermon über „Wahrheit und litterarischen Anstand!" Ganz abgesehen davon, daß D. für seine Beschuldigungen den Beweis noch beibringen soll, wäre ihm ein besonneneres und gerechteres Urteil anzuempfehlen, denn sonst ist er der erste, der den „litterarischen Anstand" verletzt. Über die Ideen selbst, namentlich bez. der zwei letzten, sagt er: „es sind auf die Spitze getriebene Überspannungen (Karikaturen) längst bekannter Gedanken, welche nebst vielen anderen im Unterrichte zu beachten sind, aber nicht aus dem Zusammenhang der methodologischen Faktoren gerissen und zu herrschenden „Ideen" aufgebläht werden dürfen, wenn man nicht gegen unleugbare und bewährte Unterrichts= grundsätze verstoßen und die ganze Didaktik und Lehrkunst verwirren will." Wir nehmen Akt hiervon. Die Forderungen der „Konzentration" und des „kultur= geschichtlichen Ganges" sind also bloße Überspannungen; jedoch liegen ihnen richtige und längst bekannte Gedanken zu Grunde. Das heißt doch nichts anderes als: konzentrieren darf man beispielsweise im Unterricht, aber nur soweit, als man damit nicht gegen andere bewährte Unterrichtsgrundsätze verstößt. Doch welches sind die höheren Principien? D. hat sich gehütet, hierauf Antwort zu geben. Das war aber durchaus notwendig, wenn seine Worte nicht als ein Gewebe von Phrasen erscheinen sollen. Später nimmt D. auch noch das Anerkenntnis, daß den Reformideen richtige Gedanken zu Grunde liegen, zurück und gerät so mit sich selbst in Widerspruch. Er sagt S. 670: Die Eisenacher möchten „nur ihr Dunkel verlassen, d. h. ihre seltsamen Projekte aufgeben und in die längst gebahnten Wege einer rationellen und fruchtbaren Methodik einlenken."

D. ist also ein Verteidiger der bestehenden Volksschulmethodik. Sollte es möglich sein, daß zu einer Zeit, in welcher in allen Schulblättern über die Un= zulänglichkeit der Schularbeit geklagt wird, ein Kritiker wie D. sich zum Lobredner des Bestehenden aufwirft?! Wir lasen anderswo: „Überall, wo man die Augen aufmacht und die Bilanz zieht zwischen der aufgewendeten Schulzeit, den auf= gewendeten Mühen und Opfern und zwischen den erzielten Erfolgen, muß man demutsvoll bekennen: Wir haben in den vielen tausend Stunden, die wir acht Jahre hindurch an den Schülern gearbeitet haben, verhältnismäßig recht wenig erreicht. Die erzielte Fertigkeit des Lesens und Schreibens, des Rechnens und Zeichnens, die angeeigneten Kenntnisse aus den verschiedenen Wissensgebieten sind in Wirklichkeit kein Äquivalent für die Unsumme von Anstrengung und Arbeit! Sind wir doch nach Abschluß unserer Thätigkeit keineswegs sicher, welchen Pfad, den zur Rechten oder zur Linken, die aus der Schule Entlassenen einschlagen werden; wir sind nicht sicher, ob die erlangte Erkenntnis in ihnen tot, wie ein eingewickeltes Pfund, liegen bleiben oder einem treibenden Sauerteige ähnlich wirken und die Maximen des Genusses und des Eigennutzes überwinden wird; wir haben keinerlei Garantie, ob die Konfirmierten die erworbene Fertigkeit und Klugheit für gute Zwecke ver= wenden werden. Nichts hat aber nach Kant einen absoluten Wert als allein der gute Wille. Nach dieser Richtung haftet unserm Unterricht ein unverkennbarer Mangel an; er ist nicht geeignet, den Geist bezw. den Willen zu deter= minieren. Deshalb bedarf er einer Reform, sowohl nach der Richtung, daß der kindliche Geist allein mit solchen Gedankenstoffen, die seiner Entwicklungsstufe gemäß sind, genährt werde, — als auch nach der Richtung, jeden Gedankeninhalt dem Kindesgeiste nicht bloß äußerlich aufzunötigen, sondern auch wirklich durch pädagogisch richtige Behandlung in geistiges Eigentum zu verwandeln, — als auch nach der Rücksicht, den mancherlei Geistesbesitz nicht isoliert und ungeordnet zu lassen, sondern denselben zu verknüpfen und systematisieren, damit das Innere nicht zu einem wirren Durcheinander werde, sondern damit das Bewußtsein alles überschauen, nach Wert und Rang ordnen, über alles bei Gelegenheit disponieren könne."

Herr D. aber verschließt hiervor die Augen.\*) Er spricht wie ein falscher Prophet: „Es ist Friede und hat keine Gefahr!" Bei ihm, dem sonst so entschiedenen Fortschrittsverkündiger, ist allein Heil in „den längst gebahnten Wegen" zu finden. Auch in diesem Punkt der Kritik steht er allein auf einem längst überwundenen Standpunkte.\*\*)

## II.

Wenden wir nunmehr die Aufmerksamkeit dem Teile der Kritik zu, welcher sich mit dem ersten Abschnitt des VIII. Schuljahrs, dem Gesinnungsunterrichte, beschäftigt. Die Gesinnung wird durch profane und heilige Stoffe gebildet, durch letztere am meisten. Daher zunächst vom Religionsunterrichte. Ehe wir uns der Kritik zuwenden, müssen wir erst einen Blick auf die ganz eigenartige Verteilung des religiösen Unterrichtsstoffes in den Reinschen „Schuljahren" thun. Meines Erachtens ist dieser wohldurchdachte, planmäßige, den kulturgeschichtlichen Fortschritt berücksichtigende Aufbau ein ganz besonders hervorragendes Verdienst des genannten Werkes. Er steht im direktesten Gegensatz zur herrschenden Praxis; darum ist er auch der am meisten befehdete Teil, der eigentliche Stein des Anstoßes.

Das erste und zweite Schuljahr betrachten die Verfasser als Vorstufen für den eigentlichen Religionsunterricht. In ihnen soll erst die Bildung wichtiger religiöser und sittlicher Begriffe angebahnt und dieser Gewinn teilweise in biblische Form umgegossen werden. Die wichtigsten Heilsthatsachen des Lebens Jesu sollen den Kindern keineswegs vorenthalten werden. Es geschieht die Bekanntmachung mit denselben jedoch nicht durch theoretischen Unterricht, sondern auf dem Wege des Erlebens und Erfahrens, im Anschluß an die großen Feste und an die Schulandachten. Nach dieser Vorbereitungsstufe wird die Aufgabe des dritten und vierten Schuljahres dahin gesetzt, in und durch die alttestamentliche Religionsgeschichte die Sittenlehre in Kopf und Herz der Schüler zu begründen und gleichzeitig durch diese Geschichte, die Paulus einen Zuchtmeister auf Christum nennt, die tiefere Erfassung der in Christo gegebenen Erlösung vorbereiten zu helfen. Nunmehr soll auf Grund dieser Vorbereitung im fünften und sechsten Schuljahre die Aufgabe des Religionsunterrichts darin bestehen, den Kern des Christentums, den Glauben an Jesus Christus, an der Hand der Lebensgeschichte desselben möglichst fest und tief in den Kindern zu begründen und zugleich dem ersten Artikel und ersten Hauptstücke wesentliche Bereicherung zuzuführen. Das siebente Schuljahr endlich (Apostelgeschichte in Verbindung mit den wichtigsten Ereignissen der nationalen Kirchengeschichte) soll die nun erst verständlichen Grundwahrheiten des dritten Artikels und der beiden letzten Hauptstücke (Heiligung durch den heiligen

---

\*) Siehe „Über die Grenzen des schulpflichtigen Alters". Schles. Schulz. 1886. Nr. 44. S. 439.

\*\*) Siehe Prof. Dr. Löwenthal, Grundzüge einer Hygiene des Unterrichts. Wiesbaden, Bergmann. Schorers Familienblatt 1886, Nr. 36. Aufruf „Gedenket eurer Kinder". (Derselbe ist von 67 Namen besten Klanges erlassen.)

Geist und durch die Heilsmittel der von ihm gegründeten Kirche) unterrichtlich zu vermitteln streben und wird dabei zugleich das dritte Hauptstück und die Lehre von den letzten Dingen, die in den vorausgegangenen Schuljahren Vorbereitung und Zuwachs erfahren haben, zum Abschluß gebracht.

Hier muß bemerkt werden, daß in diesem Lehrplansystem bis zu Ende des siebenten Schuljahres ein abgesonderter Katechismusunterricht, der sich die Erklärung, Einprägung und erbauliche Verwertung des fertig vorliegenden Katechismusstoffes zur Aufgabe stellt, keinen Raum hat. Auf allen Altersstufen ist vielmehr allein **biblische Geschichte** zu lehren, doch so, daß in jeder Unterrichtseinheit der Unterricht so weit fortgeführt wird, daß ein ganz bestimmter Abstraktionsgewinn, seien es Begriffe oder Urteile, Regeln und Grundsätze, also **einzelne Teile des Katechismusinhalts**, sich ergeben. Auf diese Weise wird ein Doppeltes erreicht, erstens wird biblische Geschichte und Katechismus nicht nach und nebeneinander, sondern in, mit und durcheinander gelehrt und so beide bisher getrennte Disciplinen zu einem organischen Ganzen vereinigt, auch wird auf diese Weise eine Konzentration von biblischer Geschichte, Katechismus, Lied und Spruch hergestellt, zweitens wird der im Katechismus formulierte Lehrgehalt als begrifflicher Gewinn Stück für Stück von den Schülern aus den biblischen Stoffen herausgearbeitet. Der hiermit verbundene Vorteil ist einleuchtend. Es entsteht dadurch, obgleich kein besonderer Katechismusunterricht erteilt wird, eine religiös-sittliche Einsicht um die andere. Der Schüler lernt auf dem Wege eigenen Urteilens die einzelnen Teile des Sittengesetzes, des Glaubens an Gott den Vater, den Sohn und den heiligen Geist, das Wesen, die Offenbarung und Wirkungsweisen des dreieinigen Gottes, die durch ihn gestiftete Heilsanstalt, die gespendeten Gnadenmittel c. kennen. Dieser Geistesbesitz hat den großen Vorzug, daß er nicht äußerlich andociert, einem toten Wissen gleichkommt, sondern daß er auf dem Wege selbsteigener Erkenntnisakte vom Schüler erworben und dadurch zu lebendigem Eigentum geworden ist.

Doch welcher Stoff soll der Gesinnungsbildung im VIII. Schuljahre — abgesehen von der Profangeschichte — zur Unterlage dienen?

Die Verfasser antworten: Diesem letzten Schuljahre wird die Repetition des gesamten bis dahin erworbenen Schulkatechismus in der Anordnung des ihm zu Grunde liegenden Lutherischen Katechismus zugewiesen, — es ist dies nicht eine unveränderte Repetition des schon Gewonnenen; sondern sie trägt vielfach den Charakter einer Erweiterung, Ergänzung und Vertiefung an sich.

Ist diese Arbeit nicht unnötig? Fast scheint es so! Die Verfasser sagen selbst, daß am Ende des siebenten Schuljahres der Katechismus im Kopfe des Schülers eigentlich fertig sein müßte. Und doch ist diese Arbeit dringend nötig! „Der bisherige Gang des Katechismusunterrichts war ein **historisch-psychologischer**, durch ihn erhielt bald diese, bald jene Katechismuswahrheit in mehr zufälliger Reihenfolge Zuwachs an Klarheit und Vertiefung. Nun soll der gesamte gewonnene Katechismusstoff in der mehr **logischen** Reihenfolge der Lutherischen Systematik durchlaufen werden.". Unnötig ist diese Arbeit ferner deshalb nicht, weil auch der beste Unterricht in seinen Resultaten nicht frei von Mängeln an Klarheit, Festigkeit und Tiefe im Kindesgeiste ist, und andrerseits, weil auch in den besten Schülern die Vergeßlichkeit selbst einen ganz soliden Bau, zumal wenn er aus Abstraktionen, aus noch flüssigen Begriffen, Urteilen und Erkenntnissen besteht, abzubröckeln und zu schädigen droht. „Ferner fordert die

86  II. Abteilung. Zur Geschichte des Schulwesens, Biographien ꝛc.

Reise der Schüler zu einer gründlichen, zusammenhängenden und abschließenden Besprechung der wichtigsten religiös-sittlichen Fragen und Wahrheiten geradezu auf."

Hören wir die verschiedenen Kritiker über diese Frage. Während die Kritik in der Schles. Schulzeitung schweigt, spricht sich die der Neuen Pädagogischen Zeitung im Princip zustimmend aus. „Damit weichen die Verfasser", so heißts daselbst, „wieder recht wenig von der an sehr vielen Schulen geübten Praxis ab, nämlich nur in dem einen Punkte, daß ihr Katechismusunterricht nicht die letzten, sondern nur das eine letzte Schuljahr umfaßt." Diese Behauptung kann ich getrost der Beurteilung der Leser überlassen. Herr v. Sallwürk dagegen fragt, welcher Kulturstufe denn der Katechismus entspreche? Nach ihm ist er kein klassischer Unterrichtsstoff im Herbartschen Sinne und — als ein bloßes System abstrakter Wahrheiten — überhaupt nicht geeignet, an Stelle des Gesinnungsstoffs zu treten. Er tadelt ferner, daß die Reinschen Schuljahre nur auf die protestantische Konfessionsschule berechnet seien und daß die konfessionelle Beschränktheit sich auch auf den historischen Stoff übertrage. — Was die letzten Einwürfe anlangt, so erledigen sie sich dadurch, daß beide, Theorie und Praxis, den thatsächlichen Verhältnissen hinsichtlich des Bekenntnisstandes Rechnung tragen müssen. Wie es keinen Menschen giebt, der zugleich Katholik und Protestant sein kann, so giebt es bei uns keine konfessionslosen Schulen. Will man diese Unterschiede ignorieren oder verwischen, so geschieht dies nur auf Kosten des scheinbar im Rückgange begriffenen protestantischen Bekenntnisses. Der Katechismus ist allerdings auch kein konzentrierender Gesinnungsstoff wie die übrigen, er repräsentiert auch nicht eine besondere Stufe allgemeiner menschlicher Kultur. Doch erlauben wir uns die Gegenfrage: Giebt es über den Stufen, welche die Ideen Christi, d. i. die sittlichen Ideen zur Anschauung bringen und welche gleichzeitig zeigen, wie diese Ideen im Gemeindeleben zu That und Wahrheit werden sollen, noch eine höhere? Wir bestreiten dies entschieden. Sie ist die höchste Staffel sittlich-religiöser Entwicklung. Hätten wir nur unsere Zöglinge erst alle soweit erhoben! Darum ist es ganz gerechtfertigt, ja sogar geboten, den Bildungsgewinn der früheren Schuljahre zu befestigen, zu ordnen, zu vertiefen und dadurch zu einem lebendigen Geistesbesitz zu machen. Nur auf diese Weise wird sowohl der einzelnen Seele, als auch der Gemeinde und der Kirche gedient.

Gehen wir zu der Kritik im „Pädagogium". Sie hält die Besprechung des vorhin skizzierten Lehrplans für ein müßiges Geschäft, zumal da dieser Lehrplan nur ein Verzeichnis allgemein bekannter, in den lutherischen Volksschulen seit jeher gebräuchlicher Stoffe sei. Wer dies von der Reinschen Stoffauswahl und Anordnung behauptet, muß die Lehrpläne der Volksschulen, wenigstens der preußischen, nicht kennen; sonst könnte er eine solche unrichtige Behauptung nicht in die Welt senden. — Herr D. bringt noch andere Proben einer durchaus nicht zutreffenden Beurteilung. Er nimmt Anstoß an Dingen, welche den anderen Kritikern ganz unbedenklich erscheinen. Weil die Verfasser die im Katechismus niedergelegte Lehranschauung als eine den Religionsunterricht bestimmende Norm ansehen, beschuldigt er sie, in direkten Gegensatz zum evangelischen Christentum getreten zu sein, den Katechismus über die Bibel gestellt und einen papiernen Papst, der über das Gotteswort entscheiden solle, proklamiert zu haben. Ist das nicht geradezu absurd!? Legen nicht die Verfasser vom dritten Schuljahre an die Bibel selbst dem Unterricht zu Grunde? Bemühen sie sich nicht unermüdlich, das zu verwirklichen, was Luther gesagt hat:

„Die Bibel ist mein bestes Buch,
Das ich in meinem Leben such'.
Wenn ich nicht weiß, wo aus, wo ein,
So soll mein Trost die Bibel sein"?

Aber das Bibelwort hat ganz verschiedene Auslegung erfahren, jede christliche Konfession nimmt für ihre Lehrmeinung das Bibelwort in Anspruch. Ists da nicht notwendig, der individuellen Willkür im Auslegen Schranken zu setzen und den Lehrer an die Auffassung seiner Kirche zu verweisen? Was sollte auch sonst aus unserem Bekenntnisstande werden, wenn jeder nach Belieben die Bibel interpretieren dürfte?!*) In den Augen des Herrn D. ist das aber ein Zurückfallen in die antireformatorische Doktrin!

Die übrigen Bedenken sind ebenso halt- und grundlos. Er beschuldigt die Verfasser, daß sie mit ihrer Forderung, der Katechismus solle Ziel und Resultat des Religionsunterrichts sein, den didaktischen Materialismus in optima forma einführten und gleichzeitig ein falsches Ziel aufstellten; das richtige Ziel sei doch allein die „Bildung der Kinder". Auf diese Ausstellungen, die zu machen noch keinem Kritiker eingefallen ist, einzugehen, hieße „leeres Stroh" dreschen.

Ein weiteres Bedenken geht dahin, daß die von den Verfassern angewendete Methode an vielen Stellen den Dienst versagen müsse und daher unausführbar sei. „Sie ist zwar principiell die richtige, die Pestalozzische, die anschaulich vom Konkreten zum Abstrakten fortschreitende. Allein die Herren vergessen, daß diese Methode nur da zum Ziele führt, wo sie am Platze ist, d. h. wo es sich um Einsichten handelt, die dem natürlichen (?) Erkenntnisvermögen des Menschen, der Kinder, zugänglich sind. Nun ist aber ein großer Teil der Katechismuslehren, und gerade derjenige, auf den die Orthodoxen und folglich auch die Eisenacher das meiste Gewicht legten, aller menschlichen Erfahrung und Anschauung unzugänglich. Es handelt sich da nicht um Dinge, die begriffen werden können, sondern um Offenbarungen und Wunder, denen gegenüber die Vernunft unter den Tisch gesteckt werden muß und die nur geglaubt werden können. Überdies sind auch noch manche Religionslehren für Schulkinder zu hoch, weil keine methodische Kunst, selbst die der Zillerianer nicht, imstande ist, die natürliche Unreife vorzeitig in eine gesunde Reife zu verwandeln 2c." Suchen wir die Meinung des Kritikers herauszuschälen! Sie ist: Die Methode der Verfasser sei allerdings die richtige, weil sie aus dem Konkreten das Abstrakte, das allgemein Giltige wolle gewinnen lassen; hier aber, d. h. im Katechismusunterricht angewendet, sei sie falsch. Denn der Katechismusinhalt könne großenteils überhaupt nicht dem Verständnis nahe gebracht werden, weil er absolut unverständlich sei; alle in dieser Richtung verwendete Mühe sei verloren. Nun fährt der Kritiker aber nicht fort, wie man von einem Manne, der den Eisenachern gegenüber als oberstes Ziel „Bildung der Kinder" zu vertreten sich berufen hält, erwarten sollte —: diese Teile des Katechismus sind, weil unverstehbar, aus dem Schulunterrichte überhaupt auszusondern; dagegen verlangt er ganz unbedenklich, sie müssen einfach im Unterricht dargeboten, von den Schülern dogmatisch angenommen, geglaubt werden; die Pestalozzische Methode sei schlechterdings hier nicht zu gebrauchen. In Summa: Nach Herrn D. soll alles beim alten bleiben; der Katechismus soll mechanisch weiter auswendig gelernt werden.

---

*) Siehe Thrändorf, „Die Kirche und der Religionsunterricht der Erziehungsschule". Pädag. Studien von Rein. 1883. Heft I. S. 10 u. f. f.

Hat jemand, der einer längst verurteilten Lehrweise das Wort redet, ein Recht, die Verfasser des engherzigen Konfessionalismus zu zeihen, zu behaupten, sie hätten den Katechismus als papiernen Papst über das Wort Gottes gestellt?! D. dokumentiert durch seine Auslassungen aber auch seine große Unkenntnis auf dem Gebiete der Praxis, sowie ferner seine Gleichgiltigkeit für die Sorgen des Schulmanns in methodischen Fragen. D. ignoriert oder weiß nicht, daß man die Kinder allmählich auf höhere Stufen der Erkenntnis, auch der sittlich-religiösen, — zumal nach dem von den Verfassern aufgestellten, dem kulturgeschichtlichen Entwicklungsgange folgenden Lehrplane, heben kann. Dagegen eifert er gegen das selbständige Gewinnen sittlich-religiöser Wahrheiten. Die methodische Kunst setzt er herab und nennt ihre Maßregeln „Treibhauskünste". Schließlich fügt er noch Spott hinzu, indem er sagt: die Reinschen Vorschläge seien nur „ein Zeitvertreib für müßige Stunden". Wir glauben gern, daß ihm die Methodik ein unnützer Zeitvertreib dünken mag. Ist doch durch Kolatschek „Das Wiener Pädagogium in den Jahren 1868—1881" erwiesen, daß D. die dem von ihm geleiteten Pädagogium unterstellte Übungsschule im ganzen ersten Jahr nicht einmal besucht hat, daß bei den praktischen Übungen die Zöglinge nicht selten vergebens auf den nicht erscheinenden Direktor warten gemußt; daß während der 13 Jahre des Direktoriums D. in den Konferenzen von der Übungsschule ein einziges Mal die Rede gewesen ist.\*) Unter diesen Umständen ist die Animosität des Kritikers gegen die Schuljahre und ihre Verfasser einigermaßen erklärbar. Doch die Kritik steigt sogar bis zu folgendem Ausspruch herab: „Wie lange die Verfasser auch noch unter Führung Herbarts und Zillers neue Bahnen suchen mögen: ihr Gedankenkreis ist so verworren und zwiespältig, daß ihnen nur die Alternative bleibt, denselben entweder aufzugeben oder sich der herrschenden Richtung auch in Sachen der Methode zu unterwerfen."

Doch so weit ist's noch nicht. Andere, und darunter recht gründliche Kenner der Katechismusfrage, urteilen anders; ich nenne den Pfarrer Dr. G. v. Rohden.\*\*) Wieder andere, und hieher sind besonders die principiellen Gegner Reins zu rechnen, bekämpfen zwar die wissenschaftliche Grundlage der „Schuljahre", anerkennen aber ausdrücklich die praktische Seite des Werkes, die Lehrbeispiele und Ratschläge. Dr. v. Rohden faßt die Ergebnisse seiner Untersuchungen (Dörpfeld 1885. S. 353—386) in folgende Sätze zusammen.
1. „Die Bedeutung der biblischen Geschichte für die Lehren des Katechismus kann nicht hoch genug gewertet werden" (Schütze). „Deutung der heil. Geschichte ist das Wesen des Unterrichts in der christlichen Heilswahrheit;" also „ist an die Geschichte die Aussage von dem Thatbestande des Heils, die Heilswahrheit, anzuschließen" (Cremer).
2. „Der Katechismusunterricht ist „nicht bloß zu illustrieren durch biblische Geschichten" (Cremer), sondern baut sich nach genetischer, aber nicht sokratischer Methode auf der Betrachtung der Heilsgeschichte, beziehungsweise klassischer Epochen derselben auf.

---

\*) Kolatschek a. a. O. S. 50. Ein Schüler des Pädagogiums, der Bürgerschuldirektor A. Hein in Wien, urteilt über das methodische Können des Herrn D.: „Meine persönliche Überzeugung geht dahin, daß sich D. in praktischer Richtung nicht über das Niveau eines Schulmeisters alten Schlages erhebt u. s. w." Reins „Pädagog. Studien". 1888. IV. S. 224—235.
\*\*) Siehe Dörpfelds Schulblatt 1885. „Eine Umschau auf dem katechetischen Gebiete." S. 382 u. f. Ebenda 1888. „Zur Katechismusfrage". S. 405. 413. 414.

3. In die tiefere Erkenntnis wird nicht durch die Worterklärung der Katechismusantworten hineingeführt; die Katechismussätze sind daher nicht als Grundlage, sondern als Abschluß des Unterrichts zu behandeln" (Cremer). Ist in diesen Sätzen nicht volle Übereinstimmung mit den in den Reinschen Schuljahren, vertretenen Principien ausgesprochen?!

D. bestreitet entschieden, daß der größere Teil des im Katechismus enthaltenen Inhalts aus der Bibel derart herausgearbeitet werden könnte, daß die Begriffe, Glaubenssätze und Maximen zu „selbstgehabten Anschauungen und selbstgemachten Erfahrungen, zu einem selbständigen Gewinnen und Erleben" werden könnten. Dem Herrn Kritiker fehlt aber hierfür wohl die eigene Erfahrung. Hätte er nur einmal ein halbes Jahr lang nach Dr. Standes „Präparationen zur biblischen Geschichte" in der Schule unterrichtet, er würde anders urteilen. So aber ist er ein bloßer Theoretiker und als solcher inkompetent. Deshalb hätte er mit seinem Urteile über diese praktische, eminent wichtige Frage zurückhalten sollen!

Noch ein Einwand ist zu besprechen. In der Neuen pädag. Zeitung wird die Hinausschiebung des eigentlichen Katechismusunterrichts bis in die oberste Klasse und in das achte Schuljahr aus praktischen Gründen beanstandet. Die Reinsche Organisation tauge nichts, das System desselben zerbreche, weil ein hoher Prozentsatz der Schüler die oberste Stufe einer achtklassigen Volksschule jedenfalls nicht erreichen werde. „Ein Schüler, welcher nur bis zur zweiten Klasse gelangt, hat in der Schule keinen Katechismusunterricht gehabt" — ein Einwand, den man wohl aus der Reihe der Geistlichen erwarten könnte, aber nicht von einem praktischen Schulmanne! Die Herren Pastoren kann man in gewisser Hinsicht entschuldigen, wenn sie einer Änderung des Katechismusunterrichts im Sinne Reins widerstreben — vielleicht wäre der Text des Lutherischen Katechismus dem Gedächtnis der Konfirmanden dann nicht mehr so sicher einverleibt als gegenwärtig, da alle Bemühungen im Unterrichte auf das Memorieren und Verstehen desselben zugespitzt sind. Das ist aber auch das einzige, was gegen die Reinsche Methode ins Feld geführt werden kann. Alles andere spricht für sie.

Zuerst die Lehrweise Gottes und des Herrn und Heilandes in der heiligen Schrift; (siehe G. Schumacher „Die Lehrweise Gottes" in Dörpfelds Schulblatt 1886. S. 414—427. Dr. Katzer „Die Methode Christi" in Reins „Pädagog. Studien" 1886. II. Heft. Seminarrektor Gundert „Beiträge zu der Pädagogik des Neuen Testaments" in „Neue Blätter aus Süddeutschland" 1877). Dann die (selbst von D. zugestandene) Richtigkeit des Verfahrens, die keineswegs zufällig gegeben ist, sondern auf der unwandelbaren Gesetzmäßigkeit des geistigen Geschehens beruht. Schließlich muß der, welcher nach den Grundsätzen der Verfasser unterrichtet hat, auch noch auf die Erfahrung, auf das frische Leben im Unterrichte, auf das freudige Lehren und Lernen, sich berufen. Begriffe ohne Anschauungen sind nun einmal, wie Kant sagt, leer, d. h. inhalt- und leblos wie leere Schalen und taube Nüsse. Willig geben wir diese Schemen des Katechismusunterrichts samt ihrem künstlichen logischen Aufbau hin, wenn wir dafür die Möglichkeit erhalten, das sittlich-religiöse Ideal in der Brust der Jugend zu begründen, wenn wir dafür eintauschen, worauf es allein ankommt, kräftige, lebendige und wohlverknüpfte Vorstellungen über Recht und Unrecht, Gesetz und Pflicht, über Gott und Christus, über Schöpfung und Erlösung, über Belehrung und Heiligung u. s. w. Sind diese Wahrheiten tief eingepflanzt, dann kann der zusammenhängende ſyſtematiſche Katechismusunterricht ruhig der Vorbereitung für die Konfirmation allein überlaſſen werden; dann haben die Schüler in ihnen köſtliche Samenkörner, die gewiß Frucht bringen, in den chriſtlichen Ideen aber haben ſie die unwandelbaren Leitſterne fürs Leben empfangen.

Aus dieſem Grunde halten wir die Bedenken in der Neuen pädag. Zeitung für unbegründet. Über den abgeſonderten Katechismusunterricht ſagt Dr. v. Rohden: „Wir behaupten, daß die beſten und einſichtigſten Katecheten unter dem Druck der hergebrachten abſtrakten, ſchulmäßig-theologiſchen Lehrform leiden. Dieſe Form mit ihren ſpitzfindigen dogmatiſchen Formeln und logiſchen Schemata, mit ihrem unlebendigen Mechanismus der Worterklärungen der Katechismusantworten, mit ihrer obligaten Beigabe unzähliger, abgeriſſener Bibelſprüche kann nun einmal dem Kindergeiſte nicht annehmbar und willkommen gemacht werden, es iſt dem Kinde nichts weniger als ein Evangelium, eine frohe Botſchaft..... Dieſe deduktive, dogmatiſierende Lehrform knüpft nicht an die Vorſtellungen des Schülers, ſchmiegt ſich nicht der Natur des Kindesgeiſtes an, ſondern wird demſelben gewaltſam aufgedrängt und andreſſiert, ſoll nicht der ganze Unterricht auf ein rein mechaniſches Auswendiglernen, höchſtens auf ein dialektiſches Denk- und Ratesſpiel hinauslaufen ſoll. Mit ſolcher Dreſſur laſſen ſich ſcheinbar glänzende Examenreſultate erzielen; Frucht fürs Leben wird nicht geſchafft."

Ich verzichte, andere Gewährsmänner, wie Thrändorf, „Die Stellung des Religionsunterrichts 2c.", „Die Kunſtkatecheſe" anzuführen. Obiges Citat, das Urteil eines gründlichen Kenners, verbreitet hinreichend Licht über den Wert des üblichen Katechismusunterrichts. Danken wir den Verfaſſern, daß ſie die Wege gebahnt haben, auf denen Wandel geſchafft werden kann.

Ich kann von dieſem Punkte nicht ſcheiden, ohne auf die hygieniſchen Bedenken hingewieſen zu haben. „Über den Einfluß eines übelgeleiteten Religionsunterrichts" ſchreibt Geh. Reg.-Rat Dr. Finkelnburg, S. 48. X. Band der deutſchen Vierteljahrsſchrift für öffentliche Geſundheitspflege, folgendermaßen: „Ich glaube Sie noch auf einen wunden Punkt aufmerkſam machen zu müſſen, deſſen Wirkungen ſich dem Arzte, und beſonders dem Irrenarzte, in weiterem Maße enthüllen als anderen Berufskreiſen: es iſt das die beirrende Rolle, welche ein übel geleiteter religiöſer Unterricht auf das Gehirnleben eines großen Teiles unſerer Generation ausübt. Indem man nämlich einerſeits die höchſten Fragen und Aufgaben des ſittlichen Lebens im kindlichen Gemüte auf eine rein dogmatiſche Begründung zurückführt, und indem man andererſeits für den Inhalt und für die Prüfung dieſer dogmatiſchen Begründung die Gültigkeit der allgemeinen Logik — alſo der natürlichen Denkgeſetze — principiell ausſchließt, ſo pflanzt man in das geiſtige Leben eine bedenkliche iſolierte Freiſtätte, auf welcher jede, wie auch immer den geſunden Denkgeſetzen hohnſprechende Vorſtellungsgruppe ſich privilegiert findet, ſobald ſie nur irgendwelche künſtliche Fühlung mit ſogen. religiöſen Anſchauungen gewonnen hat. Die krankhaften Folgen dieſer — um mich ärztlich auszudrücken — unphyſiologiſchen Gehirnerziehung ſehen wir bei den Maſſen in Geſtalt jener von Zeit zu Zeit epidemiſch auftretenden religiöſen Wunderſchwärmereien, wie wir ſolche ja augenblicklich wieder (1877) vor unſeren Augen ſich abſpielen ſehen...... Im einzelnen aber erkennen wir die pathologiſche Folgewirkung desſelben Grundübels wieder in der widerſtandsloſen Hingabe, mit welcher die auf ſolcher Grundlage erzogenen Geiſter bei eintretenden Gemütsverſtimmungen ſogleich religiöſen Wahnvorſtellungen Thür und

Thor öffnen, und in der weit größeren Unzugänglichkeit gerade dieser Kategorie von Wahnvorstellungen für jegliche eigene oder fremde logische Korrektion, weil eben das Gehirn förmlich dazu erzogen worden ist, auf diesem speciellen Vorstellungsgebiet jede Berechtigung logischer Vernunftgründe auszuschließen...... Es muß daher auch auf diesem Gebiete im Unterricht Klarheit und Schutz vor Einpflanzung einer solchen Geistesrichtung gewährt werden, welche die psychische Gesundheit und Widerstandsfähigkeit unseres heranwachsenden Geschlechts zu schwächen droht."

Mit diesem Verdikt über den unpädagogisch erteilten Religions= resp. Katechismusunterricht können wir die Betrachtung schließlich auf einen dritten Punkt hinlenken.

### III.

Eine notwendige Ergänzung des Religionsunterrichts ist der Geschichtsunterricht. Auch er dient in erster Linie der Bildung der Gesinnung, des Charakters und nimmt schon um deswillen eine hervorragende Stelle im Lehrplan ein. Dieser Unterricht ist denn auch der Gegenstand vielseitiger, meist abweichender Kritik gewesen. Die Einwendungen gegen das VIII. Schuljahr treffen teils die Stoffauswahl, teils die Methode, teils die angewendete Konzentration. Wenden wir uns zuerst denen zu, die gegen den von Rein ausgewählten Stoff sich richten.

Herr v. Sallwürk bedauert, daß in demselben und in seiner Behandlung der konfessionelle Standpunkt zu sehr hervortrete. Schon im Interesse der Sicherheit des deutschen Reichs sei es geboten, daß die religiöse Scheidung, welche einst die Zerklüftung Deutschlands vollendet, jedoch durch den letzten Krieg einigermaßen gemildert worden, vor dem Gefühl der Nationalität in den Hintergrund trete, wie dies bei anderen Nationen der Fall sei. Darum dürfe die Geschichte eine konfessionelle Ausdeutung nicht erfahren. — Hierauf möchte ich erwidern: Die Berufung auf andere Nationen, die von einer konfessionellen Scheidung nichts wissen, ist nicht am Platze, weil eben Deutschland seine ihm allein eigene Geschichte, seine ihm eigentümliche religiöse Spaltung hat. Dieselbe ist zu beklagen, andrerseits aber muß sie auch als Thatsache respektiert werden. In der Konfessionsschule aber hiervon absehen wollen, hieße den Boden der Wirklichkeit verlassen und angesichts der überaus thätigen katholischen Propaganda den Andersgläubigen das Feld räumen. Übrigens würde man dann auch gegen die historische Wahrheit verstoßen, sowie dem Unterricht, der möglichst anschaulich, lebenswarm und packend erteilt werden soll, einen guten Teil seiner Wirkung nehmen. Auch wir wollen Toleranz, aber nicht auf Kosten der Wahrheit und des evangelischen Volksbewußtseins, das vielmehr einer Stärkung als einer Vernachlässigung bedarf; das gilt ganz entschieden fürs nordöstliche Deutschland. Möglich, daß die Verhältnisse im Badenschen anders liegen.

Auch Herr D. hat gegen den Geschichtsstoff des VIII. Schuljahrs zweierlei einzuwenden. Erstens sagt er: Es wäre zu wünschen gewesen, daß die Eisenacher in ihrem zweiten Stück Gesinnungsunterricht der Kulturgeschichte einige Aufmerksamkeit gewidmet hätten, statt ausschließlich den alten Schimmel der Schlachten und Staatsaktionen zu reiten. Zweitens wirft er ein, daß der bez. Geschichtsstoff und seine Behandlungsweise an zahlreichen Stellen mit dem Christentum unverträglich sei. Vor allem sei derselbe reichlich mit „Blut" und „Rache" durchſetzt. Einmal heiße es „Wir wollen von einer blutigen Schlacht leſen", ein andermal „Ihre Schwerter trieften von Blut" u. ſ. f. Das ſeien Sätze, die den Lehren des Chriſtentums direkt widerſprächen. „Die alte Konzentration forderte mindeſtens Einſtimmigkeit und Verträglichkeit der Lehrſtoffe; die neue iſt darüber hinweg." — Der zweite Einwand iſt nur für kritikloſe Leſer berechnet. Iſts nicht ſo, daß faſt überall die Wirklichkeit mit den ſittlichen Ideen in Widerſpruch ſteht? Steht nicht ſelbſt im Kreiſe der Jünger Jeſu die ſchwarze Geſtalt eines Judas und im Hintergrunde die wutſchnaubende Menge der Prieſterſchaft?! Oder meint Herr D., man dürfe den Schülern in der Geſchichte nur Tugendbilder vorführen? Das würde ja zu einer neuen Auflage vollſtändiger Geſchichtslügen führen und die Zuhörer in eine Welt der Unwahrheit und Illuſionen verſetzen. Auch würde das Gute als ewiges Einerlei den Kindern bald langweilig werden und ſich von dem dunklen Schatten des kontraſtierenden Laſters gar nicht genug abheben!

Begründeter mag manchem vielleicht der erſte Einwurf des Herrn D., der in der Reinſchen Stoffauswahl die Kulturgeſchichte vernachläſſigt, dagegen die Kriegsgeſchichte und die Geſchichte der großen Staatsaktionen zu ſehr betont findet, erſcheinen. Mit dem erſten dieſer Tadel ſchlägt D. jedoch ſich ſelbſt ins Geſicht. Als Recenſent der „Schuljahre" muß er doch wiſſen, daß das Eigentümliche derſelben gerade darin beſteht, den Lehrſtoff auf die einzelnen Altersſtufen ſo verteilt zu haben, daß der Zögling den allmählichen Kulturfortſchritt der Menſchheit in ſich ſelbſt durchmachen ſoll. Nun hat aber D. dieſen großen Gedanken eingangs geradezu verhöhnt! Woher hat er das Recht, den Verfaſſern die Vernachläſſigung der Kulturgeſchichte zum Vorwurf zu machen! Übrigens ſollte er wiſſen, daß bloße Kulturgeſchichte, abgeſondert von dem lebendigen Kolorit der Hiſtorie, keine Speiſe für Schulkinder iſt.

D. tadelt weiter die zu große Berückſichtigung der Schlachten und Staatsaktionen. Das klingt wirklich beſtechend, wie Öl aus dem Munde eines Friedensboten. Faſt möchte man geneigt ſein, dem Kritiker zuzuſtimmen. Gewiß wird man den Tag als Beginn einer glückverheißenden Ära preiſen, da man überall dem Kriege abſchwören und die Schwerter zu Senſen machen wird! Dieſes Zeitalter aber iſt noch nicht erſchienen. Die Geſchichte, auch die des Vaterlandes, weiſet das Gegenteil auf. So wirds auch bleiben, ſolange die Ideen nicht von ſelbſt ſich in Wirklichkeit umzuſetzen vermögen. Ohne die ſchleſiſchen Kriege gäbe es keinen Friedrich den Großen, ohne Jena kein Tilſit, ohne die Freiheitskämpfe keine Zertrümmerung der Napoleoniſchen Willkürherrſchaft, kein befreites Deutſchland! Im VIII. Schuljahr iſt keineswegs lediglich Kriegsgeſchichte gegeben, es iſt auch die landesväterliche Regententhätigkeit und die Entwicklung des Staatsweſens unterrichtlich dargeboten, und darum erſcheint auch dieſer Einwand als unbegründet.

Gegen das angewendete Unterrichtsverfahren iſt dreierlei eingewendet. In der Neuen pädagog. Zeitung wird zuerſt getadelt, daß die Verfaſſer bei der Darbietung des geſchichtlichen Materials meiſt von einem Gedicht ausgehen und dann, daß ſie die chronologiſche Reihenfolge nicht beachten; Herr D. verurteilt das Bilden eigner ſelbſtändiger Urteile ſeitens der Schüler auf Grund und im Anſchluß an den im Unterricht behandelten hiſtoriſchen Stoff; er nennt dies eine Anleitung zu naſeweiſem Geſchwätz. — Wir können auch dieſe Einwürfe nicht für begründet halten. Die allgemein übliche Methode, nach welcher der geſchichtliche Stoff in chronologischem Verlauf zusammenhängend vorgetragen wird, versetzt den Schüler nicht in Selbstthätigkeit, sondern in Inaktivität und entspricht in keiner Weise dem Princip, das Interesse wachzurufen und zu pflegen. Der Schüler hat leider für die bez. Geschichtsabschnitte kein unwillkürliches Interesse, auch keine Apperzeptionshülfen für das Verständnis und keine Anknüpfpunkte fürs Merken und Behalten. Darum ist eben eine Vorarbeit, die das Fehlende im Kindesgeiste erzeugen soll, notwendig. Besser als das Ausgehen von einem Gedichte ist allerdings das Anknüpfen an historische Feiern, an geschichtliche Denkmäler, an im Volke lebende Anekdoten, an irgend ein analytisches Geschichtsmaterial, — oder wo andere Quellen vorhanden sind, das Ausgehen von Quellenschriften. Doch solche stehen uns für den Geschichtsunterricht nicht zur Verfügung. Herr v. Sallwürk empfiehlt allerdings, die Geschichte Friedrichs II. im Anschluß an „Archenholz" zu lehren; andere sind jedoch nicht dieser Meinung. Herr v. Sallwürk nennt ihn einen nahezu klassischen Stoff; mein Gewährsmann, dessen gutachtliche Äußerung bei einem Zusammentreffen im Fürstensteiner Grunde in Mittelschlesien ich veranlaßte, urteilte ganz anders; Archenholz sei schlechterdings nicht in angegebener Weise verwendbar — mein Gewährsmann verdient jedenfalls Beachtung, derselbe ist Lehrer an der Königl. Kriegsakademie in Berlin und Historiker von Fach, der Archivrat Dr. L. (Einschaltend bemerke ich, daß genannter Herr als Ausgang und Grundlage der Behandlung der Freiheitskriege Pertz, „Leben Gneisenaus" I. Band, 1864 empfahl.)

Über die Gründe, warum die Verfasser ein Gedicht zum Ausgangspunkte einer neuen methodischen Einheit wählten, haben sich dieselben im fünften Schuljahre S. 52 ausgesprochen, ebenda haben sie auch (S. 48 u. f.) nachgewiesen, daß sie dem kulturgeschichtlichen Elemente gebührend Rechnung getragen haben.

Aber ist das Verlassen der Chronologie nicht ein unentschuldbarer Mißgriff? Lassen wir die Verfasser selbst reden. Sie sagen: „Jene Reise des Geistes, vermöge deren der Historiker oder der Kenner der Geschichte ganze Reihenfolgen von Begebenheiten zu übersehen imstande ist, können wir bei unseren Schülern nicht voraussetzen. Hier muß also eine ganz andere Anordnung des Geschichtsstoffes eintreten, eine Anordnung, welche den inneren Beziehungen zwischen den einzelnen Thatsachen nachgeht, ohne Rücksicht auf die chronologische Reihenfolge, die für den Schüler der Volksschule zunächst ohne Interesse ist." Sie befinden sich hierin in Übereinstimmung mit Prof. Biedermann, Ziller u. v. a. Die Bündner Seminarblätter sagen: „Der Unterricht soll nicht chronikartig die ganze Breite der Ereignisse durchkriechen, auch nicht encyklopädisch von allem etwas bringen, sondern sich beschränken auf die geschichtlichen Wendepunkte, auf die markierten, in scharfen Zügen dargestellten Typen der verschiedenen Epochen." (I, S. 34).

„Der Plan Biedermanns, von den Höhepunkten der Geschichte auszugehen, wird beibehalten, aber die chronologische Reihenfolge muß dem wichtigeren Gesichtspunkte weichen, daß nicht die Chronologie das maßgebende Princip für den Fortschritt der Entwicklung sein kann, sondern vielmehr die Forderung, dem inneren Zusammenhang der einzelnen Perioden nachzugehen, die leitenden Fäden von da aus aufzusuchen und hiernach — nach der inneren Verknüpfbarkeit der einzelnen Epochen — die Gruppierung des Geschichtsstoffs zu bestimmen. Indem der Unterricht diesen Zusammenhängen nachgeht, springt er in auf- und absteigender Linie von einem Hauptschauplatz zum andern über und regt dadurch die spekulative Betrachtungsweise an . . . . . Hierdurch wird also von selbst die chronologische

Reihenfolge durchbrochen. Es ist die unvermeidliche Folge davon, daß wir dem inneren, lebendigen Zusammenhange der Geschichte nachspüren". . . . . . Man reihe also nicht einfach Thatsache an Thatsache, Namen an Namen und Zahl an Zahl in ermüdender Reihenfolge, sondern ordne die Geschichte nach ihren treibenden Ideen, gruppiere diese um die Führer und bringe sie so zum lebendigen Bewußtsein der Jugend u. s. w." (V. Schuljahr 49.)

Dieses Verfahren halten auch wir für das richtige. Man wird das Interesse der Schüler ungleich mehr gewinnen, wenn man dem kausalen Zusammenhange nachgeht statt dem chronologischen. Letzterer wird schließlich auch hergestellt, indem man auf Formalstufe IV alle bekannt gewordenen Thatsachen der Zeit nach ordnet und die gewonnene Reihenfolge einübt. (Wer sich über diese Frage weiter unterrichten will, dem werde Gustav Wiget „Zwei Fragen aus der Methodik des Geschichtsunterrichts", Bündner Seminarblätter IV. Jahrgang, S. 145 u. f. an erster Stelle empfohlen.)

Schließlich fragen wir noch: Ist es wirklich nicht statthaft, Schülern am Schlusse des methodischen Verfahrens, gleichsam als Probe für die richtige Beurteilung und als Gelegenheit, die neue Erkenntnis in Gebrauch zu setzen, Fragen vorzulegen wie: „Wie hätte vielleicht das Unglück der Preußen (bei Jena und Auerstädt) vermieden werden können?" „Wie urteilt ihr über Blüchers Wort: „Ich kapituliere, weil ich kein Brot und keine Munition mehr habe?" „War die Mahnung des Berliner Kommandanten am Platze: Ruhe ist die erste Bürgerpflicht?" D. antwortet: Nein. „Die Kinder der Volksschule werden dadurch auf eine Stufe gestellt, der sie nicht gewachsen sind und die ihnen nicht gebührt." Er spricht ihnen die Befähigung ab, hierüber eigene Urteile fällen zu können. Wir antworten: Dann hat der Unterricht seine Schuldigkeit nicht gethan und seinen Zweck verfehlt. Ein guter Unterricht muß die Schüler dahin bringen, daß dieselben ein Verständnis der vorgeführten Begebenheiten, eine richtige Beurteilung der auftretenden Personen erlangen, daß sie in die Situation förmlich hineinversetzt und so zu Teilnehmern der Geschichte werden. Und als solche sollten sie keine Meinung über das Wie, Warum, Womit, Wozu u. s. w. besitzen? Dann entbehrte der Unterricht jedes bildenden Werts auf Urteil und Geschmack und würde besser vom Lehrplan entfernt.

Schließlich werde noch ein Punkt, die Verbindung zwischen Geschichte und Geographie, besprochen. In der Neuen pädagog. Zeitung wird dieselbe, weil doch nur eine rein äußerliche, getadelt. Es heißt daselbst: „Die Geographie verlangt Kenntnis der jetzigen Grenzen, Zur Betrachtung dieser durch die Kämpfe Friedrichs des Großen überzuleiten, hat offenbar wenig Wert ic." Herr v. Sallwürk ist entgegengesetzter Meinung. Er sagt: „Durchaus Lob verdient, was über Geographie bemerkt ist. Rein schließt in zweckmäßiger Weise an den geschichtlichen Unterricht an und der Stoff, die politische Geographie Deutschlands mit Ausblicken auf die politische Gestalt Europas und auf Deutschlands Weltstellung, ist gerade dieser Unterrichtsstufe vorzüglich angemessen." Wir schließen uns dem an, und meinen, daß die Geographie nicht ihren Gang für sich gehen dürfe — um so weniger, da ihrem Stoffe kein unwillkürliches Interesse seitens der Kinder entgegen kommt — sie muß vielmehr Fühlung resp. Anlehnung bei der Geschichte suchen. Im andern Falle dient sie der Zersplitterung des Geisteszustandes, indem sie ein isoliertes Wissensfeld anbaut, das, gleichsam mit einer chinesischen Mauer umgeben, von jeglichem belebenden und befruchtenden Gedankenverkehr abgeschlossen, der baldigen Verödung preisgegeben ist.

Wir schließen unsere Betrachtungen. Wenn auch nicht alle strittigen Punkte mit der nötigen Ausführlichkeit auseinander gelegt worden sind, so hoffen wir doch zu einer gerechteren Beurteilung des VIII. Schuljahres einiges beigetragen zu haben. Und dies war allein unsere Absicht nach dem Wahlspruche: Der Wahrheit die Ehre!

---

## Aus dem akademisch-pädagogischen Seminare zu Jena.

### Von Oberlehrer Reich.

Die Lichter an dem Weihnachtsbaume, welchen die Mitglieder des akademisch-pädagogischen Seminars ihren Zöglingen aus der Übungsschule geschmückt hatten, waren fast niedergebrannt. In den Räumen der Seminarschule, die noch vor einigen Minuten erfüllt waren von dem Jubel der beschenkten Kinderschar und der Freude der anwesenden Gäste, war es wieder still geworden; nur mich hielt es noch unter der schönen Weihnachtstanne, an der ein Lichtlein nach dem andern erlosch.

So war denn das erste Weihnachtsfest in der neuen Seminarschule gefeiert, in der Arbeit der erste Ruhepunkt erreicht, der erste Markstein gesetzt, von dem aus es gestattet sein mag, einen Rückblick auf das hinter uns liegende Arbeitsfeld zu werfen.

Sonst spricht man manchmal nicht gern „aus der Schule", hier hat es seine Berechtigung, da das Leben und Streben, das sich in unserm neugebauten Hause abspielt, von allgemeinerem Interesse ist. Ehe das neue Seminar sein Heim aufschlug, beschäftigten sich vieler Gedanken mit dem Zukunftsbilde, nun es zur Wirklichkeit geworden ist, hat man sich mit der Thatsache abzufinden. Die Gedanken werden auseinander gehen, es wird weder am Für noch am Wider fehlen, doch ist das, wenn es sich nur um Einzelheiten handelt, gar nicht so sehr zu bedauern. In der Hauptsache — und die besteht in der Anerkennung der Notwendigkeit einer akademischen Anstalt, welche den zukünftigen Lehrern der höheren Schulen, den Geistlichen, Schulaufsehern, Direktoren u. s. w. eine gründliche pädagogische Vorbildung ermöglicht; und sie bezieht sich auf das Zugeständnis, daß man in der Wiedereröffnung des pädag. Seminars zu Jena die Befriedigung dieses äußerst notwendigen Bedürfnisses erblickt — in dieser Hauptsache ist man jedenfalls in pädagogischen Kreisen einig. Denn der Boden, auf dem diejenigen stehen, die da meinen, daß der gesunde Menschenverstand ausreiche, sittlich-religiöse Charaktere zu bilden und das bloße Wissen und die in philosophischen und theologischen Kollegienheften aufgespeicherten Kenntnisse genügten, tüchtige Pädagogen zu bilden, dürfte von Tag zu Tage unsicherer werden. Die Frage nach der besten Art der pädagogischen Vorbildung der Lehrer an den höheren Unterrichtsanstalten beginnt nachgerade eine brennende zu werden. Und die von Stoy und Ziller aufgegriffenen und vertretenen Ideen Herbarts, die auch Dr. Heinrich Gustav Brzoska zu seinem vor nunmehr fünfzig Jahren erschienenen, jetzt leider fast vergessenen Buche „die Notwendigkeit pädag. Seminare auf der Universität und ihre zweckmäßige Einrichtung" begeisterten, daß nämlich die Pädagogik, die zugleich Wissenschaft und Kunst ist, wie jede andre Wissenschaft in inniger Verbindung der Theorie und Praxis studiert werden müsse, und daß zur Gewinnung einer von der pädagogischen Einsicht durchdrungenen Praxis das Zweckentsprechende die Übungsschule an einem akademisch-pädagogischen Seminare sei, können nicht mehr ignoriert werden, sie werden im Gegenteil zu einer Macht werden, die sich Anerkennung verschaffen wird.

Das that sich auch in der allgemeinen Bewegung kund, die sich nach dem Tode Zillers und Stoys der Gemüter bemächtigte. Man bedauerte, daß auf Jahre hinaus ein Feld brach liegen sollte, von dessen weiterer Bearbeitung man sich so viel versprechen durfte.

Mit nicht genug zu rühmendem Eifer ist der Verein für wissenschaftliche Pädagogik und der Leipziger Übungsschulverein thätig gewesen, die Leipziger Seminarschule zu erhalten und einen geeigneten Leiter zu finden. Da aber diese Anstalt den Verhältnissen weichen mußte und auch das Fortbestehn des pädagog. Seminars in Jena fraglich geworden war, sind nicht nur die früheren Schüler Stoys, sondern auch die Anhänger Zillers redlich bemüht gewesen, für das Fortbestehen dieses pädagog. Instituts ihre Kräfte einzusetzen. Trotz aller Anstrengungen aber hätten jedenfalls noch Jahre vergehen können, ehe die Arbeit mit Erfolg gekrönt worden wäre, wenn nicht die gnädigen Erhalter der Universität Jena im Sommer 1886 die Mittel für eine Professur der Pädagogik und für die Errichtung einer mit dem pädagog. Seminare verbundenen Übungsschule in hochherziger Weise verwilligt hätten.

Mit der Berufung des Herrn Seminardirektors Dr. Rein in Eisenach zum ordentlichen Honorarprofessor an die Universität Jena war die Hauptbedingung zur Wiedereröffnung des pädagog. Seminars und der Seminarschule erfüllt. Da die Verhandlungen der Regierungen mit der Stadt Jena wegen Überlassung der „Johann-Friedrichschule", den durch die Vergangenheit geweihten Räumen der alten Seminarschule, scheiterten, war man genötigt, das Heim der Übungsschule vorläufig in Mieträumen unterzubringen und Zöglinge für die Schule zu werben. Am 11. Oktober wurde die Seminarschule mit 25 Kindern, die in 3 Klassen untergebracht sind, eröffnet. Bei der Festsetzung der Anzahl der Schüler ließ man sich von dem Gedanken leiten, daß für den Anfänger im Erzieherberufe der auf einmal zu beobachtenden Individuen nicht zu viel sein dürfen, weil sonst der Blick an eindringender Schärfe verliert und leicht Verwirrung und Zerstreuung eintritt. Außerdem bedarf es für den angehenden Lehrer „einer sicheren Anleitung und mannigfachen Übung im Anschauen und Unterscheiden der Individuen und der Einwirkung ihrer Umgebungen, ehe sein Auge bei dem Aufsuchen der Individualitäten die Fähigkeit hat, das Richtige allein zu sehen und sein Arm die Kraft besitzt, die glücklich gefundene Individualität festzuhalten und über alle Klippen und Gefahren zur Vielseitigkeit und zum sittlich-religiösen Charakter zu erheben." Darum steht einer jeden Klasse ein sog. Oberlehrer vor, welcher u. a. die Wochen- und Monatsziele für den Unterricht (Lehrpläne) festzustellen, die Präparationen der Praktikanten, die stets auch dem Direktor vorzulegen sind, durchzusehen, den Unterricht zu beaufsichtigen, überhaupt den Praktikanten zu jeder Zeit mit Rat und That zur Seite zu stehen hat. Auch der Oberlehrer, der in seiner Klasse selbst Unterricht zu erteilen hat, betrachtet sich natürlich nicht als ein Fertiger, sondern ist fortwährend bestrebt, an seiner eigenen pädagogischen Durch- und Fortbildung zu arbeiten.

## Aus dem akademisch-pädagogischen Seminare zu Jena.

Nachdem in dieser Weise die Seminarschule eingerichtet war, fand am 3. Nov. im Universitätsgebäude die Eröffnung des Seminars mit 23 Mitgliedern, 18 ordentlichen und 5 außerordentlichen statt. Einleitend gab Herr Professor Dr. Rein seiner Freude über das Erhaltenbleiben des pädagogischen Seminars und der Übungsschule Ausdruck, hob die Wichtigkeit dieser Anstalten für die Wissenschaft der Pädagogik hervor und gedachte dankend der Bereitwilligkeit, mit welcher die hohen Regierungen der guten Sache entgegen gekommen seien; darauf besprach er im Anschluß an das „Leipziger Seminarbuch" die Obliegenheiten der Oberlehrer und die Pflichten der Praktikanten, sowie die Einrichtung der Seminarschule. Den Schluß der Eröffnungsfeier bildete die Besprechung einer Geschichtspräparation über Otto I. für das fünfte Schuljahr.

Mit dem letzten Punkte wurden die Fäden hinübergezogen zum ersten Praktikum, das tags darauf, nachdem sämtliche Seminarmitglieder vom ersten Oberlehrer in der Seminarschule willkommen geheißen waren, mit den Kindern der ersten Klasse in der erwähnten Geschichtslektion gehalten wurde. Den Abschluß der ersten Arbeitswoche des pädagogischen Seminars bildete die Sonnabend, den 6. Nov. abends 8 Uhr im festlich geschmückten „Löwensaale" stattfindende erste Konferenz, in welcher auch die Beurteilung des gehaltenen Praktikums vorgenommen wurde. Der Abend erhielt dadurch noch eine besondere Weihe, als liebe Gäste aus Leipzig, Halle, Weimar, Eisenach und Jena das Seminar mit ihrer persönlichen Anwesenheit erfreuten und andere Gesinnungsgenossen aus der Ferne in Karten, Briefen und Depeschen herzliche Festgrüße gesandt hatten. —

Die allgemeine Grundlage, auf der die Arbeiten im Seminare und die Thätigkeit in der Seminarschule ruhen, ist die Herbartsche Pädagogik. Im besonderen gelten die von Max Bergner herausgegebene dritte Auflage des Leipziger Seminarbuchs und die bezüglichen Schuljahre von Prof. Dr. Rein als Richtschnur.

Damit ist angedeutet, daß man auf dem Boden steht, welcher kurzweg mit dem Namen der Herbart-Zillerschen Pädagogik bezeichnet wird. Die Herbartsche Pädagogik nach der Zillerschen Ausgestaltung bildet deswegen den allgemeinen Ausgangspunkt, weil man mit gutem Grunde behaupten kann, daß die Zillersche Schule es ist, welche sich um den Ausbau und die Fortentwicklung der Herbartschen Gedanken die größten Verdienste erworben, vor allem aber ernst damit gemacht hat, die pädagogischen Ideen für die verschiedenen Schularten, namentlich für die Volksschule, fruchtbar zu machen.

Eine Gefahr kann darin, daß sich das Seminar bei Beginn seiner Arbeit auf diesen ganz bestimmten Boden stellt, nicht erblickt werden, weil damit keineswegs, wie im Anschluß an einen Bericht über „die Wiedereröffnung des pädagogischen Seminars zu Jena" in Nr. 12 der von Barth in Leipzig herausgegebenen „Erziehungsschule" (vom 1. Dez. 1886) angedeutet war, ein Hemmnis für die freie Entwicklung der pädagog. Wissenschaft und die Möglichkeit einer Erstarrung in der übernommenen Form zu befürchten ist.

Das Seminar hat sich die Aufgabe gestellt, junge, strebsame Leute in die Wissenschaft der Pädagogik einzuführen und durch praktische Anleitung die Anwendung der pädagog. Grundsätze, die Kunst der Erziehung, „das Ideal menschlicher Bildsamkeit in der Wirklichkeit anschaulich darzustellen", zu lehren. Es will aber auch an seinem Teile dazu beitragen, die Fortentwicklung der pädagog. Wissenschaft fördern zu helfen, indem es seine Mitglieder anregt, die übernommenen

8

Lehren zu prüfen und sie entweder anzuerkennen, ausbauen und weiterführen zu helfen, oder sie wissenschaftlich zu bekämpfen, zu widerlegen und sich zu versuchen, das Bestrittene durch Besseres zu ersetzen. (Siehe § 2 der Statuten des Vereins für wissenschaftliche Pädagogik). —

Führen die Vorlesungen des Leiters der Anstalt in das wissenschaftliche System der Pädagogik ein und wird die Arbeit in der Seminarschule der Praxis gerecht, so wollen die Überlegungen, welche im Seminare angestellt werden, die Theorie mit der Praxis vereinen, diese beiden feindlichen Mächte aussöhnen, denn keins ist etwas Rechtes ohne das andere. Zu diesem Zwecke werden z. B. im sog. Theoretikum die allgemeinen Unterrichtsgrundsätze mit ganz besonderer Beziehung auf die Praxis in der Übungsschule betrachtet. Deswegen wird als ständiger Gegenstand angesehen die Besprechung der in der nächsten Lehrprobe zu haltenden Präparation und im Anschluß daran ein ganz bestimmtes Kapitel aus der besonderen Methodik durchgearbeitet. — Die bei der Debatte hervorspringenden Punkte, welche sich kurzerhand nicht erledigen lassen, die aber so wichtig sind, daß sie eine gründliche Vertiefung erheischen; Fragen, die aufgeworfen, Zweifel, welche von Mitgliedern angeregt, Gesichtspunkte, die vom Leiter des Seminars angedeutet werden, dienen zu Vorlagen selbständiger Arbeiten für das Theoretikum.

In dieser Weise wird den Seminarmitgliedern Gelegenheit geboten, nicht nur theoretisch und praktisch zu lernen, sondern selbständig forschend und vielseitig übend, sich zu Pädagogen zu bilden und dem von Herbart angeregten Ziele zuzustreben, durch die Anfertigung von Monographien über alle Teile der pädag. Wissenschaft dieselbe nach den verschiedensten Richtungen anzubauen.

Auch die Konferenz mit ihrer lebhaften und gründlichen Debatte, möge sich dieselbe nun auf die Beurteilung der im wöchentlichen Praktikum gehaltenen Lehrprobe oder die Besprechung von Schülerindividualitäten, möge sie sich auf die Wochenziele oder die Konzentrationstabellen beziehen, liefert reichen Stoff für neue selbständige Arbeiten, ja wie sich zeigt, ist derselbe im laufenden Semester kaum zu bewältigen ist. Damit die Anregungen aber nicht in dem dunklen Reiche der Vergessenheit untergehn oder, was unter Umständen dasselbe heißen würde, in dem bogenreichen Protokollbuche für immer eingesargt bleiben, werden sie nach sachlichen Gesichtspunkten in einem Merkhefte geordnet, später hervortretende neue Seiten der Frage nachgetragen, um dann, wenn die Wölbung beginnt sich zuzuspitzen, an den gewählten Referenten zur Verarbeitung abgegeben zu werden.

Selbst der gesellschaftliche Verkehr der Praktikanten, die Wechselbeziehung, in welche die Seminarmitglieder in der Übungsschule durch das Hospitieren zu einander treten, die gegenseitigen Aussprachen über ihren Unterricht, die zu machenden Ausstellungen über eine Lehrstunde, die auch schriftlich in dem im Lehrerzimmer aufliegenden Hospizbuche fixiert werden, fördern manches Goldkörnlein zutage, welches Konferenz und Theoretikum aufnehmen und verwerten.

So arbeitet nicht nur jeder für sich und an sich, sondern im großen und ganzen sind alle bestrebt, sich gegenseitig zu fördern; da wird „der Schlummernde geweckt, der Steife geschmeidig gemacht, der Befangene aus seinem Wahne gerissen und der am Wissen Dürftige mit Kenntnissen bereichert." —

Kann man nach dem Geiste, welcher im Seminare herrscht, gut und gern behaupten, daß der weiteren Entwicklung der Anstalt mit Freuden entgegengesehen werden kann, so läßt sich dasselbe auch von dem praktischen Übungsfelde, von der Seminarschule sagen. Die Kinder haben ihre neue Schule lieb gewonnen, und nicht nur in den eigentlichen Unterrichtsstunden, sondern auch außerhalb derselben hat sich zwischen Lehrern und Schülern ein recht inniges Verhältnis entwickelt. Es muß mit Freuden bemerkt werden, daß die Beteiligung der Praktikanten an den sonntäglichen Erbauungsstunden eine rege ist und die Redner sich ernstlich bemühen, die Gedanken der Sonntagsevangelien den Kindern in einfacher, herzlicher Weise nahe zu bringen. Bei Spaziergängen und der freien Bewegung in den Zwischenstunden schließen sich immer gern einige Seminarmitglieder der kleinen Gesellschaft an, mit ihnen in harmloser Weise verkehrend, dabei aber doch manche üble Angewöhnung und unschöne Seite des Gemütes der Zöglinge rügend und unterdrückend und auf der anderen Seite wertvolle Strebungen unterstützend und anregend. — So hat man neben der mittelbaren Charakterbildung durch den Unterricht auch immer die unmittelbare Beeinflussung des Willens durch die Veranstaltungen der Zucht im Auge. Dieses Feld der Einwirkung wird in Zukunft noch ein ausgedehnteres werden, wenn die Arbeiten in der Schulwerkstatt, die im Entstehen ist, die Beschäftigungen im Garten erst im Gange sind und die gemeinsamen Ausflüge im Sommer, die Schulreise in den Sommerferien, für welche die Seminarmitglieder zum Besten ihrer Zöglinge mit unermüdlicher Ausdauer sammeln, den Kindern noch mehr Gelegenheit bieten, sich zu geben wie sie sind. Damit schweifen aber meine Gedanken über Vergangenheit und Gegenwart hinaus — und Zukunftsbilder wollte ich heute nicht entwerfen.

## Einiges über französische Seminare und Volksschulen.
(Nach dem Eco und den Grenzboten.)

Seit der Niederlage von 1870—1871 haben die Franzosen ernstlich an der Umwandlung ihres öffentlichen Unterrichtswesens gearbeitet. Zustande gekommen ist auf dem Gebiete des Elementarunterrichts 1875 eine Gehaltserhöhung der Lehrer und Lehrerinnen, 1879 eine Reform der Seminare, 1881 eine Regelung der Zeugnisse und der Behandlung der Ordensangehörigkeit (lettres d'obédience) sowie die Aufhebung des Schulgeldes, 1882 die Regelung des Lehrstoffs, aus welchem alles Konfessionelle ausgeschlossen wurde. An das letztere Gesetz schließt sich nun das neuste vom 30. Okt. 1886.

Wenden wir uns zunächst zu den Seminaren, welche nach dem Gesetz vom 9. Aug. 1879 eingerichtet sind. Jedes Departement ist verpflichtet, innerhalb des Zeitraumes von vier Jahren je eine Normalschule (ein Seminar) für Knaben und Mädchen zu bauen, auszustatten und in stand zu halten. Am 1. Jan. 1885 zählte man bereits 86 Normalschulen für Lehrer mit 5192 Zöglingen und 66 Normalschulen für Lehrerinnen mit 2989 Schülerinnen. Diese Seminare sind als Internate mit unentgeltlicher Pension eingerichtet. Der Minister setzt jährlich die Zahl der aufzunehmenden Zöglinge fest. Der Kursus dauert drei Jahre. Mit jedem Seminar für Lehrer ist eine Elementarschule verbunden, wo sich die Zöglinge im Unterrichten üben; jedes Seminar für Lehrerinnen besitzt außer der Elementarschule noch eine Art Kindergarten.

Unterrichtsfächer in den Seminarien: 1. Unterweisung in den moralischen und bürgerlichen Pflichten. 2. Lesen. 3. Schreiben. 4. Französisch und Anfangsgründe der französischen Litteratur. 5. Geschichte, namentlich französische. 6. Geographie, besonders französische. 7. Rechnen, das Decimalsystem, angewandte Arithmetik, Kenntnis der algebraischen Rechnungsweise und der Buchführung. 8. Geometrie, Feldmessen (nur für Schulamtskandidaten). 9. Elemente der Physik mit den hauptsächlichsten Nutzanwendungen. 10. Elemente der Naturwissenschaften mit ihren bezw. Nutzanwendungen. 11. Ackerbau (für zukünftige Lehrer), Haushaltung (für künftige Lehrerinnen), Gartenbau. 12. Zeichnen. 13. Singen. 14. Turnen, und für Schulamtskandidaten militärische Übungen. 15. Handarbeiten (für Lehrer), Nähen (für Lehrerinnen). 16. Pädagogik. 17. Moderne Sprachen. 18. Instrumentalmusik (fakultativ).

Die Seminare sind den Rektoren der Akademie unterstellt, unter Oberaufsicht des Unterrichtsministers.

Jede Anstalt wird beaufsichtigt von einer Kommission, bestehend aus dem Akademie-Inspektor (Provinzialschulrat), sechs vom Rektor ernannten Mitgliedern und dem Schul-Direktor.

Der Unterricht wird erteilt 1. von Professoren, welche das Ministerium ernennt; 2. von Hilfslehrern mit der Fakultas für höhern Unterricht und einem Ausweise über pädagogische Befähigung; 3. von Fachlehrern, welche der Rektor bestimmt.

Ein vom Minister beauftragter Professor oder Hülfslehrer versieht das Hausverwalteramt, wobei er aber vom Unterricht nicht befreit ist. Die Professoren sind verpflichtet, in der Woche etwa 18 Stunden zu erteilen, sie leiten auch die Spaziergänge und überwachen die Acker- und Gartenbau-Arbeiten.

Direktor und Verwalter wohnen im Schulgebäude, die andern Professoren außerhalb. Die Lehrerinnen müssen im Institut wohnen.

Das Gehalt der Direktoren beträgt 4000—5000 Frank, das der Professoren 2500—3100 Fr., das der Hilfslehrer 2200—2800 Fr. An den Seminaren für Lehrerinnen bezieht die Direktorin 3000—4000 Fr., die ordentliche Lehrerin 1700—2400 Fr., die Hülfslehrerin 1400—2100 Fr.

Die Fachlehrer für Zeichnen, Singen, Turnen erhalten für jede Stunde 100—200 Fr. jährlich.

Zugelassen werden zu den Normalschulen junge Leute, welche nicht unter 16 und nicht über 18 Jahre alt sind, den Elementar-Kursus gut durchgemacht haben, sich verpflichten zehn Jahre in Lehramte zu bleiben und die Aufnahmeprüfung bestehen. Letztere umfaßt 1. eine schriftliche Prüfung: Orthographie, Aufsatz, Arithmetik und Decimalsystem; 2. eine mündliche: Französisch, Arithmetik, Decimalsystem, Elemente der französischen Geschichte und Geographie, Inhaltsangabe von einem Vortrage, Musik, Singen, Turnen, Nähen (für Schülerinnen) und militärische Übungen (für Schüler).

Die schriftlichen Prüfungen werden alle an einem Tage abgehalten; für jede mündliche ist $\frac{1}{2}$ Stunde festgesetzt.

Der Kursus dauert drei Jahre. Wer den ersten Kursus durchgemacht hat, erhält das Zeugnis für den Elementarunterricht. Die Prüfung des zweiten Kursus bildet nur den Übergang zu dem dritten; wer letzteren glücklich zurückgelegt, hat Anspruch auf ein Zeugnis für höhern Unterricht. Diejenigen, welche nicht aufrücken, werden entlassen.

Einiges über französische Seminare und Volksschulen. 101

Die Zöglinge haben eine gleichmäßige vorgeschriebene Kleidung. Zu gewissen Tagen und Stunden können sie ohne Beaufsichtigung ausgehen.

Im Innern der Anstalt ist aller Religionsunterricht und Gottesdienst ausgeschlossen; es steht den Zöglingen frei, an Fest- und Feiertagen in die Kirche zu gehen.

Die Anstalt gewährt alles unentgeltlich, mit Ausnahme der vorgeschriebenen Kleidung. Die Tagesordnung eines Seminars in der Nähe von Paris ist folgende: Aufstehen um 4½ Uhr im Sommer, um 5 im Winter; Arbeiten von ½6—7; Toilette um 7; von ½8—8 Frühstück und Erholung; von 8—10 Unterricht in den Hauptfächern; von 10—12 Handarbeiten oder auch militärische Übungen, Turnen, Musik, Singen, Gärtnerei; von 12—1 Mittagsmahl und Erholung; von 1—2 Arbeiten oder Unterricht in Nebenfächern; von 2—4 Elementarunterricht; um 4 Vesperzeit; von ¼5—½8 Arbeiten; um ½8 Abendbrot und Erholung; um ½9 Schlafen.

Die Disciplin ist in einer dem Alter der Zöglinge angemessenen Weise geregelt. Aufseher giebt es nicht. Jeder Kursus wählt aus sich einen, welcher für die Ordnung seines Kursus verantwortlich ist; derjenige des ältesten Kursus ist für die Ordnung der ganzen Anstalt verantwortlich.

Das neuste Gesetz über das Volksschulwesen vom 30. Oktbr. 1886 umfaßt sowohl die gewöhnliche Elementarschule (Alter von 6—13 Jahren) als auch die Vorstufen (Kleinkinderschulen, écoles maternelles) und die Ergänzungen, die gehobene Elementarschule — bei uns Mittelschule —, Handfertigkeits- und Fortbildungsschule. Alle diese leicht ineinander überfließenden Schulen sollen ihre speciellen Unterrichtsgänge und Examina bekommen, damit alle Konfusionen und Konflikte vermieden werden.

Nachdem das Gesetz von 1882 alles Konfessionelle oder Kirchliche vom Lehrstoff ausgeschieden hatte, bewirkt das neue Gesetz auch die Verstaatlichung des Unterrichtspersonals und fügt staatliche Ernennung und Beförderung der Lehrer hinzu, so daß die Entkirchlichung der Volksschule ziemlich vollendet ist.

Artikel 6 stellt fest, daß Lehrerinnen den Vorzug haben für alle Klassen, die beide Geschlechter vereinigen. Die Frauen leiten also ausschließlich nicht bloß die Mädchenschulen, sondern auch die Kleinkinderschulen und die gemischten Klassen. Wollen sie auch an reinen Knabenklassen unterrichten, so müssen sie die Frau oder Schwester oder Tochter des an der Spitze der Schule stehenden Lehrers sein. Abweichungen von dem Grundsatz, daß die Frauen in den gemischten Klassen unterrichten, können nur durch die Behörde des Departements gestattet werden. Die Ansicht, daß die Frauen weniger geeignet zum Unterricht seien oder in nicht genügender Anzahl zu Gebote stünden, ist demnach in Frankreich veraltet. Man entfernt sich von dem deutschen Brauche, um mehr der amerikanischen Weise zu folgen.

Ebenso wird endlich durchgegriffen in der Beaufsichtigung der Internate bei den Klöstern und Stiftklöstern. Bisher wurden nur die Externate solcher Schulen vom Staate selbst beaufsichtigt; waren die Anstalten Externate und Internate zugleich, so war das Recht zweifelhaft. Die Sache war thatsächlich so, daß die Aufsicht durch Geistliche geübt wurde, die der Minister ernannte, aber auf die Präsentation des Bischofs hin. Jetzt heißt es: „Alle Mädchenklassen in Internaten oder Externaten der Volksschule, öffentlichen oder privaten, weltlichen oder geistlichen, mit oder ohne Kloster, sind in Bezug auf Aufsicht und Überwachung des Unterrichts den durch das Gesetz eingesetzten Behörden unterworfen." Die französische Galanterie schickt jedoch zur Ausübung dieser Aufsicht nicht Männer, sondern Damen, die der Unterrichtsminister ernennt, wahrscheinlich Lehrerinnen an Seminaren.

Artikel 14 verlangt, daß die Gemeinden für Heizung und Beleuchtung der Klassenräume sorgen. Die „gemütliche" Sitte, daß die Kinder die Holzscheite selbst mit in die Schule brachten, war auch in Frankreich allmählich abgekommen.

Artikel 18 bestimmt, daß von jetzt an in den Departements, wo es Seminare seit vier Jahren giebt, kein Lehrer und keine Lehrerin aus irgend einer Kongregation angestellt werden darf. Ferner, daß aus den Knabenschulen in fünf Jahren alle Lehrer von Kongregationen entfernt und durch weltliche Lehrer ersetzt werden müssen. Für die Lehrerinnen ist ein solcher Termin nicht festgesetzt worden. Dieser Artikel ist also der entscheidende, und gegen ihn richtet sich die Geistlichkeit und, wie man hört, der Widerspruch des gegenwärtigen Papstes besonders. Er ist allerdings die Konsequenz des Gesetzes vom Jahre 1882, das den Religionsunterricht aus der Schule in die Familien und Kirchen verwies.

Bisher ernannte der Präfekt allerdings die Lehrer, aber er wählte bei den Kongregationslehrern aus den Listen der geistlichen Vorgesetzten, und diese konnten den Lehrer auch auf eine angenehmere oder schlimmere Stelle versetzen. Kein Wunder, daß sich diese Kongregationslehrer wesentlich als Geistliche fühlten, nicht als Gemeindebeamte.

Die Anstellungsberechtigung wird durch ein Zeugnis über pädagogische Tüchtigkeit von seiten der Staatsbehörde allein erworben. Bisher wurde man durch ein brevet élémentaire genügend eingeführt, jetzt kann man auf Grund des brevet nur, wie wir sagen würden, „Gehülfe" werden. Um aber „Hauptlehrer" zu werden, ist jetzt das certificat notwendig, nicht bloß ein günstiges Zeugnis über praktische Erfolge.

Die Gehülfen (stagiaires) werden vom staatlichen Schulinspektor, der etwa die Stellung einnimmt, wie bei uns ein Regierungsrat, bevollmächtigt und auch entfernt. Die Direktoren der Mittelschulen werden vom Minister ernannt. Der Präfekt ernennt die andern Lehrer, ist aber an die Vorschläge des staatlichen Schulinspektors gebunden.

Ebenso wichtig wie die Anstellung ist die Versetzung der Lehrer, die bisher manchmal aus lächerlichen Gründen örtlicher Mißstimmung erfolgte. Jetzt soll der Präfekt die Versetzung „im Interesse des Dienstes" nur auf Vorschlag des staatlichen Inspektors vornehmen dürfen.

Artikel 25 verbietet, daß die Lehrer irgend ein besoldetes oder unbesoldetes Amt in einer Religionsgesellschaft verwalten; wenigstens sobald die Gehaltsverhältnisse gesetzlich und endgültig geordnet sein werden, dann soll dies Verbot gelten. Es ist eine übertriebene Reaktion gegen die bisherige Vorstellung, daß der Lehrer jedenfalls als Vorsänger, Organist und Glöckner Dienste leisten müsse, und gegen den Mißbrauch, daß dadurch die Schulstunden infolge der kirchlichen Nebenbeschäftigungen gestört wurden.

Dagegen ist der Lehrer nach wie vor Schreiber der Bürgermeisterei, und in der That sind Gemeinden genug vorhanden, wo der Bürgermeister keine andere taugliche Person zu seinem Sekretär ernennen könnte. Dieser Umstand wird auch hier und da der Überflutung der Stellen mit Lehrerinnen einen Damm setzen.

Der Rat des Departements (conseil departemental) erhält natürlich auch ein anderes Gesicht. Bisher bestand er aus dem Bischof oder seinem Vertreter, einem vom Bischof bezeichneten Geistlichen der andern Religionsgemeinschaften, endlich zwei Magistratspersonen (Juristen); jetzt soll er bestehen aus dem Direktor des Seminars für Lehrer und der Direktorin des Seminars für Lehrerinnen, zwei Inspektoren, zwei Lehrern und Lehrerinnen, die von ihren Kollegen gewählt werden. Kommen „streitige Sachen" vor, welche die Privatschulen angehen, so stellen auch diese Schulen ihre Vertreter. Auch hierbei ist die Angelegenheit der Schule wohl bedacht. Es kommt darauf an, wie diese zum Teil tief eingreifenden Organisationen von den beteiligten Personen gehandhabt werden.

Die völlige Entfernung der kirchlichen Einflüsse auf die Schule mag in Frankreich eine Sache der Notwehr sein, an sich ist sie völlig unrichtig, pädagogisch verkehrt.

R. H.

## Der Zeichenkursus an der Kunstgewerbeschule in Düsseldorf im Jahre 1886 zur Ausbildung von Zeichenlehrern an Fortbildungsschulen.

Von **Julius Honke**, Lehrer an der Präparanden-Anstalt in Orsoy a. Rh.

Vom 20. Aug. bis zum 1. Okt. 1886 wurde an der Kunstgewerbeschule zu Düsseldorf ein Zeichenkursus abgehalten, der den Zweck hatte, zur Hebung des Zeichenunterrichts in den Fortbildungsschulen des hiesigen Regierungsbezirkes ein Wichtiges beizutragen. Es sei erlaubt, aus einer Verfügung der Königlichen Regierung in dieser Angelegenheit einiges zur näheren Begründung und Aufklärung mitzuteilen.[1]

„Die gewerblichen Fortbildungsschulen haben im hiesigen Regierungsbezirke nicht denjenigen Fortgang und Aufschwung genommen, welcher bei der hohen Entwicklung der Industrie und bei der großen Zahl der Gewerbetreibenden und der gewerblichen Arbeiter hätte erwartet werden können. So waren in dem hiesigen überwiegend industriellen Bezirk mit weit über 1 600 000 Einwohnern Ende 1885 nur 42 gewerbliche Fortbildungsschulen mit 5291 Schülern vorhanden. Die Zahl und Frequenz dieser Schulen hat sich in den Stadt- und Land-Kreisen unseres Bezirks seit 1880 wie folgt gestaltet:

| Ende | I. In den Stadtkreisen:[2] | | II. In den übr. 15 Kr.: | | III. Insgesamt: | |
|---|---|---|---|---|---|---|
| | Zahl der Schulen | Zahl der Schüler | Zahl der Schulen | Zahl der Schüler | Zahl der Schulen | Zahl der Schüler |
| 1880 | 13 | 2121 | 27 | 1882 | 40 | 4003 |
| 1881 | 13 | 2282 | 26 | 1561 | 39 | 3843 |
| 1882 | 13 | 2567 | 28 | 1779 | 41 | 4346 |
| 1883 | 13 | 2680 | 28 | 1786 | 41 | 4466 |
| 1884 | 13 | 3032 | 29 | 1948 | 42 | 4980 |
| 1885 | 14 | 3004 | 28 | 2287 | 42 | 5291 |

[1] Verfügung vom 20. Februar 1886.
[2] Barmen, Duisburg, Düsseldorf, Elberfeld, Essen, Krefeld.

Diese Tabelle zeigt, daß in den sechs Stadtkreisen die Entwicklung der Frequenz der Fortbildungsschulen eine normale war, in den Landkreisen aber, welche große und bedeutende Industriestädte in sich schließen (Remscheid, Solingen, M.-Gladbach, Viersen, Rheydt, Mülheim a. d. Ruhr, Oberhausen, Neuß, Wesel ꝛc.), kaum mit dem Wachstum der Bevölkerung Schritt gehalten hat.

Mag man nun auch zur Erklärung der geringen Entwicklung der gewerblichen Fortbildungsschulen die Überlastung der Gemeinden mit Steuern und die Geringfügigkeit der Staatsbeihülfen anführen können, so liegt doch ohne Frage ein Hauptgrund in der geringen Leistungsfähigkeit vieler, besonders der kleineren Fortbildungsschulen im Zeichnen. Das Zeichnen, der Hauptlehrgegenstand der Fortbildungsschulen, fällt entweder den Elementarlehrern oder den Zeichenlehrern der Bürger-, Realschulen oder Gymnasien zu. Unter diesen, vielfach auch unter den geprüften Zeichenlehrern, herrscht eine Willkür in der Methode. Diese Willkür findet keine Abhülfe in einer wirksamen technischen Aufsicht, da die Revisionen der Fortbildungsschulen, welche bloß abends oder Sonntags unterrichten, naturgemäß selten stattfinden und da es eben auch an technisch für den gewerblichen Zeichenunterricht durchgebildeten Revisoren gefehlt hat. Jede Schule zeichnet gewissermaßen auf eigene Faust; die Leistungen sind sehr verschiedenartig und oft den Anforderungen des praktischen Lebens nicht entsprechend. Da bei solchen Zuständen die Kosten der Fortbildungsschulen nicht immer den Erfolgen derselben entsprechen, so fehlte vielfach ein reges Interesse in den Gemeinde-Vertretungen für die Förderung solcher Schulen. Auch unsere Einwirkungen auf die Gemeinden und größeren Arbeitgeber hatten unter diesen Umständen meist keinen nachhaltigen Erfolg, da die Schulen die Schüler nicht zu fesseln vermochten. Dies gilt von den meisten kleineren Städten. In den größeren Städten liegen die Verhältnisse vielfach besser, obschon auch hier noch manches zu wünschen bleibt. Ein besserer, den praktischen Anforderungen der späteren Berufsstellung der Schüler möglichst angepaßter Zeichenunterricht ist unseres Erachtens das wichtigste Mittel zur Hebung der Fortbildungsschulen, und damit gleichzeitig die wirksamste Maßregel zur Steigerung der Leistungsfähigkeit unserer gewerblichen Arbeiter. Sollen das Handwerk und der Kleinbetrieb konkurrenzfähig der Großindustrie gegenüber bleiben, soll andrerseits der Wettbewerb der Großindustrie selbst auf dem Weltmarkte erleichtert werden, so muß der Geschmack und der Formensinn der gewerblichen Arbeiter verbessert und ihr technisches Können erhöht werden. In den größeren Städten ist der Zeichenunterricht zum Teil schon erheblich verbessert und hat die Kunstindustrie mächtig gehoben worden; die kleineren Städte und die Landbezirke sind aber zurückgeblieben. Das Bedürfnis, einer zu starken Konzentration der Industrie in den großen Städten entgegen zu wirken und eine möglichste Decentralisation der Industrie herbei zu führen, läßt somit die Reform des Zeichenunterrichtes in den kleineren gewerblichen Fortbildungsschulen doppelt dringend erscheinen.

Diese Reform ist nun am einfachsten zu erreichen einmal durch die Ausbildung der zum Zeichenunterricht erteilenden Lehrer in periodischen Kursen, welche an der hiesigen Kunstgewerbeschule abgehalten werden, und sodann in Bestellung tüchtiger Techniker zu Revisoren des Zeichenunterrichts der Fortbildungsschulen des hiesigen Bezirkes."

Die Behörde hat den Plan gefaßt, zwei nacheinander folgende Kurse zu veranstalten. Es sollten in jedem täglich acht Stunden gezeichnet werden. „Diese Stundenzahl sei nicht zu hoch gegriffen, da erfahrungsgemäß die Teilnehmer an solchen Kursen, welche schon früher an der Hamburger Allgemeinen Gewerbeschule eingerichtet und auch von preußischen Lehrern besucht worden seien, freiwillig noch 12—16 Stunden mehr in jeder Woche zu ihrer Übung für sich allein gezeichnet hätten." Nach Absolvierung des ersten Kursus sollten die Lehrer versuchen, von dem im ersten Jahre Gelernten selbstlehrend Gebrauch zu machen, um dann mit soviel mehr Nutzen sich an dem folgenden Kursus zu beteiligen. Der zweite Kursus soll wesentlich den Charakter einer Wiederholung und einer gründlicheren Behandlung der das praktische Zeichnen zum Gegenstand habenden Übungen tragen.

Die Kosten für die Ausbildung der zur Teilnahme berufenen Lehrer sind teils von der Regierung, teils von den Gemeinden übernommen worden. Sie betrugen: 150 M. für den sechswöchentlichen Aufenthalt, à 3 M. für den Tag der Hin- und Rückreise, die Reisekosten, à 2 M. für Ab- und Zugang und 10 M. für Auslagen an Zeichenmaterialien. Zeichenbrett, Reißschiene, Dreieck und Reißzeug wurden den Kursisten von der Direktion leihweise überlassen.

An diesem Kursus beteiligten sich 27 Lehrer sowohl aus den gewerblichen als auch aus den landwirtschaftlichen Gegenden des Bezirkes. Sie wurden unterrichtet von den Herren Kleesattel und Piepgras, die Leitung des Kursus hatte Herr Direktor Professor Stiller übernommen. Es wurde täglich von 8—12 und von 2—6 gezeichnet, der Samstagnachmittag war frei. Auch hier wurde anfangs Mehrarbeit geleistet; aber allmählich stellte sich Abspannung ein und zuletzt wurde nur die vorgeschriebene Stundenzahl eingehalten.

Der Vormittagsunterricht umfaßte Zirkel- und Projektionszeichnen bei Herrn Baumeister Kleesattel. Dem Unterricht lag das gleichnamige Werkchen von Dr. Stuhlmann in Hamburg zu Grunde;*) doch wurden noch einige nicht in dem Lehrbuche enthaltene Tafeln an passenden Stellen eingeschoben. Als Ziel galt die zeichnerische Darstellung 1. einiger Flächenmuster aus geraden und gebogenen Linien, 2. der Projektion einfacher und zusammengesetzter geometrischer Körper, und 3. der Körperdurchdringungen. Die Kursisten sollten nur mit der zeichnerischen Konstruktion, nicht mit dem mathematischen Nachweise der Richtigkeit dieser Konstruktion bekannt gemacht werden, weil es hierfür an Zeit fehlte. Das gesteckte Ziel wurde von der großen Mehrzahl gerade erreicht, einige blieben zurück, andere dagegen kamen noch beträchtlich weiter. Diese Überflieger wurden mit Aufgaben aus den Gebieten der Schattenkonstruktion, des Bauzeichnens und des Farbenornaments beschäftigt. Der Unterricht hatte die Form des Einzelunterrichts, je zwei und mehr Lehrer arbeiteten gemeinschaftlich und wurden ihnen gleichzeitig die Aufgaben erklärt, resp. einer half dem andern, wenn solches nötig war.

In dem Nachmittagsunterrichte wurde von Herrn Piepgras, einem Schüler Dr. Stuhlmanns, das Körperzeichnen gelehrt. Es wurden die Heimerdingerschen Körper mit den von Dr. Stuhlmann getroffenen Veränderungen und Ergänzungen in perspektivischer Darstellung freihändig nach dem Augenmaße gezeichnet.**) Ihre Reihenfolge ist diese: 1. das dreiseitige Prisma als Halbwürfel (Dach); 2. das Prisma mit zwinkelförmiger Grundfläche (Treppe); 3. die Hälfte eines regelmäßigen achtseitigen Prisma (Sarg); 4. das regelmäßige sechsseitige Prisma; 5. das Kreuz; 6. die regelmäßige vierseitige Pyramide; 7. die abgestumpfte Pyramide; 8. die halbe

---

*) Dr. Stuhlmann, Zirkel- und Projektionszeichnen; Verlag von Nestler & Melle in Hamburg; 1,20 M.
**) Dr. Stuhlmann, Der Zeichenunterricht in der Volks- und Fortbildungsschule. IV. Teil; Verlag von W. Leemann in Berlin.

Walze oder der Rundstab; 9. die Hohlkehle (Brückenbogen); 10. die Viertelkehle; 11. der Viertelstab; 12. der Rundstab mit Hohlkehle (im Scherze Pianino genannt). Danach die Übergangsmodelle: 1. die quadratische Platte mit halbkreisförmigen Ausschnitten; 2. die Kreisscheibe mit quadratischem Rahmen; 3. die quadratische Platte mit halbkreisförmigen Ansätzen; 4. die Kreisscheibe mit kreisförmiger Durchbohrung (Mühlstein); 5. das Kleeblattkreuz; 6. die quadratische Platte mit drei Viertelkehlen. — Die zeichnerische Darstellung dieser Körper geschah nach dem Augenmaße und mit freier Hand; zum Visieren diente der Bleistift. Der Unterricht begann nicht mit einer gelehrten Auseinandersetzung über Bildebene, Verschwindepunkt 2c., sondern mit eingehender Betrachtung des Körpers; jeder Zeichner hatte einen solchen vor sich. Herr Pietzgras wanderte unermüdlich von einem zum andern, um zu erklären und zu korrigieren. Im weiteren Verlaufe seines Unterrichtes machte er die Schüler mit den hauptsächlichsten perspektivischen Begriffen — ohne diese gerade bestimmt zu definieren — und mit den Hauptmitteln der Korrektur bekannt. Von allen Körpern der ersten Gruppe wurden erst mehrere Tiefstellungen gezeichnet; dann folgten die Hochstellungen und zuletzt die Übereckstellungen. In derselben Weise wurden die Übergangsmodelle behandelt. Die Bewältigung dieses Stoffes ward als Ziel hingestellt. Wer die Sache rasch begriff, brauchte weniger Stellungen von einem Körper zu zeichnen als derjenige, der sie langsamer auffaßte. Es wurde also auch hier auf die Eigenart eines jeden hinsichtlich seiner Fähigkeit und seines Fleißes Rücksicht genommen. Von den meisten Schülern ward das gesteckte Ziel erreicht; etliche kamen noch weiter und zeichneten die Körper mit doppeltgekrümmten Flächen und Geräte; einige blieben ein wenig hinter dem Ziel zurück. Alle aber waren für dieses Zeichnen sehr eingenommen, wenn sie sich auch nicht verhehlten, daß seine Übertragung in die gewöhnliche Fortbildungsschule auf große Schwierigkeiten stoßen würde.

Das Verhältnis zwischen den Kursisten und ihren Lehrern war ein sehr schönes; unsere Lehrer verschafften uns Freibillets für den öfteren Besuch der Kunstsammlungen in der Stadt, besuchten manchmal die „gemütlichen Abende" und machten am Sedantage mit uns Schülern einen Ausflug ins Neanderthal. Ungefähr gegen den Schluß des Kursus besuchten die Herren Regierungspräsident von Berlepsch und Regierungsrat Königs denselben, um Einsicht in die angefertigten Arbeiten zu nehmen. Der Herr Präsident sprach seine Zufriedenheit über das Gesehene aus und ermahnte zu treuer Arbeit in der eigenen Praxis. Endlich kam der letzte Tag; in der Abschiedsrede bemerkte der Herr Direktor, daß wir „mit einer fabelhaften Schneidigkeit" gearbeitet hätten und rief uns ein herzliches „Aufwiedersehn im nächsten Jahre!" zu. —

Ähnliche Kurse sind gleichzeitig in Berlin und Breslau gehalten worden. Von manchen Seiten wird deren Wert wohl in Frage gestellt. Die Vorwürfe lauten: der mit den Kursisten behandelte Stoff kann nicht in gleicher Weise in der Fortbildungsschule traktiert werden; es ist auch nicht möglich, den hier in Betracht kommenden Stoff in sechs Wochen annähernd vollständig zu behandeln; ferner ist nicht der Stoff vielseitig behandelt worden, der in den meisten Fortbildungsschulen vorgenommen werden muß (was die Lehrer in Düsseldorf gelernt haben, verhält sich zu dem, was sie in ihren Schulen lehren können, wie die Algebra zu dem bürgerlichen Rechnen); und endlich sind keine unterrichtlichen Weisungen bezüglich der Verteilung und Behandlung des Stoffes gegeben worden.

Diese Urteile sind richtig, aber es können keine Vorwürfe sein. Die Kursisten waren im Zeichnen soweit eingeschult, daß sie den elementaren Zeichenstoff theoretisch und praktisch beherrschten. Wenn in Düsseldorf der Zeichenstoff auch nicht vollständig zur Behandlung kommen konnte, so haben die Kursisten doch vielfache Anregungen zur eigenen Weiterarbeit erhalten; besonders ist es nicht zu unterschätzen, daß durch diese sechswöchentliche Übung die Zeichenfertigkeit der einzelnen beträchtlich zugenommen hat und daß damit ein frisches Interesse für diesen Gegenstand wachgerufen ist. Dadurch, daß man die fachlichen Kenntnisse und Geschicklichkeiten der Lehrer vermehrt hat, hat man letztere mehr für eine richtige, den Verhältnissen angemessene Verteilung und zur unterrichtlichen Durcharbeitung des Stoffes befähigt. — Wenn wir nun auch den Kursus, für dessen beste Einrichtung es den Leitern zudem an überlieferten Anhaltspunkten fehlte, in Schutz nehmen, so wollen wir damit nicht bestreiten, daß er sich wohl noch zweckmäßiger einrichten lassen könnte. Wir fügen deshalb einige Vorschläge in dieser Hinsicht bei. Sie sollen nicht ein Besserwissenwollen ausdrücken, sondern ein Ausdruck des Dankes sein und das Interesse bekunden, welches wir den Bestrebungen zur Hebung des gewerblichen Zeichenunterrichtes entgegenbringen.

Es wäre zunächst eine Arbeit zu erledigen von denen, welche die Fortbildungskurse für Zeichenlehrer leiten, nämlich die möglichst korrekte Beantwortung der Frage: Was gehört in Sache des Zeichnens zur volkstümlichen allgemeinen Bildung? Der dadurch umgrenzte Zeichenstoff gehört in die allgemeine Volksschule. Wo letztere in dieser Hinsicht ihre Aufgabe nicht vollständig erfüllt hat, muß also die Fortbildungsschule das Versäumte zunächst nachholen, resp. nachzuholen suchen. Aber sie hat auch jedenfalls die Aufgabe, das früher Gelernte zu vervollständigen, zu erweitern, namentlich bezüglich der Anwendung der Reihungen, Bänder, Flächenverzierungen auf die Dinge des Handwerks.

Wir sehen, es handelt sich um die Fragen: **Welche Anforderungen stellen die verschiedenen Gewerbe an die zeichnerische Bildung?** Erstlich an die **Volksschule**, die fürs Leben vorbereiten soll; zweitens an die **Fortbildungsschule**, deren Schüler in der praktischen Arbeit stehen. — Ferner: Was für Arten von Fortbildungsschulen haben wir zu unterscheiden? Wie muß in ihnen also der Zeichenunterricht nach Ziel, Stoff und Methode beschaffen sein? — Solange hierüber nicht genügende Klarheit vorhanden ist, so lange ist planlose und unpraktische Arbeit im Zeichenunterrichte der Fortbildungsschule unvermeidlich, trotz der größeren Zeichenfertigkeit der Lehrer.

Ferner würde unseres Erachtens der Zeichenkursus an Wert gewinnen, wenn mit der praktischen Zeichenthätigkeit auch theoretische Besprechungen, Vorträge und Mitteilungen aus der Praxis des Unterrichtes von seiten der Lehrer und Kursisten verbunden wären. Sie müßten den Zweck haben, einesteils die fachwissenschaftliche Bildung der Lehrer zu vermehren, und andernteils die angemessene Verwertung dieser Kenntnisse in dem jeweiligen Unterrichte zu zeigen. Wir meinen also Belehrungen:

1. über mancherlei Fragen des Zeichenunterrichtes in der Fortbildungsschule; z. B. über die verschiedenen Arten, Ziele und Stoffe dieser Schulen; Besprechung dessen, was in der Litteratur des Zeichnens darüber vorhanden ist; Vorführung verschiedener Lehrpläne aus der Praxis der einzelnen Lehrer (Kursisten), also praktisch ausgeführte Zeichnungen und daneben begründender, erläuternder Vortrag; über die Einteilung und Behandlung der geometrischen und

pflanzlichen Ornamente; über die Verwendung von Blatt- und Blütenformen aus der Natur ꝛc.;

2. über das deutsche Kunstgewerbe und seine Beziehungen zum Zeichenunterrichte; z. B. über die historische Entwicklung der Gewerbe („technischen Künste"; Handwerke) und ihre Stellung in der darstellenden Kunst; über den Zusammenhang der einzelnen Zweige des Handwerks hinsichtlich des Stoffes, der Werkzeuge, der Verfahrungs- oder Herstellungsweisen, der Produkte und deren Zweck. — Anläßlich dieser Betrachtungen gewinnen wir zwei Hauptgesichtspunkte: 1. Welche Gesetze ergeben sich für das Kunsthandwerk aus der historischen Entwicklung desselben? 2. Wie kann das Handwerk der Gegenwart nach diesen Gesetzen arbeiten? —

Sollten derartige Belehrungen nicht möglich sein, — die Notwendigkeit derselben wird sein Sachkundiger bestreiten, — so beschränke man sich auf etliche durchaus praktische Fragen, wie folgende: Welche Anforderungen stellen die verschiedenen Gewerbe an den Zeichenunterricht? Betrachtung und Beschreibung gewerblicher Gegenstände; ihre Verwendung im Zeichenunterrichte; über das Vorkommen ornamentaler Formen in den Gewerben ꝛc.;

3. über die Hauptpunkte der Lehre von den Stilerfordernissen; z. B. Nachweisung der formalen ästhetischen Gesetze an kunstgewerblichen Formen und Ornamenten; über stilwidrige und stilgemäße Verwendung einzelner Ornamentformen ꝛc.

Um Besprechungen dieser Art zu ermöglichen, müßten täglich mindestens zwei praktische Zeichenstunden ausfallen, die kunstgewerblichen Sammlungen in rationeller Weise benutzt werden, u. a. m. Dieser Wunsch scheint mir berechtigt zu sein, einmal weil acht Stunden Zeichnen Tag für Tag in der That zuviel ist, und hauptsächlich wegen der Notwendigkeit solcher Belehrungen in der Fortbildungsschule. Diese hat ja zum größten Teile die frühere Wanderschaft zu ersetzen; darum darf sie nur vom Gewordenen ausgehen, um daraus für das Werdende zu lernen.

Es ist freilich manchmal schwer, ausgetretene Pfade zu verlassen; aber man mache in dieser Weise einmal den Anfang, der Fortgang wird leichter und erfolgreicher sein, als man vermutet, denn ein großer Gedanke entzündet die schlummernden Kräfte, was durch die Geschichte des Kunstgewerbes und der Industrie tausendfältig bewiesen wird. Der Gedanke eines kunstgewerblichen Anschauungsunterrichtes und einer praktischen Stillehre, wofür unter den Kunsthistorikern Semper, Springer und Falke eingetreten sind, den unter den Pädagogen bezüglich des Zeichenunterrichtes neuerdings Menard und Lang ausgesprochen haben, ist es wert, daß man Geist und Geld daran wendet, ihn in That umzusetzen.

---

## Oberhausener Weihnachtskonferenz.

Die alljährlich am dritten Weihnachtstage in Oberhausen stattfindende allgemeine Konferenz ev. Lehrer des Niederrheins war diesmal wohl infolge des ungünstigen Wetters von nur etwa 30—40 Lehrern und einigen Pfarrern besucht. Nach Eröffnung der Konferenz mit Gesang und Gebet hielt Herr Pfarrer Ufer in Oberhausen den ersten religiösen Vortrag „über die Fülle der Zeiten (Gal. 4, 4. 5)". In frischer, klarer Rede wies er nach, wie die Zeit der Vorbereitung des Heils beim Eintritt des Erlösers erfüllt war im Judentum und im Heidentum; im Judentum, indem die beiden dem Volke Israel gegebenen Heilsanstalten, Gesetz und Prophetie, ihren göttlichen Zweck, Erkenntnis der Sündhaftigkeit und Verlangen nach einem Erlöser zu wecken, bei den rechten Israeliten damaliger Zeit erreicht hatten, — im Heidentum, indem die alten Kulturvölker, besonders Griechen und Römer, trotz der erstaunlichen Ausbildung der menschlichen Geisteskräfte zu einer jetzt in mancher Beziehung noch unerreichten Höhe der Wissenschaft und Kunst doch den tiefen sittlichen Verfall des Familien- und gesellschaftlichen Lebens dadurch nicht verhindern noch heilen konnten, also negativ auf einen Erlöser vorbereitet waren, während positiv die damalige Kultur (griechische Sprache, römisches Weltreich, Verkehrsmittel, römisches Recht) der Ausbreitung des Christentums die wichtigsten Dienste leistete. Mit vergleichenden Bemerkungen über die Bedeutung des Humanismus zur Reformationszeit, sowie über den das Heidentum verherrlichenden Naturalismus gegen Ende des vorigen Jahrhunderts (Schillers „Götter Griechenlands") schloß dieser von der Konferenz mit Beifall aufgenommene Vortrag. Hierauf folgte ein Vortrag über „die Pädagogik Herbarts und ihre Weiterführung durch Stoy und Ziller". Einleitend wies der Referent darauf hin, daß es ihm zeitgemäß erscheine, dieses Thema gerade auf der Weihnachts-Konferenz vor einem größeren Lehrerkreise zur Sprache zu bringen, weil seit Jahren die durch Stoy und Ziller weitergeführte Herbartsche Pädagogik in zahlreichen Lehrerkonferenzen eifrig besprochen werde und viele Anhänger gefunden habe. Nach einer kurzen Lebensbeschreibung dieser Pädagogen gab der Vortragende eine kurz gehaltene Übersicht über das System der Herbartschen Pädagogik und ihre Hülfswissenschaften Ethik und Psychologie. Aus der Ethik wurden besonders die fünf Ideen: „Freiheit, Vollkommenheit, Wohlwollen, Recht und Billigkeit" und aus der Pädagogik die formalen Stufen erwähnt. Auch der Teilung der Pädagogik in Regierung, Unterricht und Zucht wurde gedacht. Dann wurde über Herbarts Schüler Stoy und Ziller, die Herbarts Ideen in ihrer Weise ausgeführt haben, gesprochen. Von Stoy rühmte der Vortragende, daß derselbe in genialer Weise den tiefen Geist der Herbartschen Pädagogik erfaßt, während Zillers Theorie und Unterrichtsmethode durch einseitige und weit ausgesponnene Ausarbeitung Herbartscher Gedanken vielfach von den Grundideen Herbarts abgewichen sei und deshalb heftigen Widerspruch von den andern Herbartianern erfahre. — Darauf verlas Referent eine Reihe von Urteilen namhafter Pädagogen, Schulblätter und Lehrerkonferenzen über die Herbart-Ziller-Reinsche Schule und ihre Bestrebungen, welche sämtlich mehr oder weniger entschieden ablehnend lauteten. Schließlich kennzeichnete er seine eigene Stellung zu Herbart und seinen Nachfolgern, indem er unter Anerkennung mancher Vorzüge dieser Pädagogik und des regen Strebens, das ihre Schüler auszeichne, doch in diesem System manches sehr Bedenkliche fand und von seiner praktischen Durchführung vielmehr eine Schädigung als eine Förderung echter christlicher Jugenderziehung erwartete. Bezüglich der Herbartschen Psychologie verwarf er u. a. dessen Lehre vom Wesen der menschlichen Seele, in der Ethik fand er dessen Ideen (Freiheit, Vollkommenheit ?c.) dem Evangelium widersprechend, sein Urteil über die Pädagogik faßte er in das bekannte Wort zusammen: das Gute derselben ist nicht neu und das Neue nicht gut. — Bei der darauf folgenden Besprechung dieses Vortrages zeigte es sich, daß die Konferenz nur zum Teil dem Gesamturteile des Referenten zustimmte, während mehrere Mitglieder sich als eifrige Anhänger der Herbartschen Pädagogik bekundeten. Von diesen wurde ausgeführt, daß man über ein so umfangreiches, allseitig begründetes wissenschaftliches System, wie es die Schriften Herbarts darstellen, durch einen kurzen Vortrag, der aus dem weiten Gebiete nur einzelne Sätze ohne eingehende Begründung und Zusammenhang bringe, wohl kaum genügend unterrichtet sei, um sich ein zutreffendes Urteil über dessen Wert oder Unwert bilden zu können; ferner, daß eine Pädagogik wie diese, die wissenschaftlich begründet ist, auch wissenschaftlich geprüft, beziehungsweise widerlegt werden müsse, und daß man zu diesem Zwecke bei den Fundamenten derselben, der Psychologie und Ethik, zu beginnen habe. Um der weiteren Besprechung eine praktische Seite zu geben, wurden die von der Herbartschen Schule betonten, bei jedem Lernobjekt seitens des Lehrers zubeobachtenden sogenannten formalen Unterrichtsstufen herausgehoben, an praktischen Beispielen erläutert und von der Versammlung eingehend besprochen. Das Ergebnis der langen Diskussion war endlich der Beschluß, die Verhandlung über die Herbartsche Pädagogik auf Grund eines praktischen Referates und Korreferates im nächsten Jahre auf dieser Konferenz fortsetzen zu wollen. — Der dritte Vortrag des Herrn Hauptlehrer Wefelnberg in Spellen hatte zum Thema: „Die Ehre in der Erziehung." Nachdem der Vortragende einleitend von der Wichtigkeit der Ehre im Leben als mächtigste Triebfeder zu den Handlungen der Menschen gesprochen, ging er in ausführlicher Weise auf das Wesen der Ehre und ihre sittl. Berechtigung ein, sprach dann von den Ehrenzeichen und dem Verhalten des Kindes-Seele der Ehre gegenüber und wies endlich auf die pädagogische Aufgabe der Erziehung hinsichtlich der Ehre hin. Das Resultat seiner Ausführung war etwa: Wir können die übermäßige Betonung und Pflege des Ehrtriebs, wie sie z. B. bei den Philanthropisten und in der jetzigen französischen Schulpraxis hervortritt, ebensowenig billigen, wie die Unterdrückung des Ehrgefühls, während eine angemessene Benutzung des Ehrtriebs als ein wichtiges Mittel zur Erreichung des Erziehungszweckes Verwendung finden kann. — Leider konnte dieser interessante und von der ganzen Konferenz mit Beifall aufgenommene Vortrag der vorgerückten Zeit wegen nicht weiter besprochen werden. Es fand schließlich noch eine Vorstandswahl statt, bei der Herr Hauptlehrer Güldner in Dümpten zum Vorsitzenden bestimmt wurde. Möge diese Konferenz auch noch weiter ihre Anziehungskraft behalten und vermehren.

### Nachbemerkung der Redaktion.

Vorstehenden Bericht kann ich nicht wohl den verehrten Lesern vorlegen, ohne einige Bemerkungen hinzugefügt zu haben. Sie betreffen die Art der Behandlung der Pädagogik Herbarts und deren Weiterführung durch Stoy und Ziller.

Wenn eine Bewegung, wie sie die Herbartsche Pädagogik wenigstens in manchen Distrikten unsers deutschen Vaterlandes hervorgerufen hat, in weiteren Kreisen mehr oder minder begeisterte Anhänger findet, so sehen sich auch die noch nicht in ihr Stehenden, aber an der Sache Beteiligten, innerlich veranlaßt, die Stellung zu suchen, die sie ihr gegenüber einzunehmen haben. Von wieviel Zufälligkeiten das erste Resultat dieses Suchens abhängig ist, weiß jeder, der sich der Fälle erinnert, in denen er sich in ähnlicher Lage befand,*) ebenso der, welcher der sehr verschiedenen Aufnahme gedenkt, die nach dem Bericht der Geschichte die neu auftretenden Erscheinungen in den verschiedenen Kreisen und bei den verschiedenen Personen

---

*) Ich erinnere mich noch sehr wohl, wie ich längere Zeit von Rousseau nichts lesen mochte, weil mir seine Lebensgeschichte unter sehr düsterer Beleuchtung die erste Bekanntschaft mit diesem „Manne der Sehnsucht" machen ließ.

### Oberhausener Weihnachtskonferenz. 111

allemal gefunden haben. Ob die erste Bekanntschaft in befreundetem Kreise oder durch Fernstehende gewonnen wird, ob das zuerst uns Entgegentretende uns für unser augenblickliches Denken und Fühlen, für unser Suchen und Streben Förderung oder Hemmung verspricht, hiervon und von hundert andern Umständen hängt es ab, ob man sich angezogen oder abgestoßen fühlt. Daß die so gewonnene Stellung nicht gerade den solidesten Untergrund hat, ist zwar unleugbar; immerhin aber wird man gut thun, sie bei andern gelten zu lassen, weil einmal keiner über seinen Schatten zu springen vermag, und weil es weiter auch beim besten Willen nicht möglich ist, zu allen Fragen eine durchaus begründete Stellung zu gewinnen.

Nach vorstehendem Bericht hat es sich auch auf der Oberhausener Konferenz um die Frage gehandelt: Wie sollen wir uns zu der immer mehr Eingang findenden Herbartschen Pädagogik stellen? Um zu einer Antwort zu gelangen, hat der Herr Referent eine Übersicht über das System der Herbartschen Pädagogik und ihrer Hilfswissenschaften, sowie über die Leistungen der vornehmsten Schüler Herbarts gegeben, dann dem noch eine Reihe von Urteilen über das fragliche Objekt zugefügt.

Was läßt sich nun auf diesem Wege erreichen? Offenbar nur die vorhin erwähnte von allerlei Zufälligkeiten abhängende Stellung. Ein Teil der Versammlung hat dem verwerfenden Urteil des Herrn Referenten zugestimmt; was würde dieser Teil gethan haben, wenn der Vortragende als warmer Freund Herbarts an das Referat gegangen wäre und dann denselben Weg eingeschlagen hätte? Es läßt sich wohl in einem Konferenzvortrage eine Übersicht über das System der Pädagogik Herbarts, auch wohl noch dazu ein Bericht über die Hauptstücke seiner Ethik und Psychologie geben, es ist aber total unmöglich, in so beschränkter Zeit diese Objekte so darzustellen, daß sich die Hörer auch nur ein in etwa zutreffendes Urteil über Wert und Unwert bilden können; was sie in ihrem Urteil bestimmt, das sind nicht die Objekte selbst, sondern es ist die Beleuchtung, unter der sie dieselben vorgeführt erhalten.

Wer Stoys Encyklopädie mit Zillers Vorlesungen, mit seiner Regierung der Kinder, seiner Grundlegung oder mit einem andern Werke vergleicht, der wird sich wahrscheinlich von Stoy ungleich mehr angezogen fühlen, als von Ziller. Bei Stoy findet er fließende, schöne Sprache, weitausschauende Gesichtspunkte, immer neue geistvolle Bemerkungen; dagegen ist Zillers Sprache oft schwerfällig, er geht fast zu ängstlich den stillen Weg vorsichtiger Untersuchung, immer besorgt, ob wohl alles an die rechte Stelle gesetzt ist.

Ganz anders aber gestaltet sich die Schätzung Zillers, wenn man weiß, wie er seine ganze Kraft daran gesetzt, die grundlegenden Gedanken Herbarts für die pädagogische Praxis auszuwerten, und wie er diese Lebensaufgabe in einer Weise erfaßt und ausgeführt hat, daß schwerlich viele Schüler von ihm fortgegangen sind, die sich nicht von ihm hätten begeistern lassen für ihre Schularbeit, und zwar für ihre Schularbeit in seinem Geiste erfaßt. Selbst der kunstbegabte Bauarbeiter wird leicht übersehen neben dem genialen Architekten; ähnlich ist es auch nicht zu verwundern, daß die wesentlich der Ausführung dienenden Arbeiten Zillers nur von denen richtig geschätzt werden, die mit einem Interesse speciell für solche Arbeiten zu ihm kommen; die wissen sie aber auch zu schätzen, ist doch Ziller der erste gewesen, der die allgemein pädagogischen Gedanken eines Meisters bis in das Einzelnste der Praxis weitergeführt hat.

Auch das ist sicherlich nichts Unerwartetes, daß er in dieser Arbeit Widerspruch erfuhr, auch aus dem Kreise der Freunde. Besinnen wir uns doch einmal, wie weit wir von unsern erziehlichen Grundsätzen ausgehend zu bestimmten zweifellosen Forderungen für unsere Schularbeit zu kommen wissen, oder wieviel wir in umgekehrter Richtung von unserem Thun im Unterricht und in der Zucht als wohlbegründet nachweisen können!

Auch Goethe sagt: „Die Jugend muß immer wieder von vorn anfangen und als Individuum die Epochen der Weltkultur durchmachen." Ziller hat die pädagogische Begründung dieses Satzes geliefert und der Praxis kulturhistorische Stufen bezeichnet. Schmälert es nun Zillers Verdienst, wenn die Kritiker den Nachweis liefern, daß dieser Erstlingsversuch, wie zu erwarten war, noch nicht allen Ansprüchen genügt? Bleibt nicht die Thatsache, einer von den verschiedensten Seiten anerkannten Wahrheit zuerst nach bester Einsicht den Weg zu praktischer Anerkennung geebnet zu haben, auch dann noch ein Verdienst Zillers, wenn seine Vorschläge durch wirklich bessere sind ersetzt worden?

Der Herr Referent tadelt Herbarts Lehre vom Wesen der Seele, findet seine ethischen Ideen im Widerspruch mit dem Evangelium.

Hat Herbart wirklich eine falsche Anschauung vom Wesen der Seele, so ist sehr wahrscheinlich auch seine Pädagogik nicht viel wert, und diese Wahrscheinlichkeit wächst, wenn er sich auch noch im Widerspruch mit dem Evangelium befindet. Es ist also nicht zu verwundern, daß ein Teil der Oberhausener Versammlung das Neue bei Herbart nicht gut fand.

Wie ists aber mit diesem Urteil bestellt?

Ich will nicht davon reden, daß vollaus kompetente Beurteiler entgegengesetzter Meinung sind. Würde aber das Urteil wohl so ausgefallen sein, wenn es dem Herrn Referenten möglich gewesen wäre, den Zuhörern ein richtiges Bild von den Fragen, um die es sich hier handelt, vor die Augen zu stellen? Ich kenne nur einen verschwindend kleinen Teil der Arbeiten, die geleistet worden sind, um, wie überhaupt über das Reale, so auch speciell über das Wesen der Seele zur Klarheit zu kommen. Schon aus dieser geringen Bekanntschaft weiß ich, daß wir hier vor einer äußerst schwierigen Frage stehen, die vielleicht eins der Welträtsel bleiben, also nie vollaus gelöst werden wird; andrerseits aber weiß ich auch, daß die Arbeiten Herbarts und seiner Schule so bedeutsame sind, daß sie auch den Gegnern alle Achtung abnötigen, und zwar um so mehr, da auch sie nicht imstande sind, Besseres an die Stelle zu setzen. Vor allem aber ist hier zu bedenken, daß Herbarts Pädagogik nicht auf die Metaphysik, sondern auf die Ergebnisse seiner mit äußerstem Scharfsinn angestellten empirischen Untersuchungen über das Leben der Seele stützt.

Eine Rechtfertigung Herbarts zu schreiben gegenüber dem Referate liegt mir fern; ich möchte nur ein Bedenken aussprechen gegen die Art der Behandlung. Wenn der einzelne Kollege sich durch allerlei Zufälligkeiten zum Gegner oder Freunde Herbarts machen läßt, so werden wir ihm das eventuell gern hingehen lassen, darum keine Feindschaft; auf unsern Konferenzen sollten wir aber die Frage: Ob für oder gegen? so behandeln, daß auch wirklich eine solide, wenn auch noch so bescheidene Stellung gewonnen werden kann, und das geht nur, wenn die Herbartsche Pädagogik in irgend einem kleinen, übersehbaren Teil sine ira et studio vorgeführt und besprochen wird. Das allgemeine Aburteilen, gleichviel ob das Resultat für oder gegen Herbart ausfällt, nützt nicht allein nichts, sondern richtet nur Schaden an. Nicht eine der geringsten

Folgen ist die Schädigung der Kollegialität. Wo eine ruhige sachliche Behandlung einer Frage stattfindet, da lernt man vom Gegner gewöhnlich mehr als vom Freunde; es liegt kein Grund vor, sich innerlich voneinander zu entfernen. Wo aber bei der Verhandlung das Objekt mehr in unbestimmtem Nebel schwebt, da prallen die Meinungen auf einander, es wird allerlei persönlich genommen, und gar leicht ist das Band der Zusammengehörigkeit zerrissen.     Horn.

---

## Zu dem Artikel „Aus dem Leben" in Heft 1.

Die im Januarheft d. J. S. 27 mitgeteilten Erfahrungen aus dem Schul- und Lehrerleben, die mit dem Wunsche schließen, daß die Pfarrer, die zu der Einsicht gekommen, daß die Würde des Schulamtes geachtet werden müsse, nach dieser Seite hin Wandel schaffen möchten, nötigen mich zu folgenden Bemerkungen, deren Aufnahme in das Ev. Schulbl. ich dem geneigten Ermessen der geehrten Redaktion ergebenst überlasse.

Die unter Nr. 2 gegebene warme Schilderung einer Schulprüfung hat den wohlthuendsten Eindruck auf mich gemacht und wünschte ich nur, daß die von mir jährlich abzunehmenden neun Prüfungen (sowie die Revisionen) den gleichen durchaus befriedigenden Verlauf nehmen möchten. Ein beredter Händedruck als Zeichen der Anerkennung für den treuen Lehrer sollte dann auch alles sein, was ich über das Ergebnis der Prüfung ihm zu sagen hätte.

Andrerseits sind Schulprüfungen, wie die sub 3 und 7 geschilderten, wahre Karikaturen und man fragt sich, wie es möglich ist, daß sie thatsächlich vorkommen. Man bedauert von Herzen den Lehrer, der bei solchen Prüfungen es sich gefallen lassen muß, kalt gestellt zu werden und kann sich eines, ich glaube sehr gerechten, Unwillens darüber nicht erwehren.

Wenn es nun aber des Herrn Referenten Wunsch und Meinung sein sollte, daß der Schulinspektor bei der von ihm abzunehmenden Schulprüfung durchaus nur beobachtend, zuschauend und zuhörend sich zu verhalten habe und auf keinerlei Weise in dieselbe eingreifen dürfe, damit „das Schulamt zu seinem Rechte komme" (s. Nr. 1 und 2, und „In der Schulprüfung*) darf kein Fremder sich zwischen Lehrer und Schüler drängen!" und 3. Schluß) hieße das nicht, den Schulinspektor kaltstellen? Sollte seine Gegenwart nur den Zweck haben, zur Erhöhung der Bedeutung und Feierlichkeit des Prüfungsaktes etwas beizutragen? Und ist er denn wirklich in der ihm unterstellten Schule ein Fremder? Drängt er sich als Fremder zwischen Lehrer und Schüler, wenn er sich auch einmal prüfend an die Schüler wendet?

Und was ist denn der erste und nächste Zweck der Prüfung? Doch wohl der, das Wissen und Können der Schüler ernstlich festzustellen und von dem Bildungsstande der Schule der Schulbehörde Kenntnis zu verschaffen. Inwieweit dieses notwendig, habe ich hier nicht zu untersuchen. Soll dieser Zweck erreicht werden, so wird doch zunächst, das, meine ich, liegt auf der Hand, es dem Schulinspektor überlassen bleiben müssen, die Prüfungsaufgaben zu bestimmen. Er könnte ja, indem er von dieser Befugnis Gebrauch macht, sei es aus Un-

---

*) Ist denn das Verhältnis zwischen Lehrer und Schüler etwa dem ehelichen zu vergleichen und der erstere also berechtigt, eifersüchtig zu sein?

geschickt, sei es in unfreundlicher Absicht, die Prüfung erschweren, den Lehrer bloßstellen und sein Ansehn schädigen; aber gelassen werden muß ihm doch die Befugnis zu bestimmen, was zu prüfen ist. Es liegt dieses auch im Interesse des Lehrers, denn wenn diesem die Wahl des Prüfungsgegenstandes freigestellt wäre, würden bie der Prüfung beiwohnenden Zeugen von der Leistungsfähigkeit der Schule nur eine unsichere, mit Zweifel gemischte Überzeugung gewinnen können. Man würde sagen: „Es ging ausgezeichnet, Frage und Antwort folgten einander Schlag auf Schlag, aber es klappte doch zu gut! Nun, man weiß ja, wies gemacht wird." Ist nun der Lehrer eine tüchtige Kraft und volles Vertrauen verdienende Persönlichkeit und ist der Zustand seiner Schule dem Schulinspektor als ein guter bekannt, so wird dieser ersteren in der Behandlung der Prüfungsgegenstände gewähren lassen, zumal wenn die Prüfungsweise ihn befriedigt, seine Aufmerksamkeit gefesselt hält, und ihm vollen Beifall, vielleicht Bewunderung abnötigt. Aber es kann auch anders sein. Welche Pein wird dem Schulinspektor wenigstens hierzulande zuweilen durch die Schulprüfungen bereitet! Inhaltsleeres, geistloses Fragen, unendliches Zerpflücken und Zerkleinern des Stoffes, oberflächliche Behandlung desselben, die das für die Kinder Geist- und Gemütbildende unangerührt auf dem Grunde liegen läßt, langweiliges Verweilen bei dem Unwesentlichen, geisttötendes Breittreten, peinliches Abwarten und Abnötigen von Antworten, die doch nicht gegeben werden können, und dergleichen Verzettelung der knapp zugemessenen Zeit stellen da die Geduld des Schulinspektors auf eine harte Probe. Dabei muß er auch wohl wahrnehmen, daß immer nur dieselben wenigen Schüler auftreten, also Paradeschüler ihm vorgeführt werden. Wenn nun der größte Teil des Wissensgebietes, das die Schule beherrschen soll, nicht unbetreten bleiben soll, wenn der Schulinspektor ein möglichst treues Bild von dem Bildungsstand der Schule gewinnen will, muß er da das Heft der Prüfung nicht selbst in die Hand nehmen? Es versteht sich, daß er dieses in der schonendsten Form, mit Vermeidung jeder Bloßstellung des Lehrers zu thun sucht, indem er den passendsten Moment abwartet, mit einem Wink oder Blick oder freundlichen Worte (etwa: Erlauben Sie, Herr N., eine oder einige Fragen!) seine Absicht zu erkennen giebt, an die letzte Frage oder Antwort anknüpft und dann etwa durch bloßes Zurücktreten dem Lehrer die Fortsetzung der Prüfung überläßt. Eine Miene oder Äußerung des Befremdens über etwaiges Nichtwissen der Kinder hätte zu unterbleiben, auch wenn sie gerechtfertigt wäre. Bestehen die Schüler eine solche Prüfung des Schulinspektors gut, desto besser für den Lehrer. Seine Tüchtigkeit wird dadurch in ein um so helleres Licht gesetzt und sein Ansehen gehoben; bestehen sie nicht gut, nun, so wird ein einsichtiger, gewandter Schulinspektor das Ansehen des Lehrers zu wahren wissen und erst privatissime ihm sagen, was er der Wahrheit gemäß bezüglich der Prüfung ihm zu sagen hat. So ungefähr mache ichs und ich stehe mit den mir unterstellten neun Lehrern im besten, freundschaftlichen und vertrauensvollsten Einvernehmen. Eine infolge meines Verhaltens bei einigen Herren vor Jahren eingetretene Verstimmung wurde dadurch beigelegt, daß ich in einer Konferenz die Gründe für mein Verhalten darlegte, in der wider mich erhobenen Klage einzelnes als berechtigt anerkannte und mein Verhalten demgemäß änderte.

Wenn der Herr Referent in Nr. 1 eine Konfirmandenprüfung vorführt und sagt: „Wie bei dieser, so darf sich auch in der Schulprüfung kein Fremder zwischen Lehrer und Schüler drängen. Was der Würde des geistlichen Lehramtes gebührt, das gebührt auch unserem Schulamte", so ist diese Exemplifikation nicht zutreffend und glücklich gewählt. Bei der Konfirmandenprüfung ist kein Vorgesetzter des prüfenden Geistlichen, kein Superintendent zugegen, sie trägt gleichsam keinen amtlichen Charakter. Wo dies der Fall ist, z. B. gelegentlich der Kirchenvisitation, da muß der Pfarrer auf einen Wink des Superintendenten die Prüfung abbrechen und diesem seinen Platz einräumen und das vor den Augen einer vielleicht großen Versammlung. Für mein Gefühl liegt aber darin auch nichts den Pfarrer Herabsetzendes.

Ich wünschte, wie gesagt, ich befände mich bei jeder von mir abzunehmenden Schulprüfung in der Lage des Schulinspektors sub Nr. 2. Aber nur keine Schaustellung, keine Komödie aus der Schulprüfung machen! Das ist französisch, nicht deutsch. Krusta, Pfarrer und Lokalschulinspektor.

Nachbemerkung der Redaktion. Die Leser aus dem Lehrerstande werden es mit mir dem Herrn Pfarrer Krusta Dank wissen, daß er sich zu der in Heft 1 angeregten Frage ausgesprochen hat. Um den vorstehenden Artikel nutzbar zu machen, müßte allerdings ein Mißverständnis, oder vielmehr eine Verschiedenheit in der Auffassung über die Aufgabe der Entlassungs-Prüfung klar gestellt werden. Ich denke jedoch diese Arbeit den Lesern und dem Herrn Korrespondenten aus Heft 1 überlassen zu sollen. Horn.

## Noten oder Ziffern?

In der 20. allgemeinen Schleswig-Holst. Lehrerversammlung, welche am 4., 5. und 6. Aug. 1886 zu Pinneberg abgehalten wurde, sprach ein alter, vielerfahrener Kollege, Bluhm-Nortorf, über den Wert der Ziffer für den Gesangunterricht. Noten und Ziffern, äußerte derselbe, seien ein Mittel zur Verständigung. Wie wir für jedes Ding, über das wir uns verständigen wollen, einen Namen haben müßten, mit dem wir allgemein dieselbe Vorstellung verbinden, so auch für die Töne des Gesanges und der Musik. Desgleichen verlange auch die schriftliche Darstellung Zeichen, die die Eigenschaften der Töne darstellen. Unsere Notenschrift erfülle beide Ansprüche in einer Vollständigkeit und Ausdehnung, welche nichts zu wünschen übrig lasse als nur, daß sie für diejenigen, denen nicht das mechanische Hülfsmittel eines Instrumentes zu Gebote stehe, einen verhältnismäßig großen Zeit- und Kraftaufwand für die nötigen Vorübungen in Anspruch nehme. Daher begnügten sich manche Volksschulen mit Gehörsingen. Dieses sei löblich und nötig, und nicht zu vergessen, daß wir es mit der Bildung des Gehörs zu thun hätten, und daß das Auge nur zur Unterstützung angerufen werden dürfe. Aber eben diese Unterstützung sei ein Bedürfnis. Der strebsame Lehrer wünsche sich so schnell als möglich mit seinen Schülern zu verständigen, unmittelbarer als dies durch die Noten möglich sei. Das sei der Ursprung des Gedankens, die Tonstufen durch Ziffern zu bezeichnen. Weiter sagte derselbe:

„Solange es sich bloß um Einübung einer Melodie handelt, mag das Gehörsingen genügen. Es muß so lange vorgesungen und vorgezeigt werden, bis die Melodie sitzt. Dabei erlangen die Schüler allerdings eine schätzbare Fertigkeit im Auffassen nach dem Gehör. Tonhöhe, Zeitmaß und Taktbewegung werden ganz Sache des musikalischen Gefühls. Aber es gelangt nicht zum Bewußtsein. Wo die Bezeichnungen fehlen, fehlt auch das Vermögen, sich darüber auszusprechen und zu verständigen. Namen und Zeichen helfen dazu, sich dieser Verhältnisse bewußt zu werden. Dazu sind besondere Übungen erforderlich, und hier muß dem schriftlichen Zeichen eine wenn auch bescheidene Stelle eingeräumt werden. Ich sage: eine bescheidene, denn das Auge ist nur der Gehülfe des Ohrs. Der Geist des Gesanges steckt nicht in Noten und Ziffern, sondern in den Tönen, daher müssen jene fallen, wenn Ohr und Gemüt das Lied, den Satz, gefaßt haben. Allerdings ist es dann noch gut, die Schrift in Reserve zu halten, sie kann nötigenfalls dem Gedächtnis zu Hülfe kommen.

Für diesen Zweck reichen die Ziffern vollkommen aus und haben noch s e h r a c h t b a r e V o r z ü g e, weshalb sie beim Unterricht in der Volksschule vorzuziehen sind. Und diese Vorzüge sind es auch, durch welche sie sich, seit Natorp seinen „Briefwechsel" herausgab (1813), trotz manches Widerspruchs von seiten d e r e r, d i e s i c h i n h ö h e r e n K r e i s e n bewegen, in den bescheidenen Räumen der Volksschule bis jetzt erhalten haben und hoffentlich weiter ihren Kredit behalten. Die „Allgemeinen Bestimmungen" haben den Ziffern im Gesangunterricht für die 6. und 5. Klasse der Mittelschule einen bestimmten Platz eingeräumt. Für die Volksschule ist in dieser Beziehung nichts vorgeschrieben, da ist also eine willkommene Freiheit gelassen zu verfahren, wie einer kann und mag. Und da, meine ich, ist es wohlgethan, daß wir uns der Ziffern bedienen, denn 1. reichen sie vollkommen aus für den Umfang der Stimme und zur Bezeichnung der Tonhöhe, des Zeitmaßes und der Taktbewegung; 2. hindern sie nicht, sondern begründen und fördern, vorbereiten die spätere Notenkenntnis; 3. sind sie leichter darzustellen und fordern nicht so viel Aufwand als die Noten (an der Schultafel); 4. sind sie leichter und besser zu lesen; 5. sind sie nicht weniger anschaulich (Ohr, nicht Auge soll anschauen); 6. sind sie einfacher, eine Tonart reicht aus; 7. sind sie ausreichend für die Volksschule und 8. besser zu geigen (sofern dem Geiger), wenn er nur der Tonleiter mächtig ist, jede Tonstufe als Grundton zu Gebote steht."

Im Anschluß an seinen Vortrag stellte Bluhm zwei Anträge:

1. Es ist wünschenswert, daß die Zöglinge der Präparanden und Seminare mit der Behandlung der Ziffern für den Gesangunterricht bekannt gemacht werden.

2. Es ist wünschenswert, daß von den Melodien des neuen Gesangbuches eine Ausgabe auch in Ziffern besorgt wird.

Auch die 18. Versammlung des Mecklenb.-Schwerinschen Landes-Lehrer-Vereins zu Stavenhagen (September 1886) beschäftigte sich mit der Ziffer. Der Vortrag wurde von Lehrer Meyer in Lübthen gehalten. Als Ziel des Gesangunterrichts in der Volksschule stellte derselbe das selbständige Singen nach Tonzeichen hin. Man habe das Ziel bisher nicht erreicht, indem man einmal annahm, die Schüler seien dazu nicht fähig, und indem zum andern die Instrumentalnote für diesen Zweck zu kompliciert sei. Das erste glaubte Referent auf Grund persönlicher Erfahrung zurückweisen zu dürfen; die zweite Schwierigkeit will er dadurch beseitigen, daß er an Stelle der Note die Ziffer setzt, denn 1. sei die Ziffer sachgemäßer als die Note, 2. sei sie bestimmter; ihr gegenüber sei die Notenschrift eine Chiffreschrift, 3. sei sie einfacher, a) dem Kinde bekannt, b) leichter darzustellen, c) erfordere sie nur eine geringe Anzahl von Zeichen, keine Schlüssel, kein System, statt vieler Notenformen nur eine, als Pause nur ein Zeichen, und nur eine Tonart. 4. Aus allen diesen Gründen brauche sie ihre Zeit nicht mit dem Erklären der verschiedensten Zeichen zu verschwenden, sondern könne sofort an die Sache, das Treffen gehen. G.

## III. Abteilung. Litterarischer Wegweiser.

Grundriß der Psychologie oder der Lehre von der Entwicklung des Seelenlebens im Menschen. Von Ludwig Strümpell, Professor an der Universität zu Leipzig. Leipzig, Georg Böhme. 1884. Preis 4,20 M.

„Die Veröffentlichung der vorliegenden Schrift", so heißt es in der Vorrede, „ist zunächst dadurch motiviert, daß der Verfasser durch dieselbe den Bestrebungen anderer, dem in unserer Zeit verbreiteten Materialismus mit Gründen entgegenzutreten, sich anschließen wollte." Und in der That: solange Männer wie Büchner („Kraft und Stoff"), Meyer („Die Sinnestäuschungen". Wien, 1869), E. v. Hartmann („Philosophie des Unbewußten", 4. Aufl. S. 386 ff.) u. a. als Psychologen gläubige Anhänger finden, ist es auch notwendig, dem wissenschaftlich eigentlich längst überwundenen Materialismus immer wieder die Spitze zu bieten. Prof. Strümpell weist nun nach, daß die gegebenen Zustände des Bewußtseins einen realen Träger voraussetzen (S. 169), er folgert aus der Einheit des Bewußtseins die absolute Einfachheit dieses Trägers (171). Der Materialismus ist weder überhaupt eine annehmbare Hypothese, noch wird er insbesondere den unleugbar gegebenen Thatsachen des Geisteslebens gerecht. Ausdehnung und Bewegung sind nicht reale Prädikate des wahrhaft Seienden, und Materie in dem Sinne, wie der Materialismus das Wort versteht, giebt es gar nicht. Der Materialismus verkennt durchaus den gänzlich disparaten Charakter, welcher der Empfindung im Gegensatz zu irgend einer Form der Bewegung zukommt; aus dieser Verkennung erklärt sich sein hoffnungsloser Versuch, die Empfindung aus einer Modifikation und Kombination von Gehirnbewegungen abzuleiten. Schon die Frage nach dem Ursprung der Bewegung läßt erkennen, daß man unterscheiden muß zwischen einem äußeren, scheinbaren, und einem inneren, wirklichen Geschehen; in das Gebiet des inneren Geschehens gehören u. a. alle Thatsachen des menschlichen Bewußtseins. Vgl. S. 153 bis 168. — Der Verf. bekämpft den Materialismus nicht eben mit neuen Gründen, und das dürfte in unseren Tagen nach dem Vorgange von Herbart, Lotze, Volkmann u. a. überhaupt schwer sein; allein er bekämpft ihn mit guten und gewichtigen Gründen, und weiß seine wohldurchdachten Ansichten so klar und eindringlich vorzutragen, daß man seine Freude daran hat. Der Verf. steht in seiner Beweisführung voll und ganz auf dem Boden der Herbartschen Metaphysik und Psychologie; auch ihm erscheint die Seele als ein absolut einfaches Realwesen ohne jede ursprüngliche Vielheit realer Vermögen (Vgl. S. 1 bis 14). Nur in einem wichtigen Punkte glaubt der Verf. von Herbart abweichen zu sollen, und gerade in diesem Punkte will es uns schwer werden, den Verf. zu verstehen. Nachdem er mit Recht bemerkt hat, die Seele dürfe nicht von dem Gebiete ihrer eigenen Erlebnisse abgelöst und bloß als ein toter Träger derselben gedacht werden, sagt er (S. 172): „Vielmehr erlebt die Seele in ihren Zuständen immer nur ihr eigenes Wesen in der Zeitreihe seiner Entwicklung, und der Gegensatz zwischen dem, was sie ist, und dem, was in ihr wirklich geschieht, ist kein absoluter." Es kann uns nicht einfallen, den Verf. belehren zu wollen; aber nach unserer Ansicht findet ein Gegensatz zwischen dem Sein der Seele und dem Geschehen in ihr gar nicht statt, viel weniger also kann von einem absoluten Gegensatz die Rede sein. Die Begriffe des Seins und des wirklichen Geschehens sind ganz disparat; es giebt keinen Übergang vom Sein zum Geschehen und umgekehrt, d. h. das Seiende kann niemals ein Geschehen (ein Ereignis, ein Prozeß), das Geschehen niemals ein Seiendes werden. „Man addiert nicht Linien zu Flächen, nicht Flächen zu Körpern. Gerade so soll man das wirkliche Geschehen nicht abdieren zum Realen. Denn beides ist völlig ungleichartig" (Herbart, Metaphysik, I. § 71). Darum kann unseres Erachtens auch nicht das Sein der Dinge aus dem Geschehen, das in ihnen sich vollzieht, erkannt werden. Der Verf. scheint anderer Ansicht zu sein. Denn er sagt (S. 173): „Aus dem wahren Verhältnis zwischen dem Geschehen und dem Sein, was der Seele zukommt, folgt noch, daß es nicht richtig ist, wenn Kant und Herbart meinen, daß das Wesen der Seele, wie das jeder anderen Substanz, durchaus unbekannt sei und bleibe. Sowie vielmehr das Wesen jedes anderen Dinges genügend(?!) an der Art und Weise erkannt wird, wie es auf andere wirkt und von anderen leidet, — und eine andere Art von Erkenntnis eines Dinges kann es gar nicht geben — ebenso ist die Erkenntnis der Natur der Seele noch umfassender und genauer, als die eines anderen Dinges, insofern sie selbst das Erkennende ist, welches seine Natur an seinem eigenen Wirken und seinem eigenen Leiden erkennt." — Also: das Wesen eines Dinges wird „genügend" erkannt an der Art und Weise, wie es auf andere wirkt und von anderen leidet? Der Sauerstoff verliert, sobald er sich mit dem Wasserstoff zu Wasser verbindet, die Fähigkeit, die ihm in seinem Fürsichsein eigentümlichen Eigenschaften zu zeigen; er zersetzt die unedlen Metalle, befördert das Verbrennen; kurz, die Chemie weiß ganz genau anzugeben, wie er auf andere Dinge wirkt und von anderen leidet. Solche Beziehungsmerkmale nun, wie die Wissenschaft sie uns aufzählt, sind vollkommen genügend, um der Verwechslung des Sauerstoffs mit anderen Elementen vorzubeugen; aber geben sie auch eine Antwort auf die Frage: Was ist der Sauerstoff? Welche eigenartige Natur (qualitative Bestimmtheit) veranlaßt ihn, gerade so und nicht anders auf andere Dinge zu wirken? Gewiß nicht, und darum sagt Herbart mit Recht: Das Was der Dinge ist unbekannt und bleibt es für immer. Wir geben zu, daß eine andere Art von Erkenntnis eines Dinges, als die vom Verf. bezeichnete, nicht möglich ist; aber eben deshalb sehen wir uns zu dem Bekenntnis getrieben, das Wesen der Dinge sei unerkennbar. Eine „genügende" Erkenntnis des Seelenwesens („genügend" im Sinne des Verfassers) hat Herbart doch nie geleugnet. Die Seele ist ein einfaches, qualitativ bestimmtes Wesen; es liegt in ihrer Natur (ihrem Wesen), daß sie gegen äußere Reize durch Empfindungen reagiert, daß sie bei dem so oder anders modifizierten Zusammentreffen von Vorstellungen oder Vorstellungsmassen Wertgefühle erlebt u. s. f. Solche und andere Wirkungsweisen der Seele sind ohne allen Zweifel in ihrer Qualität (ihrem Wesen, ihrer Natur) begründet; aber eine Erkenntnis von dem eigentlichen Was, dem Wesen der Seele würde mehr umfassen, als jenen formalen Gedanken der Angemessenheit ihres Wirkens und Leidens zu ihrer besonderen Natur; sie würde uns zu dem Nachweis befähigen, daß die Seele, weil sie dies bestimmte Reale ist, auch so wirken und leiden müsse, wie es in Wirklichkeit geschieht. Der Verf. hat also recht: Die Dinge geben sich nur durch ihr Wirken und Leiden zu erkennen; diese Erkenntnis genügt, weil sie die Begriffe gegen einander abzugrenzen gestattet; sie muß genügen, weil eben eine andere Art von Erkenntnis eines Dinges nicht möglich ist. Der Satz Herbarts und Kants aber: „Die Dinge an sich kennen wir nicht" — wird durch jene Erklärungen nicht berührt.*) — Eine besondere Eigentümlichkeit des vorliegenden Buches bildet die Lehre des Verfassers von den frei wir-

---

*) Über eine für die Religionsphilosophie bedeutsame Anwendung der Herbartschen Lehre von unserer Nichtkenntnis der Qualität des Seienden vergl. Thilo: "Theologisierende Rechts- und Staatslehre, Leipzig. 1861. S. 109 ff.

tenden Kausalitäten, welche neben dem psychophysischen und psychischen Mechanismus im Seelenleben zur Geltung kommen. Was versteht der Verf. unter einer „frei wirkenden" Kausalität im Seelenleben? Er sagt (S. 267): Unter einer nicht mechanischen Kausalität verstehen wir ein solches Ursachverhältnis, in welchem unmittelbar bewußte Glieder*), hier also Vorstellungen, so aneinander wirken, daß ein neuer Bewußtseinsinhalt entspringt, welcher über das den einzelnen Gliedern zugehörige Bewußtsein hinausführt und als solcher für sich durch einen ihm eigentümlichen Zusatz weiter wirken, das heißt, wiederum neue Bewußtseinsinhalte hervorbringen kann." Der Verfasser denkt also an ein Kausalverhältnis zwischen Vorstellungen. Ein solches findet z. B. statt, wenn zwei Vorstellungen einander reproduzieren oder aus dem Bewußtsein verdrängen. Allein die Reproduktion oder Verdunkelung einer Vorstellung durch eine andere schreibt der Verf. dem psychischen Mechanismus, nicht aber einer frei wirkenden Kausalität zu. Warum nicht? Weil das sich dabei geltend machende Kausalverhältnis keinen neuen Bewußtseinsinhalt erzeugt. Setzen wir darum einen anderen Fall. Ich vergleiche zwei Bäume mit einander und urteile auf Grund dieser Vergleichung, der eine sei höher, dicker, schlanker u. s. w. als der andere. In dem Urteile kommt zu dem Wissen von jedem einzelnen Baume ein neues Wissen hinzu, nämlich das Bewußtsein der Beziehung (des Verhältnisses) des einen Baumes zu dem andern. Haben wir nun in diesem Vorgang die Wirkungsweise einer freien Kausalität zu erkennen? Auch noch nicht; es fehlt der eigentümliche Zusatz, durch welchen der neue Bewußtseinsinhalt weiter wirken und an seinem Teile die Befreiung der Seele von der Herrschaft des psychischen Mechanismus mit begründen helfen kann. Worin besteht nun der

*) Über das unmittelbare Bewußtsein vgl. S. 20 ff.

Zusatz? Wenn man einem Kinde erst einen Kreis, dann ein Viereck zeigt und ihm weiterhin ernsthaft zumutet, beide Figuren für gleichartig zu halten, so wird es diese Zumutung mit einem Gefühl des Unwillens zurückweisen: das ist ja nicht wahr! Das Kind fühlt das logisch Unzulässige der von ihm geforderten Gleichsetzung entgegengesetzter Bewußtseinsinhalte, und durch dies Gefühl erhält das aus der Vergleichung von Kreis und Viereck entspringende neue Bewußtsein ihres Unterschiedes den gesuchten Zusatz. — Aus dem Gefühl also sollen die frei wirkenden Kausalitäten entspringen? Ist nicht jedes Gefühl das notwendige Ergebnis gewisser Spannungsverhältnisse unter den Vorstellungen, die im Bewußtsein sich zusammenfinden? Der Verfasser scheint diesen Einwurf vorausgesehen zu haben. Er sagt (S. 269): „Das Gefühl ist nach einer Seite hin noch ein Produkt des psychischen Mechanismus, welcher die Seele zwingt, in jedem gegebenen Falle, wo sie seiner Wirkung zugänglich ist, so und nicht anders durch ein Gefühl zu reagieren. Allein eben hiermit hat auch das mechanische Wirken sein Ende erreicht, indem durch das nun entstandene und in seiner eigenen Wirklichkeit vorhandene Gefühl zugleich auch die Ablösung von dem Zwange des Mechanismus in mehrfacher Hinsicht ermöglicht ist und auch thatsächlich geschieht." Und so ist's wirklich. Verhielte die Seele sich gleichgültig gegen alles, was in ihr vorgeht; erlebte sie nicht bei tausend und abertausend Veranlassungen Gefühle der Lust und Unlust, des Beifalls und des Mißfallens, der Harmonie und des Widerstreits: so müßte es ein für allemal bei dem unbeherrschten Spiel des psychischen Mechanismus sein Bewenden haben. Wir würden in unserem Denken und Streben niemals zu dem Bewußtsein einer Verbindlichkeit gegenüber den logischen und ethischen Normen gelangen, noch weniger könnten wir durch die freiwillige, d. h. von innen heraus durch uns selbst vollzogene Unterordnung unseres Denkens und Wollens unter jene Normen jemals frei werden von der Knechtschaft der haltlosen Einfälle und der wechselnden Begierden. Wir würden wohl denken und wollen, aber wir wüßten nichts von der inneren Nötigung, die Wahrheit dem Irrtum, das Gute dem Bösen vorzuziehen. Weder ein logisches, noch ein ästhetisches und ethisches Gewissen ist denkbar ohne die Kausalität des Gefühls. Wir verweisen auf die höchst interessanten Ausführungen des Verfassers (S. 268—294). Der Grundgedanke seiner Lehre, daß nämlich der psychische Mechanismus Bewußtseinsinhalte erzeuge, die, einmal entstanden, als Kräfte in der Seele fortwirken nach eigenen, nicht mehr dem Mechanismus unterworfenen Gesetzen, — rührt übrigens von Herbart her, dem man sehr mit Unrecht im Vorwurf gemacht hat, nach seiner Psychologie lasse die Seele sich ihre eigenen inneren Zustände thatlos über den Kopf wachsen. Er sagt (in den Briefen über die Freiheit des menschlichen Willens): „Wir lassen überall gar nichts in die menschlichen Seelen hineinfließen, wohl aber wissen wir, daß aus Vorstellungen ein Wollen entsteht, welches nun als neuer Anfangspunkt nach Gesetzen fortwirkt, die erst in und mit ihm entstehen, also gewiß nicht aus der Fremde kommen." Herbart würde sich freuen über die Ausführung, welche sein wichtiger Gedanke in dem vorliegenden Buche gefunden hat. — Dasselbe enthält auch sonst des Beachtenswerten gar viel. Wir heben noch hervor Kapitel 5 und 6 (das unwillkürliche und das willkürliche Vorstellen), Kap. 9 (Vorstellung, Gefühl, Strebung — dies Kapitel ist all denen besonders zu empfehlen, die den Verf. zu einem Gegner Herbarts in Bezug auf die Abhängigkeit der Gemütszustände von den Vorstellungen stempeln möchten), Kap. 14 (Thätigkeit und Ereignis), Kap. 18—21 (die Gesetze der Beharrung, der Kontinuität, der Ans-

schließung und der Reihenbildung) und Kap. 25 (Aufmerksamkeit). Der Verf. ist ein trefflicher Beobachter des inneren Geschehens und ein ausgezeichneter Logiker; sein Buch bildet eine willkommene Ergänzung zu den schon vorhandenen Lehrbüchern der Psychologie Herbartscher Richtung.

Eisenach.     O. Flügel.

### Verzeichnis zur Recension eingegangener Schriften.

Bornemann, Lehrpläne für 1—6klassige Volksschulen. Kreuznach, R. Voigtländer. 1,20 M.

Ortleb, Deutschlands Kaiserhaus. Bildnisse der Regenten. Leipzig, Weigel. 1,20 M.

Knobt, Klagen der Tiere. 4. Aufl. Rudolstadt, Hartung. 20 Pf.

Brandt, Lesebuch für das 2. Schuljahr. Hamburg, Meißner. II. Teil. 60 Pf.

Kröger, Leitfaden für den Geometrie-Unterricht. Ebenda. 1 M.

Buchner, Goethe, ein Lebensbild.

„ Schiller, ein Lebensbild. Lahr, M. Schauenburg. à 75 Pf.

Thurm, Der Christabend. Liturg. Feier. Wittenberg, Herrosé. Ausg. A für den Lehrer. 30 Pf.

Bänitz, Grundzüge für den Unterricht in der Zoologie. Berlin, Belhagen und Klasing. Kart. 1 M.

Dammann, Die höhere Mädchenschule. II. Teil, ausführl. Unterrichtsplan. Lief. 1 und 2. Berlin, Oehmigke. à 1 M.

Daerr, Aufgaben zum Zifferrechnen. Ausg. A in sechs Heften. Breslau, Korn.

Hirt, Die Bildung des Volksschullehrerstandes. Vortrag. Halberstadt, Helm.

Friesicke, Übungsbuch für den orthogr. Unterricht. 2. Aufl. Freienwalde, Dräsete. 25 Pf.

Keferstein, Schleiermacher als Pädagog. Jena, Manke. 3 M.

Garmo, Über die Beitragspflicht zur Unterhaltung der Elementarschulen. Jena, G. Fischer. 2,40 M.

# Evangelisches Schulblatt.

### April 1887.

## I. Abteilung. Abhandlungen.
## Einige Grundfragen der Ethik.
### Vom Herausgeber.

#### Zur Einleitung.

Bedarf es erst einer Rechtfertigung, wenn ein Schulblatt sich auch einmal eigens mit Untersuchungen aus dem Gebiete der Ethik beschäftigen will? Es könnte in der That so scheinen, da die Schulblätter höchst selten Aufsätze solcher Art zu bringen pflegen. Wohl kommen in denselben häufig ethische Forderungen zur Sprache, aber eben als ausgemachte Wahrheiten, also nur in dem Sinne, um dieselben heller ins Licht zu stellen oder sie lebhafter in Erinnerung zu bringen. Ein Anderes aber sind Untersuchungen darüber, wie es um die **Begründung** der ethischen Wahrheiten steht, und was überhaupt zur **wissenschaftlichen** Auffassung der Ethik gehört. Derartige Arbeiten finden sich, wie gesagt, in den Schulblättern selten, und darum mag es doch wohlgethan sein, uns zuvor ein wenig nach ihrer Berechtigung umzusehen. Was darüber entscheidet, ist das Verhältnis, in welchem die Ethik zur Pädagogik steht. Dieses Verhältnis müssen wir daher festzustellen suchen.

Die Pädagogik ist wie die Medizin, die Politik, die Architektur u. s. w. eine praktische oder angewandte Wissenschaft. Dieser praktische Charakter bringt es mit sich, daß bei jeder Wissenschaft solcher Art das benötigte Wissen nicht ausschließlich auf dem eignen Boden wächst, sondern zum Teil aus anderen Fächern entlehnt werden muß, die dann Hülfswissenschaften heißen. So sieht sich die Pädagogik an die Ethik und die Psychologie gewiesen. Um das **Ziel** der Erziehung richtig bestimmen zu können, bedarf sie des Beirates der Ethik, als derjenigen Wissenschaft, welche die absoluten, die ewig gültigen Aufgaben des Menschenlebens kennen lehrt. Und um den sicheren **Weg** dahin zu finden, bedarf sie des Beirates der Psychologie, als derjenigen Wissenschaft, welche die Entwicklungsgesetze des menschlichen Geistes kennen lehrt. Aus dem Material, was diese beiden Hülfsquellen beisteuern, verbunden mit dem, was die eigene Quelle, die pädagogische Erfahrung, liefert, muß dann der pädagogische Theoretiker die Erziehungswissenschaft zu komponieren suchen. Ihre Erkenntnis stammt also überwiegend, vielleicht zu zwei Dritteilen, aus anderen Gebieten. Noch mehr; auch die pädagogische Erfahrung (die Geschichte mit einbegriffen) ist nicht einmal eine völlig unabhängige Wissensquelle. „Man sieht nur, was man weiß," sagt unser deutscher Dichter. Das will für den vorliegenden Fall heißen: je mehr die Erfahrung aus Ethik und Psychologie bereits gelernt hat, desto schärfer vermag sie zu beobachten.

Wir sehen sonach, daß auf dem Gebiete der Pädagogik auch die Ethik ein bedeutsames Wort mitzusprechen hat. Und doch ist das nicht ihr einziges Recht zum Mitreden. Sieht man genauer zu, so findet sich, daß es außer der Zielbestimmung noch eine zweite gewichtige Stelle giebt, wo ihre Stimme gehört werden muß. In der Erziehungsarbeit müssen drei Faktoren zusammenwirken: die pädagogische Einsicht, das technische Geschick und die Persönlichkeit des Erziehers. Nötig sind alle drei, aber am wichtigsten ist unzweifelhaft die Persönlichkeit, wie sich sogar rechnungsmäßig feststellen läßt; denn wenn hier etwas fehlt, z. B. die Treue, der Fleiß u. s. w., so können auch die beiden andern Faktoren nicht zu ihrer vollen Wirksamkeit gelangen und diese Beeinträchtigung ist dann viel größer, als es bei einem Manko an einer andern Stelle der Fall sein würde. Will man nun erfragen, was zur rechten Persönlichkeit gehört, gleichviel ob im pädagogischen Beruf oder in einem andern, so muß man sich eben an die Ethik wenden. Schaffen kann sie freilich die rechten Charaktereigenschaften nicht, denn „aus dem Gesetz kommt nur Erkenntnis der Gerechtigkeit und der Sünde." Die Ethik hat es allein mit dem Kennen, dem Wissen zu thun; wer mehr von ihr fordert, thut ihr unrecht, und wer von dem Spiegel verlangt, daß er auch das Waschen besorgen soll, ist ein Thor. Hat aber einer aus der Ethik gelernt, was sie lehren kann, und geht es ihm nun auch um das Können, so weist sie ihn in eine andere Schule, wovon diesmal nicht zu reden ist.

Das Verhältnis zwischen der Pädagogik und der Ethik dürfte hiernach im allgemeinen genügend klargestellt sein. Ein Punkt in diesem Verhältnisse bedarf aber noch einer näheren Besichtigung. Was die Pädagogik an ihren beiden Hülfswissenschaften interessiert, was sie von dort begehrt, das sind zunächst nur die Resultate ihrer Forschung, nicht die vorhergegangenen Untersuchungen. Begnügt sie sich nun mit diesem Nötigsten, mit den Resultaten, dann muß sie dieselben auch einfach auf Treu und Glauben hinnehmen. Wie aber, wenn die von dort übernommenen ethischen und psychologischen Lehrsätze, die sich für ausgemachte Wahrheiten ausgeben, stark mit Irrtum vermischt wären? Ein Erzieher, der nur Praktiker zu sein begehrt, wird es darauf wagen müssen. Wer dagegen sich vergewissern will, ob er auf rechtem Wege ist oder nicht; wer sich selbst und andern über sein Thun und Lassen will Rechenschaft geben können, kurz, wer nach wissenschaftlicher Einsicht strebt, der darf nicht dabei stehen bleiben, die Resultate der Ethik und Psychologie sich autoritätsmäßig vorsagen zu lassen, sondern muß dieselben kontrollieren, also auch von den voraufgegangenen Untersuchungen Kenntnis nehmen, — mit einem Wort: er muß die beiden Hülfswissenschaften ordentlich studieren. Der Punkt will gemerkt sein, aber vor allem auch recht gefaßt. Ich will darum zur Probe an einen Anwendungsfall erinnern.

In den letzteren Jahren wurde bekanntlich in einigen Schulblättern hitzig darüber gestritten, was zur Wissenschaftlichkeit der Pädagogik gehöre, und welches unter den vorhandenen pädagogischen Systemen auf den Namen „wissenschaftlich" am meisten Anspruch habe. Dieser Streit soll uns natürlich hier nicht beschäftigen; ich wollte nur bemerken, daß mir dabei immer eine dicht daran hängende Frage im Sinne gelegen hat, die nicht mit zur Sprache kam, obwohl sie die notwendige Ergänzung zu jener ist. Angenommen, die Pädagogik dieses oder jenes Autors sei allgemein dafür anerkannt, daß sie alle Kennzeichen der Wissenschaftlichkeit an sich trage, d. h. daß das Material nicht nur äußerlich in eine gute systematische Ordnung gebracht sei, sondern auch auf einer wissenschaftlichen Ethik und Psychologie ruhe, und daß diese Grundlage deutlich nachgewiesen sei. Wenn nun jemand das betreffende Lehrbuch studiert hat, wir wollen sagen: gut studiert hat, — ist er damit ohne weiteres in den Besitz einer wissenschaftlichen Pädagogik gelangt? Unsere obige Auseinandersetzung antwortet darauf rundweg: Noch lange nicht. Wohl mag er sich für seine Praxis bei jenem Autor wesentlich besser stehen als bei einem weniger zuverlässigen; da jedoch die betreffende Doktrin auf Treu und Glauben hat hingenommen werden müssen, so besitzt er nur Kenntnisse, aber noch keine Wissenschaft. Wissenschaft besitzen heißt: über sein Wissen, d. i. über dessen Gründe, Rechenschaft geben können. Dazu würde also im vorliegenden Falle gehören, daß auch die Ethik und Psychologie ordentlich studiert worden wären, weil sonst ein Kontrollieren der darauf gebauten pädagogischen Doktrin nicht möglich ist.

Blicken wir von dem hier gewonnenen Standpunkte auf die eingangs erhobene Frage, ob ein Schulblatt sich auch mit Untersuchungen aus dem Gebiete der Ethik befassen dürfe, so erhellt, daß dieselbe nicht für alle und jeden gleichmäßig mit ja oder nein beantwortet werden kann. Wie jemand sich zur Pädagogik stellt, so steht er auch zu ihren Hülfswissenschaften. Geht es ihm nur um die Praxis, oder genauer gesagt: giebt er sich damit zufrieden, wenn die ihn beratende Pädagogik einen guten Leumund hat, so interessieren ihn bei den Hülfswissenschaften nur die Resultate, nicht die Untersuchungen. Wer dagegen in seiner beruflichen Ausrüstung ein höheres Ziel erstrebt, wer der pädagogischen Theorie auf den Grund sehen will, dem versteht es sich von selbst, daß er in den Hülfswissenschaften sich auch um die Untersuchungen bekümmern muß.

Seitdem infolge der „Allg. Best." auch die Seminaristen schon in die Anfänge der Psychologie eingeführt werden und die Rektorprüfungen im Gange sind, ist in den Lehrerkreisen die letztere Anschauung offensichtlich im Vordringen begriffen. So kommen in den Schulblättern häufiger als früher auch psychologische Aufsätze vor, ebenso in den Lehrerkonferenzen; überdies haben sich an manchen

Orten besondere Vereine zum Studium der Psychologie gebildet. Das sind erfreuliche Zeichen. Die Ethik kann freilich noch nicht recht mit in die Reihe kommen. Doch gut Ding will Weile haben, vor allem einen Anfang. Ein solcher Anfang — ein Anfang zu wissenschaftlichen ethischen Untersuchungen — hat auch in unserm Ev. Schulblatte bisher gefehlt, während die Psychologie ziemlich häufig zu Worte gekommen ist und jüngst sogar die entlegene Metaphysik in einigen Aufsätzen. Jene Lücke hat mich schwer gedrückt. Allein ich wußte nicht zu helfen, da meine Zeit und Kraft schon durch zahlreiche andere Aufgaben weit über das Maß in Anspruch genommen waren. Übrigens werden mir die heimischen Kollegen gern bezeugen, daß es an mündlicher Anregung meinerseits nicht gefehlt hat. So habe ich u. a. in einer seit 30 Jahren bestehenden Konferenz, zu der sich Kollegen aus den Kreisen Barmen, Elberfeld, Mettmann und Solingen monatlich (in Vohwinkel) zusammenfinden, schon vor einem Decennium über ein Jahr lang regelmäßig Vorträge über die Ethik gehalten, die dann selbstverständlich auch durchgesprochen wurden. Gern hätte ich dieselben für das Ev. Schulblatt zu Papier gebracht, aber es fehlte eben die Zeit. Dazu kamen Abhaltungen innerer Art. Ich will eine derselben andeuten, damit der Leser wenigstens in etwa weiß, was gemeint ist. Wenn die Ethik so zur Sprache kommen soll, wie ich es für nötig halte, dann kann es ohne Anstöße und Reibungen rechts und links nicht abgehen. Nun hatten aber meine verschiedenen litterarischen Arbeiten — über den Religionsunterricht, die Realien, den Sprachunterricht, die allgemeine Didaktik (Lehrplan und Lehroperationen), die Psychologie, die Schulverfassung und Schulaufsicht, den Präparanden- und Seminarunterricht, die Schuleinrichtung (Klassenzahlfrage, Simultanfrage, Hauptlehreramt) u. s. w. — mir so viele Fehden auf den Hals geladen, daß es wohl verzeihlich ist, wenn ich Bedenken trug, ihrer noch mehr heraufzubeschwören. Es würde mir daher lieb gewesen sein, wenn einer der H. H. Mitarbeiter sich der leeren Stelle angenommen hätte. Es ist leider nicht geschehen. Vermutlich haben sie gedacht, wer Redakteur sein wolle, der müsse allerwege mit gutem Beispiele vorangehen; und ich kann nicht umhin, ihnen darin vollkommen recht zu geben. Ist nun hier eine Versäumnisschuld vorhanden, so wird nichts anderes übrig bleiben, als sie in erster Linie auf das eigene Konto zu nehmen. Nachgerade ist mir jene Lücke doch allzu drückend geworden. Die Selbstbeschwichtigungen wollen nicht mehr auslangen. So habe ich denn endlich alle anderen dringlichen Verpflichtungen samt den inneren Bedenken rücksichtslos beiseite geschoben und die Anfänge der ethischen Untersuchungen unter die Feder genommen. Hier sind die Erstlinge. — Sollte es unter den Lesern solche geben, welche sich für diese Materie noch nicht interessieren können, nun, so mögen sie daran vorbeigehen. Wollen sie es aber doch einmal mit der Lektüre versuchen, so soll's mich freuen. Wer weiß, ob nicht allmählich auch das Interesse wach zu werden beginnt, vielleicht gar ein recht lebhaftes. L'appétit vient en mangeant, sagt ein bekanntes Sprichwort.

Auf eins erlaube ich mir noch aufmerksam zu machen. Mit gelehrtem Apparat und entlegenen Fragen sollen die Leser nicht belästigt werden; ich gehöre nicht zu den Gelehrten, und zu müßigen Doktorfragen habe ich keine Zeit. Was zur Sprache kommen wird, sind praktische, eminent praktische Dinge. Wenn einem das im Beginn nicht so scheinen will; wenn er meint, die Untersuchung halte sich überlange mit Begriffsbestimmungen auf, so gedulde er sich nur ein wenig, wie er es weiland bei den Anfängen der Mathematik hat machen müssen: ehe er sich's versieht, werden so viele Anwendungsaufgaben um ihn herumliegen, daß er reichlich genug daran hat. — Hinsichtlich der Darstellung ist es mein Bemühen gewesen, möglichst schlicht und verständlich zu reden. Schon manchmal habe ich von Kollegen, die sich auf dem Wege des Selbstunterrichts in die wissenschaftliche Ethik hineinarbeiten wollten und etwa zu Herbarts Lehrbuch gegriffen hatten, die Klage gehört, daß sie in dem Buche nicht recht vorwärts kommen könnten; und die so klagten, waren wohlgeschulte und wohlbegabte Männer. Mir konnte diese Klage nicht befremdlich sein. Herbarts „Allgemeine praktische Philosophie" ist kein Lehrbuch für den Selbstunterricht, sondern ein Kompendium, das nebenhergehende mündliche Vorträge voraussetzt. Dazu kommt, daß seine Darstellung hier wie in allen übrigen Schriften zwar sehr deutlich und formgewandt, aber auch in hohem Maße gedrängt und knapp ist. Noch schlimmer würde es diesen Kollegen bei Hartenstein („Grundbegriffe der ethischen Wissenschaften," 1844) ergangen sein. Hier ist die Betrachtung zwar bedeutend eingehender, allein da die Diktion in sehr komplizierten Sätzen einherschreitet, so kommt die größere Ausführlichkeit dem Leser doch nicht recht zu gute. Mit Zillers Ethik (1880) und der von Allihn (1861) möchte es wohl etwas besser gelingen, und doch lassen auch sie für den Selbstunterricht noch viel zu wünschen übrig. Kurz, alle diese und ähnliche Schriften streng wissenschaftlicher Charakters lassen gerade das vermissen, was der fernstehende Leser am meisten wünscht: die nötige Anschauungsvermittelung, ein ausreichendes Verweilen bei wichtigen Punkten, damit die Gedanken sich setzen können, und eine gewisse Zahl von Anwendungsbeispielen, sei es auch nur in der Form der kritischen Vergleichung.*)

In dem vorhin genannten Klagefalle war übrigens auch noch ein Hindernis anderer Art im Spiele. Es rührt vom Seminarunterricht her. Während hier in den meisten Disciplinen, z. B. in der Mathematik, Naturkunde, Pädagogik u. s. w. die Lehrform sich mehr oder weniger der wissenschaftlichen annähert, wird

---

*) Vorhin wurden nur Bearbeitungen der Ethik aus der Herbartischen Schule genannt, deren Meister sich durch eine präcise und klassisch-schöne Sprache auszeichnet. Geriete dagegen ein nicht philosophisch geschulter Leser etwa an derartige Arbeiten aus der Schelling-Hegelschen Schule, so würde er im grundlegenden Teile einen so greulichen philosophischen Jargon antreffen, daß ihm schier vor Schrecken die Haare zu Berge stehen möchten. Wenn die Herbartische Philosophie sich eine „exakte" nennt, so zeigt sie auch schon in der Sprache, daß es ihr mit der Exaltheit ernst ist.

dagegen die Ethik samt der mit ihr verbundenen Glaubenslehre im Anschluß an den Katechismus behandelt, also ganz elementarisch, man möchte sagen: kindermäßig. Wie die Ethik wissenschaftlich aussieht, sei es nach der Seite der Grundbegriffe oder nach der Seite des Systems, davon erfahren die Seminaristen so gut wie nichts. Kommen sie nun später an ein streng wissenschaftliches Lehrbuch, so erscheint ihnen dort alles fremdartig; und was noch schlimmer ist: sie fühlen, daß ihnen zum Untersuchen der Grundbegriffe die Übung fehlt. So stehen die Sachen. Wie soll nun geholfen werden, um von dem üblichen Seminarunterricht zum Studium der wissenschaftlichen Ethik bequem hinüberzuleiten? Man könnte denken, da auf dem psychologischen Gebiete die Monographien sich so überaus nützlich erweisen, so möchte diese Form auch für die Ethik der richtige Weg sein. Das wäre jedoch ein arger Irrtum. Eines schickt sich nicht überall. Ich will z. B. nur an die Mathematik erinnern; wird es jemanden einfallen, zur Einführung in diese Wissenschaft mit Monographien zu beginnen? Gewiß nicht. Derselbe Grund, der hier das monographische Verfahren verbietet — nämlich die Natur des Gegenstandes — derselbe verbietet es auch in der Ethik. Das Nähere gehört nicht hierher; später wird es sich dem Leser von selber erschließen.*) Genug also, zur Einführung in die Ethik muß ein anderer Weg gesucht werden. Was meine Überlegung gefunden, liegt in den nachfolgenden Aufsätzen vor: sie bieten eine

---

*) Wenn dagegen die Ethik bereits ordentlich studiert ist und das Ganze übersichtlich vor dem Blicke steht, dann können die Monographien allerdings nicht bloß vortreffliche Dienste leisten, sondern sie sind geradezu die richtige Form des weiteren Ausbaues. Ich will einige solcher Themen nennen, mit Absicht in bunter Reihe: z. B. über die Sitte; über die Ehe; die Begründung des Strafrechts; das Verhältnis der Kunst zur Ethik; das Verhältnis der Ethik zur Volkswirtschaft; desgleichen zur Politik; das Verhältnis des Anständigen zum Sittlichen; das Verhältnis der Ethik zur Glaubenslehre; der ethische Grundirrtum des alten Pharisäismus; desgleichen des talmudischen Judentums; die Irrtümer der Glückseligkeitslehre (Eudämonismus) auf philosophischem wie auf theologischem Boden; die ethischen Irrtümer in Rousseaus Emil; im pädagog. Philanthropinismus (Basedow u. s. w.); in der Volkswirtschaftslehre Adam Smiths und der modernen sog. Manchestertheorie; im demokratischen Socialismus (Marx); die ethischen Irrtümer in der mittelalterlichen Kirche, welche die Reformation hervorgerufen haben; die vielumstrittene Frage von der Freiheit des Willens; die fremden Bestandteile in den neuern ev.-theologischen Lehrbüchern der Ethik u. s. w. — Einige solche Monographien liegen übrigens auch schon vor. So z. B. eine kritische Beleuchtung der ethischen Systeme Schleiermachers, R. Rothes und Jul. Müllers von Dr. Thilo in der Schrift: „Die Wissenschaftlichkeit der modernen spekulativen Theologie," 1851; eine Beleuchtung der Ethik Schopenhauers (und von Hartmanns) von demselben, in der Zeitschrift für exakte Philosophie (auch als Separatabdruck erschienen); ferner: „Das Ich und die sittlichen Ideen im Leben der Völker" von O. Flügel, in den deutschen Blättern von Mann, 1885; — weiter: „Das Duell" von Dr. Nahlowsky; — „Schiller und die sittlichen Ideen" von Dr. Tepe; „Die Lüge und die sittlichen Ideen" von demselben (Zeitschrift, Bd. II.).

eingehende Erörterung einiger Grundfragen. Wer diese Untersuchungen durchgemacht hat, der wird sich meines Erachtens in einem der genannten wissenschaftlichen Lehrbücher unschwer zurechtfinden. Überdies dürfte ihm im Verlauf immer mehr merkbar werden, daß wir es mit einem Gegenstande zu thun haben, der nicht bloß wichtig, sondern auch in hohem Maße interessant ist. Ob diese meine Annahmen richtig sind, mag der Erfolg entscheiden.

Vielleicht hat der eine oder andere Leser die Frage auf dem Herzen, die mir auch bei den mündlichen Vorträgen mitunter begegnet ist: ob das ethische System, in welches die nachfolgenden Untersuchungen einleiten wollen, philosophisch oder christlich sei. Darauf würde meinerseits zunächst zu bemerken sein, daß die Frage in dieser Form nicht korrekt gestellt ist und darum keine genaue Antwort zuläßt. Sollte nun doch darauf geantwortet werden, so gut es geht, so müßte ich sagen: die Ethik, von der hier die Rede sein soll, ist beides, philosophisch und zugleich christlich, oder christlich und zugleich philosophisch. Diese Antwort wird der Fragesteller ohne Zweifel nicht erwartet haben. Er ist von der Ansicht ausgegangen, die er im Seminarunterricht oder anderswo aufgelesen hat, die Begriffe „philosophisch" und „christlich" seien Gegensätze. Das ist aber ein Irrtum — wenigstens auf dem Gebiete der Ethik. Ich kann nun nicht verlangen, daß der Leser mir aufs Wort glaube, und für eine eingehende Erörterung ist hier nicht der Ort. Hören wir darum eine andere Stimme, natürlich eine theologische, da ein Urteil von philosophischer Seite in diesem Falle wohl nicht als Autorität gelten würde. In der „Christl. Ethik" von Martensen, die in theologischen Kreisen ein hervorragendes Ansehen genießt, heißt es (Bd. I, S. 61): „Einen Gegensatz zwischen philosophischer und christlicher Ethik nehmen wir nicht an, wohl aber zwischen christlicher und nicht-christlicher Ethik. Die formalen Begriffe der Freiheit, des Guten, der Pflicht und der Tugend ꝛc. sind die nämlichen." — Andere theologische Bearbeiter der Ethik sprechen sich ähnlich aus, so auch der den Schulmännern wohlbekannte Dr. Palmer in seiner „Moral des Christentums" (S. 17 ff.). Dieser Punkt dürfte demnach einstweilen für erledigt gelten. — Um nun dem obigen Fragesteller vollaus gerecht zu werden, müßte ich zuvor genauer wissen, was er bei seinem fehlgegriffenen Gegensatze wirklich gemeint hat. Versuchen wir, es herauszubringen. Zu dem Ende wäre vorher die Gegenfrage zu stellen, wonach er sich eigentlich habe erkundigen wollen — ob nach dem Inhalte der angekündigten ethischen Doktrin, oder nach der Methode. Hat er den Inhalt im Sinne gehabt und etwa wissen wollen, ob derselbe mit der im N. Test. enthaltenen Ethik übereinstimme — wobei also der Gegensatz heißt: christlich, oder nicht-christlich — so ist oben bereits die genaue Antwort gegeben. Nur das sei noch beigefügt: sollten meine Darlegungen in diesem oder jenem Punkte nicht für christlich gelten können, so muß mir ein Irrtum begegnet sein, und ich würde mich freuen, wenn man mir denselben nachwiese. Hatte er dagegen die Methode im Sinne, so hätte die Frage lauten müssen: ob dieselbe philosophisch sei, oder theologisch. Auf dem Gebiete der Methode stellen diese beiden Begriffe allerdings einen Gegensatz dar; nicht an sich, nicht mit Notwendigkeit, aber faktisch, herkömmlich, da die Theologen in der Bearbeitung der Ethik meistens einen andern Weg einschlagen als die Philosophen. Jene ersparen sich nämlich die Mühe, ihre ethische Doktrin rationell zu begründen, indem sie dieselbe kurzer Hand auf eine kirchliche Autorität, auf die heil. Schrift, stützen und dann sich damit begnügen, das dort gegebene ethische Material in irgend eine systematische Ordnung zu bringen. Die Philosophen dagegen verfahren bei ihrer ethischen Forschung genau so, wie man bei jeder andern Wissenschaft zu verfahren pflegt: sie gehen von dem erfahrungsmäßig Gegebenen aus und suchen dann — wie der erste deutsche Philosoph (Leibniz) es ausdrückt — mit Hülfe der Überlegung eine notwendige Erkenntnis zu gewinnen, d. i. ein solches Wissen, dessen Gegenteil logisch unmöglich (undenkbar) ist. Soll nun jene Methode, weil sie von den meisten theologischen Lehrbüchern der Ethik befolgt wird, um deswillen allein die echt theologische heißen, so kann ich nur wiederholen, was oben bereits bemerkt wurde, daß meine Untersuchungen das entgegengesetzte Verfahren beobachten werden, das philosophische, oder wie ich lieber sage: das rationelle, — wobei es selbstverständlich unverwehrt ist, auch die Fingerzeige der heil. Schrift nach Gebühr zu benutzen. Unter uns gesagt, bin ich übrigens der Meinung, daß auf dem ethischen Gebiete die rationelle Methode sich gerade auch für die Theologie in jedem Betracht mehr empfiehlt, als jene sogenannte theologische. Mehrere der Gründe, welche für diese Ansicht sprechen, werden sich im Verfolg unserer Betrachtungen dem Leser von selbst aufdrängen. Auch wird einer der späteren Aufsätze sich speciell mit der Methode in Forschung und Unterweisung beschäftigen, da die Pädagogik sehr stark dabei interessiert ist. Um den Lesern ein wenig Stoff zum selbständigen Nachdenken zu geben, will ich einen jener Gründe schon hier kurz berühren.

Werden die ethischen Wahrheiten lediglich auf die heil. Schrift gestützt, so heißt das vom Standpunkte der Wissenschaftlichkeit: die Hauptarbeit der Forschung, die rationelle Begründung, bleibt eben rückständig. Mit diesem Gebrechen der Methode, dem theoretischen, hängt aber noch ein zweites, ein praktisches, zusammen. Die ethischen Wahrheiten lediglich auf das Zeugnis einer Autorität stützen, heißt nämlich auch: diese Wahrheiten als Glaubenssachen behandeln, während sie doch, wie die philosophische Forschung zeigen kann und die heil. Schrift selbst an vielen Stellen bezeugt (z. B. Röm. 2, 14. 15), in Wirklichkeit Wissenssachen, d. i. Sachen der rationellen Erkenntnis sind. Wie jener erste Fehler, das Unterlassen der erkenntnismäßigen Begründung, zu beurteilen ist, bleibe hier unerörtert. Aber der zweite geht uns näher an. Denn da derselbe die sittlichen Wahrheiten in den Ruf bringt, daß sie Glaubenssachen wären, so werden dadurch alle praktischen Gebiete des Menschenlebens, welche eine ethische Seite haben, in Mitleidenschaft gezogen: voran die praktische Theologie samt der Apologetik und der Heidenmission, sodann die Pädagogik, die Politik, die Jurisprudenz, die Volkswirtschaft, die Poesie und die meisten übrigen Künste, — ungerechnet das der Kontrolle bedürftige Vergnügungsleben. Nun, sollte es etwa für alle diese wichtigen Angelegenheiten gleichgültig sein, ob die Ethik auf sicherer rationeller Basis ruht, oder aber angezweifelt werden kann? Indessen ich will nur an das erinnern, was die Theologie selbst direkt angeht. Man sollte denken, die Theologen hätten doch schon übergenug damit zu thun, um ihre dogmatischen Glaubenssätze gegen anbringende Zweifel zu verteidigen, zumal in jetziger Zeit; wie kommen sie nun dazu, die ethischen Wahrheiten, welche als reine Wissenssachen überzeugungskräftig gelehrt werden können, zum Überfluß ebenfalls als Glaubenssachen zu behandeln, mithin dieselben dem Anzweifeln nicht bloß auszusetzen, sondern den Zweifel gleichsam zu provozieren? — Doch ich breche hier ab, um das weitere Nachdenken in dieser Richtung vorläufig dem Leser selber zu überlassen.

Vielleicht will jemand zur Entschuldigung jener Autoritätsmethode darauf verweisen, daß die ethischen Ansichten der Philosophen von Plato an bis heute mancherlei Differenzen zeigten, mithin die rationelle Methode doch nicht volle Sicherheit verbürge. Dieser Einwand würde eigentlich bis dahin zurückgestellt werden müssen, wo den Lesern vor den Augen liegt, was die rationelle Methode leisten kann. Doch mögen ein paar Bemerkungen hier schon Platz finden.

Zum ersten frage ich: sind denn die Anhänger der Autoritätsmethode in ihren ethischen Ansichten vollständig einig? Bekanntlich noch lange nicht, wie die mancherlei ethischen Differenzen zwischen der evangelischen, der römisch-katholischen und der griechisch-katholischen Theologie zeigen, — ungerechnet die zwischen den Kirchen und den zahlreichen kleineren religiösen Gemeinschaften. Also auch hier keine völlige Übereinstimmung, und das trotz der gemeinsamen autoritativen Grundlage. Was nun?

Zum andern. Alle Wissenschaften, wie sie auch heißen mögen, sind aus kleinen, dürftigen Anfängen hervorgegangen und haben erst allmählich zu ihrem jetzigen Stande sich emporgearbeitet. So die sämtlichen Naturwissenschaften, die Mathematik, die Logik, die Sprachwissenschaft, die Psychologie, die Metaphysik u. s. w.; so auch die Ethik. Daß nun die Entwicklungsgeschichte, welche jede dieser Wissenschaften in den langen Jahrtausenden durchgemacht hat, von mancherlei Irrungen zu erzählen weiß, ist so gut wie selbstverständlich. Diese Irrungen sind aber niemals ganz nutzlos gewesen; vielmehr haben sie stets auf die eine oder andere Weise dazu beigetragen, die späteren Forscher auf richtigere Wege zu bringen, und so ist in jedem Gebiete allmählich innerhalb eines kleineren oder größeren Bereiches eine rationell gesicherte Erkenntnis gewonnen worden. Wird nun dieses gesicherte Wissen etwa um deswillen wieder unsicher, weil früher in diesem Bereiche irrige Ansichten vorgekommen sind? Und sollen etwa die jetzigen Forscher dafür verantwortlich sein, was ihre Vorgänger vor Jahrhunderten und Jahrtausenden verfehlt haben? Wenn das gelten sollte, so würde es doch auch für die Theologen gelten, und dann hätten dieselben wohl einen ebenso schweren Stand wie ihre Kollegen in den andern Wissenschaften. Genug, in jeder Wissenschaft kommt es darauf an, was sie in ihrem jetzigen Stande als rationelle Erkenntnis anbieten kann; wer sich nun davon überzeugen will, ob dies wirklich ein gesichertes Wissen ist, der muß das Angebotene eben studieren. Einen andern Weg giebt es nicht.

Zum Dritten. In den verschiedenen Wissenschaften rühren viele der vorgekommenen Irrungen, vielleicht die meisten, lediglich daher, daß man die eigentümliche Natur des Gegenstandes noch nicht deutlich erkannt hatte und darum die dieser Natur angemessene Forschungsmethode nicht traf. Dies gilt insbesondere von der Ethik. Ihre Geschichte spricht von allerlei Schwankungen und von wechselnden Systemen; allein bei Lichte besehen, hat es auf diesem Gebiete je und je nur zweierlei Ansichten gegeben; alle übrigen Differenzen sind bloß Nüancierungen der einen oder der andern Fundamentalansicht. Geht man nun auf den Grund dieser Spaltung, so findet sich, daß er eben in der verschiedenen Auffassung von der Natur und dem Wesen des Ethischen liegt.

Die einen, derer Vertreter zu Sokrates Zeit die sog. Sophisten waren, meinen nämlich: das sittlich Gute sei nichts mehr und nichts anderes als das Nützliche, Zweckmäßige, d. h. das, was nach Vernunft und Erfahrung zur Wohlfahrt, zur Glückseligkeit dienlich ist. Daraus folgt bezüglich der Forschungsmethode, daß sie die Ethik für ein abgeleitetes (abhängiges, relatives) Wissen halten, also für ein Wissen, das weit hergeholt werden müsse, — nämlich ermittelt werden müsse aus der Naturkunde und Menschenkunde (Geschichte, Psychologie u. s. w.), vielleicht in letzter Instanz aus der Metaphysik, mithin aus dem gesamten andern Wissen, kurz, aus der sog. Weltanschauung.

Die andern, deren historische Reihe etwa mit Sokrates anhebt, stehen fest darauf: das Gute ist von dem Nützlichen wesentlich verschieden. Wie das Schöne wohl auch zugleich nützlich sein kann, aber doch etwas wesentlich anderes ist als das bloß Nützliche: so verhält es sich auch mit dem Guten. Es hat seine eigentümlichen Kennzeichen; dies giebt sich dadurch kund, daß ihm eine Würde beiwohnt, die dem Nützlichen völlig fremd ist, und vermöge deren es durch sich selbst, ohne Rücksicht auf Nutzen oder Schaden, Achtung und Beifall abnötigt. — Daraus folgt dann hinsichtlich der Forschungsmethode: die Ethik ist in ihren Grundbegriffen nicht abhängig von anderem Wissen, sondern hat ihre eigene, also selbständige Erkenntnisquelle — ähnlich wie die Logik und Ästhetik, deren Grundsätze nicht bewiesen, sondern nur gewiesen zu werden brauchen, um sofort die Überzeugung für sich zu gewinnen.

Alle eigentlichen Schwankungen, die sog. wechselnden Systeme, kommen lediglich auf jener ersten Seite, bei der Nützlichkeits= oder Glückseligkeitstheorie, vor. Ihre geschichtlichen Hauptstationen lassen sich bezeichnen etwa durch die Namen — in vorchristlicher Zeit: die Sophisten und später die Epikuräer, — nachchristlich: die neuplatonische Philosophie, — nach der Reformation: Spinoza, die französischen Encyklopädisten, Chr. Wolff, Schelling, Hegel, Schopenhauer, — woran dann als jüngster Ausläufer der moderne, durch Darwin befruchtete naturalistische Monismus sich anschließt. — Als Hauptvertreter der andern Seite, der echten Ethik, lassen sich etwa nennen: Sokrates, Plato, — zum Teil einige Theologen des Mittelalters, — mehrere englisch-schottische Philosophen, Kant und Herbart. Hier hat im ganzen nur ein stetiges, wenn auch langsames Fortschreiten stattgefunden, ohne erhebliche Schwankungen. Die im geschichtlichen Verlauf vorkommenden Differenzen bedeuten daher nicht verschiedene Systeme, sondern nur Abstufungen der Erkenntnis. Diese Stetigkeit verdankte man dem ersten glücklichen Griffe, dem richtigen Blick in die wahre Natur des Ethischen, indem erkannt wurde, daß das Gute etwas vom Zweckmäßigen wesentlich Verschiedenes sei. Damit war ein fester Anfangspunkt gewonnen und mehr als das — ein Leitstern, der, wo er unverrückt im Auge gehalten wurde, vor den Abwegen der Nützlichkeitstheorie für immer bewahrte. Drangen auch die ersten, die vorchristlichen Forscher noch nicht weit vor, und war auch das, was sie fanden, in dem einen oder anderen Stücke mit Mängeln behaftet, so hatten sie doch in einem gewissen Bereiche im wesentlichen richtig gesehen. Diese gesicherten Resultate fielen nun den Nachfolgern als gutes Erbe zu. Damit erlangten dieselben den großen Vorteil, daß sie nicht wieder von vorn anzufangen brauchten und darum auch nicht in die Versuchung gerieten, ein sog. neues System erfinden zu wollen. Dazu kam der zweite, noch bedeutsamere Vorteil, daß sie der nachchristlichen Zeit angehörten: an den praktischen ethischen Weisungen der neutestamentlichen Schriften hatten sie ein Korrektiv, woran sie die auf rationellem Wege gefundenen Principien prüfen konnten, ob sie damit übereinstimmten oder nicht. Weil nun die Irrungen der Glückseligkeitstheorie diesen Forschern außer dem Wege lagen, und im eignen Lager nur Fehlgriffe unbedeutender Art wegzuschaffen waren, so konnten sie ihr Hauptaugenmerk darauf richten, die dunkel gebliebenen Partien weiter aufzuhellen und so das überkommene Erkenntniserbe nach Kräften zu vermehren. Das haben sie denn auch redlich gethan, mit besonderem Erfolge Kant und Herbart. Das Verdienst des Ersteren besteht vornehmlich darin, daß er mit dem Grundirrtum der Glückseligkeitstheorie (Eudämonismus), der selbst in die theologischen Lehrbücher der Ethik stark eingedrungen war, gründlich Kehraus machte, und dagegen den Centralpunkt, die wahre Natur des Ethischen, von neuem hell ins

Licht stellte. Was man sonst von Kant zu rühmen pflegt, die Aufstellung und systematische Durchführung seines „kategorischen Imperativs", war nur ein unzulänglicher, wenn auch dankenswerter Versuch, die praktische Ethik in ein rationelles System zu bringen; zur Aufhellung der principiellen Ethik, von der alles Übrige abhängt, hat dieser Versuch direkt wenig beigetragen. Herbart hat dann auf dem Fundament des altbewährten Centralgedankens aus dem ererbten und neugefundenen Erkenntnismaterial einen festgeschlossenen wissenschaftlichen Bau aufgeführt, der nach den wichtigsten, den principiellen Bestandteilen so gut wie vollendet heißen kann, so daß die weitere Forschung sich nunmehr mit allen Kräften der Ausprägung der praktischen Ethik zuwenden darf.*)

Was folgt nun daraus für unsere Frage, ob die rationelle Methode, oder die Autoritätsmethode mehr Sicherheit biete? Machen wir die Rechnung. Die reinen Nützlichkeits- oder Glückseligkeitssysteme scheiden von selber aus; denn da sie als Triebkräfte nur die Selbstliebe und die Klugheit kennen, so kann eine solche Doktrin offenbar ebensowenig eine Ethik heißen, als der Egoismus sich für Gemeinsinn ausgeben darf. Die Misch-Systeme treten ebenfalls beiseite, da ja die Theologen selber sich nicht immer vor dieser Verirrung haben bewahren können. Bei unserer Vergleichung kann sonach nur jene rein ethische Forschung in Betracht kommen, welche das Nützlichkeitsprincip entschieden abweist. Hier wird, wie wir gesehen haben, die Natur des Ethischen genau so gefaßt, wie die heil. Schrift sie faßt. Sodann sind, wie Martensen u. a. bezeugen, die formalen Begriffe der sittlichen Freiheit, der Pflicht, der Tugend u. s. w. dort und hier die nämlichen. Und was endlich die Forschungsresultate betrifft, wie sie in Herbarts Ethik vorliegen, so stimmen auch sie mit den praktischen Weisungen des N. Test. überein. Aber das nicht nur, sondern diese Weisungen erhalten durch die dort ermittelten

*) Wie man leicht denken kann, hat es auch an Misch-Systemen nicht gefehlt. Schon der erste, welcher eine systematische Ethik bearbeitete — Aristoteles — geriet leider in diese Bahn; und im vorigen Jahrhundert, wo vor Kant der oben erwähnte Philosoph Chr. Wolff in der ethischen Forschung den Ton angab, wandelten auch die theologischen Lehrbücher der Ethik fast alle diese breite Mittelstraße. Worin der Grund liegt, daß das Glückseligkeitsprincip sich so gern und leicht mit einbrängte, selbst bei Männern von scharfem Verstande und edler Gesinnung, läßt sich an dieser Stelle noch nicht klar machen; später wird genauer davon die Rede sein. Das aber ist leicht einzusehen, daß gerade die Misch-Systeme, auch wo sie edlerer Art waren, auf die Entwicklung der ethischen Forschung sehr hemmend eingewirkt haben. Denn durch die mit aufgenommenen richtigen Elemente bekam das an die Spitze gestellte falsche Princip einen so schönen Schein, daß sein schlimmer Charakter nicht deutlich zu Tage trat. Überdies hat die Misch-Richtung viel dazu beigetragen, die Zahl der verschiedenen Systeme zu vermehren. Diese bunte Mannigfaltigkeit kann aber nur den beirren, welcher den Schlüssel zur Entwicklungsgeschichte der Ethik nicht kennt, d. h. die oben skizzierte fundamentale Scheidung in zwei Reihen und den letzten Grund dieser Spaltung noch nicht begriffen hat.

Principien erst ihre rechte, volle Beleuchtung, wie der Leser sich im Verfolg überzeugen wird; und angesichts der zahlreichen ethischen Differenzen, welche zwischen den religiösen Gemeinschaften bestehen, hätte die Theologie wohl Ursache genug, sich nach mehr Licht umzusehen. Summa: die rationale Methode bietet nicht we niger Sicherheit als die Autoritätsmethode, sondern mehr, — wie ja im Grunde auch selbstverständlich ist, da man auf zwei Beinen fester stehen kann als bloß auf einem.*)

Viertens. Die heil. Schrift enthält bekanntlich kein ausgeführtes ethisches System, sondern nur praktische Vorschriften, die sich — abgesehen von der mosaischen Gesetzgebung — vornehmlich auf das Individualleben beziehen. Soll nun daraus eine systematische und vollständige Ethik entwickelt werden, so ist eine zwiefache Arbeit nötig: einmal die in die Tiefe gehende Forschung behufs der Syste matisierung, und sodann eine ergänzende behufs Vervollständigung der praktischen Weisungen, nämlich nach der Seite des socialen Lebens. Fassen wir diese letztere Aufgabe etwas näher ins Auge. Da kommen in Betracht: die Familie, das Civilrecht, das Kriminalrecht, das Staatsrecht, das Völkerrecht, die staatliche Administration, die Volkswirtschaft, die Stände, die Verfassung und Verwaltung der Kirche, die Verfassung und Verwaltung des öffentlichen Erziehungswesens, die Presse, die freien Gesellschaften, das gesellige Leben, die Volksfeste u. s. w. Theologischerseits ist dieser sociale Teil der Ethik früher arg versäumt worden; erst in jüngerer Zeit, als die politischen und socialen Erdbeben daran mahnten, hat man demselben mehr Berücksichtigung geschenkt. Allein auch jetzt lassen die theologischen Lehrbücher der Ethik in dieser Beziehung noch viel zu wünschen übrig.**) Ich will nur auf einige augenfällige Mängel hindeuten.

Schon die ethische Begründung der verschiedenen Rechtsformen, des Civilrechts, des Kriminalrechts und des Staatsrechts, ist mehr als unzulänglich. Denn diese Ordnungen kurzer Hand für eine „göttlich-menschliche Einrichtung" erklären, ohne angeben zu können, was denn darin göttlich und was menschlich ist, das

---

*) Der obige kurze Ausblick in die Geschichte der Ethik gilt, wie der Leser nicht übersehen haben wird, lediglich der rationellen Forschungsmethode, nicht der Entwicklung der Ethik überhaupt. Sollte von der gesamten Entwicklung dieser Wissenschaft die Rede sein, dann hätte auch darauf hingewiesen werden müssen, daß der einflußreichste Faktor zur Förderung und Verbreitung der ethischen Erkenntnis das Christentum gewesen ist, ja auch der einflußreichste Faktor zur Förderung der rationellen Forschungsmethode. Von dem Warum und Wie wird später genauer zu reden sein.

**) Es ist dies nicht mein subjektives Urteil. Angesehene Theologen haben das selbst ausgesprochen. Prof. v. Dettingen (Dorpat) tadelt in seinem Lehrbuche die bisherige Behandlung der Ethik, daß sie fast nur Personalethik gewesen sei, es komme die Gemeinschaftlichkeit des sittlich Guten und sittlich Bösen nicht zu ihrem Rechte; — und v. Hofmann († Erlangen) erkennt diesen Tadel ausdrücklich als begründet an. (Vgl. v. Hofmann, Theologische Ethik, 1878. S. 12.)

heißt doch nichts anderes, als alle Begründungsfragen bequem überspringen. Will jemand weiter gern wissen, ob die konstitutionelle Berechtigung der Staatsbürger zur Mitwirkung bei der Gesetzgebung eine ethische Bedeutung habe oder nicht, — oder wie das Princip der Selbstverwaltung und sein Gegenteil, die Centralisation, sittlich zu werten sei, desgleichen die sog. grundrechtlichen Freiheiten und ihr Gegenteil, so lassen ihn die meisten jener Lehrbücher völlig unberaten, und diejenigen, welche darauf eingehen, kommen über vage Allgemeinheiten nicht hinaus. Dies muß um so auffälliger sein, da die Fragen vom Mitwirkungsrecht, von Selbstverwaltung und freier Bewegung auch innerhalb der kirchlichen Gemeinschaft ihre Anwendung finden und somit den Theologen geradezu vor den Füßen liegen; allein für diese Anwendung sind jene Fragen erst recht nicht durchgearbeitet. Wie schmerzlich ferner die volkswirtschaftlichen Verhältnisse den Mangel einer sicheren ethischen Beratung empfinden, und wie schwer es hält, die Schulverfassungsfrage aus den über ihr lagernden alten Nebeln herauszubringen, brauche ich den Lesern nicht näher darzulegen. Nur an eins sei noch erinnert, an die in jüngster Zeit durch die Staatsgesetzgebung angeordneten Hülfskassen für die unselbständigen Arbeiterklassen. Denkt man daran, wie viele Jahrhunderte vergangen sind, bevor der Staat diese ethische Aufgabe erkannte, und weiter daran, unter welchen parlamentarischen Wehen jene Gesetze geboren wurden, dann hat es fast den Anschein, als ob erst die Socialdemokratie hätte kommen müssen, um der christlichen Ethik dieses „praktische Christentum" entdecken zu helfen. Genug, in der ethischen Beleuchtung des socialen Lebens hat die Autoritätsmethode noch die Hauptarbeit vor sich. — Anders bei Herbart. In seiner Ethik sind auch die Grundlinien für die Anwendung auf das sociale Gebiet klar, bestimmt und vollständig gezogen. Hätten diejenigen, welche das öffentliche Leben zu leiten oder zu beraten haben, die Resultate seiner Forschung sich zu nutze gemacht, so würde ein großer Teil der Wirrnisse und Erschütterungen, welche das irregeleitete politische Parteiwesen seit 50 Jahren angerichtet hat, uns erspart geblieben sein. Ich weiß auch einen hoch hervorragenden preußisch-deutschen Staatsmann, der, als er weiland in seinen Studentenjahren zu Herbarts Füßen saß, dessen Worten mit ganzer Seele gelauscht hat, und bei dem, wie seine Thaten zeigen, dieser gute Same auf gutes Land gefallen ist. Die Leser mögen raten, wen ich meine. Doch das nebenbei. — Nehmen wir an, die Theologie wolle mit allem Ernst sich bemühen, auch eine christlich-sociale Ethik von wissenschaftlichem Charakter zustande zu bringen; wie soll sie das angreifen? Die Autoritätsmethode läßt sie hier im Stich, da die praktischen Fingerzeige der neutestamentlichen Schriften sich fast ausschließlich auf das Individualleben beziehen. Auf diesem Wege läßt sich also nicht vorwärts kommen, wenn man nicht aufs Geratewohl im Nebel tappen will. Um im Urwalde der vielgestaltigen und verwickelten socialen Verhältnisse sich zurechtfinden zu können, muß man zuvor die leitenden Grundgedanken besitzen. Die fehlen eben; mit andern Worten: es fehlt die **principielle Ethik**,\*) die der angewandten vorhergehen muß. Was es damit für eine Bewandtnis hat, kann man sich auf dem mathematischen Gebiete klar machen. Hier unterscheiden wir bekanntlich eine reine oder **abstrakte Mathematik** und eine angewandte oder **praktische**, das sog. Rechnen. Jene nimmt die Größen rein begrifflich, abstrakt, und erforscht dann ihr **Verhältnis zu einander**; diese hat es mit zahlenmäßig **bestimmten Größen** zu thun. Nur soweit jene das Gebiet bereits aufgeklärt hat, nur so weit kann das Berechnen gelingen. Der Elementarunterricht pflegt, wie bekannt, in diesem Lehrfache so zu verfahren, daß man eine einzelne mathematische Wahrheit an bestimmten Zahl- oder Raumgrößen klar macht, also auf anschaulichem Wege, und dann sofort zu Anwendungsaufgaben schreitet. Daraus könnte nun bei den Schülern wie bei solchen Erwachsenen, welche den Unterrichtsbetrieb nicht durchschauen, die Meinung entstehen, auf der Elementarstufe käme gar keine reine Mathematik vor, sondern nur angewandte. Jene kommt ja vor, nur nicht in wissenschaftlicher Form, und dazu wird sie nicht erst in ihrer ganzen Ausdehnung separat durchgenommen, sondern Schritt vor Schritt mit der angewandten verbunden.

Was wir auf dem mathematischen Gebiete gefunden haben, das gilt auch auf dem ethischen: nur soweit die reine oder principielle Ethik das Terrain aufgeklärt d. i. die zurechtleitenden Grundgedanken gefunden hat, nur so weit ist in der angewandten ein sicheres Vordringen möglich. Das hätten die Autoritätsmethodiker eigentlich schon beim Individualleben erkennen sollen. Freilich haben sie es nicht erkannt. Was hier ihren Blick beirrte und gefangen hielt, wird sich uns bald zu erkennen geben. Dieweil die praktischen Weisungen des N. Test. so zahlreich und mannigfaltig sind, so verleitete dies dazu zu glauben, man brauche dieselben nur nach formal-logischen Gesichtspunkten zu ordnen, um damit ein übersichtliches und erschöpfendes ethisches System fertiggestellt zu haben; denn man meinte, in solchen logischen Klassifikationsbegriffen schon die leitenden Grundgedanken zu besitzen. Das war eine Täuschung; die wirklichen Principien sehen ganz anders aus. Bei der Social-Ethik geht diese Täuschung zu Ende. Denn da hier die prak-

---

\*) Auch das ist nicht lediglich mein subjektives Urteil, wie die nachstehende Thatsache zeigen kann. — In v. Palmers „Moral des Christentums" (Stuttgart, 1864) findet sich allerdings auch eine **principielle Ethik**; der Verf. hat sie aber nur dadurch gefunden, daß er Herbarts Fußstapfen nachgegangen ist, also auf rationellem Wege, wie seine grundlegenden Erörterungen (in der Einleitung S. 1—21) zeigen. S. 12 wird auch ausdrücklich auf Herbart hingewiesen. Seine **principielle Ethik** ist daher im wesentlichen die Herbartische — nur in theologischem Gewande und mit einigen Modifikationen, die freilich keine Verbesserungen sind. Mit dieser thatsächlichen Anlehnung an einen philosophischen Forscher hat v. Palmer also deutlicher, als es mit Worten geschehen könnte, ausgesprochen, daß auf dem Wege der Autoritätsmethode nicht zu einer **principiellen Ethik** zu gelangen sei. — Eine ausreichende Anwendung auf die **socialen Verhältnisse** (namentlich auf die staatlichen, kirchlichen, volkswirtschaftlichen u. s. w.) läßt auch v. Palmers Lehrbuch vermissen.

tischen Weisungen des N. Test. nur dürftig sind, so mußte man sich selbst an die
Arbeit geben. Was nun? Dazu waren leitende Grundgedanken nötig; allein
jene bloßen Klassifikationsbegriffe geben kein Licht, und so wurde klar, daß es
keine wirklichen Principien sind. So saß man fest. Will man nun vor der
Social-Ethik nicht sitzen bleiben, und will man auch nicht aufs Geratewohl in
den Nebel hineintappen, so bleibt nichts anderes übrig als das zu thun, was schon
von vornherein bei der Individual-Ethik hätte geschehen sollen, nämlich nach den
wirklichen Principien zu suchen, — das heißt mit andern Worten: der Autoritätsmethode den Abschied zu geben und dagegen sich der rationellen zu bedienen. —
Was ist es nun eigentlich gewesen, was den Blick irre geleitet hat? Es ist gegangen, wie es immer geht, wo man satt und genug zu haben meint, — wo die
Regel vergessen wird: „was du ererbt von deinen Vätern hast, erwirb es, um
es zu besitzen." Was zum Segen gegeben war, nämlich die reiche Fülle der
neutestamentlichen Weisungen, gerade das ist den Autoritätsmethodikern zum Fall-
strick geworden. Sind nun diese Weisungen schuld an jener Täuschung? Keineswegs; dieselben waren ja eben darum in so reicher Fülle gegeben, damit die
ihnen zum Grunde liegenden Principien um so leichter und sicherer gefunden
werden könnten. Dieses Darum wurde nicht begriffen; denn man hatte sich vorweg durch die Autoritätsmethode weis machen lassen: bei dem Gegebenen, dem
Ererbten, stehen zu bleiben und ja nicht weiter zu forschen, das sei der sicherste
Weg, das gute Erbe zu konservieren. So ist es also die von einem falschen
Konservatismus empfohlene Autoritätsmethode gewesen, welche irre geführt hat.
Und das Resultat? Vor dem Problem der socialen Ethik sitzt man fest; die
Principien der gesamten Ethik sind nicht gefunden — (oder man hat sie von den
philosophischen Forschern entlehnt); und obendrein ist aus dem vermeintlich so wohl-
konservierten Erbe nicht einmal so viel Licht geschöpft worden, um die mancherlei
dissentierenden Auslegungen aus der Welt schaffen zu können.

So steht die Sache. Im Grunde hätten wir daher gar nicht nötig gehabt,
umständlich zu erörtern, ob die rationelle Methode auch wohl genügende Sicherheit
biete. Was uns eine Kontroverse zwischen zwei möglichen Methoden zu sein
schien, ist, wie wir jetzt verstehen, eine ganz andere Frage, nämlich die:

>ob eine vollständige und dazu wissenschaftlich wohlfundamen-
>tierte Ethik erstrebt werden soll,
>
>oder eine unvollständige und dazu ohne wissenschaftliche Fun-
>damentierung.

Gilt jenes Ziel, so giebt es eben keine zwei Methoden, sondern nur eine
einzige, die rationelle.*)

---

*) Wider etwaiges Mißverständnis sei nochmals daran erinnert, daß durch die An-
wendung der rationellen Methode die heil. Schrift nicht beiseite gesetzt wird; dieselbe
kann vielmehr nach Gebühr berücksichtigt werden, und das nicht nur, sondern ihre

Einige Grundfragen der Ethik.

Anfänglich hatte ich vor, hier in der Einleitung noch etwas anderes zur Sprache zu bringen. Es sollte auch eigentlich nicht fehlen. Oben wurde angedeutet, daß mir seit langem etwas auf dem Herzen liege, was mir keine Ruhe lassen wolle, bis die nachfolgenden Untersuchungen zu Papier gebracht seien. Ohne Zweifel wird der Leser bei sich selber denken, daß das wohl etwas anderes sein müsse als die eingangs besprochenen allgemeinen Beziehungen zwischen der Ethik und der Pädagogik. In der That, so ist es. Es sind Erwägungen, welche zwar allesamt das pädagogische Gebiet direkt oder indirekt berühren und zum Teil sehr stark, aber doch zumeist veranlaßt sind durch Vorgänge und Zustände, die außerhalb unseres Berufsfeldes liegen. Daß ich es kurz sage: es giebt in unserm öffentlichen und privaten Leben eine lange Reihe von Stellen, wo für jeden, der offene Augen hat, zu Tage tritt, daß die landläufige ethische Ansicht, auch bei den Ernstgesinnten, an schlimmen Lücken und Fehlern leidet, und zwar an solchen Lücken und Fehlern, welche durch die traditionelle Autoritätsmethode der theologischen Ethik direkt oder indirekt verschuldet sind. Das ist es, was mir von längst her auf dem Herzen gelegen hat. Die augenfälligsten jener Stellen möchte ich gern hier namhaft machen, um die dort hervortretenden Mängel der herrschenden ethischen Ansicht aufzudecken. Könnte es geschehen, so würden die nachstehenden Untersuchungen durch diese vorausgeschickten Anwendungsbeispiele gewiß bedeutend an Interesse gewinnen. Ich hatte auch im Concept bereits mit der Darstellung begonnen; allein es wurde mir bald klar, daß es nicht gelingen werde, hier schon alles so klar und wider störende Mißdeutungen geschützt vorzuführen, wie es nötig wäre. So bleibt denn zu meinem Bedauern nichts anderes übrig, als dieses Stück der Einleitung so lange zurückzuhalten, bis etliche der Untersuchungen vorausgegangen sind und die Bahn freier gemacht haben. Ist das geschehen, so soll das Zurückgestellte nachgeholt werden. Übrigens wird einiges davon auch schon bei den einzelnen Untersuchungen mit zur Sprache kommen.

Schreiten wir jetzt zur Sache.*) (Fortsetzung folgt.)

---

ethischen Weisungen (in Wort und Beispiel) werden dann erst nach ihrem rechten Sinn in helles Licht treten und somit nicht mehr den dissentierenden Auslegungen preisgegeben sein.

*) Sollten einem Leser bei den vorstehenden oder den nachfolgenden Betrachtungen Fragen oder Bedenken aufsteigen, die er gern beantwortet hätte, so möge er die Güte haben, mir dieselben brieflich mitzuteilen. Ich werde dann an irgend einer Stelle, wo es nach dem Zusammenhange paßt, gern darauf Rücksicht nehmen, soweit es thunlich ist.

## II. Abteilung. Zur Geschichte des Schulwesens, Biographien, Korrespondenzen, Erfahrungen aus dem Schul- und Lehrerleben.

## Zur Erinnerung an Daniel Schürmann,
### von 1785 bis 1820 Lehrer in Remscheid.

Am 25. Februar 1838 starb in Remscheid der Emeritus Daniel Schürmann. Mehr als sechzig Jahre sind jetzt seit Niederlegung seines Amtes verflossen, und doch lebt sein Name noch in aller Remscheider Munde. Durch seine unermüdliche Thätigkeit für die neu aufblühende Volksschule hat er sich ein bleibendes Gedächtnis gestiftet, so daß ihn auch Thilo in seiner Geschichte und Statistik des preußischen Volksschulwesens unter den besonders verdienten Männern aufführt.

Mehr als dreißig Jahre der amtlichen Wirksamkeit Schürmanns gehören einer Zeit, in der das Gebiet der jetzigen Rheinprovinz gegen 170 Territorien umfaßte. An eine ernstlich durchgeführte Schulpflicht, an feste Bestimmungen über den Unterhalt der Schule und ihrer Lehrer war hier bei Beginn seiner Thätigkeit wohl nirgend zu denken; mit Ausnahme für den Religionsunterricht fehlte es an den notwendigsten Lehrmitteln; der Lehrerstand war erst in der Entwicklung begriffen, Lehrerseminare, amtlich normierte Lehrerprüfungen gab es nicht, Konferenzen und Schulzeitschriften fehlten, und in den meisten Fällen war der Inhaber einer Schulstelle wohl in erster Linie Handwerker und daneben auch Lehrer.

Schon bevor die reformatorischen Gedanken von Rochows in Wilberg, der 1802 nach Elberfeld an die Armenschule kam, einen einflußreichen Vertreter fanden, hatten sie im Bergischen Eingang gefunden. Der Pfarrer Goes in Ründeroth, den Schürmann wohl den westfälischen Rochow nannte, hatte mit seinem Schüler, dem Lehrer Mollerus, die Ründerother Schule zu einer Musterschule für das Bergische und die Grafschaft Mark umgebildet. Von nah und fern strömten ihr Schüler zu; namentlich kamen Jünglinge, die sich dem Lehrerstande zu widmen gedachten, und trugen den empfangenen Samen in die heimischen Gemeinden. Bei Schürmann, der mehrere Jahre als Lehrer von Wiedenest in trautem Verkehr mit Goes und Mollerus lebte, fiel dieser Same auf besonders fruchtbaren Boden.

Schürmann wußte wohl, daß die Hebung der Schule die Hebung des Lehrerstandes zur Voraussetzung hat. So gründete er 1793 von Remscheid aus eine Lehrergesellschaft. In diesem Kreise cirkulierten die Schriften von Basedow, von Rochow, Campe, Salzmann und ähnliche; Lehrproben wurden von den versammelten Kollegen gehalten; durch öffentliche Schulprüfungen suchte man die Eltern der Kinder für die Schule zu interessieren; die Mitglieder der Gesellschaft erhielten

Anregung zu ihrer wissenschaftlichen Fortbildung; das öftere Zusammensein weckte einen kollegialischen Sinn.*)

Dann suchte er ungeeignete Elemente aus dem Lehrerstande fern zu halten. Wer sich damals um eine Pfarrschulstelle bewerben wollte, hatte sich einer Prüfung vor den Synodal-Inspektoren zu entwerfen; die ungleich zahlreicheren Lehrer der Nebenschulen bedurften eines ähnlichen Nachweises ihrer Befähigung nicht. Schürmann bewirkte zunächst, daß auch diese Lehrer eine Prüfung ablegen mußten; weiter wurde er die Veranlassung, daß sechs Prediger und sechs Lehrer bestimmt wurden, ein Schema auszuarbeiten, nach dem diese Prüfungen abgehalten werden sollten. Der Synodal-Inspektor Bunge von Remscheid übergab diese Ausarbeitungen an Schürmann, und dieser schrieb unter Berücksichtigung derselben 1805 seine „Kurze Geschichte des Schulwesens zunächst in Rücksicht der lutherischen Volksschule im Herzogtum Berg, nebst einigen Vorschlägen zur Verbesserung derselben und einem Versuch eines Entwurfs zur Prüfung deutscher Schullehrer."

Das Manuskript wurde 1806 bei den Predigern der Synode in Umlauf gesetzt; bei einigen fand es Beifall, andere fanden die Forderungen zu weitgehend, zur Norm wurden sie nicht erhoben. Einige erachteten es dennoch gut, daß das Schriftchen gedruckt werde, und so erschien es ohne den Namen seines Verfassers und ohne Jahreszahl bei M. Scherz in Schwelm.

Es enthält I. eine „Geschichte des Schulwesens zunächst in Rücksicht der lutherischen Volksschulen im Herzogtum Berg." Unter 1: „Größe des Landes und Anzahl der Schulen" erfahren wir, daß auf den 55 Quadratmeilen des Ländchens 40 lutherische, 34 reformierte und 118 katholische Gemeinden bestanden, deren jede ihre Hauptschule und von denen manche 10—12 Nebenschulen hatten.

Unter 2 „Vormalige Beschaffenheit der Schulgebäude, der Besoldung und Behandlung der Schullehrer" entwirft der Verfasser ein wenig erfreuliches Bild. Die Schulgebäude waren durchweg schlecht; die Besoldung des Lehrers betrug oft kaum 150 Rthlr. (115 Thlr. pr.); es bestand der Wahn, „daß ein gebrechlicher Mensch entweder ein Schneider oder ein Schullehrer werden müsse." Um dem Mangel zu entgehen, verfielen manche Lehrer auf wenig ehrenhaften Nebenerwerb, das hatte zur Folge, daß die Gemeinden dem Nachfolger

---

*) Bis auf den heutigen Tag blühen im Bergischen „Gruppenkonferenzen", in denen praktische Lehrproben gehalten und eingehend besprochen werden. Am 24. Juni 1820 wurde von den zu Schürmanns Jubiläum zahlreich versammelten Lehrern aus Berg und Mark beschlossen, jährlich eine Zusammenkunft bergischer und märkischer Lehrer abzuhalten. Diese Konferenz bestand bis 1842. Zwei Vorträge wurden jedesmal gehalten und besprochen; der Rest des Tages blieb dem freundschaftlichen Verkehr. Seit 1848 besteht die Konferenz, allerdings nicht mehr regelmäßig, als Konferenz bergischer Lehrer weiter.

beruflich untersagten, das, was bei den Vorgängern Anstoß erregt hatte, zu betreiben, dadurch sahen die Berufsscheine oft so bunt und lächerlich aus, daß man Bedenken trug, sie einem vernünftigen Menschen sehen zu lassen. In einigen Gemeinden, besonders wo der Küsterdienst mit dem Schulamte verbunden war, war ein kurfürstliches Mandat von 1709 noch in Observanz, wonach der Lehrer beruflich die Verpflichtung hatte, an einem bestimmten Tage des Jahres vor versammelter Gemeinde den Kirchenschlüssel auf den Altar und sein Amt in die Hände des Predigers und des Konsistoriums (Gem.=Vertretung) niederzulegen, und dann abzuwarten, welche Fehler und Vergehen man ihm vorhalten, und ob man ihm die oft nur aus Hunger betriebenen Nebenbeschäftigungen noch einmal verzeihen oder ihn förmlich absetzen werde.

Unter 3 „Allmähliche Verbesserung des Schulwesens, Hindernisse und Beförderungen desselben" berichtet der Verf. über die durch die Bemühungen der Lehrerkonferenzen, durch die Herausgabe passender Schulbücher, durch Neubauten und Gehaltsaufbesserungen erfolgten Fortschritte. Charakteristisch ist, daß die Gemeinden, die sich ihrer Schule mehr annahmen, namentlich aufgeführt werden, so Wupperfeld, Dabringhausen, Witzhelden u. a.

Unter 4 erzählt Schürmann, „Wie die Schullehrer sich bisher gebildet haben, und wie sie geprüft und berufen werden." Auch an der Gründung eines Lehrerseminars hat er mit seinen Freunden geplant, Entwürfe sind gemacht, aber die Ausführung scheiterte an der Frage, woher die Geldmittel kommen sollten. Wichtig war, daß auf die durch Sch. veranlaßte Eingabe des damaligen Synodal-Inspektors Gerhardi zu Burg die Regierung zu Düsseldorf am 30. Jan. 1800 verordnete, „daß die Schullehrer der lutherischen Religion bei ihrer ersten Berufung auf Hof= und Nebenschulen sich der Prüfung und Untersuchung wegen ihrer Fähigkeit und ihres sittlichen Benehmens unterwerfen, und ohne Vorwissen und Genehmigung des zeitigen Inspektors, und ohne von demselben geprüft und für tüchtig erkannt worden zu sein, nicht angestellt werden sollen."

Dieser Verordnung folgte unter dem 30. Novbr. 1802 auf Antrag des Synodal-Inspektors Elbers in Lüttringhausen eine zweite, „daß hinfüro keine lutherische Schule ohne Zustimmung des Konsistorii und des Predigers errichtet, noch ein Schullehrer erwählt werden solle, indem dieses der Billigkeit und den Grundsätzen der Erziehung ganz angemessen, und daher dieser Verordnung alle mögliche Publizität zu geben sei."

Unter II folgt ein „Vorschlag zu einer Pflanzschule junger Schullehrer, und einiger Verbesserungen." Hier wünscht Schürmann, daß die Synoden eine besondere Schuldeputation bilden. Diese soll 1. festsetzen und bekannt machen, was in der Prüfung von den Volksschullehrern zu fordern sei, um so eine zweckmäßige Vorbildung zu ermöglichen. 2. soll sie aus den dem Schuldienste beflissenen Jünglingen eine Auswahl von 8—10 treffen und diese eigens dafür auszuwählenden bewährten Lehrern zur wissenschaftlichen und praktischen Ausbildung zuweisen. Die Schuldeputation soll 3. diese Lehrlinge, von deren Brauchbarkeit sie sich durch jährlich auszustellende Zeugnisse ihrer Lehrer zu vergewissern hat, nach einem oder zwei Jahren wechseln lassen, damit ihnen das besondere Geschick der verschiedenen Lehrer zu gut komme. Für die Entschädigung der Lehrer und die Unterstützung der Zöglinge kann die Deputation durch den Ertrag einer wiederkehrenden Kirchenkollekte instand gesetzt werden. 4. Hat die Deputation auf Einführung einer zweckentsprechenden Form der Probeablegung vor der Gemeinde zu wirken, damit nicht mehr die unwesentlichsten Stücke, die Befähigung im Singen und Orgelspielen, wie dies bis dahin geschehen, den Ausschlag bei der Wahl geben. Endlich soll sie ein musterhaftes Formular für den Bernsschein entwerfen und dafür sorgen, daß überhaupt kein Lehrer mehr angestellt werde, bevor für die Existenz desselben von seiten der Interessentschaft die notwendigen Einkünfte gesichert und beruflich festgestellt sind.

Nachdem Schürmann sich über die zweckmäßige Einrichtung öffentlicher Schullehrerproben ausgesprochen und ein Formular zu einer Schullehrer-Vocation gegeben, folgt III. ein „Versuch eines Entwurfs zur Prüfung deutscher Schullehrer." Dieser erstreckt sich A. über Kenntnisse, und zwar 1. Buchstabenkenntnis, 2. Syllabieren und Buchstabieren, 3. Lesen, 4. Deutsche Sprachlehre, 5. Schreibekunst, 6. Rechenkunst, 7. Geometrie, 8. Geographie, 9. Geschichte, 10. Naturgeschichte, 11. Physik, 12. Astronomie, 13. Ökonomie, 14. Diätetik, 15. Religion, 16. Landesgesetze, 17. Katechetik, 18. Musik. Die Forderungen sind sehr mäßig, durchweg nach den Anforderungen der Volksschule bestimmt; passende Hülfsmittel sind zu den einzelnen Abschnitten angegeben.

Unter „B. Prüfung" sagt Schürmann 1. die Prüfung wird von den Inspektoren des Ministerii, oder von denjenigen, die von ihnen dazu bevollmächtigt werden, und zwar mit Zuziehung eines Schullehrers, verrichtet." Da die kleinste und geringste Schule in Ansehung ihres Zweckes der größten und vornehmsten an Wichtigkeit gleich sei, so dürfe bei der Prüfung zu einer Haupt- oder Nebenschule kein wesentlicher Unterschied gemacht werden, doch sei den lokalen Bedürfnissen und Umständen billige Rechnung zu tragen.

Wie er sich die Prüfung in der Methodik und Pädagogik denkt, zeigt er an 28 Fragen, die er als Beispiele anführt. Darunter finden sich auch folgende: 1. Welches sind unter den jetzigen Schulbüchern die besten und brauchbarsten? 2. Auf welche Art lassen sich neue und zweckmäßige Schulbücher am leichtesten und ohne viel Schwierigkeit einführen? 3. Wie müssen die Schüler in Klassen

(Abt.) eingeteilt werden? 4. Welche Klassen werden füglich zuerst, und in welcher Ordnungsfolge die übrigen unterrichtet? 5. Wie und womit können während des Unterrichts der einen Klasse die andern nützlich beschäftigt werden? 6. Auf welche Art befördert und unterhält man während des Unterrichts Ruhe, Stille, Aufmerksamkeit und Ordnung am besten? 7. Welche Gegenstände des Unterrichts müssen am öftersten, und welche seltener, an besonderen Tagen, oder in einzelnen dazu bestimmten Stunden vorkommen? Nach einigen Fragen über die Behandlung des Unterrichts im Lesen, der Religion, dem Schreiben und Rechnen heißt es dann 19. Wie kann das Gedächtnis der Kinder vernünftig und nützlich geübt werden? 20. Was sollen Kinder auswendig lernen? 21. Was muß vor dem Auswendiglernen einer aufgegebenen Lektion von seiten des Lehrers geschehen? 22. Warum muß ein vernünftiger Lehrer beim Unterrichte mehr auf den Verstand, als auf das Gedächtnis der Kinder zu wirken sich bemühen? 23. Ist Unterricht und Erziehung einerlei, oder wodurch sind beide von einander unterschieden? 25. Wodurch kann ein träges Kind zum Fleiß ermuntert werden? 26. Wie kann in einer Schule durch Rangordnung Ehrliebe erweckt, hingegen aber Stolz und Ehrgeiz dabei verhütet werden? 27. Welches sind bei der nötigen Schuldisciplin die besten und wirksamsten Mittel? 28. In welchen Fällen sind körperliche Bestrafungen erlaubt und nötig? Wie und wo, in oder außer der Schule, müssen sie geschehen?

Wie gesagt, sollten die Fragen nur als Beispiele dienen; sie reichen aber vollständig aus, mit Respekt zu erfüllen vor dem weiten Blick und dem pädagogischen Verständnis des Schulmeisters aus dem vorigen Jahrhundert. Es wurde dabei nicht erwartet, daß die Examinanden solche und ähnliche Fragen sogleich und vollkommen sollten beantworten können; man müsse sich vielmehr begnügen, wenn sie zeigen, daß sie über dergleichen wichtige Gegenstände ihres Amtes nachgedacht haben oder doch darüber nachzudenken fähig sind.

In dem Prüfungs-Protokoll soll nicht nur bemerkt werden, welchen Forderungen des Schema der Examinand vorzüglich, mittelmäßig, schlecht oder gar kein Genüge geleistet habe, sondern auch, was er außer diesen Forderungen noch verstehe, ferner wie und bei wem er seine Vorbildung empfangen, ob und wo er schon Schule gehalten, welche Vakanz ihn zur Prüfung veranlaßt habe.

Nicht wenig trug Schürmann für die Hebung des Lehrerstandes in seiner Nähe durch die Art bei, in der er mit den Kollegen verkehrte. Es war ihm eine besondere Freude, die Verdienste anderer anzuerkennen, sie so hervorzuheben, daß dadurch auch den Verzagtesten Mut gemacht wurde, sich an immer schwierigeren Aufgaben zu versuchen. Bei Differenzen in der Konferenz stellte er sich auf die Seite des Schwächeren, und wußte so geschickt zu vermitteln, daß beide Teile ehrenvoll aus dem Kampfe hervorgingen. So war er der Freund von jung und alt, und sein Biograph Faßbender rühmt, daß eben ins Amt getretene Lehrer sich von dem Greise so angezogen fühlten, als wäre er an Alter ihresgleichen gewesen.

Das hohe Ansehen, welches Schürmann in Remscheid genoß, verdankte er neben den ausgezeichneten Leistungen seiner Schule dem innigen Verkehr, in dem er mit den Gliedern seiner Gemeinde stand, sowie der Gewandtheit im Umgange, die ihn auszeichnete. Sein Vorgänger Hömann hatte 46 Jahre der einklassigen Remscheider Schule vorgestanden. Seine Schule hatte als Musterschule gegolten, wenn auch die Disciplin in ihr bei lang anhaltender Kränklichkeit Hömanns mehr und mehr zu wünschen ließ. Da Schürmann ernstlich auf Ordnung hielt, auch in seinem Unterricht von seinem Vorgänger wesentlich abwich, so erwuchsen ihm bald aus der Gemeinde so viele Hindernisse, daß er es bedauerte, sein liebes Leuscheid verlassen zu haben. Aber dies änderte sich bald. Seine Leistungen fanden allgemeine Anerkennung; man baute aus freiwilligen Beiträgen eine neue zweiklassige Schule, und Schürmann wußte für die neue Klasse einen Mann zu gewinnen, der ihn von 1803—1818 in seiner Arbeit auf das beste unterstützt und nach seiner ganzen Art ergänzt hat. Es war dies der Lehrer Gösser, den er in sein Haus nahm und mit dem er in herzlichster Einigkeit lebte. Gösser war ein vielseitig und hochgebildeter Mann, der Schürmanns Arbeit namentlich durch Unterricht in fremden Sprachen und andere nicht in die öffentliche Volksschule gehörende Lehrgegenstände ergänzte, und dessen übergroße Bescheidenheit nicht minder vorteilhaft durch den mit Nachdruck und Entschiedenheit für ihn eintretenden Schürmann ergänzt wurde. Dieser sagte wohl zu ihm: „Es ist nicht genug, daß die Henne Eier legt, sie muß auch gackern."

Am Grabe des heimgegangenen Schürmann fühlt sich Pfarrer Hasenclever gedrungen, am 3. März 1838, auch dem längst geschiedenen Gösser noch ein Wort ehrender Erinnerung zu widmen, indem er sprach: „Ja, auch ich, teurer Entschlafener, der du einst auch mein Lehrer warst, werde nie vergessen, was du mir gewesen bist, und wie viel ich dir verdanke; bis an mein Ende werde ich gedenken der Liebe, die mir einst, dem Schüler, von dir, Deinem hier trauernden Sohne, und dem schon zwanzig Jahre in Frieden ruhenden unvergeßlichen Gösser erwiesen worden ist."

Schürmann sagt an einer Stelle der hier folgenden „Stillen Feier": „Das Schulwesen hat sich während meiner Zeit gebessert; aber ich setze auch zur Ehre des gesamten Lehrerstandes hinzu: Diese Besserung ist ursprünglich einzig und allein, ohne alle äußere Einwirkung, aus ihm selbst allmählich hervorgegangen." Zu dieser Besserung wirkte wohl am meisten, daß die Volksschule zur Zeit Schürmanns mit den notwendigen Schulbüchern versehen wurde. Lehrer Lieth in Elberfeld schrieb eine Fibel, Konrektor Holthaus in Schwelm eine Fibel mit anschließendem Lesebuch, von Wilberg erschien ein Lesebuch für Mittelklassen, das sogenannte Mülheimer Lesebuch von Tops und

Berger fand eine so starke Verbreitung, daß im Jahre 1823 schon die 29. Auflage erscheinen konnte; Vogel in Langerfeld verdankte die Schule ein vielgebrauchtes Brief- und Lesebuch. Tops und Berger gaben im Jahre 1789 auch einen „Wissenschaftlichen Katechismus oder kleine Schulencyklopädie nötiger und nützlicher Kenntnisse für junge Leute" heraus, deren 1. Teil von 366 Seiten der Bildung in der Muttersprache gewidmet ist. Das Lesebuch derselben Verfasser ist in der ersten Hälfte (246 S.) belletristisches, in der zweiten (182 S.) Reallesebuch; die Auswahl ist äußerst sorgsam getroffen, und verdiente das Buch wohl, daß eingehend über dasselbe referiert würde.

Auch Schürmann hat rühmlichen Anteil an der Herstellung der Schulbücher genommen. Im Rechenunterricht war ein völlig veraltetes Buch von Servatius Schlypper in Gebrauch; Schürmann schrieb 1796 ein Ergänzungsheft dazu. 1801 erschien sein „Praktisches Schulbuch der gemeinen Rechenkunst und Geometrie", das bis zu seinem Tode zehn Auflagen erlebte. 1805 gab er seine „Kurzgefaßte Anweisung zur Algebra zum Schul- und Privatgebrauch" heraus. 1798 veröffentlichte er als Neujahrsbüchlein eine „Kleine bergische Vaterlandskunde".

Ein besonderes Anliegen war es Schürmann, daß ein Organ geschaffen werde, in dem sich die Lehrer über das, was ihnen am Herzen liegt, aussprechen könnten; er dachte sich eine quartaliter erscheinende Zeitschrift, die von Lehrern für Lehrer geschrieben werden sollte. Als bald nach der Emeritierung sich sein Gesundheitszustand wieder besserte, trug er seinen Plan zu einer solchen Schul-Zeitschrift in den Konferenzen ernstlicher vor. An Subskribenten fehlte es nicht, es fanden sich aber nicht so viele Lehrer, die sich zur Mitarbeit bereit erklärten, daß Schürmann die Herausgabe hätte wagen können. Da erbot sich Gymnasiallehrer Rossel in Aachen zur Mitarbeit, und die daraufhin gepflogenen Verhandlungen führten zur Herausgabe von Rossels „Monatsschrift für Erziehung und Volksunterricht." Leider starb der Herausgeber nach wenigen Jahren, und ohne ihn konnte die Monatsschrift nicht weiter bestehen. 1827 traten Diesterwegs „Rheinische Blätter", zu deren Mitarbeitern auch Schürmann gehörte, an ihre Stelle. — —

Ein reiches Streben war unter den Lehrern des Bergischen wachgerufen und fand in einer Reihe von besonders tüchtigen Männern, wie Wilberg, Schürmann, Lieth, Ewich-Barmen, Faßbender-Ronsdorf, Holthaus, Wilms-Elberfeld, Vogel u. a. seine Stützpunkte. Dies Streben wirkte namentlich auch fördernd auf die Heranbildung von Jünglingen zum Lehrerberuf und auf die Weckung der Kräfte in der jüngeren Lehrergeneration, so daß Rossel mit Recht jene Gegend des bergischen Landes, in der sich dieser Einfluß namentlich geltend machte, das große bergische Lehrerseminar nennen konnte.

In Bezug auf den nachstehenden Rückblick Schürmanns auf seine 50jährige Amtsthätigkeit möchte ich noch kurz erinnern, daß Schürmann das, was die Leser

besonders interessieren würde, bei den Hörern als bekannt voraussetzen und
darum nur andeuten durfte, daß es dagegen dem Vater nahe lag, sich über die
Wahlangelegenheit seines Sohnes, die den Leser wahrscheinlich am wenigsten interessiert, recht eingehend auszusprechen. Immerhin aber werden die Leser sich gern
in die stille Feier des Jubiläums eines Mannes versetzen lassen, denn nicht nur
seine Gemeinde Remscheid, sondern auch die Niederrheinische Volksschule und der
Lehrerstand so vieles verdankt.

Horn.

## Stille Feier zur Übersicht meiner 50jährigen Amtsführung und zur Unterhaltung meiner näheren Familie und einiger anderer Freunde.

Vorgelesen zu Remscheid am 2. Juni 1820
von Daniel Schürmann.

Einen mir denkwürdigen Tag habe ich heute erlebt, den ich schon seit einigen
Jahren zu erreichen hoffte und nach welchem ich mich zuletzt unter mancherlei Be-
schwerden sogar sehnte. Es ist der Tag, an welchem ich vor 50 Jahren die
Bedienung einer öffentlichen Schule zuerst antrat. Wie könnte ein solcher, im
menschlichen Leben so seltener Tag unbemerkt vorübergehn! — Er war mir bei
seiner allmählichen Annäherung ein stilles Gedankenspiel, das mich oft angenehm
unterhielt. Ich dachte mir ihn unter mancherlei Vorstellungen als den Tag meiner
Amtsausspannung; aber nie unter den sonst wohl gewöhnlichen, eiteln, öffentlich
geräuschvollen Gestalten, die meinen eigentümlichen Gesinnungen und natürlichen
Gefühlen nicht zusagen; jedoch aber auch gerade nicht unter den Umständen, in
welchen ich ihn heute erlebt habe. Ob es vielleicht ein dunkles Vorgefühl war,
oder was es sonst etwa sein mochte, genug, wenn mich meine Gedankenreihe bis
an den heutigen Tag, als an meinen Amts-Feierabend geführt hatte, dann verschloß
mir ein undurchschaulicher Vorhang, wie gleichsam eine stockfinstere Nacht, die noch
fernere Zukunft, wie ich dies auch den näheren Meinigen oft zu sagen pflegte.
Kurz, meine Vorstellungen fanden hier ihr Ende, und es war mir, als wenn eine
geheime, beruhigende Stimme mir zulispelte: Überlaß das, was hinter diesem Vor-
hange noch verborgen ist, deinem guten, alles lenkenden Gotte!

Indessen soll mir der heutige Tag, so wie ich ihn mir immer gedacht habe,
in dem kleinen Kreise meiner näheren Familie und einiger andrer Freunde, einer
stillen Feier, vorzüglich aber den Zurückerinnerungen meines vollendeten 50jährigen
amtlichen Lebens gewidmet sein. Zu dem Ende lade ich Euch, meine anwesenden
geliebten Kinder, und Sie, übrige geschätzte Verwandte, Freunde und Freundinnen,
in gerührter Stimmung ein, meinen Vortrag mit Aufmerksamkeit und Teilnahme

anzuhören und so, zur heutigen Unterhaltung, meinen zurückgelegten Lebenspfad mit mir zu durchwandern.

Im Jahre 1752 den 11. Februar wurde ich auf dem Heid, Gemeinde Lüttringhausen, auf diese Welt geboren, wo mein Vater damals, zuletzt aber zu Odenspiel im Oberbergischen, Schullehrer war und wo ich auch größtenteils erzogen worden bin.

Ich muß wohl frühzeitig zum Lernen in der Schule angehalten worden sein, weil ich mich nicht errinnern kann, den Anfang im Lesen, Schreiben, Rechnen und auf dem Klavier gemacht zu haben. Nur der Anfang des Unterrichts, den mir mein Vater auf der Violine, im Lateinischen und Französischen gab, schwebt meinem Gedächtnis vielleicht deswegen noch vor, weil ich entweder zur Erlernung fremder Sprachen wenig Lust oder Anlage hatte, oder sie mir nach der damaligen Methode zu mühsam war.

Das Schulamt sollte meine künftige Bestimmung sein, und so kam ich denn, mit einiger Vorbereitung dazu, im Jahr 1770 den 2. Juni, also gerade heute vor 50 Jahren, nach dem Hohenhagen in der Gemeinde Lüttringhausen, wo ich zuerst eine öffentliche Schule bediente. Obgleich ich damals noch jung und unerfahren war, so denke ich doch an diesen ersten Versuch mit dem Bewußtsein zurück, daß ich dabei, nach meinen geringen Kräften, Fleiß und Treue bewiesen habe.

Hier blieb ich bis zum 2. April 1773. Wegen einer schweren Krankheit meines Vaters wurde ich unter dem Versprechen der Adjunktion bewogen, nach Odenspiel wieder zurückzukehren, um die Schul- und Kirchendienste meines Vaters zu versehen.

Nach erfolgter Genesung desselben übernahm ich im Jahre 1773 den 11. August auf Verlangen meines Bruders in Geldern für ihn die Bedienung der Garnisonschule daselbst. Dieser ziemlich großen Schule stand ich nebst einem Gehülfen unter der besonderen Leitung und Aufsicht des Garnisonpredigers Scalla, welcher ehedem Lehrer in der Realschule zu Berlin gewesen war, bis ins vierte Jahr vor. In dieser und mehr anderer Hinsicht war mir mein dortiger Aufenthalt nicht allein angenehm, sondern auch für meine eigene Fortbildung sehr nützlich. Denn hier war es, wo ich durch meinen Bruder die Mathematik und andere mir nötige Wissenschaften lieb gewann und mich darin übte. Auch machte ich hier noch einmal den Versuch, die Erlernung der französischen Sprache fortzusetzen; aber meine sonst zu häufigen Geschäfte hinderten mich an der Ausführung.

Während dieser Zeit erhielt ich 1774 den 28. September durch den sel. Inspektor Mähler zu Remscheid den Beruf nach Reinshagen in der Remscheider Gemeine, den ich aber auf das Zureden meines Bruders und anderer Freunde wieder zurückgab.

Im Jahr 1776 wurde ich von der Gemeinde zu Wiedenneft, im Amte Gunborn-Neustadt, zu einer öffentlichen Probe aufgefordert, die ich auch am 28. Dez.

desselben Jahres daselbst ablegte. Die Gemeinde geriet aber wegen der Wahl ihrer 4 abgehörten Subjekte in einen heftigen Prozeß, welcher durch Appellation endlich an den damaligen Landesherrn, den Fürsten von Schwarzenberg in Wien zur Entscheidung gelangte. Inzwischen blieb ich auf vielfältiges Verlangen bei meinem Vater in Odenspiel, um daselbst die Schule nach neueren Ansichten einrichten zu helfen, und so kehrte ich zu meinem bisherigen Aufenthalt in Geldern nicht wieder zurück. 1777 den 16. Juni ersuchte mich die Gemeine zu Langerfeld bei Schwelm zur Ablegung einer Probe. Diese geschah denn auch daselbst den 13. Juli. Am folgenden Tage wurde ich näher geprüft, zugleich auch einhellig gewählt. Diese Wahl mußte aber, der Verordnung gemäß, am nächsten Sonntage der Gemeine öffentlich bekannt gemacht, und nachher von der höheren Behörde genehmigt werden. Man versprach mir also, die Vokation nachzuschicken. Ich verweilte hierauf diese Woche im Bergischen, unter anderem auch in Remscheid einige Tage, und kam erst am 24. Juli zu Odenspiel wieder an, wo ich den förmlichen Beruf von Langerfeld wider Erwarten nicht antraf. Dagegen war aber inzwischen die Entscheidung des Wiedennester Prozesses vom Fürsten angekommen, nach welcher ich von landesherrlicher Macht wegen in den vakanten Schuldienst zu Wiedennest ungesäumt eingesetzt werden sollte; wozu denn auch schon der damalige Oberamtmann Wedbecker den 28. Juli bestimmt, und zu dem Ende sowohl jenes fürstliche Reskript als diese Bestimmung zur Nachricht nach Odenspiel befördert hatte. — Die erwartete Langerfelder Vokation blieb noch immer aus. Der beste Rat war also, das Gewisse dem unbegreiflichen Ungewissen vorzuziehen, und so ging denn am besagten 28. Juli 1777 die Installation zu Wiedennest durch den Oberamtmann Wedbecker förmlichst vor sich. Fünf Tage nachher kam endlich die verspätete Vokation von Langerfeld auch noch an, die ich aber, der vorgegangenen Umstände wegen, wieder zurückschickte und also zu Wiedennest blieb.

In dieser, durch den Prozeß verunreinigten Gemeine, fand mein Wirken anfangs vielen Widerstand, und ich zog mir, besonders durch meine unzeitige Aufklärungssucht und zudringliche Bekämpfung des daselbst herrschenden Aberglaubens, vielen Verdruß zu, welches ich zu einer andern Zeit einmal umständlich beschrieben und gelegentlich in einer hiesigen Lehrer-Konferenz als eine belehrende Warnung vorgetragen habe.

Im Jahre 1778 d. 3. September wurde ich von der damals neuen Gemeine zu Wupperfeld in Barmen berufen. Verschiedene Umstände aber, besonders meine noch bevorstehende Heirat und der Wunsch meiner nachherigen Verwandten und anderer Freunde, sowie auch ein ausgemittelter jährlicher Zusatz, bewogen mich, diesen Beruf abzuschlagen. Hierauf heiratete ich am 24. Januar 1779 die nachgelassene jüngste Tochter des Ober-Berg- und Hüttenfaktoren Brölemann, Gutsbesitzer auf dem Hause Bruchhausen im Kirchspiel Wiedennest.

Von hier aus war mir der öftere Umgang mit dem gelehrten und um die Verbesserung unseres Schulwesens hochverdienten Pastoren Goes, der daher mit

Recht der westfälische Rochow genannt wird, sowie auch der Umgang mit meinem Jugendfreunde, dem noch rühmlichst bekannten Lehrer Mollerus in Nünderoth, besonders lehrreich und angenehm.

Im Jahre 1781 den 15. Februar wurde mir ganz unerwartet der einhellige Beruf nach Leuscheid im oberbergischen Amte Windeck, unweit der Sieg, überbracht, ohne vorher daselbst weder örtliche noch persönliche Bekanntschaft gehabt zu haben. Beide erwarb ich mir aber auf meiner Reise dahin zu meinem Vergnügen. Auf die gute Aussicht zu einer blühenden Schule, die ich mir bei der bereitwilligen Mitwirkung des damaligen Pastoren Moes daselbst versprechen konnte, zog ich dahin und wurde am 11. März vor der Gemeine amtlich eingeführt.

1782 den 9. Februar erhielt ich den einhelligen Beruf von der Gemeine zu Mülheim a. Rh. Durch freiwillige Abschaffung verschiedener alter, unschicklicher Gebräuche und mehr andere Beweise der Liebe und Zuneigung, bewog mich die Leuscheider Gemeine, wo ich bis dahin so vergnügt war, diesem Berufe zu entsagen. 1785 den 16. April empfing ich den einhelligen Beruf zu der damals erledigten Pfarrschule in Elberfeld. So ansehnlich dieser Beruf und die beigelegte Beschreibung der Einkünfte auch sein mochte, so bestimmte mich dennoch der allgemeine Wunsch der Leuscheider Gemeine abermals, dem versammelten Consistorio am 27. April ohne alle Bedingung wieder zuzusagen und die Vokation zurückzuschicken. Aber auch bei dieser Gelegenheit bewies mir dafür die Gemeine ihre Erkenntlichkeit auf eine mir angenehme Art. Ich dachte nun an keine weitere Ortsveränderung mehr und war mit Zustimmung fest entschlossen, nunmehr in Leuscheid zu bleiben und mein daselbst vergnügtes Wirken bis an meinen Tod fortzusetzen. Aber die Vorsehung wies mir doch noch einen andern Wirkungskreis an; denn noch im Herbst des nämlichen Jahres ward ich in Remscheid einhellig erwählt. Nach Empfang der förmlichen Berufsurkunde kam ich 1785 den 31. Oktober hierher; ward am 9. November vom sel. Inspektor Bunge öffentlich in mein Amt eingeführt und fing am folgenden Tage die Schule hierselbst an.

Auch bei dieser Veränderung fand ich durch eigne Erfahrung abermals bestätigt, daß es wohl kein öffentliches Amt giebt, in welchem man bei einer neuen Anstellung, wenigstens im Anfange, mit so vielen Schwierigkeiten zu kämpfen hat, als im Schulstande. Mein Vorgänger, der sel. Hömann, hatte die hies. Schule 46 Jahre lang rühmlichst bedient. Er war zu seiner Zeit ein Muster vieler seiner jüngeren Amtsbrüder, die sich nach ihm zu bilden suchten. Seine Lehrart und übrige Handlungsweise hatte hier während seiner langen Amtsführung gleichsam das Ideal eines guten Schulmannes aufgestellt und seinem Nachfolger dadurch eine Vorschrift hinterlassen, die er nur zu befolgen hatte, um sich den Beifall des größeren Teiles dieser Gemeine zu erwerben.

Indessen waren doch anderwärts durch Nachahmung berühmter Musterschulen des Auslandes große Veränderungen im Schulwesen hervorgegangen und durch eine

Menge pädagogischer Schriften andere Ansichten unter den Lehrern in Umlauf gekommen und verbreitet worden. Mit diesen neueren Ansichten und Grundsätzen trat auch ich unter die hiesige Schuljugend und suchte dieselben durch Anordnung anderer Lehrgegenstände und Methoden in Anwendung zu bringen. Jene sowohl als diese wichen aber von dem bis dahin gewohnten Schulunterricht merklich ab. Dadurch traf mich das Los fast aller öffentlich berufenen Beamten, die es mit dem gesamten Publikum zu thun haben. Ich wurde auf eine lieblose Weise, besonders von denjenigen, die mich nicht anders, als nach ihrer alten Elle messen konnten, beurteilt und konnte es den meisten, weder in meinem bürgerlichen noch amtlichen Benehmen recht machen, obgleich ich meine Pflichten durch Nachdenken und Erfahrung so ziemlich hatte kennen gelernt und nach Vermögen auszuüben strebte.

Der Kampf, wer hier nachgeben sollte, dauerte wohl 3 Jahre lang und führte mancherlei Verdrießlichkeiten mir zu. Der unverständige, laute Unwille und die lieblosen Äußerungen mancher, hierin unvorsichtigen Eltern, hatten den nachteiligsten Einfluß auch auf die Kinder, die hier ohnehin regsamerer Natur sind als in anderen Landgemeinden, und eben deswegen wurde mir die Erreichung meiner gutgemeinten und wohlgeprüften Absichten um desto mehr erschwert. Zu diesem Mißvergnügen gesellte sich auch noch der unangenehme Umstand, daß ich mit dem Ertrage aller, auch der geringsten specifizierten Einkünfte, nach der hier gewöhnlichen Lebensart nicht auskommen konnte; denn diese betrugen im ersten Jahre nebst der Pacht vom Schulgute und dem häufigen Privatunterricht nur 478 Rtlr. 18 Stbr.; im 2. Jahre 471 Rtlr. 2 Stbr. und im 3. Jahre 601 Rtlr. 48 Stbr. und mußte daher in diesen ersten Jahren über 500 Rtlr. eigenes Vermögen eingehen.

So schwer es mir auch in solchen Umständen ward, meinen angelegten Plan noch weiter zu verfolgen, so hatte ich dennoch Entschlossenheit genug, bei meinem Zwecke noch länger zu verharren, und den bisherigen Hindernissen Mut, Geduld und Standhaftigkeit entgegenzusetzen. — Ich betrieb den Unterricht nicht allein in Hinsicht jener Grundsätze, nach welchen man die Anlagen des jungen Menschen im allgemeinen zu entwickeln und zu bilden sucht, sondern ich benutzte im stillen den Umgang mit geschickten Kaufleuten und Fabrikanten in der Absicht, um auch das örtliche Lehrbedürfnis der hiesigen Jugend insonderheit vor und nach kennen zu lernen und bemühte mich dasselbe in der Mithinsicht auf ihren wahrscheinlich künftigen Stand, möglichst zu befriedigen. Dies war denn auch erst an den hervorgehenden Folgen, nämlich an den brauchbaren Kenntnissen und Fertigkeiten derjenigen Schüler erkannt, welche die Schule gehörig besuchten. Von da an ging allmählich besser. Man räumte mir mehr Lehrfreiheit ein; ich arbeitete auch bei den leisesten Wahrnehmungen des zunehmenden Beifalls mit desto größerer Munterkeit und Freude und kam so nach und nach in angenehmere Verhältnisse und lebte vergnügt.

Im Jahre 1793 den 14. April verlor ich durch einen frühen Tod meine erste Gattin. Sie hinterließ mir drei annoch kleine Kinder, wovon jetzt nur meine einzige, an den Lehrer Dahlhaus zu Ehringhausen verheiratete Tochter noch lebt. Diese und meine übrigen häuslichen Umstände erforderten es, daß ich wieder auf eine Heirat denken mußte. Dies geschah denn auch im folgenden Jahre und ich heiratete den 21. April 1794 die nachgelassene Witwe des sel. Schullehrers Hölterhoff zu Ehringhausen, deren beide ältesten Söhne schon damals als Lehrer angestellt waren und jetzt in Düsseldorf und Neukirchen als solche im Amte stehen, der jüngste aber in Elberfeld als Uhrmacher wohnhaft ist. Diese meine gottlob jetzt noch lebende Gattin hat meinen Hoffnungen und Wünschen für mich und meine Kinder vollkommen entsprochen und zu dem Glücke und der Zufriedenheit meines hiesigen Lebens am meisten beigetragen. Möchte sie nur die Gefährtin meines noch übrigen Lebens bleiben! — Sie gebar mir am 23. April 1795 nur meinen noch einzigen und jüngsten Sohn Daniel, jetzt Succentor und Lehrer an der Hauptschule zu St. Marien in Osnabrück, der leider! der heutigen Feier meines denkwürdigen Tages nicht mit beiwohnen kann; aber eingedenk desselben, nach seinen deshalb schon eingelaufenen Briefen und Wünschen uns in Gedanken jetzt umschwebt.

Im Jahre 1793 stiftete ich mit mehreren meiner Amtsfreunde eine Lehrer-Gesellschaft, die zum Zwecke hatte, die Anschaffung und den Gebrauch vieler nützlichen, vorzüglich pädagogischen Schriften durch gemeinschaftliche Beiträge zu erleichtern, durch persönliche Zusammenkünfte den Austausch der verschiedenen Ideen, die Mitteilung eigener Erfahrungen und Erfindungen im Schulamte und die Übung in Ausfertigung schriftlicher Aufsätze und Abhandlungen zu befördern. Es kann nicht geleugnet werden, daß dadurch viel Gutes unter den zahlreichen Mitgliedern dieser Gesellschaft, besonders ihre zeitgemäße Fortbildung bewirkt worden ist. Diese Gesellschaft ist auch bei den vor einigen Jahren verordneten Lehrer-Konferenzen, unter dem Vorsitze der Schulpfleger, noch nicht ganz aufgehoben worden.

Im Jahre 1801 gab ich auf dringendes Verlangen vieler meiner Amtsbrüder, mein „Praktisches Schulbuch der gemeinen Rechenkunst und Geometrie" und nachher auch im Jahr 1805 eine „Kurzgefaßte Anweisung zur Algebra zum Schul- und Privatgebrauch" durch den Druck heraus.

Im Jahre 1816 den 11. Juli wurden ich und mein Sohn Daniel von der mathematischen Gesellschaft in Hamburg durch die Aufnahme als ordentliche Mitglieder dieser Gesellschaft beehrt, worüber jeder von uns das gewöhnliche Diplom erhielt. — Ich eile nunmehr von meiner bisher nur flüchtig, meistens chronologisch erzählten amtlichen Laufbahn, zum letzten Zeitraume meiner Lebens-Denkwürdigkeiten und berühre davon nur folgendes Wenige.

Am letzten September-Abend vorigen Jahres überfiel mich plötzlich ein heftiger Schwindel, der von seinem gewöhnlichen Gefolge, starkem Erbrechen, Sausen und Brausen im Kopfe, folglich auch mit Schwerhörigkeit begleitet war. Alle angewandten ärztlichen Mittel und vorgeschriebenen Verhaltungsregeln, konnten die Wiederkehr dieser Übel mehrere Monate hindurch nicht zurück halten; auch war das Ende davon, selbst nach ärztlicher Einsicht, nicht vorauszusehen. Dies bewog mich, mein Amt, jedoch unter noch zu verabredenden Bedingungen, früher niederzulegen, als ich dies bei erlebtem heutigen Tage ohnedem zu thun willens war. — Auf die schriftliche Anzeige hievon, beschloß der hiesige Schul= und Kirchenvorstand einmütig, und von mir ungesuchter Weise, meinen Sohn in Osnabrück einhellig an meine Stelle zu wählen und zu berufen, weil dieses für das Beste der hies. Schule gehalten wurde; ließ diese Wahl durch ungeweigerte Unterschriften von allen im Bezirk wohnenden Schulbeteiligten, hernach auch vom großen Consistorio im Namen der ganzen Gemeinde bestimmend bestätigen, um ihm hierauf den förmlichen, einhelligen Antrag zur hiesigen Schulstelle in einem offiziellen Schreiben zu übermachen, nachdem man noch zuvor mir insbesondere die stärksten Beweise der Liebe und Freundschaft, nicht allein durch Bewilligung meiner äußerst billig gestellten Bedingungen, sondern auch in den großmütigsten freien Anerbietungen gegeben hatte. —

Er antwortete auf dieses unerwartete Ereignis, wovon er vorher auch nicht das Geringste wußte, mit männlicher Anständigkeit; erbat sich eine kleine Bedenkzeit und versprach, seine Entschließung bald folgen zu lassen. Aber ehe diese noch ankam, hatten sich schon einige der ersten Urheber dieser einhellig beschlossenen und bestätigten Wahl durch die Einflüsterungen abholder und neidischer Menschen zu einem unmännlichen Wankelmut und dem Entschlusse verleiten lassen, eine neue Wahl zu veranstalten; welche jedoch von anderen, charakterfesteren und rechtlichen Männern, bis zur Ankunft der versprochenen Entschließung meines Sohnes, widerraten worden. —

Seine Zusage erfolgte auch bald. Aber in diesem, nach einem geschäftsvollen Tage zur späten Nachtzeit eiligst abgefaßten Schreiben, bemerkte und rügte man fünf Schreibfehler, und darin glaubten die wankelmütigen Urheber der getroffenen einhelligen Wahl, wenigstens einen Scheingrund zur Befugnis einer neuen Wahl und ein Mittel zu finden, sich von allen Verbindlichkeiten der vorhergegangenen Beschlüsse und Verhandlungen lossagen zu können, und ließen mir dieses auch in der Absicht amtlich anzeigen.

Das Gerede von Schreibfehlern verbreitete sich allgemein und vermehrte sich, durch Unkunde und Verleumdungssucht aus der gleichsam hingeworfenen Schneeflocke bis zur Lawine. In meinem, durch Schwächlichkeit eingeschlossenen Aufenthalte konnte ich diesen ehrenkränkenden Gerüchten, die ich erst spät erfuhr, nicht besser begegnen und Einhalt thun, als daß ich durch die Behörden alle Schulbeteiligten einladen ließ, sich unter amtlichem Vorsitze auf der Schule zu versammeln, um meinen Vortrag von dem wahren Ursprung und Hergang dieser Wahlsache, zur Widerlegung und Berichtigung jener Gerüchte, anzuhören. Dies geschah denn auch am 13. Dez. v. J. — Nachher, am Nachmittage desselbigen Tages, ließ der Herr Pastor und Schulpfleger Heuser noch besonders alle, zum Pfarr= und Schulbezirke gehörende Wahlberechtigten, nämlich die Glieder des Schul- und Kirchenvorstandes zusammentreten und verfaßte mit ihnen ein Protokoll, in welchem diese unterschriftlich versichern: „daß selbst nach den neuern Vorfällen, das bedeutende Übergewicht von Zweidritteil der Stimmen aller Schulbeteiligten zu Gunsten meines Sohnes noch fest stehe" und trugen daher auf die Ernennung desselben bei der hohen Regierung zu Düsseldorf mit angeführten Gründen an. —

Dieses Protokoll wurde mir des Abends zu meiner Beruhigung zur Einsicht mitgeteilt, und darauf, nebst dem amtlichen Berichte zur höheren Bestätigung der Wahl abgeschickt. Dessenungeachtet ließ man es doch ruhig zu, wenigstens suchte es der Schulvorstand nicht amtlich zu verhindern, daß unbefugte Gegner nach diesem Normaltage umhergingen und gegen die getroffenen, und in dem Protokolle förmlichst neu bestätigte Wahl, durch teils lügenhafte Überredungskünste Unterschriften sammelten und mit denselben bei der Königlichen Regierung, sogar noch vor Ankunft jenes Protokolls und des amtlichen Berichtes, protestierend einkamen und dadurch die im Protokoll nachgesuchte und selbstgewünschte Ernennung verhinderten. —

Da nun diese Wahlverwirrung weiterhin noch fortdauerte, so daß deren Ende sowie auch das Ende meiner schwächlichen Umstände noch nicht abzusehen war, entledigte ich mich bei dem Ablaufe des alten Jahres aller Amtssorge und Verantwortlichkeit mit Entsagung meiner bisherigen Einkünfte; damit mein Amt meiner noch fortwährenden Schwächlichkeit wegen nicht länger leiden möge. — Hierauf erließ die hohe Regierung unter dem 5. Jan. l. J. die erste Verfügung in dieser Wahlsache und verordnete vorab die Sicherstellung meiner vorbehaltenen Bedingungen und die interimistische Bedienung der Schule; und ich übergab derselben den auf acht Bogen umständlich beschriebenen und mit den nötigen Urkunden belegten wahren Ursprung und Hergang dieser Wahlsache zur hohen Einsicht. — Da man aber gegenseits die Ernennung meines Sohnes noch immer zurückzuhalten wußte, verlangte ich von der landrätlichen Behörde eine amtliche Untersuchung aller zur Wahl gehörenden Verhandlungen, besonders des Standpunktes derselben vom 13. Dez. v. J. und stand auch selbst bei der Königl. Regierung darauf an. Aber anstatt mir diese Untersuchung zu gewähren, verstattete dieselbe vielmehr eine vorgeschlagene neue Wahl, obgleich ich bei derselben sofort eine selbstsprechende Protestation dagegen einlegte. Durch dieses und viele andere Mittel zeigte man deutlich genug, mich ermüden zu wollen und meinen Sohn zu bewegen, allen gerechten Ansprüchen und aller gebührenden Genugthuung für unschuldig erlittene Ehrenkränkung zu entsagen. Aber weit entfernt, mein in Wort und Schrift wohlbegründetes Recht aufzugeben, erklärte ich, außer der gegen die verstattete neue Wahl eingereichten Protestation, laut und öffentlich, daß ich den Ausgang der Sache, jedoch mit Vorbehalt meines Rechts, bis aufs Äußerste wollte ankommen lassen. — Mein Sohn hatte indessen schon früher nach dem Rat und Willen

Stille Feier zur Übersicht meiner 50jährigen Amtsführung.

seiner dortigen Familie erklärt, in Osnabrück zu bleiben und sich in keinem Falle mit Remscheid ferner einzulassen, und legte deswegen seine schriftliche Absage hieselbst zur Überreichung an mich bei. Diese hielt ich jedoch, meiner ferneren Absichten wegen, noch geheim und zurück. Nachdem aber sogar eine neue Wahl verstattet worden, hielt er es, als Einhelliggewählter unter seiner persönlichen, sowie auch unter der Würde seiner dortigen Verhältnisse, sich derselben zu unterwerfen und wiederholte daher seine schriftliche Absage. Aber auch diese hielt ich ebensowohl wie die erste bis auf den Tag der veranstalteten grundlosen neuen Wahl geheim und zurück.

Zugleichen hatten sich aus eigener Bewegung mehrere der angesehensten wahlberechtigten Männer, ohne alle schüchternen Rücksichten, öffentlich für meine und meines Sohnes gerechte Sache erklärt, die es auch unter ihrer Würde hielten, ihre durch Wort und eigenhändige Unterschrift bei der ersten Wahl schon frei eingegangenen Verbindlichkeiten zu verleugnen; vielmehr dadurch den Charakter rechtlich gesinnter und wohlwollender Männer zu ihrer eigenen Ehre beurkundeten, zugleich auch mir und meinem Sohne Ihrerseits eine respektable und genügende Satisfaktion für die uns von Verleumdern und wortbrüchigen Menschen unverdienterweise zugefügten Ehrenkränkungen leisteten. Dahingegen äußerte sich gegenseits die Besorgnis der Übereinstimmung, weshalb man noch zuletzt zu allen nur erdenklichen, selbst zu den gewagtesten Mitteln Zuflucht nahm, indem man einen bisher zum hiesigen Pfarr=Schulbezirk gehörenden Ort von der Wahlberechtigung widerrechtlich ausschließen wollte, weil daselbst Stimmberechtigte wohnen, die sich auch für die erste Wahl aufs neue erklärt hatten. — Bei diesen nun so weit getriebenen Umständen fand ich mich endlich bewogen, meinem Sohne die Rechte seiner Selbständigkeit einzuräumen und ihn, seinem schon vorlängst geäußerten Wunsch und ausdrücklichen Willen, sowie dem Inhalte seiner wiederholten schriftlichen Absage gemäß, aus der hiesigen berüchtigt gewordenen Wahl treten zu lassen.

Ich legte zu dem Ende den 16. Mai, als an dem endlich bestimmten neuen Wahltage, vorab zum Vorbehalt und zur Sicherstellung meiner individuellen Rechte und Ansprüche förmlichen Protest dagegen ein, und ließ bald nachher auch ein Schreiben mit einer gedrängten Übersicht der bisherigen Wahlgeschichte und der freiwilligen Verzichtleistung meines Sohnes überreichen und machte dadurch inbetreff seiner, dieser ärgerlichen Sache unerwartet ein Ende.

Daß in dieser Sache durch allerlei Cabalen an mir und meinem Sohn die unverantwortlichsten Ungerechtigkeiten sind begangen worden, darüber ist in der Nähe und Ferne unter denen nur eine Stimme, die mit dem Ursprunge und Hergang der Wahlsache nur in etwa bekannt sind. Und dieses hat auswärts um desto mehr Aufsehen erweckt und Teilnahme gefunden, da ich doch bis daran mein Amt nach meinen besten Kräften und bei öffentlicher Anerkennung allgemeiner

Zufriedenheit verwaltet habe, auch mit jedermann in Einigkeit, Liebe und Freundschaft zu leben strebte; mein Sohn auch in stiller jugendlicher Unschuld, ohne jemand zu beleidigen, hier aufgewachsen und erzogen worden ist und nachher, da er sich mit vorherrschender Neigung auf das Schulamt absichtlich vorbereitet hatte, die hiesige Schule vier Jahre lang uneigennützigerweise und mit bewiesener Geschicklichkeit zu meiner besonderen Unterstützung treu und fleißig mit bedient hat. —

Ich habe mich zwar bisher damit getröstet: „Es ist besser unrecht leiden, als unrecht thun; — aber es thut doch wehe; ist hart und empfindlich, wenn man, nach einer 50jährigen mühsamen Amtsführung, zur Abendruhe seines noch übrigen Lebens übergehen will, zuletzt noch so behandelt zu werden und einem der Lebensbecher mit so bitterer Galle vermischt wird. — Verzeiht es, geliebte Kinder, geschätzte Verwandten, Freunde und Freundinnen, daß ich bei dieser Periode meines Lebens mich so lange verweilt habe. Ich konnte es meinem bewegten Herzen nicht versagen, Ihnen auch dieses Unangenehme aus meinem Leben mitzuteilen, weil ich von Ihrer aufrichtigen Teilnahme vorzüglich versichert bin. —

Wir wollen uns aber auch nun von dieser häßlichen Ansicht wegwenden, damit uns der Friedensbecher der heutigen Gedächtnisfeier nicht noch mehr getrübt wird. Vergönnt mir's, daß ich nun noch zum Beschluß und zur Aufheiterung meines Gemüts eine kurze, übersichtliche Wiederholung meiner zurückgelegten amtlichen Laufbahn insbesondere anstelle.

Wenn ich diese auch nur mit einem flüchtigen Blicke wieder übersehe, so muß ich mit gerührter Seele und mit dankerfüllter Freude zum Lob und Preise Gottes, der unsere Schicksale lenkt und regiert, bekennen, daß ich in meinem Amt und Stande viel, sehr viel Glück und Aufmunterung gehabt habe.

Ich würde mich dieses Glückes jetzt noch hintennach unwert machen, wenn ich es nur bloß meiner eigenen Geschicklichkeit oder einem ungeleiteten Zufalle zuschreiben wollte. Nein, Gott allein gebührt die Ehre! — Ich weiß es wohl, wenn ich nicht gerade in dem damaligen Zeitpunkte, sondern etwa früher oder später im Lehrerstande hervorgegangen wäre, so wäre ich auch nicht in eben dieselben mitwirkenden Verbindungen und Umstände gekommen, und die Laufbahn meines Lebens hätte dann überhaupt eine ganz andere Richtung erhalten. —

Ich hatte von jeher mein Amt lieb; ich achtete meinen Stand, schätzte und liebte alle diejenigen, die ihm angehörten, und ging gern mit ihnen um. Ich fand diesen Umgang, sowie jeden gelegentlichen Besuch irgend einer Schule für mich jedesmal lehrreich und nützlich; nie ging ich dabei leer aus. Ich suchte und fand also Gelegenheit, die frühere Beschaffenheit der Lehrer und Schulen zu beobachten und kennen zu lernen. Ich, als 50 Jahre lang beamtet gewesener und jetzt ausgedienter Schulmann, kann darüber urteilen. O, es sahe zu dieser Zeit, sowohl von seiten der Lehrer als mit dem äußeren und inneren Zustande der

## Stille Feier zur Übersicht meiner 50jährigen Amtsführung.

Schulen schlecht, erbärmlich, ja hin und wieder abschreckend aus! — Bei dem Mangel öffentlicher Vorbereitungsanstalten fehlte es den meisten Lehrern an den nötigsten Kenntnissen und Kunstfertigkeiten, und was ihnen selbst am fühlbarsten war, auch an hinreichendem Unterhalt zur Befriedigung der notwendigsten Lebensbedürfnisse. — Ihre Wohnungen waren meistens elende Hütten und die Schulzimmer nur kleine, dunkele, ungesunde und kerkerähnliche Gemächer, worin die Thätigkeit der Lehrer erschlaffen, und die kommenden Geschlechter an Leib und Seele gleichsam verkrüppeln und ersticken mußten. — Kein Wunder, daß es den Lehrern in einem solchen Zustande an belebender Aufmunterung und an anspornender Ehre und Achtung mangelte! —

Doch, gottlob, ich habe es erlebt, daß sich dieses alles geändert hat; mit hoher Freude meines Herzens sage ich es: „Das gesamte Schulwesen hat sich während meiner durchlebten Zeit gebessert! Aber ich setze auch zur Ehre des gesamten Lehrerstandes noch hinzu: „Diese Verbesserung ist ursprünglich einzig und allein, ohne alle äußerliche Einwirkung, aus ihm selbst allmählich hervorgegangen!" — Hie und da bemüheten sich einige Lehrer durch eigenes Nachdenken, durch fleißige Selbstübung und durch den Gebrauch nützlicher Schul- und Erziehungsschriften, woran mein durchlebter Zeitraum so sehr reich geworden ist, mehrere gemeinnützige Kenntnisse und amtliche Fertigkeiten in Sprachen, Wissenschaften und Lehrkunst zu erwerben, und beim Schulunterrichte anzuwenden. Dies munterte andere zu einer edlen Nachahmung auf, welche späterhin durch die errichteten Lehrervereine und öftere Zusammenkünfte besonders sehr befördert und allgemeiner wurde.

Das rege Streben blieb auch nicht unbemerkt. Man räumte den Lehrern mehr Lehrfreiheit ein; bewilligte die Einführung besserer Schulbücher, der man sich vorhin widersetzte und erleichterte die Anschaffung und den Gebrauch anderer nützlicher Lehrmittel, weil man endlich einsah, daß zu guter Arbeit auch zweckmäßige Geräte erfordert werden. Man fing an, geräumigere und bequemer eingerichtete Schulen zu erbauen und steigerte diese öffentliche Anerkennung des gebesserten Schulwesens und den erhöhten Wert desselben an einigen Orten sogar bis zu Prachtgebäuden. Ebenso wurde auch die gestiegene Bildung der Lehrer selbst und das persönliche Verdienst derselben durch freiwillige Erhöhung ihrer Einkünfte und durch Erweisung gebührender Ehre und Achtung dankbar anerkannt. Endlich wurden auch selbst die Landesregierungen auf diese Verbesserungen der Elementarschulen und ihre Lehrer aufmerksam und suchten dieselben durch viele heilsame Verordnungen weiter zu fördern; nur ist es zu bedauern, daß diese Verordnungen nicht pünktlicher befolgt, folglich die dabei beabsichtigten Zwecke auch nur wenig erreicht werden.

Wenn denn auch das Schulwesen überhaupt und der Lehrerstand insbesondere noch seine Mängel haben mag, so ergötze ich mich doch jetzt, am Feierabend meines amtlichen Wirkens, an den während meiner 50jährigen Amtsführung wahrgenommenen, bedeutenden Verbesserungen derselben herzinniglich; und die Hoffnung, daß so viele wackere Schulmänner, die jetzt noch als wohlausgerüstete Werkzeuge auf ihren Posten und den Schultern und der Vorarbeit mancher ihrer schon abgerufenen Vorfahren stehen, daß, sage ich, diese Männer, von denen ich eine große Reihe namentlich und persönlich kenne, die ich schätze und liebe, und zu der Zahl meiner Freunde rechnen darf, das so weit gebrachte gute Werk weiter fördern werden, und mir diese schöne Aussicht in die Zukunft öffnen. — Dieser hoffnungsvolle Gedanke stimmt und erhebt mich vorzüglich zu einer lebhaften Freude.

Dieses ist denn auch der Zweck meiner heutigen 50jährigen Amtsgedächtnisfeier, und zu diesem Zwecke wollen wir uns nun alle, Du, meine liebe Frau, Ihr, meine geliebten Kinder und Sie, meine übrigen geschätzten Verwandten, Freunde und Freundinnen, vereinigen, und dem gemeinschaftlichen Frohsein und Vergnügen weiter überlassen.

Hasten den 10. Oktober 1813.

Herrn Daniel Schürmann<br>Pfarr-Schullehrer in Remscheid.

Soeben erhalte ich einen Erlaß des Herrn Arrondissements-Präfekten vom 7. dss. folgenden Inhalts:

„Daniel Schürmann, Sohn des vorzüglich geschickten Schullehrers Schürmann in Remscheid, 18 Jahre alt, hat, vermöge Präfektur-Erlasses vom 4. dss. dem diesjährigen sechswöchentlichen Normal-Unterrichte zu Düsseldorf beigewohnt."

„Dieser junge Mann verbindet mit seinen ausgebreiteten und gründlichen Schulkenntnissen einen bescheidenen und soliden Charakter und läßt hoffen, daß er, im Falle seine anhaltend bezeigte Lust zur Verwaltung des Amtes eines Jugendlehrers fortwährt, einer unserer vorzüglichsten Schulmänner werde. Derselbe ist im Begriff, nach Dortmund zu reisen, um unter der Leitung der dortigen Herren Professoren sein Studium fortzusetzen." Sie wollen diesem jungen Manne zu „seiner ferneren Aufmunterung durch dessen Vater die Zufriedenheit des hohen Ministeriums mit dessen schriftlichen pädagogischen Ausarbeitungen während des Lehrkursus, sowie auch insbesondere mit der durch ihn verfertigten Prüfungsarbeit am Schlusse desselben bezeigen, und ihm zugleich bemerken, daß bei seinem anhaltenden Fleiße und seiner ferneren guten Aufführung auf seine künftige Anstellung im Schulfache vorzüglich Bedacht genommen werden würde."

„gez. Graf von Seyßel."

Indem ich Sie ersuche, zufolge obiger Weisung, Ihrem Herrn Sohne die Zufriedenheit des hohen Ministeriums zu erkennen zu geben, freut es mich besonders, hierdurch Gelegenheit zu haben, Ihnen zu den hoffnungsvollen Fortschritten desselben von ganzem Herzen Glück zu wünschen. Es muß ein hohes Gefühl für das väterliche Herz sein, wenn die Bemühungen für die Wohlfahrt der Kinder mit solchem Erfolge gekrönt werden.

Ich grüße Sie mit besonderer Achtung.

Der Maire Sonntag.

## III. Abteilung. Litterarischer Wegweiser.

**Kurze pragmatische Geschichte der Philosophie.** Von Chr. A. Thilo, Oberkonsistorialrat. 2. Aufl. Köthen, 1880 und 1881, Verlag von O. Schulze. I. Teil: Geschichte der griechischen Philosophie. Preis 6,75 M. II. Teil: Geschichte der neueren Philosophie. Preis 7,25 M.

Im 6. Heft des vorigen Jahrgangs dieser Zeitschrift fand Recensent Gelegenheit, auf die „Probleme der Philosophie" von O. Flügel empfehlend hinzuweisen. Es ward dort u. a. gesagt, Flügel wisse auf eine höchst interessante Weise die Metaphysik (und Ethik, hätten wir hinzufügen können —) Herbarts mit der Geschichte der Philosophie in Verbindung zu bringen, und jeder Kenner der „Probleme" wird dies Lob bestätigen. Es ist aber von selbst klar, daß Flügel in einem Buche von 266 Seiten neben einem Abriß der theoretischen und praktischen Philosophie Herbarts nicht auch noch eine ausführliche „Geschichte der Philosophie" vortragen konnte. Das war auch um so weniger notwendig und des Verfassers Absicht, als zur Zeit der Herausgabe der „Probleme" (1876) Thilos „Geschichte der Philosophie" schon vorlag. Thilos Werk ist verhältnismäßig sehr ausführlich; in der 2. Aufl. zählt Band I 403, Band II 434 S. Wollte also jemand eine genauere Kenntnis der historischen Entwicklung der Philosophie sich erwerben, so konnte Flügel auf das umfassendere Werk seines philosophischen Gesinnungsgenossen Thilo verweisen.

Thilo ist allgemein anerkannt als ein ganz vorzüglicher Kenner der Philosophie und ihrer Geschichte, und nicht leicht dürfte jemand geneigt sein, seinen durchdringenden Scharfsinn und sein Talent zur Kritik zu bestreiten. Dies Talent trat schon in seiner ersten Schrift: „Die Wissenschaftlichkeit der modernen spekulativen Theologie", Leipzig, 1851 — glänzend hervor, und die später (1861) herausgegebene „Theologisierende Rechts- und Staatslehre" hat uns durch die Art und Weise der darin geübten Kritik oft geradezu an Lessing errinnert. Thilo weiß den Gegner bis in seine letzten Schlupfwinkel zu verfolgen, wo ein Entrinnen schlechterdings nicht mehr möglich ist; er versteht es, uns zu den Quellen hinzuleiten, aus welchen die auf den ersten Blick oft ganz unbegreiflichen Irrtümer hervorgingen; er läßt uns nicht stehen bei dem unfruchtbaren Staunen über die Absurdität der von Fichte, Schelling, Hegel u. a. vorgetragenen Meinungen, sondern er weist uns die (zuweilen naheliegenden und gar nicht so leicht zu vermeidenden) Fehler im Denken nach, durch welche die genannten Männer zu ihren uns jetzt gar wunderlich erscheinenden Lehren gekommen sind und kommen mußten. Verbindet sich nun, wie eben bei Thilo, das Talent zur scharfen, eindringenden, zugleich aber auch erklärenden und darum erst wahrhaft belehrenden Kritik mit genauer und umfassender Sachkenntnis, so sind alle Voraussetzungen einer interessanten und lehrreichen Darstellung der Geschichte der Philosophie erfüllt.

Über den Zweck der Geschichte der Philosophie spricht sich der Verfasser also aus (Bd. I. S. 4): „Jede Geschichte, die nicht bloß zur Unterhaltung oder zur Befriedigung einer Liebhaberei dienen soll, hat zu ihrem Zwecke, die Gegenwart aus der Vergangenheit begreifen zu lehren, um eine bessere Zukunft herbeizuführen. Denn das soll die Wissenschaft der Geschichte leisten, den Weg zur Wahrheit abzukürzen, indem sie sowohl die richtigen Wege, als die Umwege und Abwege, welche frühere Zeiten gegangen sind, ins Licht stellt. Daher kann es nur ein geringes Interesse haben, alle jemals von Philosophen vorgetragenen Meinungen kennen zu lernen. Nur diejenigen sind von Wichtigkeit, welche sowohl für die Fortentwicklung, als für die Behinderung der Philosophie von Einfluß gewesen sind; deren Spuren daher noch in den vorhandenen lebendigen und wirksamen Systemen bemerklich sind oder auch sein sollten." Diese Zweckbestimmung hält Thilo strenge fest, und um die dadurch bedingte eigentümliche Anlage seines Werkes durch den Gegensatz noch heller zu beleuchten, wollen wir hier einen Satz anführen aus Hettners „Geschichte der Deutschen Litteratur" (II. Buch, 2. Abschn. 3. Teil): „Die Geschichte der Philosophie, welche sich meist auf die Aufgabe beschränkt, nur eine Schilderung der hervorragendsten philosophischen Systeme zu sein, mag ein Recht haben, an Mendelssohn flüchtig vorüberzugehen; die Kulturgeschichte, welche vornehmlich die Rückwirkung der Philosophie auf die Sitte und Denkart der allgemeinen Volksbildung betrachtet, ehrt und feiert in ihm einen der einflußreichsten Träger und Vorkämpfer der deutschen Aufklärung." Thilo nun ist Philosoph und nicht Kulturhistoriker. Darum kümmert er sich um die „Rückwirkung der Philosophie auf die Sitte und Denkart der allgemeinen Volksbildung" durchaus nicht. Für die Auswahl des Stoffes sind ihm allein maßgebend die Fragen: Welche von den unabweisbaren (gegebenen, von der Erfahrung aus aufgenötigten) Problemen der Philosophie haben die Denker der Vorzeit gefunden? Welche Versuche zur Lösung dieser Probleme sind von ihnen gemacht worden? Welche Irrtümer der Denker haben den Erfolg ihrer Anstrengungen beeinträchtigt? Worin zeigt sich der fortdauernde Einfluß früherer Systeme auf die neuere und neuste Philosophie? — Während also Hettner (und zwar mit Recht) dem Freunde Lessings eine eingehende Betrachtung widmet (40 Seiten), nennt Thilo nicht einmal Mendelssohns Namen; ebensowenig spricht er von Garve, Engel u. a. Die ganze deutsche Popularphilosophie des 18. Jahrhunderts wird von ihm mit der kurzen Bemerkung abgefertigt (Bd. II. S. 182): „Die philosophischen Bestrebungen nach Wolf nehmen in Deutschland den Charakter einer populären Psychologie und Nützlichkeitsmoral an, so daß hier, wo nicht die kulturhistorischen Wirkungen der Philosophie betrachtet werden, fast nichts von ihnen zu sagen ist. Als schwacher Vorläufer Kants möchte nur Tetens zu erwähnen sein" u. s. f. Thilos Geschichte ist also ein ernstes und strenges Werk und keineswegs zur Lektüre für Feierabendstunden geeignet. Wer die Mühe des Nachsinnens scheut; wer das stille, einsame Denken, sein Suchen und sein Finden, seine Sorgen und seine Befriedigungen noch nicht aus eigener Übung kennen und schätzen und lieben lernte: der mag das Buch nur lieber gar nicht in die Hand nehmen. Dem ernsten, nachhaltigen Streben aber kommt der Verfasser durch eine sehr einfache Darstellung und durch erläuternde Bemerkungen zu Hilfe. Die „Bemerkungen" werden das Verständnis um so mehr erleichtern, wenn der Leser auf Schritt und Tritt entweder Flügels

„Probleme", oder aber Herbarts „Lehrbuch zur Einleitung in die Philosophie" (separat erschienen bei Voß in Leipzig) zur Vergleichung heranzieht. Die Geschichte der griechischen Philosophie ist im allgemeinen leichter zu verstehen, als die Geschichte der neueren Philosophie, namentlich wenn sie so lichtvoll dargestellt und so treffend erläutert wird, wie dies von Thilo geschieht. Goldene Worte spricht der Verfasser zum Troste derer, die angesichts der Thatsache, daß es bis auf den heutigen Tag noch nicht gelungen ist, ein allgemein anerkanntes philosophisches System aufzustellen, zweifelnd fragen, ob es überhaupt möglich sei, die Wahrheit, d. h. ein festes und notwendiges Wissen zu finden? Er sagt (Bd. I. S. 402): „Thöricht würde es sein, aus dem negativen Resultate der griechischen Philosophie allem Philosophieren ein übles Prognostikon zu stellen. Dieses Mißlingen beruht auf Fehlern, welche der menschliche Geist erkennen und vermeiden kann. Wenn daher nur ein besonnenes, kritisches und vorsichtiges Denken wach bleibt, so ist die Hoffnung nicht aufzugeben, daß man einer festen und notwendigen Erkenntnis sich immer mehr annähern werde, so weit zu einer solchen die Data uns gegeben sind."

Eisenach. O. Folk.

## Verzeichnis zur Recension eingegangener Schriften.

Glasenapp, Deutsche Schulgrammatik. 2. Aufl. Riga, N. Kymmel.

Tambor, Stenographische Streifzüge. 1. Heft. Hannover, Carl Meyer. 50 Pf.

Universalbibliothek der bildenden Künste. Heft 10—15. à 20 Pf. Leipzig, Bruno Lemme.

Demuth, Sieben Trauergesänge für gemischten Chor. Schweidnitz, Weigmann. 1,40 M.

— — Zwei Trauergesänge. Ebendas. 50 Pf.

---

## III. General-Versammlung des
## Vereins zur Pflege Herbartscher Pädagogik
im
Saale des Restaurants zum Deutschen Kaiser in Elberfeld
am
Gründonnerstag den 7. April 1887.

### Tagesordnung:

9 Uhr. Eröffnung.

9½ Uhr. Die Anschauungsvermittlung im darstellenden Unterricht. Grundlage Dörpfelds didaktischer Materialismus, 2. Aufl. S. 164—220. Referent Herr Meis-Barmen.

1 Uhr. Einfaches Mittagsessen.

3 Uhr. Berichte der Lokalvereine.

3½ Uhr. Besprechung der Lehrprobe „Die zehn Aussätzigen" in Heft 1 des Ev. Schulblattes von 1887. Ref. Herr Neuhaus-Barmen.

Festsetzung der nächsten Tagesordnung. Horn.

Es liegt mir die schmerzliche Pflicht ob, den Lesern die Mitteilung zu machen, daß der langjährige Verleger des Evangelischen Schulblattes, mein teurer Freund Herr

# Heinrich Bertelsmann

am 3. März zur ewigen Ruhe eingegangen ist.

Der Verstorbene war ein Mann, der seine bedeutende, weitverzweigte Thätigkeit nicht ansah als ein bloßes Geschäft, sondern wie weiland Fr. Perthes darin einen gottgegebenen Beruf erkannte und mit hingebender Treue sich bestrebte, denselben auszufüllen.

Bei Gelegenheit der fünfzigjährigen Jubelfeier der Firma wurde ihm in diesen Blättern von meinem Mitredakteur Herrn Horn das ehrenvolle Zeugnis gegeben, daß er zu jenen „Edeln" seines Standes gehöre, die um keinen Preis und um keines Gewinnes willen etwas drucken lassen oder verlegen würden, was nicht irgendwie der Wahrheit dient und auch nach Ewigkeitsmaß gemessen die Probe hält.

Auch wurde damals schon ausgesprochen, daß die Verlagshandlung C. Bertelsmann einen besonderen Schwerpunkt ihrer Thätigkeit in Schriften für die Schule gesehen hat. Unserm Schulblatte ist der Heimgegangene seit 30 Jahren nicht nur Verleger, sondern auch teilnehmender Leser gewesen, wie er denn überhaupt für die Sache der Schule und der Lehrer ein warmes Herz hatte.

Sein Name wird in weitem Kreise in achtungsvollem Andenken bleiben.

Die Redaktion:

F. W. Dörpfeld.

# Evangelisches Schulblatt.

### Mai 1887.

## I. Abteilung. Abhandlungen.

## Stoffauswahl für den Gesinnungsunterricht im ersten Schuljahre.

(Von Hauptlehrer Rebeler und Lehrer Pütz in Mülheim a. d. Ruhr.)

> Motto: „Das größte Gesetz der Methode besteht darin: zu der Kinder Schwäche sich herabzulassen; ihr Diener zu werden, wenn man ihr Meister sein will; ihnen zu folgen, wenn man sie regieren will; ihre Sprache und Seele zu erlernen, wenn wir sie bewegen wollen, die unsrige nachzuahmen."
> Hamann.

„Als der Endpunkt der Welt, als der Gipfel aller Erhabenheit muß die Idee Gottes schon in frühster Kindheit hervorschimmern, sobald das Gemüt anfängt, einen Überblick zu wagen über sein Wissen und Denken, Fürchten und Hoffen, sobald es über die Grenzen seines Horizontes hinauszuschauen versucht. Nie wird Religion den ruhigen Platz in der Tiefe des Herzens einnehmen, der ihr gebührt, wenn ihr Grundgedanke nicht zu den ältesten gehört, wozu die Erinnerung hinaufreicht, wenn er nicht vertraut und verschmolzen wurde mit allem, was das wechselnde Leben im Mittelpunkte der Persönlichkeit zurückließ."

Für einen Lehrer, der diesen wahrhaft klassischen Worten Herbarts zustimmt — und wer wird das nicht — ist es keine Frage mehr, ob er schon in der Unterklasse seinen sechsjährigen Kleinen Religionsunterricht erteilen soll; er wird diese Frage ohne weiteres bejahen. Es entsteht nun aber die weitere Frage: Welche Stoffe sind für den ersten Religionsunterricht auszuwählen? Soll man in dem ersten Schuljahre Märchen behandeln, wie Ziller, Rein u. a. wollen, oder, wie es bisher gebräuchlich war, von vornherein biblische Geschichten zur Grundlage der religiösen Unterweisung verwenden? Weder dem einen, noch dem andern können wir zustimmen.

Es ist eine bekannte Thatsache, daß der Mensch nur das versteht, nur für das Interesse hat, dem von innen heraus Verwandtes entgegenkommt. Daraus folgt, daß jeder, der auf seine Mitmenschen wirken will, an deren Vorstellungen anknüpfen muß. Wie diese Wahrheit auf die Heidenmission anzuwenden sei, darüber ist in dem Novemberheft 1880 der allgemeinen Missionszeitschrift von Dr. G. Warneck Folgendes zu lesen: „Der Heidenmissionsprediger muß seine Anknüpfungen durchaus in dem Leben des Heidentums suchen, in heidnischen Observanzen, Gebräuchen, Sitten, Opfern, Festen, Traditionen, Aussprüchen, Religionsbüchern, in Zeugnissen von der Unbefriedigtheit des Herzens bei dem götzendienerischen Ceremoniell, in dem durch das Gewissen, wenn auch noch so unklar dokumentierten Gefühle der Schuld, in den, wenn auch noch so verworrenen Ahnungen eines lebendigen Gottes, in der Sehnsucht nach einem unbekannten Bessern, in den Thatsachen der Trostlosigkeit, in Not und Tod des leiblichen und geistlichen Elends, in Erlebnissen, die er selbst gemacht, in Gesprächen, die er geführt, in Bekenntnissen, die er gehört, und dgl. Kurz, nach dem vorliegenden Kasus muß der Missionar in resoluter Geistesgegenwart seinen Ausgangspunkt nehmen."

Wie der Missionar an die religiösen und sittlichen Vorstellungen, die staatlichen, gemeindlichen und häuslichen Verhältnisse des Volkes, unter dem er wirkt, in seinen Predigten anknüpfen muß, wenn er nicht tauben Ohren predigen will, so muß der Lehrer in seinem Unterrichte von den in der Kindesseele vorhandenen Vorstellungen ausgehen, wenn die neuen Vorstellungen, die der Unterricht zu übermitteln sucht, wirklich vom Kinde erfaßt, wirklich geistiges Eigentum desselben werden sollen. Hieraus folgt nun mit Notwendigkeit die Pflicht für den Lehrer, daß er die Denk- und Anschauungsweise seiner Kinder studiere, daß er zu erfahren suche, welche Vorstellungen sie bis dahin erworben haben, daß er sich mit einem Worte Klarheit verschaffe über den geistigen Standpunkt seiner Zöglinge. Er wird diese Kenntnis weniger erlangen aus pädagogischen Büchern, als durch fortgesetztes, genaues Beobachten der Kinder, nicht allein in den wenigen Unterrichtsstunden, sondern auch auf dem Spielplatze, bei festlichen Gelegenheiten u. s. w., besonders aber durch liebevolles Herablassen zu den Kindern; denn nur einem Lehrer, der teil nimmt an den Freuden und Leiden seiner Schüler, erschließen sich auch die tieferen Falten des kindlichen Herzens, die dem ewig verborgen bleiben, der kalt und teilnahmlos an dem vorübergeht, was des Kindes höchstes Interesse erregt.

Um an diese Vorstellungen anknüpfen zu können, hält man für Geographie, Naturgeschichte, Geschichte ꝛc. einen vorbereitenden Kursus für notwendig — die Heimatkunde im weiteren Sinne, auch Anschauungsunterricht genannt, — warum nicht auch für die biblische Geschichte? Jeder, der mit offenen Augen auf der Unterstufe unterrichtet hat, und noch mehr ein Vater, der selber Kinder hat, wird die Erfahrung gemacht haben, daß die sechsjährigen Kleinen sich vor allem für Kinder- und Tiergeschichten interessieren. Der Grund ist klar. Kinder und Tiere sind die täglichen Spielgenossen unserer Kleinen; sie wissen sich mit den Kindern eins in ihrer ganzen Anschauungs-, Denk- und Empfindungsweise, und auch auf die Tiere übertragen sie ihre eigenen Empfindungen. Außerdem giebt das Leben der Tiere ihrer Phantasie reiche Nahrung. Das Belauschen der Heimlichkeiten der Tiere, die Beobachtung ihrer gesamten Lebensweise erfüllt die kindliche

Herzen mit Freude. Besonders sind es die Vögel, die Bewohner der Luft, fern von dem Wohnplatz der Menschen, nahe dem Himmel, welche einen eigentümlichen Reiz auf das Kindergemüt ausüben.

Für das Leben der Kinder und Tiere haben unsere neu aufgenommenen Kleinen Interesse — unter den Tieren sind es besonders die kleinen Tiere.*) — Die biblischen Geschichten erzählen aber vorzugsweise von erwachsenen Menschen. Daher denn auch die Erscheinung, daß bei aller methodischen Mühe, die der Lehrer anwendet, ein tieferes Eingehen auf die biblischen Geschichten nur von den wenigen gut beanlagten Kindern zu konstatieren ist, während die andern sich wohl den Wortlaut der Geschichte aneignen, aber Fragen nach dem Verständnis nicht aus eigener Kraft, sondern erst dann beantworten, wenn sie die Antwort bereits von den beanlagten Kindern gehört haben. Wenn es aber in allen andern Unterrichtsgegenständen als pädagogisch unrichtig gilt, den Unterricht nach den am besten beanlagten Kindern einzurichten, warum sollte es denn im Religionsunterricht richtig sein? Hier ist es doppelt verkehrt. Dr. Rein, Pickel und Scheller haben recht, wenn sie sagen: „Die biblischen Erzählungen entsprechen nicht dem Standpunkt (sechsjähriger Kinder), weder in bezug auf den Inhalt noch auf die Form. Dem Inhalte nach sind sie zu hoch. Das Kind wird mit einem Mal in einen ganz fremden Kreis versetzt mit fremd klingenden Namen, mit anderen Gewohnheiten und Sitten. Das geht aber nicht auf einmal, wenn das Kind von den Erzählungen wirklich etwas haben soll. Biblische Geschichten, wie die von der Schöpfung, dem Sündenfall ꝛc. erfordern eine weit ausgedehntere Lebenserfahrung, als sie das Kind im ersten Schuljahr besitzt oder erwirbt. Das Kind kann sich die geschichtlichen Thatsachen, wie die dazu gehörigen naturhistorischen und geographischen, nur mit so geringem Grad von Lebendigkeit vorstellen, daß sie für das Interesse und Wollen des Zöglings bedeutungslos bleiben. Der heimatliche Gedankenkreis des Zöglings, woraus seine Phantasie Farben und stellvertretende Bilder für das Ferne und Fremde, das Entlegene und Vergangene entlehnen soll, muß erst hinreichend befestigt sein, bevor er zur frühesten, durch eine klassische Darstellung überlieferten Kulturentwicklung eines so merkwürdigen Landes, wie es Kanaan ist, hingeführt werden darf. Aber auch der Form nach wird dem Kinde durch die biblische Erzählung im ersten Schuljahr zu viel zugemutet. Die Sprache der Bibel ist nicht die Sprache des Kindes. Unsere Kinder reden nicht im orientalischen Bilderschmuck; eine große Reihe abstrakter Begriffe ist ihnen unverständlich. Mag die Darstellungsweise der biblischen Erzählungen auch höchst einfach erscheinen, für unsere sechsjährigen Kinder ist sie nicht einfach genug."

Auch darin stimmen wir mit den Verfassern des ersten Schuljahres überein,

---

*) „Die kleinen Kinder haben immer das Kleine am liebsten." Kehr, der Anschauungsunterricht für Haus und Schule auf Grundlage der Hey-Speckterschen Fabeln, S. 47.

wenn sie die Heimatkunde (Anschauungsunterricht) nicht als vorbereitenden Kursus für die biblische Geschichte gelten lassen wollen, wie Karl Richter, Grüllich, Schindler u. a. vorschlagen, sondern verlangen: „Es gilt, andere Erzählungen an die Stelle der biblischen Geschichte zu setzen. Nun treten uns fünf Forderungen entgegen, welche an eine echte Jugenderzählung gestellt werden: sie sei wahrhaft kindlich, das ist einfach und phantasievoll zugleich; sie sei sittlich bildend in dem Sinne, daß sie Gestalten und Verhältnisse aufzeigt, die einfach und lebensvoll, das sittliche Urteil billigend oder nichtbilligend herausfordern; sie sei lehrreich, biete Anknüpfungen zu belehrenden Besprechungen über Gesellschaft und Natur; sie sei von bleibendem Werte, zur steten Rückkehr einladend; sie sei einheitlich, damit sie einen tiefen Eindruck bewirke und Quellen eines vielseitigen Interesses aus sich entlassen könne."

Was wir aber nicht billigen können, ist die Stoffauswahl und die zweijährige Dauer des vorbereitenden Kursus. Bei der Stoffauswahl ist für uns der Grundsatz leitend gewesen, daß der gesamte Religionsunterricht, also auch der vorbereitende Kursus, stets die beiden Pole im Auge behalten muß, Gottesliebe und Nächstenliebe in die Herzen der Kinder zu pflanzen, Nächstenliebe im weitesten Sinne genommen: als Liebe zu den Eltern, Liebe zu den Mitmenschen und Liebe zu den Tieren. Die auszuwählenden Stoffe müssen also sämtlich ethisch wertvoll sein. In diesem Punkte lassen die meisten von Ziller und Rein vorgeschlagenen Märchen manches zu wünschen. Daher müssen durch methodische Künstelei die Märchen zu Gesinnungsstoffen gemacht werden. Es muß aber das, was die in Rede stehende Erzählung lehren soll, auch für das Auge des kleinen Kindes klar und verständlich daliegen; sonst wird es keinen wirkungsvollen Einfluß auf die Gesinnung des Kindes ausüben. Zum andern kommen auch in den Märchen, welche wohl einen klar zu Tage liegenden ethischen Inhalt haben, komische Scenen vor, die unseres Erachtens wenig zu dem Ernst einer Gesinnungsstunde passen. Wir denken hier beispielsweise an das Märchen: Der Arme und der Reiche. Gegen das Märchen von den Sternthalern wissen wir nichts einzuwenden; wir haben es daher auch in unsere Stoffauswahl mit aufgenommen. Wir haben uns also, wie bereits angedeutet, bei unserer Auswahl von den zwei Gesichtspunkten leiten lassen: Erstens, dem Interesse der Kinder, zweitens, der Würde des Gegenstandes.

In der Wahl des ersten Stoffes haben wir uns bestimmen lassen durch ein Wort Herbarts. Es lautet: „Dem Kinde sei die Familie das Symbol der Weltordnung; von den Eltern nehme man idealisierend die Eigenschaften der Gottheit." Auch Pestalozzi hat diesen Gedanken ausgesprochen; er sagt: „Das sehe ich bald, die Gefühle der Liebe, des Vertrauens, des Dankes müssen in mir entwickelt sein, ehe ich sie auf Gott anwenden kann. Diese Gefühle gehen von dem Verhältnis aus, das zwischen dem unmündigen

Kinde und seiner Mutter statt hat." Demnach hat der Gesinnungsunterricht mit einer Besprechung der Familie zu beginnen. Es ist dem Kinde zum klaren Bewußtsein zu bringen, was es bereits aus Erfahrung weiß: wie die Eltern für Nahrung, Kleidung und Wohnung sorgen, wie sie es pflegen und bei ihm wachen, wenn es krank ist, — kurz, von der Liebe der Eltern zu ihren Kindern wird der Lehrer zuerst mit seinen Kleinen reden und so das Pflichtgefühl in ihnen wecken, resp. kräftigen, die Eltern, die so vieles für sie gethan, wieder zu lieben. — Die Elternliebe (Mutterliebe) wird den Kindern in einfacher, naiver, aber zu Herzen dringender Weise vor Augen gemalt in dem Heyschen Gedicht: „Knabe und Vogel." Wir denken uns dasselbe in eine Erzählung umgearbeitet, in welcher der erste Teil des Gedichts als Dialog auftritt und der letzte Teil den Schluß bildet. Die Übertragung auf das Verhältnis der Mutter zu ihrem Kinde, welche sich von selbst vollzieht, wird unterstützt, indem der Lehrer die Frage aufwirft: Woraus kannst du ersehen, daß auch deine Mutter (dein Mütterchen) dich lieb hat?

„Weils mich hegt und pflegt,
Auf den Armen mich trägt,
Wacht, wenn ich bin krank,
Giebt mir Speis' und Trank,
Giebt mir Kleider und Schuh'
Und viel Küsse dazu.
Drum lieb ichs so sehr,
Kann gar nicht sagen wie sehr, wie sehr!"

An der Liebe der Eltern entzündet sich die Liebe des Kindes — das Kind liebt, weil es sich geliebt weiß. Dies ist nicht das Höchste, jedoch die notwendige Vorbedingung zu Höherem. Von hier aus kann und muß der Unterricht weiter führen zur allgemeinen Nächstenliebe und zur Gottesliebe.

„Die reine, selbstlose Nächstenliebe, die auch ihr Letztes hingiebt, wenn sie einen Leidenden damit erfreuen kann und zuletzt für ihre Hingabe, gerade, weil sie ihn nicht sucht, den schönsten Lohn und reiche Vergeltung findet," tritt den Kindern in einfacher, rührender Weise entgegen in dem Märchen von den Sternthalern. Dieses Märchen zeigt auch dem Kinde an einem Beispiel, „daß, wenn auch Vater und Mutter es verlassen, der Vater im Himmel ihm bleibt, der es leitet und schützt; und daß, wer auf ihn fest und kindlich vertraut, nimmer verlassen ist"*) und leitet so hinüber zur Gottesliebe.

Daß man Gott, den liebenden Vater im Himmel nicht betrüben darf, soll die folgende Erzählung den Kindern sagen: „Gott sieht alles."

Da die heilige Trias: Elternliebe, Nächstenliebe und Gottesliebe nimmer tief genug in die Herzen der Kinder gepflanzt werden kann, legen wir den bereits einmal gemachten Weg von der Elternliebe zur Nächstenliebe und von dieser zur

---
*) Linnig, Vorschule der Poetik und Litteraturgeschichte. S. 119.

Gottesliebe noch einmal zurück. Die Elternliebe tritt noch einmal auf in der „Reue" und zwar als Vaterliebe und bildet so eine naturgemäße Ergänzung zu den beiden Gedichten, welche bei der Behandlung der Familie im Mittelpunkte stehen. Die Nächstenliebe, welche als Liebe zu den Mitmenschen in dem Märchen von den Sternthalern den Kindern vor Augen und hoffentlich auch zu Herzen geführt worden, bildet als Liebe zu den Tieren, welche so recht eigentlich die Nächsten des Kindes sind, den Gegenstand der Behandlung in den beiden Parabeln: „Das Rotkehlchen" und „Die kleine Wohlthäterin." Diese sind also ein Seitenstück zu „Knabe und Vogel," insofern als dort auch von der Liebe zu den Tieren die Rede ist. Ein Seitenstück zu den Sternthalern ist das wunderliebliche Gedicht: „Des fremden Kindes heilger Christ" nach mehr als einer Hinsicht. Einfacher, rührender und herzandringender kann der Zustand der Verlassenheit nicht geschildert werden, aber auch nicht schöner und erhebender die göttliche Hilfe, wie es in diesen beiden poetisch duftenden Erzählungen geschieht. Was dort von dem himmlischen Vater gesagt wurde, findet hier seine volle Anwendung auf den heiligen Christ. Das Gedicht zeigt dem Kinde an einem Beispiel, „daß, wenn auch Vater und Mutter es verlassen, der Heiland im Himmel ihm bleibt, der es leitet und schützt; und daß, wer auf ihn fest und kindlich vertraut, nimmer verlassen ist." Es ruft einem jeden Kinde zu: „Ich will dich nicht vergessen, wenn alles dich vergißt."

Wir können uns daher keine bessere Vorbereitung auf die Geschichte von der Geburt des Herrn denken, als die Behandlung des in Rede stehenden Gedichtes. Mit der Geburtsgeschichte des „Christkindes" ist das Interesse für den Lebensgang desselben bei den Kindern wach geworden. Diesem Interesse folgend, brechen wir den einmal angeregten Gedankengang nicht wieder ab, sondern behandeln nun die ganze Jugend Jesu.

Hier befinden wir uns wieder in der Lage, unser Verfahren dem der Zillerschen Schule gegenüber rechtfertigen zu müssen. Auch die Zillersche Schule führt den Kindern Erzählungen aus dem Leben Jesu vor, aber nicht unterrichtlich, sondern erbaulich. Was für eine Erbauung verspricht man sich aber von einer derartigen Vorführung? Mit der Erbauung ist es, wie mit der poetischen Auffassung; beide setzen die reale Erfassung voraus. Diese aber kann in dem in Rede stehenden Falle nur durch eine gründliche unterrichtliche Behandlung vermittelt werden. Will man daher dem Kinde als Christenkind von seinem Heilande erzählen, damit es sich daran erbaue, dann müssen diese Erzählungen zunächst unterrichtlich behandelt werden.

Wir meinen auch, die Jugendgeschichte des Herrn liege den Kindern nahe, weil es die Geschichte eines Kindes ist und zwar „des besten Kindes, des liebsten Kindes." Wir nehmen aber für uns die Freiheit in Anspruch, diese Geschichten für „Kindesverständnis und Kindesbedürfnis" methodisch zuzubereiten. Aus-

Stoffauswahl für den Gesinnungsunterricht im ersten Schuljahre. 167

geschlossen ist selbstverständlich eine Zubereitung auf Kosten der Würde des Gegenstandes.

Fassen wir nun kurz das Resultat unserer Untersuchung zusammen.

1. Da die biblischen Geschichten weder in Bezug auf den Inhalt noch in Bezug auf die Form dem Standpunkt sechsjähriger Kinder entsprechen, muß dem Unterricht in der biblischen Geschichte ein vorbereitender Kursus vorausgehen.

2. Die Stoffauswahl für den vorbereitenden Kursus wird bestimmt durch das Interesse der Kinder und die Würde des Gegenstandes.

3. Die beiden Pole des gesamten Religionsunterrichts, also auch des vorbereitenden Kursus, sind Gottesliebe und Nächstenliebe.

4. Im vorbereitenden Kursus wird zweimal der Weg zurückgelegt von der Elternliebe zur Nächstenliebe und von dieser zur Gottesliebe:

**Erster Gang.**
a. Elternliebe.

Familie. Knabe und Vogel. Kindliche Liebe.
b. Nächstenliebe.

Das Märchen von den Sternthalern.
c. Gottesliebe.

Das Märchen von den Sternthalern.
Gott sieht alles.

**Zweiter Gang.**
a. Elternliebe.

Die Reue nach Krummacher.
b. Nächstenliebe.

Das Rotkehlchen.
Die kleine Wohlthäterin.
c. Gottes- resp. Jesusliebe.

Des fremden Kindes heiliger Christ.
Die Jugend Jesu.

Wir glauben, daß ein Lehrer, der den vorgeschlagenen Stoff im ersten Schuljahr gründlich behandeln will, damit vollauf zu thun hat; sollte aber jemand in der Lage sein, mehr bewältigen zu können, der mag unter den Heyschen Fabeln und Krummacherschen Parabeln nur danach suchen. „Wer da suchet, der findet!"

Daß in unserer Auswahl auch Rücksicht auf die Jahreszeit genommen ist, mag folgende Übersicht zeigen:

1. Die Familie. (10 Wochen.)
2. Das Märchen von den Sternthalern. (3 Wochen.)
3. Gott sieht alles. (1 Woche.)
   Wiederholung. (3 Wochen.)
4. Die Reue. (3 Wochen.)
5. Das Rotkehlchen. (2 Wochen.)

6. Die kleine Wohlthäterin. (1 Woche.)
7. Des fremden Kindes heilger Christ. (2 Wochen.)
8. Die Geburt Jesu. (4 Wochen.)
9. Die Weisen aus dem Morgenlande. (2 Wochen.)
10. Die Flucht nach Ägypten. (2 Wochen.)
11. Der zwölfjährige Jesus im Tempel. (3 Wochen.)
Wiederholung des ganzen Jahrespensums. (6 Wochen.)

1. Das in der Besprechung der Familie auftretende Gedicht „Knabe und Vogel" fällt in den Frühling, die Zeit der Vogelnester.
2. Das Märchen von den Sternthalern wird zur Sommerzeit behandelt. Die Jahreszeit ladet dazu ein, auch den Weg ins Feld und von diesem in den Wald zu nehmen, wie das Mädchen des Märchens.
3. In den Sommer (Zeit der Ernte) fällt ebenfalls die Erzählung „Gott sieht alles." Die auf dem Felde beschäftigten Eltern sind öfter als sonst in der Lage, ihre Kinder allein zu Hause lassen zu müssen.
4. Anfang Herbst findet die Behandlung der Reue statt. Die Äpfel beginnen zu reifen.
5. Im Spätherbst, wenn die Zugvögel sich vor dem herannahenden Winter in wärmere Länder retten, entsteht die Frage: Wer soll den Winter über für die zurückbleibenden sorgen? „Das Rotkehlchen" und „Die kleine Wohlthäterin" geben Antwort auf diese Frage.
6. Das Christfest wird eingeläutet durch: „Des fremden Kindes heilger Christ," den Vollklang des Festes bildet die Geburtsgeschichte des Herrn und den Nachklang die beiden folgenden Erzählungen aus der Jugend Jesu. Das Osterfest findet auch den Jesusknaben auf einem Osterfest.

## Nachbemerkung:

Als bereits unsere Ansicht über den Gesinnungsunterricht auf der Unterstufe bis hierher niedergeschrieben war, wurden wir durch einen Kollegen darauf aufmerksam gemacht, daß die Ausführungen des bekannten Elementarpädagogen Franz Wiedemann über diesen Punkt im wesentlichen mit den unsrigen übereinstimmen. Diese Übereinstimmung erstreckt sich nicht nur auf die Gründe gegen die biblische Geschichte auf der Unterstufe, sondern, was wir besonders hervorheben wollen, auch auf die Vorschläge in Bezug auf den Ersatz derselben. Wir begrüßen natürlich diesen Umstand mit Freuden, dürfen wir doch nun um so zuversichtlicher hoffen, das Richtige getroffen zu haben, da wir uns, ohne bis dahin davon zu wissen, mit einem Manne in Übereinstimmung befinden, von dem allgemein anerkannt wird, daß er wußte, was den Kleinen frommt.

In seinem „auf der Wiener Weltausstellung 1873 prämiierten" Buche „Der Lehrer der Kleinen" läßt sich Wiedemann auf S. 99 ff. folgendermaßen aus: „Könnte ich vorschreiben, was in der Elementarklasse gelehrt und getrieben werden solle, die biblische Geschichte käme nicht mit auf den Lektionsplan, trotzdem, daß ich diesen Unterricht nicht mit Unlust treibe."

Und warum? — Ich sehe jetzt noch ganz davon ab, ob den Kleinen die heilige Geschichte mit Bibel- oder Menschenworten erzählt wird, behaupte aber, daß den Kleinen jener Geschichtsstoff zu fern, viel zu fern liegt; sind doch auch die alttestamentlichen Erzählungen gerade die ältesten Geschichtsurkunden, die die Welt hat. Warum unsere kleinen sechsjährigen, begriffs- und anschauungsarmen, mit den Weltereignissen noch gänzlich unbekannten Kinder gleich bei ihrem Eintritte in die Schule mit der Urgeschichte der Menschheit begrüßen?

In der biblischen Geschichte, namentlich in der des Alten Testaments, mit der doch der Anfang gemacht werden soll, häufen sich eine Menge Dinge, Begriffe, Bilder, die gänzlich außerhalb des Gesichtskreises unserer Kleinen, die kaum erst ein Jahr mit einigem Bewußtsein in der Welt stehen, liegen. Z. B. die Schöpfung!!! die „Engelerscheinungen" (?), das „Opfern", die „Weltüberschwemmung", das „Nomadenleben", die „Sklaverei", „Wüstenbilder", „Götzendienst", „Regierungssystem unter Patriarchen, Richtern, Priestern und Königen", die damalige „Kriegführung", das „Prophetentum", die „Schiedsrichter", das „Heidentum" u. s. w. Was will da nicht aller Augenblicke und immer und immer wieder erklärt sein, damit das gegebene Bild oder Ereignis nur einigermaßen der Anschauung der Kleinen nahe gebracht wird. Denken wir nun erst noch an kleine sechsjährige Mädchen, für die dergleichen Begebenheiten noch viel weniger Anziehungskraft besitzen, wie mögen wir diese oft langweilen, wenn wir ihnen von jenen im Verhältnis zu unserer Zeit abnormen Ereignissen erzählen? Ist es aber wohl pädagogisch und psychologisch, Kindern Geschichten zu erzählen (und, leider, mitunter „eintrichtern" zu wollen), bei denen man aller Augenblicke erklären und erläutern muß?"

Nachdem er dann gegen die alttestamentlichen Geschichten wegen ihrer vielen „Greuel- und Blutscenen" zu Felde gezogen ist, wobei er, wie er selbst gesteht, „die Greuelscenen ganz absonderlich herausgesucht,\*) fährt er fort:

„Anderer Natur sind allerdings die meisten Erzählungen des Neuen Testamentes, aber sie stehen wieder ihrem Sinne, ihrer Bedeutung nach so hoch, daß sie eigentlich für Anfänger im Lernen, für das Fassungs- und Anschauungsvermögen eines sechsjährigen Kindes, für solche kleine, wenig urteilsbefähigte Geister auch nicht passen. Jedenfalls sind sie — vielleicht **mit Ausnahme der Jugendgeschichte Jesu** — nicht für die Kleinen bestimmt." . . . .

„Wohl weiß ich, daß mehrere namhafte — ja große — Pädagogen anderer

---

\*) Diesen Abschnitt können wir nicht in allen Stücken unterschreiben. Es dürfte den Freunden des biblischen Geschichtsunterrichts nicht schwer werden, eine Stoffauswahl für die Unterstufe aufzustellen, ohne die genannten „Greuelscenen" aufzunehmen.

Ansicht sind, als ich. Ein Dittes und ein Grube haben der Einführung der biblischen Historie schon in das erste Schuljahr poestevolle Worte, blühende, schwungvolle Behauptungen gewidmet. ... Alle, alle Hochachtung vor jenen ausgezeichneten pädagogischen Schriftstellern! Aber es ist und bleibt doch die Möglichkeit nicht ausgeschlossen, daß sie hier in ihrer Phantasie Erfolge und Wirkungen sehen, deren Dasein schwer nachzuweisen sein dürfte. Ich meinesteils halte mich an die reale Wirklichkeit, an die prosaischen Erfahrungen und an die nüchternen psychologischen Studien, die ich im nunmehr dreiunddreißigjährigen Verkehre mit den „Kleinen" gemacht habe. Und auf Grund des allen bleibe ich dabei, daß den Kleinen der biblische Geschichtsstoff zu fern, viel zu fern liegt."

„Was denn nun aber anstatt der biblischen Geschichte?

Die allereinfachsten kindlichen, dem Anschauungsbereiche des Kindes entnommenen Erzählungen, Fabeln und sonst moralische Geschichtchen. Unsere Litteratur ist reich in diesem Genre und es kann dem Elementarlehrer durchaus nicht schwer werden, eine zweckmäßige Auswahl zu treffen, eine Auswahl, die nach einem gewissen System geordnet ist. Und es müßte ein ungeschickter Lehrer sein, der nicht verstünde, aus solchen kindlichen Erzählungen „religiöse Gedanken und Lehren" herauszuziehen, bei gewissen dazu geeigneten Geschichtchen des Kindes Augen und Herz auf den Himmelsvater hinzulenken. Eine wahre Lust aber müßte es für den Elementarlehrer sein, sich mit seinen Kleinen in dieser Weise auf einem denselben heimischen Felde bewegen zu können.

---

Um zu zeigen, wie wir uns die Zubereitung der Geschichten aus der Jugend Jesu „für Kindesverständnis und Kindesbedürfnis" gedacht haben, erlauben wir uns, zwei Lehrbeispiele folgen zu lassen. In der Geschichte „Die Weisen aus dem Morgenlande" liegt die Erzählung, wie und zu welchem Zweck Herodes die Schriftgelehrten und darauf die Weisen ausforscht, außerhalb des Kindesverständnisses. Die anschauliche, detaillierte Vorführung der Mordscene, der die unschuldigen Kindlein zu Bethlehem zum Opfer fallen, kann nicht dem Kindesbedürfnis entsprechen. Diese Abschnitte mußten daher umgangen werden. — In der Anschauungsoperation folgen wir den Grundsätzen Dörpfelds.

Stoffauswahl für den Gesinnungsunterricht im ersten Schuljahre.

## 1. Die Weisen aus dem Morgenlande.
Bearbeitet für das 1. Schuljahr.
### Erster Abschnitt.

Ziel: Was thaten die Hirten, als sie hörten, daß der Heiland geboren war? (gingen hin und beteten ihn an.) Ich will euch heute erzählen, wie Männer aus einem fernen Lande kamen, um auch das Jesuskind anzubeten.

### I. Anschauen.

In welchem Lande ist der Heiland geboren? (Kanaan.) Weit, weit vom Lande Kanaan war ein anderes Land. Das liegt dort hinaus, wo die Sonne aufgeht, und wo sie des Morgens steht. Darum heißt dieses Land das Morgen= land. Ob die Leute im fernen Morgenlande auch schon gehört haben, daß der Heiland geboren ist? Aber viele, viele Jahre früher hatte einmal ein frommer Mann gesagt: „Wenn der Heiland geboren wird, dann soll ein neuer Stern aufgehen." Was thaten nun gewiß oft die Leute, die auf den Heiland warteten? (sahen nach dem Himmel.) Was wollten sie denn sehen? (ob der neue Stern da war.) Am Himmel sind aber so viele, viele Sterne, daß wir sie gar nicht zählen können. Kannst du denn gleich sehen, wenn noch ein neuer dazu kommt? Was für Leute müssen das sein, die das gleich sehen können? Diese klugen Männer nannte man Weise. Wohin sahen die Weisen im Morgenland fleißig? Als sie wieder einmal so nach dem Himmel blickten, siehe, da stand dort ein so großer, schöner Stern, wie die Weisen noch nie einen gesehen hatten; der leuchtete hell und glänzte wie Gold. Als die Weisen den Stern sahen, wurden sie froh. Was dachten sie gewiß gleich? (Jetzt ist der Heiland geboren.) Weil nun der Stern so schön und hell war, meinten die Weisen, der Heiland müßte wohl ein Königskind sein.

Was thaten die Hirten, als sie gehört hatten, daß der Heiland geboren war? Die Weisen waren auch fromme Leute. Was wollten sie gewiß auch gern thun? — Die Hirten konnten leicht zu dem Jesuskind kommen; sie waren nahe bei Bethlehem auf dem Felde. Wo sind aber die Weisen? Nach welchem Lande müssen sie gehen, wenn sie das Kind anbeten wollen? Vom Morgenland nach dem Lande Kanaan ist aber sehr weit. Da müssen die Weisen eine lange Reise machen; die dauert viele, viele Tage und Wochen. Werden sie das wohl thun? Sie zogen aber doch nach Kanaan; so sehr freuten sie sich darüber, daß der Heiland geboren war. — Die Hirten wußten auch die Stadt, in welcher Jesus geboren war. Wer hatte es ihnen gesagt? (Engel.) Hat es den Weisen auch jemand gesagt? Sie wußten nicht, in welcher Stadt Jesus geboren war. Was meinten sie aber, was für ein Kind wäre der Heiland? (Königskind.) Darum gingen sie zuerst in die Stadt, wo der König wohnte. Der König hieß Herodes, und die Stadt hieß Jerusalem. Was werden die Weisen in Je=

rusalem fragen? Sie sprachen: „Wo ist der Heiland, der neue König? Wir haben seinen Stern gesehen im Morgenlande und sind gekommen, ihn anzubeten."

Einprägen.

a) Erzählen im Zusammenhange von seiten des Lehrers.

Ich will euch jetzt noch einmal kurz erzählen, wie die Weisen den Heiland suchen:

Als Jesus geboren war zu Bethlehem, siehe, da kamen Weise aus dem Morgenlande nach Jerusalem und sprachen: „Wo ist der Heiland, der neue König? Wir haben seinen Stern gesehen im Morgenlande und sind gekommen, ihn anzubeten."

b. Abfragen. Wer kam nach dem Lande Kanaan? Was für Männer sind das? Woher kamen die Weisen? Wo ist das Morgenland? Warum haben die Weisen die weite Reise gemacht? Woher wußten sie, daß der Heiland geboren war? Warum zogen die Weisen nicht gleich nach Bethlehem? In welche Stadt kamen sie? Wer wohnte dort? Warum gingen die Weisen in die Königsstadt?

c. Erzählen von seiten der Kinder.

Zweiter Abschnitt.

Ziel: Wir wollen nun hören, wie die Weisen den Heiland finden.

I. Anschauen.

Was fragten die Weisen in Jerusalem? Was wird man ihnen sagen? (In Bethlehem.) Der König Herodes sprach: „Ziehet hin nach Bethlehem und suchet fleißig nach dem Kindlein! Wenn ihr es gefunden habt, dann kommt wieder zu mir und sagt es mir! Dann will ich auch hingehen und das Kindlein anbeten." Da zogen die Weisen hin. Was wußten sie nun? In einer Stadt sind aber viele Häuser. Was wußten die Weisen noch nicht? Das Haus mußten sie noch suchen. Wer hatte schon vor ihnen das Jesuskind gesucht? Die Hirten konnten es auch leicht finden. Wer hatte ihnen ein Zeichen gegeben, woran sie das rechte Kind erkennen konnten? Nicht wahr, da wäre es gut, wenn auch jemand den Weisen das Haus zeigte! Und siehe, als die Weisen nach Bethlehem gingen, da war auch der Stern wieder da, den sie schon im Morgenlande gesehen hatten, und ging gerade vor ihnen her. Wie wurden die Weisen gewiß, als sie den schönen Stern wieder sahen? Sie wurden hocherfreut. Wo der Stern hin ging, da gingen sie auch hin. So kamen sie nach Bethlehem. Da blieb der Stern stehen — gerade über einem Hause. Welches Haus mußte das sein? Was werden nun die Weisen thun? (gehen in das Haus.) Wen werden sie in dem Hause gefunden haben? Was thaten sie wohl, als sie das Kindlein sahen? Sie knieeten nieder und beteten es an. Die Weisen

Stoffauswahl für den Gesinnungsunterricht im ersten Schuljahre.

hatten dem Kindlein auch etwas mitgebracht. Sie gaben ihm viel Gold und andere Geschenke, das Beste, was sie hatten.

Die Weisen wußten jetzt, welches Kind der Heiland war. Wem sollten sie es sagen, wenn sie das Kind gefunden hätten? Herodes aber war ein böser Mensch; er wollte das Kindlein nicht anbeten, er wollte es — töten. Warum wohl? Die Weisen hatten in Jerusalem gefragt: „Wo ist der Heiland, der neue König?" Wer war der alte König? Wenn nun Jesus König werden sollte, wie die Weisen meinten, — wer konnte dann nicht mehr König sein? Herodes wollte aber gern König bleiben. Was will er thun, damit Jesus nicht König werden soll? (töten.) Wer sollte ihm sagen, welches Kind das rechte wäre? (Weisen.) Wußten die Weisen, was Herodes vorhatte? Was hat er ihnen gesagt? (er wollte das Kindlein anbeten.) Darum wollen die Weisen wieder nach Jerusalem zum König Herodes gehen. Was wollen sie ihm sagen? Was hätte dann Herodes gethan? Wer wird das nicht zugeben? (Gott.) Wie kann Gott das Kindlein erretten? In der Nacht, als sie schliefen, schickte Gott den Weisen einen Traum. Und Gott sagte ihnen im Traum: „Ihr sollt nicht wieder zu dem König Herodes gehen; denn Herodes will das Kindlein töten!" Was werden nun die Weisen am andern Morgen gethan haben? (gingen nach Hause.) Aber sie gingen einen anderen Weg, als den sie gekommen waren. In welche Stadt zogen sie also nicht wieder?

Einprägen:

a) Erzählen im Zusammenhange von seiten des Lehrers:

Man wies die Weisen nach Bethlehem, und der König Herodes sprach: „Ziehet hin und suchet fleißig nach dem Kindlein, und wenn ihr es findet, so sagt es mir wieder, daß ich auch komme und es anbete!" Da gingen die Weisen hin. Und siehe, der Stern, den sie im Morgenlande gesehen hatten, ging vor ihnen her, bis daß er kam und stand oben über dem Hause, wo das Kindlein war. Als die Weisen den Stern sahen, wurden sie hocherfreut. Sie gingen in das Haus und fanden das Kindlein mit Maria, seiner Mutter. Und sie knieeten nieder und beteten es an und gaben ihm viel Gold und andere Geschenke, das Beste, was sie hatten.

Und Gott befahl den Weisen im Traum: „Ihr sollt nicht wieder zu Herodes gehen; denn er will das Kindlein töten!" Da zogen die Weisen einen andern Weg wieder in ihr Land.

b. Abfragen: Die Weisen suchen den Heiland. Wo suchen sie ihn zuerst? Was wird ihnen da gesagt? Nun wissen sie die Stadt, in welcher Jesus geboren ist. Wer zeigt ihnen aber das Haus? Wie ehren die Weisen das Christkind? Was hat ihnen der König Herodes gesagt? Was befiehlt aber Gott? Wem gehorchen die Weisen?

c. Erzählen von seiten der Kinder.

Darauf Erzählen der ganzen Geschichte, erst vom Lehrer, dann von den Kindern.

## II. Denken.

a) Vergleichen.

1. Wie zeigten die Weisen, daß sie sich über die Geburt des Heilandes freuten?

(Durch Unterfragen zu entwickeln:) machten eine weite Reise, beteten das Kindlein an, brachten ihm Geschenke.

Wie zeigten die Hirten, daß sie sich über die Geburt des Heilandes freuten? Sie gingen eilend hin und suchten das Kindlein, beteten es an, sagten andern Leuten davon, lobten Gott.

Wie zeigten Maria und Joseph, daß sie sich über die Geburt des Heilandes freuten?

(Denkt an den Vers: Da liegt es —): betrachten es froh.

Wer freut sich also darüber, daß der Heiland geboren ist? (Maria und Joseph, Hirten, Weisen.)

So ist es recht:

Alle Menschen sollen sich freuen, daß der Heiland geboren ist? Wer hat das gesagt? (Engel.) Wie sprach er?

„Siehe, ich verkündige euch große Freude, die allem Volke widerfahren wird; denn euch ist heute der Heiland geboren."

2. Womit wollten die Weisen dem Christkind eine Freude machen? (Geschenke.) Wem wir Freude machen, den haben wir lieb. Wen hatten die Weisen lieb?

Wie zeigten die Weisen, daß sie den Heiland lieb hatten?

Wer hatte den Heiland auch lieb? (Hirten, Maria und Joseph.)

Wie zeigte Maria, daß sie den Heiland lieb hatte?

Sie wickelte ihn in Windeln und legte ihn in eine Krippe — sorgte für das Kind.

Auch das war recht:

Alle Menschen sollen den Heiland lieb haben.

b) Zusammenfassen:

Worüber sollen sich alle Menschen freuen?

Wen sollen alle Menschen lieb haben?

Einprägen der entwickelten Sätze.

## III. Anwenden.

Alle Menschen sollen den Heiland lieb haben. Wen wollt auch ihr lieb haben?

Wie könnt ihr zeigen, daß ihr Jesus lieb habt?

Wie zeigten es die Weisen? Gold könnt ihr ihm nicht schenken. Warum nicht?

Stoffauswahl für den Gesinnungsunterricht im ersten Schuljahre.

Der Heiland ist auch jetzt im Himmel und braucht kein Gold mehr. Ihr könnt ihm aber noch etwas viel Besseres schenken als Gold, das Beste, was ihr habt. Was wollt ihr Jesus schenken? (Herz.) Da

„soll niemand drin wohnen,
als Jesus allein."

Wie könnt ihr also zeigen, daß ihr Jesus lieb habt? Die Weisen machten dem Kindlein Freude. Was müßt ihr auch thun, wenn ihr Jesus lieb habt? Über welche Kinder hat der Heiland keine Freude?

„Einem Kind, das Böses thut,
Dem ist das Christkind auch nicht gut."

Wie könnt ihr Jesus Freude machen? (fromm und brav sein.) Wen habt ihr dann lieb?

Wie könnt ihr also zeigen, daß ihr Jesus lieb habt? **Wir wollen ihm unser Herz schenken und fromm und brav sein.** Wenn ihr fromm und brav seid, dann ist euer Herz rein. Darum wollen wir beten, daß Jesus unser Herz rein macht, damit er darin wohnen kann:

„Ich bin klein;
Mein Herz mach rein;
Soll niemand drin wohnen,
Als Jesus allein." Amen.

## 2. Die Flucht nach Ägypten.

Bearbeitet für das 1. Schuljahr.

### Erster Abschnitt.

Ziel: Heute will ich euch erzählen, wie Maria und Joseph mit dem Christkind fliehen müssen.

**I. Anschauen.**

a) **Vorbereitung:** Fliehen heißt weglaufen. Wann lauft ihr denn weg? (wenn uns jemand etwas thun will.) Wenn euch jemand etwas Böses thun will, dann seid ihr in Gefahr. Wann flieht ihr also? — Wohin flieht ihr, wenn ihr in Gefahr seid? (nach Hause.) Wer macht dann, daß euch nichts Böses geschieht? (die Eltern.) Die Eltern behüten euch in der Gefahr.

b. **Darbietung:** Das Christkind war auch einmal in Gefahr; in welcher? (Vergl. letzten Abschnitt in der Geschichte „Die Weisen aus dem Morgenlande.") — Der König Herodes wollte das Christkind töten.

Warum wollte Herodes das Christkind töten? — (Jesus sollte nicht König werden; Herodes wollte selbst König bleiben.)

Wen hat Herodes nach Bethlehem geschickt, das Jesuskind zu suchen? —

(Die Weisen.) Was sollen sie thun, wenn sie das Kindlein gefunden haben? — (Zu ihm kommen; ihm sagen, wo das Kindlein ist.)

Nun wartet Herodes; auf wen wartet er? — (Auf die Weisen.)

Er wartet und wartet lange Zeit; er sieht wohl auch auf die Straße, die nach Bethlehem führt; warum? Wer kommt aber nicht?

Warum nicht? (Gott hat ihnen gesagt, sie sollten nicht wieder zu Herodes ziehen.)

Nun sind die Weisen schon lange fort von Bethlehem. Wohin sind sie wieder gegangen?

Was weiß nun der König Herodes nicht, weil die Weisen ihm nichts sagen dürfen? (welches Kind in Bethlehem der Heiland ist.)

Wie ist darum Herodes gewiß geworden, als er sah, daß die Weisen gar nicht wiederkamen? (böse.) Er wurde sehr zornig. Er dachte: „Wenn ich das Jesuskind nicht finde, dann kann es doch noch einmal König werden." War er damit zufrieden? Was will er gewiß doch noch thun? (das Kindlein töten.)

Was mag er jetzt thun wollen, um das Kind zu finden? (selbst suchen — seine Soldaten hinschicken.)

Die werden in Bethlehem in jedes Haus gehen und genau nachsuchen. Wer ist da wieder in Gefahr?

Doch einmal hat der Vater im Himmel sein Kind Jesus behütet; was wird er auch jetzt thun?

Wenn aber das Christkind in Bethlehem bleibt, — wer wird es dann auch finden?

Was können Maria und Joseph denn mit dem Kindlein thun, damit Herodes es nicht findet? — Sie müssen fliehen, weit, weit weg, in ein anderes Land.

Wußten denn Maria und Joseph, daß Herodes das Kindlein suchte? Dann werden sie auch wohl in Bethlehem bleiben. — Ihr habt mir aber eben gesagt: Der liebe Gott wird das Kindlein behüten. Wie kann er denn machen, daß Herodes das Christkind nicht findet?

Gott schickte dem Joseph des Nachts einen Traum. Im Traum sah Joseph einen Engel; der sprach: „Joseph, stehe auf, nimm das Kindlein und seine Mutter zu dir und fliehe nach Ägyptenland und bleibe da, bis ich es dir sage; denn Herodes sucht das Kindlein und will es umbringen!"

Wie ist Joseph gewiß geworden, als er hörte, daß das liebe Jesuskind in Gefahr war? (bange.) Er erschrak.

Was hat er gewiß schnell gethan? (Er stand auf.)

Wen weckte er auch?

Was hat er wohl der Maria erzählt? („Ich habe im Traum einen Engel gesehen; der hat gesagt, Herodes wollte unser Kindlein töten, wir sollten schnell nach Ägyptenland fliehen.)

Wer ist da gewiß auch erschrocken? (Maria.) Sie hat wohl auch geweint. Wo werden Maria und Joseph mit dem Kindlein nun nicht länger bleiben? Maria nahm das Kindlein auf den Arm und nun ging sie mit Joseph weg aus ihrem Hause, weg aus Bethlehem, weg aus dem Lande Kanaan.

Welche Tageszeit war es, als sie weggingen? Es war Nacht, dunkle Nacht. Warum konnte sie nicht warten, bis es wieder Tag wurde?

Warum brauchten sie sich auch nicht zu fürchten in der Nacht?

So gingen sie weiter, immer weiter. Wohin kamen sie endlich? (nach Ägypten.)

Wer kann da dem Jesuskind nichts thun? Warum nicht? (Herodes weiß nicht, wo das Christkind geblieben ist.)

Nun sagt mir, wer hat das Christkind behütet?

Was werden darum Maria und Joseph thun, weil sie nun nicht mehr vor Herodes bange zu sein brauchen? (Gott danken.)

Mit welchem Gebet hätten sie wohl Gott danken können?

"Danket dem Herrn; denn er ist freundlich und seine Güte währet ewiglich."

### Einprägen.

a) **Erzählen** im Zusammenhange von seiten des Lehrers:

Als Herodes sah, daß die Weisen nicht wiederkamen, wurde er sehr zornig. Und er schickte seine Soldaten aus; die sollten Jesus töten. Aber ein Engel erschien dem Joseph im Traum und sprach: "Joseph, stehe auf, nimm das Kindlein und seine Mutter zu dir und fliehe nach Ägyptenland und bleibe da, bis ich es dir sage; denn Herodes sucht das Kindlein und will es umbringen!" Da stand Joseph auf in derselbigen Nacht; er nahm das Kindlein und Maria zu sich, und sie zogen nach Ägyptenland.

b) **Abfragen:** Wer war in Gefahr?

In welcher Gefahr war das Christkind?

Was that Herodes zuerst, um das Christkind zu finden?

Wie wurde er, als die Weisen nicht wiederkamen?

Was that er nun, um das Christkind zu finden?

Wo dürfen darum Maria und Joseph mit dem Kindlein nicht bleiben?

Was müssen sie thun, weil das Christkind in Gefahr ist? (fliehen.)

Wer sagt ihnen das?

Wer hat den Engel geschickt?

Von wem kommt also der Befehl: "Stehe auf und fliehe nach Ägyptenland?

Warum sollen sie so weit fliehen?

Wie lange sollen sie in Ägypten bleiben? (bis der Engel wiederkommt.)

Wie gehorcht Joseph dem lieben Gott?

c) **Erzählen** von seiten der Kinder.

## Zweiter Abschnitt.

Ziel: Ich will euch jetzt erzählen, wie Joseph und Maria nach Kanaan zurückkehren.

### I. Anschauen.

Wo brauchten Joseph und Maria nicht vor dem König Herodes bange zu sein? (in Ägypten.)

Es war aber doch schlimm, daß sie in dem fremden Lande wohnen mußten. Denkt euch, ihr müßtet auch einmal fort von hier, weit fort, in ein fremdes Land! Hier ist das Haus, wo ihr so lange gewohnt habt. Wer hat euch hier lieb? (die Verwandten.)

Wo kennt ihr viele Leute? (hier.)

Wen kennt ihr im fremden Lande? (niemand.)

Wer hat euch dort lieb? (niemand.)

Niemand würde sich um euch bekümmern. Wie wäre das für euch, wenn ihr in einem fremden Lande wohnen müßtet? (traurig.)

Wo möchtet ihr dann gern wieder sein?

So war es auch mit Joseph und Maria in Ägyptenland. Wen kennen sie in Ägyptenland?

Welche Leute in Ägypten haben Joseph und Maria lieb?

Niemand bekümmert sich um sie.

Wo waren alle ihre Freunde und Bekannten? (Kanaan.)

Wo hätten sie darum gewiß wieder gern sein mögen?

Warum dürfen sie aber nicht wieder nach Kanaan gehen? (Der König Herodes würde sie finden und das Kindlein töten.)

Solange Herodes lebt, müssen sie in Ägypten bleiben. Wann dürfen sie wiederkommen? (wenn Herodes tot ist.)

Wer wird dann dem Joseph sagen, daß er wiederkommen kann? (Engel.)

Was hatte doch der Engel früher gesagt, wie lange sollte Joseph in Ägypten bleiben? (bis ich es dir sage.)

Einmal hatte Joseph wieder einen Traum. Da erschien ihm wieder der Engel, den er schon früher im Lande Kanaan gesehen hatte. Was wird er sagen?

Er sprach: Joseph, stehe auf, nimm das Kindlein und seine Mutter zu dir und ziehe wieder in das Land Kanaan; der König Herodes, der das Kindlein töten wollte, ist gestorben."

Wie wurde Joseph gewiß, als er hörte, daß er wieder nach Kanaan ziehen durfte?

Wem hat er das gewiß auch erzählt?

Was werden Maria und Joseph thun? (ziehen in das Land Kanaan.)

Sie gingen aber nicht wieder nach Bethlehem, sondern in eine andere Stadt;

Stoffauswahl für den Gesinnungsunterricht im ersten Schuljahre. 179

die heißt Nazareth. In Nazareth wohnten Joseph und Maria mit dem Christkind von nun an.

Einprägen.

a) **Erzählen im Zusammenhange von seiten des Lehrers**:
Als der König Herodes gestorben war, siehe, da erschien der Engel dem Joseph wieder im Traum in Ägyptenland und sprach: „Joseph, stehe auf, nimm das Kindlein und seine Mutter zu dir und ziehe hin in das Land Kanaan; der König Herodes, der das Kindlein töten wollte, ist gestorben." Da stand Joseph auf, nahm das Kindlein und Maria zu sich und kam in das Land Kanaan und wohnte in der Stadt Nazareth.

b) **Abfragen**: Wie lange mußten Joseph und Maria mit dem Christkind im fremden Lande bleiben? Wer sagte dem Joseph, daß er wieder nach Kanaan ziehen sollte? Wer hat auch jetzt den Engel geschickt? Wie gehorcht Joseph dem lieben Gott? In welcher Stadt wohnten Joseph und Maria mit dem Kindlein von nun an?

c) **Erzählen von seiten der Kinder**. — Darauf wird die ganze Geschichte erst noch einmal vom Lehrer, dann von den Kindern erzählt.

**II. Denken.**

a) **Vergleichen**:

1. Wem hätte es in unserer Geschichte schlimm ergehen können? — Was hätte dem Christkind geschehen können? — Wie sagt man von jemand, dem es so schlimm ergehen kann? Er ist in Gefahr.

Wie suchte Herodes das Christkind zuerst in seine Gewalt zu bekommen? (Die Weisen sollten ihm sagen, wo das Christkind wäre.) Was wollten die Weisen auch thun? (es ihm sagen.) Was hätte dann aber Herodes gethan? Wer war da also in Gefahr?

Was thut Herodes später, um das Christkind in seine Gewalt zu bekommen? (schickt seine Soldaten.) — Was hätte Herodes gethan, wenn die Soldaten das Christkind gefunden hätten? — Wer war da wieder in Gefahr?

Wir sehen in unserer Geschichte also ein Kind in Gefahr. Welches Kind ist es? — Sprich:

Das Christkind ist in Gefahr.

Wer macht aber, daß Herodes das Kindlein nicht töten kann? — Wie sorgt Gott dafür, daß die Weisen dem König nichts sagen? — Wie sorgt Gott dafür, daß die Soldaten das Kindlein nicht finden? — Was thut Gott also?

Gott behütet das Christkind.

Wir wollen von einem anderen Kinde hören, welches auch in Gefahr war. Wer weiß einen Laden, wo Bücher verkauft werden? — Da stehen am Fenster schöne Bilder. Wer hat die schon gesehen? — Auf einem Bilde sind zwei Kinder und ein Engel. Wer kennt das Bild? (Diejenigen Kinder, welche das Bild noch nicht kennen, werden aufgefordert, es anzusehen.) Wer sind die beiden Kinder? Ein Knabe und ein Mädchen. (Brüderchen und Schwesterchen.) Was thut das Mädchen? (pflückt Blumen.) Was hat auch der Knabe in der Hand? Beide hatten schon viele Blumen gepflückt; aber weiterhin standen noch viel schönere. Was thaten darum die Kinder? — Wenn sie noch etwas weiter gehen, dann kommen sie an eine Stelle, da hört auf einmal der Weg auf; da geht die Erde ganz gerade hinunter, tief, tief, so tief wohl, wie drei, vier Häuser aufeinander hoch sind. Wie heißt eine solche Stelle? (Abgrund.) Was kann leicht geschehen, wenn eins von den Kindern zu nahe an den Abgrund kommt? (hinabstürzen.) Wie wird es ihm dann ergehen, weil der Abgrund so tief ist? (umkommen.) — — Wer fliegt vor dem Knaben? (Schmetterling.) Wo hat der wohl vorher gesessen? (auf einer Blume.) Die wollte der Knabe abpflücken; was that da der Schmetterling? (flog auf.) Der Knabe will ihn gern näher besehen; deshalb läuft er ihm nach. Er läuft weiter und weiter und kommt näher, immer näher an den Abgrund heran. Aber er sieht den Abgrund gar nicht. Wonach sieht er nur? (Schmetterling.) Jetzt streckt er seine Hand nach ihm aus. Wo steht er aber schon? (dicht am Abgrund.) Was wird geschehen, wenn er noch einen Schritt weiter geht? — Was kann man da auch von dem Knaben sagen?

Der Knabe ist in Gefahr.

Aber hinter ihm steht jemand; wer? (Engel.) Der breitet seine Flügel über den Knaben aus. Er achtet genau auf den Knaben. Was wird er thun, wenn der Knabe fallen will? — Was kann darum dem Knaben nicht geschehen? — Wer hat den Kindern den Engel geschickt? — Wer ist es also, der den Knaben in der Gefahr behütet?

Gott behütet den Knaben.

In welcher Gefahr war das Christkind?

In welcher Gefahr ist der Knabe mit den Blumen?

Wie sorgt Gott dafür, daß dem Christkind kein Leid geschieht?

Wie sorgt Gott dafür, daß der Knabe mit den Blumen keinen Schaden leidet?

Was thut Gott also, wenn gute Kinder in Gefahr sind?

**Gott behütet die guten Kinder.**

2. Wer von euch hat schon das Bild gesehen, wie Maria und Joseph mit dem Jesuskind nach Ägypten fliehen? (Das Bild findet sich hier in vielen Häusern, kann auch vom Lehrer in einer illustrierten biblischen Geschichte vorgezeigt werden, z. B. in Wiedemann „Wie ich meinen Kleinen die biblischen Geschichten erzähle." S. 205.) Worauf reitet da Maria? (Esel.) Maria hätte wohl nicht den weiten Weg gehen können. Woher haben sie aber den Esel? (gekauft.) Was brauchen sie dazu? (Geld.) — Auf der weiten Reise müssen sie auch etwas essen. Was brauchen sie dazu, um sich Speise zu kaufen? (Geld.) — Wo sollen sie in

Ägypten wohnen? (Haus.) Wie bekommen sie das Haus? (kaufen, mieten.) Was brauchen sie auch dazu? (Geld.) Was haben sie also nötig, wenn sie nach Ägypten fliehen wollen? (viel Geld.) Ihr wißt aber, Maria und Joseph waren arme Leute. Woher haben sie denn das viele Geld? (Die Weisen haben dem Christkind Gold geschenkt.) Wer hat das wohl haben wollen, daß die Weisen das thun mußten? (Gott.) Wer sorgt also für das Christkind (und seine Eltern)?

Gott sorgt für das Christkind.

Ich kenne noch ein anderes Kind, für das der liebe Gott einmal gesorgt hat. Welches Kind meine ich? (Sternthalermädchen.) Was hatte das Mädchen nicht mehr? (kein Kämmerchen, um darin zu wohnen; kein Bettchen, um darin zu schlafen.) Was gab es auch noch weg? (Brot, Mützchen, Kleider, Röckchen, Hemdchen.) Was hatte es nun noch? Was geschah da, als es gar nichts mehr hatte? Was konnte sich das Mädchen für die Thaler nun wieder kaufen? — Wer sorgt für das gute Mädchen?

Gott sorgt für das gute Mädchen.

Wie sorgt Gott für das Christkind? — Wie sorgt Gott für das gute Mädchen? — Für wen sorgt also Gott:

Gott sorgt für die guten Kinder.

3. Was sagte der König Herodes den Weisen, als er sie nach Bethlehem schickte? (er wollte das Kindlein anbeten.) — Was will er aber thun? (das Kind töten.) Was ist das also, was der König sagt? (Lüge.) Wer glaubt das, was Herodes sagt? (Weisen.) Die kann er betrügen. Wer weiß aber, was Herodes denkt?

Gott weiß, was Herodes denkt.

Wen kann darum Herodes nicht betrügen?

Herodes kann Gott nicht betrügen.

Denkt an die Geschichte von dem Brüderchen und Schwesterchen, die einmal allein zu Hause waren! („Gott sieht alles" von Caspari; Lesebuch von Gabriel und Supprian, Ausgabe B, I. Teil: Mittelstufe Nr. 8. — Eingehende Behandlung wird vorausgesetzt.)

Was wollten Brüderchen und Schwesterchen thun? (naschen.)

Was wollten sie in der Speisekammer naschen?

Warum thaten sie es nicht? (Dort siehts der Nachbar.)

Was wollten sie in der Küche naschen?

Warum thaten sie es nicht? (Dort siehts die Nachbarin.)

Was wollten sie in dem Keller naschen?

Wer kann sie da nicht sehen? (Nachbar, Nachbarin.) Warum nicht? (Es ist dunkel.) Die Menschen können sie nicht sehen; darum können sie wohl die Menschen betrügen.

Warum konnten sie aber doch auch im dunklen Keller nicht naschen? (Gott sieht es.) Wer weiß es, was die Kinder im Dunklen thun?
Gott weiß, was die Kinder im Dunklen thun.
Wen können sie darum nicht betrügen?
Die Kinder können Gott nicht betrügen.
Wer weiß nicht, was Herodes denkt?
Wer weiß, was Herodes denkt?
Wer weiß nicht, was die Kinder im Dunklen thun?
Wer weiß, was die Kinder im Dunklen thun, wo kein Mensch hinsieht?
Was weiß also Gott?
**Gott weiß alles.**
Wen konnte Herodes betrügen?
Wen konnte er nicht betrügen?
Wen konnten die Kinder betrügen?
Wen konnten sie nicht betrügen?
Wen kann man also niemals betrügen?
**Man kann Gott nicht betrügen.**
Sprich: Gott weiß alles; man kann ihn nicht betrügen.
Das wollen wir in einem Verschen lernen:

> Die Wahrheit rede stets
> Und wag es nie, zu lügen!
> Du kannst die Menschen zwar,
> Doch niemals Gott betrügen.

Zusammenfassen:
Was thut Gott, wenn gute Kinder in Gefahr sind?
Wer sorgt für die guten Kinder?
Wen kann man nicht betrügen?
Warum nicht? (Sage das mit einem Verschen!)
Einprägen der Denkergebnisse.

### III. Anwenden.

Wer behütet die Kinder? Auch euch behütet Gott. Was hätte euch in der Nacht geschehen können? Wer hat euch behütet, daß euch in der Nacht kein Leid geschah? Was müßt ihr darum thun, wenn ihr am Morgen gesund und froh erwacht seid? Gott danken; ihn bitten, auch am Tage bei uns zu sein:

> Wie fröhlich bin ich aufgewacht,
> Wie hab ich geschlafen sanft die Nacht!
> Hab Dank, im Himmel du Vater mein,
> Daß du hast wollen bei mir sein.
> Nun sieh auf mich auch diesen Tag,
> Daß mir kein Leid geschehen mag! Amen.

Was wollt ihr des Abends thun, damit euch Gott in der Nacht behütet?

– Müde bin ich, geh zur Ruh,
Schließe meine Augen zu,
Will mich in mein Bettchen legen,
Gieb nun du mir deinen Segen.
Lieber Gott, das bitt ich dich:
Bleib bei mir, hab acht auf mich! Amen.

Gott höret eure Bitte. Was thut er, wenn ihr betet, er möge euch behüten? (Gott behütet uns.) Für wen sorgt Gott auch? (Gott sorgt auch für uns.)

Ihr habt schon ein Liedchen gelernt, darin heißt es auch, daß Gott die Kinder behütet und für die Kinder sorgt. Wie lautet es?

Aus dem Himmel ferne,
Wo die Englein sind,
Schaut doch Gott so gerne
Her auf jedes Kind;

Höret seine Bitte
Treu bei Tag und Nacht,
Nimmts bei jedem Schritte
Väterlich in acht;

Giebt mit Vaterhänden
Ihm sein täglich Brot,
Hilft an allen Enden
Ihm aus Angst und Not.

Sagts den Kindern allen,
Daß ein Vater ist,
Dem sie wohlgefallen,
Der sie nie vergißt!

Singen: Aus dem Himmel ferne.

---

## II. Abteilung. Zur Geschichte des Schulwesens, Biographien, Korrespondenzen, Erfahrungen aus dem Schul- und Lehrerleben.

## Die Verhandlungen über die Schulaufsichtsfrage auf der Specialkonferenz in Hannover bezw. auf dem deutschen evang. Schulkongreß.

In Verbindung mit dem IV. deutschen evang. Schulkongreß tagte am 4. und 5. Oktober v. J. in Hannover die auf Beschluß der preußischen Mitglieder des Centralausschusses des Kongresses zusammenberufene Specialkonferenz zur Förderung der Schulaufsichtsfrage. Da diese wichtige Angelegenheit in den letzten Jahren vielfach in Kreisen von Lehrern und Schulfreunden, in Kirchen- und Schulblättern, sonderlich im Evang. Schulblatte Gegenstand ernster und eingehender Besprechung gewesen ist, so ist es zweifelsohne für einen großen Teil der Leser

184　II. Abteilung. Zur Geschichte des Schulwesens, Biographien ꝛc.

des letztern von besonderem Interesse, über die Verhandlungen der erwähnten Konferenz Näheres zu erfahren. Es dürfte sich jedoch aus manchen Gründen empfehlen, bevor auf die Konferenz in Hannover eingegangen wird, in Kürze einen Blick auf die Vorgeschichte derselben zu werfen. Diese gehe deshalb voran.

**1. (Kongreß zu Frankfurt.)** Beim Zusammentreten des I. deutschen evang. Schulkongresses zu Frankfurt am Main im Jahre 1882 sandte eine Anzahl rheinischer Lehrer, — Mitglieder des Vereins evangelischer Lehrer und Schulfreunde in Rheinland und Westfalen — welche die Einladung zum Kongresse mit unterschrieben und sich zu den im Programm derselben ausgesprochenen christlichen Grundsätzen bekennen, an den Vorstand des Kongresses den dahingehenden Antrag\*):
Der Kongreß wolle eine Kommission oder einen sachkundigen Referenten und Korreferenten ernennen mit dem Auftrage, nach Maßgabe des Doppelgrundsatzes:

a) wenn irgend ein Anspruch des Schulamtes die kirchlichen Interessen nachweisbar schädigt oder auch nur gefährdet, so sei angenommen, daß er verkehrt oder mit einem Fehler behaftet ist und deshalb aufgegeben oder so modificiert werden muß, bis er mit den kirchlichen Interessen stimmt,

b) wenn dagegen bei einem Anspruch der Kirche oder des Pfarramtes nachweisbar die Schule oder das Schulamt zu kurz kommt, so muß er gleichfalls aufgegeben, oder passend modificiert werden —

die Schulaufsichtsfrage in ihrem ganzen Umfange zu untersuchen und dem nächsten Kongreß das Ergebnis dieser Untersuchung nebst entsprechenden praktischen Vorschlägen vorzulegen.

Die Antragsteller gingen dabei von der festen Überzeugung aus, daß der Kongreß, welcher dahin zu wirken strebt, daß die konfessionelle Schule erhalten und das Evangelium von Jesu die Grundlage der öffentlichen Schulbildung bleibe, um seiner selbst, um seines hohen Zweckes und Zieles willen, die ernste Pflicht habe, die Hindernisse, welche seiner Aufgabe hemmend und Gefahr für dieselbe in sich bergend entgegentreten, scharf ins Auge zu fassen und Mittel und Wege zu suchen, dieselben zu beseitigen. Solche Hemmnisse bezw. Gefahren für die Ziele des Kongresses liegen aber in der Schulaufsichtsordnung, wie sie in den meisten deutschen Landen herkömmlich besteht, vor. Indem dieselbe die Familienväter nicht in dem Grade in das Interesse der Schule hineinzieht, wie es für die Lösung der Aufgabe derselben zweckdienlich und darum wünschenswert ist, ihnen nicht die nötige Gelegenheit gewährt, die Schule zu hegen und zu pflegen, ihr Recht an derselben zu wahren, so wird dadurch vielfach der Indifferentismus gegen die Schule genährt. Die Schulinteressenten sind vielfach Schulindifferenten, haben kein Verständnis für den Wert und die Bedeutung der konfessionellen Schule, wodurch dieselbe in nicht geringem Grade gefährdet wird. Während ferner der Kongreß nach seinen Principien und in seinen Konsequenzen einen ehrenhaften, sittlich gesunden Lehrerstand will, werden diesem durch die in den meisten deutschen Landen bestehende herkömmliche Schulaufsichtsordnung, indem dieselbe auch die technische Schulaufsicht bis zur Lokalinstanz hin meistens in die Hände anderer

---

\*) Derselbe findet sich vollständig: S. 28—30 des „Evang. Schulblattes" 1883 und S. 121—123 der „Denkschrift des ersten Schulkongresses." Frankfurt am Main. Schriften-Niederlage des Evang. Vereins.

Stände und nicht in die der Schultechniker legt, die wichtigsten Bedingungen zur Entwicklung eines ehrenhaften, sittlich gesunden Standesssinnes, der sich durch Selbstzucht offenbart, vorenthalten, und da es nun vornehmlich die Geistlichen sind, welche die technische Aufsicht fast durchweg ausüben, so ist gerade dieses Moment nur zu sehr geeignet, einen bösen Zwiespalt, eine Kluft zwischen Pfarramt und Schulamt zu erzeugen und die Lehrer der Kirche zu entfremden, während der Kongreß nach seinen Principien einen Lehrerstand wünschen muß, welcher fest und treu zur Kirche steht.

Den Kongreß zu veranlassen, der vorliegenden Frage näher zu treten und dieselbe im Interesse der christlichen Schule zu der seinigen zu machen, war der ernste Beweggrund zur Einreichung des oben erwähnten Antrages. —

2. (Kongreß zu Kassel.) Auf Grund der durch diesen Antrag gegebenen Anregung kam die Schulaufsichtsfrage auf dem II. deutschen Schulkongreß zu Kassel im Jahre 1883 zur Verhandlung. Eingeleitet wurde dieselbe durch eine längere eingehende Arbeit des Herrn Pfarrer Zillessen aus Orsoy, sowie durch ein kürzeres Korreferat des Herrn Seminarlehrers Bochterle aus Eßlingen. Ersterer besprach in einem 1½ stündigen Vortrag unter zehn Gesichtspunkten die wesentlichsten Teile der Schulaufsichtsfrage und brachte auf Grund eingehender Untersuchungen vielfach Anschauungen zur Geltung, welche bei den Besuchern des Kongresses, bezw. bei allen denen, die ohne Voreingenommenheit an die Beurteilung der Schulaufsichtsfrage herantreten und sich dabei von dem allein richtigen Standpunkt leiten lassen: „Was thut der Schule zur Lösung ihrer Aufgabe not?" freudige Zustimmung fanden bezw. finden werden. Es würde jedoch zu weit führen, an diesem Orte näher auf die Arbeiten der genannten Herren einzugehen. Sie finden sich vollständig in der im Verlage der Schriften-Niederlage des Evang. Vereins zu Frankfurt a. M. erschienenen Denkschrift des II. deutschen evang. Schulkongresses S. 105—149. Auch ist der Vortrag des Herrn Zillessen in demselben Verlag in Separatabdruck zum Preise von 30 Pf. erschienen. Die Mitglieder des Vereins zur Erhaltung der christlichen Volksschule können denselben in Nr. 10 des 6. Jahrganges (1884) der „Monatlichen Mitteilungen" des genannten Vereins nachlesen. Da sich auch im 27. Jahrgang (1883) dieses Blattes auf S. 430—442 über die Verhandlungen der Schulaufsichtsfrage auf dem Kasseler Kongreß ein ausführlicher Bericht, welcher die vom Herrn Pfarrer Zillessen auf Grund seines Referates aufgestellten Thesen vollständig enthält, findet, so sei mit Hinweis darauf hier nur noch hervorgehoben, daß es zu einer Besprechung der Thesen und den in denselben gemachten Vorschläge zur Abhülfe der vom Referenten dargelegten Schäden nicht kam. Nach langen Debatten über Vorfragen einigte man sich zu der einstimmig angenommenen Resolution:

1. „Der II. evang. Schulkongreß wiederholt nachdrücklichst, daß es wesentlichster Teil seines Programms ist, dem deutschen Volke seine christliche und evangelisch-konfessionelle Volksschule zu erhalten oder wieder zu gewinnen."

2. „Eben darum ist der Kongreß bestrebt, für den innigsten Anschluß der Schule an die evangelische Kirche nach Kräften zu wirken, wie auch die wahren Interessen des Lehrerstandes zu schützen und zu fördern. Insonderheit erklärt er schon jetzt, daß überall da, wo es es noch nicht geschehen, die Ortsschulbehörde

so eingerichtet werden müsse, daß sämtliche Interessentenkreise, Staat, Kirche, Schulgemeinde und Schulamt völlig vertreten sind."

3. „In der Erwägung nun, daß in Bezug auf die Detailfragen der Ordnung der Schulinspektion die Verhältnisse in den verschiedenen Ländern Deutschlands geschichtlich geworden und vielfach sehr verschiedener Art sind, sieht sich der Kongreß für jetzt noch nicht in der Lage, über jene Frage in programmmäßiger und für alle Verhältnisse unseres Vaterlandes gleichmäßig gültiger Weise sich auszusprechen. Der Kongreß beauftragt aber den ständigen Ausschuß, auf Grund eingehender Erwägungen, dem nächsten Kongreß bestimmte Vorschläge zu einer Reform der Schulaufsicht dort, wo sie besonders notwendig erscheint, zu machen."

III. 3. (Schulkongreß zu Stuttgart.) Behufs Ausarbeitung dieser dem Schulkongreß, welcher vom 30. Septbr. bis 3. Oktbr. 1884 in Stuttgart tagte, vorzulegenden Vorschläge wurde von dem Central-Ausschuße des Kongresses eine Kommission gebildet, bestehend aus dem Vorsitzenden des Kongresses, Direktor Dr. Leimbach-Goslar, Dekan Strack-Langgöns, Dekan Kübel-Eßlingen, Pfarrer Zilleßen-Orsoy, Seminarlehrer Bochterle-Eßlingen und Hauptlehrer Hogeweg-Broich bei Mülheim a. d. R. Vom Pfarrer Zilleßen wurde ein Promemoria, an welches sich bestimmte Anträge hinsichtlich einer Reform der Schulaufsicht schloßen, ausgearbeitet und den übrigen Mitgliedern der Kommission zur Begutachtung im Laufe des Sommers 1884 zugesandt. Zweimal machten die Boten den Kreislauf bei den genannten Herren, ohne daß die Verhandlungen vor dem Zusammentritt des Kongresses zu einem günstigen Resultate führten. Besonders war hinsichtlich der Einrichtung und der Rechte der Lokalaufsicht keine Einigung zu erzielen, da namentlich Dekan Kübel sich mit der Beseitigung des Lokalschulinspektors in der Ortsschulbehörde und der Übertragung der nächsten Leitung der Schule an den Lehrer — an mehrklassigen Schulen an den dem Lehrerkollegium angehörigen Dirigenten (Hauptlehrer, Oberlehrer, Rektor) — nicht befreunden konnte, diese Leitung vielmehr im Interesse der Kirche in die Hand der Geistlichen gelegt bezw. in derselben erhalten wissen wollte, während Hauptlehrer Hogeweg glaubte, wesentlich folgende Punkte aufrecht halten zu sollen:

1. Die Lokalaufsicht wird am zweckmäßigsten durch ein für jede Schule zu bildendes Aufsichtskollegium (Schulvorstand) ausgeübt. —

2. In diesem Kollegium muß die kirchliche Gemeinde durch den Pfarrer, die bürgerliche Gemeinde durch den Bürgermeister, die Schulgemeinde durch etliche Glieder derselben und die Schule durch den Lehrer bezw. den Hauptlehrer (Oberlehrer, Rektor) vertreten sein. — Der Aufsicht des Schulvorstandes unterliegt das ganze innere und äußere Gebiet der betreffenden Schule, mit Ausschluß der methodisch-technischen Seite der Schularbeit. Wohl kann der Schulvorstand auch von dieser letzteren Seite der Schularbeit Kenntnis nehmen, aber er besitzt in dieser Hinsicht nicht die Rechte einer wirklichen Behörde. —

3. Jede mehrklassige Schule muß einen dem Lehrerkollegium angehörigen Dirigenten (Hauptlehrer, Oberlehrer, Rektor) haben, welcher für die Einheitlichkeit der Schularbeit zu sorgen hat. —

Vergebens wurde in einer Kommissionssitzung, welche in Stuttgart vor den

Verhandlungen der Delegierten-Versammlung über die Schulaufsichtsfrage stattfand, noch einmal versucht, durch mündliche Verhandlung eine Einigung zu erzielen auf Grund folgender vom Pfarrer Zilleßen neu aufgestellter Thesen:

Der III. Deutsche Evang. Schulkongreß ersucht den Central-Ausschuß:

1. Derselbe wolle, so weit es ihm erforderlich erscheint, die geeigneten Schritte thun, um darauf hinzuwirken, daß die Konfessionalität des öffentlichen Volksschulwesens — unbeschadet der Freiheit und des Rechts derjenigen Eltern, welche nun einmal durchaus keine konfessionelle Schulerziehung ihrer Kinder mehr wollen — in den verschiedenen deutschen Staaten durch Gesetz garantiert bezw. wieder hergestellt werde.

2. Derselbe wolle zur Förderung der Schulaufsichtsfrage die Abfassung einer Denkschrift veranlassen, in der u. a. folgende Grundsätze Beachtung finden:

a) Die historisch gewordenen Eigentümlichkeiten des Schulwesens in den einzelnen Ländern bezw. Gegenden sind möglichst zu respektieren;

b) die Schulaufsicht ist so einzurichten bezw. abzuändern, daß die Berufsfreudigkeit und Würde des Lehrerstandes durch sie nicht geschädigt wird;

c) die verschiedenen Interessentenkreise der Volksschule sind bei der Schulaufsicht entsprechend und genügend zu berücksichtigen. (Insbesondere ist dem Lehrerstande im Schulvorstande bezw. in der Ortsschulbehörde eine vollgültige Vertretung allenthalben zuzuerkennen);

d) an mehrklassigen Volksschulen ist nach Analogie der höheren Schulen eine einheitliche Leitung des Schulorganismus durch einen Hauptlehrer bezw. Rektor — unter hinlänglicher Bewahrung der Stellung und der Rechte der Klassenlehrer — einzurichten. (Überhaupt ist eine zweckentsprechende Abstufung innerhalb des Lehrerberufs zu erstreben);

e) die Lokalschulinspektion ist nach Möglichkeit in eine Ortsschulpflege unter Vorsitz des Pfarrers bezw. eines der Pfarrer — mit Ausnahme derjenigen Städte, in welchen Lokalschulinspektoren in selbständigem Amte Bedürfnis sind — zu verwandeln;

f) für diejenigen Stufen der Schulaufsicht, welchen das Recht zuerkannt wird, den Lehrern in schultechnischer Hinsicht Vorschriften zu machen oder Befehle zu erteilen, ist der Nachweis fachmännischer Qualifikation zu verlangen;

g) der Konfessionalität der Volksschulen entsprechend ist auch die Schulaufsicht konfessionell zu gestalten.

3. Der Central-Ausschuß wolle es nach Kräften auf dem ihm geeignet erscheinenden Wege zur Anerkennung zu bringen suchen, daß es das Interesse der Kirche wie der Schule erheischt:

a) daß aus den mit dem Schulamte verbundenen kirchlichen Nebenämtern alles entfernt werde, was der socialen Stellung der Lehrer in der Gegenwart nicht mehr entspricht;

b) daß die Pfarrer das staatliche Lokalschulinspektorat, solange es in seiner gegenwärtigen Gestalt besteht, weniger im Bewußtsein weltlicher Überordnung, als im Geiste brüderlicher und helfender Liebe verwalten, und daß sie zumal in methodisch-technischer Hinsicht eine Förderung des Schulwesens mehr durch Rat und Belehrung, als durch Vorschrift und Befehl zu erstreben suchen.

Aber schon an al. d der 2. These scheiterte auch dieser Versuch zur Einigung. Die Verhandlungen in der 1. Sitzung der Delegierten teilten dasselbe

Los. In derselben wurden die vorstehenden Thesen unter 1, 2a, 2b und der Satz unter 2c einstimmig angenommen und die Einschaltung unter 2c „Insbesondere ist ꝛc." in folgender Fassung einhellig zur besondern These erhoben: „Dem Lehrerstande ist allenthalben da, wo es noch nicht der Fall ist, im Schulvorstande bezw. in der Ortsschulbehörde eine vollgültige Vertretung zuzuerkennen." Über das Hauptlehrer- (Oberlehrer- Rektor-) Amt war jedoch keine Verständigung zu erzielen und führten die Verhandlungen nicht über diesen Punkt (siehe oben 2d) hinaus. Die Gegner wollten das Dirigenten-Amt in den Händen der Geistlichen belassen haben. In einer nochmaligen Sitzung sah man nach langer Debatte endlich davon ab, sich zu weiteren positiven Vorschlägen zu vereinigen und faßte folgende einstimmig angenommene Resolution:

> Die sorgsamen und eingehenden Arbeiten der von dem Central-Ausschuß zur Förderung der Schulaufsichtsfrage ernannten Kommission haben herausgestellt, daß die Verhältnisse in den einzelnen Staaten Deutschlands zu verschiedenartig liegen, als daß ein weiteres gemeinsames und ins Detail der Schulaufsichtsordnung eintretendes Vorgehen seitens des Kongresses vorderhand möglich wäre. Die Delegierten-Versammlung hat demzufolge beschlossen, es den Angehörigen derjenigen deutschen Staaten, in welchen eine Änderung bezw. Besserung der Schulaufsicht erforderlich ist, anheimzugeben, eine solche ihren besonderen Verhältnissen und dem Grundsatze des Kongresses entsprechend zu erstreben. Zu gleicher Zeit hat dieselbe sich veranlaßt gesehen, ihr tiefes Bedauern darüber auszusprechen, daß es immer noch deutsche Landesteile giebt, in welchen der Lehrerstand nicht im Schulvorstande bezw. in der Ortsschulbehörde vertreten ist."

**4. Specialkonferenz in Hannover.** Auf Grund dieser Resolution kam dann zur weitern Verhandlung im Oktober v. J. die Specialkonferenz in Hannover zustande. Die in Stuttgart anwesenden Mitglieder des Central-Ausschusses aus Preußen faßten nämlich sofort den Beschluß, zur Förderung der Schulaufsichtsfrage für das Königreich Preußen eine aus Vertretern der verschiedenen preußischen Provinzen zusammengesetzte Specialkonferenz zu berufen, und wurde derselbe von dem Vorsitzenden Dr. Leimbach in der letzten öffentlichen Hauptversammlung des Stuttgarter Kongresses zur Kenntnis der Mitglieder gebracht. Das Jahr 1885 verstrich jedoch, ohne daß eine Einladung zu der gedachten Konferenz erfolgen konnte. Nachdem sodann die Angelegenheit anfangs 1886 wieder in Anregung gebracht war, wurde endlich beschlossen, die Specialkonferenz in Verbindung mit dem IV. deutschen evang. Schulkongreß in Hannover zusammen treten zu lassen. Auf Vorschlag des Vorsitzenden des Kongresses (Dr. Leimbach) sollten die Verhandlungen in der Weise erfolgen:

a) daß ein (rheinischer) Lehrer die der Beratung zu Grunde zu legenden Thesen, die vorher mitgeteilt und vervielfältigt werden sollten, in der Konferenz kurz begründe; —

b) daß dann ein Geistlicher dieselben nach ihrer Stellung zu den Rechten der Kirche prüfe, während

c) ein höherer Schul- und Regierungsbeamter diese Thesen und etwaige Anträge hinsichtlich der praktischen Durchführbarkeit bespräche. —

Warum man später von diesem Vorschlage abging, ist dem Schreiber dieser Zeilen nicht bekannt. Die anfangs September erfolgte Einladung zur Specialkonferenz wies darauf hin, daß die Verhandlungen derselben auf Grund der vom Pfarrer Zillessen in Orsoy verfaßten und — „Nochmals die Schulaufsichtsfrage" — betitelten Broschüre stattfinden würden. Genannte Schrift ist im Verlage von C. Bertelsmann in Gütersloh erschienen und zum Preise von 1 M. durch den Buchhandel zu beziehen. Sie wurde von dem Verfasser den Personen, von denen man annehmen durfte, daß sie an der Konferenz teilnehmen würden, vorher zur Orientierung übersandt. Dieselbe behandelt in 15 Kapiteln unter folgenden Überschriften die bei der Schulaufsichtsfrage in Betracht kommenden Gesichtspunkte: 1. Die Sachlage im allgemeinen, 2. Der deutsche Schulkongreß und die Schulaufsichtsfrage, 3. Schulaufsicht und Schulorganisation, 4. Der Kern der Schulaufsichtsfrage, 5. Der veränderte Charakter der Schulaufsicht, 6. Begründete Besorgnisse und unerläßliche Garantien, 7. Pfarrer- und Lehrer-Beruf in ihrer inneren Verwandtschaft und engen Zusammengehörigkeit, 8. Der berechtigte Anspruch des Lehrerstandes auf Selbständigkeit, 9. Sind die Pfarrer die Kirche und die Lehrer die Schule? 10. Die Eingliederung des Lehrerstandes in den Organismus der Kirche, 11. Die schultechnische Befähigung der Pfarrer, 12. Ortsschulaufsicht und Lokalschulinspektor, 13. Der Pfarrer als staatlicher Lokalschulinspektor, 14. Der Pfarrer als Vorsitzender des Schulvorstandes bezw. der Ortsschulbehörde und 15. Die Kreisschulinspektion." — In einer Schlußbetrachtung ist dann der Hauptinhalt der Schrift in elf Sätzen zusammengefaßt. Dem Buche war auf einem besonderen Blatte folgendes Schriftstück beigefügt:

„In der dem IV. deutschen evang. Schulkongreß zu Hannover vorangehenden preußischen Specialkonferenz zur Behandlung der Schulaufsichtsfrage wird der Antrag gestellt werden:

Die Specialkonferenz wolle vorderhand von weiteren Maßnahmen in der Schulaufsichtsfrage Abstand nehmen und wolle nur — zur Vermeidung sonst drohender Zerspaltung den in der „Nochmals die Schulaufsichtsfrage" betitelten Broschüre des Pfarrers Zillessen ausgesprochenen Gedanken allen Freunden des Reiches Gottes und der christlichen Volksschule zu sorgsamer Erwägung empfehlen." —

Doch nun zur Konferenz selbst.

Dieselbe war von vielen hervorragenden Mitgliedern des Kongresses aus fast allen preußischen Provinzen: Schulräten, Geistlichen, Lehrern und Schulfreunden besucht und tagte unter dem Vorsitz der beiden Gymnasialdirektoren Lic. Dr. Leimbach aus Goslar und Professor Lic. Dr. Kolbe aus Treptow a. d. Rega. Nachdem die Sitzung durch Gesang und Gebet eröffnet worden, wies der erste Vorsitzende Lic. Dr. Leimbach zunächst auf den eben mitgeteilten Stuttgarter Beschluß der preußischen Mitglieder des Central-Ausschusses, auf Grund dessen die Konferenz berufen sei, hin und hob sodann die Gründe hervor, warum dieselbe nicht schon im Jahre 1885 habe stattfinden können.

Zu dem Thema der Verhandlung übergehend, stellte derselbe sodann den Antrag, den Beratungen über die Schulaufsichtsfrage folgende in der Schlußbetrachtung der Schrift des Pfarrer Zillessen aufgestellten elf Thesen, welche oben bereits kurz erwähnt wurden, zu Grunde zu legen:

1. „Die verschiedenartige Stellung zu der Schulaufsichtsfrage darf um der

Liebe willen zu Christo, unserem Heilande, die Jünger Jesu oder die Freunde der christlichen Volksschule nicht trennen."

2. „Die Liebe zu Christo und zu seinem Reiche verpflichtet nun aber auch alle treuen Jünger Jesu oder alle Freunde des christlichen Volksschulwesens, mit ganzem Ernst den allein guten, wohlgefälligen und vollkommenen Gotteswillen auch in der Schulaufsichtsfrage zu erforschen. Daran, ob die gläubigen Christen der Gegenwart sich in Behandlung der auf dem Volksschulgebiete vorliegenden Fragen wirklich von dem Geiste der Liebe und Gerechtigkeit Christi leiten lassen, dürfte es abhängen, ob die christliche oder nichtchristliche Strömung auf dem Gebiete des öffentlichen Volksschulwesens den Sieg davon trägt."

3. „Die Schulaufsichtsfrage kann nicht in richtiger und nach allen Seiten hin befriedigender Weise erledigt werden, ohne gleichzeitige oder vorhergehende gesunde und richtige Regelung der Schulorganisationsfrage. Inbetreff der letzteren ist zu fordern, daß der Kirche ein Recht der Mitwirkung bei der Lehrerbildung und bei der Anstellung der Lehrer und der Schulinspektoren zuerkannt werde. Ebenso muß dem Pfarrer als solchem Sitz und Stimme im Schulvorstande bezw. in der Ortsschulbehörde gewährt werden."

4. „Solange die vorstehend geforderte Reorganisation des Volksschulwesens nicht erfolgt ist und insonderheit, solange das Schulaufsichtsgesetz vom 11. März 1872 bestehen bleibt, welches dem Staate allein die Schulaufsicht (nicht bloß die Oberaufsicht) zuweist und die Kirche principiell von der Schulverwaltung ausschließt, sind die Pfarrer verpflichtet, sich mit der staatlichen Schulinspektion betrauen zu lassen. Die Übertragung der Lokal-Schulinspektion an andere Persönlichkeiten, als die Pfarrer, liegt weder im Interesse der Kirche, noch der Schule, noch des Staates."

5. „Alles, was geeignet ist, die Einmütigkeit des Geistes und das herzliche Einvernehmen zwischen Pfarrer und Lehrer zu stören, muß aus dem Wege geräumt werden. Die gegenwärtige staatliche Lokalschulinspektion der Pfarrer wirkt auf das eine wie auf das andere nachteilig ein, indem sie den Pfarrern eine (weltliche und fachmännische) Überordnung über die Lehrer gerade auf dem Gebiete verleiht, auf dem nicht ihre, sondern der Volksschullehrer besondere Berufsthätigkeit und darum auch besondere Ausbildung liegt."

6. „Dem Volksschullehrerstande, der in früheren Zeiten ein Pfarrgehülfenstand war, darf es nicht länger verwehrt werden, daß ihm die Selbständigkeit, zu der er gegenwärtig innerlich berechtigt ist, auch äußerlich verliehen wird. Dieser Selbständigkeit steht das staatliche Lokalschulinspektorat der Pfarrer, von dem das Moment fachmännischer Überordnung nun einmal nicht zu trennen ist, hindernd im Wege, indem dasselbe den Volksschullehrerstand als solchen noch immer in einer nicht mehr zeitgemäßen Abhängigkeit von dem Stande der Pastoren erscheinen läßt."

7. „Die Volksschullehrer sind nicht bloß als staatliche bezw. Kommunalbeamte, sondern auch als kirchliche und zwar als hervorragend wichtige kirchliche Beamte anzusehen. Sie bedürfen darum auch zur Ausübung ihres Berufes eines kirchlichen Auftrages, wie es denn andrerseits auch im Interesse der Kirche dringend geboten ist, dem Volksschullehrerstande als solchem eine Eingliederung in den Organismus der Kirche zu gewähren."

8. „An mehrklassigen Volksschulen ist die nächste fachmännische Leitung und Beaufsichtigung (Schulinspektion) — allerdings unter genau gezogenen und die

Rechte der übrigen Lehrer hinlänglich wahrenden Grenzen — dem ersten Lehrer als Hauptlehrer oder Rektor zu übertragen."

9. „Der örtlichen Schulverwaltung steht im Unterschied von der fachmännischen Schulinspektion nur diejenige Leitung und Beaufsichtigung zu, welche unter dem Namen der Schulpflege zu befassen ist. Der Lehrerstand muß in der örtlichen Schulverwaltung seine vollgültige Vertretung finden. Der Vorsitz im Schulvorstande ist dem Pfarrer zu übertragen, ebenso in der Gesamt-Orts-Schulpflege, letzteres unter der Voraussetzung, daß nicht Schulen verschiedener Konfession in der betr. Kommune vorhanden sind."

10. „Außer dem Hauptlehrer an mehrklassigen Schulen und dem dem Kreisschulinspektor entsprechenden städtischen Schulinspektor in größeren Städten bedarf es einer Lokalschulinspektion (sachmännischen Schulaufsicht) nur dann, wenn ein noch nicht zu selbständiger Leitung einer Schule berechtigter Schulgehülfe an einer einklassigen Volksschule angestellt ist. Zu seinem Lokalschulinspektor ist entweder der Pfarrer des Orts oder ein hierzu qualifizierter Lehrer in unmittelbarer Nachbarschaft zu ernennen. Abgesehen von diesen drei Fällen bedarf es — die früher geforderte anderweitige Regelung des Verhältnisses von Kirche und Schule vorausgesetzt — keines Lokalschulinspektors."

11. „Für die Kreisschulinspektion im Hauptamte (die selbstverständlich eine konfessionell gesonderte sein muß) ist neben der sachmännischen Qualifikation eine nach dem Urteil der Kirche selbst genügende kirchliche Qualifikation zu verlangen. Die Kreisschulinspektoren müssen Persönlichkeiten sein, die einerseits in dem Glauben der Kirche fest gewurzelt, andrerseits von warmer Liebe, wie zu dem Staate, so auch zu ihrer Kirche erfüllt sind."

Pfarrer Zillessen brachte dagegen den seiner Schrift beiliegenden, oben bereits vollständig mitgeteilten Antrag ein, nach welchem die Specialkonferenz vorderhand von weiteren Maßnahmen in der Schulaufsichtsfrage Abstand nehmen möge.*)

Ein dritter Antrag, welcher in gedruckten Exemplaren zur Verteilung kam und von den Vertretern des Vereins evang. Lehrer und Schulfreunde in Rheinland und Westfalen (Hogeweg, Stock, Krebber) eingebracht wurde, hat folgende Fassung:

Nach sorgsamer Erwägung der in der „Nochmals die Schulaufsichtsfrage" betitelten Broschüre des Herrn Pfarrers Zillessen ausgesprochenen Gedanken, sowie auf Grund der auf dem 2. und 3. Schulkongreß hinsichtlich der Schulaufsicht bereits angenommenen Thesen, erklärt die Special-Konferenz im Interesse der Kirche und der christlichen Volksschule:

---

*) Anm. der Redakt.. Die Leser werden sich wundern, daß gerade Pfarrer Zillessen, dessen Entgegenkommen und Eintreten der Antrag der rheinischen Lehrer wesentlich seine Erfolge verdankt, diesen Antrag eingebracht und schon seiner Broschüre beigelegt hat. Zur Erklärung möge die vertrauliche Mitteilung dienen, er habe nach der Lage der Dinge vorderhand seine Wünsche nicht glaubte höher spannen zu dürfen, als daß seine Broschüre „Nochmals die Schulaufsichtsfrage" der Beachtung und sorgfältigen Erwägung empfohlen werde. Hätte sie gewirkt und auch in ihrer reformfeindlichen Kreisen überzeugt, daß es sich bei der Schulaufsicht um eine Vitalfrage der konfessionellen Schule handelt, so möchte man weiter gehen. Z. hat sich sicherlich nicht am wenigsten darüber gefreut, daß er die Sachlage zu pessimistisch angesehen hat. — Ich meinesteils bedauere nur, daß die Verhandlungen statt aus dem Jahre 1880 nicht aus dem Jahre 1860 etwa datieren.

Horn.

1. Die Ortsschulbehörde ist so einzurichten, daß sämtliche Interessentenkreise: Staat, Kirche, bürgerliche Gemeinde, Schulgemeinde und Schulamt vollgültig vertreten sind. (Auf dem 2. und 3. Schulkongreß bereits angenommen.)

2. Die Lokal-Aufsicht (Lokal-Schulpflege) ist bemeutsprechend durch ein für jede Schule zu bildendes Aufsichtskollegium (Schulvorstand), in welchem die kirchliche Gemeinde durch den Pfarrer, die bürgerliche Gemeinde durch den Bürgermeister, die Schulgemeinde durch etliche Glieder und die Schule durch den Lehrer bezw. den Hauptlehrer (Oberlehrer, Rektor) vertreten sein muß, auszuüben.

Dieses Kollegium steht zu dem Lehrer in demselben Verhältnis, wie das Presbyterium oder der Gemeindekirchenrat zu dem Pfarrer.

Seiner Aufsicht unterliegt das ganze innere und äußere Gebiet der betreffenden Schule, mit Ausschluß der methodisch-technischen Seite der Schularbeit. Wohl kann der Schulvorstand auch von dieser letzteren Seite der Schularbeit Kenntnis nehmen, aber er besitzt in dieser Hinsicht nicht die Rechte einer wirklichen Behörde.
(Kasseler These VIII, al. 4.) (Denkschrift-Schlußbetrachtung, 9.)

3. Jede mehrklassige Schule muß einen dem Lehrerkollegium angehörigen Dirigenten (Hauptlehrer, Oberlehrer, Rektor) haben, welcher für die Einheitlichkeit der Schularbeit zu sorgen hat.
(Kasseler These VII, al. 1.) (Denkschrift-Schlußbetrachtung, 8.)

4. Die Kreisschulaufsicht ist durch selbständige Kreisschulinspektoren auszuüben.

In der Regel sind zu diesem Amte solche Männer zu berufen, welche im praktischen Volksschuldienste gestanden haben. Wird die Kreisschulinspektion Personen aus anderen Berufsarten übertragen, so ist der Nachweis fachmännischer Qualifikation zu verlangen.

Die Kreisschulaufsicht ist so einzurichten, daß dieselbe konfessionell gesondert bleibt. (Kasseler These X). (Denkschrift-Schlußbetrachtung, 11).

Der Antrag des Herrn Pfarrer Zilleßen fand keinen Anklang, und fand sich für denselben nur eine äußerst bescheidene Minorität. Dagegen wurde nach längerer, lebhafter Debatte auf Antrag eines Regierungsschulrats fast einstimmig — nur ein Mitglied stimmte dagegen — beschlossen: auf Grund des dritten Antrages (siehe oben) in die weiteren Verhandlungen über die Schulaufsichtsfrage zu treten.

Es würde zu weit führen auf das Detail der weitern Diskussion näher einzugehen. Wir resumieren daher:

These 1: — Die Einrichtung der Ortsschulbehörde betreffend — wurde einstimmig angenommen.

Desgleichen These 3: — Die Leitung der mehrklassigen durch einen dem Lehrerkollegium angehörigen Dirigenten. — Diese These war allen Anwesenden so selbstverständlich, daß dieselbe ohne jegliche Debatte einstimmig angenommen wurde.

These 2 al. 1: — Zusammensetzung der Lokal-Aufsicht — wurde mit sehr großer Majorität unter der Bedingung angenommen, daß dieser Passus von einer Kommission mit den nötigen Zusätzen versehen würde, damit er für alle Provinzen des preußischen Staates zutreffend sei.

These 2 al 2: — „Dieses Kollegium u. f. w." — wurde, als nur eine Deklaration enthaltend, gestrichen.

These 2 al. 3: — Rechte der Lokal-Aufsicht — wurde ebenfalls mit sehr großer Majorität angenommen, die Kommission aber beauftragt, einen besonderen Passus über den Vorsitz der Lokal-Aufsicht in dieses Alinea aufzunehmen, sowie durch ein **besonderes Alinea zu These 2** die Leistung solcher einklassigen Schulen, an welcher zu selbständiger Leitung einer Schule noch nicht berechtigte Lehrpersonen angestellt sind, zu normieren.

Der vorgerückten Zeit wegen wurde dann nach beinahe vierstündiger Verhandlung die Sitzung geschlossen und die nächste Sitzung auf 8 Uhr des folgenden Tages anberaumt. — Über die im ganzen so einstimmig geführten Verhandlungen herrschte eine allgemeine Befriedigung unter den Teilnehmern derselben, und waren besonders die Lehrer durch das kräftige Eintreten für die aufgestellten Thesen seitens der anwesenden Schulräte angenehm berührt.

Die Kommission, zu welcher Regierungsrat Haupt-Erfurt, Pfarrer Zillessen-Orsoy, Pfarrer und Kreisschulinspektor Kupke-Pasewalk, Lehrer Hahn-Zillerthal, Kantor Schulze-Wolfsburg, die Hauptlehrer Stock-Elberfeld und Hogeweg-Broich bei Mülheim a. d. R. gehörten, erledigte sich ihrer Aufgabe so frühzeitig, daß am andern Morgen (5. Oktober) die Verhandlungen der Specialkonferenz bereits etwas nach 8 Uhr ihren Fortgang nehmen konnten. Man hielt sich, obgleich von einer Seite ein etwas abweichender Antrag eingebracht wurde, im allgemeinen an den empfangenen Auftrag, glaubte aber in die der Specialkonferenz zu machenden Vorlage einige Sätze behufs Empfehlung und Verbreitung der Schrift des Pfarrers Zillessen aufnehmen zu sollen.

In der **zweiten Sitzung der Specialkonferenz** (5. Oktober) wurden die einzelnen Positionen der Kommissions-Arbeit nochmals diskutiert und mit einigen kleinen Abänderungen teils einstimmig, teils mit sehr großer Majorität angenommen und das Ergebnis der Verhandlungen in folgende Resolution zusammengefaßt:

Die gleichzeitig mit dem IV. Deutschen evangelischen Schulkongreß zu Hannover tagende vertrauliche Versammlung zur Förderung der Schulaufsichtsfrage, welche von christlich gesinnten Schulmännern und Schulfreunden aus fast allen preußischen Provinzen besucht ist, faßt teils einstimmig, teils mit großer Majorität folgende Beschlüsse:

1. Sie spricht dem Verfasser der Broschüre: „Nochmals die Schulaufsichtsfrage", Herrn Pfarrer Zillessen in Orsoy den wärmsten Dank aus für seine eingehende und umsichtige Behandlung der Schulaufsichtsfrage.

2. Sie empfiehlt die in der genannten Broschüre ausgesprochenen Gedanken allen Freunden des Reiches Gottes zu sorgsamer Erwägung und ersucht dieselben, für möglichste Verbreitung dieser Broschüre Sorge zu tragen.

3. Sie hält dafür, daß in der genannten Broschüre geeignete Wege angezeigt sind, um die Volksschule in enger Verbindung mit der Kirche zu erhalten und doch den berechtigten Wünschen des Lehrerstandes Rechnung zu tragen.

4. Insonderheit hält sie dafür, daß die Ortsschulbehörde so einzurichten ist, daß sämtliche Interessentenkreise: Staat, Kirche, bürgerliche Gemeinde, Schulgemeinde und Schulamt vollgültig vertreten sind.

5. Die **Orts=Schulaufsicht** (Orts=Schulpflege) ist dementsprechend durch ein für jede Schule zu bildendes Aufsichtskollegium

(Schulvorstand), in welchem der Staat durch einen beauftragten Vertreter, die kirchliche Gemeinde durch den Pfarrer, die bürgerliche Gemeinde durch den Bürgermeister (Ortsvorsteher), die Schulgemeinde durch etliche Glieder (Patron) und die Schule durch den Lehrer bezw. Hauptlehrer (Oberlehrer, Rektor) vertreten sein muß, auszuüben.

Der Vorsitz in dem Schulvorstande der einzelnen Schule ist (besondere Fälle ausgenommen) dem Ortspfarrer (resp. einem der Ortspfarrer) zu übertragen.

Der Aufsicht des Schulvorstandes unterliegt das ganze äußere und innere Gebiet der Schule. Inbetreff der methodisch=technischen Seite der Schularbeit steht demselben jedoch kein Recht unmittelbaren Eingreifens zu. Was sich in dieser Hinsicht auf dem Wege der Vereinbarung nicht erledigen läßt, ist durch Vermittelung der fachmännischen Schulaufsichtsbehörde zu erstreben.

In Fällen, wo zu selbständiger Leitung einer Schule noch nicht berechtigte Lehrpersonen an einklassigen Volksschulen angestellt sind, kann auf einen Ortschulinspektor nicht verzichtet werden.

6. Jede mehrklassige Schule muß einen dem Lehrerkollegium angehörigen Dirigenten (Hauptlehrer, Oberlehrer, Rektor) haben, welcher für die Einheitlichkeit der Schularbeit zu sorgen hat.

7. Vor allem ist die Versammlung überzeugt, daß die verschiedenartige Stellung zu der Schulaufsichtsfrage um der Liebe willen zu Christo und seinem Reiche die Freunde der christlichen Volksschule nicht trennen darf.

Die Resolution wurde sofort dem Drucke übergeben und kam noch während des letzten Kongreßtages zur Verteilung. In der Eile dieser ersten Drucklegung hatte sich aber ein Irrtum in dieselbe eingeschlichen, indem These 6, das Dirigentenamt (Hauptlehrer, Rektor) an mehrklassigen Schulen betreffend, aus Versehen nicht mit gedruckt worden war. Infolgedessen haben die meisten politischen und manche pädagogische Blätter die Beschlüsse der Hannoverschen Specialkonferenz ohne die 6. These gebracht. Durch eine zweite Drucklegung, welche an die Teilnehmer der Specialkonferenz versandt wurde, wurde der Irrtum berichtigt.

Zum Schluß unseres Berichtes in Kürze nur noch einige Bemerkungen.

1. Zieht man einen Vergleich zwischen der Hannoverschen Resolution und den Thesen des Antrages der Vertreter des Vereins evang. Lehrer und Schulfreunde in Rheinland und Westfalen, so ergiebt sich, daß die Thesen der Resolution, welche den Kern der Verhandlungen, die Schulaufsicht, betreffen — (These 4, 5 und 6) — fast vollständig mit den Thesen 1, 2 und 3 des erwähnten Antrages übereinstimmen.

These 1 und 3 wurden unverändert in die Resolution als These 4 und 6 aufgenommen, während These 5 der Resolution, welche mit These 2 des Antrages in Parallele steht, durch einige Erweiterungen von der letzteren abweicht.

These 4 des Antrages dagegen: „Die Kreisschulaufsicht ist durch selbständige Kreisschulinspektoren auszuüben.

In der Regel sind zu diesem Amte solche Männer zu berufen, welche im praktischen Volksschuldienste gestanden haben. Wird die Kreisschulinspektion Personen aus anderen Berufsarten übertragen, so ist der Nachweis fachmännischer Qualifikation zu verlangen.

„Die Kreisschulaufsicht ist so einzurichten, daß dieselbe konfessionell gesondert bleibt;" hat in der Resolution keine Aufnahme gefunden. Die Anschauungen inbetreff dieses Punktes gingen teilweise derart auseinander, daß bei der Kürze der Zeit, welche nach den bis dahin stattgehabten Verhandlungen noch blieb, eine Einigung nicht zu erzielen war und diese Frage einer spätern Verhandlung vorbehalten werden mußte.

2. Wir können den Bericht nicht schließen, ohne mit Genugthuung hervorzuheben, daß die Ansichten über das, was der Schule und der Stellung des Lehrerstandes hinsichtlich der Schulaufsicht gebührt, durch die in den letzten Jahren stattgehabten Verhandlungen über die genannte Frage sich zu Gunsten der gerechten Wünsche des Lehrerstandes bedeutend geklärt haben, —

daß das gegenseitige Vertrauen durch die Verhandlungen gewachsen, und daß durch dieselben bei den Teilnehmern, welche nicht dem Lehrerstande angehörten, die Überzeugung sich immermehr Bahn gebrochen hat, daß den Lehrern, welche für die gerechten Wünsche ihres Standes eintreten, die Interessen der Kirche nicht weniger am Herzen liegen wie die der Schule.

Gott gebe, daß dieses Vertrauen immer mehr wachse, dann werden gewisse Vorurteile und lieblose Beurteilungen schwinden zum Segen der Schule und der Kirche, zum Segen unserer Jugend und unseres Volkes. Das walte Gott! —

---

# III. Abteilung. Litterarischer Wegweiser.

**Aussprüche bewährter Pädagogen über die Behandlung der verschiedenen Unterrichtsdisciplinen.** Gesammelt von A. Wolter, Rektor in Wilsnack. Gütersloh, Druck und Verlag von C. Bertelsmann. 1883. XIV und 418 S. gr. 8. 5 M.

Gerade in der Gegenwart, wo der Kampf über die geistliche Schulaufsicht aufs neue entbrannt ist, halten wir es für Pflicht eines jeden Geistlichen, sich um den Stand des Schulwesens eifrig zu bekümmern und sich belehren zu lassen, wie nach dem Urteil bewährter Schulmänner die einzelnen Unterrichtsgegenstände behandelt werden sollen. Er muß imstande sein, die verschiedenen hierbei hervortretenden Ansichten mit einander zu vergleichen und gegen einander abzuwägen. Die vorliegende Schrift erleichtert diese Arbeit, da sie zusammenstellt, was die bekanntesten pädagogischen Schriftsteller hierüber gesagt haben. Der Verf. ist nicht einseitig zu Werke gegangen, daß er eine Richtung besonders begünstigt hätte; er führt unter Umständen, die sich geradezu widersprechenden Ansichten an, freilich auch öfters die verschiedensten Autoritäten für dieselbe Ansicht. Auch können wir nicht behaupten, daß er einen oder den anderen Unterrichtsgegenstand besonders bevorzugt oder stiefmütterlich behandelt hätte. Alle sind verhältnismäßig nach ihrer Wichtigkeit besprochen worden. Vielleicht könnte man sagen — was wir aber keineswegs tadelnd erwähnen — daß der Gesangunterricht ein wenig bevorzugt worden sei. Hier werden ausführlich von verschiedenen Schriftstellern die Gründe für und gegen den Gebrauch von Ziffern und Noten angeführt. Für die Ziffern spricht mit

Wärme und Begeisterung Dr. Th. Stahl in „Blätter zur Verbreitung der Chevéschen Elementar-Gesanglehre. Bemerken wollen wir dem geehrten Herausgeber, daß der Name „Curtman" mit einem n nicht mit zwei, wie hier konsequent geschehen ist, geschrieben wird. Langgöns. Str.

### Zur neuern Litteratur des Zeichenunterrichts.

Von Seminarl. Menard in Neuwied.

Anleitung zum Studium der dekorativen Künste. Ein Handbuch für Kunstfreunde und Künstler, Kunsthandwerker und Gewerbetreibende, Zeichenlehrer und Schüler höherer Unterrichtsanstalten. Von J. Häuselmann. Zürich und Leipzig, Verlag von Orell, Füßli & Co. 1885. (186 Seiten kl. 8 mit 296 in den Text gedruckten Illustrationen.) Preis 4,50 Mark.

Der Zweck der vorliegenden Schrift ist, „ein größeres Publikum, dem Zeit und Gelegenheit nicht gestatten, umfangreiche und gelehrte Werke zu studieren, in knappem, populärem Vortrage in die Formensprache der dekorativen Künste einzuführen." Ob dieses größere Publikum, das laut Titel ein recht gemischtes ist und darum recht verschiedene Anforderungen an solch eine Anleitung stellen muß, durch letztere befriedigt werden kann, müssen wir abwarten. Wir gehen bei unserer Beurteilung lediglich vom Standpunkt der Erziehungsschule aus und verlangen von dem Buche Aufklärung über die kulturhistorische Entwicklung der dekorativen Künste, so daß wir an der Hand derselben einen Zeichengang aufstellen können, wie ihn die Erziehungsaufgabe fordert. Wir müssen die ersten Anfänge einer Kunst, die Keime und Grundlagen kennen lernen, von denen sie ausgegangen ist. An der Hand der äußeren Thatsachen müssen wir die inneren Fäden verfolgen können, die von einer früheren Periode zur späteren hinüberleiten; wir müssen Grund und Ursache der Entwicklung, der Blüte, des Verfalls erfahren; wir müssen sehen, durch welche Mittel ein Volk die ihm durch sein Zeitalter auf dem Kunstgebiete gestellten Aufgaben gelöst hat und wie ihm diese Lösung gelungen ist; daraus ersehen wir, worin das Wesen der echten Kunst besteht, und wie wir mit unsern Mitteln die Aufgaben, die unsere Zeit uns auf dem Gebiete der dekorativen Künste stellt, zu lösen vermögen. Die Hauptsache ist also die klare Erkenntnis des Werdeprozesses,\*) wie sich die Kunst aus kleinen Anfängen allmählig emporgearbeitet hat und das Abstrahieren der Gesetze, nach denen sich die stufenweise Entwicklung vollzog. Das ist ja gerade der Hauptvorteil des Studiums der Geschichte, daß wir dadurch in das innere Wesen der menschlichen Entwicklung schauen, das unter allen Verhältnissen sich gleich bleibt, nur die jeweilige äußere Ausprägung derselben (der „Stil") ändert sich; und weil das so ist, darum können wir aus der Geschichte so viel lernen; und nur in diesem Sinne können wir den Titel „Anleitung zum Studium" ꝛc." verstehen.

Leider giebt uns der Verf. diese versprochene „Anleitung" nicht, sondern in fließender, leicht verständlicher Form eine lockere historische Aufzählung von allerlei Notizen (die darstellende Kunst betreffend) aus verschiedenen Stilepochen; er macht gar nicht einmal den Versuch, die kulturhistorischen Stufen der dekorativen Kunst und ihren innern Zusammenhang uns klar zu legen, wie Semper es in seinem epochemachenden Werke „der Stil ꝛc." — in so meisterhafter Weise gethan hat; und dieses vortreffliche Werk hat Verf. (laut Vorwort S. V.) seinen Ausar-

\*) „Die Jugend muß immer wieder von vorn anfangen und als Individuum die Epochen der Weltkultur durchmachen." Goethe.

III. Abteilung. Litterarischer Wegweiser.

beitungen mit zu Grunde gelegt. Wir meinen, wer Sempers Werk mit aufmerksamem Interesse gelesen, wer es eingehend **studiert** hat, der muß von der Macht der Wahrheit seiner Ideen so überzeugt werden, daß er nun nicht mehr anders kann als „seine geringen Mittel und unbedeutenden Kräfte" ganz in den Dienst dieser Ideen zu stellen, und das umsomehr, als gerade die Hauptsätze, die Semper vor ca. 40 Jahren als konsequente Schlußfolgerungen aus den damals bekannten Thatsachen und eigenen Beobachtungen an Ort und Stelle aufstellte, und die von hervorragenden Kunstverständigen stark angezweifelt wurden, durch die in neuer und neuster Zeit erfolgten Ausgrabungen eine glänzende Bestätigung gefunden haben. Danach ist die textile Kunst die älteste Urkunst, sie ist bis auf den heutigen Tag die Hauptquelle, aus der alle Ornamentik hervorgegangen ist, sie muß es bleiben, wenn die Ornamentik nicht auf Abwege geraten soll, wie auch Fischbach (Ornamentik der Gewebekunst) in Übereinstimmung mit Semper nachgewiesen hat. Die Ornamente der textilen Kunst sind dann in zweiter Reihe übertragen auf die Erzeugnisse der zweiten Urkunst, der Keramik (Gerätekunst) und der aus diesen beiden Urkünsten hervorgegangenen Baukunst. Die Motive aller Ornamente sind a) geometrischer b) pflanzlicher und c) tierischer Natur. Sempers Werk kann in der Gegenwart nicht mehr ignoriert werden; ohne die vollständigste Berücksichtigung seiner Ideen läßt sich heutzutage keine „Anleitung zum Studium der dekorativen Künste" mehr schreiben.\*) — Also von den beiden Urkünsten und wie sich diese, sowie die Baukunst aus denselben, bei den verschiedenen Völkern entwickelt haben, sagt unser Verf. so gut wie nichts. In einer Einleitung (S. 1—4) giebt er einen kurzen Überblick über Entstehung und Entwicklung der Kunstgeschichte in der neueren Zeit, auf S. 4 läßt er die Ornamentik hervorgehen aus dem Bedürfnis, „die Phantasie im Spiel freierer Formen zu üben." — S. 9—24 wird „der ägyptische Stil" behandelt; im Gegensatz zu Semper (s. w. unten) nennt er die ägyptische Kunst eine „Ur- und Originalkunst;" S. 18 heißt es: „Die technischen Künste folgten genau den Spuren der Architektur" — und S. 21: „Das Wohlgefallen an der Farbe — — — mußte namentlich bei den Bewohnern des farbenreichen Nillandes schon in den Uranfängen der Kunst das Bedürfnis erwecken, beim Anfertigen von Gewändern und Teppichen verschiedenfarbige Stoffe zu gebrauchen, dies (?) führte zur quadratischen Einteilung der Fläche und damit zur Weberei." (?) — Wir meinen, das Anfertigen von Gewändern und Teppichen setzt bereits die Kunst des Webens voraus. Man muß doch fragen, aus was für Stoffen wurden denn diese Gewänder und Teppiche angefertigt? — Da können nur die Felle der Tiere, Baumrinde und Blätter in betracht kommen. Wie nun aber das Zusammensetzen dieser (so buntfarbig wie möglich gedachten) Stoffe gerade zur „quadratischen Einteilung der Fläche" (die NB ja gar nicht vorhanden war, sondern durch das Zusammensetzen der einzelnen Stücke erst entstand) geführt hat und wie aus

---

\*) Vergleiche. Der Zeichenunterricht in der Volksschule von C. F. W. Menard, Seminarlehrer in Neuwied. I. Teil: Das textile Ornament auf Grundlage des Linien- und Punktnetzes. II. Teil: das übertragene (freie) oder geometrische Ornament. III. Teil: Das Pflanzenornament (Unter der Presse). Zu beziehen durch jede Buchhandlung: I. 5 Mt.; II. 5,50 Mt.; sowie direkt und franko vom Verfasser: I. 3,20 Mt.; II. 3,50 Mt. bar. In diesem Werke ist zum ersten Mal der Versuch gemacht, auf Grundlage der Semperschen Ideen einen nach dem Gesetz der kulturhistorischen Stufen aufsteigenden Zeichengang für die Volksschule festzustellen.

dieser quabratischen Einteilung der Fläche die Weberei entstand — das begreiflich zu machen oder historisch nachzuweisen wird der Verf. uns wohl für immer schuldig bleiben. — Solche und ähnliche Sätze kennzeichnen die Art und Weise unseres Verfassers, die schwierigsten Probleme, hier die Entstehung der Weberei, so leichthin mit einem Satze im Vorübergehen abzuthun. Wenn darin das Wesen des „knappen, populären Vortrages" bestehen soll, so wollen wir lieber darauf verzichten. — Auf S. 24 und 25 spricht der Verf. von der chinesischen Kunst, wie uns scheint, mit Unrecht sehr kurz und absprechend. „Allgemeine Geistlosigkeit" ist nach seiner Meinung das Hauptkennzeichen des „chinesischen Stils," das hält ihn nicht ab, gleich darauf den „Zauber ihrer Farbenharmonie" zu rühmen (siehe weiter unten). Warum ist hier die verwandte japanische Kunst vergessen, von der Racinet in seinem polychromen Ornament so vortreffliche Muster giebt? — Gerade deshalb, weil die Chinesen zu den ältesten Kulturvölkern gehören und weil eine frühzeitig erlangte hohe Stufe der Kultur durch religiöse Gesetze fixiert wurde (das goldene Zeitalter sollte ewig dauern) und sich so stereotyp bis auf unsere Tage erhalten hat, darum können wir dort noch mehr wie in Ägypten und Assyrien Blicke in die ersten Anfänge thun. Es ist eine Lust zu sehen, wie viel feine Schlußfolgerungen Semper aus diesem Kapitel (15 Seiten gr. 8) zu ziehen weiß, und hier — — nur 27 kurze Druckzeilen. — Die dritte uralte Kunst, die altindische im Tieflande des Indus und Ganges fehlt ganz, ebenso die vierte uralte Kunst, die altassyrisch-chaldäische in Mesopotamien. Unser Verf. handelt nur auf knapp 2 Seiten vom „assyrisch-persischen Stil," als ob die Kunst der Assyrer und Perser die gleiche wäre. O. Jones hat in seiner Grammatik der Ornamente demselben Kapitel eine ähnliche Überschrift gegeben, handelt aber im Text fast ausschließlich nur von der assyrischen Kunst, und ganz zum Schluß giebt er einige Bemerkungen zu den in Persepolis gefundenen Ornamenten, die er auf römische Motive zurückführt. O. Jones spricht auch die Vermutung aus, daß die assyrische Kunst nur eine Nachahmung der ägyptischen sei, während Semper aus den Werken der beiden Kunstepochen aufs schlagendste nachweist, daß von einer solchen Nachahmung gar nicht die Rede sein könne. So haben die Ägypter in ihrem Tempel- und Palastbau schon frühzeitig den Säulenbau im Steinstil ausgebildet, während die Assyrer und Chaldäer auf einem großartigen Terrassenbau als Unterlage einen leichten Oberbau im Holzstil aufführten. Die Terrassen waren aus Backsteinen aufgeführt und mit gebrannten, glasierten oder emaillierten Ziegeln oder mit Alabasterplatten bekleidet, das Holzwerk dagegen war durchweg mit Gold, Silber, Erz oder Terrakotta überzogen (vergl. den Tempelbau Salomos). Die Assyrer also befolgten das Tubularsystem, d. h. sie übten die Kunst, einen nuedlen Kern mit edlerem Stoffe zu umkleiden, während die Ägypter schon frühzeitig Stein, Holz und Metall massiv für sich verwendeten und sich nur durch die Eigenschaften des verarbeiteten Stoffes selbst bestimmen ließen. Es leuchtet also ein, daß die ägyptischen Geräte leicht, zierlich und fein erscheinen, die assyrischen dagegen dem Anscheine nach plumper und unförmlicher. Aus diesen Thatsachen nun aber zu folgern, daß die assyrische Kunst nur eine mehr oder weniger schlecht gelungene Nachahmung der ägyptischen sei, wäre sehr voreilig geurteilt; denn in den Stilarten der Ägypter und Assyrer sind zwei ganz verschiedene Principien vertreten, so daß eine Abstammung der einen Kunst von der andern resp. eine Nachahmung ausgeschlossen ist, vielmehr weisen beide

Stilarten auf eine uns bis jetzt nicht bekannte „Urkunst" zurück, wie auch die vergleichende Sprachwissenschaft, die Mythologie, die Gesellschaftsformen, die Schriftformen auf eine „Urheimat der Völker zurückweisen, aus der alle Stämme bei ihrer Auswanderung dieselben Keime der Kultur, also auch der Kunst, mitnahmen und in ihrer neuen Heimat, entsprechend den natürlichen Bedingungen derselben sowie ihrer individuellen Beanlagung eigenartig ausbildeten. — Unser Verf. schließt sich im ersten Teil (S. 25), wo er von der affyrischen Kunst handelt, O. Jones an und wiederholt dessen Ansicht, daß die affyrische Kunst der ägyptischen nachgebildet sei; im zweiten Teil (S. 27), wo er von der Kunst der Perser handelt, lehnt er sich an Lübke (Grundriß der Kunstgeschichte. 8. Aufl.), ohne aber dessen tiefere Auffassung, die derjenigen Sempers sehr nahe kommt, sich anzueignen. Lübke widmet der affyrisch-chaldäischen Kunst 11 Seiten gr. 8, und der Kunst der Meder und Perser 9 Seiten, Semper sogar bloß im I. Bande 78 S. Von den wichtigen und interessanten Schlußfolgerungen Sempers hat unser Verf. nichts erwähnt; ebenso schweigt er von der Kunst der Phönizier (Homer rühmt wiederholt die Werke „sidonischer Pracht"), der Hebräer und der Völker Kleinasiens und schreitet zur griechischen Kunst fort (S. 28—56). Er schildert uns sogleich die Blütezeit und schweigt über die archaische Periode dieser Entwicklung ganz, und doch umfaßt dieselbe einen Zeitraum von ca. 500 Jahren (1000—500 v. Chr.) und ist uns durch die Ausgrabungen Schliemanns wieder sehr in Erinnerung und zur Anschauung gebracht. Es ist seither vielfach Sitte gewesen, nur von der Blüte der griechischen Kunst zu reden, und da steht dann „ein größeres Publikum" und staunt diese Kunstblüte als etwas ganz Wunderbares nur einmal auf rätselhafte und geheimnisvolle Weise in die Erscheinung Getretenes an; allein fremd steht es diesen Werken eines fremden Volkes und fernen Landes gegenüber. Daß es so ist, daran tragen gewisse Künstler und Kunsthistoriker selbst die Schuld, wenn sie alles, was nicht griechisch ist, auch nicht für Kunst halten und die ganze Entwicklung der Kunst in der vorgriechischen Zeit als nicht vorhanden betrachten. Mit der Vorführung von etwas Fertigem, Abgeschlossenem, was noch dazu den Höhepunkt einer Entwicklung bezeichnet, ist weder dem Kunsthandwerk noch der Schule gedient; beide müssen das Werden und Entstehen vom ersten Anfange bis zur Blüte verfolgen können; dazu ist bei der griechischen Kunst die Klarlegung der vom Orient her überkommenen Anregungen und Motive und die allmähliche Verarbeitung derselben im Sinne und Geist der Griechen notwendig. Nur durch klare Einsicht in den Werdeproceß der griechischen Kunst wird uns dieselbe menschlich näher gebracht, nur auf diese Weise gewinnen wir Einsicht und Verständnis. Unser Verf. hat nicht versucht, uns diesen Weg zu führen; er verschweigt uns auch, daß sogar der größte Künstler Griechenlands zur Zeit der höchsten Kunstblüte bei der Herstellung der Kolossalstatue der Athene und des Zeus zur viel verlästerten barbarisch-asiatischen Kunstpraxis zurückkehrte, indem er einen Holzkern mit Gold, Silber, Elfenbein und Edelsteinen überkleidete und so seine Wunderwerke zu stande brachte. Über den Verfall der griechischen Kunst und seine Ursachen erfahren wir nichts, ebensowenig beim 'römischen Stil" (S. 56—64) über die Entwicklung der Kunst unter der Römerherrschaft durch Verschmelzung abendländischer und morgenländischer Kunst zur Weltkunst. Auf ähnliche Lücken und Mängel stoßen wir überall. Der Raum verbietet ein weiteres genaueres Eingehen,

Die weiteren Abschnitte sind: „Der altchristliche Stil (S. 65—67), der byzantinische Stil (S. 67—74) — (die keltische Kunst fehlt ganz, nur S. 72 steht eine „irische Initiale" (Fig. 95) in der byzantinischen Mosaik) — der arabisch-maurische Stil (S. 74—81), der Stil der (Neu-) Perser und Inder (S. 81—85) „der romanische Stil (S. 85—96), der gotische Stil (S. 97—112), der Stil der Renaissance (S. 113-134), der Rococostil (S. 135—141). — In der II. Abteilung (S. 145—186) folgen „diverse Aufsätze über Kunst und Stil." Es sind 6 getrennte Abhandlungen. Wir fragen: In welchem Zusammenhange stehen sie mit dem Vorhergehenden? Da giebt uns der Verfasser selber einen Fingerzeig. Bei der 5. Abhandlung: „Zur Geschichte des polychromen Ornaments" S. 169 steht folgende Fußnote: „dieser Aufsatz sowie der nachfolgende coincidieren in manchem bereits in I. Abteilung Gesagtem, weil sie einer anderen Arbeit des Verfassers entnommen sind; da sie aber doch auch manches ganz Neue enthalten oder Behandeltes angemessen ergänzen, so mag ihre hierseitige Aufnahme nicht ungerechtfertigt erscheinen." Und doch müssen wir einwenden, daß es dem kaufenden Publikum gegenüber nicht ganz korrekt gehandelt erscheint, wenn „neue Werke" mit Bruchstücken aus „älteren Arbeiten" verbrämt werden; aber auch abgesehen davon müssen wir sagen, alles „Coincidierende" ist unnötig, durfte also aus diesem Grunde nicht aufgenommen werden, alles Neue aber, welches geeignet ist, das Vorhergehende angemessen zu ergänzen, gehört mit Recht in die I. Abteilung. Da nun aber die Polychromie von den „dekorativen Künsten" nicht getrennt werden kann, so mußte sie notwendig ganz in der I. Abteilung stehen. Das giebt der Verf. selbst wiederum zu S. 170: „Die Chinesen kennen noch heute keine andere (?) Kunst als die Polychromie; da nun diese schon im Hauptteil dieser Schrift besprochen wurde, so genügt an diesem Orte, auf das unter Kap. 2 Gesagte nochmals hinzuweisen."

(Schluß folgt.)

## Verzeichnis zur Recension eingegangener Schriften.

Kühn, Kaiser Wilhelm-Hymne. 30 Pf.
Schulze, Systematische Übersicht der Aufsätze über Pädagogik. Hannover, Carl Meyer. 3,60 M.
Verhandlungen des 1. allgem. deutschen Neuphilologentages. Ebend. 2 M.
Kaiser, Bilder und Lebensbeschreibungen aus der Weltgeschichte. Ebd. 2,50 M.
Günther, Die Heimat im Schulunterricht. Ebend. 40 Pf.
Baade, Zur Reform des Naturgeschichts-Unterrichts. Spandau, Osterwitz. 50 Pf.
Holst, Leitfaden zum Religions-Unterricht. 16. Aufl. Riga, N. Kymmel. 60 Pf.
Rudolph, Lieder für die Jugend. 3. Aufl. Ebend. 35 Pf.
Werbatus, Geschichte des Reiches Gottes auf Erden. 2. Aufl. Ebend. 80 Pf.
— — Luthers kleiner Katechismus. 2. Aufl. Ebend.
— — Biblische Geschichten. 3. Aufl. Ebend. 80 Pf.
Gild, Liederborn. Heft I, II, III. Kassel, F. Keßler. 30, 60, 90 Pf.
Coordes, Unkritischer Leitfaden durch das Gebiet der geogr. Anschauungsmittel. Ebend. 4,50 M.
Dammer, Die gesamten Naturwissenschaften. Liefr. 2. 1 M. Stuttgart, O. Weisert.
Martens, Deutsche Sprachlehre. Goslar, L. Koch. 1,20 M.
Geoffroy, Erläuterungen zu den Elementarübungen im Rechnen. München, Kellerer.
Lehrer-Prüfungs-Arbeiten, Heft 11. Minden, A. Hufeland. 60 Pf.

# Evangelisches Schulblatt.

Juni 1887.

## I. Abteilung. Abhandlungen.

## Einige Grundfragen der Ethik.
### Vom Herausgeber.

### I. Die Aufgabe der Ethik.*)

*Herr, zeige mir deine Wege
und lehre mich deine Steige.* Ps. 25, 4.

Nach streng methodischem Gange würden wir mit der Betrachtung des empirisch Gegebenen beginnen müssen. Die wissenschaftlichen Lehrbücher aller Art pflegen indessen stets damit anzufangen, die Aufgabe ihrer Wissenschaft festzustellen, da sie voraussetzen, daß ihren Lesern der Gegenstand bereits genügend empirisch bekannt sei. Da wir diese Voraussetzung auch machen dürfen, zumal jeder von Jugend auf in der Ethik unterwiesen worden ist, so wird nichts im Wege stehen, in diesem Punkte dem Beispiele der Lehrbücher zu folgen. Nur werden wir, eingedenk unseres Zweckes, bei diesem ersten Schritte etwas länger verweilen, als dort Brauch ist. Es wird sich auch finden, daß genug Anlaß dazu vorliegt.

Vorab wollen wir von der Sprache, von dem Namen aus, der Sache näher zu kommen suchen.

Auf deutschem Boden ist für die in Rede stehende Wissenschaft bekanntlich der Name „Sittenlehre" gebräuchlich, — aber erst seit dem Anfange des vorigen Jahrhunderts, seit Mosheim, weiland Professor der Theologie in Helmstedt; sein Lehrbuch (1735) hatte diesen Titel. Bloß auf den Wortlaut gesehen, könnte freilich jemand denken, es sei das gemeint, was wir mit dem Ausdrucke „Sitten" bezeichnen, nämlich was in der äußeren Lebensweise sich festgesetzt

---

*) Die hier beginnenden Untersuchungen haben sich nicht das Ziel gesteckt, die betreffenden Fragen bis aufs kleinste Wenn und Aber zu erschöpfen. Denn da sie nur propädeutische sein wollen, so dürfen sie sich darauf beschränken, die zur Sprache kommenden Punkte so weit aufzuklären, daß dann das Studium eines wissenschaftlichen Lehrbuches keine Schwierigkeit mehr bietet. Innerhalb dieser Grenze wird aber nach zwei Seiten hin keine Mühe gespart werden dürfen, nämlich einmal bei den erörterten Begriffen die wünschenswerte anschauliche und logische Klarheit zu erreichen und zum andern dieselben gehörig mobil zu machen. Klarheit allein genügt nicht; denn ohne die nötige Mobilität liegen die Begriffe doch häufig genug wie starr und tot im Kopfe.

hat, zur Gewohnheit geworden ist. Wie wir wissen, meint aber der Name etwas wesentlich anderes; er zielt auf das, was wir zum Unterschied von sittig und sittsam **sittlich** nennen, was nicht aus Zweckmäßigkeits- oder Anstandsrücksichten, sondern aus höhern Gründen sein und geschehen soll. Statt Sittenlehre wäre also vielleicht treffender „Sittlichkeitslehre" zu sagen.

Der in neuerer Zeit gangbar gewordene Name **Ethik** ist übrigens schon alten Datums; schon Aristoteles gebrauchte ihn in diesem Sinne. Der Ausdruck äthos (stammverwandt mit ethos, von der Wurzel ezo = setzen und sitzen, gerade wie auch unser „Sitte" von setzen, sitzen abgeleitet ist) bezeichnete jedoch ursprünglich, z. B. bei Homer, den Wohnsitz, die Heimat d. i. den Ort, wo Leute **seßhaft** geworden sind. Später wurde der Name äthos auf das geistige Gebiet übertragen und bezeichnete — genau wie unser „Sitte" — das, was in der **Lebensweise** sich festgesetzt hat, worin der Geist in seiner Handlungsweise heimisch, was zur andern Natur geworden ist. Auch im Neuen Testament kommt das Wort noch in diesem Sinne vor, z. B. 1 Kor. 15, 33: „Böse Geschwätze verderben gute Sitten." Auf einer dritten Stufe endlich schränkt sich dann der Begriff äthos auf das eigentlich **Sittliche** ein.

Die Römer gebrauchten für das griechische äthos (Sittlichkeit) den pluralischen Ausdruck mores = die Sitten. Die Lehre davon heißt daher bei Cicero und Seneca philosophia moralis, die Philosophie der Sitten, des sittlichen Lebens. Von daher kam bei uns für diese Wissenschaft der Name „**Moral**" auf, oder wie die Theologen sagten: theologia moralis, und die Philosophen: philosophia moralis oder philos. practica.

Die dreierlei Ausdrücke: Ethik, Moral und Sittenlehre sind somit nach Sinn und sprachlicher Herkunft genau übereinstimmend. Der Name „Sittenlehre" ist übrigens nie recht volkstümlich geworden, vermutlich weil er das deutsche Ohr zu sehr an die äußere Lebensweise erinnert. — An den Namen „Moral", der ehedem der allgemein übliche war, hat sich ebenfalls etwas Unbequemes angehängt, nämlich eine trübe historische Erinnerung, die aus dem 17. und 18. Jahrhundert stammt. Nie ist diese Wissenschaft lauter gerühmt worden als damals, und nie erfuhr sie eine schlimmere Verunstaltung. Die Philosophen hatten ihr das Herz aus dem Leibe geschnitten und dafür das Nützlichkeits- oder Glückseligkeitsprincip eingepflanzt, zum Teil vielleicht in der Meinung, sie dadurch besser an den Mann bringen zu können. Die Theologen nahmen diese Verschlimmbesserung durchweg mit Freuden auf und predigten nun um so eifriger Moral, je mehr sie an der Glaubenslehre irre geworden waren. Was in dieser Glückseligkeitslehre an sittlichen Wahrheiten noch übrig blieb, wurde dann zu Ehren der „Aufklärung" obendrein über die Maßen breitgeschlagen und in geistlose Plattheiten herabgedrückt. So wird es denn verständlich, warum man später, als Philosophie und Theologie sich vertieften, den durch jene Plattheiten anrüchig gewordenen Namen „Moral" still beiseite schob und dafür die aristotelische Bezeichnung „Ethik" wieder aufnahm.

Wie der Leser sieht, hat die Besichtigung des Namens uns bereits manche nützliche Aufklärung über die Sache gegeben.

Es gilt jetzt, die Aufgabe der Ethik zu bezeichnen. Dies geschieht dadurch, daß man den Gegenstand nennt, mit dem sie sich beschäftigt. Da nun in dem Gegenstande das Eigentümliche einer Wissenschaft liegt, nämlich das, was sie von anderen Wissenschaften unterscheidet, so ist damit auch ihr Begriff angegeben und ihr Gebiet von andern Wissensgebieten bestimmt abgegrenzt. Aufgabe, Gegenstand und Begriff einer Wissenschaft sind nur verschiedene Ausdrücke für dieselbe Sache.

Gegenstand der Ethik ist, wie wir bereits wissen, das Sittliche oder das Gute (und sein Gegensatz). Was wir unter dem Sittlichen oder dem Guten zu verstehen haben, hat der Einleitungsaufsatz ebenfalls in der Hauptsache klargestellt, nämlich das, was durch sich selbst Beifall und Achtung erweckt. Damit dürfte der Begriff des Guten einstweilen genügend bestimmt sein. Unsere Antwort auf die in Rede stehende Frage kann demnach lauten:

**Die Ethik hat die Aufgabe, zu sagen, was gut und böse — oder was recht und unrecht, was löblich und verwerflich ist.**

Diese Definition hätte sich auch wohl etwas pompöser geben lassen, wie es von denen zu geschehen pflegt, welche auf dem wissenschaftlichen Gebiete ebenfalls gern rhetorisieren, oder welche meinen, dem Sittlichen, dieweil es so hohe Würde habe, auch noch ein wenig menschlichen Schmuck verleihen zu müssen. Aber wozu das? In der Wissenschaft handelt es sich vor allem um Wahrheit und Klarheit; beiden ist um so besser gedient, d. i. die Wahrheit tritt um so klarer hervor, je einfacher die sprachliche Darstellung ist. Darum habe ich vorgezogen, die obige Erklärung so schlicht als möglich zu fassen.

Gälte es, ein Kompendium zu schreiben, so würden wir jetzt, nachdem die vorliegende Frage beantwortet ist, ohne weiteres zum zweiten Kapitel schreiten können. Unser Lernzweck rät jedoch, die gegebene Antwort zuvor noch etwas näher anzusehen. Ein Exempel wird die Gedanken schon in Bewegung bringen.

In einem jüngst erschienenen Lehrbuche der Ethik für die Gymnasialprima lautet der erste Satz: „Die Sittenlehre umfaßt die Lehre vom sittlichen Handeln." Dieselbe Definition findet sich auch in manchen andern Lehrbüchern der Ethik, namentlich von theologischer Seite. Hier könnte nun ein nachdenksamer Schüler fragen, warum denn gerade das Handeln genannt wäre, warum nicht lieber die viel bedeutsamere Gesinnung. Diese Frage bringt es an den Tag, daß dort erst eine Untersuchung hätte vorhergehen müssen, nämlich über das Verhältnis, in welchem das Sittliche zum Handeln und zur Gesinnung steht, oder mit andern Worten: wo das Sittliche zur Erscheinung kommt und wo für seine Beurteilung der entscheidende Punkt liegt. In unserer Darstellung wird diese Untersuchung im folgenden Kapitel an die Reihe kommen. Daraus wird dann der Leser erkennen, daß meine Definition mit gutem Grunde weder vom Handeln, noch von der Gesinnung spricht. Er wird nämlich einsehen, daß jene Lehrbuchs-Definition zwar nicht geradezu falsch ist, aber doch nicht die ganze Wahrheit sagt und darum leicht zu Irrungen verleitet. Er wird ferner einsehen, daß, wenn anstatt des Handelns die Gesinnung genannt wäre, dann wieder jemand fragen möchte, warum denn nicht das Handeln genannt sei, zumal es ja heiße: an ihren Früchten sollt ihr sie erkennen. Endlich wird er auch einsehen, daß in der Definition nicht Gesinnung und Handeln zugleich erwähnt werden darf, weil dann etwas Überflüssiges gesagt sein würde. So viel dürfte dem Leser schon hier verständlich sein: indem meine Definition als Gegenstand der Ethik nur allgemein das Gute nennt, so verwendet sie einen Begriff, der bereits bekannt und klargestellt war. Hätte sie dagegen, um anscheinend genauer zu lauten, auch schon von der Gesinnung oder vom Handeln sprechen wollen, so würde sie eine noch nicht untersuchte Bestimmung mit aufgenommen haben, also unklar geworden sein.

Oben wurde bemerkt: durch die deutliche Bezeichnung des Gegenstandes einer Wissenschaft (oder durch die Feststellung ihrer Aufgabe) werde ihr Gebiet gegenüber andern Wissensgebieten bestimmt abgegrenzt. Fassen wir einmal den letzteren Gesichtspunkt ins Auge und prüfen wir, ob unsere Definition auch in dieser Beziehung leistet, was sie leisten soll. — Vielleicht denkt der eine oder andere Leser, wozu denn eine so genaue Grenzbestimmung nötig sei; die Ethik als die Wissenschaft vom Sittlichen habe doch offenbar ein ganz anderes Gebiet als die Mathematik, die Logik, die Philologie u. s. w.; wie sollten da Verwechselungen und Verwicklungen vorkommen können? Nun, mit solchen Wissenschaften, wie die vorhin namhaft gemachten, wird die Ethik wohl unverworren bleiben; allein es giebt auch andere, welche ihr näher liegen oder zu ihr berufliche Beziehungen haben, z. B. die Pädagogik, die Psychologie, die theologische Dogmatik u. s. w. Hier würden also doch Verwicklungen entstehen können, — sei es, daß fremde Stimmen auf dem Gebiete der Ethik mitsprechen und entscheiden wollten, oder daß sie selber die Grenzen nicht beachtete und dann mit solchen Fragen sich abquälte, zu deren Lösung ihr die Mittel fehlen. Und in der That, die Geschichte der Ethik weiß über solche Übergriffe von drüben oder hüben nur allzuviel zu berichten, und die daraus entstandenen Verdunkelungen gehören zu den schlimmsten Hemmnissen, mit denen die ethische Forschung zu kämpfen gehabt hat und zwar bis auf den heutigen Tag. Die Wissenschaften als solche sind natürlich an derartigen Irrungen nicht schuld, sondern die unklaren Köpfe; das klare Denken ist eben keine angeborne Fähigkeit, auch nicht einmal bei den Begabten und Gelehrten. Wir stehen somit an einem Punkte, wo Gleichgültigkeit nicht am Platze ist; vielmehr muß jedem Jünger der Ethik geraten werden, ja seine Augen offen zu halten, um die gezogene Grenze scharf zu bewachen. Thut er das nicht, so kann es ihm begegnen, daß er sich unvermutet in Gedankenverwicklungen hineingezogen sieht, die seine Logik auf harte Proben stellen, wenn er sich wieder herausarbeiten will. — Nehmen wir jetzt einige Beispiele vor, um einerseits die verschiedenartigen Versuchungen zu solchen Wirrnissen ein wenig kennen zu lernen und andrerseits unsere Definition zu erproben.

In erster Linie gedenken wir billig jener vor alters wie heutzutage weitverbreiteten Ansicht, welche der Ethik das Glückseligkeitsprincip aufreden will. Gälte das, so würde es die Aufgabe der Ethik sein, zu ermitteln, was zur Wohlfahrt dienlich ist, also das Nützliche oder Zweckmäßige. Um das zu finden, erschöpfend und sicher, müßten dann Himmel und Erde, Luft und Meer, Leib und Seele, kurz, die sämtlichen leiblichen und geistigen Bedingungen des Menschenlebens durchforscht werden. Das heißt mit andern Worten: nicht etwa diese oder jene einzelne Wissenschaft, sondern die sämtlichen Natur- und Geisteswissenschaften, die theoretischen samt den praktischen, würden dann direkt oder indirekt mitsprechen über das, was auf dem ethischen Gebiete gelten soll; aber nicht bloß mitsprechen, nein, sie würden entscheiden und zwar ganz allein entscheiden. Damit wäre denn die Ethik nicht etwa bloß in die Ecke geschoben, sondern aus ihrem eignen Gebiete völlig hinausgeworfen und könnte sich gleich den alten Mythologien und anderen Phantasmen, die auf dem Friedhofe der Kultur begraben liegen, nunmehr zu den Todten schreiben lassen. Das ist also noch etwas anderes als ein kleiner Grenzprozeß: es ist die alte Geschichte vom Hamster und vom Igel. So gehts, wenn die Ethik es versäumt, ihre Grenze zu bewachen, d. i. ihre wahre Aufgabe, ihren eigentümlichen Gegenstand fest im Auge zu behalten. Besinnen wir uns angesichts solcher Gefahr auf unsere Definition. Sie sagt rund und rein: die Ethik ist die Lehre von gut und böse — also nicht die vom Nützlichen und Schädlichen. Das Wissen vom Nützlichen mag für uns Menschen so nötig sein, wie es will, und so wichtig, wie es will; aber es ist nun einmal keine Ethik, denn diese ist die Lehre vom Guten d. i. von dem, was an sich gut ist. So wenig wie die Enten zu Schwänen werden, wenn ein schlauer Geflügelhändler seine Schnatterliere als Schwäne anpreist, so wenig wird die Glückseligkeitstheorie zur Ethik dadurch, daß ihre Anhänger es für nützlich finden, das Nützliche für das Gute auszugeben. Wie wir sehen, hat unsere Definition die Grenze gegenüber dem Wohlfahrtsprincip, welches den andern Wissenschaften zum Mitsprechen verhelfen will, deutlich genug kenntlich gemacht; es kommt also nur darauf an, daß dieselbe auch bewacht werde.*)

---

*) Der Leser wolle nicht übersehen, daß die vorstehende Bemerkung sich noch nicht in die Materie der Glückseligkeitslehre einläßt, sondern nur zeigen will, daß unsere Definition ihre Schuldigkeit thut. Die eigentliche Polemik wider jene Irrlehre wird weiter unten, im dritten Kapitel, an die Reihe kommen. Dann wird sich auch zeigen,

**Zweites Beispiel.** Wenn in einem Kreise entschieden christlichgesinnter Leute die Rede auf die Ethik kommt und dann jemand eine gründlichere Erforschung derselben empfiehlt, so pflegt häufig sofort die Gegenrede laut zu werden: „Was soll denn die Moral helfen? die Moral ist doch nicht das, was not thut, sondern die Lehre von Christo." Dieser Einwurf hat etwas Richtiges im Sinne, was aber höchst ungenau ausgedrückt wird. Mit solchen hingeworfenen Einwendungen hat man immer seine liebe Not, da dem Kritiker erst seine eignen Gedanken klar gemacht werden müssen, bevor die eigentliche Auseinandersetzung beginnen kann. Nehmen wir diese Klarstellung vor.

Bei den Ausdrücken „helfen" und „not thun" fehlt, wie man sieht, eine Ergänzung auf die Frage: wozu? Diese Ergänzung soll heißen: **zur Verwirklichung des Sittlichen**, oder mit andern Worten: dazu, daß der Mensch das Gute auch wirklich und von Herzen **thue**. Der Kritiker geht somit von der Ansicht aus, die empfohlene Ethik maße sich an, nicht bloß das **Wissen** des Guten lehren zu können, sondern auch etwas viel Höheres, Weiterliegendes, nämlich das **Wollen und Vollbringen**, kurz, seine **Realisierung**. Er hat ganz recht, daß die Ethik nur das Wissen des Sittlichen lehren kann; ferner darin, daß zwischen dem Wissen und dem Wollen, zwischen dem Kennen und dem Können oder Realisieren noch ein langer Weg liegt. Wäre nun sein Verdacht gegründet, vermeinte die empfohlene Ethik auch die Realisierung des Guten oder die Umwandlung des natürlichen Wollens in ein sittlich geheiligtes bewirken zu können: so würde sie allerdings die Grenze ihrer Aufgabe überschreiten, also in das Gebiet einer andern Wissenschaft übergreifen. Welches ist aber diese andere Wissenschaft? Es ist die **Pädagogik**, — d. h. die Pädagogik im großen Stil, die Gesamtpädagogik, welche nicht bloß die Unmündigen, sondern auch die Erwachsenen umschließt und darum füglich „**Anthropogogik**" heißen könnte. Dazu gehört denn, um unten anzufangen, vorab die Jugenderziehung in Haus und Schule, sodann die gesamte Wirksamkeit der Kirche oder die praktische Theologie, und ferner ein Teil der Wirksamkeit des Staates, nämlich so weit derselbe in den Dienst der sittlichen Ideen tritt. Die Frage, wie viel diese menschlichen Erziehungsfaktoren für ihre Aufgabe wirklich ausrichten oder nicht ausrichten, geht uns hier nicht an; genug, sie wirken, wie sie es eben verstehen und vermögen. Daß nun die Ethik, wie wir sie fassen, sich nicht anmaßt, auch die Arbeit der Pädagogik

---

daß wir allen Grund hatten, von Wachsamkeit zu reden. Denn jenes falsche Princip sucht von den verschiedensten Seiten her sich einzuschleichen, — nicht plump, nicht mit offenem Visir, sondern unter allerlei schönen, bestrickenden Namen, ja vielleicht im Namen der „Wissenschaftlichkeit" und einer „höheren" Sittlichkeit, wohl gar im Namen der Religion und mit einer Fülle von Bibelsprüchen im Munde, so daß ein Unkundiger vorweg nicht merkt, mit wem er es eigentlich zu thun hat, und hinterher aus den Umstrickungen nicht herauszukommen weiß.

(Anthropogogik) besorgen zu können, hat unsere obige Definition klar und deutlich ausgesprochen. Von Realisierung des Guten ist dort mit keiner Silbe die Rede; was der Ethik als ihre Aufgabe zugewiesen wird, ist einzig dies, das Gute (und seinen Gegensatz) kenntlich zu machen. Zu der Pädagogik steht sie also in dem Verhältnis, daß sie derselben das Ziel zeigt; den Weg zur Erreichung dieses Zieles muß die Pädagogik selber suchen. Ziel und Weg sind aber so grundverschiedene Dinge, daß es offenbar nur einem sehr unklaren Kopfe möglich ist, dieselben zu verwechseln oder zu vermengen. Mit der obigen Gegenrede, so weit sie uns angeht, wären wir somit fertig. — Dieselbe bietet indessen noch etliche andere merkenswerte Seiten. Es dürfte sich daher lohnen, auch diese noch ein wenig zu besehen.

Nach dem Wortlaute genommen, klingt der Ausruf: was denn die Moral helfen solle, so, als ob das moralische Wissen gar nichts nütze. Das wäre aber offenbar ein noch schlimmerer Irrtum als jener, welcher die Kraft des moralischen Wissens überschätzt. Zum andern scheint der Kritiker anzunehmen — wenigstens drückt er sich so aus — daß bei einer tieferen Erfassung der Ethik die Glaubenslehre und speciell die Lehre von Christo beeinträchtigt werde. Wäre das wirklich seine Meinung, so würde er sich in einem neuen starken Irrtum befinden, da nach dem Zeugnis Christi selber die Sache sich gerade umgekehrt verhält (Mark. 1, 15; Joh. 7, 17), wie denn auch die ganze Bergpredigt den Zweck hat, in eine tiefere Erkenntnis der Sittenlehre einzuführen. — Wie mag nun jener Sprecher dazu gekommen sein, vor dem zu warnen, was Christus selbst mit allem Nachdruck empfiehlt? „Gebrannte Kinder scheuen das Feuer", sagt ein bekanntes Sprichwort. Mit einer ähnlichen Scheu hängt auch die obige Gegenrede zusammen: sie hat einen historischen Hintergrund. Im vorigen Jahrhundert waren mit den Philosophen auch viele Theologen am christlichen Glauben irre geworden; gleichsam zum Ersatz der Glaubenslehre predigte man nun um so eifriger Moral — in der Meinung, wenn das sittlich Gute deutlich kenntlich gemacht sei, so werde sich auch die Realisierung desselben allmählich finden, oder mit andern Worten: das moralische Wissen sei kräftig genug, um auch das Wollen und Vollbringen zu bewirken. Von diesem rationalistischen Moralisieren stammt es her, daß in manchen christlichen Kreisen sich eine Art Verstimmung oder Mißtrauen oder wie man es sonst nennen soll, gegenüber der Ethik festgesetzt hat. Dieweil man nämlich nicht genauer untersuchte, worin jene Verirrung ihren eigentlichen Grund hatte, so hielt man sich an die äußeren Symptome des Übels und geriet darum selber teilweise in die Irre. Denn da die Rationalisten die Moral begünstigten, so ließen diese Christen sich durch die Opposition verleiten, nun ihrerseits die Ethik weniger günstig anzusehen; und da jene Kraft des moralischen Wissens überschätzten, so kam bei diesen die arme Ethik halb und halb in Verdacht, daß sie zu solcher Überschätzung verleite. Aus dieser Verstimmung ist auch die obige Gegenrede hervorgegangen, und so wird sie uns wenigstens verständlich. Daß nun die Ethik völlig unschuldig ist an der damaligen Vernachlässigung der christlichen Glaubenslehre, hätte man leicht finden können, da in der ganzen heiligen Schrift das „Gesetz" gerade umgekehrt dafür angesehen wird, daß es dem „Evangelium" den Weg bereiten müsse; was aber ein Bahnbrecher und Helfer der Glaubenslehre ist, kann doch nicht ein Hinderer sein. Und daß die Ethik an jener Überschätzung der Kraft ihres Wissens unschuldig sein muß, hätte man eben so leicht finden können, da dieser Irrtum ein psychologischer ist, also aus einer unzulänglichen Psychologie stammt. Zum Überfluß hätte man es auch daran erkennen können, daß die Ethik gar nichts aussagt über die Kraft ihres Wissens, mithin auch keinen Irrtum darüber verbreiten kann. — Vielleicht will unser Kritiker hier einwenden, bei den erwähnten Philosophen und Theologen des vorigen Jahrhunderts scheine doch ein Zusammenhang zu bestehen zwischen ihrer Auffassung der Ethik und ihrem Überschätzen der Kraft des moralischen Wissens. Dieser Einwand soll uns willkommen sein; er wird zu einer neuen Aufklärung verhelfen. Dort ist allerdings ein solcher ursachlicher Zusammenhang vorhanden. Der Kritiker hat die äußere Thatsache richtig gesehen; leider aber hat er unterlassen, sie genauer zu besehen, und dadurch ist ihm eine innere Thatsache entgangen. Hätte er dieselbe gekannt, so würde er vor dem Irrtum bewahrt geblieben sein, der Ethik etwas zur Last zu legen, woran sie völlig unschuldig ist. Holen wir sein Versäumnis nach. Was jene Philosophen und Theologen Moral nannten, war eine Ethik, der man die Nützlichkeits- oder Glückseligkeitstheorie als Kopf aufgepflanzt hatte. Das hat unser Kritiker eben übersehen. Die Glückseligkeitstheorie mutet aber dem Menschen kein anderes Handeln zu, als was der Egoismus, falls er klug ist, selbst wählen würde. Hat nun dieses sog. „moralische" Wissen als Triebkraft die Selbstliebe hinter sich, so darf man ihm gewiß recht viel zutrauen, nämlich Klugheitshandeln — wenigstens bei ruhigem Wetter, d. h. in den Zeiten, wo die Klugheit nicht durch Affekte oder Leidenschaften aus dem Felde geschlagen wird. Ist nun die Ethik schuld daran, daß damals die Kraft des moralischen Wissens überschätzt wurde? Nein, nicht die Ethik, sondern die Un-Ethik d. i. die hineingemengte Glückseligkeitstheorie. So hat also der Kritiker nicht einmal die historische Thatsache, von der seine Gegenrede ausging, richtig aufgefaßt.

Drittes Beispiel. Im vorigen Falle handelte es sich vornehmlich um die Grenze zwischen der Ethik und der Pädagogik; doch kam daneben auch schon eine Berührung mit der Psychologie vor. Jetzt werden wir eine neue Verlockung zum Einmischen in fremde Probleme kennen lernen. — Im Gespräche über die Ethik kann es leichtlich geschehen, daß von irgend einer Seite her die Frage vom Ursprunge des Bösen laut wird. Diese Frage ist allerdings von Bedeutung, — praktisch für die Pädagogik, theoretisch für die Theologie und Religionsphilosophie.

Liegt es nun der Ethik ob, darauf zu antworten? Wir brauchen uns nur auf unsere Definition zu besinnen, um darüber klar zu werden. Danach hat die Ethik nur zu sagen, was gut und böse ist, d. h. woran das Gute und sein Gegenteil kenntlich ist. Alles, was sonst noch wissenswert sein mag, geht sie nichts an, — also eben so wenig die Frage, wie das Böse entstanden sei, als jene andere, wie es wieder aus der Welt geschafft und das Gute realisiert werden könne. Will jemand über die Herkunft des Bösen ja etwas erkunden oder wenigstens über sein derzeitiges Auftauchen in jeder Menschenseele, so mag er die Wissenschaft befragen, welche die Aufgabe hat, die psychischen Erscheinungen genetisch zu erklären, — die Psychologie. Weiß sie es, so wird sie es ihm sagen; weiß sie es nicht, nun, so muß er sich gedulden, bis sie es gelernt hat, oder aber mit seiner Frage an irgend eine andere Thür klopfen, falls er meint, dort bessere Auskunft zu finden. Jedenfalls hat die Ethik nichts damit zu thun; ihr liegt nur ob, ihre eigne Aufgabe zu bedenken. Wenn der Feigenbaum Feigen bringt, so hat er genug geleistet; daß er daneben auch Trauben tragen soll, darf man nicht von ihm fordern. Das Wort aus Platos Ethik: „Jeder thue das Seine" enthält auch einen höchst wertvollen Rat für die Wissenschaften.

In dem zweiten Beispiele wurde nebenbei auch das Verhältnis zwischen der Ethik und der Glaubenslehre gestreift. Der Leser mag daher vermuten, daß jetzt an der Hand eines vierten Exempels dieses Verhältnis näher beleuchtet werden solle. Eine solche Beleuchtung würde allerdings nützlich sein, da hierüber manche irrige oder unklare Vorstellungen im Umlaufe sind und leider nicht bloß unter den „Ungelehrten und Laien". Diese Irrungen sind jedoch nicht einfache Grenzverwicklungen in dem vorbesprochenen Sinne, sondern hängen vielmehr mit den sehr intimen inneren Beziehungen beider Wissensgebiete zusammen und dann noch damit, daß die Theologen infolge der Autoritätsmethode sich gewöhnt haben, die Ethik als eine von der Dogmatik abhängige Wissenschaft zu behandeln. Um die hier vorkommenden Irrtümer und Verdunkelungen aufzuklären, würde es daher nicht genügen, kurzer Hand auf unsere obige Definition zurückzugreifen. Nur eine eingehende und dazu recht verzweigte Untersuchung könnte das nötige Licht herbeischaffen. Da dazu aber an dieser Stelle nicht der passende Ort ist, so muß diese Auseinandersetzung für eine spätere Gelegenheit verspart werden.*)

---

*) Anwendungsbeispiele der oben besprochenen Art wären noch manche anzuführen. Für unsern Zweck dürften die erwähnten genügen. Doch will ich nebenbei ihrer noch zwei namhaft machen, um den Lesern Gelegenheit zu geben, sich selbst an der Zurechtweisung verirrter Gedanken zu versuchen.

1. Von Personen, die nur an die schulunterrichtliche und kirchliche Behandlung ethischer Fragen gewöhnt waren, habe ich zuweilen aussprechen hören: die philosophische Ethik sei zu wenig „erbaulich." — Was ist an dem Gedanken, aus dem diese Klage hervorgeht, berechtigt, und warum ist der Tadel in diesem Falle doch unberechtigt?

2. In der heiligen Schrift sind bekanntlich an die sittlichen Vermahnungen oder

Zum Schluſſe würde noch eine beſondere Art von Anwendungsbeiſpielen vorzunehmen ſein, nämlich eine kritiſche Vergleichung unſerer Definition mit Definitionen aus andern Lehrbüchern der Ethik, namentlich von theologiſcher Seite. Wie oben bereits erwähnt wurde, pflegen aber die meiſten dieſer Lehrbücher auch ſchon den Begriff des Handelns oder irgend eine andere nähere Beſtimmung mit in ihre Definition aufzunehmen. Da nun die Vorfrage, welche einer ſolchen näheren Beſtimmung zum Grunde liegt, in unſerer Darſtellung erſt im zweiten Kapitel an die Reihe kommt, ſo nötigt uns dieſer Umſtand, jene kritiſche Umſchau bis zum Schluſſe des folgenden Aufſatzes zu vertagen. Ich kann übrigens ſchon verraten, daß aus dieſer Vergleichung ſich einige Aufſchlüſſe ergeben werden, auf welche der Leſer mutmaßlich nicht gefaßt ſein wird. (Fortſetzung folgt.)

---

## Präparationen für die Bibelleſeſtunden.

(Siehe Anhang!)

Königl. Regierung hat unterm 8. Auguſt 1884 folgende Verfügung erlaſſen: „Auf Grund des Erlaſſes des Herrn Miniſters der geiſtlichen ꝛc. Angelegenheiten vom 24. Juli cr. ordnen wir hierdurch an, daß in den evangeliſchen Volksſchulen eine der Lehrſtunden, welche die Oberſtufe wöchentlich in der Mutterſprache empfängt, auf Bibelleſen verwendet wird. (Siehe § 17 der Allgem. Beſtimmungen.)

Allgemeine Beſtimmungen.

§ 15. „Die Aufgabe des evangeliſchen Religionsunterrichtes iſt die Einführung der Kinder in das Verſtändnis der heiligen Schrift — —, damit die Kinder befähigt werden, die heilige Schrift ſelbſtändig leſen — — zu können.“

§ 16. „Die Einführung der Schüler in die heilige Schrift ſtellt ſich dar
a) als Unterricht in der bibliſchen Geſchichte,
b) als Auslegung zuſammenhängender Schriftabſchnitte.

Zu a) „Der Lehrer hat die bibliſchen Geſchichten — nach ihrem religiöſen und ſittlichen Inhalt in einer Geiſt und Gemüt bildenden Weiſe zu entwickeln und fruchtbar zu machen.“

---

Gebote häufig Verheißungen geknüpft, oder aber, für den Fall der Nichtbeachtung, auch Drohungen. Hieraus und aus andern Erwägungen iſt eine beſtimmte Streitfrage hervorgegangen, über welche von alters her unter den Philoſophen wie unter den Theologen lebhafte Kontroverſen ſtattgefunden haben, und die auch heutzutage noch manchmal recht hitzige Debatten veranlaßt. Es iſt die ſog. „Lohnfrage.“ Ich nehme an, daß der Leſer bei der Nennung dieſes Stichwortes verſteht, um was es ſich handelt. — Frage: wie läßt ſich dieſer Streit zu allſeitiger Befriedigung ſchlichten, und wie hängt unſer Thema damit zuſammen?

Man geſtatte mir noch die Mahnung beizufügen, dieſe Aufgaben nicht zu leicht zu nehmen, auch die erſte nicht. Das Ziel muß ſein, den Gegner zu überzeugen.

**Zu b) § 17.** „Zu dem biblischen Geschichtsunterricht fügt sich — die Erklärung zusammenhängender Schriftabschnitte aus den prophetischen und den poetischen Büchern des Alten Testamentes, besonders den Psalmen, und aus den Schriften des Neuen Testamentes." —

Die Anlage, vier Präparationen für vier Bibellesestunden enthaltend, steht voll und ganz auf dem Boden vorstehender gesetzlichen Bestimmungen.

a) Jede Lesestunde setzt voraus, daß der Lehrer zuvor **die in der Überschrift genannte biblische Geschichte** „nach ihrem religiösen und sittlichen Inhalt in einer Geist und Gemüt bildenden Weise entwickelt und fruchtbar gemacht habe."

b) Ist das geschehen, dann „fügt sich" die Bibellesestunde „in den **biblischen Geschichtsunterricht**" ein und zwar als Erklärung zusammenhängender Schriftabschnitte aus beiden Testamenten.

Solche Schriftabschnitte finden sich in jeder Präparation unter II.

c) Ziel ist, die Schüler mehr und mehr zu befähigen, die heilige Schrift „selbständig zu lesen."

Eine Abweichung von der buchstäblichen Auffassung der gesetzlichen Vorschriften ist die Aufnahme kleinerer Spruchstellen, mit der jede im Anhang stehende Präparation beginnt.

Warum sind diese aufgenommen, warum an die Spitze gestellt?

a) Sollen die Kinder die heilige Schrift selbständig lesen lernen, so ist unbedingt erforderlich, daß die Schüler gewandt werden, die verschiedensten Bücher beider Testamente rasch und leicht in Gebrauch zu nehmen.

b) Soll diese Gewandtheit erzielt werden, so bedarf es dazu der regelmäßig fortgesetzten Übung. Das weiß jeder Lehrer, der es versucht hat, von den Schülern Bibelstellen aufschlagen zu lassen.

c) Die kleinen Abschnitte, die zunächst (wenigstens teilweise) gesucht und gelesen werden sollen, vermitteln die so nötige Übung.

Aber sind nicht diese Spruchstellen doch gar zu bunt und zu mannigfaltig?

Ja, — wenn die Behandlung der betreffenden Geschichte nicht vorausgegangen ist.

Nein, — denn wenn dieselbe vorausgegangen, so bildet die jedesmalige Spruchsammlung ebenso ein zusammenhängendes Ganze, wie die Geschichte selbst ein Ganzes ist.

Die kleinern und auch die größern Abschnitte sind so gewählt, daß

a) keine Stellen und Abschnitte vorkommen, verwoben oder verwachsen mit solchen Aussprüchen, die wir gerade den Kindern als solche vorenthalten müssen und auch wollen;

b) daß ihre Erklärung in der betreffenden Geschichtsstunde bereits erfolgt ist.

Und so gestaltet sich demnach jede Bibellesestunde

a) zu einer Prüfung, ob der religiöse und sittliche Inhalt der Einzelgeschichte zuvor in rechter Weise behandelt worden;

b) zu einer Befestigung, Verstärkung, Vertiefung und auch Erweiterung des zuvor behandelten biblisch-geschichtlichen Stoffes.

### Erfahrung.

Nachdem ich seit 1884 die Bibellesestunden den nachfolgenden Präparationen gemäß eingerichtet und ausgeführt habe, gehören diese mit zu den Stunden, welche meine Schüler am liebsten haben.

Nicht nur das „selbständige lesen können", ist gesetzliche Vorschrift, auch das „lieb und wert" machen; „die Freude der Kinder an der Sache" ist eine alte rheinische Forderung.

(Siehe Rhein. Anweisung!)

### Anhang.

#### 23. Die Heilung des Gichtbrüchigen.

„Der Mensch siehet, was vor Augen ist." — Wir sehen in dieser Erzählung

1. den Lehrer aller Lehrer, der den vielen „das Wort" sagt. Röm. 10, 14. 17. Jes. 52, 7.
2. den Kranken, an dem Gottes Werke offenbar werden sollen. Pf. 77, 2—4. Jakob. 5, 15.
3. die Krankenträger, zu jeder Hilfe bereit. Jakob. 2, 13—17. Matth. 5, 7.
4. den Herrn, der die Sünde vergiebt. Pf. 103, 3. Pf. 32, 1.
5. die Schriftgelehrten, die
   a) den Herrn der Gotteslästerung beschuldigen. Matth. 26, 63—65.
   b) die bekennen, daß Gott allein Sünde vergeben kann. Jes. 43, 25. Pf. 130, 4. 8.
   c) die sich mutwillig der großen That des Herrn verschließen; sie wollen nicht. Joh. 5, 39. 40. 10, 37—39.
6. den Herrn, der den Kranken heilet. Joh. 11, 4. Pf. 41, 4. 147, 2.
7. den Kranken, der fröhlich heimwärts schreitet. Pf. 103, 1—5.

„Der Herr siehet das Herz an." — Er siehet
8. die Gedanken. Joh. 16, 20. 2, 24. 25.
9. den Glauben. Jakob. 2, 18.

#### II.

Glaube und Sündenvergebung gehören beisammen. —
1 Mos. 15, 1—6. Apstgsch. 8, 26—39. 16, 22—34.

#### 24. Der Hauptmann zu Kapernaum.

1. Drei Hauptleute und ihre Bekenntnisse. Matth. 8, 8. 27, 54. Apstgsch. 10, 30—33.
2. Der Herr rühmt den Glauben. Was ist wahrer Glaube?
a) Ebr. 11, 1. Joh. 20, 29.

Präparationen für die Bibellesestunde.

b) Jakob. 2, 17. 26. 2 Petr. 1, 5—7.
3. Entspricht der gerühmte Glaube auch der Forderung unter 2 b?
a) Herr und Knecht. Stolz war der Herr nicht. 1 Tim. 6, 17. 18. Sprüche 16, 5.
b) Herr und Kranker. Für letztern sorgt er. 1 Joh. 3, 18. Jakob. 2, 15. 16. Matth. 25, 36.
c) Heide und Israel. Er baut ihnen die Schule. Apstglch. 10, 34. 35. 2 Petr. 1, 7.
d) Der Hauptmann und der Herr Jesus. — Ersterer so demütig, wie gläubig. Luk. 3, 15—17. 15, 17—19. Matth. 15, 25—28.
4. Wer Liebe säet, wird Liebe ernten. Pf. 126, 5. Hos. 10, 12. 2 Kor. 9, 6.
5. Wie wohnten doch Herr und Knecht, Heide und Jude so friedlich beisammen. 1 Petr. 4, 10. Röm. 12, 10. Kol. 3, 11—15.
6. Der Heide wurde zum warnenden Exempel für Israel. Luk. 11, 31. 32. Matth. 11, 20—24.

II.

Helden des Glaubens.
Matth. 15, 21—28. Daniel 3, 14—26. 1 Kön. 18, 17—39.

25. Der Jüngling zu Nain.

1. Ein großer Leichenzug. — Ein solcher weckt Gedanken
a) an den Toten. Pf. 103, 15. 16. 1 Petr. 1, 24. Hiob 14, 1. 2. 5.
b) an die Angehörigen. Röm. 12, 15. Obadja 1, 12. Sprüche 24, 17.
c) an uns selbst. Pf. 90, 12. 39, 5. 6. 2 Kor. 5, 10.
2. Eine zum Tode betrübte Witwe. Pf. 39, 8. 43, 5. 73, 23—26.
3. Ein barmherziger Heiland. Luk. 19, 41—44. 15, 20. Joh. 11, 35. 36.
4. Vor der That — ein Wort: „Weine nicht!" Joh. 6, 67. 68. Mark. 5, 35. 36. Joh. 11, 3. 4.
5. Die große, rettende That. Pf. 68, 20. 21. Nahum 1, 7. Matth. 11, 28.
6. Vor unserm Herrn leben die Toten. Joh. 5, 26—29. 6, 40.

II.

„Der Tod ist verschlungen in den Sieg."
Luk. 7, 11—16. Mark. 5, 21—24. 35—43. Joh. 11, 1—45. 1 Kor. 15, 20—26.

26. Die große Sünderin.

1. Der Herr, der auch der Einladung eines Pharisäers folgt. Joh. 6, 37. Matth. 7, 7. 8.
2. Der ungebetene Gast.
a) Eine Sünderin. — Wir nicht? Röm. 3, 23. Pf. 14, 2. 3. 1 Joh. 1, 8.

b) Eine weinende, bußfertige Sünderin. Pf. 6, 7. Esra 9, 6. Luk. 22, 62.
c) Eine Jesu vertrauende Sünderin. Pf. 51, 3. Klagel. 3, 22. 23. Luk. 15, 18. 19.
3. Der stolze Gastgeber.
a) Mit Verachtung schaut er auf das Weib. Luk. 18, 11. 12. 15, 29. Matth. 27, 3—5.
b) Mit Geringschätzung sogar auf seinen Gast. Luk. 7, 16. Joh. 6, 14. Matth. 21, 10. 11.
4. Der Herr, beiden gegenüber.
a) Er liefet die Gedanken. Joh. 16, 30. Mark. 2, 8.
b) Er zeichnet die Schuld beider; eine Schuld, die nur „geschenkt" werden kann. Mark. 8, 36. 37. Sprüche 28, 13. Röm. 4, 7. 8.
c) Er nötigt Simon zu einem ihn selbst richtenden Urteil. Matth. 21, 40. 41. Luk. 10, 36. 37.
d) Er beseligt die Weinende durch Lassen seines Fußes. Luk. 4, 18.
e) Er läßt sie harren bis zur lichten Lösung. Pf. 42, 2. 3. 6.
f) Er hebt diese, stürzt jenen. Luk. 1, 51—53.
5. Der herrliche Schluß.
a) Apstgsch. 16, 30. 31. Joh. 6, 47.
b) Mark. 2, 5. Pf. 32, 1. 2.
c) Joh. 14, 27. Röm. 5, 1.

## II.

Zwei Erzählungen zur Vergleichung. Luk. 7, 36—50. 15, 11—32.

Nachbemerkung der Redaktion. Unser geschätzter Mitarbeiter, Herr Hauptlehrer Schumacher in Solingen, der den Lesern namentlich durch seine Arbeiten zum Religionsunterricht bekannt ist, hat zu den einzelnen Geschichten des Alten und Neuen Testamentes eine Auswahl von kürzern und längeren Schriftabschnitten getroffen, aus der vorstehende Proben entnommen sind. Wie er selbst sagt, ist sein Hauptabsehen dabei gewesen, „die Schüler mehr und mehr zu befähigen, die heilige Schrift selbständig zu lesen."

Die Erreichung dieses Zieles, wenn auch mit der der Entwicklungsstufe der Kinder entsprechenden nötigen Beschränkung gedacht, ist immerhin sehr schwierig. Wenn man unsre evangelische Kirche wohl als Bibelkirche rühmt, ist mir dies stets als ein etwas eitler Ruhm erschienen; ich habe noch keine Gemeinde gesehen, in der man die religiöse Erbauung in der heiligen Schrift suchte; wozu man greift, das sind neben dem Gesangbuch und Katechismus die Erbauungsbücher von Roos, Goßner, Krummacher u. a., die Predigten von Menken, Hofacker u. s. w. In den Bibelbesprechstunden kann man sich leicht davon überzeugen, daß die weitaus größte Mehrzahl auch der religiös interessierten Leute nicht imstande ist, ein biblisches Buch mit rechtem Nutzen selbständig zu lesen.

Das ist ein Mangel, und leider ein solcher, dem gegenüber wir nicht in der Lage sind, ihn als einen notwendigen bezeichnen zu können. Es giebt sowohl in der Landeskirche, wie in den Sekten kleinere Kreise, in denen sich dieser Mangel nicht findet. So sind hier am Rhein die Freunde und Schüler des sel. Dr.

Collenbusch, gut kirchliche Leute, als recht schriftkundig bekannt; durch Nachfrage in verschiedenen Gegenden habe ich in Erfahrung gebracht, daß dasselbe von den Darbisten gilt. Es wäre eine sehr nützliche Arbeit, genau festzustellen, welche Hindernisse an der einen Stelle auch bei religiös interessierten Leuten die heilige Schrift nicht zu ihrem Recht kommen lassen, und welche Umstände es andrerseits sind, durch die eine fruchtbringende Verwertung derselben ist ermöglicht worden.

Wäre diese Arbeit ausgeführt, so würde sie wahrscheinlich ergeben, daß die wesentlichsten bei der so verschiedenen Sachlage in betracht kommenden Faktoren außerhalb der Schule liegen. Doch auch in der Schule werden Umstände vorhanden sein, die den späteren selbständigen Gebrauch der heiligen Schrift erschweren. Dies ist der Fall, wenn die Kinder die Bibel zu wenig in die Hand bekommen, wenn weiter das Licht, welches die Geschichten auf einzelne Stellen oder Abschnitte der Lehrschriften werfen, nicht ausreichend benutzt wird, die Schüler nicht frühzeitig angeleitet werden, Schrift durch Schrift zu verstehen.

Die Schule in den Stand zu setzen, hier das ihrige zu thun, halte ich die Zusammenstellung des Hrn. Schumacher für sehr wertvoll. Es ist durchaus nicht leicht, zu den Geschichten überall inhaltlich sich aufschließende Schriftstellen zu finden. Nach der Erfahrung einiger Kollegen, die die Schumachersche Sammlung in ihrer Schule benutzt haben, sind die Stellen so ausgewählt, daß ein erstes Verständnis aus der Geschichte gewonnen werden kann. Allerdings ist es nur der Anfang des Verständnisses. Wenn z. B. die Schüler nach dem Anschauen der hülfreichen Freunde des Gichtbrüchigen die Stelle Jakob. 2, 13—17 lesen, so wird ihnen noch manche Frage inbetreff derselben offen bleiben, mag auch aus anderen Geschichten herzugerufen sein, was da will. Die Stelle ist ganz dazu angethan, auch inbetreff der Geschichte Fragen anzuregen, zu deren Lösung das Kind zur Zeit sich außer stande sieht. Aber dies alles ist durchaus nicht zu beklagen; nähmen die Kinder nur recht viele Fragen mit hinüber aus einer Stunde in die andere, aus der Schule in das Leben! Nach der Erfahrung der Kollegen haben die Kinder die Bibellesestunde recht gern, und das ist ein Beweis, daß das erste Verständnis der gelesenen Stellen sie beglückt und auch die Lösung der ihnen erwachsenden Fragen nicht aussichtslos erscheint. Mit dem wachsenden Verständnis für die Geschichte wird auch das für den Spruch zunehmen und umgekehrt.

Der Verf. denkt sich die Benutzung der Schriftstellen so, daß diese am Samstag nach Auswahl zu den im Laufe der Woche behandelten Geschichten zur Behandlung kommen. Es will mir scheinen, als ob die spruchartigen Stellen auf der Stufe des Systems und der Anwendung schon bei der Behandlung der Einzelgeschichte gute Dienste thun könnten.

Die unter II verzeichneten größeren Abschnitte verblieben dann der besonderen Bibellesestunde und würden etwa unter dem Gesichtspunkte behandelt: Wir wollen sehen, was uns die Geschichte .... für das Verständnis der Stelle .... geboten hat! Daß auch sonstwie gewonnenes Material nicht abgewiesen und jede Gelegenheit zur Vertiefung des Verständnisses der Geschichte durch den Schriftabschnitt dankbar benutzt wird, versteht sich von selbst.

Schließlich mag noch bemerkt werden, daß die von Schumacher vorgenommene Teilung der Disposition der Geschichte folgt und so der Darbietung gute Dienste zu leisten vermag. Nach allem glaube ich, daß Herr Schumacher der Schule einen nicht geringen Dienst erwiese, wenn er seine Präparationen durch den Druck jedem zugänglich machte. Horn.

## Stoffauswahl für den Gesinnungsunterricht im ersten Schuljahre.

(Vom Hauptlehrer Rebeter und Lehrer Pütz in Mülheim an der Ruhr.)

II. (vergl. voriges Heft dß. Bl.)

Wie sich nach unserer Stoffauswahl der gesamte Unterricht im ersten Schuljahre gestaltet, zeige folgender Übersichtsplan.

| Unter- richtszeit. | \[Gesinnungsunterricht.\] | | | |
|---|---|---|---|---|
| | a. Erzählstoff. | b. Religiös- ethische Sätze. | c. Verschen. | d. Gebete. |
| April. | | | | (Schulgebete bei Beginn und Schluß des Unter- richts.) „Lieber Gott, mach mich fromm, daß ich in den Him- mel komm!" „Danket dem Herrn, denn er ist freundlich und seine Güte währet ewiglich!" |
| Mai. | Die Familie: Wie die Eltern für Nahrung, Kleidung, Woh- nung und Spiel- sachen des Kindes sorgen. Wie die Eltern das Kind pflegen, a) wenn es noch klein (unmündig) ist, b) wenn es krank ist. | Für Speis und Trank dem Ge- ber Dank! (Aus „die Oster- eier" von Chr. v. Schmid.) | 1. Wie wohl ist meinem Herzen, Wie heiter ist mein Sinn, Wenn ich bei meinem Vater Und meiner Mutter bin! 2. Sie lieben mich so innig, Ich bin ihr liebes Kind, Ich kann nicht fröhlich werden, Wenn sie nicht fröhlich sind. | Komm, Herr Je- sus, sei unser Gast und segne, was du uns bescheret hast! |

Stoffauswahl für den Gesinnungsunterricht im ersten Schuljahre.

| Unterrichtszeit. | Anschauungsunterricht. | | | |
|---|---|---|---|---|
| | a. Beschreiben. | b. Zeichnen. | c. Singen. | d. Sagen. |
| April. | Schulordnung. | | | |
| Mai. | (Nahrung:) Die Speisen und Getränke. | Brot, Brötchen, Pfannkuchen, Apfel, Birne, Pflaume, Kirsche. Teller, Messer, Gabel, Löffel, Kaffeemühle, Kanne, Tasse, Glas. | Mutter, hast du nichts zu mahlen? Deine Mühle steht ja still. Ich will bir den Kaffee mahlen. Sieh, ich mahle ganz geschwind. (Mit der betr. Bewegung.) | (In erster Linie die unter „Singen" genannten Liedchen.) |
| | Die Kleidung. | Hut, Mütze, Schürze, Stiefel. | | |
| | (Wohnung:) Die Schulstube. | Fensterscheibe, Fenster, Stuhl, Tisch, Bank, Ofen, Schrank, Stube. (Tafel, Lineal, Griffelbüchse.) | Wie wohl ist meinem Herzen. (S. Gesinnungs-Unterr. c.) | |
| | das Schulhaus. | Treppe, Haus. | | |

17

## Gesinnungsunterricht.

| Unterrichtszeit. | a. Erzählstoff. | b. Religiös-ethische Sätze. | c. Verschen. | d. Gebete. |
|---|---|---|---|---|
| Juni. | Knabe u. Vogel. | Keinem Tierchen thu ein Leid! Die Eltern haben ihre Kinder lieb; Kinder sollen ihre Eltern lieben. | **Kindliche Liebe:** „Kindlein, o sprich! Warum liebst du dein Mütterlein doch so inniglich?" — „Weils mich hegt und pflegt —" ꝛc. | Du lieber Gott, ich fleh zu dir: Die Eltern, die beschütze mir! Wollst ihnen geben deinen Segen Auf allen ihren Lebenswegen (Hey.) |
|  | Die Sternthaler. | „Wohlzuthun und mitzuteilen vergesset nicht." (Hebr. 13, 16.) Gott ist der Waisen Vater. „Vertrau auf Gott, Er hilft in Not!" („Ostereier".) Wir sollen Gott danken: „Danket dem Herrn, denn er ist freundlich, und seine Güte währet ewiglich! (Pf. 118, 1.) | Aus dem Himmel ferne . . . (Hey.) | Ich thu die hellen Augen auf und schau, o Gott, zu dir hinauf. Du hast mich in der dunklen Nacht sanft schlafen lassen und bewacht. Behüte mich auch diesen Tag, daß mich kein Übel treffen mag! Und wirst du gnädig bei mir sein, so bin ich dein, so bleib ich dein. (Fr. Gall.) |
| Juli. | Gott sieht alles. (Caspari.) | Gott sieht dich, Kind, drum scheu die Sünd! („Ostereier".) Nur eins ist not, Kind liebe Gott! | Nirgend, nirgend geh ich hin, Wo ich ganz alleine bin. Allenthalben ist der Herr, Alles sieht und hört er. |  |
|  | Wiederholung. | („Ostereier".) |  |  |

Stoffauswahl für den Gesinnungsunterricht im ersten Schuljahre.

## Anschauungsunterricht.

| Unter-richtszeit. | a. Beschreiben. | b. Zeichnen. | c. Singen. | d. Sagen. |
|---|---|---|---|---|
| Juni. | Beschreibung des Kehr-Pfeifferschen Bildes: „Knabe und Vogel." | Vogelkorb. | Vöglein im hohen Baum. (Hey.) (Bewegungsspiel.) | Knabe und Vogel. (Hey.) |
| | Das Feld. | Schauplatz des Märchens. Harke, Egge, Walze, Sichel, Sense, Dreschflegel. | (Feld: a) Wiese: Blümlein im Wiesengrund. (2. Str. des vorigen Liedes; die 3. Str. im Anschluß daran.) b) Acker:) Wollt ihr wissen, wie der Bauer seinen Hafer aussät. (Bewegungsspiel.) | |
| | Der Wald. | Wald und Weg zum Walde. Flinte. Jagdtasche. | Häschen in der Grube. (Spiellied.) | |
| Juli. | Wiederholung: Nahrungsmittel. (Woher die Milch in der Speisekammer?) Die Kuh. | Milchtopf, Milcheimer, (Bänkchen.) | | Muh, muh, muh, So spricht die Kuh. Sie giebt uns Milch u. Butter, Wir geben ihr das Futter. Muh, muh, muh, So spricht die Kuh. (Simrod.) |

## Gesinnungsunterricht.

| Unterrichtszeit. | a. Erzählstoff. | b. Religiös-ethische Sätze. | c. Verschen. | d. Gebete. |
|---|---|---|---|---|
| August. (Bis zu den Herbstferien.) | Die Reue. | Mein Kind, wenn dich die bösen Buben locken, so folge ihnen nicht! (Spr. Sal. 1, 10.) Wir sollen die Eltern nicht betrüben. Wir sollen unsere Schuld bekennen. Wer seine Schuld bereut, dem wird sie vergeben. | Ich will sie immer lieben Und stets gehorsam sein, Ich will sie nie betrüben, Daß sie sich meiner freun. (3. Str. des Liedes: „Wie wohl ist meinem Herzen" — s. oben!) | Ein gutes Kind gern wär ich nun und wollte nie was Böses thun, daß Vater und Mutter und alle hier sehn ihre Lust und Freud an mir. Du guter Gott, der alles thut, o hilf auch mir und mach mich gut! (Hey.) |
| Ende September.*) | Das Rotkehlchen. | Liebe erzeugt Gegenliebe. | | |
| Oktober. | Die kleine Wohlthäterin. | Wohlzuthun und mitzuteilen vergesset nicht. (Hebr. 13, 16.) | Im Weg das Krümchen Brot Tritt nicht mit deinem Fuß, Weils in des Hungers Not Ein Tierlein finden muß. Legs auf den Stein vors Haus Und kannst du, brock es klein! Still dankt es dir die Maus, Still auch das Vögelein. (E. Rittershaus.) | |

*) Im vorigen Jahre dauerten hier die Herbstferien vom 22. August bis 19. September inkl.

Stoffauswahl für den Gesinnungsunterricht im ersten Schuljahre.

## Anschauungsunterricht.

| Unterrichtszeit. | a. Beschreiben. | b. Zeichnen. | c. Singen. | d. Sagen. |
|---|---|---|---|---|
| August. | Der Garten. | Plan des Gartens. Grabscheit, Mistgabel, Rechen, Gießkanne. | Ich thu die hellen Augen auf. (S. oben: Gesinnungsunter. d. — Dieses Lied ist für die Morgenandacht zu verwenden.) | Wer hat die Blumen nur erdacht, wer hat sie so schön gemacht, gelb und rot und weiß und blau, daß ich meine Lust bran schau? Das hat der liebe Gott gethan, der alles, alles machen kann. (Nach Hey.) |
| | Der Apfelbaum. | Baum, Leiter, Korb, Äpfel und andere Baumfrüchte. | | |
| September. | Beschreibung des Kehr-Pfeifferschen Bildes: „Pferd und Sperling." (Im Gesinnungsunterricht zu vergleichen mit „Rotkehlchen".) Das Pferd. | | | Vogel am Fenster. (Hey.) Pferd und Sperling. (Hey.) |
| Oktober. | Beschreibung des Kehr-Pfeifferschen Bildes: „Rabe". (Hof:) Der Schulhof. | Hof, Pumpe, Turngeräte, Zaun. | Hopp, hopp, hopp, Pferdchen lauf Galopp! (K. Hahn.) | Rabe. (Hey.) |

## Gesinnungsunterricht.

| Unter-richtszeit. | a. Erzählstoff. | b. Religiös-ethische Sätze. | c. Verschen. | d. Gebete. |
|---|---|---|---|---|
| November. | Des fremden Kindes heilger Christ. | Das Christkind hat dich lieb; es will dich nicht vergessen, wenn alles dich vergißt. | Der Christbaum im Himmel. Da droben, da droben muß Christtag es sein, — (Dieffenbach.) | Christkindchen komm, mach mich fromm, daß ich in den Himmel komm. |
| Dezember. | Die Geburt Jesu. | Das Christkind ist auf Erden kommen arm. Das Christkind ist Gottes Kind vom Himmel. Das Christkind will die Menschen selig machen. **Also hat Gott die Welt geliebt, daß er seinen eingeborenen Sohn gab.** (Joh. 3, 16.) | Alle Jahre wieder kommt das Christuskind — (Hey.) Vom Himmel hoch Str. 1—4. | |
| Januar. | Die Weisen aus dem Morgenlande. | Alle Menschen sollen sich freuen, daß der Heiland geboren ist. Alle Menschen sollen den Heiland lieb haben. Gott behütet die Kinder. Gott sorgt für die Kinder. Gott weiß alles; man kann ihn nicht betrügen. | | Ich bin klein, mein Herz mach rein, soll niemand drin wohnen, als Jesus allein. |
| Februar. | Die Flucht nach Ägypten. | | Aus dem Himmel ferne. Die Wahrheit rede stets und wag es nie, zu lügen! Du kannst die Menschen zwar, doch niemals Gott betrügen. | Wie fröhlich bin ich aufgewacht — (Hey.) Ich'thu die hellen Augen auf — (Güll.) Müde bin ich, geh zur Ruh, Schließe meine Augen zu, Will mich in mein Bettchen legen. Gieb nun du mir deinen Segen! Lieber Gott, das bitt ich dich: Bleib bei mir, hab acht auf mich! (Hey.) |

Stoffauswahl für den Gesinnungsunterricht im ersten Schuljahre.

## Anschauungsunterricht.

| Unterrichtszeit. | a. Beschreiben. | b. Zeichnen. | c. Singen. | d. Sagen. |
|---|---|---|---|---|
| November. | Der Christbaum. Das Weihnachtsfest. Die Stadt. | Christbaum. | Da droben, da broben muß Christtag es sein. | |
| Dezember. | Die Schafherde. (Das Schaf.) Der Hund (Schäferhund.) Beschreibung des Kehr-Pfeifferschen Bildes: Möpschen und Spitzchen. | Schäferschippe. Hundehütte. | Alle Jahre wieder. Vom Himmel hoch. | |
| | | | | Möpschen und Spitzchen. (Hey.) |
| Januar. | Sonne, Himmelsgegenden, (Schatten.) Mond Sterne. Wolken, Regen, Schnee (Eis), der Winter. Der Esel. | Sonne, Weg der Sonne. Mondphasen, Mond und Sterne. Regentonne. Schlitten. | Wer hat die schönsten Schäfchen. (Hoffmann v. Fallersleben.) | Schneemann. (Hey.) |
| Februar. | | | | |
| | | | Aus dem Himmel ferne. | |

| Unter-richtszeit. | Gesinnungsunterricht. | | | |
|---|---|---|---|---|
| | a. Erzählstoff. | b. Religiös-ethische Sätze. | c. Verschen. | d. Gebete. |
| März. | Der zwölf-jährige Jesus im Tempel. | Wir sollen Gottes Haus und Gottes Wort lieb haben. Selig sind, die Gottes Wort hören und bewahren. (Luk. 11, 28.) Du sollst den Feiertag heiligen! (4. Gebot.) Du sollst deinen Vater und deine Mutter ehren! (5. Gebot.) Ein gutes Kind Gehorcht geschwind! („Ostereier".) | Geht zum Hause Gottes ein, Helft mit singen, helfet beten! Kinderlied gefällt dem Herrn; Kinderflehn erhört er gern. | |
| | Wiederholung des ganzen Jahrespensums. | | | |

Anmerkung: In obigen Plan sind die Fächer: Lesen, Schreiben und Rechnen nicht mit aufgenommen, weil die Lehrgänge in diesen Fächern von anderen Rücksichten als dem Anschluß an Gesinnungs- und Anschauungsunterricht bestimmt werden. Soweit es jedoch geschehen kann, suchen wir auch hier eine Konzentration des Unterrichts durchzuführen. — Dem Lesen gehen Vorübungen voraus, bei welchen die im Anschauungs- (oder Gesinnungs-) Unterricht gewonnenen Sätze verwandt werden. Das Normalwort „ei" (Niederrheinische Fibel, I. Teil) kann im Anschluß an „Vogel", oder, wenn sich die Vorübungen nicht so lange ausdehnen, im Anschluß an die Nahrungsmittel behandelt werden, „same" im Anschluß an „Feld", „eiche" und „hase" im Anschluß an „Wald" u. s. w. Sollen Lesen und Schreiben sich vollständig an den übrigen Unterricht anschließen, so müßte unter Zugrundelegung obigen Planes eine neue Fibel bearbeitet werden. — (Die ersten Schreibvorübungen sind die oben unter „Zeichnen" zuerst genannten Übungen. Durch dieselben lernt das Kind spielend mit dem Griffel umgehen; denn „es malt mit Lust, weil es bekannte Dinge sind, die es schafft.") — Der Rechenunterricht liegt insofern innerhalb der Konzentration des Unterrichts, als er besonders in den Anwendungsbeispielen soviel wie möglich die Objekte des Anschauungsunterrichts verwertet.

Stoffauswahl für den Gesinnungsunterricht im ersten Schuljahre.

| Unter-richtszeit. | Anschauungsunterricht. | | | |
|---|---|---|---|---|
| | a. Beschreiben. | b. Zeichnen. | c. Singen. | d. Sagen. |
| März. | Die Kirche. | Kirchenthür, Kirchenfenster, Zifferblatt der Turmuhr. — Kirche mit Turm und Kreuz. | | Rätsel: Mit zwei Strichen ist's gemacht; Auf Kirchen hat man's angebracht. |
| | Winters Abschied. | | Winter, ade! (Hoffmann v. Fallersleben.) | |

II. **Abteilung.** Zur Geschichte des Schulwesens, Biographien, Korrespondenzen, Erfahrungen aus dem Schul- und Lehrerleben.

## Aus dem Leben.

### II.

Sehr gern bin ich bereit, meinem ersten Artikel in Nr. 1 dieses Blattes den zweiten folgen zu lassen. Gern, denn ich habe mich wirklich herzlich darüber gefreut, daß so bald schon ein „Pfarrer und Lokalschulinspektor" zu den Bildern „aus dem Leben" eine freundliche Stellung hat nehmen können. Was mich am meisten freute war das, daß der Pfarrer sich nicht scheute, in so entschiedener Weise die Prüfungsbilder unter 3 und 4 öffentlich zu verurteilen. Es ist mir Bedürfnis, dies Urteil hier zu wiederholen.

„Schulprüfungen, wie die sub 3 und 4 geschilderten, sind wahre Karikaturen und man fragt sich, wie es möglich ist, daß sie thatsächlich vorkommen. Man bedauert von Herzen den Lehrer, der bei solchen Prüfungen es sich gefallen lassen muß, kalt gestellt zu werden und kann sich eines, ich glaube sehr gerechten, Unwillens darüber nicht erwehren."

Sollte dieses Urteil eines Pfarrers im Kreise seiner Amtsbrüder Anerkennung finden, sollten infolgedessen jene Prüfungen, wie die unter 3 und 4 mehr und mehr verschwinden, so würden recht viele Lehrer sich des freuen.

Zunächst also besten Dank dem Herrn Pfarrer für die entschiedene und unumwundene Zustimmung.

Nach dieser Erledigung der Hauptsache zweifle ich nicht, daß ich mich mit dem Herrn Einsender in den Fragen, die er in seiner Erwiderung anregt, werde verständigen können. Eine erste Hauptfrage lautet: „Soll nicht der Schulinspektor der Schulbehörde von dem Bildungsstande der Schule Kenntnis verschaffen?"

Vor der Auseinandersetzung habe ich noch anzudeuten, daß ich mich entschloffen, den Fragen eine Antwort „aus dem Leben" zu geben und zwar diesmal aus meinem Leben: „Beispiel wirkt mehr, als die beste Lehr."

Die „Schulbehörde muß Kenntnis von dem Bildungsstande der Schüler der einzelnen Schulen erhalten." Recht so, und meine Lebenserfahrungen antworten mir, daß die Behörde auch thatsächlich zu dieser Kenntnis gelangt. — (Ob die hohe Kirchenbehörde in derselben Weise, wie die der Schulen, Kenntnis von dem Bildungsstande der Konfirmanden erhält, das festzustellen überlasse ich selbstredend der Beurteilung des Herrn Pfarrer Kruska.)

Mein Amtsleben erzählt mir von außerordentlichen, von ordentlichen und von gelegentlichen Revisionen, die alle den einen Zweck haben, der höhern Schulbehörde die auch von H. Pfr. Kruska geforderte Kenntnis zu vermitteln. Was aber ich erlebt, das erleben wenigstens „hier zu Lande" alle meine Kollegen; es erscheint hier nur der gesetzlich geordnete Weg.

### a) Außerordentliche Revisionen.

Ihrer habe ich seit etwa 15 Jahren vier erlebt, alle plötzlich, unerwartet. Von diesen möchte ich zunächst berichten.

1. Eines Tages stand früh, eine Stunde vor Beginn des Unterrichtes, der Herr Schulrat vor mir. Rede und Gegenrede erfolgte. Die verschiedensten Hefte unterlagen der Revision, bis zur festgesetzten Stunde die Schüler versammelt waren.

Vor den Schülern stehend, wurde mir vom Herrn Schulrat als Aufgabe zugewiesen,

a) zu zeigen, daß meine Schüler (nicht „Paradeschüler") die behandelten biblischen Geschichten einer Woche gefaßt, verstanden und gelernt;

b) daß dieselben auf Grund der Geschichten die „Wochensprüche" der Woche in ihrer Tragweite verstanden;

c) daß sie das dazugehörige „Kirchenlied" in pädagogischer Weise memoriert;

d) endlich, daß auch der „Katechismus" zu seinem Rechte gekommen sei.

Die Woche, d. h. also den vorzuführenden Stoff bestimmte der Herr Schulrat auf Grund des Tagebuches, die Ausführung wies er mir zu. Der Herr hörte zu, hörte zu auch ohne „Ungeduld", auch nicht eine Zwischenfrage fiel seinerseits dazwischen.

Der zweite Gegenstand der Revision war „Rechnen". Diesmal hatte ich die Lösung der Aufgabe mit dem Herrn Schulrat zu teilen. Während er untersuchte, ob die Schüler in der Raumlehre zu Hause seien, mußte ich nachweisen, ob und wie weit dieselben im „praktischen Rechnen" gefördert.

(Darf ich schon jetzt dem Herrn Pfr. Kruska die Versicherung geben, daß ich in dem selbständigen Hervortreten des Rates nichts, auch gar nichts „Verletzendes" gefunden habe?)

2. Nach wenig Jahren trat ein anderer Herr Schulrat in meine Klasse. Mit ihm erschienen der Herr Kreisschulinspektor und der Herr Pfarrer als Lokalinspektor. Wieder außerordentliche Revision.

Gegenstände der „ernstlichen" Revision waren Geographie, Deutsch, Rechnen und Gesang.

In der Geographie forschte der Herr Schulrat ganz allein. Beim Deutschen änderte es sich; Lesen und Verständnis eines Lesestückes klar zu stellen überließ er mir; den ganzen Inhalt des Lesebuches mit Einschluß der Sprachlehre zu erforschen, das übernahm der Herr selbst. Gerade so verfuhr er bei Vorführung des „Rechnens"; erst prüfte er mich — und dann die Schüler selbst eigen. Vom Gesange ist nur zu berichten, daß er den Vortrag eines Chorals, eines Volksliedes, eines religiösen Volksliedes und eines Vaterlandsliedes (letzere drei mehrstimmig) forderte.

Selbstredend erfolgte ein Bericht an die Königl. Regierung. —

(Der Herr Pfarrer Kruska wird merken, daß es uns an Gelegenheit nicht fehlt, thatsächlich zu zeigen, daß wir im selbständigen Hervortreten der Revisoren nichts „Verletzendes" finden.)

3. Nur einige Jahre weiter und eines Morgens gegen $1/_28$ Uhr standen der Herr Schulrat (wieder ein anderer!) und der Herr Kreisschulinspektor auf hiesigem Schulplatz. Also wieder: außerordentliche Revision.

Um 8 Uhr vor meinen Schülern stehend, wurde mir vom Herrn Schulrat befohlen, in der ersten Stunde genau das in der bibl. Geschichte durchzuführen, was ich — für diese mir vorgenommen.

Demnach war meine Aufgabe nach Lage der Sache — vor kritischen Revisoren — ungesucht eine — ich will sagen — nicht leichte. Ich wollte und mußte nun meine Schüler einzuführen suchen in die Glaubensentwicklung des „Blindgebornen".

Als blinder Bettler erscheint er zunächst, Gegenstand philosophierender Spekulation, — am Ende sinkt er anbetend zu den Füßen des „Sohnes Gottes": dieser Entwicklung hatte ich mit meinen Schülern zu folgen. — Ich mußte und habe es versucht. Eine ganze Stunde verging und — eine Zwischenfrage erfolgte nicht. — — Dieselbe „Geduld" im Zuhören habe ich durchweg — man verzeihe mir den Ausdruck! — bei den niederen Schulbehörden nicht so gefunden.

Die sich anschließende Revision im „Rechnen" durch den Herrn Schulrat selbst bot mir eine gewisse Erholung. Danach wurde mir das Gebiet des „deutschen Unterrichtes" — ausgehend von einem behandelten Lesestück — überwiesen — ohne Zwischenfrage.

Die Revision in der „deutschen Geschichte" übernahm dann der hohe Herr wieder selbst.

Nochmals erinnere ich den Herrn Pfr. Kruska daran, daß ich im selbständigen Vorgehen der Schulbehörde nichts „Verletzendes" gefunden habe. Die Erinnerung an die „Würde des Schulamtes" wird von mir noch nicht angerufen. — Zur Beruhigung: die königl. Regierung erhielt „Kenntnis von dem Bildungsstande meiner Schüler", wenn auch auf außerordentlichem Wege.

Und nun zum vierten. Die Schulräte wechselten nicht, der letzte Herr Schulrat kam nicht, und doch wurde eine

4. außerordentliche Revision in meiner Schule Thatsache. Diesmal erschienen der Herr Generalsuperintendent und in seiner Begleitung der Herr Superintendent.

Vor der Klasse wurde mir mitgeteilt, ich möchte mit meinen Schülern in eine Unterredung über den bibl. Stoff treten, der uns in letzter Zeit beschäftigt. So war denn Rede von Nathanael, von Nikodemus, von der Samariterin. Alles vollzog sich in ungezwungenster Weise.

Nachdem die Herren mindestens eine halbe Stunde zugehört, nahm der Herr Generalsuperintendent selbst das Wort. Er zog in zwangloser Unterredung mit den Kindern eine Parallele zwischen Johannes 3 und 4.

War der Herr Generalsuperintendent in freundlichster Weise gekommen, so schied er auch in derselben Weise. Noch heute freue ich mich des Tages.

Ziehe ich jetzt schon eine vorläufige Summe, so halte ich mich berechtigt, zu sagen:

1. in der Volksschule wird „der Schulinspektor nicht kalt gestellt", und wird der Lehrer zeitweise an die Seite gedrückt, so beklagen wir uns darüber nicht;
2. das „Wissen und Können der Schüler der Volksschule wird durch Prüfungen fortgehends ernstlich festgestellt";
3. die höhere Schulbehörde verschafft sich „Kenntnis von dem Bildungsstande der Schüler der einzelnen Volksschulen."

Meine Berechtigung wird nur verstärkt, wenn ich der ordentlichen Revision gedenke, die jährlich wenigstens einmal in jeder Schule und in jeder Klasse durch den staatlichen Kreisschulinspektor stattfinden muß. Was ist dessen Aufgabe? Genau die, die Herr Pfr. Kruska also formuliert hat: „Durch ernstliche Prüfung das Wissen und Können der Schüler festzustellen, um der höhern Behörde von dem jedesmaligen Ergebnis Kenntnis zu verschaffen."

b) Ordentliche Revision, jährlich einmal.

Unerwartet tritt der Herr Kreisschulinspektor an irgend einem Tage des Jahres in die Klasse. Sofort nach üblicher Begrüßung bestimmt der Herr, daß von den Knaben und Mädchen der 1. und 2. Abteilung je eine schriftliche Arbeit gemacht werden soll, entnommen der Naturlehre und Naturgeschichte, der Geschichte und der Geographie.

Die Schüler arbeiten, der Lehrer sieht zu, der Herr Revisor inspiziert inzwischen die Mittelklasse.

Nach Wiedereintritt des Herrn Inspektors werden die Arbeiten der Schüler genau angeschaut. Fragen aus der Sprachlehre ergeben sich fast ungesucht. Die Hefte der Schüler überhaupt liegen zur Revision daneben.

Dann beginnt die mündliche Prüfung. Bei der letzten wurden Religion, Rechnen und Geographie revidiert.

Religion: Der Herr Inspektor hört, daß die Bergpredigt behandelt sei; so spricht er mit den Schülern über die erste Seligpreisung und im Anschluß daran über „den verlornen Sohn" und „Pharisäer und Zöllner."

Rechnen: Aufgaben wurden gestellt und gelöst.

Geographie: Das hervorguckende Ende einer Wandkarte veranlaßte, zu forschen, ob die Schüler auf Sicilien, im mittelländischen Meere, in Italien Bescheid wüßten. — (Das Tagebuch des Lehrers war bei Aufstellung des Revidierstoffes überflüssig.)

Und der Lehrer? Seit einigen Jahren brauchte ich auch nicht eine Frage zu stellen. Ich werde vollständig „kalt" gestellt und — — höre zu, simuliere, und gelegentlich erzählte ich auch einmal öffentlich, was ich gehört und gesehen und gedacht. Gott sei Dank! das Recht haben auch deutsche Lehrer. Heute erzähle ich aber nicht weiter, — vielleicht ein andermal. Nur wiederhole ich hier dem H. Pfr. Kruska, daß ich mich niemals öffentlich darüber beklagen werde, bei „ordentlicher" Revision so an die Seite gestellt zu werden.

Worüber ich mich aber freue, ist das, daß neben der ordentlichen Revision des Herrn Kreisschulinspektors auch die

c) gelegentliche

des Herrn Lokalschulinspektors zu Recht besteht. Königl. Regierung erhält auf dieselben Fragen, die sie beiden Inspektoren gleichlautend in die Hand giebt, aus zweier Munde Antwort, und das mag der Wahrheit hoffentlich und auch den Lehrern zu gute kommen.

Während ich das niederschreibe, geht mir manches durch Kopf und Herz, ich unterdrücke es, — ich beschränke mich nur darauf, wie Herr Kruska, der „Pfr. und Lokalinspektor" es anzufangen hat, um „in ernstlicher Prüfung das Wissen und Können der Schüler der ihm unterstellten Schulen festzustellen, — zum Bericht für die höhere Behörde."

Da erinnere ich den Herrn an sein eigenes Wort. „Der Pfarrer ist ja kein Fremder in der Schule." — Wann ist er kein Fremder? dann, wenn er in den 40 Schulwochen eines Jahres oft erscheint, um Zeuge der „Schularbeit" zu werden; dann, wenn er das ganze Schuljahr benutzt, sich die ihm nötige Kenntnis zu verschaffen, auch durch eigene Fragen. Wir werden ihn in diesem Falle nie darob anklagen, von der „Würde des Schulamts" im Sinne des Artikels 1 in diesem Blatte wird dabei nicht die Rede sein. —

Sollte aber der Lokalschulinspektor das ganze Jahr ungenutzt vorüber gehen lassen; sollte er nur die Schlußprüfung benutzen wollen, um sich jetzt auf Kosten des Lehrers, analog den Prüfungen unter 3 und 4, die nötige Kenntnis zu verschaffen, so würde ich das — sehr bedauern.

Der Direktor jeder höhern Schule wird an derselben nie die Schlußprüfung zu dem angegebenen Zwecke verwenden, obschon er im Laufe des Schuljahres es sich gewiß nicht wird nehmen lassen, auch durch eigene Revisionen festzustellen, was die einzelnen Lehrer leisten.

Ebenso wird der Herr Superintendent niemals die Konfirmandenprüfung für geeignet ansehen, um jetzt vor versammelter Gemeinde behufs Bericht an das Königl. Konsistorium und zwar selbstthätig zu erforschen, wie weit die zu Konfirmierenden im „Wissen und Können" gefördert seien.

Muß die Volksschule wirklich trotz aller außerordentlichen, aller ordentlichen, aller gelegentlichen Revisionen doch noch eine Ausnahme bilden?

Bevor ich nun „aus meinem Leben" die verschiedenen Semesterprüfungen, also die erlebten, zeichne, wird es geraten sein, zuvor auf einige Bedenken des Herrn Pfr. Kruska abschließend einzugehen.

Es sind ihrer mehrere.

1. Ich wünsche unsern Schlußprüfungen den Gang, wie ihn Prüfung 2 andeutet. Da erhebt sich die Frage: Soll der Lokalinspektor bei derselben lediglich zur Ehrendekoration dienen? Ich antworte: nein.

Das war auch nicht bei der unter 2 gezeichneten Prüfung der Fall. Der Lehrer legte vor derselben seinem Inspektor den Plan zu derselben vor, — nach seiner Genehmigung wurde derselbe ausgeführt. War nicht damit das Recht des Inspektors anerkannt und respektiert? Und sollten einzelne Fragen des Pfarrers nach Umständen auch selbständig erfolgen, so würde dies Vorgehen niemals zu einem Artikel wie in Nr. 1 Veranlassung geben.

2. Herr Pfr. Kruska sagt weiter:

„Welche Pein wird dem Schulinspektor wenigstens hierzulande zuweilen durch die Schulprüfungen bereitet! Inhaltsleeres, geistloses Fragen, — oberflächliche Behandlung des Stoffes, die das für die Kinder Geist- und Gemütbildende unangerührt auf dem Grunde liegen läßt, — langweiliges Verweilen bei dem Unwesentlichen, — geisttötendes Breittreten, — peinliches Abwarten und Abnötigen von Antworten, die doch nicht gegeben werden können u. dgl. stellen die Geduld des Schulinspektors auf eine harte Probe." —

Ein abschreckenderes Bild von einem Lehrer kann ich mir kaum denken.

Herr Pfarrer, haben diese Lehrer kein Seminar besucht? Und warum schicken die Seminarien „dortzulande" Lehrer ins Land, denen man öffentlich die Titulaturen „geistlos, oberflächlich, langweilig, geisttötend" an den Hut heften darf? Und die Regierung „dortzulande"? Stellt diese sorglos solche Lehrer an, die meinetwegen zu allem, nimmer aber als Lehrer angestellt werden dürfen?

Wollten Sie, Herr Pfarrer, — (die Richtigkeit Ihrer Lehrerzeichnung einmal angenommen) Ihre „Geduld" gerühmt sehen, die sich auch unter solchen Umständen auf gelegentliche Fragen beschränkt, so muß ich dieselbe bewundern. Freilich mit sehr gedrücktem Gemüt.

Wie soll ich es verstehen, daß Sie Ihre Geduld bei dieser Sachlage in der Entlassungsprüfung auf eine harte Probe gestellt sehen? Kam denn in den 300 Schultagen zuvor Ihre Geduld nicht in Frage? Das Ergebnis einer solchen Prüfung ist doch bald fertig gestellt, aber wer ist denn mehr zu bedauern, der bei der Schlußprüfung sich in der Geduld übende Schulinspektor, oder die Schulgemeinde mit ihren Schülern, die einen „geistlosen und auch geisttötenden" Lehrer in ihrer Mitte thätig sehen?

Unter solchen Umständen ist weder zu reden von „einer Würde des Schulamtes", noch von einer „anzuerkennenden Geduld des Pfarrers." Nur Ungeduld des Pfarrers kann da zu loben sein; Ungeduld, der Schulgemeinde zu helfen, daß das Schulamt in ihrer Mitte wieder würdig vertreten werde.

Wollten solche Lehrer rühmend sagen: „Unterm Krummstab ist gut wohnen!" — so würde ich das für den betreffenden Pfarrer — nicht beneidenswert finden.

Bitte, Herr Pfarrer, werden Sie angesichts solcher Lehrer nur recht ungeduldig, das allein entspricht in solchem Falle „der Würde des Schulamtes".

3. Zu einer Vorbemerkung zwingt mich ferner, daß Herr Pfarrer Kruska es nicht für „zutreffend", nicht „für glücklich gewählt hält, „Konfirmanden- und Volksschulentlassungsprüfung" auch nur im Vergleich nebeneinander zu stellen. Und warum nicht? Weil die „kirchliche Prüfung" in diesem Falle so zu sagen keinen „amtlichen Charakter" trage.

Angesichts der Erfahrungen hierzulande habe ich über diesen Ausspruch — gestutzt. Hierorts trägt die Konfirmandenprüfung einen amtlichen Charakter, obschon auch hier der Superintendent nicht zugegen ist. Ein Vorgang aus meiner Vaterstadt möge das erhärten.

Der Pfarrer hatte daselbst eines Tages seine Prüfung vor versammelter Gemeinde beendet. Wie sonst, so frug er auch jetzt, ob das Presbyterium gestatte, die Konfirmanden am nächsten Sonntag zu konfirmieren? Presbyterium erbat sich darauf — vor definitiver Antwort — eine nachherige Unterredung mit dem Pfarrer. Dieser aber frug zum zweiten-, zum drittenmale. Da erfolgte ein öffentliches „nein". Endergebnis: Das Königl. Konsistorium bestätigte auf den Antrag des genannten Kollegiums, 15 diesjährige Konfirmanden nicht zu konfirmieren.

Hierorts würde es auch noch heute — ich will sagen: reformierten — Presbyterien gar komisch klingen, wollte ihr Pfarrer der „Konfirmandenprüfung" den amtlichen Charakter bestreiten.

So halte ich meinen Vergleich beider aufrecht und zwar als „zutreffend".

Aus folgenden Gründen.

1. Beide Prüfungen bilden den Schluß eines mehrjährigen Unterrichts.
2. Der Prüfung in der Kirche folgt bald die Konfirmation und damit Entlassung aus dem bisherigen Verhältnis, — der Entlassungsprüfung in der Schule folgt vielleicht schon anderen Tages bewegter Schulabschied.
3. Wie in der Kirche Presbyterium und Gemeinde versammelt sind, so in der Schule der Schulvorstand und Väter und Mütter.
4. Dort, wie hier, machen es kirchliche und politische Verhältnisse nötig, Kinder scheiden zu lassen, auch wenn die Prüfungsresultate bei einzelnen nicht ganz zufriedenstellend wären u. s. w. —

Da ich aber aus vorstehenden Gründen die kirchliche Prüfung nicht in meinem ersten Artikel an die Spitze gestellt habe, so gestatten mir die Leser wohl, zu sagen, warum ich es gethan.

Von den Pfarrern allein hängt es ab, ob unsere öffentlichen Schulprüfungen denen unter 2 oder unter 3 und 4 ähneln sollen. An keinem Tage im Jahre liegt es aber dem Pfarrer so nahe, — vorausgesetzt, daß er es will, sich leicht in die Gemütsverfassung eines Lehrers zu versetzen, wie an diesem Tage.

Sollte Herr Pfr. Kruska auch das nicht für „zutreffend" halten?

4. Schlußvorbemerkung.

Herr Pfarrer Kruska sagt: „Nur keine Schaustellung, keine Komödie aus der Schulprüfung machen! Das wäre französisch, nicht deutsch!"

Noch niemals in meinem Leben habe ich gehört, daß man die Pfarrer öffentlich gemahnt hätte, sie möchten doch aus ihrer Prüfung keine „Schaustellung", keine „Komödie" machen. Schützt der Talar davor, warum nicht auch der Lehrerrock?

Ernstlich besehen: wo liegt die Gefahr näher?

a) Wir Lehrer müssen von Woche zu Woche genau niederschreiben, was wir gearbeitet haben, und Schulräte, Kreis- und Lokal-Schulinspektoren sehen es gelegentlich genau an. Wo sollten wir Lehrer die Zeit hernehmen, durch Vorübungen den Prüfungstag einzurichten!

Trifft das vielleicht für kirchlichen Unterricht auch zu?

b) Unsere zu entlassenden Schüler sind größtenteils nicht bis zur Prüfung in der Klasse anwesend, sie werden durch Dispensationen für uns vielfach zuvor „kalt gestellt". Der Pfarrer aber? Er läßt seine Konfirmanden — ich will sagen vor der Konfirmation — in den letzten Wochen — wenn möglich — alle Tage zum Unterricht kommen. — Nicht einer fehlt.

Wo nun die Möglichkeit näher liegt, aus der Prüfung eine komödienhafte Schaustellung zu machen, ist mir nicht fraglich. Und wenn unter diesen Umständen trotz dieser Sachlage noch nie ein Lehrer Veranlassung genommen hat, den Pfarrer an irgend etwas zu erinnern, so halte auch ich mich berechtigt, Herrn Pfr. Kruska zu bitten, seinerseits die Lehrer auch mit solchen Ausrufsätzen zu verschonen!

Die Vorbemerkungen sind damit erledigt, mögen nun meine Erlebnisse auf dem Gebiete der Schulentlassungsprüfungen den **Schluß** meiner Erwiderung bilden! —

Noch hatte ich das Seminar nicht besucht, arbeitete aber als geprüfter Aspirant in der Unterklasse einer Schule, da wurde ich zum ersten Male Zeuge einer Prüfung wie unter Nr. 2. Diese Prüfung hat dazumal einen mächtigen Eindruck auf mich gemacht, so daß ich nach 40 Jahren noch den Gang derselben in zwei Hauptteilen skizzieren kann.

### 1. Religion.

Unter Zugrundelegung des Wortes: „Rufe mich an in der Not, so will ich rc." — erfolgte die Prüfung dahin:

a) Zeichnung großer Notzustände, gesucht in der alt- und neutestamentlichen Geschichte;
b) Vorführung verschiedener Gebete in solcher Zeit;
c) Hilfe des Herrn;
d) Lobgesänge der Erretteten.

### 2. Geographie von Palästina.

Der Lehrer bestieg mit den Schülern die Höhen im verheißenen Lande, um von da aus nach allen Himmelsgegenden hin Umschau zu halten. Wo er auch hinschaute, überall traten Stätten hervor, an denen nicht nur Lehrer und Schüler, Pfarrer und Schulvorstand gern weilten, auch die zahlreich versammelte Schulgemeinde horchte mit größtem Interesse.

Eine weitere Prüfung im Rechnen und im Deutschen schloß sich an.

Noch heute meine ich, daß sich in dieser Weise die Schule jährlich einmal der Schulgemeinde präsentieren muß. Sie muß es zur Hebung des Interesses für Volksschulunterricht, sie muß es auch für Schüler und Lehrer. —

Schon seit 1851 hatte ich jährlich mit Schulentlassungsprüfungen zu thun. Fast jeder Wechsel im Lokalschulinspektoramt stellte die Art und Weise, die mir als Ideal vorschwebte, in Frage. Es kam lediglich auf die jeweilige Meinung des Pfarrers an. So unterscheide ich beim Rückblick vier Perioden.

1. In den ersten drei Jahren gestatteten mir die Vorgesetzten gern, die Prüfung analog der Prüfung unter Nr. 2 abzuhalten.

2. In den folgenden Jahren ging es ganz umgekehrt. Vier Jahre stand ich unter dem Druck, den jede Prüfung wie unter 3 erzeugen muß.

Der Pfarrer berief an irgend einem Tage die zu entlassenden und zu dispensierenden Schüler und zwar aus verschiedenen Schulen in ein Lokal zusammen.

Der Inspektor prüfte selbst, die Lehrer standen in den Ecken zusammen oder — gingen davon.

a) **Religion.** — Der Pfarrer begann mit der Schöpfungsgeschichte. Hauptfrage lautete: Wie gings nun weiter? Das dauerte über eine Stunde. — (Das darf ich aussprechen, daß dabei meine „Geduld auf eine sehr harte Probe" gestellt wurde. Sie riß zuweilen, Rede und Gegenrede erfolgte, aber — der Pfarrer änderte seinen Sinn nicht.)

b) **Deutsch.** Der Pfarrer ließ lesen, jeden einzelnen der Reihe nach. Sonderbar, aus dem Lesebuche nicht, sondern aus der heiligen Schrift; nicht etwa eine biblische Erzählung, sondern die letzten Kapitel aus dem Propheten Jesaias. Die Probe mag genügen.

3. Nach einer andern Stelle berufen, änderte sich zu meiner großen Freude die Situation vollständig. Volle 22 Jahre durfte ich meine Schüler einmal im Jahre so vorführen, wie jener Kollege in Neukirchen. Nur einen Zusatz erhielt in dieser Zeit das Prüfungsbild Nr. 2. Nach vollendeter Prüfung wurden die Schüler entlassen, die Eltern blieben mit dem Pfarrer, dem Schulvorstande, den Lehrern noch bei einer Tasse Kaffee zusammen. Und Pfarrer, Bürgermeister und Lehrer wetteiferten miteinander, um das Band der Einigkeit zwischen Haus und Schule fester zu schließen.

4. Leider haben mich die letzten Jahre wieder anders gestellt. Nicht ganz wie unter 3 und 4. Seit Jahren kommt ein Gegenstand vor (abgesehen von einzelnen Gesangvorträgen). Da heißt es einmal: Führen sie heute Luthers Leben vor! — Im andern Jahre: Ziehen sie eine Parallele zwischen dem großen Kurfürsten und dem Kaiser Wilhelm!

Da trifft doch wohl das Wort des Herrn Pfarrer Krusta nicht zu: „Der erste und nächste Zweck der Prüfung ist doch der, das Wissen und Können der Schüler ernstlich festzustellen." —

Ich schließe. Wie würde ich mich freuen, wenn in dieser Angelegenheit von den Pfarrern Wandel geschafft würde! Daß sie es können, wenn sie es wollen, bezeugt mir meine bisherige Amtsthätigkeit. —

Möchten die Artikel ein weniges dazu beitragen!

## Aus dem Lehrerleben.
### Eine Versuchung.

Es war ihm ergangen, wie so vielen jungen Lehrern und wie auch so vielen jungen Leuten anderer Stände: Das Mädchen, welches er liebte, hatte er als seine Frau heimgeführt, und die Zukunft lag in rosigem Schimmer vor ihm. Er hatte wohl vor der Hochzeit vorsichtigerweise sein Einkommen überschaut und für die Bedürfnisse der zukünftigen selbständigen Haushaltung in kleine Sümmchen zerlegt — das dafür, das dafür — aber der Blick auf andere junge Haushaltungen und das Gefühl der Freude über die baldige Erfüllung seiner Wünsche ließen dem Gedanken, daß allerlei unberechenbare Vorfälle das Zukunftsbild anders gestalten könnten, keinen Raum. „Es wird schon gehen, wir wollen uns behelfen und recht genügsam und zufrieden sein." Und nun war es doch so ganz anders gekommen, als er es sich ausgemalt hatte: Seine Frau war seit längerer Zeit krank, eine Ausgabe nach der andern war gekommen, eine Anschaffung nach der andern, es waren kleine Schulden gemacht worden, welche zusammen schon eine ziemlich große Summe bildeten, und so kam es, daß nach einer halbjährigen Ehe der Übergang ins neue Jahr nicht so fröhlich gefeiert wurde, wie es sonst geschehen war.

Der junge Mann meinte es ernst mit seinem Berufe, und er sagte sich, daß er seine Sorgen und Befürchtungen nicht mit in die Unterrichtsstunde nehmen dürfe, wenn dieser die Frische bewahrt werden solle, welche zu einer gedeihlichen Arbeit notwendig ist. Auch arbeitete er getreulich zu Hause, um sich weiter zu bilden, und es war ihm auch nicht wenig daran gelegen, das zu thun, was ein Schulmeister thun kann, um „sein Leben höher zu bringen." Nun aber die Sorgen für Weib und Nahrung! Sein Gehalt war klein. Einige Klavierstunden waren ihm sehr willkommen, sie vergrößerten zwar nur wenig sein Einkommen. Da bekommt er einen Brief des Inhalts, daß die Redaktion einer der größeren Zeitungen seines Wirkungsortes ihm gern ein Pöstchen eines Theater- und Konzertrecensenten übertragen wolle. Er bekäme für jede Zeile zehn Pf., außerdem zwei Freikarten für jeden Abend, und es würde sich auf diese Weise ein Verdienst von hundert bis hundertfünfzig Mark für ein Vierteljahr ergeben. Es bemächtigt sich des Lehrers sofort ein Gefühl freudiger Erleichterung. Da wäre er ja mit einem Schlage aus seinen Sorgen heraus! Er setzte sich hin, um „sofort seine Einwilligung zu schreiben. Doch während des Schreibens kommen ihm allerlei Gedanken. Er legt den Brief beiseite bis morgen. Er überlegt.. Was wäre denn dabei zu verlieren? Fast jeden Abend im Konzert oder Theater zubringen, die übrigen freien Stunden mit dem Schreiben der Berichte ausfüllen zu müssen — harte und viele Arbeit. Doch welche Genüsse winken so verlockend! Aber wie wird sich das Leben zu Hause in der Familie, gestalten? Das Nachhausekommen wird meistens zwischen 11 und 12 Uhr stattfinden. Hat der Mann nicht seine bestimmten Pflichten der Familie gegenüber? Ja, aber die der Erhaltung seiner Familie ist doch die erste. Und doch, welch ein unstätes, so ganz verändertes Leben brächte das Pöstchen! Welch ein Umschwung in der Welt des Bewußtseins würde entstehen! Und wo würde vor allen Dingen die Arbeit für die Schule und die Fortbildung bleiben? Für die Schule? Es heißt, das Amt müsse seinen Mann ernähren; und wenn es das nicht thut, darf es sich dann beklagen, wenn das Interesse in großem Maßstabe auch andern Sachen geschenkt wird? Darf es sich beklagen wenn ihm nur die halbe Kraft gegeben wird? wenn der Schullehrer auch ein Zeitungsschreiber ist? halb Schullehrer, halb Zeitungsschreiber? Aber stimmt das mit den Sätzen: Der ganze Mann dem Amte? die frische, ungeschwächte Kraft für das gute Gelingen der Schularbeit? Wie stimmt das mit der so oft gerühmten Treue des Lehrers? Wäre das Ergreifen dieses so verlockenden Nebenamtes nicht eine Fahnenflucht zu nennen? Wäre es nicht feige, diesen Raub an seinen Pflichten zu begehen? Soll der Lehrer, der selber ein Beispiel des Mutes, der Selbstverleugnung, der Standhaftigkeit und der peinlichsten Gewissenhaftigkeit sein soll und muß, vor den von ihm gelehrten und gepriesenen Grundsätzen beschämt den Kopf senken? — Aushalten! Harren in Hoffnung! Treu der Schule! Ein treuer Lehrer wird nicht verlassen werden! — Am andern Tage lag auf dem Redaktionstische ein Brief des Lehrers, in welchem die angebotene Gelegenheit zum Verdienst abgewiesen wurde. — Wer will da über den Enthusiasmus und Idealismus des Lehrers spotten?

Der ganze Mann dem Amte!

---

## Korrespondenzen.

**Aus Schleswig-Holstein.** Wenn man die in diesem Blatte zur Veröffentlichung gelangenden Abhandlungen, Beiträge zur Geschichte des Schulwesens, Korrespondenzen u. s. w. darauf hin näher ansieht, wo die Verfasser derselben ihr Domizil haben, so sollte man fast glauben, daß das Ev. Schulblatt in der hiesigen Provinz vollständig unbekannt sei. Schreiber dieses sind nicht alle Jahrgänge desselben bekannt; aber die Zahl der aus Schleswig-Holstein gelieferten Beiträge ist recht gering. Ja in einer langen Reihe von Jahrgängen, besonders den letzten, vermissen wir dieselben gänzlich. Wenn nun Fernstehende daraus den Schluß ziehen sollten, daß die in dem Ev. Schulblatte vertretene Richtung der Pädagogik in der Lehrerwelt unserer Nordprovinz keine Beachtung gefunden haben werde, da sonst doch von dorther gewiß Stimmen für oder gegen dieselbe laut geworden wären, so läßt sich nicht leugnen, daß einer solchen Schlußfolgerung die Berechtigung nicht ganz abgesprochen werden kann. Allein andrerseits ist es doch auch nicht wohl denkbar, daß die Lehrerschaft einer ganzen Provinz, und wäre dieselbe auch nur in geringem Maße rührig, die durch des Ev. Schulblatt in so gründlicher und ausdauernder Weise erstrebten Reformen auf dem Gebiete des Schulwesens unbeachtet gelassen hätte. Um so weniger ist dieses begreiflich, wenn man bedenkt, in wie naher Beziehung das Ev. Schulblatt zu der Pädagogik Herbarts steht, die doch in so rühriger Weise durch die nach letzterem benannte Schule vertreten wird. Wer die Bestrebungen des Ev. Schulblattes nicht aus letzterem selbst kennen gelernt hätte, der müßte doch durch jede andere pädagogische Zeitschrift auf dieselben aufmerksam gemacht worden sein. In der That ist es auch in der hiesigen Lehrerwelt so. Eine wie große Zahl von Abonnenten das Ev. Schulblatt in unserer Provinz besitzt, vermag Schreiber dieses zwar nicht zu sagen; aber mit der durch dasselbe vertretenen Pädagogik ist man hier nicht bloß bekannt, sondern auch aufrichtig befreundet. Besonders in dem jüngeren Teile der schleswig-holsteinischen Lehrer besitzen die aus den siebziger und achtziger Jahren stammenden Arbeiten des Herausgebers d. Bl. zahlreiche Freunde.

Eine eigentümliche Thatsache ist es gewiß, daß man hier erst vor 7—8 Jahren, also c. 6 Jahre nach ihrem Erscheinen, auf die „Grundlinien einer Theorie des Lehrplans" aufmerksam wurde. Mag sein, daß der verhältnismäßig geringe Umfang dieses Schriftchens dazu beigetragen hat, daß sein Wert hier so spät und, wie es scheint, an andern Orten noch gar nicht bekannt geworden ist. Bei eingehender Beschäftigung mit dem Werkchen kann man bald zu der Überzeugung, daß dasselbe einen wahrhaft revolutionären Charakter auf einem speciellen Gebiete der Pädagogik an sich trage. Man wurde sich jetzt erst bewußt, daß es eine Theorie des Lehrplans geben müsse, was eine solche in sich begreife und welche große Bedeutung dieser Theorie für die Gestaltung der Unterrichtspraxis eigen sei. Die vom Seminar hergebrachten didaktischen Anschauungen wurden durch dieses Schriftchen erschüttert, oder richtiger: die „Grundlinien" legten plötzlich in der auf dem Seminare gewonnenen Fachbildung an einer gewichtigen Stelle eine bedenkliche Lücke bloß. Insbesondere waren es der 4. und 5. Grundsatz der „Grundlinien", welche das pädagogische Denken in hohem Maße aufachten. Der Wunsch, die übrigen Schriften Dörpfelds kennen zu lernen, war jetzt ein sehr natürlicher, und nach und nach setzte man sich in den Besitz derselben, soweit sie nicht vergriffen waren. Zunächst wurden die didaktischen Schriften durchgearbeitet. Die ersten Freunde derselben gewannen in Konferenzen und in der Schulzeitung rasch neue. Es bildeten sich hin und wieder kleine Gruppen, welche sich die Besprechung der Dörpfeldschen Schriften zur Aufgabe machten. Natürlich führte dieses Studium dahin, daß auch die Schriften der Herbart-Ziller'schen Schule vielfach angeschafft und durchgearbeitet wurden.

Bei dem Erscheinen des „Beitrags zur Leidensgeschichte der Volksschule" wurde das Interesse für Dörpfeld, wie überall im deutschen Vaterlande, so auch in der Nordmark desselben mächtig angeregt. Viele wurden erst durch dieses Werk auf die übrigen Schriften desselben Verfassers aufmerksam. Ebenso hat die letzte didaktische Arbeit desselben, die „Zwei dringliche Reformen" hier eine eingehende Beachtung gefunden und nicht minder die zweite Auflage der psychologischen Monographie über „Denken und Gedächtnis."

Die Beschäftigung mit den didaktischen Schriften Dörpfelds müßte notwendig dahin führen, daß man versuchte, die Unterrichtspraxis gemäß den neugewonnenen Anschauungen umzugestalten. Allein dieses Bestreben fand bei den Behörden bisher keine Unterstützung. Die Einführung des „Enchiridions" und eines Reallesebuches z. B., die man vereinzelt beantragte, wurde nicht gestattet, und so müssen denn die Freunde der Dörpfeldschen Reformen auf eigene Hand versuchen, letztere in die Praxis überzuführen, soweit solches ohne die vorgeschlagenen Hilfsmittel möglich ist.

In welchem Umfange die Ideen Dörpfelds in der hiesigen Provinz Freunde gewonnen haben, beweist u. a. auch die „Schlesw.-Holst. Schulzeitung", das Organ des hiesigen Provinzial-Lehrervereins. Dieselbe hat im Laufe der letzten 3—4 Jahre an einschlägigen längeren Artikeln gebracht: 1. Eine ausführliche Besprechung der Grundlinien, 2. zwei längere Aufsätze über den „Beitrag zur Leidensgeschichte der Volksschule", 3. drei „pädagogische Briefe" über die „zwei dringlichen Reformen", 4. einen Artikel über die Forderungen Dörpfelds betreffend das Erzählen der bibl. Geschichten, 5. Eine Reception des „Neuen Beitrags". Demnächst wird eine Besprechung der „Beiträge zur pädagogischen Psychologie" erscheinen. Daß diese Veröffentlichungen in der Schulzeitung nicht ohne Erfolg geblieben sind, beweisen die in letzterer alljährlich mitgeteilten Berichte über die Thätigkeit der Specialvereine. In sehr vielen derselben, ja in den allermeisten, sind in den letzten Jahren die Dörpfeldschen Schriften, resp. die Hauptpunkte der in demselben vertretenen Pädagogik, Gegenstand der Verhandlungen gewesen. Dasselbe gilt in Bezug auf die Herbart-Zillersche Pädagogik. In der That, kein pädagogisches System hat auf die Lehrer Schleswig-Holsteins so bedeutenden Einfluß gehabt, als das Herbart-Zillersche; kein Schulmann hat durch seine Schriften bei uns zu Lande für sich das Interesse so stark in Anspruch genommen, als Dörpfeld.

Im Jahre 1885 kam in Apenrade zum ersten Male auf der Provinzial-Lehrerversammlung die Herbartische Pädagogik zur Verhandlung, und zwar in zwei Referaten. Schulvorsteher Thede-Altona sprach über das Thema: „Würdigung der Herbart-Zillerschen Grundsätze" und Lehrer Lützen-Wehren über die These: „der Kern der Sprachbildung muß in und mit der Sachbildung gewonnen werden". Die vorigjährige Versammlung des Provinzial-Vereins, welche zu Anfang August in Pinneberg abgehalten wurde, war noch stärker von den Herbart-Zillerschen bezw. Dörpfeldschen Ideen beeinflußt. Auf derselben wurden folgende drei Referate gehalten: 1. Die Pflege der katechetischen Kunst. Referent: Lehrer Drews-Wesselburenerkoog, 2. die hauptsächlichsten Fehler beim Geschichtsunterricht. Referent: Lehrer Henningsen-Flensburg und 3. die Stellung des Hauptlehrers zu den Klassen-

III. Abteilung. Litterarischer Wegweiser.

lehrern und zur Schulinspektion. Referent: Hauptlehrer Wandel-Fuhlsbüttel. Der erste Referent will das katechetische Verfahren unter Berücksichtigung der von Ziller gegen dasselbe gerichteten Vorwürfe korrigiert wissen; der zweite steht voll und ganz auf dem Boden der Ziller'schen und Dörpfeld'schen Unterrichtsgrundsätze und will, beeinflußt von der neusten Litteratur aus den Kreisen der Herbartianer (Zillig, Rusch u. a.), eine Reform des profangeschichtlichen Unterrichts herbeiführen helfen, wobei aber sicher die wichtige Nebenabsicht obwaltet, auf diesem Wege (oder Umwege) eine Besserung der Methode des heilsgeschichtlichen Unterrichts, die auch so dringend einer Reform bedarf, den Weg ebnen zu helfen. Der 3. Referent erweist sich in seinen Ausführungen als ein Anhänger der „Leidensgeschichte". Alle drei Referenten erzielten durch ihre vortrefflichen Vorträge lebhaften Beifall.

Es möge hiermit für dieses Mal genug sein. Schreiber dieses glaubt im vorstehenden in genügender Weise dargethan zu haben, daß die schlesw.-holst. Lehrerschaft in der Wertschätzung derjenigen pädagogischen Ideen, in deren Dienst das Ev. Schulbl. nun schon in einer langen Reihe von Jahren steht, nicht den letzten Platz einnimmt. Es hätte dieses eigentlich früher an dieser Stelle ausgesprochen werden müssen; hoffentlich geschieht es aber jetzt auch noch nicht zu spät.

R.

## III. Abteilung. Litterarischer Wegweiser.

### Zur neuern Litteratur des Zeichenunterrichts.
Von Seminarl. Menard in Neuwied.

**Anleitung zum Studium der dekorativen Künste.** Ein Handbuch für Kunstfreunde und Künstler, Kunsthandwerker und Gewerbetreibende, Zeichenlehrer und Schüler höherer Unterrichtsanstalten. Von J. Häuselmann. Zürich und Leipzig, Verlag von Orell, Füßli & Co. 1885. (186 Seiten kl. 8 mit 296 in den Text gedruckten Illustrationen.) Preis 4,50 Mark.

(Schluß.)

So konnte der Verf. doch unmöglich in seiner „andern Arbeit" geschrieben haben, da er dort ja nicht auf das „im Hauptteil" Gesagte hinweisen konnte, er hat also die Notiz ad hoc hier eingefügt, weil er über die Polychromie der Chinesen nichts Neues beibringen will. Was dem „chinesischen Stil" recht ist, ist doch den anderen Stilarten billig; wird hier Alles über die Polychromie Bemerkenswerte bereits im Hauptteil vorgebracht, warum denn nicht bei den anderen Stilarten auch? — Was steht nun aber wirklich im Hauptteil Kap. 2 (S. 24 vergl. das oben S. 4 und 5 Gesagte) über die chinesische Polychromie? „Aber bei der Leichtigkeit in der Zeichnung und dem glücklichen Instinkt, die Farben wie zu einem Blumenstrauß zusammenzustimmen, vermögen die Chinesen in diese seltsame Unordnung (der Formen) den Zauber der Harmonie zu bringen und die reichsten Farben mit den zartesten Nüancierungen als Koloristen ersten Ranges mit dem glücklichsten Erfolge zu verbinden." Das ist Alles. Was wissen wir nun von der „einzigen" Kunst der Chinesen? Mit vielen wohlgesetzten Worten und feinen Wendungen wird möglichst wenig gesagt. — In dem Abschnitte „die Polychromie der Ägypter" steht mit weiteren Worten und Wendungen dasselbe, wie in der I. Abteilung; wir stoßen an beiden Stellen (S. 169 u. S. 21) auf „die kräftigen Töne der Grundfarben" — „die Identität des Gegenstandes" — die dauerhaften Harzfarben. Ebenso ist's bei der „Polychromie der Griechen;" was S. 172

über die Bemalung der Basen ꝛc. und farbige Mosaik gesagt ist, gehört auf S. 44 u. 42 und was S. 171 über die Anwendung der Farbe bei den Werken der Baukunst bemerkt ist, gehört auf S. 56. — Hier steht folgende interessante Note: „So ungern man es glaubt, ist nicht mehr zu bestreiten, daß **sogar** die Werke der freien Plastik in Fleischton gefärbt und, um den Realismus noch weiter zu treiben, das ‚Leuchten der Augen' durch eingesetzte Steine dargestellt wurde." — Die Illusion von den ungefärbten weißen Marmortempeln und -Statuen der Griechen ist gründlich zerstört. — Und wer war es, der die früher so sehr geleugnete, jetzt aber nicht mehr bestrittene Thatsache der Farbengebung festgestellt und begründet hat? — Semper!\*) — Auf S. 171 und 173 ist etwas mehr über die griechischen und römischen Mosaikarbeiten beigebracht, was an Ort und Stelle S. 42 und S. 63 nicht geschehen ist, wo auch jede Hinweisung auf den 5. Aufsatz fehlt; da nun aber beim altchristlichen Stil (S. 66) und beim byzantinischen Stil (S. 72) auf die Mosaik der Griechen und Römer Bezug genommen ist, so mußte notwendig vorher etwas über diese Mosaik gesagt werden. — Was S. 174 über die byzantinische und römische Polychromie gesagt ist, steht fast alles in der I. Abteilung, konnte also hier fortfallen. Ebenso ist der auf S. 175 und 176 enthaltene Abschnitt „arabisch-maurische Polychromie" mit Ausnahme der einzigen Thatsache, daß auch

---

\*) Semper, Stil I. S. 437: „Praxiteles wurde gefragt, welche von seinen Marmorarbeiten er für die gelungenste halte: diejenige, an welche Nikias die Hand angelegt hat, war seine Antwort. So großen Wert legte er auf dessen Farbengebung." — Soweit also gingen die ersten Bildhauer Griechenlands, daß sie die verfeinerte und durch höchste Kunst geadelte malerische Ausstattung den ersten Meistern der Malerei überließen.

Koransprüche in stilisierter kufischer Schrift in die Dekoration verflochten wurden, sogar bis auf das „ausgeklügelte Linienspiel" in der I. Abteilung enthalten. Ähnlich verhält es sich mit der gotischen Polychromie und der der Renaissance. Das Wenige Neue konnte bequem in der I. Abteilung untergebracht werden. Durch Weglassung der unnötigen Wiederholungen wären ca. 10 Seiten gewonnen worden, die bessere Verwendung zur Ausfüllung der großen Lücken in der I. Abteilung gefunden hätten. Die Aufsätze 1—4 (über moderne Kunst und Stilisierung der Pflanzen — Naturalismus und Idealismus — über Kunst und Kunststil — über Kunst und Kunsthandwerk hätten sich bequem zu einem passenden Schluß der I. Abteilung umarbeiten lassen, in welchem alle Konsequenzen zu ziehen gewesen wären, die sich aus „dem Studium der dekorativen Künste" für die Hebung und Bildung des Kunstgefühls, für einen zweckmäßigen und möglichst allgemeinen Volksunterricht des Geschmackes (Semper) ergeben; dabei hätten weitere 5—6 Seiten gespart werden können. Durch bessere Ausnutzung des Raumes bei Anordnung der Illustrationen (S. 107, 110, 151, 163—168) hätte, ohne die schönen Anordnung der Ausstattung Eintrag zu thun, sich noch manche Seite gewinnen lassen zur vollständigeren Darstellung einzelner Partien und des Ganzen. — Kommen wir zum Schluß: Die Verlagshandlung hat das Buch gut ausgestattet, der Preis — 4, 50 Mk. — ist aber für das Gebotene viel zu hoch. — Das Buch ist auch in fließender, leicht verständlicher Form geschrieben und liest sich ganz angenehm. Wer daher zu seiner Unterhaltung und zu einiger, mehr oberflächlicher Belehrung im allgemeinen gelegentlich über die eine oder andere Stilart „etwas" lesen will, der greife zu dem Buche, er wird sich ganz angenehm unterhalten, wozu die vielen

III. Abteilung. Litterarischer Wegweiser. 239

und anmutigen Illustrationen nicht wenig beitragen werden; wer aber in Wahrheit eine „Anleitung zum **Studium** der dekorativen Künste" sucht, wer die Entwicklung der dekorativen Künste von ihren ersten Anfängen bis zur Gegenwart im Zusammenhange verfolgen, sie gleichsam vor seinem geistigen Auge wieder von neuem entstehen sehen, ferner die Gesetze, nach denen diese Entwicklung vor sich geht, erkennen, die Ideen, die den Künsten zu grunde liegen und die bei allem Wechsel immer dieselben bleiben und immer wieder von neuem erfaßt und dargestellt werden, auch erfassen will: — der greife nicht nach diesem Buche, er wird seine Rechnung nicht finden.

3. Hänselmanns „Moderne Zeichenschule". Methodisch geordnetes Vorlagewerk für Volksschulen, Mittelschulen und kunstgewerbliche Lehranstalten. 6 Hefte von je 20 Tafeln in Mappe. Inhalt: I. Heft: Die Elementarformen geradliniger Ornamente. 4 M. — II. Heft: Die Elementarformen bogenliniger Ornamente. 6 M. — III. Heft: Stilisierte Blatt- und Blütenformen. Einfache Flachornamente antiken und modernen Stils. 6 M. — IV. Heft: Die Spirale als Grundform des vegetabilen Ornaments. 6 M. — V. Heft: Freie Kompositionen und Ornamente verschiedener Stilarten in Farben (I.) 6 M. — VI. Heft: Dsgl. (II.) 6 M. — Die Hefte können auch einzeln bezogen werden und jedes bildet für sich ein Ganzes (?) für die entsprechende Schulstufe. Verlag von Orell, Füßli und Co. in Zürich und Leipzig.

Hier fordert zunächst der Titel „Moderne Zeichenschule" unsere Aufmerksamkeit heraus. Wir meinten zuerst, es mit einem Lehrmittel zu thun zu haben, das nach den „neusten" Anforderungen der Pädagogik gearbeitet wäre, da es in erster Reihe für Volks- und Mittelschulen bestimmt ist. Die neuere Pädagogik verlangt einen organischen Lehrplan, in welchem die Unterrichtsfächer nach ihrem eigentlichen Wesen (kulturhist. Princip) und nach dem Werte, den sie für die Erziehung des werdenden Menschen haben (psychologisches Princip), geordnet sind, und worin einem jeden Unterrichtsfache als Stoffgebiet eine besondere Richtung der menschlichen Kulturentwicklung zugewiesen wird, und als Unterrichtsaufgabe die Einführung des Schülers in dieses Gebiet, um ihn so a) bekannt zu machen mit allen Seiten der menschlichen Kulturentwicklung, b) alle seine Anlagen und Kräfte harmonisch zu entwickeln, damit er c) einen energischen Willen beweise bei der Lösung der Lebensaufgabe, die ihm gestellt ist und bei der Weiterarbeit an der menschlichen Entwicklung. Nach diesen Grundsätzen der „modernen" Pädagogik fällt dem „modernen" Zeichenunterricht in der „modernen" Erziehungsschule die „moderne" Aufgabe zu, den Schüler in das Gebiet der darstellenden Kunst einzuführen und zwar nach der Reihenfolge der kulturhistorischen Entwicklung der bildenden Kunst.

Die textile Kunst ist die älteste Kunstbethätigung der Menschen, sie ist die Urkunst auch insofern, als alle anderen Künste ihre Typen und Symbole aus ihr entlehnt haben, sie selbst aber hat ihre Typen aus sich herausgebildet oder der Natur abgeborgt. Die Produkte der textilen Kunst umgeben das Kind vom ersten Angenblicke seines Lebens an bis zum letzten, sie können also jederzeit nach Gebrauch, Stoff, Farbe und Musterung (Ornamentik) zur Besprechung gebracht werden. Farbe u. Ornamentik sind Ausdruck des Stoffes, der Herstellungsweise, des Gebrauchs oder Dienstes, den das Erzeugnis der textilen Kunst leisten soll. Deshalb sind Farbe und Ornamentik besonders herauszuheben u. als eigentlicher Gegenstand unseres Zeichenunterrichts hinzuzustellen. Wir haben also unseru „modernen" Zeichenunterricht mit denjenigen Ornamenten zu beginnen, die durch die älteste Textilkunst hervorgebracht worden sind, mit Reihungen, Bandverzierungen (Mäanderzügen und Banddurchschiebungen) und Teppich-Mustern. Das sind zugleich diejenigen Verzierungen, die das „moderne" Kunstgewerbe zuerst und am meisten verwendet. Hier decken sich die theoretischen Anforderungen der „modernen" Pädagogik auf wunderbare Weise mit den praktischen Anforderungen des „modernen" Gewerbes. Leider bringt unser Autor in seiner „modernen Zeichenschule" von diesen Dingen nichts.

Sein I. Heft bringt Übungen zu den „notwendigsten Erklärungen aus der Raumlehre, beginnt also garnicht mit Kunstunterricht, sondern mit Raumlehre-Unterricht. Senkrechte, Wagerechte, Schräge, Teilungen derselben, Winkel, Quadrat, Rechteck, Dreieck u. Linienkombinationen in diesen Figuren sind Anfangsstoff für seinen „modernen" Zeichenunterricht. Der Kreis, Kombinationen aus Kreissegmenten, Vielecke im Kreise, das Oval (aus dem Rechteck entwickelt) und dann die „belebte Form aus Kreis und Oval im Quadrat entwickelt" bilden im II. Heft den Fortgang seines „modernen" Zeichenunterrichts; im III. Heft tritt die Schneckenform auf.

(Schluß folgt.)

### Zur Recension eingegangene Bücher.

Casselmann-Krebs, Leitfaden für den wissenschaftl. Unterricht in der Chemie. I. u. II. Teil. 5. Aufl. 4,40 M. Wiesbaden, Bergmann.

Krebs, Lehrbuch der Physik. 5. Aufl. 3,60 M. Ebend.

Dietlein, Die Dichtungen der Volksschullesebücher. 2,40 M. Wittenberg. Herrosé.

Rieger, Goldkörner aus dem Predigtschatz alter und neuer Zeit. à Lief. 0,40 M. Stuttgart, Greiner und Pfeiffer.

Greve, Christenlehre. 3. Aufl. 0,60 M. Hannover, Feesche.

Gurcke, Deutsche Schulgrammatik, bearb. von Bägold u. Schönhof. 20. Aufl. Hamburg, O. Meißner.

Huß, Leitfaden zur Erlernung der franz. Sprache. 2. Aufl. Straßburg, Schulz.

Nicolaisen, Beseitigung des Stotterns. 1,20 M. Flensburg, A. Westphalen.

Bauer-Duden, Grundzüge der Neuhochdeutschen Grammatik. 2 M. Nördlingen, Beck.

Schorn-Ruete, Handbuch zur bibl. Geschichte. 3 M. Leipzig, Dürr.

Luppe-Ottens, Elementarbuch der franz. Sprache. III. Schuljahr. Zürich, Orell, Füßli und Co.

Ricard, Franz. Lesebuch. 1 M. Prag, Neugebauer.

Kubach, Der Aufsatz. Bonn, Hanstein.

Meyer, Pädagogische Zeit- und Streitfragen. I. Band, 1. Heft. 0,75 M.

Riemann, Musik-Lexikon. Lief. 4—8. Leipzig, Hesse.

Musterkatalog für Volksbibliotheken. 1 M. Leipzig, Spamer.

Freybe, Was kann die Schule zur Erhaltung christl. Volkssitte beitragen? 2. Auflage. 0,40 M. Gütersloh, Bertelsmann.

Diesner, Fortbildung des Lehrers im Amte. 0,80 M. Neuwied, L. Heuser.

Liese, Allgem. Bestimmungen über das Volksschul-, Präparanden- u. Seminar-Wesen. 1,60 M.

Tesch, Entwürfe zur Behandlung deutscher Sprachstücke. 1,50 M.

# Evangelisches Schulblatt.

### Juli 1887.

## I. Abteilung. Abhandlungen.

## Das Reich Gottes oder die Kirche Christi nach dem Römerbrief.

### (Von Lehrer H. Weider in Windecken.)

Unter den apostolischen Briefen des N. T. bietet uns wohl keiner eine zusammenhängendere und ausführlichere Entwicklung der christlichen Wahrheit als der Brief Pauli an die Römer. Luther bezeichnet darum denselben als „das rechte Hauptstück des N. T. und das allerlauterste Evangelium." Wir finden in diesem Briefe eine vollständige, systematische Darlegung der Lehre von der Kirche Christi, von dem Gnadenreiche Gottes. Suchen wir dies nachzuweisen, indem wir den Ausführungen des Apostels folgen.*)

Als Ausgangspunkt dient uns das Thema der Epistel, welches Paulus nach einer kurzen Einleitung in Vers 16 und 17 des ersten Kapitels an die Spitze seines Briefes stellt:

„Denn ich schäme mich des 2c."

Dreierlei hebt hier der Apostel hervor: er spricht von einem seligen Verhältnisse, das durch den Glauben erlangt wird; er bezeichnet dann diejenigen, welche dieser Seligkeit teilhaftig werden (nämlich „Alle, die daran glauben, die Juden vornehmlich und auch die Griechen") und bezieht zuletzt dieses selige Verhältnis, das V. 17 „Gerechtigkeit, die vor Gott gilt" genannt wird, auf das Leben. Dementsprechend zerfällt der ganze Brief in drei Hauptteile:

im ersten Teile (K. 1, 18 bis K. 8, 39) ist von dem Wesen des Reiches Gottes die Rede (als eines seligen Verhältnisses, das durch den Glauben erlangt wird);

der zweite Teil (K. 9, 1 bis K. 11, 36) verbreitet sich über den Um-

---

*) Herr Kollege Weider hat sich in vorliegender Arbeit eine sehr hohe Aufgabe gestellt. Ob die verehrten Leser überall mit der Lösung einverstanden sein werden, ist fraglich. Nichtsdestoweniger gebe ich dem Artikel hier gern eine Stelle, weil es mich freut, daß ein Kollege sich an eine solche Arbeit gewagt hat, und weil schwerlich jemand, mag er nun den Ausführungen des Herrn Verf. zustimmen oder nicht, dieselbe ohne Nutzen lesen wird.    Horn.

fang des Reiches Gottes (er redet von denen, welche zu Mitgliedern des Reiches Gottes erwählt werden) und

der dritte Teil (K. 12, 1 bis K. 15, 13) handelt von der Darstellung des Reiches Gottes im Leben der Christen.

Von der Einleitung und dem Schlusse des Briefes werden wir absehen, da beide für die Lösung der uns gestellten Aufgabe nicht von wesentlicher Bedeutung sind.

## I. Wesen des Reiches Gottes.
### (K. 1, 18 bis K. 8, 39.)

Was ist das Reich Gottes? — Vergeblich wird man in den Ausführungen des Apostels nach einer kurzen, abgerissenen Definition suchen; es läßt sich eben von dem Reiche Gottes nicht sagen: Siehe hier oder da ist es, es kommt auch nicht mit äußerlichen Gebärden, sondern es ist in uns, es ist Leben, organisches Leben und charakterisiert sich als solches durch eine stufenweise Entwicklung von den kleinsten Anfängen zur größtmöglichen Vollendung. Um den eigentümlichen Charakter dieses Lebens, das als Gemeinschaft mit Gott einen seligen Zustand in sich schließt, darzulegen, führt darum der Apostel dasselbe seinen Lesern als ein Werdendes vor, indem er das Reich Gottes als ein seliges Verhältnis zu Gott darstellt, das

durch den Glauben erlangt wird (K. 1, 18 bis K. 5, 21), sich in thätiger Liebe fortentwickelt (K. 6, 1 bis K. 8, 16) und die Hoffnung seiner einstigen Vollendung in sich trägt (K. 8, 17—39).

**Der Anfang** des Reiches Gottes bei uns, jenes seligen Zustandes in der Gemeinschaft mit Gott, ist der Glaube an Jesum Christum; ohne ihn ist es unmöglich, Gott zu gefallen, er ist die Grundbedingung alles Lebens in Gott, der einzig mögliche und darum auch notwendige Weg zum Reiche Gottes. — Der Apostel redet in seinem Briefe zunächst von der Notwendigkeit dieses Glaubensweges. Dieselbe folgert sich nach seinen Ausführungen K. 1, 18—32 aus der allgemeinen Verderbnis, aus dem gottlosen Wesen und der Ungerechtigkeit aller Menschen. Wohl haben sie einst alle Gott gekannt, denn Gott selbst hat sich ihnen offenbart, sein Wesen, wie auch seine heiligen Forderungen; aber durch Undankbarkeit und Hochmut sind sie dieses reinen Gottesbewußtseins verlustig gegangen und dadurch der Abgötterei verfallen. In demselben Maße nun, wie sie sich von Gott entfernten, sanken sie immer tiefer und tiefer in den Sumpf der Gemeinheit und der Sünde. Ja, nicht genug damit, daß sie sich selbst aller Sünden schuldig machten, sie fanden auch Gefallen an denen, die es thun. Durch dieses gottlose Wesen der Menschheit war aber der Zorn Gottes erregt, das selige Verhältnis der Menschen zu Gott, das einst im Paradiese existiert, war gelöst, die Menschen waren dem Tode, d. h. der gänzlichen Trennung von Gott verfallen. Je größer das menschliche Elend, um so schärfer tritt die Notwendigkeit des einzig möglichen Rettungsweges hervor, den der Apostel V. 16 als den Glauben an Jesum Christum bezeichnet. — Diese Notwendigkeit des Glaubensweges bezieht sich auf alle Menschen, nicht auf die Heiden allein, zu welcher Annahme vielleicht das Volk Israel geneigt sein dürfte, sondern auch, wie der Apostel im 2. Kapitel zeigt, auf die Juden, obwohl dieselben als das auserwählte Volk und im Besitze des geoffenbarten Gesetzes einen besonderen Vorzug den Heiden gegenüber zu haben glaubten. Vor Gott giebt es kein Ansehen der Person. (K. 2, 1—11); jeder empfängt sein Urteil, nach dem er gehandelt hat, es sei gut oder böse. Darum kommt „Trübsal und Angst über alle Seelen der Menschen, die da Böses thun, vornehmlich der Juden und auch der Griechen! Preis aber und Ehre und Friede allen denen, die da Gutes thun, vornehmlich der Juden und auch der Griechen! Denn es ist kein Ansehen der Person vor Gott." — Auch der bloße Besitz des geoffenbarten Gesetzes rettet nicht vom Verderben (K. 2, 12—16); sondern nur der allein bleibt frei von dem göttlichen Zorne, der das Gesetz Gottes erfüllt und danach thut. Zudem sind ja auch die Heiden im Besitze des göttlichen Gesetzes, denn dasselbe ist „beschrieben in ihrem Herzen." — Es hat demnach in bezug auf die Gerechtigkeit, die vor Gott gilt, der Jude vor dem Heiden nicht das Geringste voraus (K. 2, 17—19); „denn das ist nicht ein Jude, der auswendig ein Jude ist, auch ist das nicht eine Beschneidung, die auswendig im Fleische geschieht ꝛc." Das durch die Sünde herbeigeführte Elend ist also ein allgemeines, betrifft ebensowohl die Juden, wie die Heiden; beide bedürfen darum des Glaubens, um durch ihn zur Seligkeit zu gelangen, zu welcher weder die Beschneidung noch das Gesetz führen kann.

„Was haben denn die Juden Vorteils? Oder was nützt die Beschneidung?" Mit diesen Fragen leitet der Apostel über und sucht dann in K. 3 und 4 das Verhältnis dieses von ihm als notwendig bezeichneten Glaubensweges zu dem Alten Testamente festzustellen. Er muß den Verdacht, als mache er sich durch seine bisherigen Ausführungen über die Notwendigkeit des Glaubens zur Seligkeit einer Mißachtung der von Gott im Alten Testamente getroffenen Anstalten schuldig, von sich abwenden. Der Glaube als Eingangspforte ins Reich Gottes steht den Veranstaltungen des Alten Bundes, dem Gesetze und der Beschneidung, nicht feindselig gegenüber, sondern er ist nach K. 3 eine unbedingte Konsequenz derselben. Wie eine innere Notwendigkeit die Knospe zur Blüte treibt, so mußte sich auch aus den Veranstaltungen des Alten Bundes der Glaubensweg des Neuen Testamentes entwickeln. Jede Vereinbarung ist auf Gegenseitigkeit gegründet, so auch der Bund, welchen Gott mit dem Volke Israel geschlossen hat. Gott hat dem Bundesvolke seine Verheißungen gegeben (K. 3, 1—8) und hält dieselben trotz der Ungerechtigkeit und des Treubruchs seitens des anderen Bundesteiles (dessen Sünde sogar zu seiner Verherrlichung dienen muß, obwohl sie dessen ungeachtet nicht zu entschuldigen ist) treu aufrecht. — Wie steht aber nun das Volk Israel den von ihm im Gesetze übernommenen Pflichten gegenüber? Haben die Kinder Israel gethan, was sie zu thun schuldig waren? Mit nichten; der Apostel weist sie K. 3, 9—20 auf die zahlreichen Aussprüche des Alten Testamentes hin, welche über die Sündhaftigkeit des Bundesvolkes klagen, sowie auf das Gesetz, das ihnen gleich einem Spiegel ihre Ungerechtigkeit vor die Seele führt. — Also auf der einen Seite unverbrüchliche Treue, auf der anderen Seite fortwährende Pflichtverletzung: das ist der Charakter des Alten Bundes, ein Mißverhältnis, das zur ewigen Verdammnis führen muß, und das nur durch das Eintreten eines Mittlers, welcher imstande ist, an Stelle der sündhaften Menschheit deren Pflichten gegen Gott zu erfüllen, gelöst werden kann. Aus dem Charakter des Alten Bundes ergiebt sich also mit zwingender Notwendigkeit das Bedürfnis nach einem Mittler und nach einer von demselben aus freier Gnade geschaffenen Gerechtigkeit, an welcher die Menschen nicht das geringste Verdienst haben, es sei denn, daß sie sich diese Gerechtigkeit durch den Glauben zueignen. Jesus Christus ist nun (nach K. 3, 21—31) dieser Mittler, der den Zwiespalt des Alten Bundes gelöst, und der Glaube an ihn macht uns der durch ihn erworbenen Gerechtigkeit teilhaftig. Das ist das Verhältnis, in welches der von Paulus gepredigte Glaube zu den Institutionen des Alten Testamentes tritt, kein Gegensatz, sondern notwendige Folge, wie der Apostel sich ausdrückt: „Heben wir denn das Gesetz auf durch den Glauben? Das sei ferne! Sondern wir richten das Gesetz auf." — Der Glaubensweg ist, wie Paulus K. 4 zeigt, auch der allein richtige Abschluß des Alten Bundes. Abraham, der Vater des Alten Bundes und somit auch der Vater der Verheißung, muß inbezug auf den Weg zur Seligkeit maßgebend sein für die Bundeskinder, die Kinder der Verheißung; denn auf dem Wege, auf welchem er zur Gerechtigkeit gelangte, oder würdig befunden wurde, die Verheißung zu empfangen, auf demselben Wege können auch diese nur gerecht, resp. Erben der Verheißung werden. Abraham aber war vor Gott gerecht (K. 4, 1—8) allein durch den Glauben, wie denn geschrieben stehet: „Abraham glaubte dem Herrn, und das rechnete er ihm zur Gerechtigkeit." Nicht aber erlangte er die Gerechtigkeit durch die Beschneidung (K. 4, 9—12); denn er empfing die Verheißung, noch ehe er die Beschneidung hatte, auch nicht durch das Gesetz (K. 4, 13—17), das nur Fluch, aber nicht Gerechtigkeit bringen kann. Wer also zu den Kindern Abrahams gezählt werden will, muß glauben wie er (K. 4, 18—25); nicht die fleischliche, sondern die geistige Abstammung berechtigt zu der Erbschaft Abrahams, und somit findet denn der Alte Bund in dem Glauben an Christum Jesum, als der Erfüllung der Verheißung, seinen allein richtigen Abschluß.

Die Notwendigkeit des Glaubens zur Seligkeit, sowie das Verhältnis desselben zum Alten Bunde war der Inhalt der bisherigen Kapitel; in K. 5 spricht nun der Apostel von dem Resultate des Glaubens, von dem seligen Zustande, dessen sich alle diejenigen erfreuen, welche den Glauben an Jesum Christum im Herzen tragen und somit einen Anfang gemacht haben im Reiche Gottes. — Die Gläubigen treten, wie K. 5, 1—11 ausgeführt wird, in ein neues Verhältnis zu Gott, das den Charakter des Friedens, der gänzlichen Versöhnung mit Gott, an sich trägt, wie der Apostel sagt: „Nun wir denn sind gerecht geworden durch den Glauben, so haben wir Frieden mit Gott durch unsern Herrn Jesum Christ." Gottes Zorn lastet nicht mehr auf ihnen, sondern an seine Stelle ist jenes Wohlgefallen getreten, das die Engel als erstes Weihnachtsevangelium auf Bethlehems Fluren verkündeten. Der Glaube an Jesum Christum erhält uns aber auch fortwährend in diesem seligen Verhältnisse des Friedens, weil uns durch ihn der stete Zutritt zur göttlichen Gnade offen steht. Diese Erhaltung im Frieden bringt uns die Hoffnung zukünftiger Herrlichkeit und Trost in den mannigfachen Trübsalen des Lebens, die wir uns dann aus Gottes Liebe erklären. Ferner ist uns die Erhaltung verbürgt durch den Erlösungstod Christi; wenn wir durch Christi Tod schon als Sünder und Feinde Gottes der Erlösung teilhaftig geworden sind, so können wir gewiß als versöhnte Freunde Gottes unsere Hoffnung auf den wieder auferstandenen, lebenden Erlöser setzen. — Mit dem neuen Verhältnisse zu Gott erhalten wir zugleich auch durch den Glauben die Kraft zu einem neuen Verhalten, was Paulus K. 5, 12—21 durch einen Vergleich des Erlösers mit Adam zeigt: wie Adams Sünde nicht allein bei allen Menschen gestraft wurde, sondern auch alle zu Sündern machte, so ist auch durch die Erlösung nicht allein unsere Sündenschuld getilgt, sondern wir empfangen zugleich die Kraft zu einem neuen Leben.

Der Glaube ist also der Anfang der Mitgliedschaft des Reiches Gottes, dasselbe gewinnt durch ihn Gestalt in unserem Herzen; doch muß der Glaube dem neuerweckten Leben im Herzen fortwährend zur Grundlage dienen, wenn das zarte Pflänzchen nicht welken und absterben soll. Da aber dieser fortwährende Glaube eine fortwährende Gemeinschaft der Seele mit Gott bedeutet, so nimmt der Glaube bei den im Stande der Heiligung Stehenden den Charakter der Liebe an, deren äußere Erscheinungsform ein neuer Wandel ist.

**Der Fortgang**, die Fortentwicklung des Reiches Gottes bedeutet demgemäß ein neues Leben, eine sittliche Erneuerung, welche aus der Liebe fließt. Diese Erneuerung unseres sittlichen Lebens ist als äußere Erscheinungsform der inneren Wiedergeburt, des neuen Verhältnisses zu Gott, unbedingt notwendig und findet ihren Ausgangspunkt nicht im Gesetz, sondern eben in dieser inneren Wiedergeburt, in der Gemeinschaft mit Gott.

Von der Notwendigkeit eines neuen Lebens redet der Apostel in K. 6. Er stellt es zunächst dar als eine notwendige Konsequenz unseres neuen Verhältnisses zu Gott (K. 6, 1—11). Wir sind eins geworden mit Christo: mit ihm begraben zur Tilgung unserer Sünden, mit ihm auferstanden in der Kraft eines neuen Lebens und sollen nun auch mit ihm leben, sollen, wie er nur Gott lebt, auch nur ein Gott geweihtes Leben führen. — Das neue Verhalten ist darum auch eine heilige Forderung unseres neuen Standes (K. 6, 12—14): „So lasset nun die Sünde nicht herrschen in eurem sterblichen Leibe, ihr Gehorsam zu leisten in seinen Lüsten!" Das neue Verhalten ist auch eine Bedingung für die Erhaltung des Reiches Gottes in uns (K. 6, 14—23). Denn falsch ist es, wenn man aus dem Umstand, daß jetzt die Sünde nicht mehr herrschen kann in uns, die Folgerung ziehen will, als dürften wir ruhig sündigen und blieben doch gerecht vor Gott. Wem man gehorsam ist, dessen Knecht ist man: wer den sündlichen Lüsten seines Herzens folgt, ihnen nicht widerstreitet, der ist unter der Herrschaft der Sünde, also der Sünden Knecht. Wer aber der Sünden Knecht ist, der ist nicht unter der Herrschaft der Gnade, da es unmöglich ist, zwei Herren zu dienen, die sich in kontradiktorischem Gegensatze zu einander befinden. Beides muß von einander geschieden werden: Sündendienst und Unterstellung unter die Herrschaft der Gnade; jener endet mit dem Tod, d. h., mit der Trennung von Gott, mit der Auflösung des seligen Verhältnisses zu ihm, diese aber erhält uns in dem seligen Zustande, ist demnach die Bedingung für das Fortbestehen desselben und als solche notwendig.

Welches ist nun der Ausgangspunkt des neuen Lebens der Gläubigen? Nicht das Gesetz, wie uns das 7. Kapitel unserer Epistel lehrt, und zwar zunächst deshalb nicht, weil jetzt die Voraussetzung für das Gesetz fehlt (K. 7, 1—6). Eine Frau ist nur so lange dem Manne verpflichtet, als derselbe lebt; mit dem Tode des Mannes wird sie ihrer Verpflichtungen gegen ihn ledig und kann nun einem anderen angehören. Der Mensch stand bisher auch in Beziehungen zum Gesetz, in welchem ihm nach Lösung seiner früheren direkten Beziehungen zu Gott dessen heiliger und gerechter Wille gewissermaßen verkörpert entgegentrat. Durch das Erlösungswerk Christi wurde nun das ursprüngliche Verhältnis — die innige Gemeinschaft mit Gott — wieder hergestellt und somit das bisherige Verhältnis zum Gesetze aufgelöst. Damit war die Voraussetzung des Gesetzes, welche in der Entfremdung von Gott bestand, gefallen. — Auch entspricht der Charakter des Gesetzes nicht unserem neuen Verhältnisse (K. 7, 7—25). Das Gesetz tötet, wie der Apostel nachweist, hat aber keineswegs die Kraft, belebend zu wirken. Seiner Eigentümlichkeit gemäß wird es nur imstande sein, einen Zwiespalt zwischen Wollen und Können in uns aufzudecken, der uns zum Bewußtsein unseres Elends führt.

Der Wandel der Gläubigen findet vielmehr seinen Ausgangspunkt in dem neuen Verhältnisse zu Gott (K. 8, 1—16). Der Geist Christi, welcher infolge der innigen Gemeinschaft mit Jesu Christo in uns überfließt, wie des Weinstocks Saft in die Reben, bestimmt das neue Verhalten. Der Buchstabe des Gesetzes wirkt von außen, niederreißend, zerstörend; der Geist Christi aber durchdringt das ganze Sein des Menschen, anbauend und Leben spendend. — Der Geist findet die Voraussetzung seiner Wirksamkeit in der inneren Umwandlung des Menschen (K. 8, 1—4) und unterscheidet sich auch hinsichtlich der Art und Weise seines Wirkens (K. 8, 5—13) wesentlich vom Gesetze. Das Gesetz lag zwar fortwährend im Kampfe mit der fleischlichen Natur des Menschen, konnte aber dieselbe nicht bewältigen; auch der Geist tritt in schärfsten Gegensatz zu allem fleischlichen Wesen — womit zugleich die Annahme, als könne mit dem Fallenlassen des Gesetzes die menschliche Natur frei ihren Lüften leben, zurückgewiesen wird, — aber er tötet unsere sterblichen Leiber, d. h. die sündliche Natur in uns, um dann, gleich wie Christus von den Toten auferwecket ist, unsere sterblichen Leiber zu einem neuen Leben lebendig zu machen. — Der Gehorsam, welcher dieser innigen Liebesgemeinschaft unserer Seelen mit dem Geiste Christi entspricht (K. 8, 14—16), wird darum nicht mehr den Charakter einer knechtischen Unterwürfigkeit an sich tragen, sondern in freier Liebesthätigkeit das Verhältnis der Kinder zu ihren Eltern darstellen. „Ihr habt nicht einen knechtischen Geist empfangen, durch welchen ihr euch abermals fürchten müßt, sondern ihr habt einen kindlichen Geiste empfangen, durch welchen wir rufen: Abba, lieber Vater."

Das ist der Fortgang des Reiches Gottes in uns, das nach seinem Charakter im Hinblick auf das Ende die Hoffnung der größten Vervollkommnung in sich trägt (K. 8, 17—39).

Die Seligkeit der Gläubigen ist nämlich hienieden noch immer eine unvollkommene (K. 8, 17—23). Die ganze Kreatur, die ganze Schöpfung, ist der Eitelkeit, d. i. der Vergänglichkeit unterworfen; das fortwährende Vergehen, die Hinfälligkeit alles Geschaffenen, giebt der Natur den Charakter der Unvollkommenheit. Es ist ein durch die Sünde verursachter Mißklang in der Schöpfung, der zu einer endlichen Auflösung hinstrebt (die allerdings nur dann geschehen kann, wenn alle Voraussetzungen der einstigen Harmonie wieder hergestellt sind). Auch die Gläubigen, obwohl des Geistes Erstlinge, sind an diese unvollkommene Natur durch ihre sterblichen Leiber gebunden; ihre Seligkeit ist infolge dessen immer noch unvollkommen und wird erst zur vollständigen Vollendung gelangen mit des Leibes Erlösung. — Die Vollendung der Seligkeit ist hier nur Gegenstand unserer Hoffnung (K. 8, 24—27), wir müssen in Geduld warten; aber die Erfüllung dieser Hoffnung ist uns verbürgt (K. 8, 28—32); denn da uns Gott nach seinem ewigen Ratschlusse soweit geführt, uns gerecht und herrlich gemacht hat, sollte er uns nun nicht auch alles schenken? — In dieser gewissen Hoffnung auf Vollendung unserer Seligkeit genießen wir große Vorteile (K. 8, 33—39): wir überwinden alle geistigen Anfechtungen, keine Anklage des Bösen vermag uns unsere Seligkeit zu rauben; wir überstehen alle Leiden, welche uns als Glieder der unvollkommenen Natur noch treffen, und bleiben fest in Gott und seiner Liebe trotz aller Mächte, die uns von ihm trennen wollen. „Denn ich bin gewiß, daß weder Tod noch Leben, weder Engel noch Fürstentum, noch Gewalt, weder Gegenwärtiges noch Zukünftiges, weder Hohes noch Tiefes noch keine andere Kreatur, mag uns scheiden von der Liebe Gottes, die in Christo Jesu ist, unserem Herrn."

So führt uns der Apostel in dem ersten Teile seines Römerbriefes die Entwicklung des Reiches Gottes vor die Seele und zeigt uns das Wesen der Kirche Christi in uns nach ihrem Anfange, ihrem allmählichen Fortschreiten und ihrer einstigen Vollendung. Sie fängt an im Glauben an Jesum Christum, hat in der herzlichen Liebe zu dem Heilande die Basis ihrer Fortentwicklung und wartet in Hoffnung geduldig auf die Vollendung ihrer Seligkeit.

„Im Glauben wird der Bund geschlossen,
Die Liebe trägt ihn unverdrossen
Durch Hoffnung zur Vollendung hin."

## II. Umfang des Reiches Gottes.
### (K. 9—11.)

Mit freudiger Zuversicht hat Paulus am Schlusse des ersten Teiles jener herrlichen Vollendung seiner Seligkeit gedacht, mit einer schmerzlichen Klage wird der zweite Teil des Briefes eingeleitet (K. 9, 1—5): Der Apostel hat „große Traurigkeit und Schmerzen ohne Unterlaß in seinem Herzen." Wie erklärt sich dieser wunderbare Kontrast? Paulus selbst giebt uns Aufschluß darüber: seine Brüder und Gefreundete nach dem Fleisch, „die da sind von Israel, welchen gehört die Kindschaft, und die Herrlichkeit, und der Bund und das Gesetz, und der Gottesdienst und die Verheißung; welcher auch sind die Väter, aus welchen Christus herkommt nach dem Fleisch," die sind verbannt von Christo; ausgestattet mit allen Vorzügen eines auserwählten Bundesvolkes, gehen sie der ewigen Seligkeit verlustig, weil sie, auf jene Vorzüge pochend, in stolzer Selbstgerechtigkeit den Weg des Glaubens verachteten. Dieses Schicksal seiner Brüder und Stammesgenossen, das imstande war, selbst in die erhabenste Freude seines Herzens einen Schatten der Trauer zu werfen und die höchste Begeisterung zu dämpfen, führt den Apostel zur Erwägung der Frage: „Wen wählt der Herr als Bürger seines himmlischen Gnadenreiches?" Indem er K. 9, 10 und 11 diese Frage beantwortet, zieht er gewissermaßen die Grenzlinien des Reiches Gottes und stellt seinen Umfang fest.

In Vers 6—24 des neunten Kapitels wird **das Princip, nach dem die Erwählung der Reichsgenossen erfolgt**, dargelegt, begründet und erklärt. — Die Darlegung dieses Princips erfolgt (K. 9, 6—13) an der Hand zweier Beispiele aus dem Alten Testamente. Nach menschlicher Weise geurteilt, wäre z. B. neben Isaak auch Ismael Abrahams Sohn gewesen, und doch sagt der

Herr: „In Isaak soll dir der Same genannt werden." So sind denn auch nicht die als Gottes Kinder anzusehen, „die nach dem Fleische Kinder sind," die hinsichtlich ihrer menschlichen Abstammung ein Recht auf die Kindschaft Gottes zu haben vermeinen, sondern „die Kinder der Verheißung," welchen der Herr seine Verheißung und deren Erfüllung in Christo Jesu zu teil werden läßt, sollen als Samen gerechnet werden, sind Kinder Gottes, Bürger und Erben seines himmlischen Reiches. Gott wählt also seine Reichsgenossen ohne Rücksicht auf deren menschliche Abstammung. — In den folgenden Versen verweist der Apostel auf die Erwählung Jakobs zum Träger der göttlichen Verheißung. Noch ehe die beiden Söhne Isaaks geboren waren, also von einem Unterschiede in ihrem sittlichen Leben noch gar keine Rede sein konnte, wurde Jakob der Vorzug zuerkannt, Träger der göttlichen Verheißung zu sein, trotzdem Esau als Erstgeborner nach menschlicher Berechnung das nächste Anrecht darauf hatte. So werden auch alle diejenigen, welche der Erfüllung jener Verheißung teilhaftig werden sollen, von Gott dazu erwählt und berufen ohne Rücksicht auf ihre sittlichen Verdienste und äußeren Vorzüge. — Gottes Wahl ist also — wie wir an diesen beiden Beispielen gesehen haben — eine vollkommen freie, unbeschränkte, weder an menschliche Verhältnisse noch an menschliche Berechnung gebundene; Gott wählt die Bürger seines Reiches ohne Rücksicht auf Abstammung, Verdienst und äußere Vorzüge. Das ist das Princip, welches der Erwählung der göttlichen Reichsgenossen zu Grunde liegt.

„Was sollen wir denn hier sagen? Ist denn Gott ungerecht?" Kurz ist die Antwort des Apostels: „das sei ferne." — Niemand kann Gott der Ungerechtigkeit zeihen, denn das Princip, nach welchem der Herr die Glieder seiner Kirche erwählt, findet seine rechtliche Begründung in dem Verhältnisse der Menschen zu Gott, wie Paulus (K. 9, 14—21) nachweist. Es ist zunächst eine Konsequenz unseres Gnadenverhältnisses zu Gott (V. 14—19). Gnade ist Gnade und Barmherzigkeit ist Barmherzigkeit, d. h., es liegt eben in dem Wesen der Gnade und der Barmherzigkeit, daß der Mensch keine Berechtigung auf dieselbe hat und daß Gott dieselbe frei verteilen kann, an welchen er will. Wenn Gott uns lohnen wollte nach unserem Verdienst, so würden wir alle der ewigen Verdamnis anheim fallen; denn alle Menschen ohne Ausnahme haben gesündigt, der Sünde Sold aber ist der Tod. Wenn der Herr also einen Menschen, wie z. B. Pharao, dem Tode, der ewigen Verdamnis, überläßt, dann geschieht ihm bloß sein Recht; daß Gott einen anderen begnadigt, kann ihm keinen Rechtsanspruch auf Gottes gleiche Barmherzigkeit verschaffen. Es kann also niemand Gott einen Vorwurf daraus machen, wenn er frei, ohne Rücksicht „auf jemandes Wollen und Laufen," den einen in Gnaden annimmt, den andern verwirft; denn diese Freiheit der Wahl ergibt sich aus unserem Gnadenverhältnisse zu Gott. — Sie ist aber ferner auch eine Konsequenz des souveränen Machtverhältnisses Gottes zu den Menschen (V. 19—21). „Ja, lieber Mensch, wer bist du denn, daß du mit Gott rechten willst?" Ein willenloses Geschöpf in den Händen deines Meisters. Wie ein Töpfer unbedingte Freiheit besitzt, aus dem „Klumpen zu machen ein Faß zu Ehren und das andere zu Unehren," so hat Gott als Schöpfer Himmels und der Erde unbedingtes Recht über alle seine Geschöpfe und kann dem einen seine Gnade erweisen, während er den anderen der ewigen Verdammnis übergiebt. Niemand darf darüber mit ihm rechten wollen; denn ein Werk spricht nicht zu seinem Meister: „Warum machst du mich also?" — Wir haben also bis jetzt gehört, daß das Princip, nach welchem Gott die Bürger seines Reiches erwählt, voll berechtigt und wohl begründet ist.

Wird aber durch die Freiheit der göttlichen Wahl nicht der Mensch der Verantwortlichkeit für sein Seelenheil ganz und gar enthoben? Wie löst sich dieses Rätsel, vor dem wir hier stehen? Die einzige Lösung liegt in der Liebe Gottes; denn Gott ist nicht allein ein Gott der Heiligkeit und Gerechtigkeit, sondern auch ein Gott der Liebe, und die Anwendung jenes Princips geschieht unter dem Einflusse seiner Liebe (K. 9, 22—24). Gottes Wahl ist und bleibt eine freie in jeder Beziehung; doch ist es damit keine willkürliche, sondern eine durch Gottes unaussprechliche und unerforschliche Liebe geleitete: er hilft in seiner Liebe allen, die diese Liebe annehmen wollen. Selbst die Gefäße des Zornes — die ihrer sittlichen Anlage nach der Verdammnis entgegeneilen — trägt er in seiner Liebe mit Geduld, um an denen, die sich seine Gnade gefallen lassen, seine Herrlichkeit zu zeigen. — Von einer Vorausbestimmung im Sinne der Prädestinationslehre kann hier also keineswegs die Rede sein. Allerdings wählt Gott nach freier Selbstbestimmung, ohne Rücksicht auf menschliche Verdienste und Vorzüge und könnte deshalb auch von Ewigkeit her den einen Teil der Menschen zur Seligkeit, den andern zur Verdammnis bestimmen; doch wie es in dem Wesen des heiligen Gottes liegt, daß nur Heiliges aus ihm hervorfließt, so liegt es auch im Wesen des Gottes der Liebe, daß seine freie Selbstbestimmung über den Menschen auch stets den Charakter der Liebe an sich trägt, d. h., die ewige Seligkeit des Betreffenden zum Ziele hat.

Nachdem der Apostel die Gesichtspunkte dargelegt hat, nach denen die Wahl der göttlichen Reichsgenossen stattfindet, zeigt er jetzt (K. 9, 25—11, 32), wie sich die **Erwählung selbst** gestaltet. Die Thatsache der Erwählung des einen und Verwerfung des anderen Teiles der Menschheit entspricht oft so wenig einer menschlichen Berechnungsweise, daß sie unbedingt als Verwirklichung jenes Princips betrachtet sein will, das Paulus im 9. Kapitel dargelegt, begründet und erklärt hat. — Diese Verwirklichung stellt sich den Ausführungen des Apostels (K. 9, 25—10, 9) nach zunächst dar als die **zeitweise Verwerfung Israels und die Heranziehung der Heiden**. Die Thatsache selbst (9, 25—31) wird schon von den Propheten des Alten Bundes vorausgesagt:

Hosea bekundet, daß der Herr die sein Volk nennen will, die nicht sein Volk waren, und daß die „Kinder des lebendigen Gottes genannt werden sollen, zu denen gesagt ward: Ihr seid nicht mein Volk." Ebenso weissagt auch Jesaias, daß nur ein kleiner Teil des Volkes Israel — das „Übrige", wie der Apostel es bezeichnet — selig werden solle. — Die Thatsache der zeitweisen Verwerfung des Bundesvolkes und die Heranziehung der Heiden wird auch von Paulus, dem Apostel des Neuen Testamentes, bestätigt: Die Heiden, welche nicht nach der Gerechtigkeit gestanden, sollen selig werden, während Israel mit allen seinen Verdiensten und Vorzügen jene Seligkeit nicht zu erlangen vermag. — „Warum das?" fragt der Apostel; die Erklärung dieser Thatsache giebt er K. 9, 32 bis 10, 10. Israel verkannte den Weg zur Seligkeit, wie ihn Paulus predigte; es trachtete danach, durch des Gesetzes Werke selig zu werden. Indem es sich aber an seine eigenen Verdienste klammerte, wurde ihm Jesus Christus, der ihm zum Rettungsfelsen gegeben war, zum Stein des Ärgernisses und des Anstoßes. Die Kinder Israel haben wohl geeifert um Gott, aber mit Unverstand; sie kannten die Gerechtigkeit nicht, die vor Gott gilt und waren ihr nicht unterthan. Christus ist des Gesetzes Ende und der Glaube an ihn die Erfüllung des Gesetzes; sie aber suchten die Gerechtigkeit des Alten Bundes, von der Moses spricht: „Welcher Mensch dies thut, der wird darinnen leben," und nicht die Gerechtigkeit der Gnade, die jedes eigene Verdienst verneint und sich allein gründet auf den Glauben an Jesum Christum. Darum sind auch die Kinder des Reiches ausgestoßen in die äußerste Finsternis und die „von Morgen und Abend," die Heiden, haben ihnen den Rang abgelaufen auf dem Wege zum Himmelreich.

Doch dieses Verhältnis wird nicht ewig dauern, der Ausschluß des Bundesvolkes nicht für alle Zeiten stattfinden; denn die Verwirklichung jenes Princips besteht auch zweitens, wie Paulus K. 10, 11—11, 32 zeigt, in der endlichen Einbeschließung Israels unter die Erwählten des Herrn. Daß diese erfolgt, dafür bürgt uns schon das Wesen der göttlichen Heilsinstitutionen (K. 10, 11—21). Das Reich Gottes ist erschienen für alle Menschen, die es annehmen: „wer an ihn glaubt, wird nicht zu schanden werden. Es ist hier kein Unterschied unter Juden und Griechen;" denn alle haben einen Herrn und wer denselben anruft, wer ihn gläubig anerkennt, der soll selig werden. — Das Reich Gottes wird auch einem jeden nahe gebracht durch die Predigt des göttlichen Wortes; sein Schall gehet aus in alle Lande und sein Evangelium dringt bis ans Ende der Welt; auch den Juden gilt seine liebevolle Einladung: „Kommet her zu mir." — In dieser unbegrenzten Ausdehnung des Reiches Gottes, in dieser Allgemeinheit der Berufung liegt die Möglichkeit einer endlichen Einverleibung Israels in die selige Gemeinschaft aller Gläubigen. — Dieselbe widerspricht auch keineswegs den jetzigen thatsächlichen Verhältnissen, wie der Apostel K. 11, 1—24 ausführt. „Hat denn Gott sein Volk verstoßen? Das sei ferne! Denn ich bin auch ein Israeliter von dem Samen Abrahams, aus dem Geschlechte Benjamin." Nicht das Volk als solches ist verworfen von Gott, V. 1—10 sondern die Ungläubigen aus dem Volke, die in stolzer Selbstgerechtigkeit und Verblendung den Weg des Glaubens verachteten, die hat Gott verstoßen. Wie aber einst zu Elias Zeiten „siebentausend Mann" übrig geblieben waren, die ihre Knie nicht gebeugt hatten vor Baal, so kann auch der Apostel von den Übriggebliebenen reden, die ihr Herz nicht verschlossen haben gegen den Ruf der Gnade. — Aber auch selbst diejenigen, die zu den Verworfenen des Volkes Israel zählen, sind nicht infolge einer göttlichen Absicht verworfen worden V. 11—15. „Sind sie darum angelaufen, daß sie fallen sollten? Das sei ferne!" Christus ist nicht gekommen, um ihnen ein Stein des Anstoßes zu werden, sondern durch sie sein Reich aufzurichten über die ganze Erde. Wenn aber schon durch die geringe Zahl der Gläubigen in Israel den Heiden Heil widerfahren ist, wie viel mehr mag es in Gottes Absicht gelegen haben, ihre Zahl „voll" zu machen! „Denn so ihre Verwerfung der Welt Versöhnung ist, was wird ihre Annahme anders denn Leben von den Toten?" — Daß aber die jetzige Verwerfung eines großen Teiles der Juden die spätere Bekehrung des ganzen Volkes nicht ausschließt, zeigt sich V. 16—24 schon darin, daß selbst der verworfene Teil wieder eingepflanzt werden kann in die Verheißung der Väter und deren Erfüllung in Christo Jesu. Denn wenn schon die Heiden aus dem Ölbaum, „der von Natur wild war, ausgehauen und wider die Natur in den guten Ölbaum gepfropfet worden sind, wieviel mehr werden die natürlichen eingepfropfet in ihren eignen Ölbaum!"

Die endliche Einbeschließung Israels unter die Erwählten Gottes, die sich — wie wir bisher gesehen — aus dem Wesen der göttlichen Heilsinstitutionen ergiebt und den jetzigen thatsächlichen Verhältnissen keineswegs widerspricht, wird darum auch ganz gewiß erfolgen, wie Paulus K. 11, 25—32 weissagt. „Ich will euch nicht verhalten, liebe Brüder, dieses Geheimnis, auf daß ihr nicht stolz seid. Blindheit ist Israel eines Teiles widerfahren so lange, bis die Fülle der Heiden eingegangen sei und also das ganze Israel selig werde, wie geschrieben stehet: „Es wird kommen aus Zion, der da erlöse und abwende das gottlose Wesen von Jakob." Wie die Heiden, so werden auch die Kinder Israel einst umkehren auf dem Wege des Unglaubens und sich unter die Barmherzigkeit stellen; „denn Gott hat alles beschlossen unter den Unglauben, auf daß er sich aller erbarme."

So haben wir denn das große „Geheimnis" der christlichen Mission kennen gelernt, das uns Paulus nicht vorenthalten wollte und das er uns offenlegt in dem zweiten Teile seines Römerbriefes K. 9. 10 und 11. — Gott wählt die Bürger seines himmlischen Gnadenreiches ohne Rücksicht auf Abstammung, Verdienst und äußere Vorzüge in freier Selbstbestimmung; aber es liegt in dem

Wesen seiner Liebe, daß er alle hinzuführt, die seinem Rufe folgen und seinem Worte glauben, seien es Juden oder Heiden. Und sein Werk wird nicht ruhen, bis daß sie alle vereinigt sind unter einem Scepter, bis daß eine Herde und ein Hirt sein wird auf Erden — Unerforschlich sind seine Wege und unbegreiflich seine Gerichte; wir vermögen nach unserer menschlichen Schwachheit nicht tiefer einzudringen in jenes Geheimnis; demutsvoll beugen wir uns unter die Weisheit und Erkenntnis Gottes, ergeben wir uns der Allmacht seiner unbegrenzten Liebe und beten mit Paulus:

„O welch eine Tiefe des Reichtums, beides, der Weisheit und Erkenntnis Gottes!

„Denn von ihm und durch ihn und zu ihm sind alle Dinge. Ihm sei Ehre in Ewigkeit! Amen. (Schluß folgt.)

## II. Abteilung. Zur Geschichte des Schulwesens, Biographien, Korrespondenzen, Erfahrungen aus dem Schul- und Lehrerleben.

### Aus vergangenen Zeiten.

Die zwei hier mitgeteilten Aufsätze sind entnommen dem „Almanach für die Schullehrer und Schulvorsteher der Königl. Preußischen Provinzen Rheinland-Westfalen. 1. Jahrgang. 1832. Barmen und Schwelm." Außer diesen Artikeln enthält dieser erste Schullehrer-Almanach Deutschlands eine Fülle schulgeschichtlicher Mitteilungen, als Nekrologe, Chroniken, Regierungsverfügungen u. s. w.

Der erste Aufsatz stammt unzweifelhaft aus dem Märkischen. Hier war nämlich in den dreißiger Jahren die weiland berüchtigte Küsterordnung just in der Mache, welche später im „Rheinisch-westfälischen Anzeiger" so viele hitzige Streitartikel hervorrief, von denen die giftigsten und besonders höhnischen die Unterschrift ȶ trugen. (Ein Kundiger kann vielleicht heute noch in der Gegend des ȶ im Verhältnis der Pastoren und Lehrer Folgen jener Zeit aufweisen.) Die Pastoren hatten recht, daß sie von ihren Küstern, den Kirchendienern, Dienste verlangten. Unglücklicherweise hatten die Küster im Laufe der Zeit einen ganz andern Hauptdienst erhalten, und darin lag die Schwierigkeit des Verhältnisses. Man hätte die Dienste trennen sollen, dann hätten sich die Sachen friedlich gestaltet. Daß die Lehrer, welche jetzt nur noch nebenbei Küster waren, die alten Anforderungen schwer empfanden, war ja ganz natürlich. Und so erklärt sich die übertreibende Darstellung des Lehrers, der zugleich Küster war, oder des Küsters, der zugleich Lehrer sein mußte. Jedenfalls konnte der Verfasser, selbst unter schwierigen Verhältnissen, noch lachen, was ja bekanntlich der Gesundheit zuträglich sein soll.

Der andere Artikel aus dem Almanach stammt aus dem „Allgemeinen Anzeiger der Deutschen" von 1819, herausgegeben von Becker, einem Theologen, früher Lehrer am Philanthropin in Dessau, später Buchhändler in Gotha, dem

Verfasser des Not- und Hülfsbüchleins und vieler anderer Schriften. Aus dem Humor des Artikels läßt sich auch noch heute hier und da etwas lernen; jedenfalls fällt auf die Schulverhältnisse der betreffenden Gegend manches scharfe Streiflicht.

### 1. Instruktion für den Kirchendiener und Schulmeister zu U. U., sein Verhalten gegen den Herrn Prediger P. P., Hochehrwürden daselbst, betreffend.

§ 1. Da Kantor selbst angewiesen wurde von der Obrigkeit, den Prediger als seinen nächsten Vorgesetzten und Aufseher zu achten, so findet letzterer für nötig, erstern genau anzuweisen, wie und auf welche Art er ihm, dem Pastor loci, die pflichtschuldige Ehre, Achtung und Höflichkeit zu erzeigen habe.

§ 2. Kantor ist zuvörderst verbunden, den Herrn Prediger künftig nicht per Herr Pastor oder Herr Prediger, sondern mit Ew. Hochehrwürden anzureden, und wird die Unterlassung des Gebrauchs dieses Tituli als ein Beweis der Nichtachtung desselben abseiten des Kantors angesehen und demselben stark verwiesen werden.

§ 3. Derselbige Schulmeister muß sich gegen den Prediger jederzeit und überall devot und submiß bezeigen, daher letzterm sich nie mit bedecktem Haupte nahen, sondern vielmehr auch in einer weiten Entfernung, wenn er ihn erblickt, den Hut ziehen, auch in der Nähe des Predigers denselben nicht eher wieder aufsetzen, als bis ihm solches ausdrücklich erlaubt und anbefohlen wird. Kantor darf sich ohne Erlaubnis in Gegenwart des Predigers an einem dritten Orte nicht niedersetzen, muß auf der Hausflur der Pfarre so lange verweilen, bis ihm die Kirchenlieder durch jemanden eingehändigt werden.

§ 4. Kantor muß jedesmal vor dem Anfange des Gottesdienstes in eigener Person, und nicht etwa durch ein Kind, eine Magd ꝛc., aufragen, wann es dem Herrn Prediger gefällig ist, zur Kirche läuten zu lassen, auch mehre male selbst anfragen, wenn etwa Prediger bei dem ersten, zweiten und folgenden Nachfragen die Zeit zum Läuten nicht bestimmen wollen oder können.

§ 5. Kantor soll nach dem letzten Läuten mit dem Anfange des Gesanges oder der Orgel so lange verziehen, bis Prediger zur Kirche kommt und in seinen Stuhl eingetreten ist, wohin er denn auch im Winter den Fußsack des Predigers zu tragen hat; item muß er alsdann von der Pfarre bis zur Kirche den Schnee wegräumen und einen reinen Steg schippen.

§ 6. Als Kirchendiener ist er verpflichtet, so oft Prediger nur befiehlt, an Sonn- und Festtagen und Wochenkirchen der christlichen Gemeine aus einer ihm vom Prediger übergebenen Postille vorzulesen.

§ 7. Dagegen mag er sich aber bei dem größten Unwillen des Predigers und harter Ahndung nicht beikommen lassen, denselben zu ersuchen, für ihn einmal die Schule zu halten, als womit sich Prediger auf keine Weise zu befassen geneigt und gesonnen ist.

§ 8. Anlangend die Schule, so ist Kantor verbunden:
 1. sich genau nach dem ihm vom Prediger mitzuteilenden Lektionsplane zu richten;

2. er läßt die vom Prediger bestimmten Psalmen, Lieder und Bibelverse auswendig lernen;
3. mit eingeholter Erlaubnis des Predigers darf die Schule ausgesetzt werden;
4. diejenigen Kinder, welche Pastor bestraft wissen will, muß er auf die ihm vorgeschriebene Art züchtigen;
5. wenn Prediger die Schule besucht, soll Kantor demselben einen Stuhl hinstellen, er selbst aber muß während der Anwesenheit des Predigers stehend unterrichten;
6. er muß sofort diejenige Anzahl von erwachsenen Schulkindern aus der Schule nach der Pfarre schicken, welche Pastor zu kleinen Verrichtungen nötig hat.

§ 9. So oft Prediger befiehlt, muß Kantor ohne allen Aufenthalt vor demselben erscheinen und die ihm zugeteilten Ordres wohl ausrichten, z. B. die Turmuhr nach Verlangen vor- oder zurückziehen.

§ 10. Der Kantor ist verpflichtet, in den Erntefericn, als in welchen der Schulmeister nichts zu thun hat, auf der Pfarre beim Einfahren des Korns helfen abladen oder selbiges zubauen, oder überhaupt von ihm geforderte Verrichtungen, z. B. Hülfe im Pfarrgarten, Bestellungen für den Prediger nach der Stadt oder nach einem Dorfe nicht versagen, so wie es denn auch ihm zukommt, für den Prediger das Vierzeitengeld einzusammeln.

§ 11. Zuletzt wird Kantor noch einmal gewarnt, aller und jeder Einreden und allen Widerspruchs gegen den Prediger bescheidentlich und gebührlich sich zu enthalten, maßen es ihm bereits mündlich eröffnet worden.

## 2. Eigenschaften eines guten Schullehrers.

Ein Schullehrer muß keine Sinne haben, er muß nicht hören, wie lieblos man ihn beurteilt; — nicht sehen, wie mancher andere sein Geld mit Sünden verdient, während er im Schweiße seines Angesichts sein kärglich Brot ißt; — nicht fühlen, wie gering man ihn achtet; — nicht schmecken seine schlechten Speisen und überhaupt nicht schmecken wollen die Freuden des Lebens; — auch ists sehr gut für ihn, wenn er nicht riechen kann.

Ebenso muß er kein Gewissen haben, um auch von Kindern, die nicht zur Schule kommen, das Schulgeld ohne Scham nehmen zu können. Dagegen ist ihm ein gutes Gedächtnis höchst notwendig, um behalten zu können, aus welchen Kassen und wie lange er seinen rückständigen Gehalt zu fordern hat; item ein guter Magen, um alles verdauen zu können.

Ein guter Schullehrer muß sein ein tüchtiger Advokat der vielen Prozesse wegen, die er zu führen hat, wozu wenigstens häufig Veranlassung ist, wie auch ein Wunderdoktor, um sich ohne Arznei, die er nicht bezahlen kann, seine Krankheiten heilen zu können.

Ein guter Schullehrer muß heißes Blut haben, um in der Schule keines Holzes zum Einheizen zu bedürfen.

Ein guter Schullehrer muß sein ein guter Nachtwächter, um seine offenen Gärten, Ställe ꝛc. vor Dieben zu schützen; auch muß er in Turnierübungen, im Balancieren ꝛc. gewandt sein, um das Regenwasser mit Geschicklichkeit aufzufangen, welches durch das Dach in seine Wohnung bringt, auch den Steinen behend auszuweichen, die beim Winde von seinem Gebäude fallen.

Ein Schullehrer muß sein wie ein Kamel, das lange hungern und viel tragen, auch viel auf einmal zu sich nehmen kann, wenn er einmal — irgendwo zu Gaste sein sollte.

Ein Schullehrer muß sein ein guter Zuckerbäcker, um immer Näschereien vorrätig zu haben, womit er die Kinder beschwichtigen kann, wenn er sie gestraft hat, damit sie es ihren Eltern nicht sagen.

Ein guter Schullehrer muß immer in zerlumpten Kleidern gehen, damit die Jugend nicht verführt werde, ebenfalls Schullehrer zu werden.

Ein guter Schullehrer muß sein ein Tausendkünstler, der den Kindern viel beibringt, auch — wenn sie nicht in die Schule gehen.

Ein guter Schullehrer muß sein ein wackerer Kriegsmann, um sich gegen alle An- und Überfälle tapfer verteidigen zu können, weshalb die sehr weise Einrichtung wieder eingeführt werden muß, alte gediente Unterofficiere und Soldaten zu Schullehrern zu machen, wobei noch ein anderer zugleich löblicher Zweck erreicht wird, diesen Leuten, ohne besondere Kosten, eine ruhige Versorgung zukommen zu lassen. Man sieht, die Alten waren auch keine Narren.

Endlich ist dem Schullehrer ein gewisser feiner Takt sehr wünschenswert, der sich jedoch erst im Laufe seines Amtes durch Übung findet, und also von jungen Anfängern billig nicht gefordert werden darf; ich meine das Vermögen, immer den rechten Fleck zu treffen, denn es ist in der Welt nicht wenig Unheil daraus entstanden, daß der Schullehrer den unrechten Fleck getroffen hat. Wer diese Eigenschaften hat, der kann ohne weitere Umstände zum Schullehrer befördert werden; jedoch muß man ihm fürs erste nur eine ganz schlechte Stelle geben, weil er sonst leicht üppig wird. Auch braucht man sich mit seiner weiteren Beförderung nicht zu übereilen, indem die Geduld eine Haupteigenschaft jedes guten Schullehrers ist.

C.                   —n.

## Ein alter Bekannter.

Unter den orthographisch-grammatischen Belehrungen nehmen die Übungen mit dem Verhältniswort die erste Stelle ein. Das Verhältniswort ist unter den Wortarten gleichsam der Gassenbube, der dem Lehrer am meisten zu schaffen macht. In Verbindung mit seinem Geschlechtsfreunde, dem Geschlechtswort, weiß er allerlei Unheil anzustiften, das auch dem aufmerksamsten Schüler oft zum Verhängnis wird. Nur mit großer Mühe kann man ihn zur Raison bringen. Selbst wenn Ströme des Blutes bei Gelegenheit der Aufsatz-Korrektur durch seine Glieder rinnen, und wenn die Kinder seinetwegen starke Schläge bekommen: er bleibt meistens unverbesserlich.

„Das klingt ihm gut, das haßt er nicht,
 Kann will er tot sich lachen!"

Wie ist solchem herzlosen Gesellen beizukommen? Nur durch straffe Zucht und militärische Disciplin. Jeden Tag marschieret und exercieret, und er muß sich endlich auf Gnade und Ungnade ergeben. Eine einjährige Dienstzeit genügt nicht, auch eine dreijährige thuts nicht; nur ein Septennat, eine Übung bis ins letzte Schuljahr hinein kann von Erfolg sein. — Freilich werden die Verhältniswörter bereits im dritten Schuljahre gelernt und die Übungen mit denselben bis zum Austritt aus der Schule fortgesetzt. Meistens werden sie aber nur dann geübt, wenn sie just nach der Pensenverteilung an die Reihe kommen. Vielleicht werden sie auch dann und wann einmal wiederholt, die Kinder können sie wie ein Rädchen herunterschnurren, aber

„mit „die", von „das", und so gehts fort, es ist fürwahr ein Gallensport!"

Die Verhältniswörter müssen jede Woche vom dritten Schuljahre an bis zum Schlusse desselben regelmäßig wiederholt werden. Die gebräuchlichsten im 2. Falle, wie

„wegen, während",

die im 3., wie

„mit, von, zu, nach, bei, aus",

die im 4., wie

„durch, für, um",

und alle, die den 3. und 4. Fall regieren, werden in jeder grammatischen Stunde repetiert. Und zu jedem Satze muß das Kind ohne Aufforderung des Lehrers die Begründung, warum der betreffende Fall hier erfolgen muß, hinzufügen. Hierzu einige Beispiele. Wenn das Kind spricht: „die Feinde lagern sich um die Stadt", so setzt es hinzu: „Es muß heißen „um die Stadt", weil „um" den 4. Fall regiert. Wenn es sagt: „der Spiegel hängt an der Wand", so fügt es hinzu: „Es muß heißen, an der Wand", weil man fragen kann: „Wo hängt der Spiegel?"

Die Bildung der Sätze darf nun freilich nicht gar zu sehr in das Belieben der Kinder gestellt werden, denn dann würden bei den denkfaulen „die Feinde sich in jeder Stunde um die Stadt lagern", und der Spiegel würde stetig an der Wand hängen", es wird ihnen vielmehr jedesmal ein bestimmter Stoff angegeben, aus welchem die Sätze zu bilden sind, „heute aus der Naturgeschichte, morgen aus der Geschichte s. s."

Die Verhältniswörter müssen so geübt sein, daß das Kind sofort wie beim Einmaleins angeben kann, welcher Fall erforderlich ist. Daß die Deklination der Dingwörter in demselben Maße wiederholt werden muß, ist eigentlich so selbstverständlich, daß es der Erwähnung kaum bedarf.

Die Übung der Verhältniswörter ist mit der des Einmaleins zu vergleichen. Würde das Einmaleins nicht immer und immer wieder mündlich und schriftlich angewandt, es müßte der Vergessenheit bald anheimfallen. Wo nicht wiederholt wird, da ist alles Arbeiten umsonst. Ein rechter Schnitter hält von Zeit zu Zeit in seiner Arbeit auf dem Felde ein, um seine Klinge zu schärfen. Er verliert bei diesem Geschäft an Zeit und Kraft, und dennoch kommt er besser und schneller zum Ziel, als jener, der mit dem Schärfen seiner Sichel keine Zeit verlieren mag. Ersterer vollbringt ruhig und bewußt seine Arbeit, letzterem wird dieselbe beschwerlich und sauer. Die Wiederholung ist gleichsam der Wetzstein, auf dem der Geist des Kindes geschliffen wird. Die Wiederholung erleichtert Lehrer und Kind die Arbeit.

Der Lehrer beginne keine grammatische Stunde, bevor er nicht Deklination und Verhältniswörter wiederholt. Thut er das regelmäßig, so bedarf er dazu nicht mehr als 10—15 Minuten. Bei diesen Wiederholungen muß der Lehrer indes große Zähigkeit zeigen und nicht matt werden.

Pflegen wir den Gebrauch der Verhältniswörter, wie hier gefordert, dann wirds nicht bei dem bloßen Hersagen der Verhältniswörter bleiben, sondern die Kinder werden dieselben auch richtig anwenden können: der richtige Gebrauch derselben muß ihnen in Fleisch und Blut übergehen. Der gemeine Mann freut sich, wenn er neben seinem schmutzigen Arbeitskleid noch ein einfaches sauberes Sonntagskleid hat; er freut sich nicht minder, wenn er neben seiner plattdeutschen Sprache im Verkehr mit den Vorgesetzten sich der hochdeutschen Sprache in richtiger Weise bedienen kann. Ein Sprechen in einfachen, aber richtigen Sätzen ist besser als ein Sprechen in komplizierten, aber falschen Sätzen. Das erstere ist ein Schmuck, das letztere wird zum Spott. Befähigen wir unsere Kinder, daß sie ihre Gedanken einfach ins Hochdeutsche übersetzen können; eine Übertragung in den Charakter der abstrakten Schriftsprache geht übers Ziel der Volksschule hinaus. Wir wirken in einer Elementarschule; sorgen wir, daß die Elemente der deutschen Sprache vor allen Dingen sicheres Eigentum unserer Kinder werden, und sie werden uns zeitlebens dankbar dafür sein.

Duisburg-Hochfeld. Adolf Küppers.

## Erklärung, die „Bemerkungen" des Herrn Grau im Dezemberheft v. J. betreffend.

Warum ich zu diesen „Bemerkungen" bislang geschwiegen habe, werden die meisten Leser sich leicht denken können. Von einigen Mitlesern bin ich aber deswegen gefragt worden, und denen diene folgendes zur Antwort.

Trotz der persönlichen Verdächtigungen und Anspielungen glaubte ich der großen Mehrzahl unter den Lesern dieses Blattes gegenüber schweigen zu dürfen. Denn der Artikel des Herrn Grau bot ja nur ein Beispiel zu dem, was ich in meinem letzten Aufsatze über Zeichnen leider zum wiederholten Male zu sagen mich verpflichtet fühlte, und zwar nicht (wie Herr Grau mich beschuldigt), um ihn und den Verein deutscher Zeichenlehrer „in gehässiger Weise anzugreifen", sondern bloß zur Abwehr gegen die von ihm fortgesetzten Angriffe und unbegründeten Verdächtigungen und zur Verteidigung unseres pädagogischen Erbes; seine „Bemerkungen" zeigten zudem jedem Leser, wie tief die von mir gerügte eigenartige, oft unqualifizierbare Kampfes- und Beurteilungsweise eingewurzelt ist, welche einige Mitglieder des Vereins vornehmlich in ihrer jetzt von Herrn Grau herausgegebenen „Zeitschrift" angewandt haben zur Erreichung gewisser Bestrebungen und welche sich wiederholt gegen „uns" richtete (will sagen: gegen diejenigen Seminar- und Volksschullehrer, welche einen streng pädagogischen Zeichenunterricht fordern und darum die meisten „Grundsätze" jenes Vereins wie auch gewisse andere Bestrebungen nicht billigen können). Ich konnte auf eine Gegenbemerkung umsomehr verzichten, als Herr Grau selber jedem Leser den Maßstab zur Beurteilung seiner „Bemerkungen" in die Hand gedrückt hat, indem er schrieb: „Nur wer sachlich nichts beizubringen weiß, greift persönlich an." Nach seinem Selbstbekenntnis fällt es Herrn Grau schwer, seine „Entrüstung in einigermaßen parlamentarische Grenzen zu bannen." Daß ihm das in diesen „Bemerkungen" wiederum nicht gelungen ist, konnte ich ihm für meine Person wohl nachsehen, weil ich mich in keinem Punkte seiner Anschuldigungen getroffen fühle; denn nicht einmal das Kompliment, im Vergleich mit Herrn Grau „jung" zu sein, kann ich einheimsen, nachdem ich bald fünfzehn Jahre unterrichtet habe. Nur in Hinblick auf Herrn Graus Führerschaft unter den akademisch-gebildeten Fachzeichenlehrern und auf seine Stellung als Redakteur zweier Fach-blätter fürs Zeichnen — eins für die Fachzeichenlehrer und eins für die Volks-schullehrer — muß ich aus sachlichem Interesse jenes Gebaren sehr beklagen. Zur Verteidigung der Sache, deren Kern Herr Grau abermals vollständig un-berührt gelassen hat, und um welche es mir lediglich zu thun gewesen, hat ja bereits ohne mein Mitwissen — wie ich hervorheben möchte — die Redaktion d. Bl. deutlich genug geredet. Im andern Falle bin ich jederzeit bereit, hier oder an einem anderen Orte die unberechtigten Forderungen des Specia-listentums an die Volksschule auch ferner zurückzuweisen unter Beibringung von weiterem charakteristischen Material. —

Das ist der Hauptgrund, warum ich Herrn Grau nicht zu antworten brauchte. Sollte nun aber der eine oder der andere Leser zu jenen „Kollegen" zählen, auf welche Herr Grau sich beruft, so möchte ich denselben dringend er-suchen, meine beiden Aufsätze (1884, Nr. 9—15 und 1886, Nr. 8) und vor allen Dingen auch die Besprechung der „Pädg. Zeichenlehre" von Herrn Grau in seiner „Zeitschrift" vom 1. Juni 1885 mit einiger Aufmerksamkeit prüfend zu lesen. Sollte er dann noch eine der Anschuldigungen des Herrn Grau für begründet und es der Mühe wert halten, daß ich darauf antworte, so bin ich gern dazu bereit. Bis dahin aber will ich schweigen.

Walle bei Bremen im Mai 1887.         J. Trüper.

## Die Melodien der deutschen evangelischen Kirchenlieder.

Die Verlagshandlung unserer Zeitschrift hat es zu lebhaftester Befriedigung aller Freunde des protestantischen Chorals übernommen, ein großartiges Quellen-werk erscheinen zu lassen, das aus den Händen des bewährtesten Forschers dieses Gebietes als die Frucht eines langen, dem heiligen Gegenstand zugewendeten Lebens hervorgehen soll und den Titel führt: Die Melodien der deutschen evan-gelischen Kirchenlieder, aus den Quellen geschöpft und mitgeteilt von Joh. Zahn (Altdorf). Bisher ist ein Probebogen mit 29 Melodien, darunter drei vier-stimmigen erschienen. Mit dem Wunsche, daß die Fortsetzung und Vollendung des Werkes gelingen und dadurch der von Zahn in einzigartiger Genauigkeit und Reichhaltigkeit gesammelte Stoff zum bleibenden Gemeingut der ganzen Kirche ge-macht werden möge, lassen wir den Wortlaut des ausgegebenen Prospektes unter wärmster Empfehlung hier folgen.

Prospekt.

Die Kirchenliederdichtung, wie sie sich in der evangelischen Kirche Deutsch-lands entwickelt hat, ist sowohl in ihrer Bedeutung für die deutsche Nationalliteratur, als auch bezüglich ihres Wertes für das religiöse Leben der evangelischen Christen allgemein gewürdigt, und darum hat auch die Entwicklung derselben in weiteren Kreisen Interesse erregt, und zu Nachforschungen, sowie zu historischer Darstellung Anregung gegeben. Weniger ist bis jetzt in Bezug auf die Melodien der deutschen

Kirchenlieder geschehen. Vor allem fehlt es noch an dem Nachweis, wie dieselben ursprünglich lauteten, für welche Lieder sie erfunden und für welche sie benutzt wurden, welche Veränderungen an denselben vorgingen, wo und wie lange sie in Gebrauch gewesen sind. Auch sind über die Erfinder der Melodien und über die Zeit ihrer Entstehung viele irrige Angaben in Umlauf.

Seit mehr als 40 Jahren habe ich öfters Veranlassung gehabt, mich mit den Melodien der evangelischen Kirchenlieder bekannt zu machen. Diese Beschäftigung führte mich endlich zu dem Entschluß, das Material zu einer Geschichte des evangelischen Kirchenliedes in möglichster Vollständigkeit zusammen zu bringen. Diese mit viel Aufwand von Zeit, Mühe und Kosten zustande gebrachte Arbeit will ich nunmehr in der Hoffnung veröffentlichen, allen denen, die sich mit Hymnologie beschäftigen und die für den evangelischen Kirchengesang ein Interesse haben, keinen unwillkommenen Dienst zu leisten.

Mein Buch wird nämlich enthalten:
1. Sämtliche Melodien der deutschen evangelischen Kirche, von 1523 an bis zur neusten Zeit, sowohl der aus früheren Jahrhunderten überkommenen oder aus anderen Kirchen entlehnten, als auch der in derselben neu entstandenen (etwa 8—9000 an der Zahl) und zwar in genauer Notierung ihrer ursprünglichen Form bezüglich ihres melodischen Ganges und ihres Rhythmus, und mit untergelegter erster Strophe des Liedes;
2. die Angabe ihrer frühesten bis jetzt bekannten gedruckten oder geschriebenen Quelle;
3. die Namen der Erfinder der Melodien, so weit sie mit Gewißheit oder mit Wahrscheinlichkeit als solche bezeichnet werden können;
4. die Notierung wesentlicher Varianten, die sich im Lauf der Zeit geltend gemacht haben;
5. die Angabe derjenigen Bücher, durch welche die Melodien auf längere oder kürzere Zeit bekannt geworden sind;
6. ein chronologisches Verzeichnis aller von mir benutzten Gesang-, Melodien- und Choralbücher und anderer Schriften (über 1300), in welchen die mitgeteilten Melodien aufgezeichnet sind, mit Angabe der öffentlichen oder Privatbibliotheken, in denen sich diese Bücher befinden, und der Melodien, welche in denselben erstmals vorkommen.

Die Mitteilungen 1—5 werden so miteinander verbunden sein, daß über jeder Melodie die früheste Quelle und wo dies möglich ist, der Name des Erfinders bemerkt ist, und unter jeder Melodie die etwa vorkommenden Varianten, und diejenigen Bücher beigefügt sind, durch welche sie sich verbreitet hat.

Das chronologische Verzeichnis der benutzten Quellen wird den Schluß des Buches bilden.

Die Reihenfolge der Melodien wird nach dem Versmaß der Liedertexte eingerichtet sein. Diese Anordnung ist mir als die einzige erschienen, die mir eine Übersicht über den massenhaften Stoff ermöglichte. Sie bietet auch demjenigen, welcher das Buch benutzt, den Vorteil, daß er die für die Lieder irgend eines Versmaßes erfundenen oder benutzten Melodien mit Leichtigkeit auffinden kann. Denjenigen, welche die geschichtliche Entwicklung der Melodienerfindung verfolgen wollen, wird das chronologische Verzeichnis der Quellen die Melodien nach der Zeit ihrer Entstehung vorführen.

Tonsätze habe ich nur ausnahmsweise aufgenommen, wenn sie nämlich, was manchmal vorkommt, zwei Melodien enthalten, oder wenn sie wegen einer besonderen Beschaffenheit bemerkenswert sind.

Freilich wird bei der Mitteilung der Melodien in meinem Buch von einer absoluten Vollständigkeit nicht die Rede sein können. Denn abgesehen von vielen mehr oder minder wertlosen Tonweisen, welche spurlos verschwunden sind ohne in kirchlichen Gebrauch überzugehen und die ich absichtlich weggelassen habe, da sich sonst die Zahl der Melodien unnötigerweise wohl auf das vier- oder fünffache erhöht haben würde, sind mir vielleicht auch einige bedeutende Melodien aus dem Grund entgangen, weil ich deren Quellen trotz eifrigen Nachforschens nicht zu erlangen vermochte. Aus demselben Grund wird wohl auch der Nachweis der frühesten Quelle von späteren Forschern ergänzt werden können, wenn nicht etwa manche ältere Bücher gänzlich verloren gegangen sind, von denen wir nur wissen, daß sie existiert haben, aber nicht wo sich ein Exemplar derselben noch vorfindet.

Trotzdem habe ich nunmehr, nachdem ich alle mir bekannten und zugänglichen öffentlichen und Privatbibliotheken, in denen ich vermuten konnte, daß sie hymnologische Bücher enthalten, durchforscht habe, wenn auch zögernd, den Vorsatz gefaßt, meine Arbeit auf die Gefahr hin abzuschließen, daß ich später manches noch zu ergänzen oder zu berichtigen finde. Denn bei dem Gedanken an mein vorgerücktes Lebensalter liegt die Befürchtung nahe, daß mir bei längerem Zögern die mir noch vergönnte Lebenszeit nicht mehr ausreichen könnte, meine Arbeit zum Druck fertig zu stellen.

Altdorf, Dezember 1886. Zahn.

## III. Abteilung. Litterarischer Wegweiser.

### Einige Hilfsmittel zum Religionsunterricht.

#### I. Biblische Geschichte.

1. H. Witt, Die biblischen Geschichten A. u. N. Testaments mit Bibelwort und freier Zwischenrede anschaulich dargestellt. Ein Hilfsbuch zum erbaulichen Betrachten und lebendigen Erzählen derselben. 2. Aufl. II. und III. Bd. à 4 M. Gütersloh, C. Bertelsmann.

Der erste Band dieses trefflichen Buches wurde schon im Aprilheft 1885 angezeigt. Wir haben nach Durchsicht der beiden letzten Bände nichts Wesentliches hinzuzufügen. Als Familienbuch ist es ausgezeichnet, durchaus geeignet, größeres Interesse und Verständnis für das Bibelwort bei Hausandachten u. s. w. zu wecken und zu pflegen, als dies durch bloßes Bibellesen oder durch die gewöhnlichen Andachtsbücher möglich ist. Auch der zweite Zweck, das „lebendige Erzählen" zu fördern, dürfte bei fleißigem Gebrauch des Buches erreicht werden. Für den Lehrer indessen, welcher ein tieferes Verständnis der h. Schrift zu gewinnen sucht, wird Witts Arbeit doch nicht vollständig genügen. Sie schließt sich durchweg an ältere Gewährsmänner an, welche weniger darauf bedacht waren, die h. Schriften aus sich selbst heraus, nach der ursprünglichen eigentlichen Meinung ihrer Verfasser, kurz, historisch zu verstehen, als vielmehr sie als Belegmittel für eine fest begrenzte kirchliche Dogmatik oder auch einseitig erbaulich zu verwenden. Das historische Verständnis der heil. Schrift darf aber, unserer Meinung nach, den forschenden Christen und Bibellesern unserer Tage nicht mehr gewehrt oder erschwert werden. Es wäre in Witts Buch z. B. wohlgethan gewesen, bei der im übrigen recht geschickten und ansprechenden Einfügung der Psalmen, Sprüche und des „Predigers" anzudeuten, daß die überlieferten Überschriften und Verfassernamen der Psalmen nur geringen geschichtlichen Wert haben und daß z. B. Pf. 72 kaum dem David zuzuschreiben ist; daß man den „Prediger" von einem unbekannten Verfasser dem Salomo in den Mund gelegt sich vorstellen darf, da nirgends der Name Salomos als Verfasser genannt wird und K. 12, 9 f. der Verfasser sich ausdrücklich von dem „Prediger" unterscheidet. Dagegen war es gewiß angemessen, das Hohelied gar nicht in die Behandlung hineinzuziehen. Aus dem N. T. möchten wir nur zum Belege unserer Anmerkung das Kreuzeswort Jesu! „Mein Gott, warum" ꝛc. herausgreifen, welches in rein dogmatischer Weise als Ausdruck des Verdammungsgefühls, als Leiden der Höllenstrafen an Stelle der Menschen angesehen wird; zu solcher dogmatisierenden Behandlung giebt uns die h. Schrift gar kein Recht. Bei der Auferstehungsgeschichte werden ebenso kritiklos wie kühn die auseinandergehenden Berichte der Evangelisten verschmolzen, wodurch u. a. folgende Wunderlichkeit herauskommt: die Weiber „liefen, daß sie es seinen Jüngern verkündigten und sagten niemand nichts, denn sie fürchteten sich." (S. 388) So thöricht haben die heil. Evangelisten nie erzählt; dergleichen wird ihnen nur durch eine übertriebene Harmonistik willkürlich aufgebürdet. Sollte es nicht richtiger und würdiger sein, getrost anzuerkennen, daß die Berichte der Evangelisten sich manchmal nicht nach dem Wortlaut vereinigen lassen, daß eben darum die Übereinstimmung des wesentlichen Inhalts ein um so besseres geschichtliches Zeugnis ist?! Indessen verschwindet unzweifelhaft das Mangelhafte gegenüber der Fülle des Guten, was in Witts fleißiger und schöner Arbeit geboten wird.

2. In ganz ähnlichem Sinn und Geist ist geschrieben: Erklärung biblischer Geschichten des N. T. in Form von Erzählungen für Schule und Haus von C. Otto Schäfer, Rektor und vorm. Prediger u. s. w. Frankfurt a. M. Schriften-Niederlage des Evangel. Vereins. 452 S.

Biblische Geschichte ist da mit Erklärung und erbaulicher Betrachtung in ansprechendster Weise verbunden, mit Sprüchen und Liederversen verwebt. Es ist wie bei Witt durchaus genügendes Material beschafft, nur die neuteft. Geschichten den Kindern lebendig nach den Forderungen Dörpfelds zur Anschauung zu bringen. Freilich weiß Schäfer, welcher den Religionsunterricht in einer Reihe von Arbeiten behandelt hat und sogar über die Methodik des biblischen Geschichtsunterrichts eigens geschrieben, doch nichts von einer eigentlichen methodischen Durcharbeitung der biblischen Geschichte. Denn nach den Vorbemerkungen S. 14 ist seine ganze Methode in dem freien mündlichen Vortrag des Lehrers, in dem „akroamatischen Teile" enthalten; die „katechetische Behandlung", welche er dann noch folgen läßt, scheint nach seinen Bemerkungen darüber mehr als dürftig zu sein und nur aus „Abfragen" und ein wenig „Wiedererzählen" zu bestehen. Kaum ein ernster, für seine Aufgabe warm begeisterter Religionslehrer, wie Schäfer sich in seinem Buche offenkundig zeigt, sich in unserer Zeit noch so sehr täuschen, daß er das Wesentliche des biblischen Geschichtsunterrichts durch einen längeren Vortrag des Lehrers glaubt geleistet zu haben? Hat der geehrte Verfasser, der da (S. 9) schreibt: „Die Theorie der Behandlung ist zwar längst (?) geklärt (??); die Regeln und Ratschläge für die Praxis sind deutlich in vielen vortrefflichen Lehrbüchern zu lesen," ein Verfasser, der selbst über die Methodik dieses Gegenstandes geschrieben — hat er denn bei der Kenntnisnahme von den „vielen vortrefflichen Lehrbüchern" gar keine Notiz von Dörpfelds und Zillers Bemühungen um eine angemessenere, psychologisch richtigere Behandlung des biblischen Geschichtsunterrichts genommen?! Er ist der naiven Meinung, daß eine flüchtige Anregung der Kindesphantasie, wobei aber der Lehrer der allein thätige ist, genüge, um den Schülern die biblische Geschichte gewinnbringend zu machen. Sein sittlich-religiöses Bildungsideal wird doch wohl nicht auf Weckung vorübergehender frommer und sentimentaler Gefühle hinauslaufen? Oder sollte wirklich viel mehr durch den bloßen, wenn auch noch so begeisterten Vortrag des Lehrers erzielt werden können? Genug, Schäfers Methode ist mehr als mangelhaft; sein Buch ist aber recht dankenswert; die biblischen Geschichten sind schön, faßlich und anschaulich erzählt, ein Muster für Lehrer, insbesondere auch für Sonntagsschullehrer, denen es gute Dienste leisten wird. Auch bei Schäfers Buch gewannen wir wie bei Witt den Eindruck; wie sehr doch unsere populäre Bibelerklärung sich vertiefen würde, wenn sie sich von dem allzu ängstlichen Haften am Buchstaben der Schrift losmachen und mehr auf den geschichtlichen Zusammenhang der Lehre und des Lebens Jesu und seiner Apostel achten möchte. Z. B. in der Versuchungsgeschichte! Dieselbe gilt als ein rechtes „Noli me tangere;" viele ernste Lehrer möchten sie wohl am liebsten ganz vermeiden, weil ihnen ein unbestimmtes Gefühl sagt, daß zumal die zweite und dritte Versuchung doch wohl kaum als einzelner Vorgang in so derber Handgreiflichkeit aufgefaßt und verständlich gemacht werden kann. Schäfer giebt nun schon zu, daß diese beiden Akte als Vorspiegelungen des Versuchers, wie es ja auch bei der dritten

Versuchung gar nicht anders sein kann, verstanden werden können, was Witt nicht wagt. Warum nun nicht noch einen Schritt weiter gehen und die Möglichkeit zugestehen, daß man diese drei Versuchungsakte als Einkleidungen für die Vorspiegelungen des Satans betrachten darf, welcher bei dem Amtsantritt des Heilandes demselben verkehrte und von des Vaters Ratschluß abführende Gedanken und Pläne nahelegen will, nämlich sein Messiastum durch eigenmächtige Wunderwerke und staunenerregende Zeichen als ein irdisches Königreich nach dem weltlichen Volkssinn zu begründen? Gewinnt nicht durch solche geschichtliche Betrachtung im Zusammenhang mit dem Lebenswerk Jesu und den zahlreichen durchaus entsprechenden Versuchungen diese erste innere Vorbereitung und Entschlußfassung vor seiner Amtswirksamkeit eine neue und tiefere Bedeutung, welcher gegenüber die einzelnen Aufforderungen zum Herabsteigen vom Tempel und zum Anbeten des Satan fast verschwinden, da sie doch für Jesus keine wirklichen Versuchungen sein konnten? Derartige Erwägungen dürften wenigstens bei der Oberstufe des Religionsunterrichts sich geltend machen.

3. Dr. Richard Staude, Präparationen zu den biblischen Geschichten des A. und N. T., nach Herbartschen Grundsätzen ausgearbeitet. 2. Aufl. Dresden Bleyl & Kämmerer. 1885.

Daß diese ausgezeichnete Arbeit schon nach zwei Jahren eine neue Auflage erlebt hat, darüber können wir uns mit dem fleißigen Verfasser nur von Herzen freuen. Weniger darüber, daß diese zweite Auflage als eine unveränderte erscheint, was aber nicht dem Verf. zur Last zu legen ist. Diese umfassende und gründliche Arbeit, welche zum ersten Male die Anwendung der formalen Stufen auf den gesamten biblischen Geschichtsstoff durchführte, konnte auf den ersten Wurf ja nicht gleich vollkommen sein. Auch ist gewiß, daß nach kaum zwei Jahren eine durchgreifende Umarbeitung noch nicht möglich und thunlich war. Vielleicht ist das auch heilsam, da nunmehr der gelehrte Verfasser sich die neueren Verhandlungen zwischen Dörpfeld und Rein über eine nochmalige Revision der Behandlungsmethode und Technik im biblischen Geschichtsunterricht zu nutze machen kann, und wie wir dringend wünschen und hoffen, auch wird. Man vermißt in der Einleitung eine deutliche Stellungnahme zu dem Gedanken des „darstellenden Unterrichts." Staude ist dieser Form durchaus nicht abgeneigt, führt sie vielmehr bei einigen Präparationen trefflich durch. Um so mehr wünscht man eine Mitteilung darüber, warum nur diese wenigen Geschichten abweichend behandelt sind, warum von dem „darstellenden Unterricht" — ein gewiß nicht sehr glücklich erfundener, geschweige deutlicher Ausdruck Zillers! — nicht ausgiebigerer Gebrauch gemacht ist? Man erkennt, daß in dieser Beziehung die „Herbartschen Grundsätze" durchaus noch nicht genügend geklärt sind; hoffentlich wird Dörpfelds Auseinandersetzung (Didaktischer Materialismus 2. Aufl. Zusatz 6 S. 164 ff.) zur Klärung dieser dringlichen Frage wesentlich beitragen! Sodann möchten wir die Aufmerksamkeit Dr. Staudes auf einige Stellen seines Buches richten, wo die Inanspruchnahme der reflektierenden Selbstthätigkeit des Schülers zu Bedenklichkeiten, Künsteleien, ja auch Trivialitäten führt. Wir halten es nicht für richtig, die Kinder darauf reflektieren zu lassen, wie sie auf die Welt gekommen sind (S. 10) oder daß alte Leute keine Kinder mehr bekommen (S. 42). Zu weit geht das Reflektieren, wenn aus der Fürbitte Abrahams für Sodom nicht nur auf Mitleid und Liebe, sondern auch auf Weisheit und Gerechtigkeit Abrahams geschlossen oder gar sein Vorzug vor Noah: „er war besser als Noah, der nicht für die Sünder bat!" konstatiert werden soll (S. 49). Für verfehlt müssen wir leider die Gewinnung der sittlich = religiösen Hauptgedanken in der Präparation über Isaaks Opferung erklären. Auf die völlig unberechtigte Reflexion darauf, daß Gott das Resultat der Prüfung schon im voraus wußte, wird die Schlußfolgerung gebaut, daß „Abraham selber sehen und merken sollte, wie gehorsam, stark und fromm er selbst war, und sich dann hinterher über sich selbst freuen" (!); „ich muß mich über mich selbst wundern und mich freuen, daß ich die Probe so gut bestanden. So wuchs aus dem Schmerz ein schöner Lohn für A.? Er war mit sich selbst zufrieden in seinem Herzen" u. s. w. (S. 59); also der Silberblick bei dieser Läuterung des Glaubens Abrahams ist die eitle Selbstbespiegelung! Auch ist die folgende Zusammenstellung der verschiedenen Versuchungen Abrahams (S. 60, III) sehr künstlich, da Lebensführung noch keine Versuchung ist! Noch künstlicher wird S. 69 f. auf ein nur dem Lehrer vorschwebendes „System" hingearbeitet, wo die Vorstellungen der Schüler gewaltsam in einen willkürlichen Gedankengang hineingezwängt werden; das ist keine Pflege der Selbstthätigkeit nach Herbartschen Grundsätzen! Solch eine künstliche „Association" zur Gewinnung eines mehr oder weniger fern liegenden „Systems" findet sich öfter. — Man darf nicht sagen, daß der Pharisäer, welcher zweimal wöchentlich fastet und den Zehnten von allem, was er hat, giebt, zu tadeln ist, weil er sich auf „kleine" Dinge viel einbildet (N. T. S. 30), da er doch zumal in dem zweiten Stück die allermeisten Christen beschämen kann! Sollen die Kinder im Ernste beurteilen oder gar „nachweisen;"

„Die Mehrzahl der Leute in unserm Orte nennt Jesum nicht bloß mit den Lippen ihren Herrn und König, sondern läßt ihn auch herrschen über ihr Herz und ihr Leben (Nachweis)." (S. 162)?! Auch die häufige Hereinziehung des Kaisers Wilhelm ist manchmal mehr patriotisch als passend und geschmackvoll. Überhaupt aber glauben wir den Vorkämpfern für die Pflege der „Selbstthätigkeit" der Schüler die Frage vorlegen zu müssen, ob hierin auch des Guten zuviel geschehen kann? Denn diese „Selbstthätigkeit" vollzieht sich doch lediglich im Vorstellungsgebiet, nicht in dem eigentlichen: „Hic Rhodus, hic salta" des praktischen, thätigen Wollens und Handelns. Der Lehrer, welcher so gut wie gar keine Gelegenheit hat, die Umsetzung der richtigen Urteile und Einsichten in das Leben des Schülers zu leiten und zu pflegen, muß derselbe nicht sorgfältig den Zögling vor der verderblichen Meinung bewahren, die Religion und Sittlichkeit bestände in den bezgl. Begriffs- und Urteilsbildungen? U. ist das von Staude und anderen befürwortete und gehandhabte Verfahren, alle Vorgänge und Gedanken bis ins kleinste der ethisch-religiösen Beurteilung der Schüler vorzulegen, geeignet, jene verderbliche Meinung zu hintertreiben? So wenig wir dem ausschließlichen Vortragen des Lehrers nach Schäfers Anweisung das Wort reden, so müssen wir doch andrerseits befürworten, daß nicht alles und jedes aus der heil. Geschichte in den Kreis der nur zu oft doch recht unreifen Besprechung mit den Kindern hineingezogen werde, daß vielmehr die Behandlung sich größeren Taktes und feinerer Keuschheit, als jene Alleserklärer üben, befleißigen soll! Doch dieser wichtige Punkt läßt sich nicht im Rahmen einer Bücheranzeige erledigen. Wir möchten nun aber keineswegs mit einem Tadel von Staudes Buch scheiden; es wäre das auch mehr als undankbar von einem Referenten, welcher seit fast vier Jahren dasselbe mit dem größten Nutzen bei seinem Religionsunterricht gebraucht hat. Nicht nur daß einige Präparationen geradezu meisterhaft sind, z. B. die über Jakobs Traum, sondern das ganze Buch zeugt von so fleißiger, tief eindringender Arbeit und bietet eine solche kaum zu bewältigende Fülle von Material und Gedankenreichtum, dazu in der sorgfältigsten Anordnung, daß es wohl noch auf lange hinaus als das beste Handbuch zur Vorbereitung für den biblischen Geschichtsunterricht in jedes Lehrers Hand zu wünschen ist. Ref. hat von Lehrern (Theologen) und zwar Ausländern gehört, welchen durch Benutzung dieses Buchs eine völlig neue Welt des Religionsunterrichts aufgegangen ist. Jene Aussetzungen sind nur von dem lebhaften Wunsche diktiert, daß das Buch eine immer vollkommenere Gestalt annehmen und dadurch immer neue Freunde für einen psychologisch richtigen und christlich fruchtbringenden Religionsunterricht gewinnen möge.

## II. Bibelerklärung.

1. **Das Neue Testament** forschenden Bibellesern durch Umschreibung und Erläuterung erklärt v. Her. Couard. VI. B. Die Briefe Pauli an die Korinther. Potsdam, Aug. Stein 1886. 200 S. Preis 1,60 M.
2. **Der erste Brief Pauli an die Korinther.** Für die evangelischen Volksschullehrer unter Hinzufügung einer genauen Übersetzung aus dem Griechischen nach wissenschaftlichen Quellen ausgelegt von H. Reinecke, kgl. Seminar-Dir. u. s. w. Leipzig, Dürr. 1886. 120 S. Preis 1,80 M.

Es ist ein schönes Unternehmen, die Bibel nicht nur durch erbauliche Betrachtungen, sondern auch durch gediegene, textgemäße Auslegungen der Laienwelt zugänglich zu machen, bezw. ihr dringender aus Herz zu legen. So haben wir neben dem alten Gerlachschen Bibelwerk jetzt das von Grau zum N. T. und einen Auszug aus dem umfassenden Werk von Dächsel eigens für Volksschullehrer bearbeitet. An diese und andere Arbeiten schließt sich würdig Couards Erklärung des N. T. an, von welcher uns heute die Korintherbriefe vorliegen. Über die Zweckmäßigkeit des Verfahrens, die Auslegung nur mittels Umschreibung des Textes zu bieten, kann man ja verschiedener Meinung sein. Man muß es aber dem Verf. bezeugen, daß ihm diese nicht leichte Art der Schrifterklärung, die ja auch ihre eigentümlichen Vorzüge hat, recht wohl gelungen ist. Schwerlich wird sich anderswo solche Kürze und Klarheit mit derselben Gründlichkeit verbunden finden. Die Anordnung und Übersicht über die oft so verwickelten Gedankengänge des Apostels ist vortrefflich. Als „Laienkommentar" genügt das Werk seinem Zwecke durchaus und darf warm empfohlen werden.

Ebenso auch Reineckes Arbeit, die ebenfalls auf ein Sammelwerk abzuzielen scheint, da derselbe Verf. schon den Römer-, Galater-, Philipper- und Thessalonicherbrief herausgegeben hat. Dies Werk ist speciell für Volksschullehrer bestimmt und für dieselben um so brauchbarer, als sie hierdurch einigermaßen in die wissenschaftliche Exegese eingeführt werden. Allerdings kommt bei dieser scharf begrenzten Satz- und Begriffserklärung das tiefer eindringende, auf die Erbauung im besseren, eigentlichen Sinne des Worts abzielende Bedürfnis forschender Bibelleser etwas zu kurz. Eine größere Berücksichtigung des Zusammenhangs nach seiner biblisch-theologischen Seite wäre darum erwünscht gewesen. Die Parallelübersetzung nach Luther und dem Grundtext ist ja wohl bequem, aber nicht raumersparend; einen größeren Dienst würde

es dem denkenden Laien leisten, anstatt des satzweise und oft so willkürlich zerstückten Bibeltextes denselben einmal vernünftig und sinngemäß im Zusammenhang und nach dem Gedankengang geordnet vor Augen zu haben (vergl. J. P. Langes Bibelwerk). Zu diesem Zwecke möchten wir den Lesern die vorzügliche Übersetzung, bezw. Verdeutschung des N. T. von Weizsäcker empfehlen, durch welche man doch einmal den plastischen Eindruck gewinnt, daß die Bibel nicht aus einzelnen aneinandergereihten Versen und Sprüchen besteht, sondern im Zusammenhange studiert sein will!

3. Th. Hildebrandt, Auslegung der alten und in Hannover gebräuchlichen Episteln des Kirchenjahres für Lehrer und Prediger. I. Hälfte, 229 S. Preis 2 M. Clausthal, Großsche Buchh. 1885.

Ebenfalls ein recht verdienstliches und empfehlenswertes Buch für die Epistelerklärung. Der Verf. hat die besten Hilfsmittel benutzt, seine Auslegung ist schlicht, nüchtern und faßlich. An die Erklärung schließt sich ein kurzer Abschnitt zur „Anwendung", wo der Inhalt rekapituliert und nach Art der Predigteinleitungen auf eine oder einige Dispositionen hingearbeitet wird. Aber ist diese exegetisch-homiletische Behandlung zweckmäßig für Lehrer bezw. für den Unterricht? Dies Buch ist ebenso wie der letztgenannte Kommentar von Reinecke über den I. Korintherbrief ausdrücklich für Lehrer herausgegeben; Hildebrandt will sein Buch den Perikopenerklärungen in der Schule am Sonnabend zu Grunde gelegt wissen. Nun ist es gewiß recht anerkennenswert, daß die Theologen den Lehrern Handreichung zu thun suchen; aber Referent, selbst Theologe, muß bekennen, daß bei ihren Leistungen häufig nicht mehr als der gute Wille zu loben ist. Sie können ihre theologischen Schnürstiefel nicht anziehen und wollen meist ihre traditionelle Exegese, Dogmatik und Homiletik ohne weiteres, nur ein wenig popularisiert, in die Schule hineinbringen, ohne nach den Voraussetzungen und Anknüpfungspunkten zu fragen, welche ihnen von dem Unterrichtsobjekt, den Schülern entgegengebracht werden, ohne sich um Psychologie und methodische Verarbeitung ihres Stoffes zu kümmern! So geben auch weder Reinecke noch Hildebrandt irgend welche Anweisungen und Winke, wie sie sich ihre an sich ganz korrekte und tüchtige Auslegung dem Kindesverstand und -gemüt nahe gebracht oder nahe zu bringen vorstellen. Oder ob sich das alles von selbst findet, wenn nur der Lehrer für seine Person die Sache begriffen hat? Hildebrandt fühlt zuweilen selbst, daß es nicht angeht, eine Predigtdisposition der Katechese ohne weiteres zu Grunde zu legen (vergl. S. 14); aber warum nimmt er nicht herzhaft die Scheidung dieses unnatürlichen Bundes von Homiletik und Katechetik vor? Der Unterricht und insbesondere auch der Religionsunterricht muß doch endlich auf eigene Füße gestellt werden!

III. Psalmen und Kirchenlied.

1. Tuiston Rotteck, katechetische Unterredungen über ausgewählte Psalmen für die Volksschule. Ein praktisches Handbuch für Seminaristen und Volksschullehrer. 1. Heft, 76 S. Preis 0,60 M. Hildburghausen, F. W. Gadow & S. 1884.

2. Th. Loehrke. Zwölf Psalmen in Lektionen für die Schule bearbeitet. Berlin 1885. R. Gärtner 85 S. Preis 1 M.

Wenn wir eben beklagen mußten, daß die Bibelerklärungen und dergl. Hilfsmittel meist so wenig „praktisch", im guten Sinne, nämlich anwendbar und darum „wirksam", gehalten seien, so bieten dagegen Rotteck und Löhrke Katechesen über Psalmen, welche der Lehrer ohne weiteres aufs Pult legen und danach abfragen könnte. Aber auch dies ist leider kein Lob. Denn durch solche „Eselsbrücken" gewinnt weder Lehrer noch Schüler etwas. Gewiß können sie einem fleißigen Lehrer bes. Anfänger dienlich sein, er hat doch irgend welche Anleitung, erhält manche brauchbare Winke für die nicht leichte Psalmenbehandlung. So würden wir gegen die katechetische Form beider Bücher noch nicht soviel einzuwenden haben, wenn nicht jene aus der Katechismusbehandlung uns zu wohl bekannte traurige sogen. „Entwicklungsmethode" auch hier sich breit machte. Der Psalm wird hergenommen und Wort für Wort abgewickelt, rein deduktiv, anstatt nach klar gewonnenen Anschauungen die entsprechenden Begriffe und Gedanken des Psalms zu gewinnen. Dazu wird in bekannter Manier die Selbstthätigkeit der Schüler so kultiviert und die biblischen Gedanken in der Weise ihrem „Verständnis" nahe gebracht, daß der Lehrer allein die Gedanken vorsagt und die Frage so einrichtet, daß die Antwort dem Schüler in den Mund gelegt wird, oder daß ein Geist und Gemüt wenig bildendes Ratespiel entsteht. So bei Löhrke in den ersten Sätzen der Besprechung von Psalm 1: „Wie die Bergpredigt mit einer Seligpreisung beginnt, so beginnt auch dieser Psalm womit?" Welch musterhafte Fragestellung! — Von solch einem Mechanismus der Worterklärungen können wir uns keine Frucht versprechen.

Noch in einem besonderen Punkte macht sich der Bann einer Tradition geltend, welche sich als die allein kirchliche oder gar „gläubige" gebärdet, aber in Wahrheit dem Evangelium übel dient. Das ist das Schwören auf den gedruckten Buchstaben der Lutherbibel. Rotteck wie Löhrke fürchten für die Autorität der Bibel, wenn den Schülern auf der Oberstufe einmal mitgeteilt wird: an dieser Stelle müssen wir Luthers Übersetzung berichtigen; nach dem Grundtext heißt es genauer. So und dergl. Löhrke sagt wörtlich: „Das Bibelwort verliert dann seine überzeugende Kraft. Darum: Das „Wort sie sollen lassen stahn." Was wohl unser Luther selbst zu solcher Sorte von Wortgläubigen gesagt hätte?! Auf keine Weise kann man freilich dem Unglauben besser in die Hände arbeiten, als wenn man geflissentlich den evangelischen Glauben auf die Autorität des Buchstabens gründen will! Das Wort Gottes sollen sie lassen stahn! Diese Herren wollen uns aber hindern, das Wort Gottes in seiner reinen Gestalt zu verstehen; sie lassen es also nicht stehen! Bei Psalm 8 sagt also Rotteck: Obwohl ich weiß, daß Luthers Übersetzung von V. 6 unrichtig ist und den Gedankengang völlig stört, muß ich doch den Schülern die Stelle „messianisch" erklären! Das ist also evangelische Treue gegen Gottes Wort! Sollte man da nicht besser den Psalm ganz unerklärt lassen?

3. Wilhelm Preger, Psalmbüchlein. Biblische Psalmen in deutschen Liederweisen. Rothenburg o. T. J. P. Peter. 1886; 64 S. 0,40 M.
38 der schönsten und wichtigsten Psalmen „aus dem Semitischen ins Japhetitische übersetzt," so zu sagen. Im ganzen recht wohl gelungen, eine willkommene Ergänzung zur Psalmerklärung, auch in der Schule. Die Lieder sind durchaus geeignet, das Interesse der Kinder für die Psalmen zu erhöhen; bei der hübschen Ausstattung auch als kleines Geschenk recht wohl zu empfehlen.

4. A. Nissen, Unterrichtliche Behandlung von 50 geistlichen Liedern. Kiel, E. Homann. 1885. 283 S.
Eine fleißige und tüchtige Arbeit, die wohl zur Erklärung der meisten in der Schule vorkommenden Kirchenlieder genügen dürfte. Zu Neujahr vermissen wir freilich unser: „Nun laßt uns gehn und treten," von Passionsliedern: „Herzliebster Jesu, was hast du verbrochen;" von Morgenliedern das köstliche: „Morgenglanz der Ewigkeit" u. a. Im allgemeinen aber scheint uns die Auswahl gut getroffen. Die Mitteilungen über die Verfasser sind recht dankenswert. Die „unterrichtliche Behandlung" bewegt sich allerdings in den Geleisen der oben charakterisierten abstrakten, dogmatisierenden „katechetischen Methode." Auf Einzelheiten glauben wir hier nicht eingehen zu sollen.

Anhangsweise nennen wir in diesem Zusammenhang kurz noch folgende Schriften die uns zur Anzeige vorliegen:
1. Dr. H. Claaß Schulandachten. Kurze Betrachtungen über die Evangelien des Kirchenjahres und freie Texte. Danzig, A. Scheinert. 1882. 60 S.
Den Gedanken des Verf. über die rechte Art und Weise von Schulandachten, wie er sie in seinem Vorwort ausspricht, stimmen wir unbedingt bei. Seine eigenen Ausführungen, von so gesundem, evangelischem Geist sie auch zeugen, möchten aber nicht immer geeignet sein, „die Liebe zu Gott und zum Heiland den jungen Gemütern einzupflanzen;" dazu sind sie oft zu abstrakt-trocken, zu wenig anfassend und auf den Anschauungskreis und die Verhältnisse der Schüler eingehend. Wo letzteres einmal versucht wird, wie am Schluß des Halbjahrs, kommen Plattheiten vor, wie diese: „Wer darum lässig gewesen ist . . ., der lege die Hände während der kommenden Ferien nicht ruhig in den Schoß, sondern bemühe sich die Lücken in seinem Wissen durch fleißige Repetition auszufüllen und gehe dann mit dem festen Vorsatz in das neue Schulquartal, abzulegen den alten Menschen (!) und sich zu erneuern in seinem Innern" (!!).

2. **Wilhelm Baur, Beicht- und Kommunionbuch.** 4. Aufl. Gotha, Perthes 1885.

3. **Sei getreu! Ein Wort auf den Lebensweg für Neukonfirmierte.** 3. Aufl. Oldenburg A. Schwartz. 95 S. Pr. 0,75 M.

Das Kommunionbuch des rheinischen Herrn Generalsuperintendenten wird wohl bekannt sein; wenigstens sind andere Schriften des geehrten Verfassers bekannt genug, so daß dieses im besten Sinne erbauliche Büchlein keiner besonderen Empfehlung bedarf. Für Konfirmanden ist das andere Büchlein sehr empfehlenswert; schlicht und faßlich, in kurzen Betrachtungen oder Ansprachen gehalten, legt es ihnen alle wichtigen Fragen und Mahnungen für ein rechtschaffenes Christenleben aus Herz. Von anderen Konfirmandenbüchlein nennen wir hier beiläufig außer dem bekannten Thümmelschen die zur Massenverteilung geeigneten kleinen von Ziethe, N. Fries und vor allem das ganz ausgezeichnete von Fricke (Hannover, Stephansstift).

4. **K. F. Hartmanns Leichenpredigten.** I. Samml. Aufs neue herausgegeben von Th. Weitbrecht. 2. Aufl. Heilbronn A. Scheurlens Verlag. 1886. 430 S. Preis 3,50 M.

5. **F. Luger. Christus unser Leben.** Predigten V. Samml. Pr. 4 M. Göttingen, Vandenhoeck und Ruprecht. 1886. 317 S.

6. **Heinr. Bauer, Der christliche Hausstand,** 7 Predigten Frankfurt a. M. Schriftenniederl. des evang. Vereins 1884. 83 S. Pr. 1 M.

Auch Predigten dürfen wohl im Ev. Schulblatt angezeigt werden, zumal so treffliche wie die genannten. Predigten gehören ja auch zu den Hilfsmitteln zum Religionsunterricht. Wir protestierten freilich oben mit Entschiedenheit gegen jene falsche Vermischung von Homiletik und Katechetik, von Theologie und Pädagogik. Aber ebenso ernstlich müssen wir festhalten, daß der rechte Sinn und Geist für allen Religionsunterricht doch nur durch stets erneutes Schöpfen aus dem Worte Gottes und allen anderen aus diesem Jungbrunnen abgeleiteten Quellen gewonnen werden kann. Dazu gehören auch gute Predigten, gehörte und gedruckte. Zu den mit Recht anerkannten Predigtsammlungen gehören zweifellos die des Lübecker würdigen Kanzelredner Luger. Ohne jede Effekthascherei und blumigen Schwulst und gedankenarmes Wortgeklingel, wie wir es leider häufig noch hören und lesen müssen, berührt Lugers Art und Weise wohlthuend durch echt evangelisch-biblische Schlichtheit und Wärme. Er will nur das Schriftwort darlegen und dem Herzen nahe bringen. Wir können seine Predigten vor vielen anderen empfehlen.

Für die besonderen Zwecke, denen Hartmanns Leichenpredigten und Bauers Hausstandspredigten gewidmet sind, eignen sich dieselben ganz vortrefflich. Lehrer, die etwa in der Diaspora Begräbnisse zu verrichten haben, sowie alle, die Trauernden ein derartiges Trostbuch in die Hand geben möchten, seien auf diese reichhaltige Sammlung dringend aufmerksam gemacht, welche in 104 mehr oder minder kurzen Ansprachen den Trost der Schrift von der Überwindung des Todes in großer Mannigfaltigkeit und tiefer Fülle spendet. Bauers Hausstandspredigten, tief greifend ohne falsche Übertreibungen sollen in allen Familien gelesen werden.

Doch hiermit ist der dem Schulblatt für dieses Gebiet des literarischen Wegweisers zu Gebote stehende Raum wohl schon wesentlich überschritten. Den neuen Schriften, welche den systematischen Religionsunterricht behandeln, Katechismusbearbeitungen u. s. w. werden wir später einen zusammenfassenden Aufsatz widmen. Dr. v. R.

## Zur neuern Litteratur des Zeichenunterrichts.

Von Seminarl. Menard in Neuwied.

3. **Häuselmanns „Moderne Zeichenschule".** Methodisch geordnetes Vorlagenwerk für Volksschulen, Mittelschulen und kunstgewerbliche Lehranstalten. 6 Hefte von je 20 Tafeln in Mappe. Inhalt: I. Heft: Die Elementarformen geradliniger Ornamente. 4 M. — II. Heft: Die Elementarformen bogenliniger Ornamente. 6 M. — III. Heft: Stilisierte Blatt- und Blütenformen. Einfache Flachornamente antiken und modernen Stils. 6 M. — IV. Heft: Die Spirale als Grundform des vegetabilen Ornaments. 6 M. — V. Heft: Freie Kompositionen und Ornamente verschiedener Stilarten in Farben (I.) 6 M. — VI. Heft: Desgl. (II.) 6 M. — Die Hefte können auch einzeln bezogen werden und jedes bildet für sich ein Ganzes (?) für die entsprechende Schulstufe. Verlag von Orell, Füßli und Co. in Zürich und Leipzig.

(Forts. statt Schluß.)

So verfährt unser Verf. genau nach dem seit Pestalozzi gebräuchlichen Schema für den Zeichenunterricht; auch er stellt diesen Unterricht zuerst ganz in den Dienst der Raumlehre und entwickelt einfache Zierformen aus „Begriffen aus der Raumlehre" nicht zu dem Zweck, um den Schüler in die Anfänge der „Kunst" einzuführen, sondern um „die notwendigsten Begriffe aus der Raumlehre" einzuüben. In einem der vielen Prospekte tadelt der Verf.: — „bei anderen (Lehrmitteln) fehlt die vorbereitende geometrische Grundlage." Mit diesem vorbereitenden geometrischen Unterricht beschäftigt sich auch seine 2. u. 3. These („12 Thesen. Wegleitung zum Gebrauch der modernen Zeichenschule"); „der rationelle Zeichenunterricht ist auf die elementare Raumlehre zu basieren," er geht von geometrischen Flachkörpern aus, „um in ihrer Nachbildung dem Schüler die Abstraktion vom Körper zum Bilde, von der Kante zur Linie zum Verständnis zu bringen" — ein Verfahren, das für den Geometrieunterricht sehr zweckmäßig ist, aber mit unserem Kunstunterricht zunächst gar nichts zu thun hat, und für den Anfangsunterricht ganz unbrauchbar ist. Das weiß unser Autor auch, darum wendet er sich in seinem „Zeichen-Taschenbuch" S. 8, gegen den Beginn des Zeichenunterrichts vor dem 10. Lebensjahre, „weil vorher von einem Erfassen geometrischer Begriffe noch keine Rede sein kann." Wir fragen aber: kann denn nach dem 10. Lebensjahre von einem „Erfassen" geometrischer „Begriffe" die Rede sein? — Ist es denn Aufgabe des Zeichenunterrichts, geometrische Begriffe zu gewinnen? — Das ist ja gerade der Grundirrtum, dem der ganze Zeichenunterricht seit Pestalozzi verfallen war, daß man ihm kein eigenes Stoffgebiet zuweisen konnte, sondern ihn zu einem rein formalen Unterrichtsmittel machte und aus allen anderen Unterrichtsfächern (Geometrie: Linien, Winkel, Drei-, Vier- und Vielecke, Kreis, Ellipse, Spirale, geometr. Körper ꝛc. — Naturkunde: Blätter, Blüten, Blumen, Bäume, Landschaften ꝛc. — Tiere und den menschl. Körper ꝛc. — physikalische Apparate — Geographie: Pläne, Karten, Landschaften — Sachunterricht: Geräte, Gefäße, Häuser, Brunnen ꝛc.) sich mühsam ein Stoffkonglomerat zusammenstoppelte. Bei solchem heterogenen Zeichenstoffe konnte natürlich eine „rationelle Methode" nicht befolgt werden, konnte der Zeichenunterricht erst möglichst spät begonnen werden (10. 11. 12. Lebensjahr) — ganz selbstverständlich; denn solch ein

Zeichenunterricht stand ja ganz auf der Stufe der Abstraktion, es fehlten ihm alle appercipierenden Vorstellungen; diese mußten durch den übrigen Unterricht erst mühsam geschaffen werden; die Schüler mußten für solchen Zeichenunterricht erst durch den Unterricht in den anderen Unterrichtsfächern „unterrichtsfähig" gemacht werden. Und so sagen auch die „Grundsätze des Vereins deutscher Zeichenlehrer", (die unser Verf. „voll und ganz acceptiert"): „Verständnisvolles Zeichnen ist nicht früher als nach vollendetem 3. Schuljahre zu erwarten." Sonst wird das Verständnis für irgend eine Seite der menschlichen Kulturentwicklung doch durch die unterrichtliche Einführung des Schülers in dieses Gebiet gewonnen; beim Zeichenunterricht aber warten die „hervorragendsten Fachmänner Deutschlands und der Schweiz" bis dieses Verständnis da ist, und dann beginnen sie mit dem Unterricht. Liegt der Zeichenunterricht in einer allgemeinen Menschenanlage begründet, so beginnt ihre Entwicklung ohne unser Zuthun schon im frühesten Lebensalter, und es ist kein Grund vorhanden, sie später der Ausbildung zu unterwerfen als eine andere allgemeine Menschenanlage. Die Leistungen der Kindergärten zeigen uns, wie frühe besonders die Kunst ihre ersten Bausteine im Geiste des Kindes niederlegt.*) Wenn aber unser Verf. diese frühesten Äußerungen des Darstellungs- und Nachahmungstriebes „bloß Spielereien" nennt, „die nicht in die Schule gehören", mit denen sich zu befassen „nicht Aufgabe eines ernsthaften Zeichenlehrers oder Autors sein" könne (Zeich.-Taschenbuch S. 9), so begreifen wir, daß das durchschlagende kulturhistorisch-psychologische Grundprincip der modernen Pädagogik für ihn nicht existiert. — Freilich ist gegen früher eine Änderung in der Stoffauswahl vor sich gegangen. Die ꝛc. Grundsätze verlangen: „a) ebene Gebilde, besonders Flachornamente; b) einfache geometrische Körper und aa) nach dem Drahtmodelle bb) nach dem Vollmodelle; c) architektonische Elementarformen und kunstgewerbliche Gegenstände; d) plastische Ornamente", ferner noch „Skizzieren von ebenen Gebilden, Körpern, Bauwerken, Maschinenmodellen ꝛc." — Dann „die Elemente der Projektionslehre, der Perspektive, der Licht- und Schattenlehre, der Stil- und Ornamentenlehre.*) Das Zeichnen organischer Gebilde (Menschen, Tiere, Pflanzen und ihrer Teile) sowohl nach der Natur als nach dem Modelle, als nach Vorlage ist unbedingt ausgeschlossen." Und unser Verf. fordert als „Vorstufe zum eigentlichen Unterricht im Zeichnen" (These 1) das Ziehen von Parallellinien (Kolonnen) mit dem Lineal, um dann aus freier Hand „Reihen von Senkrechten und Schrägen, Geraden und Krummen — — nach dem Takte des Lehrers oder eines Schülers" in diese Kolonnen zu zeichnen; Zweck: „der Hand in der Linienführung eine gewisse Fertigkeit und Keckheit zu verschaffen" — also hat sein Anfangsunterricht einen technischformalen Zweck, der materiale Zweck ist ihm unbekannt; sein „rationeller Zeichenunterricht" beginnt mit dem Einüben der „notwendigen Begriffe aus der Raumlehre" (These 2 und 3) und beschäftigt sich dann weiter mit „den starren Formen geradliniger geometrischer Figuren", mit „den geometrischen Formen der gekrümmten Linie", und dann „leitet er zur belebten oder vegetabilischen Form hinüber" (These 4). Nun sollen „einfache Beispiele griechischer Flachornamentik" auftreten, „um dem Schüler die Bedeutung des Ornaments, seine Zugehörigkeit und Unterordnung

---

*) Vergl. Zeppenfeld, Kritik der Grundsätze des Vereins deutsch. Zeichenlehrer. S. 105. Breslau Morgenstern.

*) Vgl. Zeppenfeld, Kritik ꝛc. S. 69 ff.

als Schmuck eines Ganzen und als Versinnlichungsmittel statischer Verrichtungen zum Verständnis zu bringen" (These 5). Daß dies nicht an Vorlagen möglich ist, sondern nur an Kunstgegenständen, sagt Verf. nicht; die „Lehre des statischen Gesetzes vom Konflikt der Kräfte, von Stütze und Last" will er an einem „gut stilisierten Blätterzweige (Taf. 2—6, Heft III) zum klaren Bewußtsein bringen" (These 6). Den Abschluß des Volksschulzeichnens bildet „das möglichst häufige Zeichnen nach der Natur." Hierzu dienen „vom Schüler gesammelte und getrocknete Pflanzenblätter", ferner „Möbel, Thüren, Gefäße, Geländer, Balustraden Konsolen u. s. w." (These 7). Für die Mittelschulen wird noch „an der Hand geometrischer Körper die Behandlung der freien Perspektive gefordert (These 8). Dagegen wird in These 9 eine Behandlungsweise, die „sich auf Subtilitäten in der Modellierung der Oberflächen" einläßt, abgewiesen und These 10 fordert in erster Reihe das Flachornament. „Es ist daher gewiß ein arger Mißgriff, zur Perspektivlehre überzugehen, bevor der Schüler zu deren Erfassen die nötige geistige Reife (!) erlangt hat (wodurch erlangt er denn dieselbe?) und mit dem Zeichnen nach dem plastischen Ornament zu beginnen, ehe er imstande ist, ein Flachornament nach Form und Farbe korrekt und sauber zur Darstellung zu bringen." These 11 handelt von Gebrauch der Vorlagen und These 12 erklärt den Ausdruck „modernes Zeichnen" als „Zeichnen mit kunstgewerblicher Richtung" und verlangt für dasselbe „zur rechten Zeit und am rechten Ort" den Gebrauch von Lineal, Maß und Zirkel. Wir sehen, daß Verf. bei seinem Zeichenunterricht sich nicht von dem einzig berechtigten kulturhistorisch-psychologischen Princip, sondern ausschließlich vom geometrischen Princip mit der „Richtung

auf das Kunstgewerbe" leiten läßt, und daß er mit den Grundsätzen nicht „voll und ganz" übereinstimmt, was wir ihm eher zu seinem Vorteil anrechnen wollen. Wir sehen aber weiter, daß er durchaus kein Recht hat, mit so hochtönenden Worten über die gesamte Zeichenlitteratur herzufallen und sie „als Sammlungen von Albernheiten und Geschmacklosigkeiten" zu bezeichnen und in so wegwerfendem Tone von „Hamburgerschule" zu reden, deren „Unwert" von „denkenden Lehrern und den Schulbehörden erkannt worden sei." Er scheint diese „Hamburgerschule" gar nicht gründlich zu kennen, sonst müßte er gemerkt haben, daß dieselbe gerade in viel schärferer und wirksamerer Weise „der kunstgewerblichen Richtung" dient, als es ihm jemals gelingen wird; freilich fehlt dieser Schule der äußere Prunk und das große Wort, dafür aber arbeitet sie unermüdlich und mit außerordentlichem Erfolge. Auch der verstorbene Prof. Herdtle, dessen Verdienste für die Hebung des Zeichenunterrichts und der „kunstgewerblichen Richtung" in Süddeutschland und weiter hinaus bekannt sind, bekommt einen Hieb ab, seine Werke haben eine „gewisse (!) Berühmtheit" erlangt, vermögen sich aber des „stigmographischen Krückstockes nicht zu entledigen." Nun soll aber derjenige (außer Häuselmann) noch geboren werden, der in Herdtles sämtlichen Werken auch nur eine Spur von „Stigmographie" (im Sinne des Verf.) aufzufinden vermag. Wohl erklärt Herdtle Hilfslinien beim Nachzeichnen für notwendig, wohl wandte er, namentlich in seinen letzten Werken das Quadratnetz an, weil seine tiefen und gründlichen Studien der Flächenverzierungen des Mittelalters und der Renaissance ihn zu der Überzeugung brachten, daß alle die schönen Flächenmuster dieser Kunstperioden auf Grundlage des Quadrat- und Rautennetzes konstruiert waren, wie es der textilen Technik angemessen ist; das veranlaßte Herdtle, einer engen Verbindung von Freihandzeichnen und Linearzeichnen das Wort zu reden. Gerade die Thatsache, daß Herdtle noch in seinen späteren Jahren durch die Erfahrungen und Beobachtungen, die er bei seinen Inspektionsreisen machte und durch die Ergebnisse seiner Studien sich zur Änderung seiner früheren Ansicht bestimmen ließ, stellt Herdtle so hoch, daß er von solchen Äußerungen gar nicht erreicht wird. Aber gebraucht denn unser „ernsthafte Zeichenlehrer und Autor" keinen „stigmographischen Krückstock"? — Wir wollen sehen. In seinem Zeichentaschenbuch kommt das Netzquadrat vor auf Taf. 3—7, 9, 13, 19—21, 24—26, 28, 30, 31 von den sonstigen oft überzähligen Hilfslinien ganz abgesehen; die „Blätter- und Blütenkelche" auf Taf. 21 sind sogar aus Herdtles Werk „Blätter, Blumen und Ornamente auf der Grundlage einfacher geometrischer Formen" entnommen (was Verf. aber nicht sagt) und zwar mit dem ganzen „stigmographischen Krückstock", will sagen, mit allen Hilfslinien, die Herdtle angewandt hat. Nur ein kleiner Unterschied ist vorhanden, nämlich der, daß diese Formen bei Herdtle (Nr. 1, 3, 4, 5, 9, 25, 28) viel edler und geschmackvoller dargestellt sind. Ferner hat unser „Autor" das Netz „den stigmographischen Krückstock" verwendet in seiner „modernen Zeichenschule" I. Taf. 3, 5 bis 9, 17—20; II. Taf. 5; III. Taf. 15. 16; IV. Taf. 4, 7, 16, 17, VI. Taf. 9 und außerdem viele Hilfslinien, darunter auch recht viele überflüssige, die der mit so vielem Pathos vom Schüler geforderten „korrekten und schwungvollen Umrißzeichnung" hinderlich sind. So sind überflüssig I. Taf. 1 alle senkrechten Hilfslinien, Taf. 3 die meisten senk- und wagrechten Hilfslinien, Taf. 5, 6, 7, 8, 9 das Netzquadrat,

hier genügte die Teilung der Raud- und Mittellinien. Auf Taf. 9 Nr. 4 hat sich unser Autor auch, verleitet durch das Netz, einer Stilwidrigkeit schuldig gemacht, er hat die Eckstücke der Bänder breiter gehalten als die rechts- und linksschrägen Streifen derselben; ein Band muß überall gleiche Breite haben — das kommt vom „stigmographischen Krückstock". Im II. Heft sind überflüssig Taf. 2 Nr. 1 u. 2 die wagrechte Hilfslinie, Taf. 5 Nr. 2 das Netz, Taf. 8 Nr. 1—6 sämtliche wagrechte Hilfslinien und auch die Quadrate, da es sich hier um herzförmige Blattformen handelt; Taf. 12 Nr. 1—4 das ganze Netz, Taf. 13 alle wagrechten Hilfslinien, zur Herstellung der geforderten Bogen genügt die Teilung der senkrechten Hilfslinien. Im III. Heft sind auf Taf. 15 u. 16 griechische Längsmuster aus Ranken und Blättern in ein Netz gezwängt; das Netz ist vollständig überflüssig, einige senk- und wagrechte Hilfslinien sind genügend, damit die Muster „schwungvoll" aus freier Hand gezeichnet werden können. Im IV. Heft sind auf Taf. 1, 4, 5, 7 die Spiralformen in ein Quadratnetz gezeichnet, auf Taf. 4 sogar „Typen griechischer Rankenbildung" im Netz und auf Taf. 7 zwei „Geländermotive" (Spiralformen) im 12 resp. 14 fachen Netzquadrat und drüben steht: „Auch hier leistet das prismatische Lineal zum Gelingen der Arbeit fast unentbehrliche Dienste", und dazu macht unser „ernsthafte" Autor auf Taf. 1 die sehr klassische Bemerkung: „daher kann (beim Darstellen der „Spirale oder Schnecke") auch jedes Hilfsquadrat wegfallen und das Achsenkreuz wird genügen." Warum, in aller Welt, wendet er denn doch das Quadrat an und auf Taf. 7 ein so dichtes Netz von Quadraten, wenns doch überflüssig ist? — Aber wie kann etwas wegfallen, was zum Gelingen der Arbeit fast unentbehrliche Dienste leistet? — Ebenso sind auf Taf. 5 („Spiralenkombination") so viele Hilfslinien gegeben, daß jede Freiheit des Schülers aufhört; auf Taf. 15 Nr. 5 u. 6 sind die wagerechten Hilfslinien überflüssig, sogar störend. Im IV. Heft ist auf Taf. 9 die „griechische Kassettenverzierung" ebenfalls in ein Netz gezwängt und dazu noch unnötigerweise. — Wir sehen also, mit welchem Rechte unser Autor dem Prof. Herdtle den „stigmographischen Krückstock" vorhalten darf. Linien- und Punktnetz ist im Princip dasselbe; ziehe ich die senkrechten und wagerechten Linien in gleichen Abständen regelmäßig aus, so erhalte ich ein Liniennetz, setze ich aber nur die Schnittpunkte hin, so habe ich ein Punktnetz; die Wirkung beider Netze ist durchaus gleich; verwerfe ich also das Punktnetz (Stigmographie), so muß ich auch das Liniennetz verwerfen; ist aber das Liniennetz zur Herstellung von textilen Längs- und Flächenmustern unentbehrlich, so muß ich auch das Punktnetz gelten lassen, da hilft kein Drehen und Wenden. Was sollen nun solche Leser, die nicht in der Lage sind, Herdtles Werke zur Vergleichung heranzuziehen, denken, wenn sie obige Bemerkung vom „stigmographischen Krückstock" lesen? Sie müssen doch in gutem Glauben an die Zuverlässigkeit unseres „ernsthaften Autors" annehmen, Herdtle habe sich da ein großes Vergehen zu schulden kommen lassen. Was soll man aber umgekehrt von unserm Autor denken, wenn eine genaue Vergleichung ergiebt, daß er dasselbe thut, wessen er Herdtle beschuldigt? Wird und darf man ihn dann noch „ernsthaft" nehmen? — Ebenso verhält es sich mit der Bemerkung, daß man „einen auf bescheidene Schulverhältnisse berechneten, allgemein durchführbaren Lehrgang schwerlich findet"; genannt, und als vorzügliche Leistungen „für den Bedarf einzelner Schulstufen"

bezeichnet sind die Werke von Herdtle, Kolb, Högg, Andel, Datitius, Bayr und Wunderlich; darum erscheint die „moderne Zeichenschule", „um damit eine vorhandene Lücke auszufüllen" und zwar „ohne alle Phrase." Nehmen wir aus den genannten Werken nur das umfassendste, von Andel, heraus. Der I. Teil behandelt „das geometrische Ornament"; auf 65 Tafeln ist ein reichhaltiger Übungsstoff geboten, dazu ein rein sachlich gehaltener klarer, verständiger Text, ohne jeglichen Hieb und Ausfall auf andere. Der Stoff ist nach dem geometrischen Princip angeordnet, aber die schönsten geometrischen Ornamente auch älterer Stilarten sind reichlich neben dem sogenannten modernen Ornament vertreten; im Text selbst sind noch 106 Fig. abgedruckt, auf den Tafeln sind c. 400 Formen enthalten; das alles in schöner Mappe und eleganter Ausstattung sowie klarer zweifarbiger Ausführung für 8 M. Der II. Teil behandelt das polychrome Flachornament, auf 17 Tafeln sind die Elemente der Pflanzenform geboten (Rippen, Ranken, Spirallinien, Blattumrisse, Blätter und Blüten), auf weiteren 63 Tafeln sind die schönsten Muster aus den klassischen (hellenisch, pompejanisch, Renaissance) und mittelalterlichen (gotisch, persisch, arabisch, maurisch) Stilarten geboten in schönster farbiger Ausführung — Gold- und Silberdruck — keine unschöne Farbenverbindung, kein unschönes Muster ist da, denn nach den besten Werken, von Semper, Racinet, O. Jones, Zahn, Herdtle ꝛc. sind diese Muster gesammelt, ca. 300 Formen resp. größere Flächenmuster auf 80 Tafeln gr. Folio in Mappe nebst Text. Der Preis des II. Teiles beträgt 72 M. Kein Mensch wird nun behaupten wollen, das Andelsche Werk sei für einfache Schulverhältnisse berechnet, es ist für Real- und Gewerbeschulen bestimmt, aber jeder Sachverständige wird zugeben, daß aus dem Andelschen Werk sich ein Lehrgang für die einfachste Volksschule herstellen läßt, der den Anforderungen der Erziehungsschule entspricht, denn es finden sich in dem Andelschen Werk Ornamente der hervorragendsten Kulturvölker in historischer Reihenfolge, es kann also bei Aufstellung des Planes dem kultur-historischen Princip einigermaßen Rechnung getragen werden. — Und nun die „moderne Zeichenschule"; sie enthält alles in allem ca. 260 Formen, die meisten in Farbendruck, ohne zusammenhängenden Text, mit 12 Thesen und einem Prospekt; unter den Farbentafeln sind nur 3 mit Golddruck, alle andern mit 1, 2, 3, 4 oder 5 Farben pro Tafel; mustergiltige Proben aller Stilepochen sind nicht gegeben, griechische Ornamente kommen noch am meisten vor, andere sind der Renaissance entnommen, einige tragen die Bemerkung „modern", die meisten gar keine Stilbezeichnung. — Preis 34 Mark. Man suche doch unter der großen Zahl der einklassigen Schulen mit „bescheidenen Schulverhältnissen" diejenige heraus, die 34 Mark für die „moderne Zeichenschule" ausgeben wird und die imstande ist, die geforderte farbige Ausführung der Muster, wie es unser Autor verlangt, (s. weiter unten) zu leisten! Und doch muß „die vorhandene Lücke ausgefüllt werden — ohne Phrase" — wird diese Phrase nicht selber zur Phrase? — Warum macht man denn so viel Aufhebens von einem Unternehmen, das gar nichts Neues bietet? — Aber halt, da steht noch eine 7. Bemerkung im Prospekt: „Als eine Novität im besten Sinne des Wortes (!) zeichnet sich die moderne Zeichenschule durch die Selbst-Erfindungen (!) und Kompositionen des Autors aus, welche in Heft IV und V, namentlich in Heft VI, der Krone des Werkes, zahlreich zur Anschauung gelangen. Es sind dies nicht dilettantische Nachahmungen früherer Kunstepochen (!), welche sich als mehr oder weniger abgedroschene Typen (!) durch so viele Zeichenwerke hindurchziehen und daher oft des Reizes der Neuheit (!) ermangeln: es sind vielmehr ganz neue (!) der Natur abgelauschte und zur Verwendung in der dekorativen Kunst umstilisierte Formen des Pflanzenreiches zur Anschauung gebracht. Denn die realistische, naturfreudige Gegenwart muß doch auch die Berechtigung haben, einmal über die letzte mustergiltige Dekorationskunst, die Renaissance hinauszugehen, um die Kinder der Natur in der Metamorphose symmetrischer Vereinfachung und Anordnung, proportionaler Gliederung und harmonischer Kräfteverteilung wiederzuerkennen zu lassen, ein Streben, das hier an vielen Beispielen glücklich gelungen ist." — Wir wollen hier ganz absehen von dem Selbstlob, das sich der Verf. durch den Mund der Verlagshandlung spendet und von dem Tadel, der Männer wie Andel, Herdtle, Kolb ꝛc. trifft, weil sie „abgedroschene Typen" verbreiten und zunächst bemerken, daß Verf. hier der „realistischen naturfreudigen Gegenwart" das Wort redet, d. h. eine realistisch-naturalistische Behandlung des Ornamentes fordert derartig, daß man „die Kinder der Natur" (die Pflanzen) in der Stilisierung „wiedererkennt", und in Heft III Blatt 9 heißt die Überschrift: „Stilisierte Blattformen"; dazu die „lehrreiche Bemerkung": „diese Stilisierung, obwohl nicht mehr (?) naturalistisch, zeigt noch die Blattart", d. h. man kann „die Kinder der Natur" in der Stilisierung „wiedererkennen", es sind die Blätter von Bitterklee, Epheu, Eiche (mit Eichel) und Windling. (daß die beiden letzten Blätter sehr an Andels Formen Taf. 10 Nr. 2 und 3 und Taf. 7 Nr. 2 erinnern, mag hier nur angemerkt werden). In der „Anleitung zum Studium ꝛc." wird S. 152 die „realistisch-naturalistische"

21*

Darstellung als „möglichst getreue Nachbildung der Natur bis ins Einzelne" bezeichnet, die „idealisierte oder stilisierte" Darstellung aber als eine Wiedergabe „des Charakteristischen, Gemeinsamen verschiedener gleichartiger Dinge." Wir meinen, wenn man in einem Ornament noch die Art des Blattes (der Blume, Pflanze) erkennen kann, dann ist die Behandlung eine naturalistisch- oder realistisch-stilisierte und wenn man nur den Typus, die Idee der Pflanze wiedererkennen kann, dann ist sie eine idealistisch-stilisierte, und so müssen wir den Verf. zu den Naturalisten rechnen und seine Bemerkung auf Blatt 9 (III.) als nicht zutreffend bezeichnen. Damit aber haben wir ein strittiges Gebiet betreten, und Streit gehört nicht in die Schule, folglich auch nicht alle (die meisten) Selbsterfindungen unseres Autors. Um zu entscheiden, welche Formen beim Zeichenunterricht in der Volksschule Berechtigung haben und welche nicht, müssen wir auf die Aufgabe der Schule zurückgreifen. Die Schule soll (wie schon oben bemerkt wurde) den Schüler bekannt machen mit den Hauptresultaten (der Quintessenz) der seitherigen menschlichen Entwicklung und ihn dadurch zum thatkräftigen Eintreten ins Leben vorbereiten. Alle Arbeiten der Gegenwart, soweit sie noch nicht zum Abschluß gekommen und Gemeingut des Volkes geworden sind, alle strittigen Dinge, um die noch gekämpft, an denen noch gearbeitet wird, gehören nicht in den Unterricht der Volksschule. Wir haben hier strenge zu unterscheiden zwischen dem „Industriellen", dem Fachlehrer Herrn Häuselmann und dem „Zeichenlehrer", der für die Volksschule schreibt. Der „Industrielle" kann erfinden so viel er will und kann und über die Renaissance hinausgehen, soweit er Lust hat, ja es ist seine berufliche Thätigkeit und Aufgabe, Neues zu erfinden, dafür steht er mitten im Kampf und Getriebe des schaffenden (producierenden) Lebens. Die Schule aber steht abseits vom Getriebe, fern vom Kampfe, an einem ruhigen Ort, sie soll nicht producieren, sondern nur reproducieren, das Beste, Schönste, Mustergiltige aller Stilepochen, und wenn der „Stil Hänselmann" erst allgemeine Anerkennung und Anwendung im Leben gefunden haben wird, dann wollen wir ihn auch in der Volksschule reproducieren, eher nicht. Zu welchen Inkonsequenzen das Verfahren Häuselmanns führt, wollen wir an zwei Vergleichen nachweisen. Was urteilt man von einem Volksschullesebuche und dem Verfasser desselben, wenn der letztere an Stelle des Klassischen und Mustergiltigen nur seine eigenen Gedichte und Erzählungen bringt? und von einem Herausgeber eines Volksschulliederbuches, der die alten und verbreiteten Volkslieder als „abgedroschenen Singsang" beiseite schiebt und seine eigenen Kompositionen dafür giebt? — Die Geschichte der Pädagogik hat solch ein Verfahren gerichtet und kein Herausgeber von Volksschullesebüchern und Volksschulliederbüchern dürfte es jetzt noch wagen, also zu handeln, aber auf dem Gebiete des Volksschulzeichenunterrichtes ist solches zur Zeit noch erlaubt, ja es wird als Vorzug hingestellt. Nein! Der Verfasser einer „modernen Zeichenschule" soll die Kinder zum Jungbrunnen der Kunst führen, indem er ihnen aus allen Stilperioden das Beste und Mustergiltige vorführt, was einen bleibenden Wert hat; er darf sich höchstens erlauben zu vereinfachen in dem Sinne, daß er das Beiwerk, die ins einzelne gehende Ausführung fortläßt und zu den markigen, kraftvollen Grundformen, zur Darstellung des Gesetzes in den ersten charakteristischen Strichen zurückkehrt und dann allmählich zum feineren Ausbau fortschreitet, und nur da, wo didaktische Gründe es zwingend fordern, mag er, wenn ihm Originalformen nicht zu gebote stehen, mit Eigenem auszuhelfen versuchen. In diesem Fall aber wird ein guter Kenner der Ornamentik nicht kommen; angesichts der großen Fülle wird ihm die Auswahl schwer werden; angesichts der schönen Formen wird er gern auf eigene Kompositionen verzichten, und wie nun jemand umgeben von der Fülle und der Schönheit der Ornamente zu „abgedroschenen Typen" sich versteigen kann — — das ist eine ästhetische und pädagogische Sünde schlimmster Art. — Aber wie auf dem Gebiete der Stoffauswahl, so ergeht es uns mit unserem Verfasser auch auf dem methodischen Gebiet. Punkt 8 des Prospektes sagt: „Endlich findet sich in der ganzen (?) Zeichenlitteratur gewiß (!) kaum ein zweites Werk, das auf dem Wege eines stramm methodischen Stufenganges den Sinn für kunstgewerbliches Erzeugen in so eminenter Weise entwickelt und das Schulzeichnen für das spätere Berufsleben in so hohem Grade fruchtbar zu machen geeignet ist. Hier lernt der Schüler zeichnen, nicht für die Schule, sondern für das Leben mit seinen realen und idealen Zielen." Sehen wir zu, wie es mit dem „stramm methodischen Stufengang steht. Heft I bietet uns „die Elementarformen geradliniger Ornamente" und Heft II die „bogenlinigen Elementarformen." Wir fragen: Welches sind die Elementarformen der dekorativen Kunst? Wir rechnen mit Semper dahin diejenigen Urformen (Grundformen, Typen und Symbole), die sich aus der textilen und keramischen Kunst entwickelt haben, und die seit der Urzeit bis zur Gegenwart in der mannigfaltigsten Weise zur Anwendung gekommen sind, die immer wieder aus dem Verfall einer älteren Kunst als die alleinigen Fundamente und Keime der neuen Kunstentfaltung hinüber genommen wurden. So entlehnte die klassische Kunst ihre Typen und Symbole aus der asiatisch-barbarischen Kunst (ägyptisch-assyrisch-phönizisch), die christliche Kunst übernahm aus der heidnisch-klassischen Kunst ihre Symbole und Typen. Für das Flächenornament sind dieselben ausschließlich aus der Textilkunst entnommen, es sind: die Reihung, das Band, die Decke (Teppich). Zu den Elementarformen der dekorativen Kunst gehören also Längs- und Flächenverzierungen, die durch Reihung entstehen oder Bandverzierungen und Teppichmuster auf Grundlage des Netzquadrates. Es wurde schon bemerkt, daß unser Autor „Elementarformen der Kunst" nicht kennt, sondern nur Elementarformen der Geometrie und diese, wie wir oben gesehen haben zur Grundlage für seine späteren Kunstformen macht. Damit begeht er den schwersten methodischen Fehler, der überhaupt gemacht werden kann. Unsere Geometrie ist eine Wissenschaft, diese kann nicht Grundlage einer Kunst sein. Kulturhistorisch ist es vielmehr so, daß die Wissenschaft sich aus der Kunst entwickelt hat, aber nicht umgekehrt. Unsere Geometrie ist reine Abstraktion aus den Formen der Kunst und der Natur; beide bilden die reale Grundlage, den konkreten Stoff des Könnens resp. Wissens, (Apperzeptionsstufe) aus dem das Allgemeingiltige, Gesetzmäßige, Abstrakte abgeleitet ist (Abstraktionsstufe), und so kann man wohl geometrisches Begriffsmaterial aus den Kunstformen entwickeln, aber nimmermehr die „geometrischen Begriffe" zur Vorbedingung für den Kunstunterricht machen. Es entschuldigt unsern Autor in keiner Weise, daß auch die Grundsätze des Vereins d. Z. denselben methodischen Irrtum gutheißen; auch die Bemerkung, daß das ja nur „Schultheorien" seien, befreit ihn nicht aus seiner unhaltbaren Stellung. — Der Schüler soll aber auch sehen, wie aus einem Grundmuster neue Muster entstanden sind, zu dem Zweck muß das Gleichartige und Verwandte beisammen stehen und in genetischer Reihenfolge angeordnet sein. Unser Autor hat es sich aber gerade angelegen sein lassen, das Verwandte und Gleichartige auseinander zu reißen und durch seine ganze Zeichenschule zu zerstreuen, ein nicht minder bedenklicher methodischer Mißgriff. — So stehen Mäanderzüge und Bandverzierungen I. Taf. 3, 7 und 17, im ganzen 14 Proben und darunter ein Muster zweimal (3 Nr. 2 = 7 Nr. 1), sonstige Band- und Längsverzierungen I. Taf. 8 u. 18. Verzierungen auf Grundlage des Quadrates stehen I. Taf. 5, 6, 9, 11, 12, 16, 19; die durch Halbierung des rechten Winkels entstandenen (arabisch-maurischen) Sternfiguren (Achtzug, salomonischer Stern) stehen I. Taf. 12 und 16, dazwischen geschoben sind die auf Grundlage des gleichseitigen Dreiecks und regelmäßigen Sechsecks entstandenen Muster (Sechszug) Taf. 13—15. Weshalb steht also die 3-Teilung des rechten Winkels (Sechsstrahl) mitten in der 2-Teilung des rechten Winkels (Achtstrahl)? Und den Fünfstrahl, der dieselbe Zugverzierung enthält (Fünfzug), finden wir erst im II. Heft Taf. 6, weil Verf. das regelmäßige Fünfeck nicht durch Winkelteilung, sondern durch Kreisteilung entstehen läßt, warum denn nicht Sechs- und Achteck auch auf Grundlage des Kreises? — Was soll der geradlinige Fünfzug (fünfstrahlige Stern) mitten unter den Bogenformen? Und das auf Grundlage des regelmäßigen Sechsecks entstandene Parkettmuster steht I. Taf. 20, also durch 4 Tafeln von den übrigen Sechseckfiguren getrennt. — Stilisierte Blattformen finden wir Heft II. Taf. 8, 9, 17, Heft III. Taf. 1, 9, Heft V. Taf. 1 und außerdem in verschiedenen Mustern des VI. Heftes. Stilisierte Blätterzweige stehen III. Taf. 2, 3 (= II. Taf. 9) 4, 7. Warum sind stilisierte Blätter und Blätterzweige nicht in eine Reihe gebracht und aneinander bezogen, wie es methodisch richtig ist? — Stilisierte Blumen (Centralansicht) stehen III. Taf. 10 Nr. 1—3, in Seitenansicht III. Taf. 5, 6, 8, 10 Nr. 4, 5, IV. Taf. 12, V. Taf. 2, 3, 4. — Rosetten (als Füllungen eines Quadrates oder auf Grundlage des Sechs-, Acht-, Fünfecks und Kreises) stehen II. Taf. 4, 5, 10, 11, 18, 19, 20, III. Taf. 11, 12, 13, 14, 17, 18, IV. Taf. 2, 3, 5, 9, 16, 17 und außerdem noch verschiedene „Quadratfüllungen." Nun ist es aber klar, daß die Blütengrundrisse (Centralansichten) die natürliche Grundlage der Rosetten sind. Es wäre nun methodisch richtig, zuerst diese Blütengrundrisse zu bringen, nach dem Gesetz ihres Baues geordnet (2-, 4-, 8-, 3-, 6-, 5-, 10-, 7-Zahl) und dann die stilisierten Blütengrundrisse, die Rosetten ebenfalls nach dem Zahlengesetz ihres Baues geordnet, aber davon ist bei unserem Autor auch nicht eine Spur zu merken, er wirft die Rosetten beliebig durcheinander, auch nicht der Schein eines Princips ist zu entdecken. — Auch die Stilarten bilden keinen Einteilungsgrund. So finden wir griechische Ornamente im I. Heft, im II. Heft Taf. 14 (Blattbänder, gedrehte Schnur und gereihte Scheiben), Taf. 15 und 16 Palmetten, III. Taf. 5 (Blätterkelch), Taf. 15 (Blätterranken von griechischen Basen), Taf. 16 (oben ein Blattband, zu II. Taf. 14 Nr. 1 u. 2 gehörig und ein Blättermuster), IV. Taf. 4 (Typen griech. Rankenbildung), Taf. 6 (Bekrönungsornament, Stirnziegel), Taf. 11 (griech. Spiralranken, zu Taf. 4 gehörig), Taf. 12 (Bekrönungsornament, zu Taf. 6 gehörig), Taf. 13 (Palmette (zu II. Taf. 15 u. 16 gehörig), Taf. 14 (Bekrönung zu III. Taf. 6 u. 12 gehörig), Taf. 15 (Blattbänder zu II. Taf. 14 Nr. 1, 2 gehörig und Flechtbänder zu II. Taf. 14, Nr. 3 u. 4 gehörig), V. Taf. 8 (Akanthus), Taf. 10 (griech. Blatt- und Blumenbänder von

III. Abteilung. Litterarischer Wegweiser.

Vasen entnommen (zu III. Taf. 15, IV. Taf. 4 u. 11 gehörig) desgleichen Taf. 11, Taf. 13 (Bekrönung, f. oben), Taf. 11 (Blumenband, f. oben), Taf. 17 (Bekrönung), Taf. 18 (Deckenornament). Dann sind noch 4 Gefäßformen gegeben, davon stehen 2 (ohne jede Verzierung) („antiker Topf") auf Taf. 19 u. 20 des IV. Heftes, welches als Inhaltsangabe: „die Spirale als Grundlage des vegetabilischen Ornaments" enthält. Darnach erwartet man Pflanzenornamente, denen die Spirale zu grunde liegt; das Heft enthält aber 6 Taf. Eisenkonstruktionen aus Spiralen, griech. Bandornamente, Palmetten, Quadratfüllungen, die zwar Pflanzenmotive enthalten, aber keine Spiralbildungen zeigen (Taf. 10, 16, 18) und 2 antike Töpfe, an denen ebenfalls keine Spur einer Spiralform zu entdecken ist. Was haben diese beiden „antiken Töpfe" unter den „Grundformen des vegetabilischen Ornaments" zu suchen? — Das 3. Gefäß (ein modernes, ohne jede Verzierung) steht Heft V. Taf. 20 u. das 4. („antiker Topf — Originalkomposition von Häuselmann" — mit Verzierungen) Heft VI. Taf. 19. — Auf Taf. 20 Heft II. stehen 2 Rosetten mit dem Vermerk „zwei chinesische Ornamente" und auf Taf. 12 Heft V. steht eine Längsverzierung: „Romanisches Mosaik-Band." Die Motive sind in beiden Verzierungen dieselben, würde man statt „chinesisch" setzen „romanisch" — es würde kein Mensch Anstoß daran nehmen. Hier muß ein Irrtum vorliegen. Racinet und D. Jones bieten in ihren reichhaltigen Sammlungen chinesischer Ornamente keins, das auch nur eine entfernte Ähnlichkeit mit diesen beiden als chinesisch bezeichneten Ornamenten hätte, wohl aber kann man unter den mittelalterlichen Mustern jener Sammlungen viele ähnliche Ornamente finden. Mit demselben Rechte hätte auch die vorhergehende Rosette, Taf. 19, die ein ganz ähnliches Motiv hat, chinesisch benannt werden können, sie heißt aber einfach „Rosette", ohne Stil. — Mit dem Worte „modern" treibt unser Verfasser geradezu Mißbrauch: III. Nr. 11, 12, 20, IV. Nr. 15, V. Nr. 7, 19, VI. Nr. 16, 18 tragen diesen Vermerk. Mit welchem Recht? Das sagt uns Verf. nicht. Sehen wir uns darum die Formen selber an. III. Nr. 11 zeigt eine „moderne sechsbl. Rosette." Ein dreilappiges Blättchen ist als Motiv benutzt und sechsmal um den Mittelpunkt gruppiert. Daß dieses Motiv gerade ein Hauptkennzeichen des „modernen" Ornamentes sei, wird niemand behaupten wollen; man kann es gerade so in der mittelalterlichen, wie byzantinischen, arabischen, als auch in der Renaissance-Ornamentik wiederfinden. Aber wir wollen einmal annehmen, es sei specifisch modern, dann wäre Taf. 12 auch modern, da ist dasselbe Motiv nach der Fünfzahl geordnet, heißt auch „moderne fünfbl. Rosette." Nur auf Taf. 17 III. ist dasselbe Motiv nach der Vierzahl und III. Taf. 18 nach der Achtzahl geordnet, und IV. Taf. 16 u. 17 zur „Dekoration einer quadratischen Fläche" benutzt und V. Taf. 6 tritt es im „Feierornament" auf; alle diese Formen haben nicht das Beiwort modern, dagegen steht wieder auf III. Taf. 20 „modernes Baumotiv"; hier ist aber die Rosette III. Taf. 17, die doch nicht als modern bezeichnet ist, einfach aneinandergereiht und mit einem Längsstreifen oben und unten zusammengehalten, und siehe da, auf einmal ist das Motiv „modern" geworden. — Warum? — Aber wir brechen hier ab; jede Tafel bietet zu solchen begründeten Ausstellungen Anlaß. Die Anordnung des Stoffes ist durchaus unmethodisch und zwar in dem Maße, daß wir jetzt den Worten des Prospektes: „Endlich findet sich in der ganzen Zeichenlitteratur gewiß kaum ein zweites

Werk" — —, gern zustimmen. — Die Originalkompositionen müssen wir doch auch eines Blickes würdigen. Wir greifen gleich zur „Krone des Werkes", Heft VI. Blatt 1 zeigt einen Zweig von Ribes mit 3 kleinen, 2 großen Blättern und 2 Trauben auf einer Kreisfläche ausgebreitet a) mit ganzen b) mit gezähnten Rändern an den Blattlappen, und drüber steht „Ribes (naturalistisch stilisiert)", drunter steht „Originalkomposition von J. Häuselmann." Auf dem 2. Blatt steht ein „Stachelbeerzweig", an demselben sitzen 1. 2 Stacheln, 2. 1 Blattpaar, 3. 2 Stachelbeeren, 4. 2 Stacheln, 5. 2 Blätter, 6. 2 Stacheln, 7. 2 Stachelbeeren rechts und 1 Blatt links. Blatt 3: „Steigendes Band aus Frauenherz (in naturalistischer Stilisierung)" u. s. w. Hahnenfuß, Fuchsia, Wein — bis Taf. 7, jede Tafel mit dem Vermerk: „Originalkomposition". — Wir suchen uns einen möglichst regelmäßig gewachsenen Zweig der genannten Pflanzen, breiten denselben auf einer Fläche gleichmäßig aus, so daß Blätter, Blüten und Früchte ebenmäßig verteilt sind, pressen die Zweige vorsichtig, zeichnen dann dieselben auf Blätter, so daß wir von etwaigen Unregelmäßigkeiten absehen, und genaue Symmetrie und proportionale Gliederung herrscht, kolorieren dann die Zeichnung harmonisch — — — ich glaube, es wird niemanden einfallen zu sagen, er habe nun eine Originalkomposition geschaffen — Häuselmann thuts; ja er thut noch mehr und nennt Taf. 9 („griechische Kassettenverzierung") eine „Originalkomposition von J. Häuselmann", die in der großen Sammlung von Racinet Taf. VI. Nr. 4 steht und als „antikes Fragment. Traufplattenkassette" bezeichnet ist. Unser Verfasser hat statt dunkelblau und weiß hellgelb und schwarz genommen, die Fläche mit einem Netz versehen und die Spiralen etwas schärfer aufgerollt; giebt ihm das ein Recht, die Benennung „Originalkomposition von H." drunter zu setzen? Ist das nun absichtlich geschehen — oder ein bloßes Versehen? — — Ähnlich verhält es sich mit den übrigen „Originalkompositionen", sie sind mehr oder weniger umgemodelte „klassische" Ornamente (indisch, gotisch, Renaissance), also im Sinne unseres Autors „abgedroschene Typen." Wie reimt sich mit dieser mehr als bescheidenen Basis jene hochtönende Phrase „nicht dilettantische Nachahmungen früherer Kunstepochen ıc." (s. oben) zusammen? — — Jeder einzelnen Tafel sind Bemerkungen beigegeben, die sich auf Form, Anlage und Farbe der Ornamente beziehen. Daß bei dem durcheinandergewürfelten Stoffe an einen logischen Zusammenhang und inneren Fortschritt dieser Bemerkungen nicht zu denken ist, wird nach dem Angeführten nicht mehr in Zweifel gezogen werden können; dennoch müssen wir auf einzelne Bemerkungen genauer eingehen. Der Autor hält hoch von denselben. Er sagt im Prospekt: „Die beigegebenen Thesen, welche dem Lehrmittel als sichere Grundlage dienen, sowie die auf jedem Blatt aufgedruckten lehrreichen Bemerkungen (!) über Nachbildung, Farbe und Stil der Ornamente sollten förmlich studiert (!) werden." Nun, das muß man auch in der That thun, wenn z. B. (wie oben angeführt) eine Bemerkung das Gegenteil von dem sagt, was auf den Tafeln ausgeführt ist. Oder wenn es heißt VI. Taf. 8: „Ornamentierter Schild mit Monogramm." (J. H.). „Dieses Ornament will keineswegs als Musterzeichnung für das Kunstgewerbe gelten. Aber als eigentliche Schulaufgabe (?) leistet es in seiner Einfachheit nach Form und Farbe ganz vorzügliche Dienste. Daß der Schüler sein eigenes Monogramm hineinzeichnen kann, macht es besonders beliebt." (Schluß folgt.)

# Evangelisches Schulblatt.

## August 1887.

## I. Abteilung. Abhandlungen.

### Ein Beitrag zur biblischen Pädagogik.
#### Von Hauptlehrer Schumacher in Solingen.

#### I.

Da die nachfolgende Arbeit in der Form von den bisherigen abweicht, so ist eine erläuternde Einleitung wohl am Platze, wenn nicht nötig.

Die Arbeit trägt in ihrer ersten Darstellung die Überschrift: Aus der Praxis für die Praxis. — Eine erste Präparation des Lehrers auf den Unterricht in der biblischen Geschichte.

Eingeleitet wurde sie folgendermaßen:

„Trotz alles Widerstrebens wird man es doch anerkennen müssen, daß die biblische Geschichte die geheiligte Trägerin der Glaubens- und der Sittenlehre ist; daß sie den feststehenden Stamm bildet, um den sich Lehre und Leben wie der Epheu um die Eiche ranken." (Kehr.)

In welch hohem Maße die Geschichte Lehre, die biblische Lehre Geschichte ist, das möchte ich im nachfolgenden — wenn die Leser erlauben — an zweien biblischen Geschichten herausstellen.

Die Ausführung hat mit der Praxis insofern zu thun, als sie einerseits Kunde giebt von einer ersten Vorbereitung des Lehrers auf seinen biblischen Geschichtsunterricht, andrerseits sich aber beschränkt auf die religiösen Stoffe, die in meiner Schule (Oberklasse einer vierklassigen Volksschule) im Laufe eines Jahres vorkommen.

Sollte sich bei der Auseinandersetzung des Lehrers mit der einzelnen biblischen Geschichte das ergeben, daß letztere geeignet ist, zunächst das religiöse Leben des Lehrers selbst zu begründen und zu entwickeln, so wäre damit die Lösung der uns gestellten Aufgabe: „Das religiöse Leben der Schüler zu begründen und zu entwickeln" bedeutend näher gerückt.

Ich halte eine erste stille Auseinandersetzung des Lehrers mit der bald zu behandelnden Einzelgeschichte für überaus wichtig.

Indem ich nun bei meiner ersten Erwägung einfach dem Faden der biblischen Erzählung folge, lege ich das Resultat derselben hier nieder:

## 1. Die Jünger von Emmaus.

1. „Zwei Jünger gingen am Ostertage aus Jerusalem nach Emmaus." — So weiset uns die Erzählung fort aus dem Gewühl der großen Stadt Jerusalem, fort in die Einsamkeit und Stille, hin auf einsame Feldwege. Sie weiset uns zugleich fort aus der größeren Gemeinschaft der Brüder. Wir sollen nur „zweien" folgen, die sich entschlossen haben, sich das, was sie erlebt, was sie fürchten, vielleicht auch was sie hoffen, in aller Stille zu sagen.

„Aus dem Gewühl in die Einsamkeit und Stille": das ist eine Losung, die uns in der heiligen Geschichte oft begegnet.

So in Abrahams Leben: aus Vaterhaus, Freundschaft und Vaterland fort, weit fort in die Einsamkeit, um dort zu horchen auf die Offenbarungen von oben. — So in Mosis Leben: fort aus königlichem Palaste, aus Gosen, aus Ägypten, weit fort in Midians Wüste, die er schließlich als ein ganz anderer wieder verläßt. — So in Davids, in Jesu, in Johannis Leben. — Begegnen wir nicht derselben Losung auch in Luthers Leben? Aus vollem Universitätsleben heraus in einsame Klosterzelle; aus dem Gewühl der Stadt Worms fort in die stillen Räume der Wartburg.

Folgen wir getrost den beiden Jüngern, wir werden, trotz einsamer Feldwege, auch hier Zeuge werden, wie oft gerade in der Stille sich Großes vollzieht.

2. „Und sie redeten miteinander von allen diesen Geschichten." — Wes das Herz voll ist, des geht der Mund über. Und es ist schon etwas Großes, wenn das, was wir erlebt, in der That unsern Mund öffnet, ihn zum redenden macht. Heißt es nicht auch wohl: Wes das Herz voll ist, des geht der Mund noch lange nicht über? Wie so manche stehen in schweren Lebenslagen stumm und schweigend da! Trübsinnig gehen sie umher, als wären sie mit Gott und der Welt zerfallen. So etwa Thomas, der der Brüder Reihen floh und einsam verdrossen seine stillen Wege zog. — Wie mag es der Mutter Jesu zu Mute gewesen sein, als sie, verhüllten Angesichts, schweigend unter Jesu Kreuze stand! Wie dem Jairus etwa, als ihn die Todesnachricht von seinem einzigen Kinde erreichte?

Es ist viel, wenn in schweren, ereignisvollen Tagen sich der Mund öffnet und wärs vorab auch nur in verworrenen Klagen.

3. „Da sie so redeten, nahte ein Fremder zu ihnen und wandelte mit ihnen."

Eine Überraschung wars zunächst. Sie entzogen sich der Gemeinschaft der Brüder, sie wollten allein sein und siehe! ein dritter, ein Fremder gar tritt unerwartet zwischen ein.

**Stunden der Überraschung:** wer mag sie zählen in der heiligen Geschichte! z. B. in Josephs, in Davids, in Elias Leben.

„Er wird dich entbinden,
Da du's am mindsten gläubst."

„Er kommt, eh wir's uns versehn,
Und lässet uns viel Guts geschehn."

Der Fremdling ist eingetreten. Eine Unterredung beginnt. In spannendster Weise schreitet nun die Erzählung fort bis zum Schlußhöhepunkte. Frage ich aber, wessen Interesse der vorliegende Bericht am meisten weckt, wessen Nachsinnen am meisten herausgefordert wird? so muß ich antworten: das der Lehrer. Warum?

Die Stunde, in die wir hier eintreten, die wir hier miterleben können, ist eine **Lehrstunde** in des Wortes höchster Bedeutung. Eine volle Lehrstunde ist's und zwar zu den Füßen des Lehrers, dem kein Lehrer gleich. **Anfang, Mitte und Ende** der Lehrstunde aber fordern gleich sehr und gleich energisch besonders der Lehrer Aufmerksamkeit. Sollte sich uns hier nicht in etwa die **göttliche Pädagogik erschließen?**

### 1. Der Beginn des Unterrichts.

4. „Wovon redet ihr? Was seid ihr so traurig?" — So der Fremdling. Mit dieser Anrede war das Unangenehme der Überraschung sofort geschwunden. Weil die Anrede der innersten Neigung der beiden Jünger, sich fern von der Stadt über die großen Ereignisse der letzten Tage auszusprechen, so durchaus entsprach, so war auch damit das erkältende Fremdartige, das störende Eingreifen vollständig verdrängt. Was die beiden wollten, das wünschte der Fremdling gerade. Und so folgen nun Rede und Gegenrede in ungezwungenster Weise.

Nicht minder bedeutsam ist der Umstand, daß der Fremde, der mit scharfem Auge die Situation der beiden durchschaut und erkennt, nun auch zugleich das feinfühlende Herz offenbart, das Teilnahme für ihre „Traurigkeit" hatte. Mit der Frage: Was seid ihr so traurig? wurde er sofort der liebe, willkommene Genosse.

Schon dieser **Beginn** des Unterrichts ist für uns Lehrer sehr bedeutsam.

Der Fremdling wollte eine **große religiöse Wahrheit** lebenskräftig in den Anschauungskreis der beiden stellen; wollen wir nicht in jeder Religionsstunde dasselbe? Wie beginnt nun der Herr?

Er fällt nicht mit der Thür ins Haus. Das, was die Freunde selbst erlebt, von dem sie gern sprechen, was zur Zeit ihr höchstes, ja ihr alleiniges Interesse herausfordert: das wird im Munde des Herrn die Einleitung seines Unterrichtes. Und der Erfolg? Es schwindet sofort das Gefühl, einem Fremden gegenüberzustehen; vertrauensvoll sind sie bereit, ihm alle ihre Anschauungen offen zu legen.

Wollen wir ehrlich sein, so müssen wir wohl gestehen, daß hier die Art und Weise, wie wir unsern Unterricht beginnen, ins Gericht genommen wird. Oder sollten wir wirklich so pädagogisch geschult sein, daß wir sofort mit der ersten Frage, mit dem ersten Wort unsers Beginnens die Schüler so fassen, so in der Gewalt haben, wie es hier der Fall ist? Und sollte einer der Leser entgegnen wollen, das wäre hier einmal, zudem zufällig der Fall, so müßte ich denselben z. B. an die Unterredung Jesu mit der Samariterin, mit Nikodemus ꝛc. erinnern. Keine Frage, wir stehen hier vor einem Lehrer, dem in der That kein Lehrer gleich.

So möchte ich wünschen, daß wir an dieser Stelle miteinander bekennen: „Nicht daß ich*s* schon ergriffen habe, ich j a g e  i h m  aber n a ch, auf daß ich es ergreife und immer mehr ergreife!" — Sind wir dazu bereit, so werden wir gern alle Ereignisse im Kindes- und Schulleben, die d i e  K i n d e r  s i ch t l i ch  e r r e g e n, auch zu verwerten und auszubauen suchen. Und Gelegenheiten werden sich auch finden, falls wir nur das erste wollen.

## 2. Der Fortgang des Unterrichts.

5. „Bist du allein unter den Fremdlingen ꝛc."
Gegenfrage: „Welches?"

Der Fremdling tritt nicht sofort mit seiner korrigierenden, die Fragen lösenden Wahrheit selbstthätig ein. Er lockt zuvor das, was die Freunde auf dem Herzen haben, sei es Wahrheit oder auch Irrtum, ans helle Tageslicht hervor. Dazu bietet sich hier unserem Lehrerauge eine zwar kleine, aber ä u ß e r s t  g e l u n g e n e Katechese.

Der Herr hätte es ja anders machen können. Er hätte die Frage: „Bist du allein unter den Fremdlingen ꝛc.? sofort in ihrem thatsächlichen Irrtum aufdecken können. Fortsetzend hätte er dann die wirklichen Ereignisse etwa in Form „eines erweiterten Vortrages" schildern können, um dann schließlich die bestätigenden Erläuterungen aus dem Alten Testamente folgen zu lassen. Er thut es aber nicht. Nicht er, — die trauernden Jünger sollen s e l b s t  klar und bestimmt erzählen und aufdecken, wo sie der Schuh drückt. — Gerade darin dürften wir aber wiederum einen neuen praktischen Beitrag finden, um uns die eminente Lehrgabe und Lehrweise unseres Herrn erkennen zu lassen.

Welche Aufgabe erwächst uns daraus, falls wir willens sind, dem Herrn zu folgen?

Die Aufgabe, vor dem Höhepunkt unseres Unterrichtes durch eine einleitende Katechese das hervorzulocken, was Wahres oder auch Falsches über den zu behandelnden Gegenstand in Kopf und Herzen der Schüler schlummert. N i ch t  v o r s a g e n, nicht mit W a h r h e i t e n  ü b e r s ch ü t t e n; der Schüler soll durch seinen Lehrer veranlaßt werden, die erste Aufgabe zu lösen.

Dazu diene eine gute, eine vorbereitete und auch vorbereitende Katechese!

6. **Das Bekenntnis der Jünger.** Es erregt manche Gedanken. Der Leser gestatte mir, hier zwei Gedankenreihen anzudeuten.

a) Dies Bekenntnis ist sehr geeignet, einen großen Teil der Lebensgeschichte Jesu in treffende, interessante und interessierende Wiederholung zu nehmen. „Jesus von Nazareth." – So stands in drei Weltsprachen geschrieben über Jesu Kreuz. Und gerade am Kreuze hatte dies Wort die richtige Stelle gefunden. Dort eben war der Herr der „Jesus von Nazareth" in des Wortes höchster Bedeutung. Der „Jesus": der Seligmacher der verlorenen Welt; der „Nazarener": d. h. der, der keine Gestalt, noch Schöne mehr hatte.

„Ein Prophet, mächtig in Thaten und Worten." Das ist der Prophet! so lautet der jubelnde Zuruf des Volkes in Nain; in der Wüste; beim Einzuge in Jerusalem. — Wie mächtig war er in „Thaten!" Blinde wurden sehend, Lahme gehend, Aussätzige rein, Taube hörend, Tote lebendig. — Wie mächtig in „Worten"! Er predigte gewaltig: Bergpredigt, Gleichnisse, Parabeln, Sentenzen. Er predigte „Evangelium den Armen." —

„Den haben die Hohenpriester überantwortet zur Verdammnis des Todes." So ersteht uns Karfreitag in seiner düstern Beleuchtung.

Nun darf der Gedanke Ausdruck finden, daß der Untergang der Edelsten unseres Geschlechtes die Weltgeschichte wie ein blutroter Faden durchzieht.

Der Herr am Kreuze; Johannes in Henkers Händen; Stephanus und Jakobus in der Gewalt eines wütenden Pöbels, Huß und Clarenbach auf dem Scheiterhaufen; Kolumbus in Ketten, Galilei im Gefängnis 2c. 2c.: wer zählt sie alle, die überantwortet wurden zur Verdammnis des Todes? Und wie oft auch die Menschen darüber gejammert, geklagt und gewöhnt haben, als seien nun alle Hoffnungen zerstört, immer wieder stellte sich doch heraus: „Je mehr sie das Volk drückten, je mehr es sich mehrte." — „Das Blut der Märtyrer ist der Same der Kirche." — — Auf Karfreitag folgt doch immer wieder ein singender Ostermorgen. —

b) Das Bekenntnis der Jünger liefert uns die Zeichnung eines Christus in der Weltgeschichte ohne Ostern. Will sagen: wir haben hier das Bekenntnis derer inmitten der Christenheit, die ein thatsächliches, wahrhaftes Ostern nicht zugeben wollen oder können.

Die unübertroffene Reinheit, Hoheit, ja Majestät des Menschen Jesu, des größten Propheten der Menschheit, wird zugegeben und anerkannt. Auch fehlt das leider! leider! nicht darüber, daß der Juden Haß und Bosheit so frühzeitig über dies Menschenleben triumphiert habe. Ein weiteres möchte man gern glauben, — entgegnet aber, es nicht zu können.

War es nicht damals, als am Ostermorgen die Osterbotschaft zum erstenmal

als Wahrheit verkündet wurde, genau so! Auch nicht einer aus dem Jünger=
kreis vermochte es zu glauben. — Die Geschichte ist Lehre. Was war
das dazumal eine zerfahrene, Mitleid erregende Ostergemeinde! Thränen und
nichts als Thränen, Flucht eines vor dem andern; Schrecken, ja Trotz und
Widerwillen.

Eine Christenlehre ohne Ostern vermag keine freudige, fest zusammen=
haltende, Sturm, Wetter und Tod überwindende Christengemeinde, noch Christen=
heit zu schaffen.

Was eine solche „Christenlehre ohne Ostern" in Wirklichkeit ist, das sagt
uns jener Lehrer auf dem Wege nach Emmaus mit dürren Worten und auch mit
größtem Nachdruck:

7. „Thorheit und Trägheit." Ich weiß es sehr wohl, daß man
heutzutage mit dem scharfen Scheltwort: Ihr seid allzumal Thoren! der Menge
gegenüber wenig oder auch gar nichts ausrichten würde.

Die Ostergeschichte ist auch in dieser Richtung Lehre. Hat denn der Herr
die Juden, die Pharisäer ꝛc. etwa so gescholten? Nein. Jesu Scheltwort machte
hier „brennende Herzen" unter zwei Voraussetzungen.

a) Die Emmausjünger hatten vorher in Jesu Schule die Schriften des
Alten Bundes kennen gelernt und zwar mit dem oft wiederholten Hinweis:
„Sie zeugen von mir!"

b) Ihre persönliche Kenntnis vom Herrn hatte zugleich in ihrem Herzen
persönliche Hoffnungen geweckt und lebendig gemacht und diese waren nun durch
Jesu Tod zerstört worden. So trauerten sie.

Treffen diese Voraussetzungen zu, dann wird das donnernde Scheltwort:
„ihr Thoren!" die Herzen treffen und aufrütteln; dann wird der Nachweis, daß
die ganze Bibel ein Zeugnis dafür sei: „Christus mußte leidend zur Herr=
lichkeit dringen," wie ein heller Blitz die Situation erhellen und die Herzen
neu schaffen.

Nur dann, wenn in unsern Verhältnissen sich diese Voraussetzungen that=
sächlich finden, dürfen wir dem Herrn in seiner Behandlungsweise folgen. Fehlen
sie, dann würden unsere Scheltworte kraft= und wirkungslos verhallen.

Unter dieser Erwägung tritt mir die Bedeutung der Volksschularbeit
in des Wortes schönstem Sinne vor Augen.

Was sollen wir? Oder dem „sollen" entsprechend: Was wollen wir? Das:
so viel es möglich ist, bei allen unseren Schülern die zwei Vorbedingungen schaffen,
damit zur rechten Stunde nach einem scheltenden Donnerworte in ihren Herzen
ein fröhliches Ostern erstehen könne.

Wir sollen und wir wollen ihnen

c) die gesamte biblische Geschichte „lieb und wert" machen, von dem alles beherrschenden Grundgedanken ausgehend: die ganze heilige Schrift zeuget von Jesu.

Zugleich sollen und wollen wir

d) der Kinder Leben, ihr Sprechen und Handeln, ihr Beten und Singen, ihr Klagen, Wünschen und Hoffen — so viel möglich — mit diesem Herrn in Verbindung bringen, stellen und halten.

Und wenn dann das weitere Leben der Kinder sich so gestaltet und entwickelt, daß denselben das Lebensbild Jesu mehr und mehr schwindet und abhanden kommt, — oder daß Gleichgültigkeit oder auch Bosheit ihnen dies Bild verkümmert: dann bleibt doch die Hoffnung, daß zur rechten Stunde nach starrer Winternacht die Lehrersaat in voller Blüte erstehen wird.

„Wachstum und Gedeihen
Steht in des Höchsten Hand."

Er sendet nicht bloß „Tau und Regen und Sonn- und Mondenschein", er sendet auch die nötigen Gewitterwolken, um sich zur rechten Stunde zu entladen. —

8. „Mußte nicht Christus solches leiden und zu seiner Herrlichkeit eingehen?" Auch jetzt wieder drängen sich Gedanken auf. Ich frage zunächst: Warum „mußte" Christus „leidend zur Herrlichkeit" eingehen?

Professor Dr. Steinmeyer giebt darauf folgende Antwort: „Das ist göttliche Gesinnung, kraft deren sich der Mensch dem Leiden unterwirft und willig ist, sich selbst für andere aufzuopfern. Und in der That, das ist ja mehr als menschlich und natürlich, das geht ja über das hinaus, was man vernünftig und verständig nennt. Aber sollte der Gedanke und der ernstliche Entschluß, das Leben um des andern willen hinzugeben, die Kräfte der Natur wirklich übersteigen? Weiset denn nicht eine längst entschwundene Vergangenheit uns hin auf Heroen aus dem Heidentum, die unbedenklich, hier für einzelne, dort fürs Vaterland, ihr Blut vergossen haben?

Wir müssen weiter nach dem wahren Wesen einer göttlichen Gesinnung fragen.

Spricht Jesus von seinem Opfer, so betont er seine tiefe Liebe, die ihn getrieben, und seinen Gehorsam gegen seinen Vater. Liegen diese Beweggründe etwa außerhalb des menschlichen Vermögens? Auch das kann nicht ganz genügen. Wir müssen das Zugeständnis machen, daß jene Opferwilligkeit der Heiden auch aus der Liebe stammen, auch im Gehorsam wurzeln konnte. Worin besteht denn das Übermenschliche der göttlichen Gesinnung?

Jesus hat sein Leiden allzeit als die Pforte seiner Ehre angesehen. Und das ist offenbar das Hauptstück seiner göttlichen Gesinnung.

Bloß dulden und leiden, lediglich sich opfern, darin den Selbstzweck und das eigentliche Ziel setzen: das ist nicht göttlich, sondern menschlich, ja heidnisch. Dem Petrus kam nie der Gedanke in den Sinn, daß Leid und Tod der Weg zur Herrlichkeit sei.

Die göttliche Gesinnung will zur Herrlichkeit durch Leiden dringen, — die menschliche zum Siege, ohne ein vorausgegangenes Unterliegen. Der Herr wollte leiden, aber nur, um durch den Tod zur Herrlichkeit zu dringen, und wiederum: er wollte zur Herrlichkeit erhoben werden, doch einzig auf dem Wege des Verzichtens, des Entsagens, des Unterliegens.

Was war doch einst der Stachel jener Versuchung in der Wüste? War es nicht dieser, daß ihm alle Reiche der Welt und ihre Herrlichkeit geboten wurden, doch ohne, daß er diese Herrschaft im Leiden erstritt, statt dessen so, daß er die Krone mühelos als einen Raub ergriff? — Darum: „Ein jeder sei gesinnet, wie Jesus war." Und wie wird die Gesinnung dargestellt, die wir gleich ihm erwerben und bewahren sollen? „Er erniedrigte sich selbst — und deshalb hat ihn Gott erhöhet." —

Diesem Ausspruche füge ich hinzu: Der Herr, der vom Himmel zur Erde stieg, der mußte, seiner Natur entsprechend, göttliche Gesinnung offenbaren, d. h. also: er „mußte leidend zur Herrlichkeit eingehen." —

Sodann möchte ich einladen, anzusehen, daß „Christus wirklich leidend zur Herrlichkeit eingegangen ist."

a) Christus, der oberste Prophet. —

„Das ist wahrlich! der Prophet, der in die Welt kommen soll!" So lautete bekanntlich der Zuruf der Einzelnen und des Volkes an den verschiedensten Orten. — Der Prophet wurde zum leidenden. Eine rohe Rotte umringte und verdeckte ihn, schlug ihn, rufend: „Weissage uns, Christe, wer ists, der dich schlug?" Er ging zur Herrlichkeit ein. Siegesgewiß und lehrend schritt er mit den Emmausjüngern. Siegend, einer Sonne gleich, die die Nebel scheucht, stand er im Jüngerkreise, bis auch der letzte, ein Thomas, anbetend niedersank.

b) Christus, der alleinige Hohepriester.

„Einen solchen Hohenpriester sollten wir haben, der da wäre heilig, unschuldig und unbefleckt." Mit der Frage aber: „Wer kann mich einer Sünde zeihen?" steht der Herr allen Zeitgenossen gegenüber. — „Segnen" war seiner Hände Arbeit. Vom Kindlein an, das er segnend an sein Herz gedrückt, bis hin zu Judas, den er segnend Jahre um sich geduldet. — „Fürbittend" erscheint er für Petrus, für seine Apostel und für alle, die einst durch der Apostel Wort an ihn glauben werden. —

Der „Hohepriester" wurde zum leidenden. Der Heilige, der Sündlose wurde, ein Verfluchter, von der Erde gestoßen. Von Gott und der Menschheit verlassen, hing er am Kreuze, will sagen: am Fluchholz.

Er geht zur Herrlichkeit ein. Den „Heiligen" kann der Tod nicht halten; er lebt, und wer will hinfort seines Lebens Länge ausrechnen? Und wie scheidet er von der Erde? „Er hob die Hände auf und segnete sie." Fortan vertritt er die Seinen vor dem Angesichte seines Vaters.

c) Christus, der ewige König.

Eine Krippe war seine Wiege, aber „Herrschaft lag auf seiner Schulter." Ein Gefangener stand er vor Pilatus, aber sein Bekenntnis lautete: „Du sagst es, ich bin ein König." Am Kreuze hing er, aber des Kreuzes Überschrift lautete: „Jesus von Nazareth, der Juden König."

Wie ist er doch als König zum leidenden geworden: Seine Krone — eine Dornenkrone. Sein Kleid — ein zerrissener Purpur. Sein Scepter — ein Rohr. Seine Unterthanen — eine Rotte, die ihn mißhandelt.

Aber — er ging zur Herrlichkeit ein. — Die Ostersonne umleuchtete ihn: „Ich fahre auf zu meinem Vater!" — Thomas sinkt hin, ausrufend: „Mein Herr und mein Gott!" Fünfhundert umringen ihn, und das Wort wird laut: „Mir ist gegeben alle Gewalt im Himmel und auf Erden." Ein König steigt er himmelan.

9. „Und er fing an von Mose und allen Propheten und legte ihnen alle Schriften aus, die von ihm gesagt waren." — Für mich ist gerade dieser Ausspruch ein besonders lieber und werter. Steht nicht eben in dieser Stelle der Herr gerade unserm Stande, dem Volksschullehrerstande, am nächsten? Was der Herr hier thut und ausführt, das ist ja im besonderen Sinne unsere Lebensaufgabe. Mit der Pfingstenzeit kommen alljährlich die Wochen, in denen wir, mit Mose beginnend, die Schriften des Alten Testamentes den Schülern auslegen.

Ist es nicht eine Ehre für uns, daß wir in dieser Thätigkeit den Herrn als obersten Vorgänger vor uns sehen, nach dessen Erscheinung die Jahre der Weltgeschichte gezählt werden? Er voran, wir nach. Das wird aber dann erst recht wahr, wenn wir diesem Vorgänger auch in seinem Sinn und Geist folgen. Letzterer wird auf dem Wege nach Emmaus offenbar.

Jesu Lehrthätigkeit umfaßt hier drei Hauptwahrheiten:

a) Jesus von Nazareth ist der „Christus", d. i. der von Gott gesandte Prophet, Hohepriester und König;

b) dieser Christus mußte leidend zu seiner Herrlichkeit eingehen;

c) von ihm zeugen alle Schriften des Alten Testamentes.

Haben schon viele es aufs lebhafteste bedauert, gerade diese Auslegung des Herrn nicht in Ausführlichkeit zu besitzen, so liegt es wohl unserm Stande am nächsten, dies Bedauern zu teilen. Aber — die eingehende Darstellung fehlt uns einmal und — es mag auch gut sein. Kommen wir doch nicht in die Lage, dem Herrn buchstäblich etwas nachmachen zu wollen. Worauf es zumeist ankommt, ist das: in seinem Sinn und Geist die heilige Schrift auszulegen. Prüfen wir uns demnach, ob wir in dem oben angegebenen Sinne unsere Grundstellung zur heiligen Schrift gefunden haben, und ob wir diese Stellung in unserem Unterrichte unentwegt festhalten. Wenn das der Fall ist, dann wird der Segen, der dem Herrn dazumal mit seinem Unterrichte zufiel, auch in etwa unser Teil werden.

### 3. Der Ausgang des Unterrichts.

Der Schluß der Erzählung weiset uns auf verschiedene große Erfolge der Lehrthätigkeit Jesu hin. Ich finde derselben vier.

10. „**Bleibe bei uns, denn es will Abend werden!**" Die beiden Jünger haben den Fremdling, ihren Lehrer, lieb gewonnen. Fortan steht ihr Haus ihm offen. Sie bitten herzlichst, einzutreten.

Schon dieser Erfolg ist für uns Lehrer ein überaus schöner: der in rechtem Geist erteilte Unterricht schafft dem Lehrer in seiner Schulgemeinde offene Thüren. Nicht äußerer Zwang öffnet sie, nein, weil die Herzen der Schüler dem Lehrer in Liebe, in Vertrauen zugeneigt sind, so zeigt sich noch fort und fort dieser Erfolg. Die Zuneigung der Schüler aber wird errungen durch guten Unterricht. Ist das nicht die Erfahrung aller hervorragenden Schulmänner, deren Leben und Schriften wir studieren? Ist es nicht mehr oder weniger auch unsere Erfahrung?

Dieser Erfolg ist nicht gering anzuschlagen. Hängt nicht mit demselben das nicht vergebliche Arbeiten an den Schülern und unsere eigene nie ermüdende Lehrthätigkeit aufs engste zusammen? Fehlt das Zutrauen der Kleinen und Erwachsenen dem Lehrer, so werden alle seine Mühen zu doppelten. Gott sei Dank! ein rechtes Schulhaus steht nicht vereinsamt in der Schulgemeinde. Und sollten wir in dieser Richtung zu klagen haben, dann auf zu neuer Selbstprüfung, um zu erforschen, wie es mit unserer Schularbeit bestellt ist.

Ich bleibe dabei: der rechte Lehrer verfügt über offene Thüren; die Zuneigung seiner Schüler veranlaßt, daß letztere die Thüren gern, willig, ja bittend öffnen.

11. „**Brannte nicht unser Herz in uns, da er mit uns redete?**" Der Unterricht des Herrn hat der Jünger Herz getroffen. — Soll das nicht auch der Erfolg unseres Unterrichtes sein? Ob wir mit den „Regulativen" sagen: die Schüler sollen die biblischen Geschichten „erleben"; ob wir aus der „Rheinischen Anweisung" hören: den Kindern soll die heilige Geschichte „lieb und wert" gemacht werden; ob wir nach den „allgemeinen Bestimmungen" die Aufgabe so fassen: wir sollen mit Hülfe der biblischen Geschichte „das religiöse Leben der Schüler in einer Geist und Gemüt bildenden Weise begründen und entwickeln": ob so oder so, die Ausdrücke mögen verschieden klingen, sie sind

doch im tiefern Grunde eins. Unsere Aufgabe ist und bleibt, wir sollen, wenn wir den Kindern die Schrift öffnen, „brennende Herzen" schaffen.

Woran mags liegen, daß es uns so selten gelingt? Vielleicht daran, daß der Beginn des Unterrichtes sofort ein verfehlter ist. Vielleicht daran, daß wir unsere Schüler viel zu viel mit Wahrheiten überschütten. Oder sollten wir vielleicht zu viel schelten, ohne vorher zu fragen, ob unsere Scheltworte auch berechtigt sind? Liegt es vielleicht daran, daß wir den Kern der Sache, den das Menschenherz beansprucht, zu viel übersehen?

Die Forderung bleibt: wir sollen Leben entzünden, Leben begründen und entwickeln. Und darum bleibt auch die Forderung, daß wir nicht stille stehen dürfen, vielmehr unsern gesamten Unterricht fortgehends in gewissenhafte Selbstprüfung zu nehmen haben. Thun wir es, so wird auch uns der Erfolg mehr und mehr zufallen, den die Emmausjünger so beredt rühmen.

12. Den dritten Erfolg kann ich nicht durch einen Satz aus der Erzählung fixieren und herausstellen. Ich muß auf folgendes hinweisen.

Der Unterricht des Herrn verläuft keineswegs in einer augenblicklichen, bald vorübergehenden Herzenserregung. Der Jünger ganzer Sinn ist wie umgewandelt. Ihre Erkenntnis ist eine hellere geworden. Ihre Traurigkeit ist verscheucht, geschwunden. Die Jünger dienen dem lieben Fremdling: sie öffnen ihm die Thür, bieten ihm Speise und Trank. Auch begehren sie, den Brüdern in der fernen Stadt noch an demselben Abend einen Dienst zu leisten; sie suchen sie auf, der Ermüdung nicht achtend, um — der forteilenden Samariterin gleich — die selige Freude, die sie erfüllt und beherrscht, auch im Bruderkreise aufleuchten zu sehen. Die trauernden Jünger sind freudig zeugende Evangelisten geworden — in Wort und That.

Indem ich diesen Erfolg der Unterrichtsthätigkeit Jesu als eine Weissagung ansehe auf den unterrichtlich-erziehenden Einfluß der christlichen Volksschule, schließe ich mich dem Ausspruch eines großen Schulmannes und Schulfreundes Dr. Landfermann an, wenn er die Frage: was ist die Schule? was soll sie sein? wie folgt beantwortet:

„Sie soll ein Institut für Volksbildung im vollen Sinne des Wortes, einer der mächtigsten Faktoren derselben sein; sie soll das Volk im Gegensatz gegen die aus dem täglichen Verkehr und der Not des Lebens, sowie aus Tagesblättern und der Pfenniglitteratur auf das Volk einstürmenden korrumpierenden Einflüsse mit einem tiefen Fonds von Gesinnung und Erkenntnis ausrüsten; sie soll das gesamte Volk durch eine im christlichen Sinne sich vollziehende naturgemäße Entwicklung der gesamten Kräfte des Menschen befähigen, nicht nur dem physischen und sittlichen Elende des Proletariats zu entgehen, sondern auch darüber hinaus in jedem seiner Glieder an dem bürgerlichen, sittlichen und religiösen Leben lebendigen Anteil zu nehmen.

13. Den vierten Erfolg darf ich nicht unerwähnt lassen, er ist zu wichtig, zugleich auch zu tröstlich.

Die Jünger erkannten schließlich den Herrn. Ich betone aber: schließlich. Der Unterricht des Herrn hat dies Endergebnis oder Endresultat nicht selbst, nicht unmittelbar herbeigeführt. Mittelbar wohl. Der Unterricht hatte den Fremdling den beiden lieb gemacht. Sie öffneten dem Obdachlosen ihr Haus, beherbergten ihn. Sie speisten den Hungrigen, tränkten den Durstigen. Es war ihnen das alles so natürlich, so selbstredend, so selbstverständlich. Und siehe da! als sie ihm so dienten, da erkannten sie plötzlich den Herrn in seiner Osterherrlichkeit. Unvergeßlicher, ewig denkwürdiger Augenblick!

Wenden wir diese Entwicklung auf unsern Schuldienst an!

Unsere Aufgabe ist zunächst, Gottes Wort den Kindern in pädagogischer Weise auszulegen, dies Wort ihnen „lieb und wert" zu machen. Zu gleicher Zeit suchen wir auch das Leben, Thun und Treiben der Kinder mit diesem Unterricht in Verbindung zu bringen, in Zucht zu nehmen. So wird ihnen z. B. gesagt und betont: „Ich bin hungrig gewesen, ihr habt mich gespeiset!" ec. ec. — — „Alles, was ihr gethan habt einem unter den Geringsten, das habt ihr mir gethan." An Gelegenheiten, in diesem Sinne andern Mitschülern beispielsweise zu dienen, fehlts nirgendwo. Sollte nicht unser Unterricht manche Schüler willig und auch geschickt machen, also andern in kindlicher Weise Dienste zu erweisen? Das aber ist der Weg, auf dem schließlich die Menschenkinder allesamt durchdringen zur vollen seligen Erkenntnis ihres Herrn. „So jemand will den Willen dessen thun, der mich gesandt hat, der wird inne werden, daß meine Lehre von Gott sei." — So ersteht uns Lehrern eine Hoffnung, die wir besonders an dem Tage hochhalten und uns nicht nehmen lassen, wenn wir unsere Schüler aus der Schule entlassen.

Der Leser gestatte mir, an dieser Stelle einer schrillen Dissonanz zu gedenken.

Ein Theologe, dessen Name auch in der Lehrerwelt weithin bekannt ist, Dr. Claus Harms, schrieb einst in die Welt hinaus:

„Man frage tausend, was sie in der Schule gelernt oder gehört hätten, ob irgend welches Wort, irgend welchen Redesatz, dadurch ihr innerer Mensch eine Gestalt angenommen, so wird von Tausenden noch nicht einer etwas nennen können, das vom Lehrer ihm zugesprochen worden mit einem solchen Eindruck."

Ist nicht mit diesem Worte eine frivole Mißhandlung der Volksschularbeit in leichtfertigster Weise in die Welt hinaus geschleudert worden? Und wenn der Herr Dr. Gelegenheit gehabt hätte, selbst die Emmausjünger am Ende des Feldweges so examinierend nach „Wort und Redesatz" zu fragen, so würden auch diese zu den Tausenden der Volksschule gehört haben, deren Augen noch gehalten wurden, daß sie den Herrn nicht erkannten.

Darum schließe ich und sage: Die mittelbare Bedeutung unseres Unterrichtes, — des Unterrichtes, der den Kopf helle und das Herz warm macht, — des Unterrichtes, der halten lehrt, was der Herr befohlen, — die mittelbare Bedeutung dieses Unterrichtes zu dem schließlichen Erfolg, da die Augen aufgehen und der Herr selbst in seiner ganzen Größe erkannt wird: den Glauben daran lassen wir uns nimmer rauben. „Seid fröhlich in Hoffnung!" Diese Bedeutung wird sich so sicher offenbaren, wie sie hier in der Emmausgeschichte — uns zur Freude und Stärkung — offenbar geworden ist. —

## II.
### Petrus und der Hauptmann Kornelius.

1. Kornelius war „gottselig und gottesfürchtig" und gab dem Volke „viele Almosen."

Tritt uns nicht aus dieser Zeichnung ein Charakterbild entgegen? Eine ähnliche Zeichnung finden wir in der ersten Geschichte des Neuen Testamentes: Zacharias und Elisabeth waren „fromm vor Gott" und gingen in allen Geboten des Herrn „untadelig." —

Gottes Gesetz umfaßt zwei Tafeln: es fordert Gottes- und Nächstenliebe. Nehmen wir eine Forderung allein, so zerfällt das Ganze. „So jemand spricht: ich liebe Gott und hasset seinen Bruder, der ist ein Lügner." — Gott fürchten — und recht thun: beides zusammen macht den ganzen Mann.

An solchen Charakterbildern fehlt es in Gottes Wort nicht. Ich will nur an drei erinnern. Abraham: „Er wird befehlen seinen Kindern, daß sie des Herrn Wege halten und thun, was recht und gut ist." — Ruth: „Dein Gott ist mein Gott! Wo du stirbst, da sterbe ich auch." Den Worten steht ein ganzes Leben voll entsprechender Thaten zur Seite. — Der Hauptmann zu Kapernaum: Das ist der Heide, der den Juden die Schule erbaut; der vornehme Herr, der mit sorgender Liebe auch den geringsten Knecht umfaßt; aber auch der Glaubensmann, dem das Wort gilt: „Solchen Glauben habe ich in Israel nicht gefunden!"

In Gottes Wort werden auch solche Personen gezeichnet, die zu den vorigen im Gegensatz stehen. Solchen charakterlosen Menschen wird die Maske abgerissen. Es wird ihnen mit dürren Worten zugerufen: „Ihr Otterngezüchte, wer hat denn euch gewiesen, daß ihr dem zukünftigen Zorne entrinnen werdet?" —

2. Er gab dem Volke „viele Almosen."

Das war dem Herrn wohlgefällig. So hier, so fort und fort. „Einen fröhlichen Geber hat Gott lieb." — „Wohlzuthun und mitzuteilen vergesset nicht!" — „Brich dem Hungrigen dein Brot!" — Was ihr gethan habt einem unter den geringsten, das habt ihr mir gethan!" — So fordert auch der Katechismus: „wir sollen treulich arbeiten, auf daß wir dem Dürftigen in seiner Not helfen mögen." Das Sprichwort aber setzt hinzu: „Almosen geben armet nicht."

So wahr es ist und bleibt: „Geben ist seliger denn nehmen", so wahr bleibts auch: „Geiz ist eine Wurzel alles Übels."

3. „Dein Gebet und deine Almosen sind hinaufgekommen in das Gedächtnis vor Gott:

Will sagen: der Höchste, der im Himmel wohnt, hat deine Gebete gehört, deine Almosen gesehen. — So ist es wahr: „Herr, du erforschest mich und kennest mich! Du siehest alle meine Wege. Es ist kein Wort auf meiner Zunge, das du Herr, nicht alles weißt."

Der Höchste ist der alles Wissende, der Allwissende. —

Er hört, er erhört Gebete. „So bete zu deinem Vater im verborgenen, und dein Vater, der in das Verborgene sieht, wird dirs vergelten öffentlich." — — Er sieht unsere Almosen. Auch das Scherflein der armen Witwe, auch den Trunk Wasser übersieht er nicht. „So gehe hin und thue desgleichen!" —

4. „Laß fordern Simon Petrus, der wird dir sagen, was du thun sollst!" —

Durch wen soll der Mensch zur Buße und zum Glauben geführt werden? durch Engel? durch außerordentliche Offenbarungen Gottes? durch einen Lazarus, der vom Tode aufersteht? „Sie haben Mosen und die Propheten, laß sie die hören!" — „Hören sie diese nicht, so werden sie auch nicht glauben, ob jemand von den Toten auferstände." —

5. Die Erzählung weiset uns jetzt zu Petrus. —

Petri Stellung unter den Aposteln ist in der That eine hervorragend bevorzugte. War er es nicht, der am Pfingstfeste dem Volke Israel zuerst das Evangelium verkündete? War er es nicht, der dem hohen Rate zuerst die Wahrheit predigte? Und war er es nicht auch, der den Heiden zuerst das volle Evangelium vorlegte; der zuerst befahl, die Heiden zu taufen im Namen des Herrn?

Unsere evangelische Kirche erkennt diese bevorzugte Stellung dieses Apostels gern an, um so mehr, als er das Evangelium sofort gerade in der Fassung verkündete, wie es die evangelische Kirche speciell als das „evangelische" hochhält.

Im Gegensatz zu der Kirche, die Marienkultus und Heiligendienst in den Vordergrund stellt, sagt er: „Gott hat Jesum, den Gekreuzigten und Auferstandenen, zum Herrn und Christ gemacht." „In keinem andern ist Heil; kein anderer Name gilt!" — „Alle, die an ihn glauben, werden Vergebung der Sünden empfangen." — So lautete die Predigt, die er zuerst den Juden und den Heiden und damit der ganzen Welt verkündete.

Ist es nicht unsere evangelische Kirche, die also lehrt? Antwort bietet der Katechismus auf folgende Fragen: „Wodurch allein kann uns geholfen werden?" — „Was wird von uns gefordert?" — „Wie wirst du gerecht vor Gott?" —

6. „Was Gott gereinigt hat, das mache du nicht gemein." — Dieses Wort entriß Petrus den Banden eines engherzigen Judentums. Es machte ihn freier. Und wenn dies Wort auch für unsere Volksschüler weniger geeignet ist, um es für sie auszubauen, so redet es um so mehr eine Sprache für uns, für die Lehrer. Gilt nicht gerade für uns die Mahnung: „Die Worte, die ich gebiete, sollst du zu Herzen nehmen, und dann — sollst du sie deinen Schülern einschärfen." —

„Obiges Wort", — sagt Gerok, — „ist zunächst ein Wort wider die gesetzliche Ängstlichkeit, die das für unrein hält in Natur, Gesellschaft, Kunst und Wissenschaft, was Gott doch auch durch seinen Geist heiligen und seinem Reiche dienstbar machen will; sodann ein Wort wider den Hochmut, der vor der Herablassung zu den Schwachen vornehm oder weichlich zurückbebt; endlich aber auch eine Mahnung, daß wir das, was vor Gott gemein ist, auch nicht rein machen." —

7. „Wer Gott fürchtet und recht thut, der ist ihm angenehm." — Daß Petrus von der katholischen Kirche hoch verehrt, als oberster Schutzpatron heilig gehalten wird, ist uns allen bekannt. Eine große Kluft zwischen Petrus und seinen vermeintlichen Nachfolgern in Rom läßt unsere Erzählung an einer Stelle ahnen: den Petrus konnte das einfache Haus eines Gerbers versorgen, für seine päpstlichen Nachfolger genügt kaum ein Schloß. —

Petrus wird auch nach anderer Seite hin als Gewährsmann einer Lehre hingestellt und hochgehalten, die zum mindesten keine biblische Lehre zu nennen ist. Wir kennen alle die Richtung innerhalb der evangelischen Kirche, die als obersten, alles dominierenden Lehrsatz hinstellt: „Thue recht und scheue niemand!" Einen Mittler zwischen Gott und der Menschheit anerkennt diese Richtung nicht.

Und für diese Anschauung wird nun auch Petrus als gewichtiger Zeuge in die Schranken gerufen. Hat er doch einst in bewegter Stunde seines Lebens die Wahrheit verkündet: „Wer Gott fürchtet und recht thut, der ist ihm angenehm."

Wer genauer zusieht, wird bald finden, daß unsere Erzählung die Tragweite dieses Ausspruches ziemlich genau bestimmt.

Da steht zu Anfang der Heide, der in der That „recht thut und niemanden scheut." Ein Charakter, und Gott hat an ihm sein Wohlgefallen. Worin aber offenbart sich das göttliche Wohlgefallen? Eben darin, daß er ihm hilft, ihn weiter und weiter führt, bis er schließlich ein fröhlicher Christ wird. So muß ich sagen: Wie schade, daß man nur Augen hat für den Gott fürchtenden und recht thuenden Heiden, nicht aber für den Kornelius, der sich demütig zu des Apostels Füßen setzt, seiner Predigt lauscht und endlich durch Taufe und Glauben ein wahrhafter Christ wird!

Nachdem wir so hervorragenden Einzelheiten der Erzählung näher getreten sind, verlohnt es sich wohl der Mühe, einen zweiten Gang zu machen. Versuchen wir, gleichsam von einer Höhe aus, einen zusammenfassenden Rückblick zu thun.

8. „Kornelius und Petrus." --

Sie stehen jetzt vereint vor unserm Auge. In beider Leben sind einige wenige Tage von höchster Bedeutung und von wichtigster Entscheidung getreten. Diese Tage kamen plötzlich, ungesucht, unerwartet. Was sie beide in einsamer Stunde erlebt, das drängt sie unaufhaltsam weiter. Petrus streift mit entschiedener Hand Reste des Judentums ab; Kornelius entsagt dem Heidentum, wird Christ und die Seinigen mit ihm.

Bedeutsame, hervorragend wichtige, zur Entscheidung drängende Tage treten in jedes Leben. Wie so oft zeugen davon die Lebensbilder der heiligen Schrift, auch die Blätter der Weltgeschichte! An einige möchte ich erinnern.

Bedeutsame Tage, als Jakob hinter sich den Laban und vor sich den Esau wußte und nun unter gewaltigem Kampfe der „Israel" geboren wurde.

Bedeutsame Tage, als das Volk Israel unter Mosis Führung den Weg durchs Meer gefunden hatte, durchs Meer, das die Verfolger verschlungen.

Bedeutsame Tage für Petrus: der Donnerstag mit seinem Hochmut und Fall, der Karfreitag mit seinen Thränen, der Ostersonntag mit seinem Erkennen des Auferstandenen.

Bedeutsame Tage für Luther, da ihn ein Blitzstrahl betäubte und niederwarf, ein Blitzstrahl, der ihm sein eigenes Leben so seltsam erleuchtete und ihn ins Kloster drängte.

Bedentsame Tage für das deutsche Volk: die Oktobertage 1806, die Septembertage 1812, desgleichen die des Jahres 1870.

Solche Tage sind es, die aus der Tiefe des Menschenherzens die großartigsten Bekenntnisse hervorlocken.

Petrus: „Nun erfahre ich mit der ꝛc."

Jakob: „Ich habe Gott von Angesicht ꝛc."

Israel: „Ich will dem Herrn singen ꝛc." — — — —, bis hin zum Bekenntnis unsers Kaisers: „Welche Wendung durch Gottes Fügung!"

9. Die ganze Erzählung. —

„Keine Begebenheit in der Apostelgeschichte wird so ausführlich, so umständlich erzählt, wie diese. Zum Beweis: es galt dem Lukas als ein großer Fortschritt in der Geschichte des Reiches Gottes: der erste Gang eines Apostels in eines Heiden Haus; die erste Aufnahme einer Heidenfamilie in die Gemeinschaft des Volkes Gottes **ohne** vorherige Beschneidung, **ohne** Satzungen des Judentums.

Dabei kommt dem Lukas alles darauf an, zu zeigen, daß keine Übereilung, kein menschlicher Eigenwille im Spiel gewesen, sondern daß der Herr selber unmittelbar von oben herab seine Hand dabei gehabt habe." — (Gerok.)

Was zeigt also die vorliegende Erzählung im großen ganzen? Das, daß die Predigt von Jesu unter Gottes Leitung und unter göttlicher Bestätigung von den Juden zu den **Heiden** fortschreitet.

Der Schritt mußte geschehen. War es nicht ein seit Jahrhunderten geweissagter Schritt? „**In dir sollen gesegnet werden alle Geschlechter der Erde.**" — „Er wird herrschen von einem Meere bis ans andere, von dem Wasser an bis zur **Welt Ende**." — „**Die Heiden** werden in deinem Lichte wandeln." — „**Gehet hin in alle Welt und lehret alle Völker!**" — „Ihr werdet meine Zeugen sein — bis an das Ende der Erde." —

„Deines Königs Majestät
Müsse jedes Volk verehren!"

Der Schritt mußte geschehen, auf daß folgende Wahrheiten geschichtlich in die Erscheinung träten:

„Gott will, daß **allen Menschen** geholfen werde." —

„Also hat Gott die **Welt** geliebet, daß 2c."

„Es ist erschienen die Gnade Gottes **allen Menschen**." —

„Wir sollen nicht verloren werden, Gott will, uns soll geholfen sein."

Des Herrn Wort ist wahrhaftig, und was er zusagt, das hält er gewiß." —

Der erste Schritt ist geschehen, — die Erzählung bezeugt es, aber — die Vollendung ist noch nicht so bald da. Wir fragen heute noch: „Wann grünt dein ganzer Erdenkreis?" Noch heute beten wir: „Dein Reich komme!" Das Wort des Herrn hat auch noch immer volle Bedeutung: „Die Ernte ist groß, aber wenige sind der Arbeiter. So bittet den Herrn der Ernte, daß 2c.!" —

Der erste Schritt war für die Apostel ein recht schwerer. Das lag einerseits an der seit Jahrhunderten **abgeschlossenen** Stellung des Volkes Israel unter den Völkern der Erde, andrerseits darin, daß die Wirksamkeit Jesu selbst eine auf Israel beschränkte war. „Ich bin nicht gesandt, denn nur — zu Israel." —

Und **doch** ist der Schritt geschehen. Ob Petrus sein: „O mein Herr!" dreimal ruft; ob Petri Genossen sich entsetzen ob der Vorgänge in Cäsarien: die Heiden werden doch belehrt, werden getauft, werden Christen. So **hält das Evangelium doch seinen Einzug in die Heidenwelt**! „Der Mensch denkts, Gott lenkts." — „Wenn die Stunden sich gefunden, bricht die Hülf mit Macht herein." —

Von der Höhe aus, die wir erstiegen, um die vorliegende Erzählung ganz überblicken zu können, läßt sich auch leicht ein Blick werfen auf die sich anschließenden Geschichten. Was erblicken wir dann? Ein ganz ähnliches Bild, wie das angeschaute.

Wie hier Petrus und seine Begleiter heimkehren, der Gemeinde zu erzählen von „einer Herde und einem Hirten", so sehen wir dort Paulus mit seinem Gefährten zurückkommen, von Ort zu Ort erzählend, „daß Gott Großes durch sie gethan und daß er den Heiden die Thür des Glaubens aufgethan."

Hier, wie dort, schauen wir:

10. „Missionswerk ist Gotteswerk."

Sein Werk ists, denn

a) er hat es befohlen. — „Petrus, ziehe mit ihnen, ich habe sie gesandt." — „Sondert mir aus Barnabam und Saulum zu dem Werk, dazu ich sie berufen habe." —

b) Er macht die rechten Arbeiter willig. — Vergleiche: Petrus auf dem Söller. Und Paulus hat es ja auch lernen müssen, daß er auf die Dauer vergeblich wider den Stachel löcke.

c) Er sichert die Erfolge der Missionsthätigkeit. — Nicht die Vorurteile engherziger Gläubigen aus den Juden, — nicht Schwert und Feuer der widerstrebenden Juden und Heiden waren imstande, das Werk der Mission auch nur aufzuhalten. Es schritt siegend voran, von Ort zu Ort, von Land zu Land. „Ist das Werk aus Menschen, so wirds untergehen; ist es aus Gott, so könnet ihrs nicht dämpfen." —

Nachschrift.

Ich kehre zur Einleitung zurück. Leben erzeugt Leben. Ist die biblische Geschichte imstande, das religiöse Leben des Lehrers zu begründen und zu entwickeln, so wird damit die weitere Aufgabe, nun auch mit dieser Geschichte das religiöse Leben der Schüler zu entwickeln, ihrer Lösung wenigstens näher gerückt sein. — Wohl folgen nun noch andere vorbereitende Aufgaben, nichtsdestoweniger halte ich die erste unmittelbare Auseinandersetzung des Lehrers mit der Einzelgeschichte für sehr bedeutsam, für überaus wichtig.

---

# Das Reich Gottes oder die Kirche Christi nach dem Römerbrief.

Von Lehrer H. Weiber in Windecken.

(Schluß.)

### III. Darstellung des Reiches Gottes im Leben des Christen.
(Kap. 12 bis Kap. 15, 13.)

Das Reich Gottes, von dem der Apostel bisher geredet, kommt zwar nicht mit äußerlichen Gebärden, denn es ist inneres Leben; aber dieses innere Leben hat, wie wir schon im ersten Teile des Briefes (Kap. 6) vernommen haben, seine äußere Erscheinungsform in dem Wandel der Gläubigen: das Reich Gottes findet seine Darstellung in dem religiös-sittlichen Leben des Christen. Von dieser Darstellung des Reiches Gottes redet der Apostel im dritten Teile seines Römerbriefes.

Das Leben des Christen soll — wie Paulus in der Einleitung zu diesem Teile hervorhebt (Kap. 12, 1—2) — ein vernünftiger, d. i. geistiger Gottesdienst sein und tritt als solcher in Gegensatz zu dem Gottesdienst der „Welt", der Juden sowohl als auch der Heiden. Die nicht selten in Roheit ausartende Sinnlosigkeit des heidnischen Götzendienstes, welche in dem falschen Gottesbegriff der Heiden ihren Grund hatte, teilte zwar das Bundesvolk Jehovahs nicht. Israel kannte den einigen, wahren Gott, ihm war das Bewußtsein seines ewigen Wesens gegeben, wie keinem anderen Volke; darum kam auch das Heil von den Juden. Doch indem das Volk Israel bei den religiösen Gebräuchen des Alten Bundes, welche den Zweck hatten, durch ihren sinnbildlichen Charakter zu einem wahren vernünftigen Gottesdienste hinzuführen, stehen blieb, setzte es die Form für den Inhalt, einen toten Ceremoniendienst für religiöses Leben; sein Gottesdienst sonderte sich ab von seinem übrigen Leben. Diesem Ceremoniendienst des Alten Bundes gegenüber fordert das Christentum ein Gott geweihtes Leben, das aus der Verneuerung des Sinnes, aus der inneren Wiedergeburt hervorgeht; es verlangt die völlige Hingabe unserer selbst, das gänzliche Aufgehen unseres Lebens in Gott oder, wie der Apostel sich ausdrückt: „daß ihr eure Leiber begebet zum Opfer, das da lebendig, heilig und Gott wohlgefällig sei." Nicht in der Ausübung einzelner religiöser Gebräuche, die sich von unserem übrigen Leben loslösen lassen, besteht das Wesen des christlichen Gottesdienstes, sondern vielmehr darin, daß wir durch unser ganzes Leben Gott dienen, daß alles, was wir thun, ihm zur Ehre geschieht. Das Leben des Christen ist sein Gottesdienst, jeder Einzelne ist ein Priester Gottes des Höchsten. In dieser Durchdringung, in dieser religiösen Weihe des gesamten Lebens liegt der ethische Wert des Christentums. Die christliche Moral hat ihren Ausgangspunkt nicht in toten Imperativen, sie stützt sich nicht auf den Buchstaben des Gesetzes, sondern sie ist eine Konsequenz des inneren Lebens, das Gott in uns wirkt, ein lebendiger Strom aus der „Barmherzigkeit Gottes."

**Welchen Forderungen hat nun das Leben der Christen zu genügen, um als vernünftiger Gottesdienst gelten zu können?** — Die Antwort auf diese Frage giebt Paulus Kap. 12, 3 bis Kap. 13, 14. Der Christ soll

als lebendiges Glied des Ganzen Gottes Reich fördern Kap. 12, 3—21,
sich den von Gott eingesetzten Obrigkeiten unterwerfen Kap. 13, 1—7,
durch aufrichtige Nächstenliebe Gottes Willen erfüllen Kap. 13, 8—14.

Die erste Pflicht des Christen, welche der Apostel Kap. 12, 3—21 darlegt, regelt unser Verhältnis zu Gott als dem Könige des Reiches Gottes und besteht darin, daß der Christ als lebendiges Glied des Ganzen Gottes Reich fördert. — Dieses Gebot findet seine Begründung in der richtigen Auffassung unseres Verhältnisses zum Reiche Gottes (Kap. 12, 3—8). Die socialen Beziehungen im Reiche Gottes gleichen dem organischen Zusammenhange der Glieder des menschlichen Körpers; „denn gleicherweise, als wir in einem Leibe viele Glieder haben, aber alle Glieder nicht einerlei Geschäfte haben, also sind wir viele ein Leib in Christo, aber untereinander ist einer des andern Glied, und haben mancherlei Gaben nach der Gnade, die uns gegeben ist." Alle Gläubigen bilden in „der Lebensgemeinschaft mit Christo einen Leib", in welchem jedem Einzelnen nach dem Maße seiner Begabung seine Aufgabe zufällt; doch berechtigt die Größe und Bedeutung dieser Aufgabe keineswegs zur Überhebung über andere Reichsgenossen, denn was ein jeder ist, das ist er allein durch die Gnade Gottes; dem Glied ist sein Wert gegeben durch das Ganze. Die von Gott verliehenen Gaben und Fähigkeiten und die damit verbundene Lebensstellung der göttlichen Reichsgenossen sind das Pfund, welches dem Christen zum Wuchern gegeben ist; nun aber wird niemand die Bedeutung einer Person nach der Größe eines ihr anvertrauten Gutes bemessen, sondern vielmehr die Treue in der Verwaltung als Maßstab für die Beurteilung der betreffenden Persönlichkeit gelten lassen. Darum warnt der Apostel die Christen vor Überhebung und Überschätzung ihrer eigenen Bedeutung („daß niemand weiter von sich halte, denn sichs gebühret zu halten"), ermahnt vielmehr zur treuen Erfüllung der Aufgabe, die einem jeden in seinem Berufe, in der ihm von Gott angewiesenen Lebensstellung geworden ist. Wer dieser Ermahnung durch gewissenhafte Ausfüllung seines Berufes nachkommt, wer treu das ihm anvertraute Gut benutzt und damit zu wuchern versteht, der fördert das Reich Gottes. Es folgert sich also die erste Pflicht des Christen aus seinem Verhältnisse zu Gott oder zum Ganzen des Reiches Gottes und findet in demselben auch seine rechtliche Begründung.\*) Von diesem Standpunkt aus muß der Christ seine Aufgabe erfassen als „Arbeiter im Weinberge des Herrn"; für die richtige Ausführung der „Arbeit", für die richtige Erfüllung jener Forderung giebt der Apostel seine Anweisung Kap.

---

\*) Im Reiche Gottes sind also alle gleich, hat keiner vor dem andern etwas voraus; aber diese Gleichheit der göttlichen Reichsbürger alteriert keineswegs die durch die socialen Verhältnisse bedingte Ungleichheit der Stände; das Christentum hebt die Standesunterschiede nicht auf, aber es gründet sie auch nicht auf den persönlichen Wert des Menschen, sondern erklärt sie aus der Verschiedenheit der menschlichen Gaben, die Gott aus Gnaden verteilt. Ob hoch oder niedrig, begabt oder unbegabt, reich oder arm, unser persönlicher Wert liegt nicht in dem Pfund, das Gott uns anvertraut hat, sondern gründet sich allein auf die Treue, mit welcher dieses Pfund verwaltet wird.

12, 9—21. Es ist dies eine Sammlung herrlicher Lebensregeln, die dem Christen zeigen soll, auf welche Weise er zur Förderung des Reiches Gottes beizutragen hat. Eine summarische Zusammenfassung dieser Regel finden wir in der Schluß=ermahnung des Apostels: „Laß dich nicht das Böse überwinden, sondern über=winde das Böse mit Gutem."

Die zweite Forderung, welche an die Christen gestellt wird, bezieht sich auf die Obrigkeit (Kap. 13, 1—7). Ihre rechtliche Begründung hat diese Forderung (nach Kap. 13, 1—4) in dem Verhältnisse der Obrigkeiten zu Gott als dem obersten Könige. Jede Obrigkeit ist von Gott eingesetzt als Vertreterin seiner strafenden Gerechtigkeit; „sie ist Gottes Dienerin, eine Rächerin zur Strafe über den, der Böses thut." Der gläubige Christ erblickt darum in seiner Obrigkeit, einerlei, welchen Namen dieselbe führt, keine menschliche Ein=richtung, sondern eine göttliche Ordnung, welche damit betraut ist, den heiligen Willen Gottes über die Sünder zur Ausführung zu bringen. Wer sich also seiner Obrigkeit widersetzet, wer sich ihr nicht unterwirft, der widerstrebet Gottes Ordnung und wird auch demgemäß sein Urteil empfangen am Tage der Ver=geltung. Die Bedeutung der Obrigkeit als Stellvertreterin Gottes rechtfertigt demnach einerseits die von der Obrigkeit ausgeübte Gewalt, während sie anderer=seits die Untergebenen zur Unterwerfung unter die Autorität der „Gewaltigen" verpflichtet. — Die Erfüllung dieser Forderung besteht zunächst darin (Kap. 13, 5—7), daß die Christen ihrer Obrigkeit treu unterthan sind und zwar „nicht allein um der Strafe willen, sondern auch um des Gewissens willen." Nicht in der Furcht vor der Strafe soll der Beweggrund des Gehorsams liegen; die Befolgung der weltlichen Gesetze soll vielmehr mit Rücksicht auf die stell=vertretende Bedeutung der Obrigkeit geschehen; man soll jenen Gesetzen gehorchen als dem Willen Gottes, der sich in ihnen ausspricht. Ferner unterwirft sich der Christ seiner Obrigkeit durch Entrichtung der schuldigen Steuern und Abgaben, durch welche der Obrigkeit die Ausübung ihres Amtes ermöglicht wird.

Das Verhältnis des Christen zu seinem Nächsten ist die Basis der dritten Forderung, welche die Gläubigen zur aufrichtigen Nächstenliebe verpflichtet (Kap. 13, 8—14). — Auch diese Forderung hat ihre rechtliche Begründung, wie der Apostel Kap. 13, 8—10 nachweist. — Alle Gebote Gottes, welche unser Verhalten gegen den Nächsten zum Gegenstande haben, lassen sich zusammen=fassen in dem einen: „Du sollt deinen Nächsten lieben als dich selbst." „Die Liebe thut dem Nächsten nichts Böses"; wer darum den andern liebt, der hat das Gesetz erfüllet, der hat dem heiligen Willen Gottes Genüge geleistet. Das Gebot der Nächstenliebe deckt sich also vollständig mit dem heiligen Willen Gottes, oder mit andern Worten: es ist eine Konsequenz aus dem Wesen seines Reiches; denn wenn alle Glieder eingepflanzt sind in Christo zu einem Ganzen, so müssen sie auch untereinander durch das Band der heiligen Liebe verbunden sein. —

Der Erfüllung dieser Forderung, von welcher der Apostel Kap. 13, 11—14 redet, steht jene selbstsüchtige egoistische Gesinnung des Herzens gegenüber, die nur „das Ihre" sucht und dadurch die „Werke der Finsternis" erzeugt. Der Christ soll darum alles meiden, was diesen Egoismus weckt und ihm Nahrung giebt: das wollüstige Treiben dieser Welt, welches das Interesse auf das eigene Wohlergehen konzentriert, sowie Hader und Neid, die der Liebe den Boden entziehen. Dafür soll er „die Waffen des Lichts" anlegen; er soll durch Erneuerung des Gemütes eine andere Gesinnung erstreben, indem er den Herrn Jesum Christum anziehet. Diese neue Gesinnung stellt nicht das eigene Ich in den Mittelpunkt alles Strebens, sondern läßt es so weit zurück treten, daß auch die Rücksichten auf das Wohl unseres Nächsten Raum gewinnen können in unserem Herzen. Es wird jedoch keineswegs verlangt, daß die eigenen Interessen gänzlich zurückgedrängt werden sollen; die Pflege des persönlichen Wohles ist auch dem Christen gestattet, wenn dieselbe nicht übertrieben wird: „wartet des Leibes", sagt der Apostel, „doch also, daß er nicht geil werde."

Es erübrigt uns jetzt nur noch darauf hinzuweisen, daß wir in den hier dargelegten Forderungen der christlichen Ethik die Grundlinien des mosaischen Dekalogs wiederfinden; denn Christus war nicht gekommen, das Gesetz und die Propheten aufzulösen, sondern zu erfüllen." Aber das Christentum läßt jene Forderungen herauswachsen aus der Neugestaltung unseres inneren Lebens und erklärt deren Erfüllung als eine notwendige Konsequenz des Reiches Gottes in uns. Es betrachtet den gläubigen Christen als Teil eines organischen Ganzen, dem er einverleibt ist, und ermahnt darum zur treuen Erfüllung der Aufgabe, die seine Stellung im Ganzen ihm auferlegt; es findet in den weltlichen Obrigkeiten Stellvertreter Gottes zur Aufrechterhaltung der sittlichen Weltordnung und verpflichtet darum den Christen zur Unterwerfung unter diese Obrigkeiten; es erkennet in Christo den Vereinigungspunkt aller Gläubigen und bezeichnet darum dessen heiligen Willen durch das Gebot der Nächstenliebe. Die Erfüllung dieser Forderungen ist also für den Christen unbedingt notwendig; denn „der Glaube, wenn er nicht Werke hat, ist tot an ihm selber (Jak. 2, 17)." Doch muß stets fest gehalten werden, was schon wiederholt hervorgehoben worden ist: die Erfüllung jener Forderung ist nicht Voraussetzung, sondern Folge des Reiches Gottes in uns.

Der vernünftige Gottesdienst, welchen der Apostel bisher dargelegt hat, ist die absolute Folgerung aus dem Wesen des Reiches Gottes und wird darum von jedem Christen gefordert; **wie verhält es sich aber nun mit den gottesdienstlichen Gebräuchen**; mit gewissen Ceremonien, die auch dem Christen zum Bedürfnis geworden sind? Diese Frage beantwortet Paulus Kap. 14, 1—23. Er zeigt zunächst, welcher Wert diesen gottesdienstlichen Gebräuchen beizumessen sei (Kap. 14, 1—12). Dieselben entsprechen wohl einem subjektiven Bedürfnisse

(„einer glaubet, er möge allerlei essen; welcher aber schwach ist, der isset Kraut"); doch sind uns in ihnen keineswegs die Kriterien des inneren Lebens gegeben; darum „welcher isset, der verachte den nicht, der nicht isset, und welcher nicht isset, der richte den nicht, der da isset." Es haben darum diese Ceremonien auch bloß einen relativen Wert, nämlich insofern sie sich als besondere Formen des wahrhaftigen und vernünftigen Gottesdienstes darstellen: „Welcher auf die Tage hält, der thuts dem Herrn; und welcher nichts darauf hält, der thut es auch dem Herrn. Welcher isset, der isset dem Herrn, denn er danket Gott; welcher nicht isset, der isset dem Herrn nicht, und danket Gott." Hiernach hat keine der Formen die Berechtigung, sich über andere zu erheben, die anderen zu verachten; „so wahr ich lebe, spricht der Herr, mir sollen alle Knie gebeugt werden und alle Zungen sollen Gott bekennen."

Auch die Notwendigkeit der Anwendung jener gottesdienstlichen Gebräuche ist eine bedingte, eine relative, wie wir aus Kap. 14, 13—23 ersehen. Wir sollen uns dazu bestimmen lassen einmal durch die Rücksicht auf unseren Nächsten, bei dem die Nichtbeachtung der äußeren Formen Anstoß und Ärgernis erregen und so ihn ablenken könnte von dem Wege des Heils. In diesem Falle würden wir Gottes Werk an dem Nächsten stören, und wer das thut, der wandelt schon „nicht mehr nach der Liebe." Sodann kann der Grund für die Notwendigkeit der Ceremonien auch in uns selbst liegen. „Wer aber darüber zweifelt und isset doch, der ist verdammt; denn es gehet nicht aus dem Glauben. Was aber nicht aus dem Glauben gehet, das ist Sünde."

Nachdem der Apostel im dritten Teile der Epistel gezeigt hat, daß das Wesen des vernünftigen Gottesdienstes in einem christlichen Lebenswandel und nicht in äußeren Formen und Gebräuchen besteht, findet dieser Teil seinen logischen Abschluß (Kap. 15, 1—13) in einer Ermahnung zur Eintracht und zum Frieden untereinander. „Es stelle sich aber ein jeglicher unter uns also, daß er seinem Nächsten gefalle zum Guten, zur Besserung." Alle Glieder der christlichen Kirche sollen einerlei gesinnet sein untereinander; Juden- und Heidenchristen sollen einander aufnehmen, gleichwie sie selbst durch Christum aufgenommen worden sind als Glieder eines Leibes, die einen zur Bestätigung der Verheißung, die andern um der Barmherzigkeit willen, nach dem Wort des Herrn.

In dem übrigen Teile des Römerbriefes Kap. 15, 14 bis zum Schluß motiviert der Apostel sein Unternehmen und erledigt verschiedene Angelegenheiten, wegen deren er mit der Gemeinde in Rom zu verhandeln hatte; für unser Thema haben dieselben keine Bedeutung.

## II. Abteilung. Zur Geschichte des Schulwesens, Biographien, Korrespondenzen, Erfahrungen aus dem Schul- und Lehrerleben.

### Die Entwicklung der Ferienkolonien.

Es sind erst wenige Jahre vergangen, seit die Ferienkolonien oder, wie man jetzt bezeichnender sagt, Sommerpflegen in weiteren Kreisen bekannt geworden sind. Die Väter dieses neuen Zweiges der Wohlthätigkeit sind Pfarrer Bion in Zürich und Pfarrer Schoost in Hamburg, ihr wirksamster Förderer war der verstorbene Geheime Sanitätsrat Dr. Barrentrapp in Frankfurt a. M. Die beiden ersten sandten unabhängig voneinander im Jahre 1876 ihre ersten Pfleglinge aus, schlugen aber entgegengesetzte Wege ein. Bion schickte seine Kinder in größeren Abteilungen unter Führung je eines Lehrers in ein gutes Gasthaus, — (Kolonienpflege) — Schoost dagegen gab seine Pfleglinge in sorgfältig ausgewählten Bauernhäusern in Einzelpflege (Familienpflege).

Die neue Idee fand eine sehr verschiedene Aufnahme. Die einen waren wohl von ihrer Vortrefflichkeit überzeugt, zweifelten aber an der Lebensfähigkeit. Andere waren weniger wohlwollend und verurteilten die Bestrebungen kurzweg als „Schwärmerei" und „modernen Humanitätsschwindel," ja ein Flugblatt des Dr. Ponfick in Frankfurt a. M. trug die Überschrift: „Die Ferienkolonien, ein socialer Schaden." Dort heißt es: „Werden aber die fraglichen Kinder nun nicht alles dies, was sie bisher so und nicht anders kannten, womit ihre Eltern und Geschwister ebenfalls vorliebnahmen und zufrieden waren, nun nicht als eine schwere Last, als eine bittere Plage empfinden, werden sie nicht mit dem ihnen zugefallenen Geschick, mit der Lage ihrer Eltern und ihres ganzen Standes unzufrieden werden, begehrlich nach dem hinüberschauen, was sie nun nicht mehr, andere aber noch genießen können, oder was sie überhaupt niemals hatten, was andern aber zu Gebote steht, werden sie nicht dadurch zu Habsucht und Neid, zu allerlei üblen Regungen gegen ihre wohlhabenden Mitmenschen (eben die, welche durch die früher ihnen erwiesenen vermeintlichen Wohlthaten sie zu Dank verpflichtet zu haben glaubten), ja wohl gar zu socialdemokratischen Gesinnungen fortgezogen?"

Das klingt in der That sehr bestechend, und der Schreiber dieser Zeilen hat einst selbst ähnliche Betrachtungen angestellt, allein die Erfahrung hat gezeigt, daß dieses Bedenken unberechtigt ist, daß Mutter und Kind die erwiesene Wohlthat wohl zu würdigen wissen. „Bis jetzt wurde noch von keinem, der in den Vereinen für Ferienkolonien thätig ist, beobachtet, daß sich Begehrlichkeit, Neid und Habsucht bei unsern Pfleglingen entwickele. Wegen der Kinder, die wir in sehr einfacher, aber zweckmäßiger Weise auf dem Lande verpflegen und sich in Gottes schöner Natur herumtummeln lassen, braucht sich wahrlich niemand zu ängstigen. Der Anblick der im Schweiße ihres Angesichts arbeitenden Landleute und die gelegentliche Teilnahme an deren Beschäftigungen erzeugt bei unsern Stadtkindern sicherlich keine revolutionären Ideen. Viel eher mögen sich bei vierwöchentlichem, beschäftigungslosem Aufenthalt in der Großstadt gefahrdrohende Elemente entwickeln. Wir heben die Kinder nach keiner Richtung über ihre Lebensverhältnisse hinaus und erregen keine maßlosen Wünsche; damit sie teil haben sollen an dem Gut, nach dem jeder streben soll, um ein nützliches Mitglied

Die Entwicklung der Ferienkolonien.

der menschlichen Gesellschaft werden zu können. Das Volkswohl bedingt die Volksgesundheit noch vor der Bildung, und die Hebung der Gesundheit ist zugleich ein Mittel zur Bekämpfung der zunehmenden Verarmung."

Und wie steht es mit der Lebensfähigkeit? Vor uns liegt der Bericht über das 10. Jahr der Ferienkolonien\*), nach dessen Lektüre niemand mehr daran wird zweifeln können. „Die Überzeugung von der Notwendigkeit, für die armen, kränklichen Kinder in wirksamster Weise zu sorgen, wenn es deren Eltern nicht möglich ist, Ausreichendes für sie zu thun, hat in weiten Kreisen Wurzel geschlagen, — die Zahl der Städte, welche mit der Arbeit begannen, ist bedeutend größer geworden, — die Zahl der verpflegten Kinder ist erheblich gewachsen, — immer neue Anstalten werden errichtet, um die armen kranken Kinder aufzunehmen." Der preußische Kultusminister hat die Ferienkolonien wiederholt den Regierungen zur Unterstützung empfohlen. Während 1878 nur 2 Städte Kinder aussandten, waren es 1881 bereits 28, 1883 schon 42 und 1885 sogar 72. Die Zahl der verpflegten Kinder wuchs von 7 im Jahre 1876 auf 1017 im Jahre 1880, stieg bis 1883 auf 6948 und erreichte 1885 die Höhe von 9999 Kindern. Im ganzen wurden im ersten Jahrzehnt verpflegt 34722 Kinder. Was nun die einzelnen Formen der Sommerpflege betrifft, so ist der anfangs hitzig geführte Streit um die Frage, ob Einzelpflege oder Kolonienpflege vorzuziehen sei, jetzt fast völlig verstummt. Beide Arten haben ja auch ihre eigenartigen Vorzüge und können recht wohl nebeneinander bestehen. Die gesundheitlichen Ergebnisse sind bei beiden gleich, die Einzelpflege ist aber bedeutend billiger. So stellten sich z. B. 1883 die Kosten pro Tag und Kind in Einzelpflege für Bremen auf 79, für Hamburg auf 84 Pfg., für Kolonienpflege dagegen in Nürnberg auf 181, Kassel 190, Frankfurt a. M. 193, Stuttgart 218, Karlsruhe auf 229 Pfg.

Um der Vorzüge der beiden Verpflegungsweisen teilhaftig zu werden, haben neuerdings einige Städte das sog. gemischte Verfahren angewendet, indem sie an den Kolonieorten noch eine Anzahl von Kindern in Familienpflege gaben, sie aber Tags über an den Spielen und Beschäftigungen der geschlossenen Kolonie teilnehmen ließen. So werden weniger Führer nötig, und die Kosten vermindern sich infolgedessen nicht unerheblich.

Die Wahl des Verfahrens wird übrigens stets von den thatsächlichen Verhältnissen abhängen. So wird die Koloniepflege trotz ihrer Kostspieligkeit eintreten müssen, wenn sich nicht geeignete Haushaltungen für Familienpflege vorfinden.

Auch der Einführung der Selbstbeköstigung ist man bei uns näher getreten, welche von Zürich aus 1885 in sämtlichen Kolonien mit über 200 Personen durchgeführt wurde. Ihre Hauptvorteile faßt Herr Pfarrer Biou in folgenden Punkten zusammen:

1. Bessere Qualität der Lebensmittel. Man sah sich weder durch örtliche, noch irgend welche andere Verhältnisse an gewisse Rücksichten hinsichtlich der Bezugsquellen gebunden und hatte die Kontrolle der Lieferungen ganz in eigner Hand, während sie dem Wirte gegenüber als Eingriff in seine persönlichen Rechte und Interessen erscheinen muß, zu Unannehmlichkeiten führt und darum meist unterbleibt.

---

\*) Bericht über die Ergebnisse der Sommerpflege im Jahre 1885. Berlin. Preis 2,80 Mrk.

2. **Besseres Befinden der Kolonisten.** Die volle Freiheit in Anordnung des Speisezettels erlaubt möglichste Berücksichtigung der Bedürfnisse und des Geschmacks der Kinder nach Quantität und Qualität des zu verabreichenden Unterhaltes und Verwendung der richtigen Nahrungsmittel. Die Wägungen ergaben infolgedessen eine größere Gewichtszunahme.

3. **Möglichkeit, die Kinder durch die zur Besorgung eines so großen Haushaltes notwendigen mannigfachen Arbeiten und Dienste nützlich und lehrreich zu beschäftigen.**

4. **Große Ersparnis.** Es betrug dieselbe zwischen 30 und 40%. Um die Selbstbeköstigung erfolgreich durchzuführen, haben einzelne Städte besondere Ferienhäuser erbaut, so Barmen in Königsborn, Lübeck in Travemünde, Landsberg a. W.

Für diejenigen Kinder, welche einer Pflege wohl bedürftig sind, aber aus irgend einem Grunde nicht in die auszusendende Kolonie eingereiht werden können, errichten viele Städte sog. Stadtkolonien, neuerdings Milchpflegen genannt; so Frankfurt a. M., Dresden, Fürth, Köln, u. a. m. Man läßt die bedürftigen Kinder Spaziergänge machen und verabreicht ihnen dann ein Glas Milch und ein Stück Brot, Danzig unternimmt Seefahrten nach der Westerplatte, wo die Kinder baden, ein Frühstück einnehmen und sich dann im Walde tummeln.

Viele Vereine nehmen sich einzelner Kinder, damit die erzielten Erfolge nicht verloren gehen, auch während der Wintermonate an durch Einrichtung von Suppenanstalten u. dergl.

Besonders kränkliche Kinder schickt man in Sool- oder Seebäder. Im Jahre 1885 wurden verpflegt:

A. **In Kolonien:**

1946 Knaben und 2356 Mädchen } mit 225 Führern und 26 Hilfspersonen.

B. **In Familien:**

686 Knaben und 820 Mädchen gegen Bezahlung
103  „      „   224       „     in Freiquartieren } in 885 Familien.

C. **In Kinderheilstätten:**

545 Knaben und 819 Mädchen } mit 19 Führern und 7 Hilfspersonen.

D. **In Stadtkolonien:**

999 Knaben und 1501 Mädchen } mit 53 Führern und 3 Hilfspersonen.

Die Kosten für diese Pfleglinge beliefen sich auf 272035 Mark, welche sich verteilen, wie folgt:

|  | A. 4302 K. | B. 1833 K. | C. 1364 K. | D. 2500 K. |
|---|---|---|---|---|
|  | M. | M. | M. | M. |
| Für Ausrüstung | 10 491 | 679 | 2025 | 348 |
| „ Transport | 7 628 | 2254 | 4747 | — |
| „ Verpflegung (Kdr. u. Begleitung) | 118 112 | 25 708 | 49 278 | 13 537 |
| „ Wohnungsmiete | — | 260 | — | — |
| „ Gehalt der Führer u. Gehilfen | 16 407 | — | — | — |
| „ sonstige Ausgaben | 10 009 | 3445 | 4830 | 2277 |
| Summa: | 162 907 | 32 087 | 60 880 | 16 162 |

Auch das Bestreben der Vereine durch genügende finanzielle Fundierung die Sommerpflege zu einer festen Begründung und Stetigkeit zu führen, ist an verschiedenen Orten von Erfolg gewesen. Schon in 24 Städten hat man bestimmte Fonds, deren Zinsen nur zu dem in Rede stehenden Zwecke verwendet werden. Sie ergeben zusammen die Summe von 225909,25 Mark, wovon allein auf Frankfurt a. M. 100602,79 Mark entfallen. Hier wurde nämlich zum Besten der Ferienkolonien am 10., 11. und 12. November 1885 ein großer Jahrmarkt abgehalten, der den hübschen Reingewinn von 88 000 M. abwarf. Unlängst folgte diesem Beispiele Berlin; dort veranstaltete der Verein für häusliche Gesundheitspflege unter dem Protektorate der Kronprinzessin am 11. Juni cr. ein großes Frühlingsfest zum Besten der Sommerpflege, über dessen Ergebnis uns aber noch keine Nachrichten vorliegen.

Zum Schlusse möchten wir das in Rede stehende Liebeswerk auch den Lesern d. Bl. dringend zur Unterstützung empfehlen. Es fehlt noch viel, bis es dahin kommt, daß kein armes, kränkelndes Kind vergebens anklopft. Der Lehrer kennt ja in den meisten Fällen besser als andere die traurige Lage mancher Kinder. Darum suche er darauf hin zu wirken, daß man sich ihrer annimmt. Er suche Ärzte und Magistratsmitglieder u. s. w. zu gewinnen für die Sommerpflege, er mache durch belehrende Artikel in der Lokalpresse auf die segensreichen Erfolge aufmerksam. Dazu ist gerade jetzt der geeignete Zeitpunkt, wo die jungen Pfleglinge frisch gestärkt in die Heimat zurückkehren, während diejenigen, denen die Wohlthat nicht zu teil wurde, in den Ferien oft nicht nur körperlich, sondern auch sittlich-geistig zurückgekommen sind. Nur frisch aus Werk! Den Winter über läßt sich ein Verein ins Leben rufen, lassen sich die Mittel zusammenbringen. Gut Ding will Weile haben. Darum jetzt, wo überall kurze Berichte über die Heimkehrenden zu lesen sind, gleich angefangen!

E.                                                                          Zr.

## Der Einfluß des Fröbelschen Kindergartens auf die körperliche Erziehung.

Das Objekt der Erziehung ist das Kind nach Leib und Geist. Soll der Unterricht erfolgreich sein, soll die Aufgabe, die er sich in Bezug auf den Zögling gesteckt hat, voll und ganz gelöst werden, so muß diesen beiden Seiten des Menschen, der physischen und der psychischen, die volle Beachtung des Erziehers zu teil werden.

Der Leib ist die Wohnstätte und das Werkzeug der Seele; als solcher muß er gesund und kräftig, und seine Organe müssen ausgebildet und geübt sein, damit er sich willig in den Dienst der Seele stellen kann. Schon Locke betont, wie wichtig die körperliche Thätigkeit des Menschen auch für seine geistige Entwicklung ist. Von ihr hängt es zum großen Teile ab, ob der Geist zu ausgestrengter Thätigkeit angehalten werden darf, oder ob ihm Schonung nötig ist. Rousseau sagt: „Der Leib muß Kraft haben, um der Seele gehorchen zu können. Ein guter Diener muß kräftig sein. Je schwächlicher der Leib ist, desto mehr befiehlt er; je stärker er ist, desto mehr gehorcht er. Eine gute Konstitution des Körpers erleichtert und sichert die Thätigkeit des Geistes." Da ein gesunder Körper die erste Bedingung für die Ausführung jeglicher Art von Arbeit ist, so darf er auch für die Lernarbeit der Schule nicht fehlen. Ist der Leib des Zöglings schwach, sind seine Organe nicht in geordneter Weise ausgebildet worden, so wird der Unterricht dadurch sehr erschwert, wenn nicht sogar erfolglos gemacht; die leibliche Erziehung ist also für ihn von großer Wichtigkeit.

Den Zögling in körperlicher Hinsicht unterrichtsfähig zu machen, d. h. seine physische Erziehung so zu leiten, daß der Körper des Zöglings den Anforderungen, die der Schulunterricht an ihn stellen wird, gewachsen ist, fällt durchweg im ersten Kindesalter dem Hause, der Familie zu. In diätetischer Hinsicht wird die leibliche Pflege, die das Elternhaus dem Kinde bietet, genügen, um den Körper desselben für den späteren Schulunterricht gesund zu erhalten und kräftig zu machen. Wie verhält es sich aber mit den Maßregeln, die das Haus in Bezug auf die andere Seite der Sanitätspädagogik, auf die Gymnastik trifft? Soll das Kind für den Unterricht befähigt werden, so muß nicht allein sein Körper gesund und kräftig sein, sondern alle seine Organe müssen in harmonischer und geordneter Weise gebildet und geübt und seine Sinne geschärft werden. Hierin fehlt aber die häusliche Erziehung vielfach. Wohl sind die Eltern bestrebt, namentlich ist es die Mutter, der diese Aufgabe zufällt, die verschiedenen Glieder des Kindes in ihrem Gebrauche zu üben und die Sinne zu bilden, doch geschieht dies von den Müttern oft nicht in dem klaren Bewußtsein ihrer Aufgabe, sondern sie folgen meistens nur ihrem Gefühle, das sie dann allerdings oft richtig leitet. Dieses angeborene mütterliche Gefühl genügt aber nicht, sondern „Haupterfordernis ist, daß die Mutter ihr Kind vernunftgemäß erzieht", daß sie sich klar bewußt ist, welche Aufgabe ihr in Bezug auf die Körper- und Sinnenbildung ihres Kindes obliegt. Vielen Müttern fehlt aber dieses klare Bewußtsein ihrer Obliegenheiten; sie beachten oft nur die Gegenwart, aber nicht die Zukunft, für die sie ihr Kind doch erziehen sollen.

Ist das Kind dem Säuglingsalter entwachsen, so tritt die mütterliche Erziehung oft mehr und mehr zurück. Die häuslichen Geschäfte hindern die Mutter, wenn sie es auch gern thäte, ihre ganze Zeit ihrem Kinde zu widmen; dieses bleibt sich dann oft allein überlassen, und von weiterer Ausbildung seiner Glieder und Sinne ist nur selten noch die Rede. Kommen die Kinder zur Schule, so wissen sie oft wenig mit ihren Gliedern zu beginnen; namentlich die Hand ist für die Anforderungen, die schon der erste Unterricht an sie stellen muß, wenig geübt worden, so daß es der Schule anheimfällt, diese erst für den Unterrichtsbetrieb auszubilden. Deshalb fordert Fröbel eine allseitig gleiche Ausbildung des Körpers und der Teile desselben als Mittel und Ausdruck der Geistesbildung. Er sagt: „Dies spricht sich schon bei dem einfachsten Unterrichte aus, wo Körper- und Gliedergebrauch, Körper- und Gliederhaltung wesentlich ist, z. B. beim Schreiben, Zeichnen, Erlernung musikalischer Instrumente u. s. w. Hat der Schüler hier keine allseitige Ausbildung und solchen Gebrauch seines Körpers und seiner Glieder vorher erhalten, und ist diese zum bleibenden Eigentume nicht eingeübt worden, so kann nur den Lehrer und Schüler gleichertötende Abrichtung, Dressur, zu einem kärglichen Ziele führen, und das immer ertönende: Sitz grad! halte den Arm recht! scheucht alles Leben und Gedeihen aus dem Unterrichte."

Dasselbe, was von der Ausbildung der Glieder seitens des Hauses gesagt worden ist, gilt auch von der Übung und Schärfung der Sinne, und doch ist die Gymnastik der Sinnesorgane für den Unterricht von großer

Wichtigkeit. „Auf richtiger Entwicklung der Sinne beruht die richtige Bildung des Geistes, und somit alle Menschenbildung," da der Geist seinen Gedankenstoff durch die Sinne erhält. In Comenius „schola materna" heißt es: „Daß der Mensch während seines Lebens viel zu erkennen, zu versuchen und auszuführen habe, weshalb ihm die Sinne zur Betrachtung der Dinge schon **früh zu öffnen** sind." Man darf es deshalb nicht dem Zufalle überlassen, ob die Kinder ihre Sinne richtig gebrauchen lernen oder nicht, sondern man muß die Ausbildung derselben planmäßig behandeln; denn wie alle körperlichen Organe nur durch anhaltende Übung auf die Höhe ihrer Leistungsfähigkeit gebracht werden können, so auch die Sinne. Deshalb fordert Rousseau erst Übung der Sinne, dann Übung der Geisteskräfte, Sinnesvernunft vor intellektueller Vernunft.

Den Mangel in der Ausbildung und Übung der Glieder und Sinnesorgane des Kindes, der der häuslichen Erziehung oft anhaftet, und der für den nachfolgenden Schulunterricht hemmend ist, will nun Fröbel durch seinen Kindergarten heben. Diese Anstalt soll das Kind nicht nur in Aufsicht nehmen, sondern wie Fröbel selbst sagt, außer anderen von ihm angeführten Zwecken auch den kindlichen Körper kräftigen und die Sinne üben. Dieser Aufgabe sucht der Kindergarten besonders durch die in ihm zu treibenden Spiele nachzukommen. Durch dieselben soll die anfangs noch schwache Kraft des Kindes erhöht und geübt werden, seine Glieder sollen zum Gebrauche ausgebildet, die Sinne geschärft werden, so daß die Spiele nicht nur kräftigend, sondern auch entwickelnd auf den Körper einwirken.

Besonders fällt diese Aufgabe den Bewegungsspielen zu. Neben anderen Zwecken sollen sie die harmonische Entwicklung des Körpers in allen einzelnen Gliedern befördern, und, da bei ihnen die körperliche Bewegung vorherrschend ist, so kräftigen sie nicht allein den Körper, sondern üben auch vorzugsweise die Glieder desselben. Sie sollen nach Fröbel eine Verbindung zwischen den Formen der am Tische beschäftigenden Spiele und den Gliederübungen und Lebensäußerungen im Freien sein und die Gymnastik im vorschulpflichtigen Alter ersetzen bezw. vertreten.

Die Bewegungsspiele sind entweder **Spiele ohne Ortsveränderung,** in denen das Leben der Menschen und der Tiere und bewegende Gegenstände in kindlicher Weise dargestellt werden, oder **Spiele mit Ortsveränderung.** Die Thätigkeiten der Handwerker, Bauern, Jäger, die Gewohnheiten und Eigentümlichkeiten der Tiere werden in den ersteren von den Kindern nachgeahmt. Von diesen Nachahmungsspielen sind die anderen, die Bewegungsspiele mit Ortsveränderung oder Wander-, Lauf-, Turn- oder Tanzspiele zu unterscheiden. Gerade bei diesen letzteren Bewegungsspielen kommt die harmonische Entfaltung des Körpers in allen seinen Gliedern zur vollen Geltung; sie sind für die Gewöhnung desselben an Ordnung und schöne Haltung von größter Wichtigkeit. Für unsere schreibenden und zeichnenden Schüler ist aber eine gute Haltung sehr wichtig. Ist die Haltung derselben schlecht, so werden die Erfolge des Unterrichts sehr geschmälert, indem sie das Auge der Fähigkeit berauht, die in Schrift und Zeichnung gegebenen Formverhältnisse richtig zu beurteilen; indem sie ebenso den thätigen Arm in seinen Bewegungen hemmt und so die Ausführung der Arbeit erschwert.

Auch die **Gartenarbeiten** als Graben, Ab- und Zufahren von Erde und Sand in den kleinen Schiebkarren, Jäten, Behäufeln u. s. w. können für Kräftigung und Gewandtheit des kindlichen Körpers nur fördernd sein.

Von besonderer Wichtigkeit ist die Ausbildung der Hand für den Unterricht; sie ist zugleich Sinnes- und Arbeitswerkzeug, weshalb Fröbel so großen Wert auf Ausbildung derselben legt. Als Tastorgan an und für sich wird die Hand ausgebildet, indem der Kindergarten bei Spiel und Beschäftigung den Kindern stets Dinge in die Hand giebt. Dabei macht er diese aber zugleich zum Gehilfen des Auges. Beim Spielen, besonders beim Ballspiele, Bauen, Flechten, Ringelegen, Ausnähen, Ausstechen, Modellieren und Thonkneten werden die Finger geübt; wie mancherlei Wendungen, Biegungen, Streckungen hat die Hand nicht bei diesen Beschäftigungen auszuführen.

Wie die Glieder des Körpers durch die Bewegungsspiele ausgebildet werden, so üben und schärfen diese auch die Sinne. Als Nachahmungen des wirklichen Lebens stellen diese Spiele Erlebtes, sei es aus dem Menschen-, Tier- oder Naturleben dar. Soll das Kind aber diese Spiele ausführen, so muß es das Leben und die Eigentümlichkeiten der Gegenstände seiner Umgebung beachten; es muß die Organe, mit denen es sie auffassen kann, also seine Sinne, auf die Außenwelt richten und zwar in einer solchen Weise, daß es zur Nachahmung derselben befähigt wird. Dieses scharfe Insaugefassen der Gegenstände seitens des Kindes übt und schärft aber seine Sinne. Aber nicht allein die Bewegungsspiele, sondern auch die anderen Spiele des Kindergartens, deren Zweck vornehmlich die Übung der geistigen Anlagen in ihren Anfängen ist, und die deshalb auch geistige Spiele genannt werden, dienen der Sinnenbildung.

Als erste Gruppe der Spielgaben werden den Zöglingen des Kindergartens stereometrische Körper vorgeführt. An ihnen faßt das Kind die Form, die Farbe, die Bewegung und die Schwere der Körper auf. Es lernt seine Sinne richten auf die verschiedene Form, in der sich der Ball von der Walze und dem Würfel unterscheidet. An den sechs Bällen der ersten Spielgabe werden ihm die sechs bezw. sieben (durch ein helles und dunkles Blau) Regenbogenfarben vorgeführt. Da die sechs Bälle dem Kinde nach und nach bald einzeln, bald in den verschiedenen Verknüpfungen als Spielzeug vorgeführt werden, so lernt es die einzelnen Farben von einander, wie auch die drei Grundfarben blau, gelb, rot, die an den sechs Bällen in ihrer Reinheit erscheinen, von den drei Mischfarben: grün, orange, violett unterscheiden. So wird an den sechs Bällen der ersten Gabe das Kind in das Reich der Farben eingeführt, ihm die Farbenharmonie verdeutlicht, sein Auge für die Auffassung und Unterscheidung der einzelnen Farben geschärft, was für den Schulunterricht gewiß nur von Vorteil, aber auch für das spätere Leben nur ersprießlich sein kann; ist man doch neuerdings mit der Behauptung aufgetreten, daß die sogenannte Farbenblindheit ihren Grund nicht in einem organischen Fehler, sondern in einer Vernachlässigung der Ausbildung des Auges in der Farbenunterscheidung seinen Grund habe.

Zur Übung des Gesichtssinnes tragen ferner bei die Farbentafeln, die man in vielen Kindergärten findet. Besonders sind es die Farben: Rot, Gelb, Grün, Blau, Weiß und Schwarz, die das Kind an diesen Tafeln kennen und unterscheiden lernt. Der Farbensinn wird ferner auch durch das Ausnähen und Flechten gepflegt, da das Kind hierbei mit bunter Wolle bezw. buntem Papiere arbeitet.

Das Gehör wird im Kindergarten gebildet und geschärft an einer Toureihe aus Gläsern, Glöckchen oder Stahlstäbchen. An aufgehängten Tafeln aus Holz,

Eisen, Glas, Pappe u. s. w. soll das Kind das Material desselben aus dem Klange erkennen lassen. Besonders ist es aber der Gesang, den Fröbel im Kindergarten mit den Spielen und Beschäftigungen verbunden hat, der das Kind in das Reich der Töne einführt und den Gehörsinn schärft und ausbildet.

Durch die Vergleichung der Kugel mit dem Balle kommt das Kind zum Begriff der Schwere. Zur Versinnlichung der Begriffe: rauh, glatt, eben, uneben, schwer, leicht u. s. w. dienen die dem Kinde vorgeführten verschiedenen Körper aus Holz, Stein, Metall, Papier, Wolle. So bildet und übt also auch der Kindergarten den Gefühls= und Tastsinn. An den dem Kinde vorgeführten Früchten, an Salz, Zucker, Alaun, Honig wird der Geschmackssinn geübt, an Blumen und Früchten dagegen der Geruch.

Es finden also die Sinne des Kindes im Kindergarten eine reiche Pflege und werden für die Aufgabe, die ihnen der spätere Schulunterricht zuweist, entwickelt und geübt. Wie wichtig aber die Ausbildung, und zwar die richtige und kräftige, wie möglichst frühe sorgfältige Ausbildung der sämtlichen Sinne des Kindes für die Arbeit der Schule ist, geht schon daraus hervor, daß sie — wie Fröbel sagt — gleichsam die Führer zur Erkenntnis des Geistigen selbst sind. Ihre hohe Bedeutung liegt darin, „daß durch sie das Wesen der Dinge, ihr Inneres dem Innern kund und offenbar wird, ohne daß es, selbst beim Geschmackssinn, nötig ist, das Äußere, den Stoff selbst in sich aufzunehmen." (Fröbel.)                                                E. Schreck.

## Zum Gesang=Unterricht.

### Mein lieber Freund!

Du klagst mir in deinem letzten Schreiben, du seiest durchaus unzufrieden mit deinen Erfolgen im Gesangunterricht, seit du dich von den Leistungen mehrerer Schulen auf diesem Gebiet habest überzeugen können. Du habest an Lehrproben teil genommen, die mit der Methode des Ziffergesanges hätten bekannt machen sollen und welche auch allgemeine Bewunderung hervorgerufen; du wissest aber keinen Weg zu solchen Resultaten. Dir sind, wie du schreibst, die Hülfsmittel nicht verständlich, dazu bieten sie dir zu viel Stoff, du meinst, sie enthielten eine solche Menge von Übungen, daß, wer danach arbeite, sehr viel Zeit darauf verwenden müsse, die dir dazu fehle. Ich kann dir nicht unrecht geben, ich bin auch nicht zufrieden mit dem, was der Markt bietet; ich will versuchen, dir einen ganz einfachen Weg zur Erreichung eines schönen Zieles zu zeigen; prüfe denselben und wir wollen dann bei nächster Gelegenheit unsre Ansichten darüber austauschen.

Ich lege meiner Ausführung die von der Königlichen Regierung zu Düsseldorf für die Unterstufe vorgeschriebenen zehn Lieder zu Grunde. Bei der Auswahl der Lieder überhaupt leitet mich der Gedanke, daß die zu singenden Lieder sich an den Sachunterricht anschließen sollen.*) Natürlich ist auch der Anschluß an die Jahreszeiten zu berücksichtigen. Ferner ist in Betracht zu ziehen die Leistungsfähigkeit der Klasse; dann ergiebt sich bei Aufstellung derselben naturgemäß ein Fortschritt vom Leichten zum Schweren.

---

*) Dörpfeld: Theorie des Lehrplans: Das Singen muß sowohl um sein selbst, als um der Wissensfächer willen zu diesen letzteren in enge Beziehung treten.

Zu jedem Liede gehören nun besondere Übungen, die angestellt werden, um das Singen des Liedes dem Schüler zu erleichtern; dieselben sind I. melodischer, II. rhythmischer Art; sobald der zweistimmige Gesang geübt werden soll (fünftes Schuljahr) treten harmonische Übungen dazu. Dynamische Übungen werden am besten am Liede selbst vorgenommen, die andern gehen vorher und stehen in engsten Beziehungen zum Liede.

Bis jetzt habe ich nur bei den Anhängern Herbarts diese Forderung gefunden (Rein: Theorie und Praxis des Volksschulunterrichts, zweites, fünftes und achtes Schuljahr; Rabich: Deutsche Blätter 1883, Nr. 36). Man spricht anderwärts von einem systematischen Elementarkursus, der entweder neben dem Liederkursus hergehen soll (R. Linnarz: Methodik des Gesang-Unterrichts, Leipzig, Dürr, 40 Pf.; J. Schück: Singübungen (mit Text) und Lieder, Heidelberg, Weiß, I. Heft 60 Pf. u. a.) oder an den sich die Lieder anschließen sollen, die zu dem Zweck oft gemacht werden. (C. Kuntze: Erstes Übungsbuch beim Gesang-Unterricht, Delitzsch, Pabst; Ch. H. Hohmann: Praktischer Lehrgang für den Gesang-Unterricht, Erlangen, Metzer.) Die erste Weise verhindert eine Konzentration innerhalb des Lehrfachs und hat in etwa Ähnlichkeit mit einem selbständigen Katechismusunterricht, die andre macht es unmöglich, die Lieder an den Sachunterricht anzuschließen, verhindert also Konzentration im Gesamtunterricht. Es gehen gewöhnlich auch in den systematischen Übungskursen die Übungen weit über ihr Ziel hinaus*), unsre hingegen werden nur das Material enthalten, welches in den zu übenden Liedern zur Anwendung kommt.

Nun noch ein kurzes Wort über die Übungen selbst, die ich dir hierbei zum Versuch aufgeschrieben habe. Du siehst links zu jeder Nummer eine senkrechte Skala, welche die Töne enthält, welche im Liede vorkommen, dann stehen unter jeder Nummer zweierlei Übungen. Die melodischen (I.) werden in den ersten Schuljahren an der senkrechten Skala, die mit Kreide an die Wandtafel geschrieben wird, geübt, sie können später den Schülern diktiert und dann gesungen werden, in den letzten Jahren können die Schüler die Übungen aufschreiben, während der Lehrer sie an der senkrechten Skala zeigt und sie dieselben singen.

Die rhythmischen Übungen (II.) werden in den ersten Schuljahren von dem Lehrer auf die Wandtafel geschrieben, später kann er dieselben auch diktieren.

Die Übungen werden am besten mit den bekannten arct. Silben gesungen, die man für den Anfang neben die Ziffern schreibt. Bei Bindungen singt man von der zweiten Silbe den Anfangskonsonanten nicht mit, z. B. 6 5; stehen
la-ol
1 und 5 zu Anfang unter dem Bogen, so fällt der Endkonsonant auch aus, also 1 2 5 4; doch kann man diese Bindungen auch aus den Übungen weglassen.
u-e so-a

Daß die Übungen im Chor und von einzelnen Schülern gesungen werden müssen und daß diejenigen, welche den Schülern Schwierigkeiten bereiten, oft geübt und fest eingeprägt werden müssen, versteht sich von selbst.

Zum Schluß noch eine Bemerkung zu dem von dir erwähnten und beklagten Übelstande, daß es dir schwer falle, die Ziffern zu spielen. Dem kann sehr leicht abgeholfen werden, indem du dir die Lieder in beiden Schreibweisen zusammen-

---

*) Singschule von Stahl, Arnsberg, Stahl, Handweiser von Konbring, Essen, Girardet.

### Zum Gesang-Unterricht.

stellst, übrigens kann ich dir ein Liederbüchlein empfehlen, welches 37 Lieder, darunter sehr viele von den vorgeschriebenen, in Noten und Ziffern enthält (die Noten stehen unter den Ziffern); es ist im Selbstverlag der Lehrer-Witwen-Kasse in Soest erschienen und durch die Buchhandlung von W. Beckmann in Soest zu beziehen und ist betitelt: „Fromm und fröhlich! Auswahl volkstümlicher Lieder für die Schule und das Leben."

In der Hoffnung, daß meine Ausführung ihren Zweck erreiche und es dir gelinge, auf dem Wege wieder zu einem erfreulichen Resultate deiner Arbeit zu gelangen, mit der Bitte um baldige Angabe sich etwa ergebender Schwierigkeiten und mit dem Versprechen, dir auf Wunsch auch weitere Ausarbeitungen für die folgenden Stufen zu senden, verbleibe ich

dein getreuer G.

Nr. 1, 2, 6, 7, 8 für den Sommer.

**Nr. 1.** D-dur: 3 3 2 | 1 . . | 3 3 2 | 1 . . | 3 4 5 | 5 4̄3̄ 4 | 2 3 4 | 4 3̄2̄ 3 | 3 3 4 | 5 . . | 3 3 2 | 1 . . |

Winter ade —

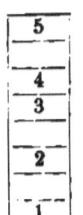

I. 1 3 5; 5 3 1.
1 2 3 4 5; 5 4 3 2 1.
1 2 3, 3 2 1; 3 4 5, 5 4 3.
1 1, 2 2, 3 3, 4 4, 5 5, 5 5, 4 4, 3 3, 2 2, 1 1.
3 5, 5 3, 5 3 5; 1 3, 3 1, 1 3 1, 3 1 3.
3 3 2 1; 3 3 2 2 1, 3 3 4 5, 3 3 4 4 5.
3 4 5 5 4 3 4; 4 2, 2 4, 4 2 4, 2 4 2.
2 3 4 4 3 2 3.

II. 1 1 1 | 1 . . | 3 3 2 | 1 . . | 3 3 4 | 5 . . |
1 1̄1̄ 1 | 2 2̄2̄ 2 | 3 3̄3̄ 3, 4 4̄4̄ 4 | 5 5 5 5
3 2̄1̄ 2 | 4 3̄2̄ 3 | 5 4̄3̄ 4 |
3 2̄1̄ 2 | 4 3̄2̄ 3 | 5 4̄3̄ 4 |

**Nr. 2.** D-dur: 5 . 4 . | 3 . 0 0 | 2 3 4 2 | 1 . 0 0 | 3 4 5 3 | 2 3 4 2 | 3 4 5 3 | 2 3 4 2 | 5 . 4 . | 3 . 0 0 | 2 3 4 2 | 1 . 0 0

Summ, summ, summ —

I. 1 2 3 4 5, 5 4 3 2 1; 1 2 3; 3 4 5; 5 4 3; 3 2 1.
3 2, 2 3 4 3 2, 2 3 4 2, 4 2 1, 2 3 4 2 1.
1 3, 3 5, 5 3, 3 1, 3 4 5 3, 1 3 5 3 1.

II. 5 . 4 . | 3 . 0 0 ||
3 4 5 3 | 2 3 4 2 |

**Nr. 3.** G-dur: 5 1 1 1 | 7 2 2 . | 3 3 4 2 | 2 1 1 . | 5 3 3 1 | 1 6 6 . | 4 3 2 1 | 7 6 5 . |
5 1 1 1 | 7 2 2 . | 3 3 4 2 | 2 1 1 . |

| | |
|---|---|
| 5 | sol |
| 4 | fa |
| 3 | mi |
| 2 | re |
| 1 | ut |
| 7 | si |
| 6 | la |
| 5 | sol |

Gestern Abend —
 I. 1 5 1, 5 1, 1 5, 5 1 1 1,
  1 7 1, 7 1, 1 7, 1 7 1 2,
  1 7 2.
  3 4 3, 3 4, 4 3, 3 4 2, 3 4 2 1.
  1 5, 5 1, 1 5 1, 5 1 5, 1 5 1 5 1.
  5 3 1, 5 3 3 1,
  1 6 1, 1 6, 6 1, 1 6 1 3 5, 5 3 1 6.
  6 7 1 2 3 4, 6 1 4, 6 4.
  4 3 2 1 7 6 5, 5 6 7 1 2 3 4.

 II. 5 1 1 1 | 7 2 2 . ||
  3 3 4 2 | 2 1 1 . ||
  5 3 3 1 | 1 6 6 . ||
  4 3 2 1 | 7 6 5 . ||

**Nr. 4.** D-dur: 5 . 6 5 4 | 3 . 2 . | 1 2̄3̄ 4 3 | 2 . 0 0 | 3 5 6 5 1 . 7 6 | 5 4̄3̄ 4 5 | 3 . 0 0 ||

| | |
|---|---|
| 1 | |
| 7 | |
| 6 | |
| 5 | |
| 4 | |
| 3 | |
| 2 | |
| 1 | |

Alle Jahre wieder —
 I. 1 2 3 4 3 2, 1 4 2, 1 4 1, 1 3 1, 1 3 5.
  5 6 5, 5 6 5 4 3 2 1, 4 5 4, 3 4 3, 2 3 2, 1 2 1.
  1 3 5 1, 1 5 3 1. 3 5 1, 1 5 3,
  3 5 6 5, 3 5 6 5 1, 1 7 6 5 4 3, 5 4 3 4 5,
  3 4 5 3.

 II. 1 . . 1 || 1 . . 3 || 3 . . 4 ||
  1 . 1̄ 1 1 || 5 . 6̄ 5 4 ||
  1 1̄ 1̄ 1 1 || 1 2̄3̄ 4 3 || 1 2̄3̄ 4 3 ||
  5 4̄3̄ 4 5 ||
  1 . 2 3 || 3 . 4 5 || 4 . 5 6 | 6 . 7 1̇ |
  1 . 2̄3̄ || 3 . 4̄5̄ || 4 . 5̄6̄ || 6 . 7̄1̇̄ ||
  3 . 2̄1̄ | 5 . 4̄3̄ || 6 . 5̄4̄ | 1̇ . 7̄6̄ ||

**Nr. 5.** D-dur: 1̄2̄ | 3 3 3̄4̄ | 3 2 2̄3̄ | 4 . 6̄ 5̄4̄ | 4̄3̄ 5̄4̄ | 2 2 3̄4̄ | 6 5 1̄6̄ | 5 3̄ 5̄4̄ | 3 . |

| | |
|---|---|
| 1 | |
| 6 | |
| 5 | |
| 4 | |
| 3 | |
| 2 | |
| 1 | |

O wie ist es kalt geworden —
 I. 1 2 3 4 5 6 5; 3 4 3; 4 6 4; 3 4 6 5; 5 6 4 3.
  1 2 3 4 3 2 3 4 6 5 4 3; 5 4 2, 2 4 5.
  1 3 5 1̇; 1̇ 6 5; 5 6 1̇; 1̇ 6 5 3; 3 5 5 1̇.

 II. 1 . . 3 2 1 || 4 . . 6 5 4 ||
  1 . 3̄ 2̄1̄ | 4 . 6̄ 5̄4̄ ||
  4 3 || 4̄3̄ || 1̄2̄ | 3 3 3̄4̄ | 3 2 ||
   2̄3̄ | 4 . 6̄ 5̄4̄ | 4̄3̄ ||
   5̄4̄ | 2 2 3̄4̄ | 6 5 ||
   1̄6̄ | 5 3̄ 5̄4̄ | 3 . ||

Zum Gesang-Unterricht.

D-dur: 5.3 ׀ 5.3 ׀ 212 ׀ 1.0 ׀ 223 ׀ 4.2  334 ׀ 5.3 ׀ 5.3. ׀ 1.5 ׀ 432 ׀ 1.0 ׀
 · **Kuckuck** —
  I. 1 3 5; 3 5; 1 5; 5 1; 5 3; 3 5 $\dot{1}$; 3 $\dot{1}$; 1 3 5 $\dot{1}$;
   1 2 1 2 1; 2 1 2 1; 2 3 4 2, 3 4 5 3,
   1 2 3 4 5 $\dot{1}$ $\dot{1}$ 5 4 3 2 1. 5 3 $\dot{1}$ 5.

  II. 5 . 3 ‖
   2 1 2 ׀ 1 . 0 ׀
   2 2 3 ׀ 4 . 2 ׀
   3 3 4 ׀ 5 . 3 ‖
   5 . 3 ׀ $\dot{1}$ . 5 ‖


D-dur: $\overline{12}$ ׀ 3 3 $\overline{21}$  2 2 $\overline{12}$ ׀ $\overline{34}$ 5 $\overline{43}$ ׀ 2 0 $\overline{56}$ ׀ $\overline{54}$ 2 $\overline{22}$ ׀ 3 5 $\overline{56}$ ׀ $\overline{54}$ 2 $\overline{22}$ ׀
  3 5 $\overline{64}$ ׀ $\overline{35}$ 3 2 ׀ 1 . 0 ‖
 **Vögel singen** —
  I. 1 2 3 2 1 2; 1 2 3 4 5 4 3 2;
   5 6 5 4 2 3 5; 6 4 3 5 3 2 1.

  II. $\overline{12}$ ׀ 3 3 $\overline{21}$ ׀ 2 2 ׀
   $\overline{12}$ ׀ $\overline{34}$ 5 $\overline{43}$ ׀ 2 0 ‖
   $\overline{56}$ ׀ $\overline{54}$ 2 $\overline{22}$ ׀ 3 5 ‖
   $\overline{64}$ ׀ $\overline{35}$ 3 2 ׀ 1 0 ‖


D-dur: $\overline{12}$ ׀ 3 3 $\overline{42}$  $\overline{65}$ 5 $\overline{35}$ ׀ $\overline{54}$ 4 $\overline{54}$ ׀ 3 . :‖ $\overline{53}$ ׀ $\overline{32}$ 2 $\overline{64}$ ׀ $\overline{43}$ 3 $\overline{53}$ ׀ $\overline{32}$ 2 $\overline{64}$ ׀
  $\overline{43}$ ׀ 3 $\overline{12}$ ׀ 3 3 $\overline{42}$ ׀ $\overline{65}$ $\overline{35}$ ׀ $\overline{54}$ 4 $\overline{54}$ ׀ 3 . ‖
 **Weißt du wieviel** —
  I. 1 3 4; 2 6 5; 4 2 6 5; 1 3 4 2 6 5;
   1 5 2; 6 5 1; 5 3 2; 6 4; 5 3 2 6 4;
   2 6 4 3 1.

  II. $\overline{12}$ ׀ 3 3 $\overline{42}$ ׀ $\overline{6}$ 5 5 ‖ $\overline{65}$ 5 ‖ $\overline{65}$ ‖
   $\overline{35}$ ׀ $\overline{54}$ 4 $\overline{54}$ ׀ 3 . ‖ $\overline{54}$ 4 ‖ $\overline{43}$ 3 ‖
   $\overline{53}$ ׀ $\overline{32}$ 2 $\overline{64}$ ׀ $\overline{43}$ 3 ‖ $\overline{32}$ 2

316   II. Abteilung.  Zur Geschichte des Schulwesens, Biographien ꝛc.

**Nr. 9.** G-dur: 5|1.2̇ 3̇1̇|2 0̇2̇ 3̇1̇|2 0 3̅5̅|5̇4̇ 3̇ 2̇|1 0 3̅5̅|4̇ 4̇ 3̇|2̇7̇5̇3̇5̇|4̇ 4̅2̅ 3̅1̅|
2̅7̅5̅ 5̅|1.2̅ 3̅1̅|2 0̅2̅ 3̅1̅|2 0 3̅5̅|5̅4̅ 3̅ 2̅|1.0̇ ||

Bald ist es wieder Nacht —

   I. 1 2 3 4 5 4 3 2 1 5 1 ;  1 7 5 1 ;  5 1 2 3 1 2 ;
      3 5 5 ;  3 5 4 ;  1 3̇ 2 4 3 5 ;  5 3 4̇ 2 3 1 ;  3 1 2 7 1 ;
      2 7 5 ;  5 7 2 ;  5 3 4 2 3 1 2 7 5 ;
      5 1̇ 3 ;  5̇ 3̇ ;  5 1 3 5 ;  5 3 5.

  II. 5 | 1. 2̅ 3̅1̅ | 2 0 ||
     3̅5̅ | 5̅4̅ 3 2 | 1 0 || 3̅5̅  5̅4̅ 3 2 | 1 0 ||
     3̅5̅ | 4 4 3 | 2̅7̅5̅ | 3̅5̅ | 4 4 3 | 2̅7̅ 5 ||
     3̅5̅ | 4 4̅2̅ 3̅1̅ | 2̅7̅5̅ | 3̅5̅ | 4 4̅2̅ 3̅1̅ | 2̅7̅5̅ ||

**Nr. 10.** D-dur: 5|5.35|5.35|4.24|3.05|5.35|5.35|4.22|3.03|
2.22|4.44|3.33|6.06|5.55|1.53|4.27|1.0||

Ihr Kinderlein kommet, o —

   I. 1 3 5 1̇ ;  1̇ 5 3 1 ;  1 7 1 ;  1 2 7 1 ;
      3 4 2 7 1 ;  5 3 5 4 ;  4̇ 2 4 3 ;  5 4 2 3 ;
      3 2 4 3̇ ;  4 3 6 5 ;  3 6 ;
      6 5 1 5 3 1 ;  1̇ 5 3 4 2 7 1.

  II. 5 | 5.35 | 5.3 ||
    5 | 4.24 | 3.0 ||
    5 | 4.22 | 3.0 ||
    3 | 2.22 | 4.4 ||
    4 | 3.33 | 6.0 ||
    6 | 5.55 | 1̇.5 ||
    3 | 4.27 | 1.0 ||

---

## Lesefrucht.

Stockhausen sagt in seiner Gesangsmethode (Peters, Leipzig): Die Natur hat nur wenigen Sängern ein **absolutes Gehör** verliehen, d. h. nur wenigen ist die Gabe zu teil geworden, alle Töne in melodischer und accordischer Folge sofort zu erkennen und richtig zu nennen. Ob das relative Gehör zu einem absoluten herangebildet werden kann, weiß ich nicht. Bei mir selbst habe ich es, troß allen Fleißes, nie so weit gebracht. Was ich aus langer Erfahrung weiß, ist, daß man den Sinn für relative Tonhöhe (das Treffen der Intervalle nach einem gegebenen Ton), den Sinn für absolute Reinheit, für Tonstärke und für korrekte, auch schöne Färbung des Tones entwickeln kann. G.

## Korrespondenzen.

**Aus Nassau.** Zum zweiten Male seit dem Bestehen des Dillenburger Seminars wurde am 21. Juni d. J. in Dillenburg eine Seminarkonferenz abgehalten, zu welcher sich gegen 100 Teilnehmer (Geistliche und Lehrer) eingefunden haben mochten. Eröffnet wurde dieselbe durch Gesang, Vorlesung des 127. Psalms seitens des Herrn Seminardirektors und Gebet. In seiner Einleitungsrede zog sodann Herr Seminardirektor Dr. Blügel eine Parallele zwischen dem Kriegszuge des deutschen Heeres im Jahre 1870 und der Arbeit in der Volksschule. Redner erinnerte zunächst an die großartige Begeisterung, welche allerwärts in deutschen Landen in hellen Flammen auflodert, als der Kriegsruf erklang und die „Wacht am Rhein" zusammenrief zur Verteidigung deutscher Ehre und zur Abwehr der welschen Eroberungsgelüste. Begeisterung ist auch eine notwendige Vorbedingung zur Erreichung der wünschenswerten Resultate bei der Arbeit in der Volksschule. Der Lehrer, der sich für seinen zwar nach außen hin nicht glänzenden, dennoch aber hohen und wichtigen Beruf nicht zu begeistern vermag, kann in rechtem Segen gewiß nicht arbeiten. Zu dieser Begeisterung müssen nun aber die gewissenhafte Vorbereitung und ein fester, wohldurchdachter Plan kommen, wenn das Werk gelingen soll. Beide Stücke waren bei der Heeresführung im Jahre 1870 in so herrlicher und vollkommener Weise vorhanden, daß gerade hieran die Lehrer sich ein Vorbild nehmen können. Zwar fehlt es der Volksschule an feststehenden gesetzlichen Bestimmungen bislang noch. Allein plan- und ziellos darf die Arbeit in der Schule deshalb nicht sein und braucht es nicht zu sein, auch nicht hinsichtlich der äußeren Einrichtungen. Insonderheit aber erheischt gerade die eigentliche Schularbeit so recht eine ernste Vorbereitung und einen bestimmten Plan. Ohne diese Stücke kann weder die Erziehung, noch der Unterricht gedeihen, kann es nicht dazu kommen, daß „eines in das andere greift, ein's durchs andere blüht und reift," ein Wort, welches beim Werke der Jugendbildung ganz besondere Anwendung und Beherzigung finden sollte. Ist nun die rechte Begeisterung, sind Plan und sorgfältige Vorbereitung vorhanden, dann gilt es auch, die Ausführung ins Werk zu setzen. Bei diesem Punkte wurde auf verschiedene, dem Lehrer entgegenstehende Hindernisse hingewiesen, welche es in ernstem Kampfe zu überwinden gelte. Der Erfolg endlich werde dann auch nicht fehlen. Denn bei redlichem Streben, treuer und gewissenhafter Arbeit fehlt es immer am Segen Gottes nicht, an dem schließlich alles gelegen ist. Das sind in Hauptzügen die Gedanken der Rede. Wenn der Redner einleitend vorausschickte, daß er sich wohl bewußt sei, nichts Neues sagen zu können, daß es aber Wahrheiten in der Pädagogik gebe, welche man sich immer wieder einmal ins Gedächtnis rufen dürfe, so wird ihm darin gewiß jeder beistimmen. Echte Begeisterung für den Beruf, gewissenhafte Vorbereitung und ein fester Plan, das sind Dinge, welche in Verbindung mit treuer Arbeit bei dem Geschäfte der Jugendbildung die Hauptsache dessen bilden werden, was der Lehrer zu thun imstande ist. Der Segen aber kommt von oben.

Es folgte nun eine Lektüre über das Gedicht von Seidl: „Der tote Soldat," gehalten von Herrn Seminarlehrer Lorch.

Vor Beginn der unterrichtlichen Behandlung bemerkte der Referent, daß er sich die Aufgabe gestellt habe, die beiden Methoden, die „alte" und die „neue" d. h. die Herbart'sche vorzuführen. Zu dem Ende habe er 2 Abteilungen von Schülern gebildet. Die 1. Abteilung enthalte die minder Begabten, die 2. die Befähigtesten. Mit den Letzteren wolle er dann eine Lektion nach Herbart-Ziller-Stoy'scher Unterrichtsmethode halten. Was die Behandlung des Gedichtes nach der „alten" Methode anlangt, so bestand dieselbe in der Weise, wie bisher nach der fragenden Methode (analytisch-synthetischen) poetische Sprachstücke behandelt zu werden pflegten: Vorlesen und Nachlesen, Zergliederung in die zusammengehörigen Strophen, Auffindung der Grundgedanken und Aufstellung des Gedankenganges, Umarbeitung nach Form und Inhalt und Andeutung der Lehren, die das Kind aus dem Gedicht für Herz und Leben entnehmen soll. Ein Hauptbestreben des Referenten war bei der ganzen Behandlung des hübschen Gedichtes darauf gerichtet, den Schülern einen Totaleindruck von der Schönheit des Gedichtes mitzugeben. Hierauf begann die Behandlung nach Herbart'scher Weise. Zum voraus bemerkte indes der Referent, daß er die rein Herbart-Ziller-Stoy'sche Methode nicht zur Anwendung bringen werde, sondern die „Goerth'sche," welche er bei Behandlung von Gedichten für besser halte. Seine „Vorbereitungsstufe" bestand darin, daß er, um die Schüler im Geiste auf ein Schlachtfeld zu führen, den größten Teil des Freiligrath'schen Gedichtes: „Die Trompete von Vionville," welches früher behandelt worden war, recitierte. Dann folgte die Vorlesung des zu behandelnden Stückes (Darbietung des Neuen), als eines solchen, in welchem auch von einem Schlachtfelde, aber in anderer Weise, die Rede sei. Nun entwickelte der Referent die 3 Ideen, welche sich aus dem Gedichte entnehmen lassen: die patriotische, die sittliche und die religiöse Idee. (In der Diskussion erklärte er später, daß er in einer früheren Unterrichtsstunde den Begriff „Idee" erklärt habe. Die ästhetische Idee habe er weggelassen, weil er der Überzeugung sei, daß dieselbe für die Fassungskraft der Kinder zu schwer sei.) Nach einem Hinweis darauf, welche von den drei Ideen wohl für die wichtigste zu halten sei, wurde die Unterredung geschlossen. Die hierauf folgende Debatte drehte sich vorzugsweise um die Frage, welche von beiden Methoden den Vorzug verdiene.

Im allgemeinen wurde die Herbart'sche Lehrweise für zu schwer gehalten. Bei fähigen Schülern und unter günstigen Verhältnissen möge durch dieselbe vielleicht ein recht schönes Resultat erzielt werden. Für die meisten Volksschulverhältnisse aber sei ihre Anwendung nicht zu empfehlen. Merkwürdig war es, daß von seiner Seite betont wurde, daß die rein Herbart'sche Methode gar nicht zur Anwendung gekommen war. Einzelne empfahlen für Behandlung lyrischer Gedichte die „neue," im übrigen die „alte" Methode. Im ganzen aber wurde sich dahin ausgesprochen, daß die „alte" Methode der „neuen" in der Volksschule vorzuziehen sei, gewiß ein um so auffallenderes Resultat, als nicht nur namhafte Schulmänner gerade entgegengesetzter Ansicht sind, sondern auch der Referent selbst erklärt hatte, daß er nicht nach Herbart-Ziller-Stoy'scher Methode unterrichtet, sondern die Grundsätze von Goerth*) verwertet habe. Jedenfalls war es eine mehr als kühne Behauptung, wenn von einer Seite betont wurde, daß schon um deswillen der Vorzug der „alten" Methode vor der Herbart'schen klar bewiesen sei, weil

---

*) Einführung in das Studium der Dichtkunst von A. Goerth.

die Schüler der ersten Abteilung, obgleich die minder begabten, doch besser und fließender geantwortet hätten, als die „fähige 2. Abteilung." Wenn diese Thatsache wirklich in die Erscheinung getreten wäre, dann dürfte sicherlich der Grund nicht in den Methoden zu suchen gewesen sein. Übrigens zeigt auch diese Verhandlung, daß Dr. O. Frick (Halle) recht hat, wenn er sagt, „die Erfahrung einer Königlichen Aufsichtsbehörde, „daß die Lehrmethode von Herbart-Ziller-Stoy in den seminaristisch gebildeten Lehrerkreisen fast die herrschende zu nennen sei," erscheine der Einschränkung bedürftig." Die Dillenburger Seminarkonferenz hat die Herbartschen Unterrichtsgrundsätze hinter diejenigen der bisherigen Didaktik zurückgesetzt. Eine „allein selig machende Methode" wird es ja überhaupt nicht geben. Allein wir sind der Überzeugung, daß, wenn die Herbart'sche Unterrichtsweise ins rechte Licht gestellt worden wäre, es manchem Mitgliede der genannten Konferenz ergangen sein würde, wie ebenfalls Dr. Frick so schön sagt: „Eine unbefangene Würdigung dieses Gegenstandes wird zu der Überzeugung führen, daß dieser Didaktik noch ein anderer als nur ein historischer und zeitgeschichtlicher Wert zukommt, daß sie Momente enthält, denen man einen bleibenden Wert wird zuerkennen müssen, daß hier Schätze verborgen sind, die noch nicht genügend gekannt, gehoben, praktisch verwertet scheinen, leitende Gesichtspunkte, die gerade in der Gegenwart einen willkommenen Anhalt, eine erwünschte Stütze gewähren." Um eine solche unbefangene Würdigung des wichtigen Gegenstandes durch die Diskussion der Lehrprobe zu erreichen, würde es u. E. freilich wünschenswert und vorteilhaft gewesen sein, wenn in der Einladung zur Konferenz nicht bloß allgemein das „Halten einer Lehrprobe über ein Gedicht von Seidl," sondern ganz speciell die Absicht, die beiden Methoden gegenüberstellen zu wollen, bekannt gegeben worden wäre. — Durch das Abhalten der beiden Lektionen sowohl, als auch durch die darauf folgende längere Diskussion war die Zeit bereits sehr in Anspruch genommen. Ein von den Seminaristen sehr schön ausgeführter Turnreigen und die darauf folgende Pause waren geeignet, daß die Teilnehmer der Konferenz sich von der „geistigen Anstrengung" etwas erholen konnten. Der zweite Referent, Herr Seminarlehrer Wolfram, welcher einen Vortrag über das Netzzeichnen halten sollte, erklärte bei der Wiederaufnahme der Verhandlungen, daß er aus Rücksicht auf die vorgerückte Zeit nicht seine ausführliche Arbeit vortragen, sondern sich auf eine kurze Erläuterung seiner Thesen beschränken wolle, ein Vorschlag, der die mitgeteilte Zustimmung der Versammlung fand. Nach einigen einleitenden Worten zur Orientierung über die Geschichte des Zeichenunterrichts und dessen Wichtigkeit auch für die Volksschule ging Ref. zur Begründung seiner Thesen über. Dieselben lauten:

1) Das Netzzeichnen ist die natürliche Elementarstufe im Zeichenunterrichte, denn es führt die Schüler ganz allgemein in die Schwierigkeiten desselben ein und gestattet dem Freihandzeichnen einen propädeutischen Kursus vorausgehen zu lassen.

2) Es ermöglicht einen Zeichenunterricht unter allen, auch den ungünstigsten Verhältnissen.

3) Dem Lehrer erleichtert es die Bewältigung der technischen Schwierigkeiten und gewährt ihm den Vorteil, das Zeichnen gleich von vornherein als Massenunterricht betreiben zu können.

4) Für die Schüler kann es schon auf der Mittelstufe eintreten, führt eine gewisse Fertigkeit des Auges und der Hand herbei, weckt schon früh den Formensinn und damit Lust und Liebe zum Zeichnen und gewöhnt an Ordnung und Reinlichkeit.

5) In der Volksschule braucht nur im Centimeter-Punktnetz gezeichnet zu werden und zwar nach Vorzeichnungen an der Wandtafel. Bei einem mehr als einjährigen Kursus kann die Punktweite oder die Stoffauswahl erweitert werden.

6) Die Vorbilder zum Netzzeichnen müssen dem geometrischen Ornamente entnommen sein, ungezwungen in das Netz passen und — wenn auch, der Sphäre der Schule entsprechend, einfach gehalten — doch allen Anforderungen des guten Geschmacks genügen.

7) Die Vorwürfe, daß das Netzzeichnen dem Auge schade, die Hand verwöhne und in eine mechanische Beschäftigung ausarte, fallen weg, wenn der Lehrer dasselbe den Verhältnissen seiner Schule gemäß beschränkt und die in der neueren Zeit dafür geschaffenen technischen und methodischen Hilfsmittel in der rechten Weise anwendet.

Auf eine diesbezügliche Anfrage seitens eines Konferenzmitgliedes zeigte Herr Wolfram die im Seminare beim Zeichenunterrichte in Gebrauch stehenden Wandtafeln vor. Die eine enthält ein Decimeter-Punktnetz (entsprechend dem Centimeter-Punktnetz der Zeichenhefte) und die andere nur ein Quadrat mit Bezeichnung der Teilungspunkte der Seiten. Auf beiden Tafeln standen noch die Zeichnungen aus der vorhergehenden Zeichenstunde (eine derselben von einem Schüler ausgeführt). Im allgemeinen empfahl der Ref. den Gaug, den Bauer-Rein in ihrem „Stigmographischen Vorlagewerk" innehalten, als den nach seinen Erfahrungen praktisch richtigsten und erfolgreichsten. Das Centimeter-Punktnetz wird allmählich erweitert und macht endlich dem bloßen Quadrate als Anhaltspunkt zur Auffindung der Endpunkte der zu zeichnenden Figur platz, entsprechend der Methode beim Schreiben, wonach anfangs drei und zuletzt nur eine Linie die Richtung der Buchstaben vorschreibt.

Wenn auch von einigen Stimmen Bedenken laut wurden gegen die Netzzeichen-Methode, so fanden im allgemeinen doch die Thesen des Herrn Wolfram die Zustimmung der Konferenz. Namentlich wurde das Netzzeichnen als propädeutischer Kursus besonders wichtig erachtet. Zur Erläuterung des in der Seminar-Übungsschule innegehaltenen Verfahrens beim Zeichenunterrichte bemerkte der Ref., daß mit dem 8. Jahre der Zeichenunterricht nach dem Punktnetz beginnen und auf der folgenden Stufe dann das erweiterte Netz gebraucht würde, bis endlich das Hilfsquadrat mit geteilten Seiten (ohne alle Anhaltspunkte in der Mitte) das einzige Hilfsmittel sei. Die Anwendung von Maßstab, Lineal und Zirkel werde geübt bei solchen Figuren, welche mit Farbe ausgeführt würden. Denn auch diese werden in der Übungsschule verwendet, wenn auch nur in der einfachsten Weise und Ausführung (Kaffee). Die den Besuchern der Konferenz dargebotene Ausstellung von Schülerzeichnungen, welche Arbeiten von allen Stufen des Zeichenunterrichtes zur Ansicht enthielt, legte Zeugnis davon ab, daß in der Seminar-Übungsschule in diesem Lehrgegenstand wirklich recht Schönes geleistet wird.

Mit gemeinsamem Gesange wurde hierauf der „officielle Teil" der Seminar-konferenz geschlossen. Ein recht gutes Mittagessen vereinigte indes die Konferenzteilnehmer abermals zu „gemeinsamer Arbeit;" und als man sich nachher noch einmal an einem günstig gelegenen, schattenreichen Platze in der Umgebung Dillenburgs zusammenfand, da flogen die Stunden bei Gesang und einem Glase Gerstensaft fast zu schnell dahin, und man wunderte sich schier darüber, daß an unserem „längsten Tage" die Sonne so früh hinter die Berge sinke. Allein es war eben so. Die Trennung kam. Aber man schied mit der Überzeugung, einen anregungsreichen, schönen Tag verlebt zu haben.

R.            A. H.

# III. Abteilung. Litterarischer Wegweiser.

## Zur neuern Litteratur des Zeichenunterrichts.

Von Seminarl. Menard in Neuwied.

J. Häuselmanns „Moderne Zeichenschule". Methodisch geordnetes Vorlagenwerk für Volksschulen, Mittelschulen und kunstgewerbliche Lehranstalten. 6 Hefte von je 20 Tafeln in Mappe. Inhalt: I. Heft: Die Elementarformen geradliniger Ornamente. 4 M. — II. Heft: Die Elementarformen bogenliniger Ornamente. 6 M. — III. Heft: Stilisierte Blatt- und Blütenformen. Einfache Flachornamente antiken und modernen Stils. 6 M. — IV. Heft: Die Spirale als Grundform des vegetabilen Ornaments. 6 M. — V. Heft: Freie Kompositionen und Ornamente verschiedener Stilarten in Farben (I.) 6 M. — VI. Heft: Desgl. (II.) 6 M. — Die Hefte können auch einzeln bezogen werden und jedes bildet für sich ein Ganzes (?) für die entsprechende Schulstufe. Verlag von Orell, Füßli und Co. in Zürich und Leipzig.

(Schluß.)

Also als Musterzeichnung soll das Blatt nicht gelten und doch als Schulaufgabe vortreffliche Dienste leisten! Ich denke, die Schule soll nur Mustergiltiges zeichnen? Ich denke, bloße Schulaufgaben im Zeichnen giebt es nicht, denn „hier lernt der Schüler zeichnen, nicht für die Schule, sondern für das Leben mit seinen realen und idealen Zielen?" Ich denke, das „moderne Zeichnen" kennzeichnet sich gerade durch „seine kunstgewerbliche Richtung?" Wie kann dieser „ernsthafte Autor" mit einer so „lehrreichen Bemerkung" wieder Alles aufheben wollen? — Eine ähnliche „lehrreiche Bemerkung" steht V. Taf. 13: „Dieses Kapitäl (Säulenkopf) im geometrischen Aufriß gezeichnet, will keineswegs als architektonisches Muster gelten, es soll mit dieser primitiven Darstellung zunächst die Art der Verwendung der griechischen Palmette als Verzierungsmotiv veranschaulichen, dann aber auch dem ins Leben tretenden Schüler gezeigt werden, wie er diese und jene Gegenstände aus seiner Umgebung ohne alle Perspektive (allfällig noch mit Grundriß und Schnitt) zu beliebiger Verwertung in Zeichnung bringen könnte." Es ist wirklich originell, ein einfaches Pilasterkapitäl, welches eine Palmette als freie Endigung trägt, zum einzig geeigneten Beispiel zu machen, an dem der Schüler lernt, wie er diese und jene Gegenstände im Aufriß mit Grundriß und Schnitt zu beliebiger Verwendung zeichnen soll — da muß man ja „förmlich studieren."

Im I. Heft wird uns 4mal gesagt, daß das Netz auf der Unterstufe mittelst eines vierseitigen Lineals zu zeichnen sei (Tafel 3, 7, 9, 19), auffällig ist auch, daß mehrmals bemerkt wird, die Schraffierung sei nur für „Avancierte", zur „Aufrechthaltung des Klassenunterrichts", und daß dann noch auf Taf. 17—20 extra Muster für „Vorausgeeilte" gegeben werden, NB. auf der Anfangsstufe; ist auch sehr lehrreich. Heft III. Blatt 7 heißt es über Konturschatten bei einem stilisierten Blattzweig: „Nach vorausgeschickter Erklärung kann den Figuren, (also die Blätter) welche man sich als leicht erhaben denkt, am Platze der Farbe durch Schattieren der Konturen ein gewisses plastisches Aussehen gegeben werden. In Wirklichkeit giebt es freilich gar keine Konturen weder verstärkte noch unverstärkte, aber beide sind entsprechende Symbole der Begrenzung verschiedener Flächen in Licht und Farbe." — Und VI. Taf. 17 heißt es: „Bei der Naturnachahmung geben sie (die Indier) dem Europäer die unschätzbare Belehrung, daß die Einheit einer verzierten Oberfläche nur beeinträchtigt wird, wenn Blumen erhaben und mit Schattierungen darauf gezeichnet sind." — Also in der einen Bemerkung leitet der Autor den Schüler an, etwas zu zeichnen, was nicht existiert, und in der andern Bemerkung führt er die Indier als "unschätzbare" Autorität gegen sich selbst — den Europäer — und seine Vorfahren an! — Auf III. Blatt 6 steht: "Stilisierte Blume", Blatt 8: "Eine streng stilisierte Blume", VI Blatt 12: "Eine streng stilisierte Lilie" und V. Blatt 3: "Stilisierte Lilie" und V. Blatt 1: "Naturalistisch stilisiertes Weinlaub" und in der Bemerkung: "naturalistisch gehaltene Blattformen." Worin nun das Wesen und der Unterschied dieser verschiedenen Stilisierungen besteht, das wird in keiner Anmerkung verraten; zuerst steht die stilisierte Blume, dann die streng stilisierte, bei der Lilie wird aber die Umkehrung beliebt; warum? Das Weinblatt wird hier "naturalistisch stilisiert" genannt, man kann es als solches ja noch erkennen und auf III. Blatt 9, wo man Klee-, Epheu- und Eichblätter sehr deutlich erkennt, heißt es in der Bemerkung: "Diese Stilisierung, obwohl nicht mehr naturalistisch, zeigt noch die Blattart." Diese Beispiele ließen sich noch sehr vermehren, die angeführten genügen, um zu zeigen, wie wir auch in den "lehrreichen Bemerkungen" hin und her geworfen werden, so daß trotz "förmlichen Studiums" keine klare und feste Vorstellung in uns aufkommen kann. Dennoch sagt der Prospekt ganz ernsthaft: "Mit unerbittlicher Logik (!) bekämpft er (der Verf.) dagegen allen Schlendrian und althergebrachte Schultheorien." Wir haben von dieser Logik so viele Proben erhalten, daß wir füglich weiter schreiten können.

Großen Wert legt unser Autor mit Recht auf die Farbe. Es ist schade, daß er auch hier wieder über das erreichbare Ziel hinausschießt. Im Prospekt heißt es: "Wo zur deutlichen Erkennung der Form verschiedene Tonabstufungen nötig sind, verzichtet der Autor zumeist auf die für Schüler und Lehrer so lästige Schraffur, greift dafür aber kühn zur Farbe. Er betrachtet dieselbe mit allen neueren Autoren einerseits als wesentliches Moment zur ästhetisch-formalen Bildung und andererseits als ein nicht mehr zu entbehrendes Förderungsmittel zum Gedeihen der verschiedenen Berufsarten. Die bestehenden Vorurteile über Durchführbarkeit des Kolorierens in der Schule — natürlich nur bei ganz guten Leistungen — werden so gründlich widerlegt, die Belehrungen über Erzeugung eines egalen, fleckenlosen Farbenauftrages sind so untrüglich, die Mittel so einfach, daß es nur des guten Willens bedarf, den Schüler den Reiz der Farben empfinden zu lassen: Die Technik wird er sich nach Überwindung der ersten Schwierigkeiten erfahrungsgemäß fast spielend aneignen." Wir treten aus voller Seele für die Farbe ein, können aber, gerade gestützt auf eine langjährige und vielseitige Praxis nicht so sanguinisch die Sache ansehen wie unser Autor. Wenn die Behandlung der Farbe in unseren Volksschulen eine so leichte und einfache Sache wäre, daß es nur des guten Willens bedürfte; dann hätten wir sie in vielen Fällen schon durchgeführt; aber wir haben hier die Mehrzahl unserer Volksschulen vor Augen, die ein-, zwei- und dreiklassigen, die 60—100 Schüler in derselben Klasse vereinigt haben — 23,000 einklassige Volksschulen giebt es im preußischen Staate, in denen Kindern vom 6.—14. Lebensjahre zusammen unterrichtet werden müssen. Da möchten wir doch einmal sehen, wie unser Autor sich in solcher Klasse ausstellen würde, wenn er die Unterstufe-Kinder vom 6.—9. Lebensjahre, die nach seiner eigenen Ansicht ja nicht zeichnen dürfen, weil sie noch keine "geometrischen Begriffe" haben — im Lesen und Schreiben und Mittel- und Oberstufe im Zeichnen zugleich unterrichten sollte, und uns die Durchführbarkeit des Kolorierens, den "fleckenlosen, egalen Farbenauftrag," die ganz guten Leistungen" vorführen sollte. Ehe wir das nicht von ihm gesehen haben, müssen wir alle seine gegenteiligen Behauptungen für gutgemeinte Redensarten halten. Von einer gründlichen Widerlegung sogenannter Vorurteile ist kein Wort enthalten in der ganzen Zeichenschule. Seine Worte über die Farbe und ihre Behandlung können Geltung haben bei kleinen Klassen, in denen Schüler einer Altersstufe zugleich unterrichtet werden, zweckmäßige Subsellien und Unterrichtsmittel vorhanden sind; wir müssen aber festhalten, daß unser Autor „einen auf bescheidene Schulverhältnisse berechneten, allgemein durchführbaren Lehrgang," an dem es nach seiner Meinung fehlt, liefern will, diese „vorhandene Lücke soll ja ausgefüllt werden ohne alle Phrase" — — also Beweis geliefert, von Worten zu Thaten übergegangen: Der Raum ist knapp, das Licht oft nicht genügend, die Subsellien schmal, die Klasse gefüllt, mindestens drei Abteilungen müssen zu gleicher Zeit unterrichtet werden; die Leute sind arm, haben genug zu thun um sich und ihre Kinder notdürftig zu ernähren und zu kleiden, und bringen mit Not und Mühe die wenigen Groschen für einige Schreibhefte auf: — diese Leute sollen nun Zeichenpapier, Zeichenbrett, Schiene und Dreieck, Zirkel, Ziehfeder, Pinsel, Farben, Farbennäpfchen, Wassergläschen, Fließkarten zum Abtrocknen, Schwamm zum Abwaschen — — — wie teuer im ganzen? — anschaffen! — Das sind keine „Vorurteile", das sind reale Verhältnisse, wie sie in vielen Tausenden Schulen vorkommen; da mögen die Lehrer noch so viel Begeisterung für die Farbe haben, die Schüler noch so sehr den Reiz empfinden; die ungünstigen Verhältnisse stehen da und sagen „mit unerbittlicher Logik:" Herr H.: dieser Zeichenlehrgang paßt nicht für unsere bescheidenen Schulverhältnisse. — Es hat schon mancher vom sichern Port seiner Stellung als Fachzeichenlehrer und erfüllt von Begeisterung für sein Fach Forderungen gestellt, (die an sich schön

sein mögen, aber bei den „bescheidenen Schulverhältnissen" nicht durchführbar sind), den Volksschullehrern Mangel an Interesse und gutem Willen vorgeworfen,\*) aber ich habe noch niemals erlebt, daß einer dieser Herren sich freiwillig in eine so schwierige Klasse gestellt und uns nun mit der That gezeigt hätte, wie hier der Zeichenunterricht mit gutem Erfolg zu betreiben sei; wohl aber habe ich wiederholt von solchen Herren die Worte gehört: „Bei solchen Verhältnissen ist überhaupt nichts zu machen." Das ist aber noch lange nicht unsere Meinung. Ein einfaches Zeichenheft und ein Bleistift läßt sich immer noch erschwingen und wenn alle Stränge reißen, ist noch die Schiefertafel da, da muß die Schraffierung doch heran, wo „Tonabstufungen" nötig sind. — Was wird aus der Farbe? Der Lehrer zeichnet farbige Wandtafeln und benutzt dieselben als Anschauungsmaterial, und es legt ihm niemand etwas in den Weg, wenn er privatim einzelne Schüler, die Zeit und Lust haben, auch in der Handhabung des Pinsels unterrichtet, natürlich muß er aus seiner Tasche die Mittel beschaffen. Die Zeiten, wo auf einen Wunsch aus der Gemeinde-, Kreis- resp. Staatskasse die nötigen Gelder bereit liegen, sind, nach den gegenwärtig obwaltenden Verhältnissen zu urteilen, noch sehr fern. Von den 120 Tafeln der „modernen Zeichenschule" sind 89 teilweise oder ganz in Farben ausgeführt, hierbei fällt auf, daß der Verfasser eine große Vorliebe für die Farben grün und gelb hat; auf 48 Tafeln tritt das Grün auf, teils wie den Blattformen die ganze Form deckend, teils in Verbindung mit anderen Farben; Gelb (in verschiedenen Nüancen) tritt teils

---

\*) Vergl. C. Menard, der Zeichenunterricht in den preuß. Lehrerseminaren und Volksschulen. Ein offenes Wort zur Abwehr ungerechtfertigter Angriffe und zur sachlichen Klarstellung. Direkt vom Verf. 60 Pf. bar, durch jede Buchhandlung 80 Pfg.

allein, teils mit anderen Farben in Verbindung in 60 Tafeln auf; namentlich ist die Verbindung Grün mit Gelb auffällig. Taf. 19 IV und 19 VI sind sogar die beiden „antiken Töpfe" auch gelb und grün angestrichen, während er doch V Nr. 10 diejenigen Farben, welche die Griechen bei ihrer Vasenbemalung allein zuließen, richtig angegeben hat. Gelb und Grün ist eine Verbindung, die schon beim ersten Anblick unangenehm wirkt, bei öfterem und längerem Betrachten aber geradezu abstoßend wird. O. Rood nennt in seiner „modernen Farbenlehre" S. 304 „Gelb mit Grün eine schlechte Kombination," „Gelb mit Blaugrün eine der abscheulichsten Kombinationen;" Brücke urteilt ebenso, und Häuselmann führt in seiner „populären Farbenlehre" diese Verbindung überhaupt nicht unter den brauchbaren an. Es ist unbegreiflich, wie unser Autor eine solche Kombination so häufig anwenden kann. Auch die Verbindungen Gelb und Blau, Grün und Blau, die wenig brauchbar sind, treten öfter auf. — Die schönsten Muster farbiger Ornamentik finden wir in den vortrefflichen Sammlungen von O. Jones, Racinet, Andel, Zahn, Fischbach; auf diese verweist uns auch Brücke in seiner Farbenlehre. Sie bieten nur klassische Muster aus allen Stilepochen, keine eigenen Kompositionen und Farbenzusammenstellungen wie unser Autor. Man lege seine Tafeln neben jene Sammlungen, vergleiche beide öfter und längere Zeit, und man wird sagen, daß unser Autor auch in seinen Farbenharmonien nicht glücklich gewesen ist. Ob auch in diesem Falle die Scheu vor „abgedroschenen" Farbenkombinationen ihn zum „Selbsterfinden" getrieben hat, um an Stelle „dilettantischer Nachahmungen früherer Kunstepochen" Originalkompositionen zu setzen, vermögen wir nicht zu entscheiden. Leider können wir auch seine Originalfarbenharmonien nicht gebrauchen. Einen Augenblick müssen wir bei der Bemerkung „die Belehrungen über Erzeugung eines egalen, fleckenlosen Farbenauftrags sind so untrüglich ꝛc." verweilen. Wir meinen, eine solche „untrügliche" Anweisung läßt sich schriftlich ebensowenig geben, wie eine Anweisung zum richtigen Treffen der Tonhöhe (zum Reinsingen), zum schönen Vortrage eines Gedichtes. Wie in den beiden letzten Fällen nur das aufmerksame Hören eines schönen Vortrags, eines richtig gesungenen Tones mit Erfolg zur Nachahmung reizt, so auch bei der darstellenden Kunst nur das Sehen, das aufmerksame Anschauen dessen, was vorgemacht wird. Das gesteht unser Autor auch indirekt zu, wenn er IV. Taf. 5 sagt: „Die Technik des Federzeichnens (Ausziehen der Konturen mit der Feder und Tusche II. 2, 3, 6) wird leichter gelehrt als beschrieben;" ebenso hätte er sagen müssen: die Erzeugung eines egalen, fleckenlosen Farbenauftrages wird leichter gezeigt, als durch Belehrungen erreicht. Das wird jeder zugeben, der mit Farben gearbeitet hat, das einmal gut Vormachen besser ist, als zehnmal mit Worten Beschreiben. Eine „untrügliche Belehrung" mit Worten ist also nicht möglich, das liegt im Wesen der darstellenden Kunst begründet. Was soll es nutzen, wenn III. Taf. 9 gesagt wird: „Die ganze (?) Kunst, jede (?) beliebige Farbe fleckenlos aufzutragen, besteht darin, daß man die ganze Bildfläche mit dem Wasserpinsel wasche und abtrockne und die Farbe dünnflüssig (alle Farben? Deckfarben auch?) mit gleichmäßig gefülltem Pinsel in breiten Strichen auftragen." Von gleicher Wirkung wäre die kürzere Formel gewesen: Die ganze Kunst besteht darin, daß man die Farbe egal und fleckenlos aufträgt. — Den gleichmäßig gefüllten Pinsel und die breiten Striche kann ich doch nur anwenden, wenn ich eine möglichst große und ganzrandige Fläche mit Farbe überziehen soll; wenn ich aber sehr fein zerteilte Blätter, reich verschlungene Ornamente mit verschiedenen Farben kolorieren soll, da muß ich vorherrschend mit der feinen Pinselspitze zeichnen, sicher und schnell, hier Farbflüssigkeit stehen lassen, um schnell kleine Partien des Ornaments nachzuholen, dort schnell Flüssigkeit aufsaugen mit dem leeren Pinsel oder mit Fließpapier u. s. w., von breiten Strichen mit gefülltem Pinsel kann ich da keinen Gebrauch machen. Hier ist ein tüchtiger Lehrer, der gut vormachen kann, unentbehrlich. Eine andere Generalanweisung, welche der obigen zum Teil widerspricht, steht V. Taf. 11: „Wenn der Farbenauftrag nicht gelingen, der Ton zu dunkel oder nicht klar und durchsichtig ausfallen sollte, so ist die Zeichnung ohne weiteres mit reinem Wasser abzuwaschen und zu retuschen. Man wäscht lieber wiederholt ab, als ein unschönes Kolorit zu haben. Eine Beschädigung des Papiers oder der Zeichnung tritt nicht ein, wenn man reinlich damit umgeht und das Papier mit dem Schwamm nicht aufreibt." Dieselbe Thatsache wird auch V. Taf. 4, VI. Taf. 8, 15, 16 („Sollte das Bild flecken und die Farbe nicht ganz rein ausfallen" ıc.) zugestanden und V. Taf. 4 werden Violett, Grün, Blau als solche Farben bezeichnet, die beim zweiten Auftrag leicht flecken. Wir sehen also, daß III. Taf. 9 noch lange nicht die „ganze Kunst" ausgeben kann, „jede beliebige Farbe fleckenlos aufzutragen," denn fünfmal gegen einmal giebt Verf. zu, daß der Auftrag fleckig werden kann. Auch sein Radikalmittel „ohne weiteres abwaschen" hilft nicht immer, denn VI. Taf. 16 wird noch der Rat gegeben, daß, wenn trotz wiederholten Abwaschens und Neuauftragens Violettbraun mißraten sollte, dann Deckbraun zu nehmen sei. — Hier zeigt sich wieder so recht die Art und Weise unseres Verfassers: Zuerst wird die Sache als ungeheuer leicht hingestellt, dann aber wirft uns einen Stein nach dem andern in den Weg, so daß wir vor lauter Schwierigkeiten nicht vorwärts kommen können, und das soll

nun eine „untrügliche Belehrung" sein! Der Regel „ohne weiteres abwaschen" stehen auch große pädagogische Bedenken entgegen. Wir stellen dies Abwaschen auf gleiche Stufe mit dem Radieren beim Schreiben und Ausreiben beim Zeichnen. Man denke sich also: Sollte ein Wort nicht schön geschrieben sein, so radiere man ohne weiteres, man radiert lieber wiederholt, als daß man ein unschönes Wort stehen läßt — ebenso beim Zeichnen. In diesen beiden Punkten besitzen die Lehrer soviel praktische Erfahrung, daß sie solch einen Rat sofort verwerfen werden. Mit dem Abwaschen steht es aber gerade so; der Meister darf es thun, der Schüler nicht, wenn's dennoch nötig ist, muß es eben der Lehrer für den Schüler machen. Aber auch von rein künstlerischem Standpunkt ist diese Radikalregel anfechtbar. Man hat z. B. ein Ornament, in dem sechs verschiedene Farben vorkommen, fünf Farben sind beim Auftragen gut geraten, die sechste nicht; also muß die ganze Fläche abgewaschen werden; beim zweiten Auftrag gerät nun eine andere Farbe nicht, also abermals abgewaschen — u. s. w. Das mag der Künstler thun, er mag abwaschen, so oft er es für nötig hält, hier handelt es sich aber um Schülerarbeiten unter „bescheidenen Verhältnissen," sind wir durchaus gegen das permanente Abwaschen, weil das Endergebnis unfehlbar eine unschöne Arbeit liefert. Man korrigiert die mißratene Stelle so gut es eben möglich ist und läßt dann lieber den Schüler eine neue Zeichnung beginnen, in der er die gemachten Fehler von vornherein zu vermeiden sucht; wir machen es beim Schulunterricht in allen andern Fällen ebenso. Ein zweiter Übelstand dieser „untrüglichen Belehrungen" liegt in der Ungleichheit, mit welcher die einzelnen Farben in den einzelnen Heften behandelt werden. Da nun aber „jedes einzelne Heft für sich ein Ganzes bilden soll, um als solches für die entsprechende Schulstufe bezogen und verwendet werden zu können," so mußten auch die Bemerkungen über die Farben in jedem Hefte so vollständig sein, daß sie für alle vorkommenden Farben genügten. Im I. Heft sind die 4 letzten Tafeln farbig, aber ohne jede Bemerkung über Farben, in den andern Heften sind die Bemerkungen sehr ungleich verteilt, vieles ist doppelt bis zehnfach gesagt, manches ganz übergangen worden. Wie schon bemerkt, sind Gelb und Grün diejenigen Farben, die am meisten Verwendung gefunden haben, danach Rot und Blau; Gold ist nur sehr spärlich angewendet V. 18, VI. 7, 8, 17) und zweimal ist angegeben, wie es aufgetragen wird. Das Gelb ist am besten weggekommen, unser Autor unterscheidet zwischen Gelb und Gelbbraun, für ersteres wendet er Gummigutt an, für letzteres gebrannte Siena, dazwischen stehen gelber Ocker und Goldocker; diese Pigmente werden vielfach untereinander gemischt; Gummigutt wird siebenmal, gebrannte Siena zehnmal, gelber Ocker sechsmal, Goldocker zweimal und Gelbbraun neunmal genannt und dessen Entstehung („ein Gemisch von gelbem Ocker mit gebrannter Siena") fünfmal angegeben, öfter auch die andere Bemerkung „ein Gemisch von Gummigutt und gelbem Ocker" oder „Gummigutt mit Siena," dazu noch „schwache Sienalösung — gelblicher Farbenton — Goldgelb — schönes Gelb — das bekannte Gelb — leichtes Gemisch von Gummigutt und Siena — das Gelb sieht giftig aus." Bei 31 Tafeln, auf denen Gelb (Gummigutt) vorkommt, ist zwölfmal die Farbe genannt, 19 mal nicht genannt, und bei 29 Tafeln, auf denen Siena (resp. Gelbbraun) vorkommt, ist 13 mal die Farbe benannt und 16 mal nicht benannt. Bei 60 Tafeln mit Gelb ist 25 mal die Farbe benannt, 35 mal nicht benannt und mit Einschluß von Gold finden fünf verschiedene Pigmente Verwendung. Die zweite Farbe, die häufig Verwendung findet, ist das Grün, wir treffen es auf 48 Tafeln an. Gelb ist eine Farbe, die sich gut aufträgt, Grün eine Farbe, die sehr schwierig zu behandeln ist, wie Verf. eben ausdrücklich angegeben hat. Wenn nun schon Gelb, die leicht zu behandelnde Farbe, eine so eingehende Berücksichtigung gefunden hat, so wird Grün, die schwierig zu behandelnde Farbe gewiß noch viel eingehender bedacht sein — so schließen wir, allein weit gefehlt, von den 48 Tafeln, die Grün enthalten, sind nur sechs mit einer Bemerkung versehen, 42 aber ohne jegliche Bemerkung geblieben. Grün tritt zuerst II. Taf. 8 auf, dort heißt es: „Fig. 5 u. 6 ganz mit Gelbgrün untermalt und ein sattes Grün als Stilisierung der Farbe aufgetragen," was für grüne Pigmente hierzu verwendet werden sollen, wird nicht gesagt. Taf. 10 werden alle Farben außer Grün genannt, erst auf Taf. 17 heißt es: „Gelbgrün ist ein Gemisch von Gummigutt und Preußischblau" und Heft IV. Taf. 8: „Das Grün aus Preußischblau mit Ocker oder auch aus Preußischblau mit Siena." In Heft VI sind auf Taf. 1 alle anderen Farben sehr genau angegeben, nur Grün, das die größte Fläche einnimmt, ist nicht einmal genannt, auf Taf. 2 stehen 5 große grüne Blätter an einem grünen Stengel — über Grün ist nichts bemerkt, und doch heißt es auf Taf. 3: „Grün wie bei Taf. 2" und auf Taf. 4, wo ebenfalls 10 grüne Blätter und Blättchen an 2 grünen Stengeln sitzen: „Die Farbentechnik ähnlich wie bei Taf. 1," wo aber über Grün nichts gesagt ist. Vielfach tritt ein Graugrün und Blaugrün auf, nur auf Taf. 10 Heft IV heißt es: „Blaugrün oder Grünblau, welches sich in beliebigem Ton aus Preußischblau und gelbem Ocker mischen läßt und zwar ebenso gut auf dem Papier durch Übergehen der einen Farbe mit der andern, als durch

III. Abteilung. Litterarischer Wegweiser.

direkte Vermengung in der Farbenschale." — Wir werden also bei Grün nur auf die Mischung dieser Farbe aus Blau und Gelb angewiesen und alle die schönen frischen grünen Pigmente (Smaragdgrün, grüner Zinnober, Chromgrün, Permanentgrün, Preußischgrün ꝛc. ꝛc.), die in Stücken oder feucht in Tuben zu beziehen sind, bleiben unbeachtet. Nun weiß aber jeder, der Farben mischt, daß sich namentlich die grünen Farben nach der Mischung leicht in ihre Elemente trennen, schon im Napf, auch im Pinsel unter dem Strich, aber mehr noch, die Mischung bekommt leicht einen trüben grauen Ton. Schreiber sagt in seiner Farbenlehre S. 21: Hat man es aber unternommen, die Töne — — — aus jenen drei Grundfarben zusammenzusetzen, dann wird sich bezüglich der Frische und Energie des Tones ein merklicher Unterschied zu Ungunsten der Mischfarbe gegen das chemische Produkt ergeben." Und Häuselmann ist derselben Ansicht (Farbenlehre S. 61) — — — „indem die chemischen Produkte in vielen Fällen der mechanischen Zusammensetzung vorzuziehen sind." Die bescheidenen Schulverhältnisse hier nicht in betracht kommen; wo so viele besondere Pigmente angeschafft werden müssen, sind auch 2—3 grüne Pigmente noch zu erschwingen. — Es muß auffallen, daß das schöne Ultramarinblau nur zur Mischung von „Deckbraun" verwendet wird, ebenso Zinnober. — — — So ließen sich noch eine Menge sehr begründete Ausstellungen machen, wir müssen leider abbrechen und bemerken, daß wir auch diese „untrüglichen Belehrungen" nicht als solche können gelten lassen. Nun kommen wir zum Schluß noch auf zwei für Zeichenlehrer und die Volksschule und ihre Lehrer sehr ernste Thatsachen. Die erste Thatsache betrifft die zahlreichen und überaus günstigen Recensionen des Werkes. — 25 günstige Recensionen sind dem Prospekt beigefügt.

Da lesen wir 1. „Ich kenne kein besseres Hilfsmittel" — — 2. — „sie enthält Blatt für Blatt und von Stufe zu Stufe nur Formen von wirklich ornamentaler Anlage" — 3. wird die „methodische Anordnung" gerühmt — 4. — sie bietet sich „als etwas Ausgezeichnetes" dar — 5. — „ein wirklich schönes Zeichenwert" — 6. „ein außergewöhnliches Werk" — 7. „ein großartig angelegtes Werk" — 8. ein „vorzügliches Lehrmittel" — und so geht es weiter. — Alles mit wenigen Zeilen kurz und bündig gesagt, als ob sich solch eine Arbeit im Handumdrehen beurteilen ließe. Da müssen wir dem Autor recht geben, wenn er verlangt, seine Arbeit solle „förmlich studiert" werden. Haben die geehrten Herren Recensenten diesen Rat befolgt? Und wenn sie ihn befolgt haben, sind ihnen die Mängel, Lücken und Widersprüche verborgen geblieben? Es ist allerdings eine mühselige, zeitraubende und sehr undankbare Arbeit, solch ein Werk nach allen Richtungen hin bis ins einzelne zu prüfen an der Hand bewährter Theorie und Praxis; wenn aber diese Prüfung zu einem negativen Resultat führt, dann soll der Recensent auch den Mut besitzen, seine mit Gründen belegte Meinung deutlich zu sagen und nicht den 25 sich als 26. anschließen. Unter den Recensionen sind auch solche enthalten, die besonders die elegante und schöne äußere Ausstattung hervorheben; dieselbe verdient auch alle Anerkennung, aber es wäre hierbei in Erwägung zu ziehen, ob nicht durch Darstellung der Formen in halber Größe und durch bessere Ausnutzung des Raumes der Preis auf die Hälfte hätte reduciert werden können, dabei hätte weder die Deutlichkeit noch die Schönheit der Darstellung gelitten und die Anschaffung wäre erleichtert worden. — Sprechen wir es nur aus, diese schöne äußere Ausstattung hat in erster Reihe die günstigen Recensionen hervorgerufen.

Man nimmt die Mappen zur Hand, wirft einen Blick auf den Prospekt oder etwaige Recensionen, blättert Blatt für Blatt um und läßt die Tafeln auf sich wirken, ist man am Ende, so heißt es — — „wirklich ein ganz prächtiges Werk!" Einige Sätze aus dem Prospekt, etwas Eigenes von methodischer Anordnung, schönen Formen und Farben, wird hinzugethan und die Recension ist fertig. Was fängt nun ein Volksschullehrer, dem es wirklich um ein für seine Schulverhältnisse brauchbares Zeichenwerk zu thun ist, mit einer solchen Recension an? — Das beste Mittel wäre, daß in unseren einklassigen Schulen wirklich nach Häuselmanns moderner Zeichenschule unterrichtet würde; da würde sich nur zu schnell zeigen, daß statt des Brotes, welches die Volksschule haben muß, ihr nur ein glänzender Stein gegeben ist. Das „vorzügliche und großartige Lehrmittel" wird stillschweigend zur Seite gelegt. So ist es bisher noch mit allen Lehrmitteln ergangen, die von außen her der Volksschule als ein Pfahl ins Fleisch gestoßen wurden. Und damit kommen wir auf den zweiten Punkt: Dem Zeichenunterricht in der Volksschule kann nur geholfen werden, wenn man zuerst das Wesen und die Aufgabe der Volksschule ins Auge faßt und daraus den Lehrplan (das Lehrplansystem) entwickelt. Der Stoff, den die Volksschule zu vermitteln hat, ist durch die Kulturentwicklung gegeben; ebenso die Glieder desselben (Unterrichtsdisciplinen). Wir haben uns weiter über das Wesen und die Aufgabe jedes einzelnen Unterrichtsgebietes Klarheit zu verschaffen, dann zu untersuchen, in welchem Verhältnis die einzelnen Teile zum Ganzen stehen, und ferner, in welchem Verhältnis die Unterrichtsdisciplinen unter einander stehen, daraus ergiebt sich die Stellung des Zeichenunterrichts im Lehrplan der Volksschule. — Ist so Stoff und Aufgabe des Zeichenunterrichts bestimmt, dann erst kann die Methode des Zeichenunterrichts festgesetzt werden. Erstes Moment der Methode liegt im gegebenen Stoff, zweites Moment in dem zu unterrichtenden Schüler, in der Art und Weise, wie die menschliche Seele überhaupt thätig sein kann — dies ist das Hauptmoment und ein drittes mehr untergeordnetes, aber darum doch nicht gering anzuschlagendes Moment liegt in den lokalen Verhältnissen jeder einzelnen Schule. — Also vom Standpunkt des Lehrplans aus ist die Zeichenfrage anzufassen und zu lösen; bisher aber haben wir vergeblich gewartet auf diese einzig richtige und für die Volksschule allein ersprießliche Lösung durch die Herren Fachzeichenlehrer. Wenn diese Herren sich nicht auf den pädagogischen Standpunkt stellen können und wollen, sondern fortfahren, den Zeichenunterricht für sich, losgelöst aus dem Zusammenhange mit den übrigen Unterrichtsfächern und der Aufgabe der Volksschule, ausschließlich nach ihrem Fachsystem zu bearbeiten, und nun das Heterogene dem Schulunterricht aufpropfen wollen, dann schädigen sie die Volksschule und den Zeichenunterricht, dann haben die Lehrer der Volksschule aufs entschiedenste Front zu machen gegen solches Verfahren. Und weil Herr Häuselmann diesen von uns für falsch und verderblich gehaltenen Weg eingeschlagen hat, darum müssen wir seine „moderne Zeichenschule" trotz der glänzenden Ausstattung und trotz einzelner schöner Muster als Ganzes ablehnen. Die Grundsätze, nach denen ich den Zeichenunterricht in stofflicher und methodischer Hinsicht aufbaue, sind in ausführlicher Weise in dem bereits angezeigten Werk: „Der Zeichenunterricht in der Volksschule ꝛc. von E. F. W. Menard — — dargelegt und der öffentlichen Beurteilung dargeboten. Auf diesem Standpunkt bleibe ich stehen, bis ich mit hellen, klaren Gründen eines Bessern überführt werde. — Die Wahrheit wird doch siegen.

# Evangelisches Schulblatt.

September 1887.

## I. Abteilung. Abhandlungen.

### Zur Katechismus-Frage.

Zugleich Anzeige der neusten katechetischen Schriften von **Maaß**, **Kaulbach**, **Fricke**, **Knoke**, **Schumann**, **Frädrich-Zauleck**, **Leimbach**, **Schmidt**, **Jensen**, **Schultze**.

Von Dr. G. v. Rohden, Pfarrer in Helsingfors.*)

II.

Durch die in dieser Zeitschrift ausgesprochenen Warnungen (vergl. 1885 Nr. 15, 16, 1886 Nr. 11) vor der planlosen Überproduktion auf katechetischem Gebiet ist natürlich der breite Strom der Katechismuslitteratur in keiner Weise gehemmt worden. Es ist das auch nicht zu erwarten, solange nicht die Mehrzahl der pädagogischen Fachblätter sich vereinigt, statt der oberflächlichen „wohlwollenden" Anzeigen in eine wirkliche Prüfung der Sachlage einzutreten und die Gründe der Katechismusnot zu untersuchen. Daß eine solche mehr oder minder bewußt allenthalben gefühlt wird, das scheint uns eben aus dem massenhaften Angebot immer neuer Versuche auf diesem Gebiete hervorzugehen. Wir glauben nun, wie schon in den beiden vorigen Aufsätzen (a. a. O.) begründet wurde, der Sache nicht besser dienen zu können, als indem wir in dieser anwachsenden Litteratur immer aufs neue auf die überlieferten Fehler der scholastisch-dogmatisierenden Katechismusbehandlung den Finger legen und den mehr und mehr hervortretenden Besserungsversuchen mit der größten Aufmerksamkeit folgen. Mit Hinblick auf die früheren ausführlichen Besprechungen und nähere Begründung unserer Kritik der hergebrachten katechetischen Methode (a. a. O.) glauben wir uns nunmehr in Bezug auf die einzelnen uns zur Anzeige vorliegenden Schriften kurz fassen zu dürfen, um die Leser nicht mit endloser Vorführung derselben Fehler allzusehr zu ermüden.

1. B. Maaß, kgl. Regier.- u. Schulrat. **Auslegung des kleinen Katechismus Luthers** zum Gebrauche für Lehrer, Seminaristen und Präparanden. Breslau, F. Hirt. 1886, 184 S. Preis 2 M.

Dies Buch bietet eine der besten, brauchbarsten Zusammenstellungen dessen,

---

*) Vergl. Schulbl. 1886, S. 401 ff.

was die überlieferte Katechismusbearbeitung bisher geleistet hat. Aus diesem Grunde verdiente es hier eigentlich eine ausführliche Besprechung, wir müssen aber unter Hinweis auf die eingehenden Anzeigen ähnlicher, wenn auch nicht so guter Arbeiten wie von Poppe (Schulblatt 1885, S. 375), Bodemann (1886, S. 405) u. a., darauf verzichten. Bei Maaß macht sich der „praktische Schulmann" geltend, der ohne Anspruch auf Originalität seinen jungen Lehrern ein brauchbares, klares, wohlgeordnetes und schulmäßig verarbeitetes Material in kürzester Zusammenfassung für ihre Versuche bieten will. Wir glauben es ihm gern, wenn er seine Auslegung als „Frucht einer langjährigen Unterrichtsarbeit" eine „praktisch erprobte" nennt. Wie steht es aber mit dem Verfahren selbst?

Als Hauptgesichtspunkt für seine Bearbeitung stellt Maaß auf: „Das Verständnis des Textes ist überall unmittelbar aus Luthers Erklärung zu schöpfen. Daher ist diese der eigentliche Lehrtext für den Unterricht und dieser Auslegung überall sofort zu Grunde gelegt." Wir verstehen die Logik dieses „Daher" nicht recht. Wird das Verständnis der sog. Hauptstücke aus Luthers Erklärung geschöpft, so wird damit doch wohl vorausgesetzt, daß dieselben wirklich durch Luthers Erklärung verständlich erklärt werden; wie kann man diese doch einleuchtende Annahme durch ein „Daher" so völlig umkehren, daß nun Luthers Auslegung ohne weiteres nicht mehr erklären, sondern erst der Erklärung „zu Grunde gelegt," d. h. mit allen Mitteln der Schulkunst analysiert, „entwickelt," nach ihrem Wortlaut breit getreten werden soll?! Gern wollen wir es anerkennen, daß Maaß sich wirklich auf den von Luther an die Hand gegebenen Stoff beschränkt und nicht nach bekannten, traurig-berühmten Mustern die ganze Dogmatik in die Katechismusauslegung hineinzuzwängen sucht; aber zu welchem Mechanismus der Worterklärung veranlaßt diese sklavische Bindung an Luthers Text! Welche Sinnlosigkeit, vor Kindern Luthers schönes „und ein jeglicher sein Gemahl liebe und ehre" nach allen Regeln der Kunst gründlich zu traktieren (S. 40 f.)! Wir können hier nur auf das zurückweisen, was wir früher im Anschluß an Cremers Grundsatz: „In die tiefere Erkenntnis wird nicht durch Worterklärung der Katechismusantworten hineingeführt" (a. a. O.), über diesen wichtigen Punkt ausgeführt haben. Wir freuen uns ungemein, von Generalsuperintendent Schultze in seinen katechetischen Bausteinen denselben Protest ausgesprochen zu sehen! „Der Katechismus will doch in erster Linie erklären, nicht aber erklärt werden; das, dünkt mich, ist unbestreitbar, so paradox es manchem fürs erste erscheinen mag; aber es muß auch der beherrschende und durchschlagende Gesichtspunkt für seine Behandlung sein" (S. 1). Als praktischer Schulmann fühlt Maaß doch wohl, welche Gefahr für die Gesamtauffassung durch diese fortlaufende Zerkleinerung des Lutherschen Textes sich nahe legt; er sucht der Auflösung in lose Gedanken-Fragmente durch Zusammenfassungen der Ergebnisse und Übersichten nach jedem Abschnitt entgegenzuarbeiten, wird es aber auch durch diese Mittel nicht verhüten können, daß die Schüler wie bei allen derartigen Katechismuserklärungen nur „die Teile in der Hand" haben und „das geistige Band" nimmer finden.

Maaß stellt (S. IV) ferner den Gesichtspunkt auf: „Das Notwendige ist in schulmäßiger, also elementarisch entwickelnder Form dargestellt;" also schulmäßig deckt sich mit „entwickelnd", in dem bekannten Sinne dieses Begriffs, daß eine gegebene Reihe von Vorstellungen und mehr oder weniger abstrakten dogmatischen Gedanken nacheinander entwickelt werden. Das ist wohl „schulmäßig" im Sinne von „scholastisch", d. h. der Übung der früheren Theologenschulen gemäß, aber für unsere Volksschulen und unsern Konfirmandenunterricht ist es gewiß das denkbar unlebendigste und unfruchtbarste Verfahren. Es wird auch nicht viel gebessert, wenn man mit Maaß „unter den für die Auslegung verwendeten Lehrstoffen die biblische Geschichte in den Vordergrund" stellt (S. IV). Wohl ist es ein Fortschritt, daß jetzt nicht mehr so leicht ein Katechet wagen darf, ohne mehr oder minder intensive Heranziehung der biblischen Geschichte seinen Katechismus zu traktieren. Aber es liegt auch eine Gefahr darin; man beschwichtigt nämlich durch diese Anwendung der biblischen Geschichte sein pädagogisches Gewissen und wähnt genug gethan, die dogmatischen Abstraktionen „anschaulich" gemacht zu haben, wenn man sie auf irgend eine Weise mit einer biblischen Erzählung in Verbindung gebracht hat. Sollte wirklich dieses Verfahren, welches gegenwärtig von den meisten und berühmtesten Katecheten, wie Zezschwitz, Jaspis, Schütze (1885, S. 359 ff.), mit besonderer Ostentation und großem Raffinement von Völker (a. a. O. 377 ff.) empfohlen und geübt wird, sich als das endgültig richtige und dem Wert der biblischen Geschichte gemäße ausgeben und auch anerkannt werden, so wäre letztere besser gar nicht in den Katechismusunterricht hineingezogen worden. Denn es ist durchaus die altscholastische Methode, zu einer Reihe fertig gegebener Formeln und Dogmen die biblischen Belegstellen aufzusuchen und als Beweise geltend zu machen; es macht keinen wesentlichen Unterschied, ob diese Belegstellen nach früherer Manier nur aus abgerissenen Sprüchen bestehen, oder auch vereinzelte Erzählungen herangezogen werden, welche oft mit noch viel größerer Willkür herausgegriffen werden, als es bei den Sprüchen, den „dicta probantia", schon der Fall war und ist. Es muß dem irrtümlichen Schein entschieden widersprochen werden, als ob hierin die Begründung der Katechismuswahrheiten durch „die biblische Geschichte" bestehe, da vielmehr nur unzusammenhängende Erzählungen aus der Bibel herausgesucht und beliebig verwendet werden. Die „biblische Geschichte" ist aber nicht ein Aggregat von einzelnen „Historien", ebensowenig wie die Bibel, bezw. die heiligen Schriften eine Summe von einzelnen Sprüchen, sondern ein pragmatisch zusammenhängendes Ganzes, die allmähliche Entfaltung dessen, was Gott zum Heil der Menschen „geschehen" ließ oder offenbarte. Demnach sind die Katechismuswahrheiten auf Grund dieser Hauptgeschehnisse, dieser geschichtlichen Thatsachen, in denen sich Gottes Heilsratschluß uns kund giebt, den Schülern darzustellen, oder als „Deutung der heiligen Geschichte" (Cremer). Auf eine andere Weise können sie nicht zu einem Verständnis des Wesens der christlichen Religion gelangen. Denn diese ist nicht begründet durch Lehren über Gott und göttliche Dinge, sondern in der geschichtlichen Thatsache des Lebens und Wirkens Jesu Christi. — Was heißt nun aber für Herrn Maaß das „die biblische Geschichte in den Vordergrund stellen," wenn beim zweiten Artikel von Jesu Christi geschichtlicher Erscheinung gar keine Rede ist, wenn beim dritten Artikel die Pfingstgeschichte nur ganz beiläufig erwähnt und von der geschichtlichen Begründung der christlichen Kirche mit keinem Worte gesprochen wird?! Wie wenig kommt überhaupt auf diese Weise der Mittelpunkt der christlichen Religion, der Grund und Eckstein Jesus Christus, im Unterrichte zur Geltung. Wir glauben es gern, daß Maaß den zweiten Artikel mit nicht mehr als 25 Seiten bedenken kann, wenn er eben an die analytische Worterklärung des Lutherschen Textes gebunden ist; welch ein Gegensatz aber, wenn dem gegenüber die zehn Gebote auf 60 Seiten, dem dritten Teil des ganzen Buches abgehandelt werden; die drei Glaubensartikel zusammen nehmen gerade ebensoviel Raum ein!

Doch genug von diesem an sich so trefflichen Buche; auf Einzelheiten gehen wir aus dem oben angegebenen Grunde nicht ein. Eins nur möchten wir rügen, daß Rebekkas Betrug als Beispiel weiblicher „Selbstlosigkeit" gepriesen wird! Wie verderblich muß doch solche noch immer hier und da beliebte Beschönigung der Sünden biblischer Personen zur Verwirrung der sittlichen Begriffe bei den Kindern beitragen!

2. Die evangelische Kirche nach ihrem Glaubensgrund und Liebesleben. Ein Wegweiser für den Schul- und Konfirmandenunterricht sowie eine Mitgabe für Konfirmierte von E. Kaulbach, Pastor ꝛc. in Gnesen. 2. Aufl. Berlin, 1886. R. Gärtner.

Für den fabelhaft billigen Preis von 80 Pf. wird hier auf 157 Seiten allerdings erstaunlich viel geboten: 1. Eine Bibelkunde, 2. Belehrung über die Bekenntnisschriften, 3. Lehre des Christentums im Anschluß an Luthers Katechismus S. 45—101, 4. Unterscheidungslehren, 5. Äußere und innere Mission, 6. Kirchenverfassung, 7. Die wichtigsten Zahlen der Kirchengeschichte, 8. Die schönsten Lieder aus der Missionsharfe. 9. Gebete ꝛc. Mehr kann man nicht verlangen. Es mag in dem Buche recht viel nützliches Material gesammelt sein, durch welches nach des Verfassers Wunsch ein größerer „Teil unserer Eingesegneten" besser „soweit gefördert werden kann, an dem Leben der Kirche recht lebendigen und verständigen Anteil zu nehmen" (S. III). Von der Behandlung der „Lehre des Christentums" im dritten Abschnitt, die den dritten Teil des Buches einnimmt, kann man solche Förderung leider nicht hoffen. Es ist nichts anderes als ein konzentrierter Abriß der bekannten dogmatischen Darstellung der Glaubenslehre in Katechismusgestalt, die Quintessenz eines dogmatischen Kompendiums mit den biblischen Belegstellen unter jedem Paragraphen. Zuweilen werden auch ganz zum Schluß einige biblische Beispiele angehängt! Wie völlig Kaulbach in dem Banne der scholastischen Auffassung und Beweisführung steht, zeigt recht deutlich bei der Begründung der Kindertaufe der Satz: Es „läßt sich nicht einsehen, warum nicht auch unsere Kinder mit dem heiligen Geist die Gabe des Glaubens empfangen und demgemäß getauft werden können" (S. 96)! Also die Säuglinge haben schon den christlichen Glauben! Unter all den vom Ref. bisher durchgesehenen streng orthodoxen Katechismusbehandlungen ist Kaulbachs Buch das erste, welches diese scholastische Reliquie in unsere Zeit herüberrettet und den Kindern der evangelischen preußischen Landeskirche zur Verehrung darbietet! Ja, es berührt uns seltsam, daß Kaulbach seine Dogmatik des 17. Jahrhunderts mit dem Glaubensgrund der evangelischen Kirche identificiert und es, obwohl der Titel seines Buches etwas anderes erwarten ließe, für nötig hält, in eine scharfe konfessionelle Auseinandersetzung mit der Lehre der reformierten Kirche einzutreten (S. 112—117), wobei er unter anderem in blindem Eifer, möchte man fast sagen, gegen die reformierte Verwerfung einer Abbildung Gottes polemisiert und aus Jesu Wort: „Wer mich siehet, der siehet den Vater," die gegenseitige Erlaubnis ableitet („wir können uns von Gott recht gut (!) ein Bild machen Joh. 14, 9" S. 112). Echt scholastisch! Was würde wohl Jesus selbst zu solch einer Verwendung seiner Worte gesagt haben? — Und was mögen sich wohl Kaulbachs Schüler bei der Definition: „Der Gott der Juden und der Mohammedaner ist eine starre Einheit (S. 1) denken? Genug, der Verfasser mag es sehr redlich gemeint haben, und den Wert seiner mannigfaltigen Gaben, besonders die Anleitung zum Bibellesen mit den verschiedenen Leseordnungen, wollen wir nicht unterschätzen, aber daß sein Buch neben „zuverlässiger Auskunft über alles Wissenswerte auf dem Gebiete des Glaubens" auch einen „kräftigen Antrieb zu lebendiger Ausgestaltung desselben zu einem wahrhaft gottesfürchtigen und gottseligen Wandel" biete, das müssen wir im Blick auf diese unfruchtbare abstrakte Darstellung des christlichen Glaubens nach dem Muster der alten Dogmatiker billig bezweifeln; mag sie dem theologischen Bewußtsein immer noch entsprechen: in der Schule, im Unterricht muß endlich mit ihr aufgeräumt werden, wenn die Köpfe der Kinder nicht bloß mit unverstandenen leeren Formeln angefüllt werden sollen.

3. **Handbuch des Katechismusunterrichts** nach D. M. Luthers Katechismus; zugleich Buch der Beispiele. Für Lehrer und Prediger bearbeitet von J. H. Albert Fricke. 1. Band. Einleitung und erstes Hauptstück. Hannover, 1886. Carl Meyer (Gust. Prior). 3,80 M.

Dies ist eins von den dickleibigen gründlichen Handbüchern, welche dem Lehrer alles Material zu einer gründlichen Vorbereitung an die Hand geben wollen. Da wird auf 328 Seiten allein das erste Hauptstück behandelt. Gewiß ist sehr viel Dankenswertes und Brauchbares da gesammelt, besonders in den zahlreichen und soviel wir sehen, gut gewählten Beispielen, Anekdoten und Liederversen. Aber wie soll der Katechet auch nur einigermaßen diesen ungeheuren Stoff bewältigen? Wie viel Stunden sollen denn allein auf die zehn Gebote verwendet werden? Uns scheint, daß der Dekalog sich einer unbilligen Bevorzugung vor den übrigen Hauptstücken bei den meisten Katecheten erfreut; seine Behandlung nimmt in den Schriften und gewiß auch in der Praxis den dritten Teil, wenn nicht mehr, in Anspruch. Der Grund dafür ist entweder, daß gerade die zehn Gebote zu dem bewußten entwickelnden Verfahren am meisten reizen und die katechetischen Künste besonders begünstigen, oder daß der Lehrer am Anfang seines Unterrichts sich mehr Zeit läßt oder beides. Für den Lehrer mag dies bequem sein, **für den Schüler wirkt jedenfalls solch eine fortlaufende, ausgedehnte Behandlung der zehn Gebote, eins nach dem andern, im höchsten Grade ermüdend.** Bei diesem breitspurigen Vorgehen wird die **negative Form der Gebote** zu einer schweren Klippe; ist es richtig, den Kindern ein langes Sündenregister von all den Dingen, die sie nicht thun sollen, vorzuführen? Wenn sie da mit deutscher Gründlichkeit über alle Abarten des feineren Diebstahls, über Fälschung, Wucher u. s. w., beim sechsten Gebot über alle Einzelheiten der Unreinheit belehrt werden, kommen sie da nicht vielfach erst auf böse Gedanken? Fort also mit diesem System der Kasuistik, welches in Jesuitenschulen, nicht aber in evangelische Volksschulen hineinpaßt! Nicht als ob wir die Behandlung der zehn Gebote überhaupt verwerfen wollten; sie sind und bleiben ja ein Hauptstück unseres Katechismus. Aber sehen wir recht, so sollten die einzelnen Gebote an den passenden Stellen des biblischen Geschichtsunterrichts besprochen, ihre Erklärung in diesen Unterricht hineinverwoben werden, dagegen sollte die wiederholte fortlaufende ausführliche Besprechung im eigentlichen Katechismus-, bezw. Konfirmandenunterricht fortfallen und eine knappe, packende, gewissenschärfende Zusammenfassung des Dekalogs an die Stelle treten. Gen.-Sup. Schultze führt in der angegebenen Schrift, indem er ebenfalls gegen die „Überfülle des kasuistischen Beiwerks" namentlich beim ersten Hauptstück sich ausspricht (S. 1), den sehr beachtenswerten Gedanken aus, „die Fußstapfen Jesu als Erfüllung der heiligen zehn Gebote" im Konfirmandenunterricht statt der Dekalogerklärung zu beleuchten, und giebt dazu eine treffliche Anleitung (S. 41

bis 62). Dadurch würde auch gerade unserer Forderung entsprochen, die Person Jesu in ganz anderer Weise als bisher in den Mittelpunkt des Katechismus=unterrichts zu stellen. „Als das erste und vornehmste Bedürfnis er=scheint mir hier eine ausgiebige Verwertung der **in dem Leben Jesu und in seinem Wandel** liegenden Schätze der Erkenntnis, — freilich nicht bloß als Mittel zum Zweck, sondern um ihrer Herr=lichkeit selbst willen" (S. 40).

Was für einen Erfolg von jener gründlichen Dekalog=Behandlung verspricht man sich vollends, wenn man, wie auch Fricke mit Kaulbach und den meisten Katecheten thut, nach all dem Moralisieren zum Schluß den Schülern an den Kopf wirft: Das Gesetz ist gar nicht zum Befolgen da, wir können's ja doch nicht erfüllen, wir sollen uns nur darin spiegeln! Wohl nirgends rächt es sich handgreiflicher, daß man Luthers Katechismus in die Schnürstiefel des dogmatischen Systems einzuzwängen versucht, als an dieser Stelle, dem Übergang vom ersten zum zweiten Hauptstück! Schultze sagt darüber das treffende Wort: „Die Brücke zum zweiten Hauptstück wird bekanntlich in vielen Lehrkatechismen und auch in der kirchlichen Katechese meist so konstruiert: daß aus dem Unvermögen des sündigen Menschen, das Gesetz zu erfüllen, und aus dem Richterspruch, den es über den Schuldigen spricht, die Notwendigkeit der Erlösung erwiesen wird. Aber die Art, wie dies geschieht, leidet nicht selten an einem bedenklichen, didaktischen Fehler. (Es ist neuerdings namentlich Steinmeyer gewesen, der in seinem „Dekalog" mit Nachdruck auf diesen Mißgriff aufmerksam gemacht hat.)[*] Man hat sämtliche Gebote gründlich und mühsam, nach grobem und feinem Verstand erklärt, um dann auf die Schlußfrage: „hast du das alles gehalten?" und auf die weitere: „kann der Mensch es halten? sofort ein einfach rundes „Nein" zu erzielen; — beinah, als müßte es so sein, oder als wenn Gott von uns fordern würde, was doch niemand in Wahrheit zu leisten vermag! — und so wird schließlich, nur um das Bedürfnis einer Erlösung nachzuweisen und damit den Übergang zum „Glauben" zu gewinnen, die bindend verpflichtende Majestät des Gebots entkräftet und das Ziel aus den Augen gerückt. Das Wahrheits=moment in diesem Gedankengang wird ja niemand verkennen, der mit Paulus das Gesetz als einen „Zuchtmeister" auf Christum an seinem Herzen erfahren hat; aber wenn Speise den Starken und Milch den Schwachen gebührt, so fordert die Kinderstufe doch vor allem, daß der Stachel, den das Gesetz (als „Spiegel" der Sünde) ins Gewissen graben wollte, nicht vor der Zeit herausgezogen wird. Wie viel gesunder und pädagogischer vollzieht sich vom Gesetz zum Evan=gelium der Übergang, wenn nach Luthers genialer Gliederung das **Gesetz als Ziel und Frucht, der Glaube als Weg und Wurzel** gefaßt wird!

---

[*] Siehe darüber auch unsern Aufsatz Schulblatt 1885, S. 372.

„Hier das Gesetz: hast du es gehalten? ach nein! kann der Mensch es halten? ja, du kannst, denn du sollst! freilich kannst du es nicht aus eigenen Kräften, aber in der Kraft Gottes; und diese Kraft ist da: im Wort und Glauben findest du sie. In welchem Glauben? das soll dich nun das zweite Hauptstück lehren."

4. Ebenso protestiert auch Prof. Knoke in Göttingen in einem lichtvollen, anregenden Vortrag über Katechismusunterricht,\*) der uns ebenfalls zur Besprechung vorliegt, gegen die hergebrachte Fassung, den Dekalog ausschließlich als Sündenspiegel zu gebrauchen, als „eine gründliche Verkennung der Intentionen Luthers," da vielmehr Luther es als Ergebnis der ganzen Unterweisung durch die „drei Dinge, die einem Menschen not sind zu wissen, daß er selig werde," hinstelle, daß der Mensch „durch die Erfüllung der Gebote Gottes selig werde" (S. 15 f.). Ebenso haben auch die anderen Hauptstücke ihre „ethische Spitze," ja, sie enthalten „jedes das gesamte Christentum, nur immer in anderer Beleuchtung und Relation" (S. 18). Daraus folgt nun unmittelbar, daß Luthers Katechismus nichts weniger als ein logisches System bildet, daß also alle Versuche, aus demselben eine systematische kurze Dogmatik zu gestalten, nicht nur vergeblich und hinfällig sind, sondern auch der Eigenart und dem Wert des Lutherschen Katechismus den schlimmsten Zwang und das größte Unrecht anthun. Knoke scheut sich auch nicht, dies auszusprechen: „Man wird nicht erwarten dürfen, daß sich ein das Ganze einender Gedankenfortschritt durch die Reihenfolge der einzelnen Abschnitte zieht, der sich einer graden Linie vergleichen läßt. Die Katechismusstücke sind zu Gruppen geordnet" ꝛc. (S. 18). Ja, er macht auch das uns sehr wertvolle Zugeständnis: „Da die Ordnung des Katechismus nicht eine systematisch logische ist, ist eine katechetische Behandlung desselben, welche sich an die Reihenfolge seiner Abschnitte schließt, nicht die einzige, die möglich oder zulässig ist." (S. 23). Wenn nun Knote in richtiger, wohlbegründeter Erkenntnis dessen, was eigentlich Luther mit seinem Katechismus gewollt hat, in freier selbständiger Anschauung sich über die gäng und gäbe Katechismustradition erhebt, wenn er u. a. auch dies ausspricht: „Den Schwerpunkt der katechetischen Arbeit in die Detailmalerei der Interpretation verlegen zu wollen, ist der Irrtum, der viele Kräfte vergeblich anspannt und nur zu oft den Erfolg absorbiert" (S. 10) und damit doch einen der wesentlichsten Charakterzüge des gebräuchlichen Verfahrens verurteilt, so verstehen wir nicht recht, wie er in der Einleitung „unbedingt die katechetischen Principien" der herrschenden Methode anerkennen kann (S. 4). Wenn er selbst vor der Gefahr warnt, den Unterricht statt zu vertiefen, zu verflachen,

---

\*) Über Katechismusunterricht. Was folgt aus der Auswahl, der Anordnung und der Fassung des kleinen Lutherschen Katechismus für die katechetische Behandlung desselben? Vortrag u. s. w. von Dr. Knote; Hannover, Carl Meyer (Prior) 1886. 31 S. Preis 50 Pf.

und uns in einen schablonenmäßigen Mechanismus zu verlieren, der unser nicht würdig ist, geschweige denn des Katechismus und der Arbeit, die uns an ihm befohlen ist" (S. 5), so hätte doch wohl nicht viel Konsequenz dazu gehört, um mit dem Mechanismus der gewöhnlichen scholastischen Unterweisung samt ihren katechetischen Principien etwas principieller zu brechen.

5. Außer dem genannten Fricke'schen Werk hat dieselbe Verlagsbuchhandlung noch ein „Handbuch" unter demselben Titel, von demselben Umfang und in gleichem Geist geschrieben, herausgegeben, das von Schumann*). Sie scheint also die eigene Konkurrenz nicht zu fürchten. In der That, die beiden Bücher können sehr wohl neben einander gebraucht werden. Fricke bietet mehr eine Vorbereitung für die einzelnen Unterrichtsstunden; er ordnet den Stoff schon nach Lektionen; Schumann dagegen will in das gründliche Studium des Katechismus selbst, abgesehen von der unmittelbaren Anwendung, einführen. Und zu diesem Zwecke leistet Schumanns Werk vortreffliches. Wir haben uns darüber schon früher, als uns der erste Band, die 10 Gebote umfassend, zur Anzeige vorlag, näher ausgesprochen. (Schulblatt 1885 S. 369 ff.). Wir haben dem heute, nachdem wir die erste Lieferung des II. Bandes durchgesehen, nichts Wesentliches hinzuzufügen. Wir können es, nach den von uns dargelegten Gesichtspunkten, nur beklagen, daß soviel Fleiß, soviel Liebe für den Gegenstand, wie wir es bei Schumanns Buch unbedingt anerkennen, einer Auffassung und Darstellung der christlichen Glaubenslehre dient, welche wir als die scholastisch-dogmatisierende und darum für den Jugendunterricht verfehlte bezeichnen müssen. — Beim II. Hauptstück wird die Lehre von der Dreieinigkeit vorangestellt, obwohl Schumann Bezschwitz' Warnung vor diesem didaktischen Fehler wohl kennt. Er begründet dies mit dem Satz: „Die Aufgabe ist nicht, in der Einheit die Dreiheit, sondern in der geoffenbarten Dreiheit die Einheit zu finden". (S. 12). Wir möchten aus diesem Gedanken gerade umgekehrt folgern, daß das Geheimnis von der Dreieinigkeit, und gerade um so mehr, wenn man es keusch eben als Geheimnis behandelt, wie auch Schumann empfiehlt, erst nach der Behandlung der drei Artikel als Spitze und Krone zu nennen sei. Indem eben Schumann dasselbe als Dogma voranstellt, kann er trotz der empfohlenen Zurückhaltung doch der Versuchung nicht widerstehen, sich in der bekannten scholastischen Weise darüber zu verbreiten, die Beweisgründe und nichtssagenden Analogien, besonders aber die beliebte Formel: ‚der Liebende, der Geliebte und die wechselseitige Liebe', womit der unmittelbar vorangehenden Behauptung von der Persönlichkeit des hl. Geistes direkt widersprochen wird, — kurz all diese Scheinargumente vorzubringen, durch welche der Schüler, auch wenn er Seminarist und Lehrer ist, mehr verwirrt, als aufgeklärt und belehrt wird. Besonders in der biblischen

---

*) Handbuch des Katech.-Unterrichts nach Luthers Katechismus für Lehrer und Prediger von Dr. G. Schumann, Reg.- u. Schulrat u. s. w. Hannover, Carl Meyer (Prior) 1885. 7. Lieferung à 60 Pfg.

Begründung müßte doch ein Schumann die Unhaltbarkeit und Verfehltheit des aprioristisch-deduktiven Verfahrens erkennen. Aber es ist eben der theologische Zauberbann, die traditionelle Methode, mit der nicht gebrochen werden darf, wenn man nicht von den „Rechtgläubigen" verdächtigt werden will! Wann werden die Theologen von diesem Druck, unter dem die meisten, wenn auch ohne es oft selbst zu wissen, seufzen, erlöst werden, wann werden wir, mit Martin v. Nathusius, doch gewiß auch einem gläubigen Theologen, zu reden, aus der „scholastischen Wüste" geführt, von dem Zwang der orthodoxen Methode, dem „allergefährlichsten Irrtum der Gegenwart", befreit werden?! (M. v. Nathusius in seinem Buch „Das Wesen der Wissenschaft"\*), der Broschüre „Wissenschaft und Kirche im Streit um die theolog. Fakultäten" und in der konservativen Monatsschrift).

6. **Leitfaden für den Katechumenen- und Konfirmanden-Unterricht.** Von D. Frädrich und P. Zauleck, Pastoren u. s. w. Bremen, M. Heinsius 1885, 128 S., 80 Pfg.

Dies Büchlein bietet ähnlich wie das genannte Kaulbach'sche mannigfaltigen für den jungen Christen wissens- und verarbeitenswerten Stoff: das Wichtigste aus der Bibelkunde, Geschichte des Reiches Gottes im Alten und Neuen Bunde, Lehre vom Reiche Gottes nach den 5 Hauptstücken, das Kirchenjahr, Luthers Katechismus, Auszug aus den Bekenntnisschriften, einige Choräle und geistliche Volkslieder. Wir erklären gern, daß uns von allen diesmal uns vorliegenden Schriften dies Büchlein die größte Sympathie abgewonnen hat. Zum erstenmale, so viel uns bekannt ist, ist nämlich hier der Versuch gemacht worden, die Glaubenslehre organisch auf die Geschichte des Reiches Gottes aufzubauen, bezw. daraus abzuleiten. Es heißt nach einem elementaren Gang durch die heilige Geschichte, inkl. Kirchengeschichte (S. 5—54): „Die Geschichte des Reiches Gottes hat uns die großen Thaten Gottes zur Erlösung der sündigen Menschheit gezeigt... Unsere Erkenntnis vom Reiche Gottes würde aber unklar und lückenhaft bleiben, wenn wir nicht die Einzelheiten, die wir gelernt haben, zu einem geordneten Ganzen zusammenstellen wollten. Diese geordnete Übersicht über alles, was der Christ wissen muß vom Reiche Gottes, nennen wir die Lehre vom Reiche Gottes. Wir brauchen uns diese Lehre nicht selbst zusammenstellen. Wir besitzen dieselbe in unserm Katechismus." (S. 55). Das ist doch einmal ein energischer Anlauf gegen den scholastischen Bann! Freilich die Festung fällt nicht durch den ersten Angriff; Frädrich-Zaulecks Versuch kann noch nicht als ein geglückter bezeichnet werden. Wir glauben nicht, daß durch eine leitfadenmäßige Übersicht über die gesamte Reichs-

---

\*) Wir ergreifen gern die Gelegenheit, die Leser des Schulblatts auf dieses sehr interessante, leicht lesbare und lehrreiche Buch von Pastor v. Nathusius in Barmen aufmerksam zu machen. Es wird da die einzig mögliche Methode für alle exakte Wissenschaft, die induktiv-empirische auch auf die Theologie angewendet und mit den Vorurteilen der herrschenden Scholastik gründlich aufgeräumt.

Gottesgeschichte hinreichend klare und tiefe Vorstellungen von der Bedeutung der behandelten Ereignisse erzielt werden können, daß vieles eben gewöhnlicher toter Datenstoff bleiben wird. Daß aber bei aller Lehre von geschichtlichen Momenten, diese möglichst klar und konkret zur Anschauung gebracht werden muß, ist uns gewiß, und darum begrüßen wir Frädrich-Zauleck's Arbeit mit großer Freude, weil sie geeignet ist, diesen Grundsatz zur weiteren Anerkennung bringen zu helfen. Bei ihnen tritt doch einmal die geschichtliche Erscheinung Jesu Christi lebendig in den Vordergrund, wenn allerdings auch die „Lehre" von Christus wieder nach dem hergebrachten theologischen Schema abgehandelt wird. Es sind aber die dogmatischen Spitzfindigkeiten und Abstraktionen, die leeren Begriffe meist mit Glück vermieden, die 10 Gebote, die drei Artikel, das Vaterunser, werden knapp, in zusammenhängender Form und faßlich durchgesprochen. Wir halten somit von den vorhandenen kurzen Konfirmandenbüchlein das Frädrich-Zauleck'sche für eins der brauchbarsten. Nur müßte zur praktischen Brauchbarkeit der Herr Verleger auch das Seinige thun und für einen haltbaren Einband sorgen, denn ein nach kurzem Gebrauch zerfetztes Buch in den Händen der Schüler zu sehen, ist nicht angenehm.

7. **Leitfaden für den evangelischen Religionsunterricht in höheren Lehranstalten.** Herausgegeben von Karl L. Leimbach, Lic. theol., Direktor u. s. w. Hannover, Carl Meyer (Gustav Prior) 1885. 260 S. Preis 1,80, geb. 2 Mk.

Es wäre sehr interessant, sich mit einem derartigen ‚Leitfaden' für den ‚höheren' Religionsunterricht, der besten einem, gründlicher auseinanderzusetzen, um den Betrieb des Religionsunterrichts auf unseren höheren Schulen etwas näher zu beleuchten. Dies liegt aber außerhalb unserer augenblicklichen Aufgabe. Wir können daher nur kurz bemerken, daß uns die gewaltige Anhäufung von ‚Lehrstoff', wie sie auch Leimbachs Leitfaden darbietet, gerade bei der religiösen Unterweisung sehr bedenklich erscheint. Besonders tritt das in der sog. Kirchengeschichte hervor. Die Schüler werden da überhäuft mit einem Notizenkram, mit Daten, Namen, leeren Begriffen und Definitionen, und es kann höchstens **Papageienbildung** erzielt werden, wenn nicht Widerwille gegen die heilige Sache, welche diese Last toten Stoffes tragen und mit ihrem erhabenen Namen decken muß, erzeugt wird. Dieser Vorwurf trifft natürlich nicht Dr. Leimbach an sich; er ist ja durch die Prüfungsvorschriften u. s. w. gebunden; ebenso ist dies Gebrechen ja nicht dem Religionsunterricht eigentümlich; der Geschichts- und besonders der Litteraturunterricht wird ja an den meisten Schulen in der Hauptsache als Einübung von „Stoff" und hohler **Verbalismus** betrieben. Wohl aber müssen wir es bedauern, daß ein Mann wie Leimbach, dieser Vorkämpfer für die Pflege des christlichen Wesens und Lebens in unseren Schulen, nicht der Erkenntnis mit größerer Deutlichkeit Ausdruck und Anwendung giebt, daß der Verbalismus der schlimmste Feind der religiösen Unterweisung ist. Was besonders den Katechismus- und dogmatischen

Stoff in seinem Leitfaden betrifft, so fehlt jeder Fingerzeig für eine anschauliche, lebendige, besonders auch geschichtliche Auffassung und Darstellung der abstrakten Gedankengänge; namentlich aber ist jeder Versuch einer organischen Verbindung und Konzentration des Stoffes zu vermissen; die verschiedenen Reihen von Bibelkunde, Katechismus, Kirchengeschichte gehen völlig unvermittelt nebeneinander her. So wird demnach der Durchschnittslehrer, welcher Leimbachs Leitfaden zu benutzen hat, sich schwerlich anders als in den ausgefahrenen Geleisen der **verbalistischen und scholastischen Methode** bewegen.

8. **Hilfsbuch für den evangelischen Religionsunterricht in den mittleren und oberen Klassen von Gymnasien und Realgymnasien von E. Schmidt**, ord. Lehrer des Realgymnasiums am Zwinger in Breslau. Breslau 1885, E. Trewendt. 100 S. 1,40 Mk.

An knapper Gedrängtheit und Beschränkung des notwendigen Stoffs läßt dies Büchlein jedenfalls nichts zu wünschen übrig. Biblische Geschichte, Kirchengeschichte und Glaubenslehre in kürzester Übersicht, und soviel wir sehen, ganz zweckentsprechend ausgewählt. Sind einmal derartige Leitfäden unentbehrlich, so mag dieser um der genannten wohlthuenden Beschränkung willen seinen Platz wohl vertreten. Eine böse Oberflächlichkeit fiel uns auf S. 87 auf, daß das „rauhe Haus" „zum Zweck der Armen- und Krankenpflege entstand"; wenn man so wenig von diesen Dingen weiß, bezw. solche mehr als ungenauen Angaben seinen Schülern darzubieten hat, sollte man lieber ganz davon schweigen. (Der Name „**Rauhes Haus**" hat auch nichts mit dem Eigenschaftswort ‚rauh' zu thun, sondern ist aus Ruges Hus, dem Namen des ehemaligen Bewohners des Stammhäuschens entstanden).

9. **Leitfaden für den christlichen Religionsunterricht in der Volksschule.** 2. Teil, 47 S. Jena, Friedrich Maufe (E. Schenk) 1884. Preis 70 Pfg.

Dies Heft enthält die Besprechung der drei Artikel und zwar in einer recht faßlichen, verständigen Weise, wenn auch durchaus im Rahmen des dogmatischen Schemas und in scholastischer Anordnung. Der anonyme Verfasser war sichtlich bestrebt, die für die Kinder unverständlichen und unfruchtbaren Spitzen der dogmatischen Begriffe, Definitionen und Argumentationen zu vermeiden, bezw. dem kindlichen Auffassungsvermögen gemäß umzudeuten.

10. **Christliche Religionslehre für den Unterricht der gereifteren Jugend.** Nach pädagogischen Grundsätzen und auf biblischer Grundlage bearbeitet; zugleich denkenden Lesern aller Stände zur Belehrung und Erbauung gewidmet von J. Jensen. I. Teil. Der Glaube an Gott als Schöpfer und Herrn der Welt und Vater der Menschen. Flensburg, Aug. Westphalen 1886, 135 S. Preis 2 Mk.

Ein sehr interessantes Buch; mit den im Vorwort ausgesprochenen Grundsätzen stimmen wir im wesentlichen überein. Jensen verlangt „Wegfall jedes Dogmatismus, Orthodoxismus, Mechanismus und Formalismus" und statt dessen den „Aufbau eines lebendigen Gottestempels in Kinderherzen, darin Christus mit Geist, Wort und Leben der Eckstein ist" (S. 2 f.). Das ist ganz schön, nur fürchten wir, daß Jensens Protest gegen den hergebrachten Unterrichtsbetrieb nicht nur gegen die Form und Methode, sondern auch teilweise gegen den Inhalt des christlichen Glaubens sich richtet. Der schon sehr stark in Anspruch genommene Raum des Schulblatts gestattet es nicht, uns mit dem jedenfalls sehr anregend und lesbar geschriebenen, dem zweiten im Titel angegebenen Zweck sehr wohl entsprechenden Werke näher auseinanderzusetzen. Auch wird erst die Durchsicht der folgenden Teile ein gerechtes Urteil ermöglichen.

11. **Katechetische Bausteine zum Religionsunterricht in Schule und Kirche**, dargeboten von D. L. Schultze, Generalsuperintendent in Sachsen. 2. Auflage. Magdeburg, E. Baensch jun. 1886. 90 Pfg.

Nach dem aus dieser Schrift oben schon Mitgeteilten wird sie keiner besonderen Empfehlung bedürfen. Wir dürfen uns von ganzem Herzen freuen, daß zwei in der preußischen Landeskirche so angesehene Männer wie Cremer und Schultze den eigentlichen Grundschaden unserer Katechismusnot so wohl erkannt und an seiner Beseitigung mit Hand angelegt haben, daß sie sich nicht scheuen auszusprechen, daß der Katechismus keine „gesunde Behandlung" erfährt und „durch die Neigung zu begrifflichen Definitionen und eine Überfülle von kasuistischem Beiwerk", „vielleicht auch durch eine zwar wohlgemeinte, aber **unfruchtbare scholastischdogmatisierende Methode das einfältig kinderhafte Verständnis des Katechismus noch mannigfach erschwert**" wird.

---

## III. Abteilung. Litterarischer Wegweiser.

**Die sociale Frage, eine Erziehungsfrage.** Leipzig, 1882. Roßberg. 60 Pf.

Die gegenwärtigen socialen Zustände sind gut geschildert, insbesondere ist das „Gehenlassen" trefflich gegeißelt und gezeigt, wie ungenügend die Familie, Schule und Kirche ihre eigentliche Aufgabe erfüllen. Von dem „zahlreichen Geschlecht der Behaglichen, der Böotier, der Philister" sagt der anonyme Verf., daß „es in sattem Behagen selbstbewußt und weise bis zur Unfehlbarkeit sei, vielgeschäftig, auch im öffentlichen, namentlich im freien Vereinsleben, aber von Farbe entsetzlich mattgrau; sehr zufrieden mit den eignen Bürgertugenden, stets bereit zu freundlichem Austausch gegenseitiger Beräucherung, gleich weit entfernt von den Leidenschaften oben und unten, erwerbsfähig, aber in allgemeinen Dingen sachlich energielos und persönlich empfindlich, sich vor jeder ernsten Forderung zurückziehend, um im gemütlichen Kreise das erwerbsfrohe, brave Spießbürgertum zu preisen und mit überlegenem Lächeln und eingeschüchterten Stichwörtern die Idealisten, Schwärmer, die Unpraktischen zu verurteilen." . . . . „Hier ist allerdings noch viel gutes

Material, aber die Lauheit muß heraus und die Disciplin hinein. Es sind gute Menschen, aber entsetzlich schwache Musikanten. Man lehre sie die Melodie unserer Zeit verstehen, das ist kein gemütlicher Ländler, das ist Sturmmarsch, wo Mann neben Mann, gewöhnt, geübt und freudig durchglüht vom Bewußtsein ernsten Thuns und hoher Ziele, nicht bloß lüstern nach Anerkennung und Herrschaft, sondern auch treu im Dienen, opferfreudig und kraftvoll mithelfe, unser Geschlecht aus unsagbarer Verwirrung, aus Zersplitterung, Haß und Feindschaft zum Frieden zu führen." In ähnlicher Weise wird die Schule konterfeit und dargethan, daß die vielen für sie aufgewandten Mühen und Kosten in keinem rechten Verhältnis zu dem Erfolg und Nutzen stehen. Ebenso wird der Kirche ihre Machtlosigkeit und Einflußlosigkeit vorgehalten. Einst habe sie mit gewaltigen Mitteln weltlicher Macht und strenger Zucht den Gemeingeist beherrscht, von jetzt ab sei ihr diese Macht genommen und sie auf den Boden der Freiheit gedrängt und zwar durch die Lehre: „ohne Religion keine Moral." Man staune, wie der Verf. dies auffaßt! „Ohne Religion keine Moral, so lehrt die Kirche, Religionsfreiheit aber muß sein, folglich auch Sittenfreiheit, so lehrt zwar schwerlich jemand, geschehen aber ist es so, der zweite Satz ist die thatsächliche traurige Konsequenz des ersten. Ohne Religion keine Moral und doch Religionsfreiheit! d. h. das Gehenlassen in der Familie, der Schule, der Gemeinde und auch in der Kirche an die Stelle der Erziehung, der Zucht, der Autorität, der Ordnung setzen." Ich brauche hier wohl nicht das Falsche in dieser Auffassung nachzuweisen. Doch hören wir weiter, wohin der eine Fehler den Verf. weiter führt. „Solange in der Schule auch zur Kirche erzogen wird, wird die Kraft unserer Erziehung fehlen. Wo ich Kraft hineinlegen soll, dafür muß ich ganz stehen können, sonst gerate ich zu äußerlichem Mechanismus, zur Lüge. Für die Erziehung zur Religion, d. h. zur Kirche, denn eine abstrakte, außerkirchliche Religion kennt die Schule nicht, steht die Schule nicht mehr, kann nicht mehr kraftvoll einstehen, und deshalb ist der Religionsunterricht und die religiöse Erziehung in der Schule äußerlicher Mechanismus, ist Lüge; er ist dies thatsächlich und doch erhält man krankhaft die Fiktion, daß der Religionsunterricht die Grundlage aller Erziehung zur Sittlichkeit in der Schule sei." Der Verf. ist nun nicht etwa ein Gegner der Religion, im Gegenteil er hat eine hohe Meinung von derselben. Dies kann man aus folgendem Satz entnehmen. „Macht doch einmal ernst mit diesen Böotiern, Ihr Herren der Kirche, sagt Ihnen doch einmal, daß die Kirche nicht so der allgemeine Stall für Gesinnungslosigkeit, für Halbheit, für Lüge ist, und sagt's ihnen nicht bloß, jagt sie doch hinaus aus dem Tempel, aus der Gemeinde, fordert doch einmal Ernst, Zeugnis, nicht Geplapper, religiöses Leben nicht Maskerade, Wahrheit nicht Schein." Aber er glaubt nicht, daß die Religion gelehrt werden könne und dürfe, sondern man müsse in dieselbe hineinwachsen und in dieselbe sich hineinleben und in solchem Leben komme denn die Lehre von selbst, brauche gar keiner äußern Nachhilfe. (!!) Nun daß Religion Leben ist und daß es mit dem Religionsunterrichte nicht allein gethan ist, sondern dazu auch religiöse Übung und Bethätigung im Leben gehören, das ist auch unsere Ansicht. Ebenso sind wir aber von der Notwendigkeit und dem Segen des Religionsunterrichtes in der Schule überzeugt. Der Verf. scheint eben einen guten Religionsunterricht noch nicht zu kennen, sonst könnte er wohl nicht schreiben: „Geht hin in die Schule und seht diese Zwitterpflanzen sich entwickeln und nachher geht ins Leben und setzt sie wieder, Früchte tragen, Früchte der Lauheit, der Halbheit, des Gehenlassens. Und wozu die edelsten Keime des Herzens entwickelt wurden, wie soll das nicht alle andern Triebe mit sich ziehen, weg von der Wahrheit zur Lüge, verbrämt mit albernen Phrasen, bei denen die Religion nicht mehr der edelste Lebenssaft des Menschen, sondern ein wenig halb verschämt betrachtetes Flickwerk, eine unentbehrliche polizeiliche Himmelsgeißel für das dumme Volk, ein vom „Klugen" mit halbem oder ganzem Spott verlachter, in seiner administrativen Notwendigkeit aber mit lächerlichem Ernst behüteter Popanz für Kinder und Narren ist. Man sehe die Kinder aus Familien, in denen sich die Summe des religiösen Lebens etwa noch in hergeplapperten Tischgebeten, wenn keine Gäste da sind, oder in mehr oder weniger derartigen Äußerlichkeiten manifestiert, lau bis ans Herz hinan, in der Schule Religion lernen und aufsagen, ohne Herz, ohne Liebe, oft selbst ohne Verständnis des einfachen Wortsinnes bei Schüler und Lehrer, man sehe das und man muß sich bekennen, hier wird nicht Religiosität entwickelt, sondern Religiosität zerstört, verzerrt und Halbheit, Gehenlassen und Lüge erzogen." Gewiß mag es solche traurige Schulen geben, aber nach meiner Erfahrung giebt es auch solche, in denen Lehrer wie Schüler die Religionsstunden als die schönsten der ganzen Schulzeit und als Segensquellen für das ganze Leben schätzen gelernt haben. Und ebenso wenig kann aus einem schlechten Religionsunterricht gefolgert werden, daß die Religion überhaupt nicht in die Schule gehöre, sondern doch wohl nur das, daß dieser schlechte Unterricht verbessert werde. Wir können hier dem Verf. getrost unsere Herbart-Zillersche Weise empfehlen, und ich glaube, daß wenn sich der Verf. z. B. einmal mit der Schrift Thrändorfs: „Die Stellung des Religionsunterrichtes in der Erziehungsschule und die Reform seiner Methodik" befassen möchte, derselbe bei seinem sittlichen Eifer und seinen wohlgemeinten Reformbestrebungen in dieser Beziehung noch eines Besseren belehrt werden könnte.

Der Verf. will Religion und Sittlichkeit von einander trennen und aus diesem Grunde auch Kirche und Schule. Auch ich bin für eine Trennung der beiden letzteren, aber in der Weise, daß sie beide als selbständige Organismen miteinander stetige Fühlung behalten und einander in die Hände arbeiten, also für eine gewisse Arbeitsteilung, aber nicht so, daß, wie der Verf. will, die Religion ausschließlich der Kirche und die Sittlichkeit ausschließlich der Schule gehöre. Die Trennung oder Arbeitsteilung zwischen Kirche und Schule beruht vielmehr auf der Verschiedenartigkeit ihrer Aufgaben. Die Schule hat es nämlich hauptsächlich mit dem Individuum als solchem zu thun und die Kirche hauptsächlich mit dem Gesellschaftsleben. Beide müssen daher verschiedene Methoden befolgen. Aber die Erziehung kann weder ohne Religion auskommen, noch die Kirche ohne Sittlichkeit. Die Erziehung nicht, weil sie alle Richtungen des Interesse, also auch das religiöse gleichmäßig ausbilden soll, die Kirche nicht, weil sie vor allem die gesellschaftlichen Ideen zu pflegen und zu verwirklichen hat. Da nun der Verf. von der Schule Religion und Kirche vollständig ausgeschlossen wissen will, so wird die Schulgemeinde, wie er sie zum Schluß seines Schriftchens in 34 §§ konstruiert, abgesehen von mancherlei andern Fehlern, auf die ich jedoch nicht näher eingehen kann, notwendig einseitig und losgelöst von ihrer geschichtlichen Entwicklung, denn unsere Schule ist ja doch aus unserer Kirche hervorgegangen, dessen man auch da eingedenk sein muß, wo man die Schule reformieren will. Denn die Geschichte der

Kirche einschließlich Schule bietet soviel Erfahrungen, die wir dabei nicht unbeachtet lassen dürfen. Zum andern müssen wir an die gegebenen Verhältnisse anknüpfen. Der Verf. macht es sich in dieser Beziehung leicht. Er konstruiert seine Schulgemeinde kühn in die Welt hinein, als ob er ringsum vollkommen freies Feld habe, gleichsam wie man in einem neuen Erdteil eine Kolonie gründet. Hören wir ihn zunächst selbst in dieser Beziehung. „Eine Schulgemeinde mit der Schule als Mittelpunkt und zum Schutz der Schule und der Gemeindekinder ein kurzes, klares, strammes, die Gemeinde bindendes Gesetz und ein, nicht auf den Buchstaben des Gesetzes, sondern auf den Geist desselben sich stützender, aus den Besten der Gemeinde, aus der Aristokratie derselben zusammengesetzter Verwaltungskörper mit weitreichender Machtbefugnis, das dürfte wie ein Mittel erscheinen, sittlich Gesunde in der Gemeinde zu einigen, Kranke zu heilen und die Zukunft vor immer rascher wachsender Verwilderung zu bewahren. Ein solches Schulhaus könnte Erziehungshaus werden nicht bloß für die Gemeindekinder, sondern für die Gemeinde selbst, es könnte nicht bloß für das heranwachsende Geschlecht, sondern auch für sämtliche Gemeindeglieder in zahlreichen socialen Beziehungen der Mittelpunkt sein. Ein in der Gemeinde stehender, aus ihr hervorgegangener tüchtiger Schulgemeinderat, würde der nicht naturgemäß zum Berater der Gemeindeglieder in all ihren Sorgen und Nöten werden? Ließen sich nicht zahlreiche staatliche Funktionen polizeilichen Charakters in solch eine wohlorganisierte Gemeinde verlegen? Wäre nicht ein solcher Schulgemeinderat das natürlichste Organ in Sachen der Wohlthätigkeit und bei gemeinnützigen und socialen Bestrebungen aller Art? Würde nicht auch eine solche Schule Mittelpunkt geselligen Zusammenlebens edelster Art

werden können? Sollte nicht die Freude der Kinder, ihre Leistungen im Spiel, Turnen, Gesang, Tanzen u. s. w. den Mußestunden auch der Erwachsenen höhere Würze zu bieten vermögen, als die Reizmittel der Kneipe, der geselligen Vereine u. s. w. mit ihrem ewigen Bier, ihren Billards und Karten, ihren geschmacklosen Thee-, musikalischen, deklamatorischen, Tanz- und weiß Gott, was für anderen Abenden? Laßt nur die Kinder den Mittel- und Zielpunkt des Gemeindelebens in Ernst und Freude werden, schützt sie, ihre Entwicklung, ihre Sittenreinheit, ihre Zukunft, helft ihnen auch sich freuen und euch erfreuen, und sie werden euch, ihr Großen, an sich locken mit unwiderstehlicher Gewalt, ihr werdet eure Freude in ihrer Freude finden, und wer weiß, wer schließlich der stärkere Erzieher sein wird, eure Weisheit oder ihre Unschuld, eure Lehre oder ihre, das Gemeine fernhaltende Reinheit." Gewiß ein schönes Zukunftsbild, wenn es nur nicht zu überladen wäre, denn gar manches, was hier der Schule zugewiesen ist, gehört offenbar in andere Kreise z. B. in die Kirche, in die bürgerliche Gemeinde. Allein da der Verf. die ganze sociale Frage hier lediglich vom Standpunkte der Erziehung oder der Schule aus beleuchtet, fällt ihm alles in diesen Sehwinkel, und das ist eben das Einseitige und Mangelhafte seiner sonst interessanten Darstellung. Allein abgesehen davon, wie gewinnen wir diese Schulgemeinde, dieses Universalmittel für die sociale Frage? Durch den Staat, der heutzutage alles thun soll, ist die Losung des Verf. „Der Staat nehme den Kampf auf, er trenne Kirchengemeinde und Schulgemeinde, er gebe der ersteren die Freiheit und ermögliche es ihr, wieder Kraft in sich zu gewinnen, er binde die zweite durch strammes Gesetz und feste aristokratische Organisation, er bändige die Willkür der Familie, nehme die

Kinder in seinen Schutz, rufe auf, wähle aus die Besten zur lebendigen Schutzwehr der Schule und Gemeinde und wache mit seinen zahllosen Augen, mit Kraft, Treue und Geschick, daß Gesundheit einkehre und bleibe in der untersten, grundlegenden Einheit seines Aufbaues." Aber wo ist dieser Staat mit diesem aristokratischen Charakter? Etwa das Deutsche Reich mit dem allgemeinen geheimen direkten Wahlrecht und der Majoritätsherrschaft? Auch dem Verf. scheint der Staat, wie er ihn braucht, noch nicht vorhanden zu sein; denn er schreibt: „Deshalb ist hier die Forderung an den Staat mehr als letztes Ziel, denn in Hoffnung auf Zustimmung und sofortiges Eintreten desselben gestellt." Ich meinerseits erwarte überhaupt nicht einen alles vermögenden Staat, sondern meine, daß behufs Verwirklichung der vom Verf. so wohlgemeinten Schulgemeinde auch die Kirche, von welcher freilich der Verf. in dieser Beziehung nichts wissen will, mit herangezogen werden muß. Sie stärkt die vom Verf. verlangten Aristokraten und verpflichtet die Lehrer auf das göttliche Gesetz und ewige Ordnung, damit die Schule nicht zum Spielball der herrschenden Tagesmeinung werde. Vergl. die schätzenswerte Schrift von R. Asmis: Die Kirche Jesu Christi. Leipzig, J. Lehmann. 1886. Hoheneiche. Rolle.

Einige Präparationen zu profangeschichtlichen Quellenstoffen, nach den Formalstufen bearbeitet von Rektor Dr. Wohlrabe, Lehrer Pein und Wüllnitz, nebst einer theoretischen Begründung des Lehrverfahrens von Rektor Dr. Wohlrabe. Gotha, E. F. Thienemann 1887. 60 Pf.

Daß die Herbart-Ziller'sche Pädagogik in immer weitere Kreise bringt, ist nicht zum wenigsten den praktischen Darstellungen derselben, wie sie in den acht „Schuljahren" von Rein, Pickel und Scheller, in Staudes Bearbeitung der bibl. Geschichte und in zahlreichen, in verschiedenen Zeitschriften veröffentlichten Präparationen vorliegen, zu verdanken. Solche Arbeiten, die für die Praxis entworfen sind und sich in derselben bewährt haben, sind besonders geeignet, in die Theorie einzuführen und das Verlangen nach einem tieferen und gründlichen Studium derselben zu wecken. Auch die vorliegenden Präparationen haben sich dieses Ziel gestellt, und zwar in bezug auf den Geschichtsunterricht, dessen Methodik neuerdings bedeutsame Umgestaltungen erfahren hat. Gegenüber der traditionellen Schulpraxis, die nur einen biographischen Geschichtsunterricht kennt, fordern Biedermann, Richter, Ziller, Willmann, Rein u. a., daß das kulturgeschichtliche Element in den Vordergrund des Unterrichts trete und zwar so, daß der Schüler sprungweise zu den Hauptwendepunkten der Geschichte geführt werde und durch Betrachtung nicht nur der politischen, sondern auch der geistigen und materiellen Seite des Volkslebens ein möglichst deutliches und abgerundetes Bild der jedesmaligen Kulturepoche erhalte. Einem solchen Geschichtsunterricht kommt das Bestreben zu statten, historische Quellenberichte als Grundlage für die Behandlung zu benutzen, damit dieselbe aus ihnen Leben und Anschaulichkeit gewinne und sich nicht in ein zusammenhangsloses Allerlei von kulturhistorischen Daten verliere. Man wolle also bei der Forderung eines kulturgeschichtlichen Unterrichts nicht an die beliebte Manier der Leitfäden denken, nach einem reizlosen Excerpt von Kriegen und Schlachten, Feldzügen und Belagerungen, Friedensschlüssen und Ländererwerb einige bunt zusammengewürfelte Notizen über Kunst und Wissenschaft, Erfindungen und Entdeckungen ꝛc. zu bringen. Ein solch dürres Gerippe, dessen abschreckende Gestalt man mit dem Flitter allgemeiner Redensarten über die Förderung von Handel und Gewerbe, über die Hebung des Ackerbaues notdürftig zu verhüllen sucht, ist nicht imstande ein tiefergehendes Interesse für die Entwicklung unseres Volkes zu wecken und hat darum für den Unterricht keinen Wert. Vielmehr fordern jene Männer, daß der darzubietende Stoff mit Hilfe von Sagen, Gedichten, Berichten von Augen- und Ohrenzeugen so ausführlich und anschaulich ausgemalt werde, daß der Schüler sich lebhaft in die Zustände jener Zeiten zu versetzen vermag.

Auf dem Boden dieser Anschauungen steht auch das vorliegende Heftchen, ein Separatabdruck aus dem ersten Heft des Jahrgangs 1887 der „Pädagogischen Blätter". Es enthält auf 48 Seiten außer einer theoretischen Begründung von Dr. Wohlrabe drei Präparationen. Sie zeigen, „daß man die Einführung von Quellenberichten in den Geschichtsunterricht der Volksschule nicht als etwas über das Ziel des Unterrichts Hinausgehendes und denselben Belastendes anzusehen hat; daß man vielmehr darin eine Erleichterung des Unterrichtsgeschäftes und eine Förderung des Unterrichtszweckes wird erblicken dürfen, die Anteilnahme des Schülers zu erhöhen und seine Selbstthätigkeit zu steigern." Die Präparationen haben zu ihrem Gegenstande: I. Seelenkämpfe eines Jünglings (Mykonius) und sein Eintritt ins Kloster (nach G. Freytag: „Aus dem Jahrhundert der Reformation", S. 34 ff.) von Rektor Dr. Wohlrabe; II. Luther in Jena (nach G. Freytag: „Aus dem Jahrh. der Reformation", S. 58 ff. und A. Richters „Quellenbuch") von Lehrer G. Pein; und III. die Leiden und Schicksale des protestantischen Pfarrers Bötzinger während des 30jährigen Krieges (nach G. Freytag: „Aus dem Jahrhundert des großen Krieges") von Lehrer Wülknitz. Die drei vorgeführten Stoffe sind Pensen des Lehrplans der sechsstufigen Halle'schen Volksschule und gelangen auf der Oberstufe zur unterrichtlichen Behandlung und zwar sind Nr. 1 und 2 dem vorletzten, Nr. 3 ist dem letzten Schuljahre zugewiesen.

Die Präparationen entsprechen — und das insbesondere soll hier anerkennend hervorgehoben werden — sowohl der Forderung des kulturgeschichtlichen Unterrichts, da die gewählten Stoffe fast ausschließlich kulturellen Gehalt haben, als auch der Forderung einer anschaulich ausführlichen Darstellung mit Hilfe von Quellenmaterial, wodurch sie sich sehr vorteilhaft von den dürftigen Umrißdarstellungen der Leitfäden abheben. Einen dritten Vorzug findet Ref. darin, daß die Durcharbeitung nach den formalen Stufen erfolgt ist, deren Wert und Bedeutung ja auch in nicht-herbartischen Kreisen immer mehr Anerkennung gewinnt.

Was die Ausführung im einzelnen betrifft, so wäre noch folgendes zu bemerken.

Das Ziel muß nicht nur konkret und sachlich formuliert werden, es soll auch die Erwartung des Zöglings spannen. Das geschieht aber nur in geringem Grade, wenn das Ziel durch Vorwegnahme des Neuen in Form einer verdichteten Inhaltsangabe gestellt wird. Eine solche Anticipation des Synthetischen tritt in allen drei Präparationen auf, am auffallendsten in II. Als Ziel ist hier angegeben: wir wollen betrachten wie zwei schweizer Studenten auf ihrer Reise nach Wittenberg in Jena unerwartet mit Luther zusammentreffen. Dagegen wird in der nachfolgenden Erzählung des schweizer Studenten Johannes Keßler zu Anfang der Name Luther sorgfältig verschwiegen, desto mehr erfahren wir aber über seine Kleidung, sein freundliches Wesen und über seine Unterhaltung mit den Studenten und Kaufleuten, und erst am Schlusse, wo die Erwartung aufs höchste gestiegen, gelangen wir zu der Gewißheit, daß wir es in dem unbekannten Reiter mit

III. Abteilung. Litterarischer Wegweiser.

Martinus Luther zu ihm haben. Das Zusammentreffen mit Luther hätte also in der Zielangabe nicht erwähnt werden dürfen. Denselben Fehler weist die Vorbereitung der I. Präparation auf. Dort heißt es: „Eine schlechte Priesterschaft verkündete sogar, daß man für Geld, welches der Kirche und dem Papste zufloß, seiner Sünden ledig werden könne. Ablaß! Leichtsinnige Gemüter werden sich an solchen Lehren wohl haben genügen lassen. Warum? Nach Frömmigkeit ringenden tieferen aber mußten sie ein Anstoß und Ärgernis sein. Warum? Solch ein ernstes Gemüt war Mykonius." Dies Urteil darf den Schülern nicht vorgesagt werden, sondern er muß es auf Grund der nachfolgenden Erzählung selbstthätig in sich erzeugen. Seiner eigenen Einsicht darf weder die Autorität des Lehrers, noch irgend eine andere vorangestellt werden. Vielleicht wäre auch in bezug auf diese Analyse, die sich vorwiegend mit den abstrakten Begriffen Buße, Glauben, Gnade, Wiedergeburt, Werkgerechtigkeit beschäftigt und deshalb wohl nicht besonders geeignet sein dürfte, das Interesse wesentlich zu steigern, zu überlegen, ob nicht der Inhalt derselben auf Stufe II Vertiefung eine bessere Stelle finden werde. In der Synthese treten die Berichte des Myknonius, des schweizer Studenten Joh. Keßler und des Pfarrers Bözinger auf, die gemäß einer Forderung Zillers von den Schülern gelesen werden sollen. Bekanntlich kann der Hr. Herausgeber d. Bl. aus mannigfachen Gründen dieser Ansicht nicht zustimmen (vgl. Dörpfeld, Didakt. Mat. 2. Auflage). Auch Ziller macht das Zugeständnis, daß da, wo die fremde Ausdrucksweise stört, nur erzählt werden soll und zwar in der Form des „darstellenden" Unterrichts (Materialien § 128), dessen Wesen selber aber noch einer ausführlichen Darstellung entbehrt. Nachdem dann die einzelnen Abschnitte von den Schülern erzählt und mit Über-

347

schriften versehen worden sind, folgt die Vertiefung bezüglich des ethischen, religiösen und psychologischen Gedankenmaterials. Ref. hat sich beim Lesen der Präparationen des Eindrucks nicht erwehren können, daß das eigentlich Historische bei der Behandlung zu kurz komme. Es heißt zwar in der Begründung S. 30: „Die dargestellten Vorgänge, die auftretenden Personen sind zugleich typischer Natur, d. h. sie haben für eine ganze Klasse von Ereignissen und für ganze Kreise und Persönlichkeiten Geltung und Bedeutung. Die Seelenkämpfe des Mykonius sind die einer verinnerlichten ringenden Jünglingsnatur, die beiden Schweizer repräsentieren das Denken eines Teiles der damaligen Nation und das Leiden, Dulden und Ausharren Bözingers ist das seiner Generation überhaupt", aber diese typische Natur hätte zweckdienlich in der Behandlungsweise mehr Herausstellung als Andeutung erfahren können. Die Quellenstoffe werden doch nicht um ihrer selbst willen erzählt, oder um einige interessante Begebenheiten aus dem Leben des Mykonius oder des Pfarrers Bözinger kennen zu lernen, sondern um ihres historischen resp. kulturhistorischen Gehaltes willen haben sie Eingang in die Volksschule gefunden. Es hätten darum die einzelnen kulturgeschichtlichen Züge abgelöst von dem Leben dieser Männer sorgfältig herausgehoben und zu einem wirkungsvollen Gesamtbilde zusammengestellt werden müssen, ähnlich wie Blume aus Quellensätzen eine vollständige und abgerundete Darstellung gewinnt. Ganz richtig bemerken die Verfasser in ähnlichem Sinne S. 47: „Weitere Zusammenfassungen, Erklärungen, Definitionen einfachster Art (Art des Reisens, Studierens, Herbergens im Mittelalter — Kriegführung, Bewaffnung, Heerwesen im 30jährigen Kriege) hätten noch eingezeichnet werden können oder sollen." Was die 3. und 4. Stufe betrifft, so wäre zu wünschen gewesen, daß die beiden

26*

Hauptteile derselben, die sich auf die Gewinnung des Begrifflichen aus dem ethisch-religiösen Gedankenmaterial einerseits und dem historischen andrerseits beziehen, übersichtlich unterschieden und ferner die Systemsätze nicht unvermittelt aufgeführt, sondern aus dem konkreten Stoff abgeleitet worden wären. Je ausführlicher eine Präparation, desto instruktiver für den Leser. Als eine werte Zugabe finden sich auf der 2. und 3. Stufe der I. Präparation einige Schüleraufsätze, die von Interesse und Verständnis für den durchgearbeiteten Stoff zeugen.

Ref. schließt sich dem Wunsche der Verfasser an, daß die Präparationen dazu dienen mögen, "halbe Freunde zu gewinnen, ganze zu befestigen, etwaige Gegner aber zu versöhnen." Doch wird sich die Pädagogik, welche die Bildung mit der Elle mißt, wohl schwerlich mit einer solchen ausführlichen Behandlung einverstanden erklären.

Elberfeld. Doms.

Geschichtsbilder aus der allgemeinen, der deutschen und brandenburgisch-preußischen Geschichte für Volks- und Bürgerschulen von Krause, G. und Wöllmann, F. Leipzig und Königsberg, Strübigs Verlag. 116 Seiten. Preis 50 Pfg.

Die Verfasser haben sich in der Wahl des Titels vergriffen. Derselbe hätte "Leitfaden" heißen müssen, denn ein solcher ist das Buch. Das Stoffquantum, welches sich hier zusammengedrängt präsentiert, soll es in der kurzen Schulzeit bewältigt werden, läßt außer dem Mitteilen und Einprägen historischer Thatsachen eine weitergehende unterrichtliche Behandlung, denkende Betrachtung und Vertiefung in den Inhalt, nicht zu. Statt vieler nur ein Beispiel. Nachdem die Geschichte der Kreuzzüge auf nicht ganz einer Seite abgemacht ist, heißt es: "Sie sind unstreitig das großartigste Ereignis des Mittelalters und gaben demselben ein vorherrschend religiöses Gepräge. Weitere Folgen derselben waren die Beförderung der Macht und des Ansehens der Kirche und des Papsttums, das Aufblühen selbständiger Gemeinden, eine überraschend schnelle und großartige Entwicklung der Handelsbeziehungen zwischen dem Morgen- und Abendlande, Fortschritt der geistigen Bildung durch die im Morgenlande gewonnenen neuen Anschauungen der Kreuzfahrer, endlich die Ausbildung des Ritterwesens, namentlich durch die Entstehung von drei Ritterorden."

Das ist ganz Leitfadenton. Wie viel Zeit und Mühe sind vonnöten, diese Sätzchen sprachlich zu erklären und ihren weitreichenden Inhalt nicht bloß zu verdeutlichen, sondern die Kinder zu vollem Verständnis und Beherrschung desselben anzuleiten, von weiteren Forderungen zu schweigen.

"Kurz, knapp und bestimmt" soll nach der Verfasser eigener Angabe die Form der Darstellung sein. Man betrachte folgende Sätze:

"Es galt als ein bedeutungsvolles Zeichen, daß in der Nacht seiner (Alexanders des Großen) Geburt der schöne Dianentempel zu Ephesus, einer der sieben Wunderwerke der alten Welt, von einem Unsinnigen Namens Herostratus in Brand gesteckt wurde, angeblich um berühmt zu werden." (Wer wollte berühmt werden?) S. 24. "Die Mulde blieb mit den Knaben auf dem Trockenen stehen. Hier säugte sie (Wen?) eine Wölfin pp. S. 27. "Sein (Ottos des Großen) Bruder erhob dreimal die Fahne der Empörung, wurde jedesmal besiegt und erhielt zuletzt (?) Verzeihung am Weihnachtsfeste (in welchem Jahre?) im Dome zu Frankfurt auf die Fürbitte seiner Mutter und nach einem demütigen Fußfalle." S. 49.

Hoffentlich genügt diese Auslese zur Charakterisierung des anscheinend für simultane Verhältnisse bestimmten Buches. Die Benutzung desselben hat u. E. für die **sachliche und sprachliche** Bildung des Schülers wenig Gewinn. Schwerlich wird man es zu denjenigen Büchern rechnen, die auch nach der Schulzeit des Kindes gute Freunde bleiben. Das ev. Schulblatt kann nicht oft und dringend genug vor Leitfäden dieser Art warnen.

—r.

**Unkritischer Leitfaden** durch das gesamte Gebiet der geographischen Anschauungsmittel in deutschsprachigen Schulen von **Coordes**, G. Cassel, Ferd. Keßler 1886. Preis 4,50 Mk. 191 bedruckte und ebensoviele leere Seiten.

Über den Zweck des Buches sagt der Verfasser im Vorwort: an erdkundlichen Anschauungsmitteln leidet die Schule keinen Mangel. Den großen Reichtum darzulegen, Rede und Antwort zu stehen über das Einzelne, dem Suchenden Handreichung zu leisten, das ist Aufgabe des Leitfadens. Dieser Aufgabe ist er vollaus gerecht geworden. Er führt in 18 Abteilungen, geordnet nach dem methodischen Gange des geographischen Unterrichts, die für desiten Lehrgegenstand im Buchhandel vorhandenen Hilfsmittel auf, wie: Bilder, Modelle, Reliefs, Globen, Tellurien, Lunarien, Wandkarten, Atlanten u. s. w. Dabei nennt er nicht bloß Titel, Bezugsquellen und Preise, sondern fügt kurze Inhaltsangabe, Beschreibung, Gebrauchsanweisung u. ä. hinzu. Ein Suchender kann sich leicht zurechtfinden. Die beiden letzten Abteilungen beschäftigen sich mit den litterarischen Handreichungen für das Studium der Geographie auf Hochschulen. Verfasser enthält sich überall, seinem Vorhaben getreu, jeden kritischen Urteils. Sein Buch will bloß ein stumm hinzeigender Führer durch die geographische Litteratur, eine Art gedruckte geographische Ausstellung sein. Ganz ohne Zweifel wird es als Nachschlagebuch dem um

geeignete Lehrmittel sorgenden Lehrer, schätzenswerte Dienste leisten. Auch solche Lehrer, welche noch die zweite Prüfung abzulegen haben und sich dazu u. a. auch auf dem Gebiete der unterrichtlichen Hilfsmittel orientieren müssen, werden vieles Nützliche darin finden.

Wir empfehlen das Buch zur Anschaffung für Schulbibliotheken.

—r.

**Schreiblesefibel von Wernecke, Robert.** Auf Grund des vereinigten Anschauungs- und Sprachunterrichts. Mit vielen Illustrationen nach den Bilderwerken von Winkelmann und Leutemann. Berlin, Th. Hofmann. I. Teil, 2. Auflage. Preis ungebunden 30 Pfg.

Dieselbe, II. Teil: Lesestücke zur Übung in der Lesefertigkeit und als Grundlage für den Anschauungsunterricht. Preis ungebunden 40 Pfg.

Eigentümlich ist der Fibel die im I. Teil konsequent durchgeführte, jedenfalls praktische Einrichtung, daß da, wo für einen Laut mehrere Zeichen nötig sind, wie bei ng, nk, ie, ei, au pp. letztere mit einem kräftigen Bogen versehen werden, um den Schüler daran zu erinnern: Hier hast du bloß einen Laut zu sprechen. Nützlich erscheinen auch die Seiten 21 und 57 vorkommenden, „zur Prüfung" überschriebenen Übungen, in welchen Wörter mit gleichem oder ähnlichem Lautinhalte nebeneinandergestellt sind, wie: faul—flau, freuen—feuern u. s. w. Die auf Seite 52 ff. auftretenden Wörtergruppen zur weiteren Einübung der Dehnung und Schärfung, nach orthographischen Rücksichten unter Benutzung des amtlichen Regel- und Wörterverzeichnisses ausgewählt, können den späteren systematischen Unterricht im Rechtschreiben zweckmäßig vorbereiten. Sie hätten im II. Teile der Fibel wiederholt und fortgesetzt werden sollen. Die Lesestücke des letzteren gruppieren sich inhaltlich um folgende heimatkundliche Objekte: Schule, Haus, Hof,

Garten, Dorf, Stadt, Feld, Wiese, Wald, Erde, Wasser, Luft und Himmel; die letzte Gruppe weist von der Kreatur hinauf zu dem Schöpfer Himmels und der Erden. Wie zu erkennen, ist dies ein geeigneter Gang, sowohl für den Anschauungs-, als auch für den Leseunterricht. Die Lesestücke stammen durchweg aus der Feder pädagogisch bewährter Autoren. Erzählungen und Beschreibungen wechseln mit Sprichwörtern, Rätseln, kleineren und größeren Gedichten ab. Die den beiden Teilen angehängten Tafeln, Vorlagen für das „Malen" enthaltend, werden von den Kindern gewiß gern benutzt werden. —r.

Deutsche Fibel von Bendziula, Albert. Gemeinsame Unterlagen für den vereinigten Anschauungs-, Sprach-, Schreib- und Leseunterricht von Rud. Dietlein. Vereinfachte Ausgabe. Berlin, Th. Hofmann. 2. Auflage. 40 Pfg.

Dietleins Fibel, welche in der vorliegenden vereinfacht sein soll, hat Ref. nicht zur Hand. Er kann daher nicht prüfen, worauf sich die angekündigte Vereinfachung erstreckt und ob sie zweckdienlich ist. Die zur Besprechung stehende Fibel folgt der gemischten Schreiblesemethode. Die Seite 1—5 angeführten Vorübungen sind mehr zur Kenntnisnahme des Lehrers bestimmt; sie können auch ausgeschieden werden. Mit Seite 6 beginnt die Reihe der kleinen Buchstaben in Schreibschrift. Wenn ein Laut neu auftritt, wird ihm, als Erinnerungsmittel für den Schüler, die Abbildung eines Gegenstandes, meist eines solchen, dessen Name mit dem betreffenden Laute beginnt, beigegeben. Wahrscheinlich sollen jene Gegenstände auch den Stoff für den Anschauungsunterricht liefern, da sie vorwiegend dem Naturleben (Tierwelt) entnommen sind; doch ist auch das Menschenleben hinreichend vertreten (Geräte p.).

Ob die Übungen auf Seite 22 ff. (Wörter mit kurzen und langen Vokalen ohne Bezeichnung der Schärfung und Dehnung) auch in Schreibschrift vorgenommen werden müssen, oder ob sie nicht besser bis zur Druckschrift zurückgestellt werden, wollen wir nicht entscheiden. Die Reihenfolge der Großbuchstaben richtet sich nach der Schreibschwierigkeit, mit Ausnahme des „D", welches, des Gebrauches bei den Artikeln wegen, vorangestellt werden mußte. Bei den kleinen Buchstaben haben wir kein leitendes Princip entdecken können. Es folgen da aufeinander: l, s, r, w, b, h, l, g u. s. w. —

Das Lesen von Sätzen wird mit Recht früh eingeführt, ebenso das von kleineren Lesestücken. Der Stoff für die letzteren ist gut ausgewählt; Hey, Güll und andere Namen von Klang sind reichlich vertreten. Gegen die Ausstattung des Buches in Papier, Druck und Bild ist nichts Erhebliches einzuwenden. — Solchen Lehrern, welche nach der Schreiblesemethode unterrichten, bietet sich diese Fibel als brauchbar an.

—r.

Leselehre von Eckert. Eine Anweisung für Seminaristen und angehende Lehrer zur Erteilung des ersten Leseunterrichts. Flensburg, Aug. Westphalen; Preis 80 Pfg. 70 Seiten.

Das Büchlein bespricht in 5 Abschnitten Begriff, Zweck, Arten des Lesens, die Elemente des Lesestoffs, Laut, Silbe, Wort, Betonung der Silben, die Hilfsmittel für den ersten Leseunterricht, speciell die deutsche Fibel von Schneider, endlich die Methode des Leselehrens. Der Schlußabschnitt bietet einige Notizen aus der Geschichte des Leseunterrichts. Verfasser, Seminarlehrer zu Eckernförde, hat mit praktischem Geschick das einschlägige Material für diesen Lehrgegenstand gesammelt und gesichtet und den Gang seines Lehrverfahrens sorgfältig festgestellt. Neues, zu weiterem Nachdenken Anregendes, konnte Referent jedoch in dem Buche nicht entdecken. Bei der Einführung der Seminaristen in die Methode des Unterrichts werden mündliche Unterweisung und praktische Lehrproben die Hauptsache bleiben müssen. Wird hierin das rechte gethan, so können Bücher, wie das vorliegende, ungedruckt bleiben, aus mehreren Gründen, welche hier nicht weiter erörtert werden sollen. Es drängt sich in solche „Hilfsmittel" gar zu leicht etwas von Schulstaub und methodischer Kleinmeisterei hinein. Beim mündlichen Unterricht der Seminaristen muß allerdings der Lehrer darauf halten, daß kleine, unscheinbare Dinge nicht gering geachtet werden; gedruckt jedoch nehmen sich Bemerkungen, wie: es ist ratsam, daß zuerst die geübteren Schüler lesen pp. oder: beim Chorlesen stehen die Kinder auf, die Aufforderung hierzu geschieht am besten pp. —— wunderlich aus. Bei der Angabe der Arten des Lesens hat der Verfasser an den hergebrachten Bezeichnungen: „mechanisches und logisches Lesen" festgehalten. „Mechanisches" Lesen! Besser ist wohl: lautrichtiges und sinnrichtiges Lesen.

—r.

## Turnen.

Leitfaden für den thoretischen Turnunterricht. Für Elementarlehrer und Seminaristen zusammengestellt und bearbeitet von H. Ritter, Königl. Seminarlehrer. Mit vielen Abbildungen. 2. vermehrte Auflage. Breslau, Verlag von Franz Guerlich 1884. Preis 1 Mk.

Das Büchlein enthält neben der Verarbeitung des im amtlichen Leitfaden für den Turnunterricht in den preußischen Schulen gegebenen oder angedeuteten Stoffes und neben der Einführung in die Anatomie und Physiologie des menschlichen Körpers, sowie in die Geschichte und Methodik des Turnunterrichts von Seite 82 ab eine eingehende Beschreibung verschiedener Reigenübungen, die insbesondere beim Mädchenturnen nicht wohl entbehrt werden können. Abschnitt 1 des Buches: „Bau und Leben des menschlichen Körpers" ist etwas zu schematisch gehalten. Die Darlegungen in diesem Abschnitt erinnern an den in den ersten 60er Jahren von Dr. Gobert in der Königl. Central-Turnanstalt in Berlin dem Unterricht zu Grunde gelegten Abriß der Anatomie und Physiologie, der damals auf dem Wege des Diktierens den Eleven übermittelt wurde. Eine selbständigere Verarbeitung dieses Stoffes von seiten des Verfassers würde dem Büchlein von Nutzen sein. Die Darstellung würde sich alsdann jedenfalls weniger leitfadenartig gestalten und dafür an Volkstümlichkeit gewinnen.

Anweisung zur Erteilung des Turnunterrichts an den Volksschulen. Mit einem Anhange, enthaltend: Turnlehrproben von Anton Weichsel. Würzburg, A. Stuber 1884. 64 S. 80 Pf.

Der Verfasser wollte in einem „praktischen" Büchlein alles das kurz zusammenstellen, was beim Turnen auch bei den einfachsten Schulverhältnissen geleistet werden kann. Er wollte „jenen Kollegen, welche tagtäglich in den verschiedensten Gegenständen Unterricht zu erteilen haben und nebenbei als Kirchendiener, Gemeindeschreiber u. dergl. mehr als genug beschäftigt sind, ihre Vorbereitung für den Turnunterricht erleichtern" und hatte dabei insonderheit auch „diejenigen älteren Herren im Auge, welche früher keine Gelegenheit hatten, sich mit der Materie eingehend vertraut zu machen." Ob dem Verfasser die Realisierung dieser „löblichen" Absichten gelungen ist, mögen die in der Praxis stehenden Turnlehrer erproben. Wir möchten der Meinung sein, daß ein Zuschneiden des Bildungsstoffes bis ins kleinste Detail und eine Notierung der sämtlichen Kommandowörter für jede Lektion vom Übel und mit der Selbständigkeit eines Lehrers — auch eines

Turnlehrers —nicht recht zu vereinbaren sei. Wer nicht in der Lage ist, in selbständiger Weise, aus eigener Kenntnis und Wissenschaft heraus die gymnastischen Übungen der Schüler anzuordnen und zu leiten, der ist schwerlich imstande, überhaupt einen ersprießlichen Turnunterricht zu erteilen.

Übungsstoff für den Turnunterricht, bestehend in Aufmärschen, Gruppen von Frei- und Stabübungen, Liederreigen und Turnspielen. Zusammengestellt von F. Schürmann, Töchterschullehrer, O. Schürmann, Hauptlehrer und Th. Walde, Turnlehrer. Mit 72 Figuren und Abbildungen. Preis geb. 1 Mk. Essen, Druck und Verlag von G. D. Bädeker 1884.

„Der amtliche Leitfaden für den Turnunterricht in den preußischen Volksschulen", so sagen die Herausgeber in der Vorrede, „so praktisch, klar und allgemein verständlich er auch angelegt und durchgeführt ist, ist eben ein Leitfaden, ein Gerippe, dem das belebende Fleisch und Blut fehlt." Die Herausgeber des vorliegenden Büchleins, dem noch weitere Werkchen folgen sollen, haben es unternommen, dem amtlich dargebotenen „Skelett" das fehlende Fleisch und Blut hinzuzugeben und bieten zu diesem Zweck 8 Aufmärsche, zahlreiche Gruppen von Frei- und Stabübungen, 7 Liederreigen und 32 Turnspiele. — Als Ergänzung mag das Büchlein seinen Dienst thun; aber den Stoff des amtlichen Leitfadens, der zwar kurz und knapp gehalten ist, aber keineswegs als ein bloßes „Gerippe" angesehen werden darf, sollte man darüber ja nicht vernachlässigen. Was das Spielen betrifft, so ist vielleicht, wie die Sachen dermalen liegen, die Erinnerung nicht überflüssig, daß es nur zur Belebung des eigentlichen Unterrichts dienen soll. Das Turnen selbst ist wie alles Lernen eine ernste Sache, wobei aber trotzdem oder vielmehr eben deshalb der jugendliche Frohsinn sehr wohl gedeihen kann. Der gymnastische Unterricht darf sich nicht in bloßes Spielen verflüchtigen, wenn anders er seinem hohen sittlichen Zweck entsprechen soll.

Übungsplan für den Turnunterricht in der preuß. Volksschule im Anschluß an den amtlichen Leitfaden bearbeitet von F. Hupfer, Seminarlehrer und Waisenhaus-Vorsteher. 3. Auflage. Berlin 1884, Mittler & Sohn. 1 M.

Nach einer Einleitung, die sich über die Aufgabe, das Ziel und den Betrieb des Turnens überhaupt und des Mädchenturnens insbesondere verbreitet, bietet das brauchbare Büchlein eine Reihe von Übungszetteln, wie sie der ehemalige Dirigent der Königl. Central-Turnanstalt in Berlin, Major Rothstein, in seinen Büchern empfiehlt und wie er selber, der zwar etwas doktrinär gerichtete, aber doch sehr tüchtige Mann anzuwenden pflegte. Den Übungszetteln sind recht praktische Winke und Erläuterungen beigegeben. Die Übungen für Mädchen sind von denen für Knaben losgelöst und werden besonders beschrieben und aufgezählt. Neben den Freiübungen sind auch die Gerätübungen berücksichtigt.

Turnunterricht und Jugendspiel. Anweisung zur Durchführung der in dem Erlasse Sr. Excellenz des Kgl. preuß. Ministers der geistlichen pp. Angelegenheiten, Herrn Dr. v. Goßler, am 27. Oktober 1882 enthaltenen Anordnungen, betreffend das Turnen und die Jugendspiele. Herausgegeben von M. Kupfermann, Hauptturnlehrer in Liegnitz. Mit 71 erläuternden Abbildungen. Ferd. Hirt in Breslau. 1,25 M.

Wenn die Könige ban'n, haben die Kärrner zu thun! Das vorliegende Buch hat folgenden Inhalt: 1) Ministerial-Reskript vom 27. Oktober 1882; 2) Überblick über die Geschichte des Turnens;

III. Abteilung. Litterarischer Wegweiser.

3) in welcher Art ist das Turnen für die körperliche und sittliche Erziehung in der Schule fruchtbar zu machen? 4) Mängel, welche der Förderung des Turnunterrichts entgegenstehen; 5) der Reigen; 6) das Spiel der Jugend, und als Anhang: Anleitung zur ersten Hilfeleistung bei Unglücksfällen beim Turnen. —

Das Werkchen zeichnet sich durch gute äußere Ausstattung vor vielen andern Schriften dieser Art aus; auch die Abbildungen sind gut, wie man das bei der Verlagshandlung gewohnt ist. Was den Inhalt betrifft, so hat der Verfasser geglaubt, „es für seine Pflicht halten zu sollen, so oft als möglich an Stelle seiner eigenen Erläuterungen die eine historische Berechtigung habenden, gehaltvollen Aussprüche unserer großen Meister der Vergangenheit zu setzen, sowie auch die beachtenswerten Ansichten und Urteile derjenigen pädagogisch bewährten Männer, welche gegenwärtig für die Entwicklung der Turnsache mit anerkennenswertem Eifer und sachkundigem Verständnis eingetreten sind, in Erwähnung zu bringen." — Bei aller Anerkennung dieses löblichen Strebens, können wir in diesem Punkte doch nicht ohne weiteres zustimmen. Es gereicht einem Buche nicht eben zur Empfehlung, wenn es so abgefaßt ist, daß der Leser genötigt wird, sich durch eine Menge von Citaten hindurchzuarbeiten. Die Einheit des Werkes leidet, wenn in mosaikartiger Weise „Altes und Neues" aneinander gereiht wird. Eine mit eigenen Zuthaten vermehrte und in dem von uns angedeuteten Sinne verbesserte neue Auflage wird gewiß ihr Publikum finden.

Schm.     B.

## Geschichte und Geographie.

Hilfsbuch für die erste Unterrichtsstufe in der Geschichte von Professor Dr. Ludwig Stacke, Prorektor a. D. 1. Teil: Altertum. 80 Pf. 2. Teil: Mittelalter. 80 Pf. 3. Teil: Neuere Zeit. 1,50 M. Oldenburg, Druck und Verlag von Gerhard Stalling 1882. Zweite vermehrte und verbesserte Auflage.

Die Hilfsbücher für den Geschichts-Unterricht von Professor Dr. Stacke sind allgemein bekannt und erfreuen sich mit Recht großer Beliebtheit. Was die vorliegende Bearbeitung für die erste Unterrichtsstufe in der Geschichte betrifft, so steht dieselbe in Bezug auf Klarheit der Darstellung den andern, früher erschienenen geschichtlichen Leitfäden des Verfassers nicht nach. Was aber die Auswahl des Stoffes angeht, so möchten wir der Meinung sein, daß desselben viel zu viel sei für „Anfänger." Das tritt namentlich beim ersten Hefte: „Altertum" hervor, welches jedenfalls eine zu reichlich bemessene Fülle von Lernmaterial für den ersten Geschichtsunterricht darbietet. Eine Verminderung desselben und damit eine wünschenswerte Entlastung der jungen Schüler dürfte sich empfehlen.

Von demselben Verfasser sind erschienen: die weit verbreiteten, bereits in vielen Auflagen erschienenen Geschichtswerke: Erzählungen aus der alten Geschichte in biographischer Form in zwei Teilen. 1. Teil: Griechische Geschichte. 21. Aufl. 1,50 Mk. 2. Teil: Römische Geschichte. 19. Aufl. 1,50 Mk.

Erzählungen aus der mittleren, neueren und neusten Geschichte in biographischer Form. Drei Teile. 1. Teil: Mittelalter, 13. Aufl. 1,50 Mk. 2. Teil: Neue Geschichte. 11. Aufl. 2,50 Mk. 3. Teil: Neuste Geschichte. 4. Aufl. 3,50 Mk.

Indem wir von einer ausführlichen Besprechung dieser bereits früher mehrfach empfohlenen Bücher absehen, bemerken wir hier nur, daß die 11. Auflage des Bandes „Neuere Zeit" mannigfache Berichtigungen erfahren hat und durch wertvolle Zusätze und Erweiterungen vervollkommnet worden ist. Dies Buch

— wie auch die übrigen Teile des Werks — kann mit gutem Recht als ein wertvolles Lesebuch für die Jugend bezeichnet werden. Derartige Lesebücher sind der Jugend jedenfalls viel nützlicher, als eine ganze Reihe von sogenannten Jugendschriften mit erdichteten Erzählungen, die statt wahre, förderliche Poesie zu sein, nur zu oft alltägliche Prosa bieten, die noch dazu den Stempel des Fabrikmäßigen an sich trägt. Wir wünschen den „Erzählungen aus der Geschichte" auch weiterhin weite Verbreitung.

**Grundriß der Geschichte** von G. Schurig, Rektor in Wernigerode. Ferd. Hirt, Kgl. Universitäts- und Verlagsbuchhandlung. Breslau 1886. 2,20 Mk.

Ein mäßiger Band von 304 Seiten, der des wesentlichen Inhalt des in drei Bänden von demselben Verfasser herausgegebenen Lehrbuchs der Geschichte in guter Anordnung und Verarbeitung darbietet. Es ist eine wertvolle Eigentümlichkeit der Geschichtsdarstellungen von G. Schurig, daß die zusammenhaltende Einheit und der leitende Faden bei dem Gewirre der Einzelthatsachen in besonders wohlthuender, die Klarheit und Übersichtlichkeit fördernder Weise herausgestellt ist, und ebenso ist es ein Vorzug dieser Geschichtsbearbeitungen, vor vielen andern, daß die kulturgeschichtlichen Momente in geschickter Weise zumeist innerhalb der fortlaufenden Erzählung zur Geltung gebracht worden sind. Aus diesem Grunde eignet sich der „Grundriß" sehr wohl dazu, dem Geschichtsunterricht in Lehrerbildungsanstalten als Leitfaden zu Grunde gelegt zu werden. Einem geschickten Lehrer wird es gelingen, durch lebensvolle Verarbeitung des Inhalts das Buch den Schülern lieb und wert zu machen. Auch für das Selbststudium der Seminaristen und Lehrer ist das Buch wohl geeignet. Aber freilich, ein Geschichtsatlas, wie der hier empfohlene, bei Wagner und Debes in Leipzig reicht hier für nicht aus. Es ist verdrießlich, wenn man eine ganze Reihe von Namen, die in dem Lehrbuche vorkommen, in dem Geschichtsatlas vergebens sucht. Ein guter, möglichst vollständiger historischer Atlas, wie neuerdings so mancher erschienen ist, muß als eine der wesentlichsten Vorbedingungen für ein erfolgreiches Studium der Geschichte bezeichnet werden. Wer als Lehrer den schönen Geschichtsatlas von Spruner nicht haben kann, der trachte wenigstens dahin, den neuerdings von Droysen herausgegebenen Atlas zu erlangen. Derselbe wird auch bei der Durcharbeitung des größeren Lehrbuchs der Geschichte von Schurig gute Dienste leisten.

**Geschichts-Repetitionen** für die oberen Klassen höherer Lehranstalten, herausgegeben von Professor Dr. Friedr. Junge, Direktor des Gymnasiums mit Realabteilung zu Greiz. Berlin, 1885. Verlag von Franz Vahlen. 1,20 Mk.

Der seit dem Tode des verdienstvollen Schulmannes David Müller mit der Herausgabe von dessen Geschichtsbüchern betraute Professor Dr. Junge bietet hier ein wertvolles Hilfsmittel, um die geschichtlichen Wiederholungen in höheren Schulen fruchtbar zu gestalten. Das Büchlein berücksichtigt nicht bloß Thatsachen, Namen und Zahlen, es sucht auch durch die Gruppierung des Stoffs, durch die Überschriften, sowie durch kurze eingestreute Notizen die Punkte wenigstens anzudeuten, welche bei einer Vertiefung des geschichtlichen Materials maßgebend sein müssen. — Wir zweifeln nicht, daß in der Hand und unter der Verwendung von einem tüchtigen Lehrer diese Tabellen sehr nützlich sich erweisen werden, wenn es gilt, die Schüler innerhalb des weitschichtigen Materials, das der historische Unterricht zu bewältigen hat, heimisch zu machen.

**Erzählungen aus der Weltgeschichte.** Für den Gebrauch in Mittelschulen, bearbeitet von L. Hoffmeyer, Vorsteher der Kgl. Präparanden-Anstalt, und W. Hering, Lehrer am Kgl. Seminar in Aurich. Preis 1 Mk. Hannover 1884. Helwing'sche Verlagsbuchhandlung.

Ein Auszug aus dem größeren dreiteiligen „Hilfsbuche für den Geschichtsunterricht" von denselben Verfassern, das insonderheit für Präparanden-Anstalten berechnet ist. Die Herausgeber wünschen zwar nicht, daß die vorliegende Ausgabe ein „Auszug" aus dem größeren Hilfsbuche genannt werde, weil dieselbe nicht ein Leitfaden, sondern ein lesbares Buch sei, indes wir können etwas anderes als einen für die Bedürfnisse der Mittelschule berechneten Auszug in demselben doch nicht erkennen.

Der Stoff der Erzählungen in dem Buche ist mit pädagogischem Takte ausgewählt; die Darstellung ist klar und durchsichtig; Liebe zu König und Vaterland leuchten aus der ganzen Darstellung dem Leser entgegen. Freilich, es sollte die Pietät gegen die hohenzollernschen Herrscher niemals die Veranlassung werden, der historischen Wahrheit irgendwie zu nahe zu treten. Es erscheint doch bedenklich, die bekannte Prozeßgeschichte des Müllers Arnold zu Friedrichs des Großen Zeiten einzig und allein dazu zu benutzen, die Gerechtigkeitsliebe des großen Königs ins Licht zu stellen und sie zu rühmen. Diese Geschichte lehrt doch auch noch etwas anderes, nämlich dies, daß selbst die größte Gerechtigkeitsliebe eines Königs diesen nicht immer davor schützte, dem Nächsten bitteres Unrecht zu thun. Und Unrecht ist den Kammerräten damals geschehen; sie konnten nach dem damals geltenden Recht nicht anders urteilen als sie geurteilt haben. Das hat auch der große König später eingesehen, und es ist gerade dieser Vorfall die Veranlassung geworden, das in Preußen geltende Recht in einer auch die Könige bindenden Weise kodificieren zu lassen. Der Satz: „in ganz Europa freute man sich des gerechten Königs" ist doch in dieser Verbindung mißverständlich und nicht ganz zutreffend. — Dergleichen historische Ungenauigkeiten finden sich manche in dem Buche; aber sie sind wenigstens aus guter Absicht hervorgegangen; die bessernde Hand wird ja nicht ausbleiben, wenn es dem Werkchen beschieden sein sollte, noch weitere Auflagen zu erleben. —

Aus dem Leben unserer Frau Kronprinzeß. Von Direktor Karl Weiß. Berlin, 1884. L. Oehmigkes Verlag (R. Appelius). 50 Pf.

Ein von warmer Liebe und hoher Verehrung für die hohe Gemahlin des deutschen und preußischen Thronerben zeugendes Schriftchen, das des Interessanten recht viel enthält. Aber freilich, die Lektüre des Büchleins würde im ganzen weit angenehmer und lohnender sein, als dies jetzt der Fall ist, wenn der Verfasser sich einer schlichten, ungekünstelten, weniger erhabenen Schreibweise beflissen hätte. Die Rhetorik des Verfassers hat nichts Wohlthuendes; das Werkchen würde entschieden gewinnen, wenn bei einer zweiten Auflage, etwa nach dem Muster der schlichten Ausführungen, wie sie in der bekannten, bei Gelegenheit der silbernen Hochzeitsfeier des kronprinzlichen Paares von Dr. Hinzpeter herausgegebenen kleinen Schrift sich finden, das Ganze einfältiger und schlichter und damit ansprechender gestaltet würde.

Wir geben als Beleg für die Berichtigung unsers Wunsches eine kurze Probe aus dem Büchlein (S. 34 ff.): Den tiefsten Eindruck ihres jugendlichen Werdelebens brachte ihr wohl die erste Weltausstellung in London. — Unser Jahrhundert ist großartig. Es zieht das Ergebnis tausendjährigen menschlichen Denkens und Schaffens. Eine große That des Geistes folgte der andern. Aber unsere Zeit lebt auch rasch. Was sie heute geboren, begräbt sie morgen. Saturn verschlingt seine eigenen Kinder. Nur einen Gedanken wird sie stehen lassen als einen unsterblichen, heranreichend an die Schöpfungen eines Kolumbus, eines Kopernikus, der Schlüssel in das Thor einer neuen Welt-Ära: die Idee dieser Weltausstellung. — Ein deutscher Fürst hat sie geboren; er konnte sie nur realisieren vom Throne Englands aus. Dies ist providentiell. Wie das Kind den Apfel umspannt mit seinen Fingern und ihn betrachtet vom Stiel zum Blütenrest mit seinen roten Bäckchen, so nimmt der erhabene Geist des Prinzen Albert die Erde als ein Ganzes in seine Hand. Eine Einheit ist sie ihm in ihrer Mannigfaltigkeit, Werk eines ewigen Gedankens. Alle Völker auf Erden sind Menschenbrüder; sie sollen sich vereinigen zu einem Friedensfeste der Civilisation, zu einem erhabenen Wettstreit der Kräfte. Ergänzen soll sich die Schöpfung. Alle Zonen senden ihre Produkte, der Kunstfleiß aller Welt schickt seine Erzeugnisse. Dampfmaschine und Hand sollen beweisen, was sie zu leisten vermögen. Kunst und Wissenschaft sollen sich herablassen in das Alltagsleben, es zu erheben, es zu verschönen. Alles, was Geist und Kraft erschufen auf diesem Erdenstern, das soll zusammenfließen in London. Ein Hauskoloß soll sie fassen, ein Tempelriese alle Herrlichkeiten der Welt. — Und siehe, nach jahrelangem Denken und Ringen, nach Arbeit und Sorge, nach Kampf und Müh' steigt trotz Unverstand und Widerspruch empor, magisch, als könne er sich jeden Augenblick in die Luft erheben und himmelan fliegen und doch fest in der Erde wurzelnd mit tausend Eisenpfeilern, der Londoner Krystallpalast, feenhaft, wie ein gewaltiges Auge Gottes auf Erden, ein Berg des Lichts, ein Riesendiamant im goldenen Sonnenstrahl auf Englands grüner Flur. — Es füllen sich die Räume. Die Naturvölker, Fischer, Jäger, Nomaden zeigen ihre Waffen, ihre Produkte. China, Japan, Ost- und Westindien vereinigen ihre Schätze mit denen der europäischen Kulturwelt. Die Marmor- und Metallstatuen Apollos, Gottfried v. Bouillons, Shakspeares, Washingtons und hundert andere schauen wie verwundert hernieder in diese Weltfülle. In die erzgossenen Räderwerke der Maschinen haucht des Dampfes glühender Odem mächtiges Leben.

„Das Schifflein fliegt von selbst, es dreht die Spule
Wetteifernd sich am rief'gen Webestuhle."

Geist und Natur! Und Volk mit Volk! Wie sie nun wandern Arm in Arm durch die geweihten Räume! Wie sie da liegen, stehen und sitzen, die Genien der fünf Erdteile mit allem, was sie erdacht, gethan, erfunden, gewebt, geschmiedet, erbaut, und die Künste haben es vergoldet und geadelt mit ihren Geisterhänden. — Und endlich, endlich ist alles, alles fertig! Alle Nationen haben sich zusammengefunden zum Feste der Eröffnung; die Vertreter der gesamten Civilisation unseres Planeten erwarten die große Stunde. Jetzt verkündet sie der Zeiten eherne Zunge. Brausender Jubel empfängt schon draußen das königliche Paar, die königlichen Kinder. Sie treten ein in die mächtige Halle. Schiffe, Emporen bis fünf Etagen Kopf an Kopf gefüllt, bis in die verschwindende Tiefe des Prachtbaues voll Menschen. — Wer zählt die Völker, kennt die Namen?! Schmetternde dreifache Trompetenfanfare! Losbrechender Jubelruf dieses Menschenmeeres. Die Glashallen dröhnen, es ist großartig, gewaltig, dies: Heil, Gott segne die Königin! — Kaum legen sich die Wogen der Freude, des stürmischen Glücks. Prinz Albert verließ seinen Bericht. Ihre Majestät antwortet. Der Erzbischof betet. Das Halleluja erklingt. — Die Ausstellung ist eröffnet. — Neuer Tusch! Neues Hoch! Die Orgel braust dazwischen, der Umgang beginnt. — Welche Prozession! — Der Prinz-Gemahl führt die Königin; an der rechten Hand hält er seine Prinzeß

Viktoria. Triumph rechts, Triumph links, und dieser kolossale Sieg ist wohl verdient, wohl erkämpft. — Die königliche Tochter aber, hochklopfenden Herzens, fast überwältigt von all der Großartigkeit und Herrlichkeit, wendet den Blick empor zu ihrem Vater, dem Schöpfer dieser Welt: das alles hat er hervorgerufen; das alles ist seine Idee; dies Werk thronte in seiner Stirn wie die Minerva im Haupte des Jupiter. Und sie sagt sich still: du bist seine Tochter! du wirst eines Tages seiner würdig sein! Unbewußt drückt sie seine Hand, und er, verständnisinnig, blickt nieder mit strahlendem Auge und hält das geliebte Kind fester in seiner Rechten. In jener Stunde hat unsre Prinzeß Royal eine ganze Welt von Reichtümern in Geist und Seele eingesogen, einen Überblick über Menschen und Dinge gewonnen, wie wenig Sterbliche. Da fühlte sie sich nicht nur des Königshauses, sondern auch als des stolzen Englands hoch emporgehobene Tochter. Wohl mochte ihre Brust der Wunsch streifen: o, daß es mir in der Zukunft auch vergönnt sein möchte, Großes zu schaffen, Herrliches zu bauen. Die Zeit soll mich bereit und reif finden." —

Die geneigten Leser werden an dieser Probe jedenfalls zur Genüge ersehen, in welcher Weise und in welcher Tonart das Ganze gehalten ist.

**Bilder aus der Geschichte der Frauen.** Zum Gebrauch für die weibliche Jugend in Schule und Haus. Gesammelt und bearbeitet von Theod. **Hemmersbach**, erstem Seminarlehrer in Xanten. Düsseldorf, 1883. L. Schwann. 40 Pf.

Dies Büchlein hat die Bestimmung, den Geschichtsunterricht in den Mädchenschulen heilsam zu unterstützen. Die Erzählung von den Kriegen soll hier zurücktreten vor der Darstellung der wichtigsten Momente aus der Kulturgeschichte. Der Verfasser führt, um die Berechtigung seiner Arbeit nachzuweisen, die nachstehenden Worte des Regierungs- und Schulrats Dr. J. Chr. Gottlob Schumann an: „Die Geschichte hat, obgleich die Mädchen auch ein lebhaftes Interesse für die Heldenthaten und kühnen Unternehmungen hervorragender Männer, ihre Charakterstärke und Geistesgröße haben und an ihnen mit erstarken sollen, doch auch edle Frauen zu berücksichtigen, die seelenstark und christlich fromm gewesen sind oder einen wohlthätigen Einfluß auf die Erziehung ihrer großen Söhne ausgeübt haben. Die Mädchen sollen an ihnen Vorbilder großer Tugenden haben, die Knaben Achtung vor der stillen Frauengröße gewinnen."

Auf 62 Seiten, in 28 Abschnitten, giebt der Verfasser von den germanischen Frauen der Urzeit an bis zu unserer Kaiserin Augusta in der Form von Lebensbildern mancherlei nützlichen, verwendbaren Stoff für Töchterschulen. Freilich, derselbe geht über das, was die Mehrzahl der geschichtlichen Leitfäden bietet, nicht wesentlich hinaus; manchmal bleibt das Buch noch hinter den letzteren zurück. So sind z. B. in Abschnitt 27 die Mitteilungen über die Prinzessin Wilhelm von Preußen (Marianne), welche 1½ Seiten füllen, ziemlich dürftig ausgefallen. Der strebsame Lehrer wird gut thun, in umfangreicheren Büchern, beispielsweise in W. Baurs Lebensbildern aus der Zeit der Befreiungskriege, weitergehende Belehrung zu suchen, als sie in dem vorliegenden Buche auf 62 Seiten geboten werden konnte.

**Leitfaden der preuß. Geschichte**, bearbeitet von Dr. Gottlob Schumann und Wilhelm Heinze, Seminarlehrer in Alfeld. 2. Auflage. Hannover, Verlag von Carl Meyer (Gustav Prior) 1886. 1,20 M.

Das vorliegende Buch ist im Anschluß an das von denselben Verfassern herausgegebene „Lehrbuch der deutschen Geschichte", das sich durch ganz besondere Berücksichtigung des auch der Schule zugänglichen Quellenmaterials auszeichnet, ausgearbeitet worden; es kann aber auch als Ergänzung jedes andern Kompendiums der deutschen Geschichte mit Nutzen verwertet werden. Die Geschichte der ältesten Zeit bis 1415 ist kurz zusammengefaßt, dagegen ist die Entwicklung des brandenburgisch-preußischen Staates unter dem ruhmreichen Hohenzollernhause mit wünschenswerter relativer Vollständigkeit behandelt. In einem Anhange wird die kurze Geschichte der wichtigsten im Laufe der Zeiten an Brandenburg-Preußen gekommenen Länder (Pommern, Schlesien, Schleswig-Holstein, Hannover, Hessen und Nassau) dargeboten. Die Seite 27 und 28 behandelte Vorgeschichte Preußens, des zweiten wichtigsten Stammlandes des brandenburgisch-preußischen Gesamtstaates, hätte etwas ausführlicher und lebensvoller behandelt werden sollen. Gerade dieser Stoff ist recht wichtig und überdies sehr ergiebig, auch für eine fruchtbare schulmäßige Behandlung. — Brauchbare Tabellen bilden Schluß des Werkchens, dem wir gern eine weitere Verbreitung wünschen.

**Johannes Bugenhagen Pomeranus. Ein Lebensbild für alt und jung von Franz Knauth. Mit Bugenhagens Bildnis. Berlin, J. A. Wohlgemuth 1885. 50 Pf.**

„Nach Melanchthon ist Bugenhagen der andere öffentliche Lehrer der Gottesgelahrtheit, in der Stadt sowohl, als in der Welt!" Diese Worte Luthers sind wohl geeignet, Kirche und Schule an ihre Pflicht zu erinnern, auch in bezug auf Johann Bugenhagen dem Worte der Schrift nachzuleben: „Gedenket an eure Lehrer, die euch das Wort Gottes gesagt haben, welcher Ende schauet an und folget ihrem Glauben nach!" Bugenhagen ist es wert, daß man seiner gedenke. Ist er nicht, nachdem er aus Liebe zum Evangelium sein Schulamt in Pommern aufgegeben hatte, Dr. Luthers lieber Beichtvater geworden, der des Reformators und seiner Käthe von Bora Hände segnend ineinander gelegt hat, der den vielangefochtenen und vielangelaufenen Reformator zu trösten und aufzurichten vermochte, wie kaum ein anderer, — der bei der Bibelübersetzung treulich und fleißig mitwirkte und es sich nicht nehmen ließ, sie auch in sein liebes Plattdeutsch zu übertragen. — Bugenhagen hat später in Norddeutschland, in Dänemark und Schweden die evangelische Kirche und Schule hergerichtet und mit einem organisatorischen Talente, wie man es selten findet, einen kirchlichen Verfassungsbau zu stande gebracht, der sich im Laufe der Zeiten voll bewährt hat.

Das vorliegende Büchlein ist ein Gegenstück zu dem empfehlenswerten Lebensbilde des Reformators Philipp Melanchthon, das von demselben Verfasser in demselben Verlage erschienen ist. Es ist in dem Geiste und Tone gehalten, den weiland Matthesius in seinen Lutherpredigten angeschlagen und den Missionsdirektor Dr. Wangemann in seinem „Lutherbüchlein" von neuem angewendet hat.

**Hilfsbuch für den Unterricht in der Geschichte an höheren Töchterschulen von Dr. Fr. Krasta. Erster Teil: Mythologie und Geschichte des Altertums, 6. Auflage. Mit zwei historischen Karten, 1883. Zweiter Teil: das Mittelalter, 5. Auflage. Mit zwei historischen Karten, 1885. Dritter Teil: die neuere Zeit, 5. Aufl. Mit einer historischen Karte, 1885. Heidelberg, Georg Weiß. Preis 1,80, 1,20 Mk.**

Die zahlreich vorhandenen Hilfsbücher für den Geschichtsunterricht teilen sich, was die Form der Darstellung betrifft, in zwei Klassen. Sie sind entweder so eingerichtet, daß sie im Interesse der Sprachbildung des Schülers den Stoff durchweg in lesbarer Gestaltung darbieten, oder sie wählen zu Gunsten der Kürze und Übersichtlichkeit bei möglichster

Vollständigkeit die aphoristische Form und geben nur gewisse Andeutungen und leitende Gedanken für den eigenen Fleiß des wiederholenden Schülers in der Form von halbstilisierten, elliptischen Sätzen. Das vorliegende Buch steht in der Mitte zwischen diesen beiden Richtungen. Es bietet den Stoff großenteils in lesbarer Form dar, unterbricht aber eine derartige Darstellung immer wieder durch gedrängte Inhaltsangaben und kurze Überschriften für den anderweitig beizubringenden geschichtlichen Stoff. Es ist uns zweifelhaft, ob diese Einrichtung dem Leitfaden zur größern Empfehlung und zum Vorteil gereiche; wir sind mit David Müller der Meinung, der Schüler müsse sein Buch „lesen" können und es müsse dabei doch möglich sein, den Zusammenhang festzuhalten und einen klaren Überblick zu gewinnen. Es ist nicht notwendig, daß ein lesbarer Geschichtsleitfaden die Selbständigkeit des Lehrers beschränke.

Das vorliegende Buch wird ebensowohl in Knabenschulen als in höheren Töchterschulen Verwendung finden können. Wir haben, was die Auswahl und Verarbeitung des Stoffes betrifft, charakteristische Eigentümlichkeiten, welche von einer besondern Rücksichtnahme auf die Bedürfnisse des weiblichen Geschlechts zeugten, nicht eben entdecken können. In den bekannten geschichtlichen Büchern von Dr. Wernicke tritt solche Bezugnahme auf die Bedürfnisse der Mädchenschule in viel größerem Maße als hier hervor. Darum wird, wie gesagt, auch in Knabenschulen das Krosta'sche Buch ohne Bedenken in Gebrauch genommen werden können.

Kaiser Wilhelm, seine Lebensgeschichte und glorreiche Regierung. Dem deutschen Volke, besonders der Jugend, erzählt von K. Sterzenbach. Neuwied und Leipzig 1883. Heusers Verlag. Preis 60 Pfg.

Der Verfasser will dem deutschen Volke, besonders aber der heranwachsenden Jugend, das Lebensbild unseres Kaisers vor Augen malen; er erzählt deshalb von den vortrefflichen Eltern des Kaisers, von Glück und Unglück in der kaiserlichen Familie, von des Kaisers Kindheit, Jugend und Mannesalter, besonders aber von seiner glorreichen Regierung als König von Preußen und Kaiser von Deutschland. Das Buch wird gewiß dazu helfen können, in unserem deutschen Volke die Liebe zu Kaiser und Reich zu erhalten, zu kräftigen und zu mehren. Er schließt mit einer Gegenüberstellung Kaiser Wilhelms und König Friedrichs II. und betont, daß beider Jugend eine harte gewesen sei, beide seien große Kriegshelden, allezeit Mehrer des Reiches und dazu Lieblinge ihres Volkes gewesen. Das ist richtig; aber gewagt erscheint es, die Widerwärtigkeiten in Friedrichs II. Jugendjahren als „ein heiliges Kreuz" zu bezeichnen. Und das Urteil: „Friedrich II. wurde von seinem Vater allzu strenge behandelt", ist doch immerhin zweifelhaft und der Mißdeutung fähig.

## Zur Recension eingegangene Bücher:

Timm, Liederbuch für Turner. 10. Aufl. 1 M. Wismar, Hinstorff.

Kehr, Geschichte der Methodik des deutschen Volksschulunterrichts. 2. Aufl. Lief. I. Gotha, Thienemann.

Dittmars Leitfaden der Weltgeschichte. 10. Aufl. 1,80 M. Heidelberg, C. Winter.

Uellner, Geschichte der städt. Luisenschule. 1,20 M. Düsseldorf, Voß.

Treugold, Sadrach A. B. Duego. 120 Inschriften entziffert und umdichtet. 4. Aufl. Stuttgart, Lutz.

Locher, Erklärung der Orgel-Register. Bern, Nydegger und Baumgart.

Niemann, Musik-Lexikon. 3. Aufl. Lief. 13—18. Leipzig, M. Hesse. à 50 Pf.

Mücke, Die Nichtigkeit der päpstl. Nach=
 folgerschaft Petri. 9. Aufl. 0,30 M.
 Brandenburg, Wiesike.
Hüttmann, Deutsches Sprachbuch. 15.
 Aufl. 50 Pf. Stade, Schaumburg.
Zängerle, Grundriß d. Botanik. 2,20 M.
 „   Grundzüge der Chemie und
 Naturgeschichte. Erster Teil, Botanik.
 München, Taubald. 1,80 M.
Morgenstern, Frageheft zur Einführung
 in die Physik. Jena, Schulz.
Morgenstern, Einführung in das Gebiet
 der Physik. Ebend.
Meyer, Päd. Zeitfragen. Bd. I. Heft 2.
 : Richter, Die Kulturgeschichte in der
 Volksschule. 1 M. Gotha, Behrend.
Stein, Sursum corda III. 1 M.
 Wittenberg, Herrosé.
User, Franz. Lesebuch zur Geschichte der
 deutschen Befreiungskriege. 1,20 M.
 Altenburg, Pierer.
Jütting u. Vorbrodt, Lehr= u. Lesebuch
 f. Fortbildungsschulen. 4. Aufl. I. Cur=
 sus. 1 M. Braunschweig, Vieweg.
Callsen, Pflanzenkunde in der Volks=
 schule. Hülfsbuch für Lehrer in 4 Kursen.
 2. Aufl. à 0,80, 1,20, 1,20 und
 0,80 M. Flensburg, Westphalen.
Callsen, Pflanzenkunde. Schülerheft I
 und II à 0,20 M. 2. Aufl. Ebd.
Schulze, Einheitliche Christenlehre im
 Schul= u. Pfarrunterricht. I. Bd. Zur
 geschichtl. Grundlegung und zum grund=
 sätzlichen Aufbau. VIII, 307 S. gr. 8.
 4 M. Gütersloh, Bertelsmann.
Nesemann, Das ev. Kirchenlied f. Schule,
 Seminar u. Konfirmanden=Unterricht
 ausgewählt, erklärt u. disponiert, nebst
 einem Anhange: Kurzer Abriß d. Ge=
 schichte d. Kirchenliedes. IV, 416 S.
 8. Ebd. 4,50 M.
Böhme, Geschichte des Oratoriums für
 Musikfreunde kurz u. faßlich dargestellt.
 2. gänzlich umgearb. Aufl. VIII,
 119 S. Ebd. 2 M.
Schäfer, Kirchengeschichte. 2 M. Langen=
 salza, Beyer.

Häuselmann, Agenda für Zeichenlehrer.
 2 Tle. à 1,50 M. Zürich, Orell Füßli.
Sommerlad, Ausgewählte Gleichnisse
 Jesu. Für den Schulgebrauch. 2 M.
 Gießen, Emil Roth.
Mertens, Dr. Kleinpauls Anweisung
 zum prakt. Rechnen. In 3 Heften
 à 1,50 M., 2 M. und 3,70 M.
Schröter, Beiträge zur Methodik des
 Rechnenunterrichts. 1,80 M. Witten=
 berg, Herrosé.
Fölsing=Koch, Lehrbuch der engl. Sprache.
 1,80 M. Berlin, Enslin.
Dorenwell, Kaiser Wilhelm. 1 M.
 Hannover, C. Meyer.
Lohmeyer, Deutsche Jugend. Billigere
 Ausgabe. Vierteljährlich (3 Hefte)
 1,50 M.
Liederborn für Mädchenschulen. 4. Aufl.
 „     „   Knabenschulen. 4 Aufl.
 à 0,50 M. Wismar, Hinstorff.
Polack und Schreiber, Rektoren=Kalender.
 5. Jahrg. 1 M.
Polack und Schreiber, Schulinspektoren=
 Kalender. 5. Jahrg. 1 M.
Polack u. Schreiber, Lehrer=Hausfreund.
 0,75 M. Cassel, Fischer.
Stier, Konjugations=Tafeln zu den fran=
 zösischen Verben. Berlin, Asher.
Sattler, Leitfaden der Physik u. Chemie.
 5. Aufl. 0,80 M. Braunschweig,
 Vieweg.
Kartennetze auf rauhen Zeichenpapier,
 zum geogr. Zeichnen. à Blatt 0,6 M.
 Kaiserslautern, Gotthold.
Medicus, Illustr. Schmetterlingsbuch.
 1 M. Ebend.
Dittmars Rechenbuch. 1. Heft. 9. Aufl.
 0,75 M. Harburg, Elkan.
Erzählungen aus d. Weltgesch. 1 M. Ebd.
Bibl. Geschichte. 5. Aufl. 1 M. Ebend.
Richter, Wiederholungsbuch für Chemie.
 0,80 M. Glogau, H. Handel.
Pischon=Zernial, Leitfaden zur Geschichte
 der deutschen Litteratur. 15. Aufl.
 Leipzig, Reichardt.
Bibl. Bilder für Mutter u. Kind. Ebend.

# Evangelisches Schulblatt.

**Oktober 1887.**

## I. Abteilung. Abhandlungen.

## Das Interesse nach seiner Bedeutung für Unterricht und Erziehung.*)

### I.

Wo wir uns im Leben der Menschen umschauen, überall gewahren wir die eigentümliche Macht, die das Interesse auf die Gestaltung desselben ausübt. Der Afrikareisende achtet nicht der Gefahren, die das Leben unter den uncivilisierten Eingeborenen und das ungewohnte Klima für ihn bergen; er fühlt sich getragen und getrieben von seinem Forscherinteresse. — Jeder andere, der mit einem geringeren Interesse an die Ausführung eines Planes, gleich dem des Kolumbus, herangetreten wäre, wäre zurückgeschreckt vor den Schwierigkeiten, die der Ausführung im Wege standen: Kolumbus aber hielt fest, wie oft er sich auch getäuscht, wie oft er auch sein Ziel in fast unerreichbare Ferne gerückt sehen mochte. — Das religiöse Interesse lenkte die Schritte unsers großen Reformators und gab ihm die weltverachtende Kühnheit, vor der kriegsgewohnte Helden bewundernd stillstanden. — Wie viel sinniges Versenken in die Schöpfungen der Kunst, wie viel Übung und Studium setzen die Werke eines Beethoven und Bach, eines Kaulbach und Dürer, eines Rietschel und Rauch, überhaupt eines jeden Künstlers voraus! — Und liest man nicht überall in Riehls Naturgeschichte des Volks zwischen den Zeilen das Interesse heraus, welches ihn auf seinen Wanderungen durch die deutschen Gauen getrieben und seinen Blick geschärft hat für die Beziehungen zwischen Land und Leuten und für das eigentümliche Leben und Weben des Volks in seinen verschiedenen Ständen und in seiner Häuslichkeit? — Alles Hohe ist ebenso schwer als selten; wo aber jemals etwas Hohes ist geleistet worden, da müssen wir ein entsprechend starkes Interesse voraussetzen, ohne das es nicht hätte geleistet werden können.

Nicht minder wirksam zeigt sich das Interesse in den kleinen Verhältnissen

---

*) Nachfolgende Abhandlung hat der freien Lehrer-Vereinigung in Witten an zwei Konferenztagen als Ausgangspunkt der Besprechung gedient. Von den Teilnehmern der Konferenz wurde der Wunsch geäußert, die Arbeit im Schulblatt veröffentlicht zu sehen. Da auch andern Lesern mit der Veröffentlichung gedient sein könnte, so gebe ich dem Wunsche gern Folge. Horn.

des täglichen Lebens. Da sind Kinder bei ihrem Klicker- und Ballspiel. Wie unermüdlich sind sie in ihren Bewegungen, wie gespannt ist ihre Aufmerksamkeit auf den Verlauf des Spieles, wie nehmen sie alle Kraft zusammen, selbst auch etwas Rechtes zu leisten! — Da sitzt die Mutter an dem Bette ihres kranken Kindes. Ihr vom Interesse geschärfter Blick errät aus den geringsten Bewegungen des Kindes Verlangen; die schwächsten Symptome sind ihr deutlich genug, um daraus Gründe zu lesen für ihr Fürchten und Hoffen; sie weiß nichts von Schlaf und Ermattung, bis endlich die übermäßige Anstrengung sie daniederwirft. — In den religiösen Versammlungen kann man oft die Beobachtung machen, daß ganz ungeschulte Leute eine Beredsamkeit entwickeln, die sowohl nach Inhalt wie Form in Erstaunen setzt, und die man bei denselben Leuten vergeblich sucht, wo es sich um Dinge handelt, bei denen ihr Interesse nicht so in Anspruch genommen ist, über die sie aber dennoch wohl orientiert sind. — Bei der Wahl des Berufes ist es wohl in allen Familien die erste Frage, wofür der Junge Interesse hat. Mag auch durch die weitgehende Teilung der Arbeit in unserer Zeit es erschwert sein, mit stets reger Beteiligung die seinige zu thun: es ist immer ein großer Unterschied, ob jemand Freude hat an einer möglichst vollendeten Leistung, oder ob er die Leistung nur schätzt nach dem daraus fließenden Lohn. — Die sogenannten Flegeljahre haben eine traurige Berühmtheit erlangt. Wer von uns hätte nicht schon öfter bemerkt, wie hier ein religiöses, dort ein naturwissenschaftliches, geschichtliches, mathematisches, musikalisches, berufliches oder anderes Interesse bewahrend eingetreten wäre und den Jüngling fern gehalten hätte von Thorheiten, die sonst seinem Geschmack wohl würden gemundet haben? — Vor Jahren lernte ich einen Feilenhauer kennen, der aus religiösem Interesse als guter Vierziger sich hinsetzte und mit Hülfe seines Pfarrers und seiner Kinder lesen lernte; und haben wir nicht einige Ähnlichkeit mit ihm, wenn wir im Interesse für unsern Beruf uns hinsetzen und lernen, und zwar nicht bloß weiterlernen, sondern auf die Gefahr hin, zu Resultaten zu kommen, die unsre ganze bisherige Berufsausübung als eine mehr oder minder verfehlte erscheinen läßt?

Nun genug; die Beispiele werden genügen, die eigentümliche Macht, die dem Interesse auf die Gestaltung des Lebens innewohnt, erkennen zu lassen; nur müssen Sie Sich auch noch solcher traurigen Gestalten erinnern, denen ein bemerkenswertes Interesse fehlt, die in ihrem Beruf wie in ihrem Privatleben nur durch Lust und Schmerz, durch die Gedanken an Nutzen und Schaden, an Ehre und Schande geleitet werden, und die darum öffentlich eben so willig dem jeweilig herrschenden Strome der Zeit, wie privatim den Trieben ihrer jeweiligen Gelüste folgen.

Eine solche Macht konnte die Pädagogik nicht unbeachtet lassen; von jeher ist es Regel gewesen, daß sowohl für die Zucht wie den Unterricht das Interesse dienstbar gemacht wurde, und es ist nur die Frage, ob ihm damit sein Recht geworden, oder ob nicht vielmehr die Erzielung des Interesse geradezu als Ziel der Erziehung und namentlich des Unterrichts hingestellt werden sollte.

Bevor wir dieser Frage näher treten, wird es sich empfehlen, zunächst das Wesen des Interesse etwas näher ins Auge zu fassen.

Das Interesse ist zunächst ein Vorziehen. Da liegt das Kind in seiner Wiege. Die Stube ist halbdunkel und ein Licht wird hereingebracht. Sogleich fühlt sich das Auge des Kindes angezogen von seinem Schein, es geht ihm nach, bis es dessen Quelle gefunden hat; es folgt ihr, wie auch das Licht mag bewegt werden. Danach ist es das Glänzende, welches das Kind dem Matten, das lebhaft Gefärbte und Bunte, welches es dem Gedämpften und Einfarbigen vorzieht. Wie schwer die reine Form die ihr nach dem gebildeten Geschmack zukommende Schätzung erlangt, zeigt der Soldat, der auf der Photographie seine Backen rot färben läßt, und der Chinese, der seiner Braut die wenig zierliche Päonie überreicht. —

Mit beiden Händchen schlägt das Kind auf die Tasten des Klaviers und freut sich, wenn es gehörig klingt; bald verfolgt es mit Interesse die Melodie, die die Mutter beim Einwiegen singt; später leitet die Mutter die Fingerchen über die Tasten, daß wenigstens der Anfang der Melodie von „Fuchs, du hast die Gans gestohlen" den Saiten entlockt wird. Dann macht auch der Kleine selbständige Versuche, dasselbe zu thun und ist glücklich, wenn ihn der Zufall bei c oder g hat anfangen lassen; enttäuscht aber fängt er von neuem an, wenn die nebeneinanderliegenden Tasten, etwa von d oder e aus, die erwartete Melodie nicht hören lassen. Daß das Kind erwartet, versucht, sich des Erfolges freut, beim Mißerfolg sich getäuscht findet, das alles beweist, daß die Vorstellungen von der Melodie in seinem Geiste die andern überragen, daß es sie vorzieht. — Unendlich ist die Zahl der Schälle, aus denen das menschliche Ohr die Töne, und unendlich ist die Zahl der Töne, aus denen es die Töne der Tonleiter ausgewählt hat. Die Nachtigall fällt in ihrem Gesang von dem höchsten Ton ihrer Stimme zum tiefsten herab durch alle möglichen Zwischentöne hindurch; ein Vorziehen besonderer Töne, wie sie etwa unsere Tonleiter bilden, ist ihr fremd. Die ersten Gründe für dieses Vorziehen werden in unserer leiblichen Organisation liegen. So wie unsere Gefühlsnerven die richtige Temperatur gegen Hitze und Kälte als angenehm empfinden, so wird es auch beim Gesicht in Bezug auf hell und dunkel, und in Bezug auf die Farben sein, ebenso beim Gehör in Bezug auf die Töne. Praktisch setzen wir auch immer ein solches Vorziehen bei dem Kinde voraus. Erwarten wir nicht, daß es das rein Gesungene dem Unreinen, das rhythmisch Korrekte dem Unkorrekten, das musikalisch Wertvolle dem Oberflächlichen, die der Vorlage entsprechende Schrift und Zeichnung der mangelhaften vorziehe? Auf höhern Stufen der Entwicklung könnte allerdings das Interesse weniger ein Vorziehen zu sein scheinen. Wenn ein Botaniker und ein Zoologe zusammen über Feld gehen und dabei allerlei Wahrnehmungen aus dem Gebiete des Pflanzen- und Tierlebens machen, so wird der erstere bei seinen Pflanzen, der zweite bei seinen Tieren sich aufhalten. Wäre ein Maler in der Gesellschaft, so würde der wahrscheinlich bei irgend einer schönen Baumgruppe verweilen, bei dem landschaftlichen Bilde, das sich vor seinen Augen ausbreitet, bei dem Anteil, den der Fluß, eine Häusergruppe, das Zusammensein von Feld, Wald und Wiese, die eigenartige Beleuchtung an der Schönheit der Landschaft haben. In all diesen Fällen könnte es scheinen, als ob nur die Menge der appercipierenden Vorstellungen es wäre, die das so verschieden sich geltend machende Interesse bedingte. Der Botaniker braucht nur das Blau der Kornblume zu bemerken und sogleich steht die ganze Pflanze vor seinem geistigen Auge; er erinnert sich der Gesellschaft, in der diese Pflanze aufzutreten pflegt, der verschiedenen Farben, in denen ihre Blüte wohl vorkommt u. dgl. m. und sogleich ist er mit der Untersuchung beschäftigt, ob sich dies auch hier so zeigen wird, oder ob unter dem Einfluß des Bodens, der Kultur ꝛc. besondere Modifikationen zu bemerken sind, und welche. Allerdings hat hier die Menge der appercipierenden Vorstellungen einen Einfluß auf das Interesse; sehr verfehlt aber wäre die Annahme, als ob sie nun auch das Interesse bedingte, als ob überhaupt zur Erzeugung des Interesses nur die Gewinnung eines möglichst reichen Vorstellungsmateriales gehöre. Wen das Sehen von Pflanzen daran erinnert, daß ihm das trockne Beschreiben derselben, wie es in der Schule von ihm gefordert wurde, manchen Schmerz bereitet hat, sei es, daß er nur mit Widerwillen sich an die Präparation gegeben oder daß ihm die mangelhafte Präparation allerlei Strafen eingetragen, der wird wahrscheinlich trotz all seines Wissens kein Interesse für die Pflanzenwelt zeigen. Ich sage: Wahrscheinlich, denn es kann immerhin sein, daß die holden Kinder Floras es ihm trotz des bösen Präceptors angethan haben und er noch rechtzeitig erkannte, daß die üblen Erinnerungen lediglich diesem und nicht jenem aufs Konto zu setzen seien. Daß auch ohne viele appercipierende Vorstellungen ein Interesse vorhanden sein kann, das zeigen die Kinder, die nicht nur gern Blumen pflücken, Kränze daraus machen, sie einpflanzen und pflegen, sondern auch ihren Namen wissen und von ihrem Leben sich erzählen lassen wollen; das zeigen die Spaziergänger, die zur Frühlings- und Sommerzeit selten ohne einen Blumenstrauß heimkommen; das zeigen die Blumengärtchen, die Blumenstöcke an den Mauern und die Topfblumen an den Fenstern der armen Leute. — Das Interesse ist ein Vorziehen und steht der Gleichgültigkeit gegenüber. Es haftet, wie jedes andere Gefühl an bestimmten Vorstellungen und wächst selbstverständlich mit der Menge und Aktionsfähigkeit derselben. Dies wird auch schon durch den Sprachgebrauch bestätigt. Wenn der

Knabe seine gut vorbereiteten Rechenaufgaben macht, pflegt diese Arbeit nicht von besonderen Gefühlen begleitet zu sein, es sei denn, daß Gedanken an ein Spiel oder Ähnliches im Wege ständen. Sobald aber die Lösung nicht gelingen will, sind Unlustgefühle da; Lustgefühle treten dagegen wohl ein, wenn die Arbeit besonders gut von statten geht. Infolgedessen freut sich der Schüler, wenn Aufgaben an die Reihe kommen, mit deren Lösung er wohl vertraut ist und er scheut das Gegenteil. Niemand wird aber hiervon sagen, der Knabe zeige oder es fehle ihm Interesse für das Rechnen. Die hier in Betracht kommenden Gefühle gelten weniger dem Rechnen, als überhaupt dem gestörten oder geförderten Gedankenverlaufe. Sagt man: das mathematische Interesse ist erwacht, der Knabe rechnet gern, so muß er die Beschäftigung mit der Zahl anderm vorziehen, und erst wenn dieses Vorziehen dauernd geworden ist, spricht man von einem Interesse.

Weiter ist für das Interesse ein eigentümliches Streben charakteristisch. Vergleichen wir den religiös Interessierten mit dem Gewohnheitschristen und dem theologischen Forscher. Es kann sein, daß die beiden ersten in anscheinend gleicher Weise ihre Morgen- und Abendandacht halten, sich am Gottesdienst beteiligen u. dgl. m., es kann auch dem Gleichgültigen etwas fehlen, wenn er etwa den Gottesdienst nicht besuchen kann oder das Tischgebet entbehren muß; er hat aber das Seinige gethan, wenn er die Ausführungen des Andachtsbuches oder der Predigt angehört und davon behalten hat, so viel eben davon haften wollte. Ganz anders der Interessierte. Er hängt an seinem Gegenstande, vertieft sich in denselben, ist ganz in ihm versunken. Wie voll und ganz er sich auch seines Besitzes freut, so ist er ihm doch kein abgeschlossener, vollendeter; er gleicht vielmehr dem Umriß eines Gemäldes, dessen Schönheit immer mehr hervortritt, je weiter er ausgeführt wird. Seine Gedanken sind voller Fragen, doch nicht solcher, deren Beantwortung den Wert des Gewußten vielleicht aufheben könnte, die vielmehr wie offne Hände Neues freudig in Empfang nehmen und an die rechte Stelle setzen. So gilt von dem Interessierten, was Pf. 1 von dem Gerechten sagt, er hat Lust an dem Gesetz des Herrn und diese Lust wird eher erhöht als getrübt, wenn es ihm zugleich geht wie Luther mit dem Vater unser, was er bekanntlich in seiner Tiefe nie auslernte.

In dieser Regsamkeit seiner Gedanken hat der Interessierte Ähnlichkeit mit dem Forscher. Aber dieser hängt in ganz anderer Weise an seinem Gegenstande. Der Forscher freut sich nicht seines Besitzes, sondern des Erwerbs. Wie der Sammler sich bei dem Anschauen eines kostbaren Gemäldes bewußt ist, daß er es noch nicht besitzt, wie er überlegt, auf welchem Wege er es wohl erwerben, welche Stelle unter seinen Schätzen es einnehmen, welche Lücke es füllen könnte: so löst sich dem bloßen Forscher sein Objekt in Probleme auf, und er steht in fortwährender Gefahr, entweder mit Goethes Faust die bittere Erfahrung zu machen, daß wir nichts wissen können, oder über der Freude an den Erfolgen die Freude an der Sache zu verlieren.

So hält das Interesse die Mitte zwischen der Gleichgültigkeit und dem Begehren und Wollen. Es hat mit der Gleichgültigkeit das gemein, daß es nicht über den Gegenstand disponiert, wie dies vom Begehren und Wollen geschieht, aber es hängt an ihm, er ist ihm wert. Das Interesse hält den Geist ganz in der Gegenwart, wogegen ihn das Begehren und Wollen auf Künftiges richten.

Einen gefährlichen Konkurrenten hat das bisher betrachtete echte oder unmittelbare Interesse an seinem Namensvetter, dem mittelbaren Interesse. Wie man Almosen geben kann aus Barmherzigkeit, d. h. aus warmem Herzen, so kann es auch geschehen, um von den Leuten gesehen zu werden; ähnlich giebt es neben den Studien aus Interesse an der Sache Brotstudien, neben der Arbeit, die man nicht lassen kann, solche, die man gern unterließe, wenn nur das Faulenzen auch honoriert würde.

Das Rousseausche Wort von der Güte des natürlichen Menschen hat erfahrungsgemäß wenig für sich; in Bezug auf das mittelbare Interesse hat es wenigstens ein gut Stück Wahrheit. Man mag dem Kinde den Wert der Rechenkunst, einer schönen Handschrift 2c. preisen, wie man will, es hält unsere Schilderungen für chateaux en Espagne und bleibt in seiner fröhlichen Wirklichkeit. Daß die Kinder nichtsdestoweniger schon sehr früh auf allerlei mittelbare Interessen verfallen, heute erstaunlich artig sind, weil sie dann morgen auf einen Spaziergang mitgenommen werden, gegen den Besuch eine courfähige Höflichkeit entwickeln, weil sie sonst gescholten werden, ihre Schulsachen fleißig ausführen, da sie den Stock scheuen, und noch viele andere Tugenden entwickeln, die sie gar nicht haben, daran sind nicht sie, daran ist die moderne Art der Erziehung schuld.

Wo das mittelbare Interesse herrschend wird, wirkt es wie ein Gift. In Wahrheit ist es gar kein Interesse, sondern ein Begehren und richtet, wie dieses, den Menschen über die Gegenwart hinweg in die Zukunft. Dem reichen unmittelbaren Interesse, das gern in der Brust des Menschen sich entwickeln möchte, schneidet es die Wurzeln ab. Das Kind der wohlhabenden Familie möchte mit den Kindern des armen Nachbarn im vertrautern Verkehr leben, sich an ihren fröhlichen Spielen beteiligen; die Mutter aber glaubt darauf halten zu müssen, daß ihr Kind sich von früh an gewöhne, die ständischen Unterschiede gebührend zu berücksichtigen. Dementsprechend muß es mit den Kindern des Vetters oder Geschäftsfreundes ja intim thun, ihnen gegenüber in Spiel und Verkehr alles Entgegenkommen beweisen, jeden Konflikt zu vermeiden suchen; allen nicht standesgemäßen Umgang aber hat es thunlichst zu meiden. Gegen Dienstboten und Arbeiter mag es sich erlauben, was es will, wenn es nur gegen Onkel und Tante das gebührende Benehmen hat. Wie kann in dem

Herzen eines so erzogenen Kindes lebendiges Mitgefühl für seinen Nächsten aufkommen; wie kann es Interesse gewinnen für das Wohl des Einzelnen und der Gemeinschaft?

Es könnte allerdings jemand einwenden, es sei weniger die Pflege des mittelbaren Interesses als vielmehr das falsche Ziel, welches diese Erziehung verurteile. Dann sehe man auf alle die Fälle, in denen zweifellos Gutes mit Anwendung von allerlei fremden Mitteln, sei es Lohn oder Strafe, erreicht werden soll. Wie oft schädigen z. B. Eltern die religiöse Entwicklung ihrer Kinder dadurch, daß sie dieselben nicht nur zu einem regelmäßigen Besuch des Gottesdienstes, zum gemeinsamen Betrachten der heiligen Schrift anhalten, sondern sie auch zum Verzicht veranlassen auf alle jugendlichen Vergnügungen, die mit ihrer ernsten Lebensauffassung nicht wohl vereinbar erscheinen! —

Ein rechtes Kraftgefühl läßt das mittelbare Interesse nicht aufkommen, denn das bloße Wissen ist tot, ohne Triebkraft, die zum Wollen führt. Was man in diesem Interesse thut, muß nun einmal sein; immerhin aber erscheint diese Arbeit als eine Last und nicht als Lust. Ja, der nur mittelbar Interessierte macht sogar die Erfahrung, daß man leicht zu viel lernen kann; die Pferde, die Scheuklappen tragen, thun bekanntlich die sichersten Tritte.

Endlich ist auch das noch als Folge des mittelbaren Interesses zu beklagen, daß es seine Pfleglinge blasiert macht. Wer, um broterwerbs- und courfähig zu werden, alle Wissenschaften und Künste und dazu noch den Umgang mit Menschen hat studieren müssen, dem kann man es wahrlich nicht übel nehmen, wenn er, nun am Ziele angelangt, sich in den Leib- und Lebensfragen seiner standesgemäßen Gesellschaft durch bequem für ihn zugerichtete Zeitungs- und Journalartikel auf dem Laufenden erhält und mit vornehmem Mitleid auf das Mühen und Arbeiten der wirklich Interessierten herabsieht; hat er doch die Freuden und den Wert dieses Strebens niemals kennen gelernt.

Wie das echte Interesse den Menschen sich hinzugeben gewöhnt, hier vornehmlich der Wissenschaft und Kunst, dort dem unmittelbaren Dienst seines Nächsten, so macht das mittelbare Interesse ihn zum Egoisten; thut er doch fast alles zu fremden Zwecken, und warum sollte er sich solche setzen, die ihm nicht auch nützen? —

Aber ist nicht dies Urteil zu hart? Wird nicht auch in der heiligen Schrift vielfach das mittelbare Interesse angerufen? „Du sollst deinen Vater und deine Mutter ehren, auf daß dirs wohl gehe," heißt es schon im Dekalog. Hebr. 11 wird auch von Moses gesagt: „Er sah an die Belohnung." Es scheint allerdings, als ob die Verheißungen des langen Lebens und des Wohlergehens die Beweggründe für die Befolgung des Gebotes abgeben sollten. Kann man sich aber wohl ein Kind denken, das aller Dankbarkeit und Liebe bar lediglich um der Verheißungen willen die Eltern ehrte? Läßt sich auch nur erwarten, daß ein Kind, dem die von den Eltern ihm erwiesenen Wohlthaten und Liebeserweisungen nichts bedeuten, überhaupt einen Sinn habe für die Bedeutung der Verheißung? Und selbst wenn ein solches Ehren möglich wäre, wie würde der Herr es beurteilen, der nach Matth. 6 so scharf über Almosengeben um der Leute willen spricht und überhaupt Werke nur gut heißt, die aus guter Gesinnung geschehen? Wie es im N. T. heißt: Lasset uns ihn lieben, denn er hat uns zuerst geliebt, so weist der Herr auch vor der Gesetzgebung hin auf die mannigfachen Gnadenerweisungen, die Israel seit seinem Auszuge aus Ägypten von ihm erfahren hatte.

So sind diejenigen, die sich zur Rechtfertigung ihrer Lohn- und Strafpädagogik auf die heilige Schrift berufen, schwerlich im Recht; es bleibt vielmehr wohl so, daß nur das Gute, das aus guter Gesinnung geschieht, Wert hat, und daß das Böse, das aus Furcht vor der Strafe unterlassen wird, immer böse bleibt.

Warum stehen denn die Verheißungen da, und warum wird dem richtigen Verhalten Lohn, der Übertretung Strafe in Aussicht gestellt? Um der Unvollkommenheit des einzelnen Menschen und aller menschlichen Verhältnisse willen. Es soll das Kind seine Eltern ehren, auch die wunderlichen, aus Erkenntlichkeit für das, was sie ihm waren und sind; es würde dies auch thun, wenn es keine Selbstsucht gäbe. Nun aber liegen alle an der Selbstsucht krank, der eine mehr, der andere minder, und das Gute hat einen harten Kampf zu kämpfen, der oft so verläuft, wie es Paulus Röm. 7 beschreibt, wo er sagt: Das Gute, das ich will, das thue ich nicht; das Böse aber, das ich nicht will, das thue ich. Wie der Kranke einen Stab ergreift, um zu leisten, was gesunde Glieder allein leisten würden, so ist auch in dem innern Ringen jede Unterstützung des Guten willkommen zu heißen. Oder ist es nicht gut, wenn ein über den Stand seiner Eltern hinausgewachsener Sohn, der in Gefahr steht, sich seiner Eltern zu schämen, statt sie zu ehren, sich deshalb entschließt, seine Eltern zu ehren, weil in dem Streit der Gedanken die Verheißung den Ausschlag gegeben?

Blicken wir in die Geschichte Mosis, so könnte es uns schwer werden, eine Bestätigung für die angeführte Ebräerstelle dort zu finden; was wir sehen ist die aufopferungsvollste Hingabe an sein Volk, die ihn beten lehrte: „Vergieb ihnen, wo nicht, so lösche mich doch aus deinem Buch, das du geschrieben hast." (2. Mos. 32, 32.) Die Verhältnisse aber, unter denen er zu arbeiten hatte, waren so schwierige, daß auch die stärksten Kniee wohl hätten erlahmen können, und so hat er sich neuen Mut und neue Freudigkeit da geholt, wo alle Gottesmänner sie geholt haben: er hat seinen Blick erhoben über diese Zeitlichkeit hinweg in jene Welt, wo kein Kampf und Widerstreit mehr sein wird. Dasselbe werden alle die thun müssen, die ihr Ziel höher gesteckt haben, und so mahnt denn der Ebräerbrief Kap. 12, 1: „Deswegen lasset auch uns, da wir eine so große Wolke von Zeugen um uns haben, ablegen jegliche Bürde und die leicht umstrickende Sünde und mit Ausharren laufen den uns vorliegenden Wettlauf, hinschauend auf Jesum, den Anfänger und Vollender des Glaubens, welcher für die vor ihm liegende Freude das Kreuz erduldete und der Schande nicht achtete, und sitzet zur Rechten auf dem Throne Gottes."

Der Graf in Bürgers „Lied vom braven Mann" hat die Menschen ganz richtig aufgefaßt. Er hat wohl nicht gedacht, daß jemand allein des Geldes wegen sein Leben in Gefahr setzen werde, wohl aber, daß mancher in der Menge gern der bedrängten Familie Rettung gebracht hätte, daß aber dem Entschluß zu helfen allerlei Bedenken entgegenstehen würden. Sein Gold sollte mit in die eine Wagschale fallen, um sie damit zum Sinken zu bringen. Der Bauer gefällt uns sehr, weil sein Verhalten es beweist, daß er aus reinem Wohlwollen die Rettung unternommen; es würde uns nicht gefallen, wenn er die Hand begierig nach dem Golde ausgestreckt und dadurch verraten hätte, daß nicht Wohlwollen, sondern Geldliebe der Beweggrund seiner That war; doch wäre er auch dann noch unserer sittlichen Zustimmung sicher, wenn er das Geld genommen und dabei etwa erklärt hätte, daß er sich freue, daß nun nicht nur dem Zöllner, sondern auch seiner eignen darbenden Familie geholfen sei.

Wie bedenklich die Pflege des mittelbaren Interesse auch sein mag, sie hat dennoch ihr Recht. In der Unvollkommenheit des einzelnen Menschen und der gesamten menschlichen Verhältnisse ist ihre Notwendigkeit begründet. Zwei Bedingungen aber hat sie zu erfüllen: Sie darf nicht auf Kosten des unmittelbaren Interesse geschehen und muß dem Guten dienen. So ist es z. B. unverantwortlich, daß häufig in Schulen durch Lobstriche, Rangordnung in den Sitzplätzen u. dgl. der Ehrgeiz als Triebfeder des Lernens eingesetzt und damit dem unmittelbaren Interesse an der Sache die Entwicklung wenigstens sehr erschwert wird. Ebensowenig ist es erlaubt, daß der Schüler die Meinung gewinnt, als könne er durch recht gute unterrichtliche Leistungen Nachsicht für etwa vorhandene sittliche Fehler erlangen. —

Wir haben nun das Interesse als ein Gefühl kennen gelernt, und zwar als ein Vorziehen; wir haben dann auf die eigentümliche Regsamkeit geachtet, die den von Interesse belebten Gedanken eigen ist und zu einem Vergleich mit dem Begehren auffordert; 3. haben wir das mittelbare Interesse näher ins Auge gefaßt.

Ehe wir nun zu einer Betrachtung der pädagogischen Bedeutung desselben übergehen, haben wir unsere Aufmerksamkeit noch auf eine besondere Art seines Vorkommens zu richten.

Seiner Natur nach muß das Interesse sich individuell herausbilden, und es könnte scheinen, als ob dieser Umstand eine schulmäßige Pflege das Interesse unmöglich mache. Wie es nicht zwei gleiche Blätter auf demselben Baume, nicht zwei gleiche Exemplare der Species rosa centifolia giebt, so giebt es auch nicht zwei gleiche Menschenkinder. Doch die verschiedenen Blätter werden genährt und getragen von demselben Baume, und die verschiedenen Exemplare derselben Art verleugnen diesen Artcharakter nicht: ebenso ist auch die Übereinstimmung unter den Menschenkindern groß genug, um eine gemeinsame Pflege ihrer Interessen zu ermöglichen, vorausgesetzt, daß der individuellen Ausgestaltung derselben der nötige Raum gelassen werde.

Erfahrungsgemäß gehen aus derselben Familie die verschiedensten Leute hervor, ein Glied ist nach dieser, ein anderes nach jener Seite besonders interessiert. Daneben finden wir aber auch Gemeinsames; es scheinen sich sogar einzelne Interessen fortzuerben, so z. B. in der Familie Bach die Begabung und das Interesse für Musik. Wer hätte weiter nicht schon aus den Schreibheften der Kinder die eigentümliche Begabung mancher Familien für schöne Formen oder auch wohl ihr Gegenteil herausgesehen? Und wer hätte nicht trotz aller Verschiedenheit, die sich in den intellektuellen Interessen der Glieder einer Familie finden mag, daneben oft eine Übereinstimmung in der ethisch-religiösen Grundrichtung gefunden, die er nach der sonstigen Verschiedenheit gar nicht erwartet hätte? Der Apfel fällt nicht weit vom Stamm, sagt schon der Volksmund. Namentlich sind es die Mütter, die der Familie ihren Charakter verleihen und für die Richtung des heranwachsenden Geschlechts von Bedeutung sind. Wie deshalb in den Annoncen, in denen Lehrlinge, Dienstboten ꝛc. gesucht werden, gewöhnlich die Herkunft aus guter Familie als Bedingung genannt wird, so bemühen sich die Biographen die Grundlinien in dem Werdegang eines Menschen durch die Schilderung der Eigenart der Mutter zu erklären.

Wie es nun individuelle und Familieninteressen giebt, so auch volkstümliche. In Gegenden mit stark fluktuierender Bevölkerung kann es scheinen, als ob die Gesellschaft in lauter Individuen zerrieben wäre, die in ihren Familien und der gemeinsam ausgeführten Arbeit nur noch schwache Krystallisationspunkte besäßen. Die seßhafte Bevölkerung erscheint sogleich als Gesellschaft mit scharf ausgeprägter Gliederung. Hier zeigen sich auch neben den gemeinsamen Interessen, die in einzelnen Kreisen leben, solche, die der ganzen Bevölkerung eigentümlich sind. Es macht Riehl zu einem für die Pädagogik höchst bedeutsamen Schriftsteller, daß er in seiner Naturgeschichte des Volks ein Auge gewinnen lehrt für dieses volkstümliche Interesse, wie es sich nicht nur in Kleidung und Wohnung, in Sitten und Gebräuchen, in der Beschäftigung, sondern auch in Moralität und Religion, sowie in der Gestaltung des Familienlebens geltend macht. Von Riehl kann man auch lernen, daß man die fluktuierende Industriebevölkerung sehr unrichtig beurteilt, wenn man ihr die gemeinsamen Interessen abspricht oder ihr nur solche von wesentlich destruktiver Natur zuerkennt.

Das volkstümliche Interesse ist eine ungeheure Macht. Wie ich Sie vorhin an

Luther und Kolumbus, an Bach und Rietschel als Beispiele für die Bedeutung des individuellen Interesses erinnert habe, so könnte ich Sie hier erinnern an die Zeit der ersten christlichen Gemeinden, an die Hugenotten und Salzburger, an die Befreiung der Niederlande und an das Jahr 1813, an die Juden und die christlichen Konfessionen. Wir kennen die Macht der Sitte gegenüber dem besten Gesetz; wir wissen, daß der tausendjährige Einfluß des Christentums nicht ausreichend gewesen ist, altgermanischen Glauben und Aberglauben auszutreiben. In den streng reformierten Gemeinden am Niederrhein hat schon mancher gut gesinnte Pastor sich eine gesegnete Wirksamkeit dadurch unmöglich gemacht, daß er dem Gottesdienst einigen liturgischen Schmuck zu verleihen versuchte oder sich über die Lehre von der Gnadenwahl bedenklich äußerte.

Wir wissen, wie das individuelle Interesse Widerstands- und Strebekraft dem einzelnen zu verleihen vermag; beim volkstümlichen Interesse sind es ungezählte Quellen, die das individuelle nähren, der Hindernisse sind weniger, dagegen fühlt sich der einzelne getragen von dem gleichen Interesse des Ganzen. Schon die Väter und Ahnen haben dasselbe Interesse gehabt und so erscheint es durch die Geschichte bestätigt und durch sein Alter geweiht.

Das volkstümliche Interesse, wie es sich in den verschiedenen Konfessionen, den verschiedenen Ständen 2c. ausgebildet findet, mag oft als eine Schattenseite in unserm Volksleben erscheinen, immerhin ist es ein thörichtes Unternehmen, diese Macht brechen zu wollen; sie ist nur zu überwinden, wenn sie anerkannt wird, wenn die Wahrheitsmomente in ihr so weit ausgebildet und gepflegt werden, daß das Bedenkliche von selbst davor verschwindet. Als gegen Anfang dieses Jahrhunderts in der katholischen wie evangelischen Kirche ein ernstes Fragen nach christlicher Wahrheit entstand, da finden wir in Münster, am Rhein und im Bayerischen Kreise, in denen über der Betonung des großen Gemeinsamen das Trennende unwesentlich erschien, und so konnte der katholische Priester Goßner, die Gemeinschaft pflegend, den Rhein hinabziehen und bald in einer katholischen, bald in einer evangelischen Kirche das eine Evangelium predigen, ohne daß jemand danach fragte, ob sich dies zieme oder nicht; und der gut protestantische Hamann verkehrte in dem Münsterschen Kreise nicht minder herzlich, als mit Claudius und in dem philosophischen Kreise im Düsseldorfer Pempelfort.

Um nun zu einer Antwort auf die Frage nach der Bedeutung des Interesse für Erziehung und Unterricht zu gelangen, wird es sich empfehlen, daß wir zunächst die Frage beantworten, was überhaupt diese Faktoren zu leisten bestimmt sind. Gesetzt, es gäbe keine Verordnungen und Bestimmungen, die da fordern, daß der Lehrer seine Schüler so und so zu behandeln, sie im ersten Jahr dies, im zweiten das u. s. w. lehren soll, wie würde wohl ein verständiger Mann über seine Aufgabe an den ihm anvertrauten Kindern reflektieren? Ich denke, er würde sagen: Die Jugend ist ebenso kurz wie sie wichtig ist für das ganze folgende Leben. Die Kleinen wissen noch nicht, was zu ihrem Frieden dient; ich bin verpflichtet, sie so zu führen, daß sie später, wenn sie zu rechter Einsicht gekommen sind, es mir danken werden.

Als Männer und Frauen stehen sie dann in einem reichen Leben, und ihr Lebensglück hängt von der Befähigung ab, in rechter Weise nehmend und gebend an diesem Leben sich zu beteiligen. Zu dieser Beteiligung gehört auch allerlei besonderes Geschick: der Handwerker muß sein Geschäft, der Kaufmann seine Waren und die vorteilhaftesten Bezugsquellen kennen; die Hausfrau muß zu der Verwaltung von Küche und Keller, von Blumen- und Gemüsegarten, zur Pflege und Wartung der Kinder und kranker Familienglieder geschickt sein u. dgl. Zum Erwerb all dieser besondern Geschicklichkeiten werden wir weder die Kinderjahre als die rechte Zeit, noch die Schule als den rechten Ort ansehen. Es finden sich andere erziehliche Mächte, die das hierher Gehörige in späterer Zeit ungleich besser zu lehren imstande sind.

Neben diesen besondern giebt es auch allgemeine Anforderungen, die für alle gelten, die ihre Stelle, wo sie auch stehen mögen, ausfüllen wollen. Der Apostel sagt: Der Mensch Gottes sei vollkommen, zu allem guten Werk geschickt. Zu dieser Geschicktheit gehört, daß er in den drei Welten, in die er sich gestellt sieht, in dem Leben der Natur, der Menschen und dem Reich Gottes, sich heimisch fühle, daß er befähigt und gewillt sei, dort nehmend und gebend das Rechte zu thun. Derselbe Apostel sagt: Der Irrtum ist die Sünde, und die Philosophie lehrt übereinstimmend: Der Dumme kann nicht tugendhaft sein; und so gehört zu dem Geschick zu allen guten Werken ein Verständnis für die außerordentlich mannigfachen Erscheinungen und Verhältnisse des Lebens, in das wir gestellt sind. Wie soll ein Bauer Knecht und Magd, Pferd und Maschine, den an seine Thür klopfenden armen Tagelöhner und den Stromer richtig behandeln; wie soll er als Vater und Freund, als Experte und Schiedsmann, als Presbyter und Gemeinderat das rechte treffen; wie soll ihm das Herz höher schlagen an einem patriotischen Gedenktage und wenn er durch die lachende Frühlingswelt geht; wenn er nicht ein Verständnis besitzt für alles dieses, zu dem Stellung zu nehmen er sich genötigt sieht? Jedoch der Ausdruck Verständnis ist wohl zu allgemein, um auszudrücken, was wir eigentlich für ihn wünschen. Wenn er über kirchliche und kommunale Angelegenheiten berät, mit Knecht und Magd verkehrt, Vieh verkauft und einkauft, oder was er auch sonst zu thun habe, wir wünschen nicht, daß er in all diesem Thun einen kalten, wenn auch noch so klaren Verstand zeige; es soll vielmehr sein Handeln auch eine Beteiligung des Gemütes offenbaren; es soll Interesse verraten.

Wir kennen die Triebkraft des Interesse und so dürfen wir vertrauen, daß, wenn der Interessierte, wie dies bei den sich häufenden Wechselfällen des Lebens unvermeidlich ist, sich immer wieder vor neue Verhältnisse gestellt sieht, er nicht ruhen werde, bis er sie durchdrungen hat; und so wünschen wir ihm das Interesse auch schon deshalb, weil ohne dasselbe es nicht zu erwarten steht, daß er das notwendige Verständnis für alle die Einzelheiten des Lebens gewinnen werde.

Ein reiches Interesse für alles Gute und Schöne wird endlich 3. ein jeder verständige Mensch deshalb wünschen, weil er, so lange er hier wallt, mit allerlei schlechten Gelüsten zu kämpfen hat, und es kein besseres Schutzmittel hiergegen giebt, als ein entgegenstehendes reiches Interesse. Es ließ sich so einfach, wenn von Joseph geschrieben steht, daß er aus Dankbarkeit gegen Potiphar und aus Furcht vor Gott nicht habe in die Sünde willigen wollen, und mancher denkt, er hätte es selbstredend gerade so gemacht, ohne auch nur zu fragen, was Joseph eigentlich einen so festen Standpunkt gegeben hat. Hätten nicht die Gedanken an Gott zu den frühesten gehört, die ihn überhaupt bewegt haben, hätte er nicht sein ganzes Leben hindurch mit Interesse bei diesen Gedanken geweilt, sie pflegend und weiterbildend, hätte er nicht alle seine Lebenserfahrungen auf sie bezogen, in ihnen immer neue Bestätigungen seiner sittlich-religiösen Grundsätze gefunden, und wäre nicht die Gottesfurcht mit der Dankbarkeit wie überhaupt mit allem sittlich Guten bei ihm durch tausend Fäden verbunden gewesen, so daß eins das andere stützen konnte: so wäre er wahrscheinlich nicht so unversehrt durch die Versuchung hindurchgekommen, die doch viel schwerer war, als sie auf den ersten Blick erscheint.

Verhelfen wir dem Menschen zu noch so viel Kenntnissen, es ist fraglich, ob er sie uns dankt; verhelfen wir ihm aber zu einem reichen Interesse für das Gute und Schöne, er wird es uns sicherlich danken, und darum hat die Pädagogik recht, die das gleichschwebende Interesse als Ziel des Unterrichts hinstellt. Aber warum das gleichschwebende?

Nicht Liebhabereien, nicht Steckenpferde sind es, denen das Interesse zugewandt sein soll. Diese hat auch der schlecht Erzogene. Wir wünschen, daß das Interesse sich richtig abstufe, dem Einzelnen sich zuwende, gemäß dessen objektivem Wert. So verweist uns die pädagogische Überlegung an die Ethik, denn diese ist es, die den Wert und Unwert des Wollens und darum auch des Interesses bestimmt. Die Ethik aber fordert nicht nur Reichtum und Kraft des Wollens, sondern auch Gesundheit desselben. Zur Gesundheit des Leibes ist erforderlich, daß nicht nur jedes Organ richtig funktioniert, sondern daß die verschiedenen Funktionen auch der Idee des Ganzen gemäß in einander greifen. Zur Erhaltung dieser Gesundheit gehört auch, daß die wesentlichen Organe vor den minder wichtigen die ihnen gebührende Pflege und Sorgfalt empfangen. So wenden wir mit Recht große Sorgfalt auf die Übung der Finger und nur geringe auf die der Zehen; ist das Auge in Gefahr, so riskieren wir ohne Bedenken die Stirn oder den Arm und die Hand; viel Sorgfalt wird auf die Pflege des

Gesichts und Gehörs, nur geringe auf die des Geruchs und Geschmacks verwandt. Ähnlich sollen auch die Interessen sich gegenseitig unterstützen, daneben aber auch das Wesentliche vor dem minder Wesentlichen den ihm gebührenden Vorzug erhalten. Ich weiß wohl, daß diese Forderung schwer erfüllbar ist; wir sind alle nur zu geneigt, nicht objektiv, sondern subjektiv zu schätzen. Unbedenklich schimpft man heute über die von Staat und Gemeinde erhobenen hohen Steuern, und giebt morgen das Vielfache für irgend ein Vergnügen hin; man wendet großen Fleiß auf die Befriedigung einer Liebhaberei, und läßt es in der Pflichterfüllung fehlen. Aber die Schwierigkeit ist kein Grund zum Dispens. Es bleibt vielmehr so, daß nicht der Reichtum des Interesse den Wert des Menschen bestimmt, sondern die Gesundheit desselben. So wird es möglich, daß der schlichte Bauersmann sittlich höher stehe, als der hochgebildetste Gelehrte.

Wir kämen nun zu der Untersuchung darüber, welche Anforderungen an die Handhabung von Zucht und Unterricht zu stellen sind, damit sie ein gleichschwebendes Interesse wecken. Doch die Ausführung würde uns zu weit über die für eine Besprechung zulässigen Grenzen hinausführen; sie mögen deshalb einer folgenden Verhandlung überlassen bleiben. Ich will meine Darlegung mit einer Schilderung des Interesse beschließen, die sich bei Frick von einem Salzwedeler Gymnasiallehrer findet:*)

„Werfen wir nun einen Blick in die Erfahrungen der eigenen Praxis und prüfen die Fälle näher, wo wir in Bezug auf den Erfolg unseres Unterrichts das frohe Gefühl hatten, im Augenblick das Richtige getroffen zu haben und gleichsam mit vollen Segeln auf glatter Fläche dem Ziele zuzusteuern, immer werden uns dabei die leuchtenden, jedes Moment der Darstellung mit feurigem Eifer oder mit stiller Versenkung erfassenden Augen der Schüler in Erinnerung kommen; eine durch keinen Zwischenruf, durch keine Mahnung, keinen Tadel unterbrochene feierliche Ruhe beherrschte die Klasse, und doch waren alle geistigen Kräfte in der gespanntesten Bewegung, dem dargebotenen Gegenstande sich ganz zu öffnen, ihn ganz in sich aufzunehmen, ihn gleichsam zu verzehren. Hier haben wir in der That die lebendige Gegenwart des Interesses, das Herbart vorschwebt, das ungeteilte Leben und Weben des Geistes in der Sache und zugleich die größte Konzentrierung seiner selbst, und wir müssen gestehen, daß dergleichen die fruchtbarsten, befriedigendsten Momente unsres Unterrichts waren. Was sich unter solchen Umständen in die Seele des Zöglings senkte, bleibt erfahrungsmäßig haften und bewirkt, wie augenscheinlich, eine Steigerung seines geistigen Vermögens. Je häufiger diese Zustände wiederkehren, je enger sie aneinanderrücken, je intensiver und dauernder sie werden, je weniger sie sich nur

---

*) Bem. cf. „In wieweit sind die Herbart-Ziller-Stoyschen didaktischen Grundsätze für den Unterricht an den höhern Schulen zu verwerten?" Berlin, Weidmann S. 27 ff.

auf eine Seite, auf ein Fach des Unterrichts beschränken, sondern gleichmäßig die verschiedenen Lehrgebiete erfüllen, um so mehr wird, vorausgesetzt, daß diese Lehrgebiete selbst richtig gewählt sind, eine in sich reiche, seiner selbst mächtige und darum freudige, zu den besten Hoffnungen berechtigende Persönlichkeit die reife Frucht der mühevollen Arbeit sein."

## II. Abteilung. Zur Geschichte des Schulwesens, Biographien, Korrespondenzen, Erfahrungen aus dem Schul- und Lehrerleben.

## Die hundertjährige Geburtstagsfeier des Königlichen Seminar-Direktor Dr. Wilhelm Harnisch am Königlichen Schullehrer-Seminar zu Weißenfels.*)

Gestern, am 29. August c. fand am Königlichen Schullehrer-Seminar hierselbst die erhebende und schöne Feier des 100jährigen Geburtstags des um das hiesige Seminar und das gesamte deutsche Volksschulwesen hochverdienten, früheren Seminar-Direktors Dr. Wilhelm Harnisch statt, zu dem das Königliche Seminar und die noch lebenden alten Schüler von Harnisch die umfassendsten Vorarbeiten getroffen hatten. Die genannte Feier, verbunden mit der alljährlich im Sommer hierselbst abzuhaltenden Lehrerkonferenz am Seminar, hatte die Festteilnehmer von fern und nah, Vertreter hoher Schulbehörden und unserer Stadt, Mitglieder der Familie Harnisch, Direktoren und Lehrer des nachbarlicher Seminare, Prediger, Rektoren und Lehrer des hiesigen Seminarbezirks und darüber hinaus, die Seminaristen, sowie eine größere Zahl hiesiger Bürger — Zöglinge unserer Seminarschule zu Harnisch's Zeit — gestern hier vereinigt, den 100jährigen Namenstag dieses wahrhaft großen und bedeutungsvollen Mannes in würdigster Weise zu begehen.

Der erste Teil des Festes fand im Sale des Restaurants „Bad" hierselbst von 10 Uhr an statt. Herr Seminar-Direktor Hauffe eröffnete den Festaktus nach dem gemeinschaftlichen Gesange zweier Strophen des Liedes: Lobe den Herren, den mächtigen König 2c., durch Verlesung des Schriftwortes 1. Kor. 4, 1—5 und ein angeschlossenes, herzliches Gebet. Hierauf ergriff Herr Regierungs- und Schulrat Haupt aus Merseburg als Vertreter der Königlichen Regierung zu Merseburg das Wort und begrüßte die Festversammlung, indem er hervorhob: Die Königliche Regierung nimmt innig teil an dieser Festfeier der gesamten Lehrerwelt und freuet sich mit ihnen; sie beglückwünscht die Lehrerwelt, die einen solchen Mann, wie Dr. W. Harnisch es war, den ihrigen nennen kann; denn Harnisch war ein ganzer Mann, ein rechter Israelit, in dem kein Falsch war, ein Ritter ohne Furcht und Tadel. Und wenn die Königliche Regierung sieht, daß das Andenken eines solchen Mannes von einer so stattlichen Schar ge-

---

*) Bem. der Redakt. Der 28..Aug. ist für das deutsche Volksschulwesen ein zu bedeutsamer Gedenktag, als daß wir ihn ohne eine Erinnerung daran vorübergehen lassen dürften. Wir bringen zunächst den aus Weißenfels uns freundlichst zugesandten Festbericht, dem in einer der nächsten Nrn. ein eingehender Artikel über Harnisch' Wirksamkeit folgen wird.  Horn.

feiert wird, so freuet sie sich dessen und beglückwünscht die deutsche Volksschule und deren Lehrer im Hinblick auf die segensreiche Frucht dieses Tages für beide.

Nachdem der Herr Seminardirektor Hauffe dem Herrn Regierungs- und Schulrat für den überbrachten Gruß und Glückwunsch der hohen Behörde in verbindlicher Weise den Dank der gesamten Versammlung ausgesprochen hatte, begrüßte er mit herzlichen Worten die zahlreiche Versammlung, die lieben alten Schüler des Direktor Harnisch, den ältesten Sohn, Herrn Postdirektor Harnisch aus Breslau, und den jüngsten, Herrn Pastor Dr. Harnisch aus Berka, sowie die übrigen Gäste, und übermittelte die schriftlich eingegangenen Grüße der Herren Geheimrat Prange aus Breslau, Regierungsrat Bethe aus Stettin, Oberschulrat Dr. Schütze, früher in Waldenburg in Sachsen, und andere mehr. Freudig bewegt nahmen die Festteilnehmer und besonders die früheren Schüler resp. Mitarbeiter der betreffenden Herren Kenntnis von diesen Zeichen freundlichen Gedenkens.

Hierauf hielt der Herr Seminardirektor Hauffe einen auf Grund der Schriften von Harnisch und der Seminaralten bearbeiteten, meisterhaften Vortrag über das Thema: Dr. Wilhelm Harnisch nach seiner Bedeutung für die Entwicklung des preußischen Volksschulwesens. Er führte aus: Wenn die heutige Konferenz nicht direkt die Erweiterung des pädagogischen Wissens und Könnens ins Auge faßt, so hat das seinen Grund darin, daß es der Festfeier eines Mannes gilt, der als Reformator des hiesigen Königlichen Schullehrer-Seminars die höchste Anerkennung verdient, der zur Zeit sich eines europäischen Rufes erfreuen konnte, so daß Männer nicht nur aus allen Gauen Deutschlands, nein auch aus Rußland, Schweden, Nordamerika ꝛc. hierher strömten, um bei ihm zu hören und zu lernen, dessen hohe Bedeutung von Freunden und Gegnern anerkannt wurde. Das Lebensbild dieses Mannes wird uns nachher noch vorgeführt werden, sehen wir hier seine Bedeutung für die Entwicklung des deutschen Volksschulwesens. — Vor Harnisch's Zeit gründete sich das preußische Volksschulwesen auf die Bestimmungen des Landschul-Reglements vom Jahre 1763, blieb aber in Wirklichkeit noch weit hinter demselben zurück. Die Lehrerbildung war sehr mangelhaft; viele Lehrer hatten gar keine Lehrerbildungsanstalt besucht, andere nur wenige Wochen; die Seminare selbst waren sehr notdürftig organisiert. Ebenso mangelhaft waren die Leistungen der Volksschulen. Der Schwerpunkt ihrer Arbeit lag im Aufgeben und Aufsagen von religiösem Memorierstoff, daneben wurde Buchstabieren, wenig Rechnen und nur selten noch Schreiben geübt; wurde doch noch selbst von maßgebenden Persönlichkeiten der vorgesetzten Behörden jener Zeit der Vorteil des Lesens für den gemeinen Mann ganz ernstlich in Frage gezogen. — Mit der allgemeinen Erhebung Preußens im Jahre 1808 wurde auch die Reform der Volksschule in Angriff genommen, und hierfür leistete Harnisch, der 1809 die Plamann'sche Anstalt in Berlin besuchte, um den Pestalozzi'schen Unterricht kennen zu lernen, sehr viel in theoretischer und praktischer Hinsicht.

Als pädagogischer Schriftsteller trat er 1812 mit seiner ersten selbständigen Schrift: „Deutsche Volksschulen" ꝛc. hervor; in dieser von christlicher Gesinnung und warmem Patriotismus getragenen Schrift spricht er in so klarer, packender und praktischer Weise von den Zielen der deutschen Volksschule, skizziert den Lehrplan derselben und zeigt die Wege, die zum Ziele führen; vor allem aber bringt er auf eine gute Lehrerbildung. Nachdem er 1812 als erster Lehrer an das Seminar zu Breslau gekommen war, arbeitete er im „Schulrat an der Oder" auf allen Gebieten des Volksschul-Unterrichts und der Schulerziehung, und wirkte dadurch, weil das Blatt durch alle Gaue Deutschlands ging, in den weitesten Kreisen. Besonders wichtig aber ist sein „Handbuch für den deutschen Volksschulunterricht"; es ist dies ein ausführliches Programm für die Volksschule und die Seminare und hat unendlich viel gewirkt; er stellt hierin für Religion, Deutsch, Rechnen, Raumlehre und Realien, welche letztere er erst in die Volksschulen als „Weltkunde" einführte, die Ziele und Wege fest, die mit geringen Abweichnngen zum Teil noch heute gelten. In Religion führte er vor allem den lutherischen Katechismus und die biblische Geschichte in die Volksschule wieder ein; welchen Widerspruch und Kampf er hierbei zu bestehen hatte, erhellt deutlich daraus, daß er sogar seitens des hiesigen Magistrats verklagt worden war, indem er durch seine Katechismuslehre „das gemeine Wohl der Stadt im höchsten Grade gefährden könnte". —

Neben der schriftstellerischen Bedeutung steht nicht weniger bedeutsam: Harnisch als Schulmann. Als 24jähriger Dirigent des Breslauer Seminars entwarf er einen Seminarplan, der in seinen Grundzügen noch heute Giltigkeit hat. Er fordert: Vorbildlichen Unterricht der Seminarlehrer, sorgfältige Anleitung der Zöglinge fürs Unterrichten, christlichen Glauben und Wandel. Äußerlich und innerlich selbst bis ins kleinste sorgfältig, so brachte er bald neuen Zug und neues Leben in das Seminar, das nun als Musteranstalt für die preußischen Seminare hingestellt wurde. Als berühmter Schulmann und Pädagog kam er 1822 nach Weißenfels und wirkte im reichsten Segen weiter, so daß er mit Recht in der Schorn'schen Schrift „Das Seminar zu Weißenfels" als der Stammvater des Seminars bezeichnet werden konnte, der hier eine Musteranstalt schuf, die nicht nur für preußische, sondern auch für ausländische Seminare maßgebend war.

Endlich aber hat er wesentliche Bedeutung für die Entwicklung des deutschen Volksschulwesens gewonnen durch seinen Einfluß, den er auf andere Persönlichkeiten ausübte. Seine Gedanken wirkten auf die Behörden ein; sein Feuereifer auf seine Mitarbeiter. Vielleicht sind Hentschel, Stubba, Lüben ꝛc. alle nur das geworden, was sie waren, durch Harnisch. Und wer nennt die Namen der Männer, die hier zusammen kamen im Seminar zu Weißenfels, in diesem „Schulmeister-Hauptquartier", um hier zu hören und zu lernen, um es alsdann hinauszutragen in ihre Wirksamkeit? Wie viele seiner Schüler wirken heute an bedeutsamen Schulstellen des In- und Auslandes! Das Institut der „Seminarhilfslehrer" hat nach dieser Seite hin geradezu Großartiges geleistet. In allen diesen Männern aber wirkt Harnisch's Eifer, Harnisch's Liebe, Harnisch's Geist; das soll nicht vergessen werden! —

Nach diesem allseitig mit hohem Beifall aufgenommenen Vortrage sprach Herr Rektor Block-Merseburg über das Thema: Einiges aus dem Seminarleben unter Harnisch. Referent zeigte Harnisch als Mensch, als Lehrer und Direktor, und im Erfolg seiner Arbeit.

Harnisch kam als geschlossene, fertige Persönlichkeit nach Weißenfels, kräftig und gestählt durch Mäßigkeit und turnerische Übungen. Entschieden im Willen, markig in Wort, gütig und wohlwollend, frei von Menschenfurcht und Menschengefälligkeit war er ein leuchtendes Vorbild seiner Schüler; und dies war er geworden durch Arbeit und Kampf, wozu ihm die Wiedergeburt Preußens, die Vertiefung in die evangelische Theologie und die Strömungen auf dem Gebiet der Pädagogik reichlich Veranlassung gab.

Harnisch war als Lehrer und Direktor stets anregend und packend.

Sein Hauptziel war, dem Seminaristen im Seminar gewissermaßen ein Stammkapital zu übermitteln, die Treue fürs Amt und den Bildungstrieb, wodurch er späterhin sich Meisterschaft in seinem Berufe erwerben könne. — Harnisch war ferner streng — war es ihm doch eine Hauptaufgabe mit, den Lehrerstand überall reinlich zu erhalten —; doch trotz aller Strenge war stets sein liebendes Herz bei ihm. Dem Bösen war er ein Schrecken, dem Treuen aber stets Stab und Stecken.

Der Erfolg der Wirksamkeit unseres Harnisch war geradezu großartig. Ich will nicht schon Gehörtes wiederholen, nur noch darauf hinweisen: Manches von ihm Erstrebte ist erst nach seiner Zeit verwirklicht worden, so die Einrichtung des Kursus der Predigtamtskandidaten am Seminar, die Staatsunterstützung der Präparanden u. a. m. Der entschiedenste Erfolg aber ist, daß das Weißenfelser Seminar durch ihn einen Weltruf gewonnen hat! Möge dasselbe sich diesen wohlverdienten Ruf auch für die Zukunft erhalten; möge es wachsen, blühen und gedeihen!

Zuletzt referierte Herr Ratsch, Lehrer und Organist in Merseburg, über das Thema: Harnisch in den Herzen seiner Schüler. Die Hauptgedanken waren: Der Gedanke des Themas berührt das Herz wie erquickender Morgentau die Flur, wie warmer Maienregen das Erdreich. Harnisch hat sich thatsächlich ein Denkmal errichtet in den Herzen seiner Schüler. Nur das Hauptsächlichste sei hervorgehoben. Jener Tag zeugt zum ersten Male laut davon, als er am 22. Juni 1837 die Freude hatte, sein 25jähriges Amtsjubiläum zu feiern, und seine alten Schüler ihm am Morgen vor seiner Wohnung an der Saale sangen: „Bis hierher hat mich Gott gebracht durch seine große Güte &c." und sich späterhin eine herrliche Festfeier im eben vollendeten Orgelsaal des neuen Seminars entfaltete. Wie steht noch Harnisch's Wort dieses Tages in so vieler Herzen: Ich bin zu gering aller Barmherzigkeit und Treue; Gott allein die Ehre, der mir Arbeitskraft, einen schönen Arbeitskreis und treue Mitarbeiter geschenkt hat; legt Fürbitte für mich ein; denn ohne ihn kann ich nichts thun. Ferner ist jener Julitag des Jahres 1842, der Abschiedstag aus Weißenfels, der deutlich erkennen ließ, wie tief Harnisch's Andenken in den Herzen seiner Schüler eingegraben stand. Wehmut erfüllte aller Herzen bei der Abschiedsfeier. Harnisch selbst verglich sich damals allen Ernstes mit einem Seiler, der rückwärts gehe; in Breslau „Schulrat an der Oder", in Weißenfels „Schulmeister", in Elbei kaum noch „Kinderlehrer". Ein weiteres Zeugnis von dem Harnisch-Denkmal in dem Herzen seiner Schüler legt endlich der gegenwärtige Sommer 1887 ab, den ich um Vieles nicht hingeben möchte. Wie hat der angeregte Gedanke, hier in Weißenfels unserem lieben Lehrer eine Gedächtnistafel zu stiften, so freudigen Widerhall gefunden bei allen seinen Schülern; wie reichlich flossen die Gaben, und wahrlich von denen am meisten, die seinen Moses- und Eliaseifer am stärksten, die „Stille und Wärme" nur weniger erfahren haben. So schreibt mir ein alter 85jähriger Kollege aus Schlesien, der gegenwärtig 62 Jahre im Amte steht, in wärmster, herzlichster Weise über Harnisch in Breslau, und gedenkt noch besonders des Tages der Abreise, an welchem sich der beabsichtigte Abschiedsgesang vor den Thoren Breslau's in Thränen auflöste, so daß Lehrer und Schüler stumm von einander schieden. — Und worin hat das seinen Grund, daß Harnisch so tief in den Herzen seiner Schüler lebt? Es liegt dies einmal in seiner wuchtigen Persönlichkeit, in der hehren Vorbildlichkeit seines Lebens — er selbst war der erste, arbeitsamste und treueste

Diener seines Seminar-Staates — und in dem unabläſſigen Beſtreben, uns mit glühender Liebe zu erfüllen für den erwählten Beruf, uns geſchickt zu machen für das Amt und uns die innere Zufriedenheit zu geben in und mit unſerm Berufe.

Der zweite Teil der Harniſch-Feier fand im hieſigen Seminare ſtatt, woſelbſt an der dem Garten zugewendeten Seite des Direktoratsgebäudes die von Harniſch's Schülern geſtiftete, gußeiſerne Gedächtnistafel angebracht worden war, die nun feierlichſt enthüllt werden ſollte. Schon bald nach 12 Uhr hatten die Schüler der Seminarſchule, die Zöglinge des Seminars und der Präparanden-Anſtalt, ſowie zahlreiche Feſtteilnehmer aus der Stadt an der mit Blumen, Guirlanden und Fahnen feſtlich dekorierten Gartenſeite des Direktoratsgebäudes im weiten Halbkreiſe ſich aufgeſtellt. Als die Vertreter der mitfeiernden Stadt Weißenfels, ſowie die Feſtteilnehmer der Konferenz erſchienen waren, begann um ½1 Uhr die Enthüllungsfeier, welche mit dem vom Herrn Seminarlehrer Häbrich geleiteten Geſange des Seminarchors: „Heil dem Manne" von E. Hentſchel eröffnet wurde. Hierauf hielt der Herr Seminardirektor Hauffe eine weihevolle Feſtrede, in der er zunächſt eine kurze Lebensſkizze von Harniſch entwarf und dann die Frage aufwarf: Warum iſt Harniſch dieſe Tafel wert? Warum haben ſeine Schüler, meiſt arme Lehrer, ſo viele Opfer gebracht und kommen heute von fern und nah hierher zur Feier dieſes Tages? Darum, weil der Seminardirektor Dr. Wilhelm Harniſch ein großer Mann und hochbegabter Lehrer war für ſeine Schüler, und weil er ferner ein Schulmann war, der Großes geleiſtet hat für das geſamte deutſche Volk. Er hat alle Unterrichtsgegenſtände der Volksſchule bearbeitet, er hat die Ziele geſteckt und die Wege gezeigt und geebnet, die uns zu jenen Zielen führen. — Herzlichen Dank allen alten Schülern für dieſes Zeichen des Gedächtniſſes, herzlichen Dank allen Feſtgenoſſen für die an den Tag gelegte Teilnahme. Die Schularbeit iſt ſchwer und findet oftmals wenig Anerkennung; heute will es hier uns anders erſcheinen. Für uns alle aber ſei der Tag ein Sporn zur Nacheiferung. Streben wir dem großen Meiſter nach, wie er als Chriſt mit freudigem Bekenntnis und als Menſch mit Fleiß und Treue ſich uns gezeigt hat! — Und nun laßt uns die Tafel enthüllen. — Als nun die bis dahin die Tafel verhüllende Flagge ſtieg, zeigte ſich die erſtere und leuchtete weithin mit ihren goldenen Lettern:

---

Dem Gedächtnis
des
**Dr. Wilhelm Harnisch**
* den 28. Aug. 1787, † den 15. Aug. 1864
Direktor des Weissenfelser Seminars
1822—1842
gestiftet von seinen Schülern am 28. August 1887.

---

Hierauf dankte der mit anweſende älteſte Sohn des Seminardirektors Harniſch, Herr Poſtdirektor Harniſch aus Breslau, im Namen der geſamten Familie mit bewegten Worten dem Herrn Seminardirektor Hauffe und allen gegenwärtigen Lehrern und Schülern des Seminars, den alten Schülern ſeines Vaters und allen

Festgenossen für die Veranstaltung dieser schönen Festfeier und vor allen den alten Harnischianern für die liebevolle Stiftung der Gedächtnistafel und überreichte dem Herrn Seminardirektor für die Bibliothek des Seminars zur Erinnerung an diesen Tag ein in früherer Zeit von ihm verfaßtes Buch: Vom Hausmäuschen und Feldmäuschen v. Adalbert Harnisch. Verlag von Trewendt in Breslau, 7. Auflage. — Mit dem Choralgesange: Lobe den Herren, o meine Seele ꝛc., ausgeführt von einem Chor, gebildet aus den Schülern der oberen Klassen der Seminarschule und einem Seminaristen-Kursus, endete die erhebende und schöne Feier.

Der dritte Teil des Festes bestand in einem Festessen auf dem „Bade", wozu sich die Teilnehmer der Konferenz, die Herren Vertreter der Stadt, sowie eine größere Anzahl alter Schüler und Freunde des früheren Seminardirektors Harnisch in überaus großer Zahl vereinigt hatten. Nicht weniger als fünf lange Tafelreihen füllten den geräumigen Saal. Natürlicherweise war auch hier dem gesprochenen Worte eine hervorragende Rolle zugeteilt. Den ersten der zahlreichen Trinksprüche brachte Herr Regierungs- und Schulrat Haupt auf Se. Majestät den Kaiser aus, das musterhafte Vorbild treuer Pflichterfüllung. Mit Begeisterung wurde das Hoch erwidert und im Anschluß an dasselbe der erste Vers des „Heil Dir im Siegerkranz" gesungen. Herr Seminardirektor Hauffe weihte sein Glas der Familie Harnisch, in deren Namen Herr Postdirektor Harnisch erwiderte und das Weißenfelser Seminar hoch leben ließ. Der erste Lehrer am hiesigen Seminar, Herr Obstfelder, trank sein Glas auf das Wohl der „alten Harnischianer", Herr Lehrer Riese-Naumburg feierte Harnisch in einem Gedichte, Herr Lehrer Fromm-Naumburg erzählte in humoristischer Form Episoden aus seinem Schülerleben unter Harnisch, der auch ein tüchtiger Medicus gewesen sei. Herr Pastor Harnisch brachte das Wohl des Herrn Direktor Hauffe aus, Herr Lehrer Albrecht-Gonslo, ein geborener Weißenfelser, ließ seine Vaterstadt hoch leben, in deren Namen Herr Bürgermeister Falkson erwiderte, indem er ein Hoch auf das fernere Einvernehmen zwischen dem Seminar und der Stadt Weißenfels ausbrachte. Noch viele andere Redner hielten Toaste, welche sämtlich in der Verherrlichung des geliebten Lehrers gipfelten. Der Genuß der Tafelfreuden wurde noch durch die exakten Gesangsvorträge des Seminaristenchors erhöht. Herr Regierungs- und Schulrat Haupt brachte als Dank für die edlen Gesangsgaben ein Hoch auf den jungen Nachwuchs aus, das eine stürmische Erwiderung fand. Ferner verlas Herr Direktor Hauffe ein Schreiben des Geh. Oberregierungsrats Wätzold in Berlin, welcher bedauerte, daß er an dem Feste nicht teil zu nehmen in der Lage war; auch noch weitere Begrüßungstelegramme bekannter Schulmänner gingen ein, deren Verlesung lebhaft acclamiert wurde. Besonders erwähnt sei dasjenige des 88jährigen Seminardirektors Zahn in Fild. Schließlich wurde ein von Herrn Postdirektor Harnisch gedichtetes Festlied: „Vom Hartholzbohren" (ein Lieblingsausspruch seines Vaters) nach der Melodie „Prinz Eugen, der edle Ritter" gesungen. Damit hatte das Festmahl seinen Höhepunkt erreicht und die meisten Teilnehmer begaben sich in die herrlichen Badanlagen, um in gemeinschaftlicher Unterhaltung noch weitere Erinnerungen und Eindrücke auszutauschen.

Mit diesem freien und ungezwungenen Beisammensein schloß das ebenso würdige wie erhebende Fest, das gewiß allen Teilnehmern eine schöne Erinnerung für's Leben bleiben wird.

## Zur Pensionsfrage.

N., den 1. August 1887.

Lieber Freund!

Wie du mir schreibst, gedenkst du dich bald pensionieren zu lassen; das kann ich mir bei deiner körperlichen Behinderung gut erklären. Du machst gewiß nun je und dann einen Überschlag, ob dein Ruhegehalt auch für deine alten Tage das Notwendige gewähren wird. Es schadet nicht, wenn du bei solcher Überlegung auf einiges aufmerksam gemacht wirst.

Ich weiß, daß du eine persönliche Zulage hast. Sieh einmal nach, ob dieselbe dauernd bewilligt ist, vor allen Dingen auch, ob die Genehmigung der Schulbehörde (Regierung) nachgesucht ist. Sollte dies nicht der Fall sein, so wird von der Zulage auch kein Pensionsanteil gegeben.

Du hast Dienstländereien, auch beziehst du einigen Roggen. Nimm den Berufsschein zur Hand, um dich darüber zu vergewissern, ob diese Dinge in demselben mit einem bestimmten Geldsatz aufgeführt sind. Ist das der Fall, so gilt dieser Satz für Berechnung der Pension, ganz ohne alle Rücksicht darauf, ob diese Ländereien jetzt viel mehr einbringen und die Naturalien einen höheren Wert haben. Ist aber bei deiner Anstellung eine Festsetzung des Wertes nicht geschehen, so wird der Durchschnitt der drei letzten Jahre zur Anwendung gebracht.

Gerade so wird es mit freier Wohnung und Feuerung gehalten; eine spätere Festsetzung des Betrages kann nur dann geschehen, wenn solche bei Verleihung des Rechts unterblieben ist. Was nun die Wohnung anbetrifft, so ist in letzterem Falle es der Absicht des Gesetzes gemäß, den Geldwert so festzustellen, daß er dem örtlichen Mietspreise einer solchen Wohnung entspricht, wie sie vorgeschrieben ist. Du hast also, wenn deine Wohnung nicht schon im Berufsschein mit einem bestimmten Satze aufgeführt ist, nichts zu besorgen, denn dieselbe ist nicht größer, als die Vorschriften verlangen; aber wenn Freund H. einmal pensioniert wird, der so hübsch und stattlich wohnt, dann kann er sich vielleicht doch wundern, zu welch geringem Satze ihm die Wohnung später angerechnet wird. Unser seliger Freund E. bei D. dagegen, der täglich auf einer Art Hühnerleiter seine Schlafstube aufsuchen mußte, hätte sich freudig verwundert, wenn ihm bei seiner Pensionierung die alte Villa so hoch angerechnet worden wäre, als eine vollständige Wohnung.

Vergiß auch nicht, deinen Orgeldienst u. s. w. gleich mit in Anschlag zu bringen; denn auch dafür erhältst du ja Pension. Du mußt diese Sachen aber zugleich mit den andern abmachen. Die Pension wird nur aus der Schul- oder Gemeindekasse gezahlt; eine Kirchenkasse ist durch das Pensionsgesetz nicht verpflichtet.

Und zum Schluß merke dir, daß auch eine „anderweitige Regelung und Normierung des pensionsfähigen Gesamteinkommens, unter vorschriftsmäßiger Zuziehung der Beteiligten", zulässig ist. Das verstehe ich so: Die Gemeinde darf den Betrag des Gesamteinkommens auch höher ansetzen, als es die gesetzlichen Vorschriften fordern. Wenn du ein wohlgelittener Mann bist, und deine persönlichen Verhältnisse es wünschenswert machen, so darf die Gemeinde dir also eine höhere Pension bewilligen, als sie dir streng genommen gebührte. Jedenfalls sieht auch die Schulverwaltung eine solche gütliche Übereinkunft weit lieber, als ein gehässiges Markten und Streiten. Was aber eine friedliche Verständigung über diese Dinge für dich persönlich wert ist, das wirst du, der du ja in deinem alten, liebgewordenen Wohnorte bleiben willst, besser abzuschätzen wissen als jeder andere.

Und nun gehab dich wohl! dein H.

## Staatsausgaben für öffentlichen Unterricht in Preußen.

Nachfolgende Posten, betreffend die Aufwendungen für das Elementar-Unterrichtswesen im Jahre 1887/88 sind dem Centralblatt entnommen.

**Schullehrer- und Lehrerinnen-Seminare (113).**

| | | |
|---|---:|---|
| 1. Besoldungen der Direktoren, Lehrer ꝛc. | 2 095 599,24 | Mk. |
| 2. Wohnungsgeldzuschüsse | 116 808 | „ |
| 3. Hülfslehrer, Rendanten, Ärzte | 100 537,58 | „ |
| 4. Ökonomen, Medikamente ꝛc. für Internate | 1 592 294,14 | „ |
| 5. Unterstützungen, Medikamente ꝛc. für Externate | 489 500 | „ |
| 6. Unterhaltung der Gebäude und Gärten | 198 532,37 | „ |
| 7. Unterrichtsmittel | 100 426 | „ |
| 8. Utensilien, Heizung, Miete ꝛc. | 463 872,09 | „ |
| Summa | 5 157 569,42 | „ |
| Für 32 Präparandenanstalten | 441 660 | „ |
| Dispositionsfonds für Präparanden | 187 381 | „ |
| Unterstützungen für Seminar- und Präparandenlehrer ꝛc. | 35 000 | „ |
| Turnlehrerbildungswesen | 86 670 | „ |

**Elementarschulen.**

| | | |
|---|---:|---|
| Besoldungen für 220 Kreis-Schulinspektoren | 825 000 | „ |
| Reise- und sonstige Dienstunkosten | 220 000 | „ |
| Wohnungsgeldzuschüsse | 104 130 | „ |
| Widerrufliche Remunerationen für Schulinspektionen | 527 500 | „ |
| Verstärkung der Schulaufsicht in Westpreußen, Posen und Oppeln | 200 000 | „ |
| Unterstützungen für Kreis-Schulinspektoren | 3 000 | „ |
| Besoldungen und Zuschüsse für Lehrer, Lehrerinnen und Schulen, insbesondere auch zur Gewährung zeitweiliger Gehaltszulagen für ältere Lehrer, sowie zu Unterstützungen | 12 729 144,40 | „ |
| Errichtung neuer Schulstellen | 250 448 | „ |
| Unterstützung unvermögender Gemeinden bei Elementarschulbauten | 650 000 | „ |
| Förderung der Besoldungen, Zuschüsse und Schulbauten in Westpreußen, Posen und Oppeln | 400 000 | „ |
| Pensionen für Lehrer und Lehrerinnen | 2 300 000 | „ |
| Unterstützungen für ausgeschiedene Lehrer und Lehrerinnen | 808 000 | „ |
| Dispositionsfonds für Elementar-Unterrichtswesen | 216 000 | „ |
| Desgl. für Westpreußen, Posen, Oppeln | 50 000 | „ |
| Taubstummen- und Blindenwesen | 87 800 | „ |
| Waisenhäuser und Wohlthätigkeitsanstalten | 98 129,26 | „ |
| Summa von Kapitel 121 | 25 377 432,08 | „ |
| Im vorigen Jahre | 23 916 656,10 | |
| also jetzt mehr | 1 460 775,98 | |

Es sind ferner aufgeführt:

| | | |
|---|---:|---|
| Zuschüsse für Elementarlehrer-Witwen- und Waisenkassen | 250 000 | |
| Neubauten an Seminaren | 358 385 | „ |
| Darunter für die Rheinprovinz (Siegburg) | 112 000 | |
| Für das Seminar in Münster | 6 900 | „ |

## III. Abteilung. Litterarischer Wegweiser.

Lehrbuch der Physik in populärer Darstellung. Nach methodischen Grundsätzen für gehobene Lehranstalten, sowie zum Selbstunterricht bearbeitet von Dr. K. Bänitz. Mit 482 Abbildungen und einer Farbentafel. 9., vermehrte und verbesserte Aufl. Berlin, Stubenrauch, 1885, 258 S., geb. 2,50 Mk.

Leitfaden für den Unterricht in der Physik von Dr. K. Bänitz. Mit 269 Abb. und einer Farbentafel. 2., vermehrte und verbesserte Aufl. In demselben Verlage. 1885, 148 S., geb. 1,50 Mk.

Nach der Vorrede zum Lehrbuch haben wir unter gehobenen Lehranstalten „Bürger-, Mittel- und höhere Töchterschulen" zu verstehen. Der Verfasser setzt vierjährigen Unterricht voraus; er bestimmt für das 1. Jahr mit 1 Stunde wöchentlich den I. Kursus, für das 2. Jahr mit 2 Stunden den II. Kursus, für weitere 2 Jahre mit je 2 Stunden den III. Kursus. Der Leitfaden ist für solche Schulen bestimmt, in welchen der phys. Unterricht nur in 2 Klassen berücksichtigt wird, er hat 2 Kurse. Ob der Verfasser voraussetzt, die Schüler blieben in jeder dieser Klassen 1 oder 2 Jahre, darüber erfahren wir nichts. Wahrscheinlich wird eine Verkürzung der Unterrichtszeit vorausgesetzt, da der Leitfaden 110 Seiten weniger enthält. Diese Verminderung ist nicht dadurch hervorgebracht, daß die Darstellung leitfadenartig verkürzt ist, sondern dadurch, daß Stücke des Lehrbuchs ausgefallen sind; offenbar ist dies die richtige Art, ein Buch zu kürzen. Ob dabei das richtige Maß getroffen ist, ist eine ganz andere Frage. So unterscheidet sich in der Lehre vom Magnetismus der Leitfaden vom Lehrbuch nur dadurch, daß der Diamagnetismus fehlt und die Erklärung des Magnets durch die magnetische Beschaffenheit der Eisen-Moleküle fortgelassen ist. In der Lehre vom Licht sind die achromatischen Linsen, Polarisation und doppelte Berechnung fortgelassen. Das sind Dinge, die sogar in den oberen Klassen der Töchterschulen und Mittelschulen auf Verständnis nicht rechnen können. Für diese Ansicht habe ich betreffs der „Polarisation" einen feinen Zeugen an dem Professor Krebs, der dieselbe vom Unterricht der Realschulen ausschließt, wo sich doch ganz andere Anforderungen erheben, als bei den vorhin erwähnten Anstalten. So hätte im Leitfaden noch manche weitere Verkürzung mit Recht vorgenommen werden dürfen. — Wenden wir uns nun bloß zum Lehrbuch und zwar zunächst zur Anordnung des Lehrstoffs. Der Verfasser sagt: Man gelangt für den I. Kursus zur Beobachtung der Naturerscheinung, für den II. zur Beobachtung gleichartiger Naturerscheinungen und dadurch zur Auffindung des denselben zu Grunde liegenden Naturgesetzes und endlich für den III. Kursus zur Beobachtung der nach bestimmten Gesetzen erfolgenden Naturerscheinungen, welche in der einen, aber sich verschieden modifizierenden Kraft ihren Grund haben. Dadurch gelangt nun der Verf. zu einer merkwürdigen Zerreißung des Unterrichtsstoffes, die sich nur da eigentlich rechtfertigen läßt, wo man in der Schule auf große Altersunterschiede und sehr verschiedene Fassungskraft der Schüler Rücksicht nehmen muß. Nun setzt der Verfasser selbst für den I. und II. Kursus nur den Unterschied eines Jahres voraus. Es erscheint also eine solche Zerreißung des Stoffs sehr überflüssig, dazu ist sie sehr störend für die Übersicht. Für den „Selbstunterricht", der doch auch auf dem Titel seinen Platz behauptet, ist vollends eine solche Zerreißung erst recht vom Übel. Es will uns also eine solche Teilung aus pädagogischen Gründen nicht gefallen; daß sie auch nicht gerade notwendig ist, zeigt uns der Verfasser in seinem Leitfaden, der den 1. und 2. Kursus des Lehrbuchs zu einem Kursus zusammengestellt bietet.

Daß B. vom Versuch zu verwandten Versuchen, zur Erklärung, dann zum Naturgesetz kommt, ist löblich. Man braucht aber die Versicherung, daß die angegebenen Versuche von jedem Lehrer leicht ausgeführt werden können, nicht so streng zu nehmen. Woher soll etwa der Lehrer die „weiche Lehmwand" (S. 83) beziehen, die er beim Versuche mit der Kugel doch notwendig haben muß? So auch an andern Stellen. Auch könnte manches im Lehrbuch ausgeschieden werden, was gar zu technisch ist, z. B. die galvanische Vergoldung, die Darstellung der Geistererscheinungen (Fig. 314); ferner ist der Zeigertelegraph so überwunden, daß er übergangen werden kann, ja übergangen werden muß, wenn für die wirklich benutzten Apparate hinlänglich Zeit gewonnen werden soll. Es wäre übrigens zweckmäßig, die Frage, wie weit die Technik beim physikalischen Schulunterricht zu berücksichtigen ist, einmal gründlich zu untersuchen, sie läßt sich bei Gelegenheit einer Rezension nicht so nebenbei abmachen. Daher sind auch Wünsche auf Beschränkung technischer Dinge in Schulbüchern infolge herrschender Unklarheit in jetzigen Zeiten fast aussichtslos. Es giebt viele Leute, die gar nicht zu merken scheinen, daß zwischen der Bildung, die die Erkenntnis eines Naturgesetzes gewährt und der technischen Bildung, welche zur Anwendung des Naturgesetzes auf besondere Fälle gehört, zu unterscheiden ist.

Alle Bücher von B. sind mit einem Reichtum von Bildern versehen, das Lehrbuch hat deren 482. Die Auflage hat gegen die sechste einen Zuwachs von 240 Abbildungen. Man kann das Illustrieren auch übertreiben; hier ist es geschehen. Abbildungen sind notwendig 1) wenn der Gegenstand selbst nicht vorgeführt werden kann, 2) wenn das Gerät zusammengesetzt ist, so daß eine gründliche häusliche Wiederholung der Abbildung bedarf, 3) wenn eine schematische Darstellung einen Vorgang besonders gut erläutert. Dagegen die Dinge noch abzubilden, die in jedem Unterricht wiederholt vorgeführt werden und überall zu sehen sind, ist ein schädlicher Überfluß. Wer von den Schülern ist so einfältig, daß ihm das Buch noch ein Lot oder einen Stereoskopkasten abbilden müßte? oder was soll es für den Unterricht bedeuten, wenn 2 Schraubstöcke oder 3 Springbrunnen abgebildet sind? Eine Verminderung der Holzschnitte würde dem Lehrbuch — freilich auch manchem anderen Buche — zum wirklichen Vorteil gereichen. In Figur 50 ist die Flüssigkeitskurve falsch. Übrigens ist die Ausstattung beider Bücher nach Papier und Druck vortrefflich und der Preis gering. R. H.

Praktische Anweisung zur Erteilung des Handarbeitsunterrichts von Agnes Schallenfeld. Erste Stufe: Das Stricken. Preis 0,80 M. II. Stufe: Das Häkeln. 0,80 M. III. und IV. Stufe: Das Nähen. 1,60 Mk. 6. verb. Aufl., revidiert von Alb. Hall. Frankfurt a. M., Diesterweg.

Diese drei Hefte sind wohl allen Lehrerinnen als vorzüglich bekannt, und so bedarf es für dieselben keiner besonderen Empfehlung mehr. Es bleibt nur zu wünschen übrig, daß jede Lehrerin die Hefte besitzt, da sie für die Besprechung fast unentbehrlich sind.

Der Handarbeits-Unterricht in Schulen. Von Rosalie und Agnes Schallenfeld. Mit einem Vorwort von Karl Bormann. 7. verb. Aufl. Preis 1 Mk. Ebda.

Das Buch handelt von dem Stoff, dem Inhalt, dem Lehrgang und der Methodik des Handarbeits-Unterrichts und ist allen Handarbeits-Lehrerinnen zur Durcharbeitung zu empfehlen. Die in dem Abschnitt „Ausführung" vorgenommenen Abänderungen und Erweiterungen tragen wesentlich zu einem leichteren Verständnis bei. (Der beigefügte Lehrplan für Elementarschulen muß doch wohl etwas beschnitten werden, da in Elementarschulen kaum die Hälfte des verlangten Pensums erreicht wird. Über den Wert der beiden anderen Lehrpläne kann ich mir kein Urteil erlauben.)

Leitfaden für den Handarbeits-Unterricht in der Volksschule. Von P. Hopstein, Kreisschulinspektor. 60 Pf. Saarlouis, Hausen.

Dieser Leitfaden enthält außer den sehr treffenden Einleitungsworten eine recht praktische Anleitung zur Erteilung des Handarbeitsunterrichts in der Volksschule. Da bei der Besprechung der verschiedenen Übungen mit lobenswerter Genauigkeit die einzelnen Handgriffe angegeben sind, so wird sich das vorliegende Buch im Kreise der Lehrerinnen gewiß bald viele Freundinnen erwerben. Auch der angeheftete Lehrplan kann vielen von großem Nutzen sein.

Die weiblichen Handarbeiten in der Volksschule. Ein Leitfaden von Antonie Mosche. Mit Begleitwort von G. Spieker, Provinzialschulrat. Hannover, C. Meyer. 50 Pf.

Die Verfasserin giebt in ihrem Büchlein in kurzer und ansprechender Weise Anleitung zur Erteilung eines guten Unterrichtes im Stricken, Stopfen, Zeichnen, Nähen und Flicken, und ist dieser Leitfaden besonders zum Gebrauch in Elementarschulen zu empfehlen.

Leitfaden für den Unterricht in weiblichen Handarbeiten. Erstes Heft. Aus meinem Strickkörbchen. Erste Abteilung. Für die Hand der Schülerinnen — bearbeitet von Anna Kuntze. Mit Begleitwort von Dr. F. Vorbrodt. Erfurt, Bartholomäus. 40 Pf.

Das vorliegende Büchlein enthält nicht nur, was das Titelblatt verspricht, sondern eignet sich auch, hauptsächlich wegen der darin enthaltenen schönen Strickmuster, für die Hand der an höheren Schulen angestellten Lehrerinnen.

1. Dr. Frick und Fr. Polack, „Aus deutschen Lesebüchern". Epische, lyrische und dramatische Dichtungen, erläutert für die Oberklassen der höheren Schulen und für das deutsche Haus. 4. Band. (Vollständig in ca. 10 Lieferungen à 50 Pf.) Berlin. Th. Hofmann.

Mit diesem Hefte beginnt der 4. Band der hier schon wiederholt anerkennend erwähnten „Erläuterungen deutscher Dichtungen". Wir erfahren aus dem „Vorwort", daß Herr Professor Dr. Gosche, der die Bearbeitung des letzten (4) Bandes ursprünglich übernommen hatte, durch Amtsgeschäfte abgehalten ist, sich weiter an der Herausgabe dieses Werkes zu beteiligen. An seine Stelle ist Hr. Direktor Dr. O Frick getreten.

Das vorliegende Heft will zur zweckmäßigen Behandlung des Nibelungenliedes Anleitung geben und ist von Polack ausgearbeitet. Im Vorwort giebt dasselbe zunächst eine Zusammenstellung allgemeiner Gesichtspunkte für die unterrichtliche Behandlung epischer Stoffe —, und zwar meist nach dem trefflichen „Didaktischen Katechismus" von Dr. Frick. Hieraus wäre besonders eine Forderung als besonders beachtenswert hervorzuheben: „Ein Sein wird am besten durch sein historisches Werden erklärt! Im historischen Werden sehen wir das Werden der Wahrheit". —

Der Hr. Herausgeber hat es auch in dem vorliegenden Hefte wieder bewiesen, daß er ein praktischer Schulmann, geistvoll und in unserer Litteratur wohl bewandert ist. Die Anordnung des Stoffes ist freilich nicht eine „schulmäßige": es sind

z. B. Charakteristiken der Hauptpersonen, desgl. Resumé's gegeben, bevor die Dichtung selbst erläutert worden.

Mitunter ist die Darstellung, wohl infolge des Bestrebens, kurz zu sein, unklar und inkorrekt. Beispielsweise: S. 38 „Die Jagdgenossen legen die Leiche auf des gefallenen Helden Schild, von Gold und Blut so rot" (Poetische Licenz im Anschluß des Attributivsatzes!) S. 44: „Nicht allzurühmlich ist seine Tapferkeit (!) in folgenden Fällen: Er fällt den edlen Siegfried durch Meuchelmord, flieht vor ihm und wird von dem Todwunden mit dem Schilde zerbleut ꝛc." („Tapferkeit", wohl nur ironisch gemeint.) S. 57: „Ohne Liebe wird sie Etzels Weib" (fehlt das Objekt zu Liebe!)

„Durch das Morgenthor des Schönen führt der Weg der Wahrheit und Liebe zu dem stillen Glück reiner Freuden". Mit dieser von Schiller entlehnten Phrase schließt P. das Vorwort seiner Arbeit. Es ist das eine unwahre, unchristliche, irreführende Phrase! Oder gäbe es jemanden, der nachweisen könnte, daß die ästhetische Bildung ein Fundament unserer Sittlichkeit, daß etwa das Nibelungenlied und die Dichtungen eines Lessing, Goethe, Schiller ꝛc. uns zu dem „neuen Herzen" verhelfen könnten, das allein wahrhaft frei, froh und selig macht? Der evangelische Lehrer, der die „Erscheinung Jesu lieb hat", weiß, daß die Meinung seines Herrn und Heilandes ist: „Wer von Goethe, Schiller ꝛc. mehr hält oder erwartet, als von mir, der ist meiner nicht wert und kann nicht mein Jünger sein." — Leider mehrt sich jetzt der Haufe der Lehrer, die alles Heil von der ästhetischen Bildung erwarten, von Tage zu Tage. — Mit einem pädagogischen Schriftsteller von der Begabung des Hrn. ꝛc. P. darf man es genauer nehmen als mit dem großen Haufen der mittelmäßigen Schulbücherfabrikanten.

Ob übrigens unserer Jugend, auch der reifern, ein sonderlicher Gewinn in ästhetischer und sittlicher Beziehung aus der Bekanntschaft mit dem Nibelungenliede erwachse, ist einer respektabeln Anzahl von Pädagogen, auch dem Referenten, zweifelhaft. Die Dichtung enthält so sehr viele abstoßende, dem jugendlichen Interesse unsympathische, dem geläuterten Geschmack unserer Zeit widerwärtige, an die Greuel der Heidenzeit erinnernde und dieselben wiederholende Momente! Die Wildheit und Roheit fast aller Hauptpersonen, selbst des Helden Siegfried, der z. B. „Den wonnesamen Leib seiner Kriemhild zerbleut" p. 43! Die Krimhilde als „Balandine" (b. i. „Teufelin" ꝛc.!). Die bei weitem größere Mehrheit unserer Jugend hat noch nicht so viel Abstraktionsvermögen, um von der rauhen Schale der qu. Dichtung absehen und den edeln Kern derselben erfassen und dadurch eine heilsame Förderung für ihr inneres Leben erlangen zu können. Die Empfänglichkeit und das tiefere Verständnis für die Großheit und Herrlichkeit des Nibelungenliedes eignet einer späteren Entwicklungsstufe.

Indessen möchte Ref. hierüber die Meinung anderer kompetenter Schulmänner hören, die auf dem litterarkundlichen Gebiete, insbes. auch in Bezug auf die qu. Dichtung, hinlängliche Erfahrungen gemacht haben.

2. Dr. H. Becker, „Litteraturkundliches Handbuch für Mittelschulen und mehrklassige Volksschulen. 2 Teile. Erster Teil: A. Gedichte. B. Etwas aus der Poetik. C. Liederverzeichnis. Zweiter Teil: Litteraturkunde. Frankfurt a. M., Gebrüder Knauer. Pr. 1,10 M.

Die hier vorliegende Auswahl von Gedichten, die in den „acht Schuljahren" zu memorieren wären, ist angemessen den verschiedenen Entwicklungsstufen der Schüler getroffen. Die nötigsten Wort- und Sacherklärungen sind —, was als ein Vorzug zu erwähnen — in Randbemerkungen beigegeben. Die beigefügten

„unentbehrlichsten Regeln aus der Metrik und Poetik" sind kurz und klar und für die auf dem Titel bezeichneten Schulen genügend dargestellt. Unsere Lesebücher machen indessen eine Gedichtsammlung, wie die vorliegende, überflüssig. Wünschenswert ist es allerdings, daß unsere Schüler die von ihnen nach und nach memorierten Gedichte beisammen haben. Für diesen Zweck empfiehlt es sich (aus mehreren Gründen!), daß man die qu. Gedichte, nachdem sie behandelt und memoriert worden, von den Schülern in dazu bestimmte Hefte einschreiben läßt. (Hierbei meist gegenseitige Korrektur!)

Der zweite Teil des litteraturkundlichen Handbuches" zeichnet sich durch Klarheit und lebendige, anschauliche Darstellung, meist nach den Vorarbeiten tüchtiger litterarhistorischer Volksschriftsteller wie Scherer, Barthel, Kahle, Höfer 2c. aus. Ist zu empfehlen.

3. E. Richter, Anleitung zum Gebrauch des Lesebuches im Schulunterricht. Neunte, erweiterte Aufl. Berlin, Stubenrauch. 1885. Pr. 3,60 Mk.

Es ist erfreulich, daß dieses in vieler Beziehung treffliche Werk in einer neuen und zum Teil verbesserten Auflage erschienen ist. Nicht nur sind die in der Schule zu behandelnden Stoffe vermehrt, sondern es sind infolgedessen auch Änderungen in der Anordnung derselben und zwar derart vorgenommen, daß sie in einer Gruppierung nach den 3 Unterrichtsstufen, welche sich in jedem Schulorganismus darstellen, also als Stoffe für die Unter-, die Mittel- und die Oberstufe, dargeboten werden.

In der stufenmäßigen Verteilung, sowie in der Veranschaulichung des Verfahrens auf den verschiedenen Stufen zeigt sich der Hr. Verfasser als ein recht praktischer Schulmann. Referent, der das viele Treffliche in dem vorliegenden Werke jederzeit anerkannt und zum Teil auch in seiner Praxis verwertet hat, wünschte erstens (zugleich im Namen anderer!) eine präzisere, knappere Darstellung. (Manche Paragraphen erörtern zu breitspurig Gedanken, Forderungen 2c., die den schwächsten unserer Lehrer hinlänglich geläufig sind, beispielsweise bez. der Notwendigkeit des Schulbesuches!) Zweitens wünschte er eine sorgfältigere Berücksichtigung der Herbartschen Didaktik.

4. K. Werner, Praktische Anleitung zur unterrichtlichen Behandlung poetischer und prosaischer Lesestücke. Meist in vollständig ausgeführten Lektionen. Oberstufe III. Bändchen. Berlin 1885. W. Schultze. 1,20 M.

Diese Anleitung ist jüngern Lehrern wohl zu empfehlen. Sie finden namentlich in den „ausgeführten Lektionen" gute Fingerzeige, wie sie Behandlung der qu. Lesestücke zunächst vorzubereiten, sodann in das Verständnis derselben einzuführen, zur klaren Erfassung des Grundgedankens und zur freien Reproduktion anzuleiten haben. Die litterarischen, historischen 2c., das Verständnis und die tiefere Erfassung der betr. Stücke fördernden Erörterungen sind meistens recht gründlich. Die Fragebildungen sind durchweg korrekt, woran der wohlgeübte Schulmann zu erkennen ist.

5. H. Wegener, Deutsche Musterstücke in Poesie, nebst kurzen Nachrichten über die bedeutendsten Dichter und das Notwendigste über Metrik und Poetik. Hannover, C. Meyer. Pr. 1,20 Mk.

Vorliegendes Büchlein enthält in Abteilung I auf 164 Seiten eine für 8 Schuljahre bestimmte Sammlung von Gedichten als Memorierstoffe, in Abteilung II auf 12 Seiten „kurze Nachrichten über einige Dichter" und in Abteilung III auf 12 Seiten das für unsere Volks- und Mittelschulkinder Wissenswerteste aus der Metrik und Poetik.

Ob eine solche Sammlung, wie die

vorliegende, die Gedichte bietet, welche man wohl (vielleicht mit wenigen Ausnahmen!) in allen guten Schul-Lesebüchern findet, notwendig sei, ist zweifelhaft. (S. auch oben das ähnliche Werk von Dr. Becker!). Die Auswahl an sich ist mit Rücksicht auf die Entwicklungsstufen unserer Schüler in den versch. Schuljahren, sowie auf die Jahreszeiten, die Dichtungsarten ꝛc. durchaus zweckmäßig (nicht zu viel und nicht zu wenig).

6. K. Wichmann und G. Zipler, Deutsche Aufsätze, methodisch bearbeitet und zusammengestellt. II. Teil. Berlin, Stubenrauch. 1885. Pr. 1,20 Mk.

An verhältnismäßig guten, auch bereits in der Schulpraxis erprobten Arbeiten derart, wie die vorliegende, haben wir keinen Mangel. Ältere, erfahrene Lehrer werden sich kaum nach Schulaufsatz-Sammlungen umsehen; denn bei ihren Präparationen, sowie beim Unterrichte selbst und bei Repetitionen ꝛc. ergeben sich ihnen eine Fülle von Themen, die gerade für ihre Schulen die geeignetsten sind. Indessen werden weniger geübte Lehrer in dem oben bezeichneten Buche viele beachtenswerte Winke erhalten. Beispielsweise S. 4: „Der Nutzen, eine vorgetragene Erzählung als erste, anfängliche Übung in der Fertigkeit, Aufsätze zu machen, von den Schülern aufschreiben zu lassen, kann nicht zugegeben werden. Die Schüler sollen nämlich ein Ganzes schriftlich darstellen, und sie sind noch nicht im Erkennen und Aufschreiben der einzelnen Glieder geübt, aus denen ein Ganzes zusammengesetzt werden kann und soll. — Die Erzählung beschäftigt sich mit Handlungen, die schwerer darzustellen sind, als Merkmale und Teile einzelner Gegenstände, die in der sinnlichen Wahrnehmung des Kindes liegen. — Auch in grammatischer Beziehung verlangt die Erzählung mehr; um nur eins zu erwähnen, die verschiedensten Formen des Zeitworts, die Beschreibung dagegen nur wenige Formen (Präsens—Imperfektum!)."

Fast durchweg musterhaft ist die kindlich-einfache Weise der Darstellung. „Deutlichkeit und Klarheit", sagen die Herausgeber mit Recht, „wird am ersten durch einen einfachen und kurzen Satzbau erreicht" —, entsprechend dem Lessingschen Diktum: „Die größte Klarheit war mir stets die größte Schönheit."

7. W. Dietlein, Leitfaden zur deutschen Litteraturgeschichte. Mit Berücksichtigung der poetischen Gattungen und Formen. Für höhere Töchter- und Bürgerschulen. 8. verb. Aufl. (Als Kommentar zu des Verf. fassers „Lesebuch zum Unterricht in der Litteraturkunde" und zur „Poesie in der Schule" zu benutzen.) Altenburg, H. A. Pierer. Pr. 1,20 Mk.

„Vorliegendes Büchlein will nur über die bedeutendern Dichter und poetischen Schöpfungen ein Urteil geben, welches die Schüler unter richtiger Leitung des Lehrers an gut gewählten Beispielen selbst finden können" (statt „können" wohl besser „sollen"!). „Umfangreiche Biographien", heißt es weiter im Vorwort, „sind hier nicht gegeben, wohl aber ist auf diejenigen Lebensmomente des Dichters Rücksicht genommen, die seine dichterische Kraft entwickelt und ihn auf eine besondere Bahn gelenkt haben." — Ein guter Vorsatz, der leider bei der weiten Ausführung öfter ignoriert worden ist! Wozu z. B. die Aufzählung der Anstalten, auf denen die betr. Dichter gebildet, desgl. die Angabe ihrer Studienjahre, der Orte ihrer Wirksamkeit, die Zeit ihrer Verheiratung ꝛc. Ein großer Teil derartiger biographischer Notizen in vielen für unsere Schulen bestimmten Leitfäden, wie auch im vorliegenden, gehört in den Papierkorb. Leider machen auch viele sonstige Ausführungen in dem vorgenannten Leitfaden den Eindruck der

Flüchtigkeit. Beispielsweise: Vorwort III: „Die Dichtungsgattungen sind stets an einen besonderen Dichter geknüpft". S. 7: „Wahre Poesie wirkt auf das Herz des Menschen veredelnd, bildend und verbessernd" (Klimax?). — „Die zu einer Einheit mit einer (!) Tonhebung verbundenen Tonsenkungen nennt man Versfuß.. Die Tonhebungen bezeichnet man mit einem (!) Strich, die Tonsenkungen mit einem Bogen" (in mehr als einer Bez. grammatisch falsch!) Ähnlich S. 11: „Der Alexandriner (sowie der neue Nibelungenvers) ist ein sechsfüßiger Jambus." S. 55 die falschen Schreibweisen: Rodegast, Rinkard, Heermau. S. 47: „Arudt". S. 149; „Schoppenhauer". S. 117: „Nachdem Seume Theologie studiert hatte, (!) ging (st. wollte ꝛc.) er nach Paris, wurde aber von hessischen Werbern nach Amerika geschleppt (!). Als die (!) Hessen nach Europa zurückgekehrt waren, entfloh er ꝛc. Seine herben und traurigen Lebensschicksale machten Seume zu einem rauhen und finstern Manne (zu stark gesagt!). S. 130: „Weil Rückert das Gefühl innewohnte (!), alle Dinge in der Welt dichterisch gestalten zu können (!) ꝛc." S. 133: „In seinen Balladen und Romanzen pflegt (!) Kerner mit bes. Vorliebe das Geister- und Gespensterwesen." S. 56: „Nach vollbrachter That, die ganz gräßlich geschildert wird (!), ergreift den Sultan tiefste Reue." Eine große Anzahl von Orthgr.- und Interpunktions-Fehlern (wie „Empfind-ung" S. 7, „Alliteration" S. 14 ꝛc., dagegen „alliterierend" S. 20, „gothisch" S. 27, „Josef" S. 28, „Styl" S. 32, Zeichenfehler S. 41, 55 ff.!
Die Schule eine res sacra! Bücher, die, wie das vorliegende, fast auf jeder Seite den Stempel der Eilfertigkeit tragen, sollten unsern (deutschen!) Schulen nicht dargeboten werden! —

8. **Dr. Fr. J. Günther, Hundert Paragraphen aus der Rhetorik und Poetik,** nebst einer kurzen Übersicht der deutschen Litteraturgeschichte und litterarisch-historischen Personalnotizen für Schullehrer-Seminare und andere höhere Lehranstalten. Zweite, vermehrte und verbesserte Auflage, neu bearbeitet von C. Schroeter, Seminardirektor. Gera, A. Reisewitz. 1886. Pr. 1,60 Mk. -
Während die 1. Auflage sich enge an das Günthersche „Lesebuch für Seminare" anschloß, ist die vorliegende Neubearbeitung allgemeiner gehalten und bei jedem andern ähnlichen Lesebuche (Kehr-Kriebitsch oder Förster ꝛc.) zu verwerten. Im ersten Teile (Rhetorik) ist als recht gelungen hervorzuheben: die klare und gründliche Darstellung der „Tropen und Figuren"; im zweiten Teile (Poetik) sprechen namentlich an: die Ausführungen über „Lyrik und Dramatik", sowie über „Balladen und Romanzen". Recht praktisch ist auch das beigefügte „Sachregister" angelegt.

Im Vorwort der 1. Aufl. hat G. bemerkt: „Beim Lesen, sei es kursorisch oder statarisch, hat die Erklärung der Stil- und Dichtungsart vorauszugehen; nach dem Lesen oder Inhaltangeben und Erläutern des Schwierigen oder Unverstandenen (!) werde des Verfassers gedacht ꝛc." — Der Herausgeber der neuen Bearbeitung dürfte schwerlich derselben Ansicht sein, sondern wird zugeben, daß die Einführung und Vertiefung in den betr. Inhalt vorausgehen und dann erst die Betrachtung der Form folgen müsse, samt dem für die Schüler interessanten, anregenden Nachweise der Harmonie zwischen Inhalt und Form. In den „Personalnotizen" wäre zu verbessern, daß Angelus Silesius nicht 1664, sondern 1677 gestorben ist.

Das vorliegende Werk wird beim Seminarunterricht, sowie auch weiterstrebenden Lehrern, insbes. solchen, die sich zum Mittelschullehrerexamen vorbereiten, gute Dienste leisten.

9. **Prof. Dr. A. Ohorn, Grundzüge der Poetik. Ein Leitfaden für höhere Schulen. 2., verbesserte Aufl. Dresden, Bleyl u. Kämmerer. 1885. Pr. 1,20 M.**

Auch diese Arbeit hat dem Ref. wegen ihrer Präzision, Klarheit und Übersichtlichkeit gar wohl gefallen. Besonders sorgfältig ist der erste Teil, der "von den Dichtungsformen" (Prosodie, Metrik, — malerisches und musikalisches Prinzip der Poesie" — "Figuren und Tropen!)" handelt, ausgearbeitet. Sehr zweckmäßig sind durchweg die veranschaulichenden Beispiele gewählt. Im 2., "von den Dichtungsarten" handelnden Teile wäre eine gründlichere Darstellung der "dramatischen Dichtung", selbstverständlich mit Bezugnahme auf bestimmte Dramen, die als bekannt vorauszusetzen, erwünscht.

10. **C. H. Kröger, Die Elemente der deutschen Poetik und Litteraturgeschichte.** Oldenburg Schulzesche Hof-Buchhandlung. A. Schwarz. Pr. 50 Pf.

Dieses Büchlein enthält auf 56 Seiten eine knappe und dabei verhältnismäßig klar und gut geordnete Übersicht über die "Formen und Arten der Poesie", sowie über die "Litteraturgeschichte". Der "Anhang" fügt noch einige Proben aus "Heliand", "Gudrun", "Parzival" und eine Ode von Klopstock hinzu. Für gehobene Volks-, sowie für Mittelschulen genügend.

11. **Franz Kern, Prof. und Direktor des Köllnischen Gymnasiums in Berlin, "Grundriß der deutschen Satzlehre". 2. Auflage. Berlin, 1885. Nikolaische Verlagsbuchhandlung. Pr. geb. 80 Pf.**

Eine in vieler Beziehung treffliche Arbeit, allerdings zunächst für Gymnasien bestimmt, aber auch für Volksschullehrer (resp. Seminarlehrer) anregend, instruktiv!

Besonders beachtenswert ist die Darlegung, wie das finite Verb den Ausgangspunkt für die Satzlehre bildet, sodann die gründliche Darstellung der Attribute und Prädikatsbestimmungen und die Anwendung von "Satzbildern". Aufgegeben sind die Bezeichnungen "nackter, erweiterter, zusammengezogener, verkürzter Satz," — weil sie als willkürliche und unwissenschaftliche Bezeichnungen nur Verwirrung in die Satzlehre bringen. — Diese Polemik ist namentlich in Bezug auf den sog. "zusammengezogenen" Satz wohl berechtigt, im übrigen weniger. Die neuen Bezeichnungen, die K. für die altüblichen setzt, sind nicht prägnanter als diese. So findet sich z. B. § 135 statt der durchaus zutreffenden Bezeichnung "verkürzte Sätze": "Satzbestimmungen im Werte von Nebensätzen". Die Schüler in der Darstellung von "Satzbildern" (f. S. 30 ff.) zu üben, ist, wie Ref. aus vieljähriger Erfahrung weiß, sehr zu empfehlen. Er läßt solche Satzbilder allerdings noch einfacher als K. zum Teil nach dem Vorgange von Th. v. Thrämer und Fr. Bauer (f. "Neuhochdeutsche Grammatik!"), durch Buchstabenbezeichnungen darstellen. — Übrigens sollten die trefflichen Vorarbeiten pp. der auch von J. Grimm hochgeschätzten psychologischen Schule, von den neueren Grammatikern mehr berücksichtigt werden.

12. **Franz Heyne, Pastor, "Deutsche Sprachlehre". Dritte, verbesserte und vermehrte Aufl. Magdeburg, Heinrichshofen. 1885. Preis 30 Pf.**

Eine einfache, für die meisten unserer Volksschulen genügende Grammatik. Eine klarere Darstellung der "untergeordneten oder abhängigen", sowie der "verkürzten Sätze" wäre wünschenswert. Im Vorworte heißt es: "In einer besonderen Diktierstunde läßt der Lehrer nach kurzer Besprechung der zu behandelnden Regel Sprichwörter und Denksprüche niederschreiben, welche dieselben erläutern". Besser, wenn die zu behandelnde Regel aus vorher aufgezeichneten oder aus einem Lesebuchstücke entnommenen Sätzen entwickelt wird (heuristisches Verfahren!). So auch Dr. Franz Kern: „Das Eine setze ich als anerkannte methodische Forderung voraus, daß die wichtigsten, in der Lektüre sich immer und immer wieder darbietenden Erscheinungen des Satzes möglichst in heuristischer Weise im Anschluß an die Prosalektüre erörtert werden."

13. A. Engelien, Grundriß der Geschichte der deutschen Grammatik, sowie der Methodik des grammatischen Unterrichts. W. Schultze, Berlin C. Preis 60 Pf.

Vorliegendes Büchlein enthält die Geschichte der neuhochdeutschen Grammatik ꝛc. in kürzerer Darstellung, als sie derselbe Verfasser im dritten Bande der „Geschichte der Methodik des deutschen Volksschulunterrichts", herausgegeben von dem verstorbenen Schulrat Kehr, vorgeführt hat. Das Werkchen ist wertvoll und allen Lehrern zu empfehlen, denen es an Zeit und anderweitigen Mitteln fehlt, sich mit einem genaueren Studium der Geschichte des grammatischen Unterrichts zu beschäftigen, insbesondere auch den Lehrern, die ein Mittelschulexamen in Sprachen abzulegen gedenken.

14. Dr. W. U. Jütting, „Der Unterricht im Deutschen für das erste Schuljahr. Die Lautlehre, den Anschauungs- und den Schreibleseunterricht umfassend. Leipzig und Berlin, J. Klinkhardt. 1886. Preis 3,60 M.

Derselbe. Die deutsche Sprache. Methodisch behandelt für etwa 12 bis 17jährige Schüler. Baden-Baden. O. Sommermeyer 1884. 1,40 M.

Derselbe. Fibel oder Lehr- und Lesebuch für das erste Schuljahr. Ausgabe für den Lehrer.

Neue Bearbeitung. Leipzig, J. Klinkhardt. 1885. Pr. 50 Pf.

Der Herr Verfasser gehört zu den gründlichen Kennern unserer Sprache und ist auch in der Schulpraxis gar wohl erfahren. Dafür liefern die vorliegenden Schriften hinlänglich Belege. Referent gesteht es gern, daß er Hrn. J. und seinen Schriften namentlich hinsichtlich der Etymologie, der Lautlehre, Orthographie und Leselehrmethode, viel verdankt. — Auf dem Gebiete des ersten Leseunterrichts nimmt der H. Verfasser bekanntlich eine vermittelnde Stellung zwischen den Analytikern (Normalwörter-Theoretikern) und Synthetikern ein. Sehr anerkennenswert ist der Fleiß, mit welchem er fort und fort bemüht ist, (s. „Fibel!") eine immer zweckmäßigere Aufeinanderfolge der „Grund-Normalwörter" aufzufinden, um immer besser den Forderungen zu entsprechen: „Nicht mehrere Schwierigkeiten auf einmal! Allmählicher Fortschritt sowohl im Lesen und Schreiben, als auch in dem damit verbundenen Zeichnen!" Es kann freilich noch nicht behauptet werden, daß seine Zusammenstellung in dieser Hinsicht schon vollständig befriedigte. Dem Referenten will immer noch die einfachere Weise des „reinen Schreiblesens" mehr zusagen. H. Dr. J. tritt für die unbedingte „Selbständigkeit des Anschauungsunterrichts" ein. Vor etlichen Wochen wurden auf einer von mehreren hundert Lehrern besuchten „f. eien Lehrerversammlung" hier in Ostpreußen die Gründe für und wider diesen Standpunkt erörtert und nach langen, lebhaften, eingehenden Debatten entschied sich die überwiegende Mehrheit für folgende Thesen: „Ein gesonderter „Anschauungsunterricht" hat keinen Selbstzweck; als selbständiger Unterrichtsgegenstand erscheint er daher unnatürlich und überflüssig. Der „Anschauungsunterricht" ist als „Übung im mündlichen Ausdruck" ein Zweig des Unterrichts im Deutschen; in der ersten

Schulzeit muß, auf der Unterstufe überhaupt kann er in besonderen Stunden erteilt werden. Uns ist der Anschauungsunterricht keine Disziplin, sondern Prinzip!" Man sieht, daß die qu. Frage noch weiterer Erwägungen bedürftig ist. Um so empfehlenswerter für jeden Lehrer das sorgfältige Studium der einschlägigen H.schen Schriften!

15. F. J. Hoos, **Handbuch des stilistischen Unterrichts für landwirtschaftliche Fortbildungsschulen.** Dritte, vollständig umgearbeitete Aufl. Stuttgart. Eugen Ulmer. 1885. Preis 2,50 Mk. Partiepr. für 12 Expl. Mk. 27.

Dieses Werk ist, wie das Vorwort bemerkt, „aus der Praxis einer landwirtschaftlichen Winterschule hervorgewachsen und bestimmt, zunächst einer solchen (wenn auch nicht ausschließlich!) zu dienen". Die Gründe, warum ein Hauptgewicht (Teil I) auf die „Besprechung landwirtschaftlich nützlicher und schädlicher Tiere" gelegt wird, sind zutreffend. Recht praktisch ist die Anleitung zur Abfassung von Telegrammen, sowie zu öffentlichen Anzeigen, Bestellungen, desgl. die Belehrungen über Wechsel, Klage- und Mahnschreiben. Den meisten Aufgaben und Musteraufsätzen sind sprachliche Bemerkungen zur Vorbereitung und Sicherstellung der Orthographie, öfter auch die Anleitung zur Herausstellung der zu Grunde liegenden oder zur Auffindung einer ähnlichen Disposition beigegeben. — Eine (auch den Volksschullehrern!) empfehlenswerte Arbeit!

16. U. Stobbe, **Lehrbuch für den Handarbeits-Unterricht.** Broschiert 3 Mk., eleg. cart. 3,50 Mk. Mit 12 lithgr. Tafeln. Leipzig, Hoffmann & Ohnstein.

Dieselbe. **Regelverzeichnis für den Handarbeits-Unterricht.** Für den Gebrauch in Schulen. 2. verbesserte Auflage. Mit 10 Tafeln. Ebd. 1886. Preis kart. 80 Pf.

Das „Lehrbuch" giebt eine gründliche Auskunft über alle für das Haus erforderlichen Handarbeiten (wie sie auch in Schulen und Seminarien zu lehren sind): Stricken, Häkeln, Zeichnen, Nähen, Stricken, Kunststopfen, Zuschneiden und Nähen der Bett- und Leib-Wäsche. Die stufenweise geordneten Zeichnungen geben recht anschaulich die Muster und Vorlagen, nach denen zu arbeiten ist. Besonders hervorzuheben ist, daß das Zuschneiden der Bett- und Leib-Wäsche „nach verschiedenen Façons ausführlich erklärt und Berechnungen angegeben sind, wie dieselbe einzeln und im Dutzend am vorteilhaftesten zugeschnitten wird".

Das „Regelverzeichnis", das in Kürze die Regeln der verschiedenen Handarbeitsstufen, wie sie in den Schulen zur Anwendung kommen, zusammenfaßt, hat nach dem Zeugnis einer großen Anzahl von Hauptlehrern, Rektoren, Kreisschulinspektoren ꝛc. bereits in vielen Schulen gute Dienste geleistet. — Die Verfasserin hält sich im ganzen an die K. Schallenfeldsche Weise, geht aber auch öfter eigene (und zwar wohlbewährte) Wege! Also 2 empfehlenswerte Schriften!

17. Dr. Richard Petony, **Übersichtskarte des Alpengebietes,** für Schüler bearbeitet. Kommissionsverlag von Homann's Buchhandlung (H. Gaebel) in Danzig und Faßbender in Elberfeld. Pr. 6 Mk.

Eine für den Schulgebrauch zu empfehlende Karte! Die sämtlichen bedeutendern Verzweigungen, Knotenpunkte, Flußentwicklungen, Seengruppen, Straßen, Städte und Becken des Alpengebirges, sowie die Bezeichnungen der wichtigsten Schlachtörter, der Heereszüge im Gebirge und in der nächsten Umgebung desselben treten, auch in entsprechender Fernsicht, hinlänglich deutlich hervor.  P.

Das Zeichnen der Stereometrie als Vorschule zur darstellenden Geometrie und zum Fachzeichnen für Lehranstalten wie zum Selbstunterricht von Adolf Brude, Professor der Mathematik an der königl. Baugewerkschule in Stuttgart. 28 Tafeln nebst Text. (Stuttgart, Jul. Maier.)

Der Verfasser giebt in seinem fleißig gearbeiteten Werke auf 28 Tafeln eine Anleitung zum stereometrischen Zeichnen und erläutert die saubern Tafeln durch einen ebenso klaren Text. Er will einen Teil derjenigen Zeit, welche der Schüler bisher auf das rein geometrische Zeichnen verwenden mußte, für das stereometrische Zeichnen in Anspruch nehmen — und mit vollem Rechte. Der Endzweck des technischen Fachzeichnens ist ja die exakte Darstellung des Räumlichen auf der Fläche, und liegt hierin erst recht die bildende Kraft des ganzen Unterrichtes und die Übung des Formensinnes. Der Verfasser verwendet nur die Parallelperspektive, die von einer Auffassung mit dem körperlichen Auge absieht, und ein geistiges Anschauen verlangt. Auf den ersten Tafeln werden die Projektionen der Elemente, Punkt und Gerade gezeigt, dann folgen die Ebenen, Linien und Schnitte am Kubus. Der dritte Abschnitt bringt Schnitte am Kubus und Körperdurchdringungen und entwickelt aus dem Kubus einige Krystallformen. Im vierten Abschnitte werden die Kegelschnitte, Durchdringungen der Kegel und Cylinder gezeigt. Der zweite Teil giebt im fünften Abschnitt die Vorübungen zum Fachzeichnen, sowie Übungen zu den vorhergehenden Abschnitten.

Das Werk genügt den weitesten Ansprüchen der technischen Fachschulen. Zum Selbstunterrichte möchte es manchem Freunde des stereometrischen Zeichnens willkommen sein. Für die Zwecke der Elementar- und Mittelschule ist es zu weitgehend, doch möchte auch hier, bei richtiger Verwendung und Vereinfachung — etwa Beschränkung des Materials auf die Kavallierperspektive — manches zu gebrauchen sein. Zur Unterstützung der Anschauung sind 30 stereoskopische Bilder, diesem Werke entnommen, separat zu haben.

—g.

Lehrbuch der mechanischen Technologie, mit besonderer Berücksichtigung der Gewinnung und Verarbeitung der verschiedenen Metalle und Hölzer. Für den Unterricht an Gewerbe-, Handwerker- und Fortbildungsschulen und zum Selbstunterricht bearbeitet von Otto Schmidt, Architekt und Lehrer an der Bauschule zu Eckernförde. Wittenberg, R. Herrosé. 1883. 156 S. 2 Mk.

Der Verfasser beschränkt sich in vorliegendem Werke lediglich auf die Gewinnung beziehungsweise Verarbeitung der verschiedenen Metalle und Hölzer; von den weitern Zweigen des großen Gebietes der mechanischen Technologie — Spinnerei, Weberei, Müllerei, Papierfabrikation u. s. w. schweigt derselbe und giebt auch keine Andeutung, daß diese Abteilungen in einer Fortsetzung gebracht werden sollen. Der Titel mag daher etwas unbescheiden erscheinen.

Die erste Abteilung enthält die Gewinnung [Verhüttung] und Verarbeitung der Metalle, letzteres durch Gießen, Schmieden und Walzen, die Formung der Gußstücke, und das Zusammenfügen der Metallstücke, die zweite Abteilung die Verarbeitung des Holzes sowie die dazu erforderlichen Geräte.

Bei dem Unterrichte in der mechanischen Technologie ist die anschauliche Darstellung die Hauptsache. Der Verfasser hat das wirksamste Mittel hierzu — die bildlichen Darstellungen — nicht benutzt. Die Beschreibung mit Worten ist aber nicht imstande, ein genügend klares Bild der besprochenen Gegenstände zu geben. Es wird deshalb der Lehrer bei der Benutzung vieles nachzuholen haben und möchte aus diesem Grunde die erste Abteilung zum Selbstunterrichte durchaus ungeeignet sein. Auch vermissen wir die gebührende Hervorhebung der wichtigern und die Unterordnung der weniger wichtigen Prozesse und Apparate. So ist z. B. der Herstellung des Damascener Stahles ein Raum von 2½ Seiten gewidmet, während der seit einem Jahrzehnt wichtigste Prozeß, die Darstellung des Bessemerstahles, mit der nebenbei vollständig unrichtigen Bemerkung „Wird Schmiedeeisen und Gußstahl im richtigen Verhältnis gemischt, so erhält man den sogenannten Bessemer-Stahl" abgespeist wird. Auch an zahlreichen andern Orten finden sich kleine Unrichtigkeiten und veraltete Angaben. Für die Mischungsverhältnisse wäre auch wohl die prozentige Zusammensetzung vorzuziehen gewesen, ferner bei den Goldlegierungen die Angaben nach den neuern gesetzlichen Bestimmungen.

Die zweite Abteilung bringt zunächst Angaben über die Eigenschaften und Behandlung des Holzes, die Fehler und die Konservierung desselben; dann eine eingehende Beschreibung der in- ländischen und ausländischen Hölzer und schließlich die Verarbeitung und die mechanischen Vorrichtungen dazu. Bei den Verbindungen der Hölzer vermissen wir wieder sehr die Abbildungen, auch sind ohne diese die Sägemühlen schwer verständlich.

Das an sich recht verdienstvolle Werkchen würde durch Hinzuziehung einfacher schematischer Illustrationen sehr gewinnen. Eine Überarbeitung, um Veraltetes auszuscheiden und Neueres hinzuzufügen möchten wir dem Verfasser dringend empfehlen.

D. —g.

Handbuch zur methodischen Behandlung der biblischen Geschichte. Von Reinecke. Zweite, völlig umgearbeitete Aufl. Hannover, Meyer. Preis 4,80 Mk.

Das Buch enthält erstens die biblischen Geschichten in der Fassung, wie sie etwa für die Oberklasse einer Volksschule geeignet ist, und sodann nach jeder Geschichte einfach erklärende Ausführungen, namentlich auch in Beziehung auf die derselben zu Grunde liegenden Gedanken, in sehr maßvollen Schranken. Das Ganze hat uns sehr wohl gefallen. Gut sind auch die Hinweisungen auf Abschnitte aus der Bibel (Psalmen, Kapitel aus den Briefen, Propheten u. s. w.), welche in Verbindung mit den bezw. Geschichten gelesen werden können. Einen besonderen Abdruck der biblischen Geschichten für sich enthält das Buch: Reinecke, Biblische Geschichte für die Mittel- und Oberstufe (mit einem kirchengeschichtlichen Anhange. Pr. 1 M.; auch für die Unterstufe hat der Verfasser ein Büchlein der biblischen Geschichte bearbeitet (Pr. 30 Pfg.), das wenigstens eine gute Handreichung bieten kann, um kleineren Kindern die biblischen Geschichten in der geeigneten Form erzählen zu lernen. — Der oben genannte „kirchengeschichtliche Anhang" ist auch als besondres Büchlein (Bilder aus der Kirchengeschichte, für den Schulgebrauch bearbeitet. Pr. 20 Pfg.) verkäuflich; es giebt in 17 Abschnitten eine kurze, leicht verständliche Darstellung der wichtigsten kirchengeschichtlichen Erscheinungen bis auf die Gegenwart.

Erwähnt seien noch von biblischen Geschichtsbüchern: das altbewährte Buch von Prieß ist in einer neuen Bearbeitung mit einem kirchengeschichtlichen Anhange herausgegeben von Triebel (Königsberg, Bon 1884. Für die städtischen Bürgerschulen in Braunschweig ist bestimmt (und in 2. Auflage erschienen): Schaarschmidt, Biblische Geschichten im Zusammenhange mit dem Bibellesen zu Lebens- und Geschichtsbildern zusammengestellt. Pr. 60 Pfg. Braunschweig, Bruhn. 1883.

G. H.

Hülfsbuch für den evangelischen Religionsunterricht in höheren Schulen. Von Leimbach. Teil 1 für die mittleren und unteren Klassen der Gymnasien und Realschulen. Pr. 80 Pfg. Hannover, Meyer.

Das Büchlein enthält 1. 47 Kirchenlieder (als einen Kanon der in den Klassen von Sexta bis Obertertia zu lernenden 30 Lieder, 2. das christliche Kirchenjahr in kurzer Übersicht; 3. eine Auswahl und Zusammenstellung der wichtigsten messianischen Verheißungen und Weissagungen, zugleich mit sehr reicher Anführung der bez. neutestamentlichen Stellen, 4. die messianischen Vorbilder (Personen, Sachen), gleichfalls in ihren Beziehungen zum Neuen Testament, 5. eine kurze Geographie Palästinas, 6. eine zusammenfassende Übersicht über die Geschichte der Bewohner des Landes, 7. eine Übersicht über die heiligen Altertümer, 8. ein Verzeichnis von biblischen Abschnitten, welche in Obertertia während des letzten Vierteljahrs etwa noch gelesen werden können; darüber erlauben wir uns kein Urteil. Die Abschnitte 2—7 enthalten Zusammenstellungen, die gewiß sehr passend für den Unterricht, namentlich auch zu Wiederholungen, verwertet werden können.

G. H.

Christenlehre nach D. M. Luthers Katechismus für Oberklassen in Taubstummen-Anstalten. Von Köbrich. Leipzig, Merseburger. 1 M.

Das Büchlein enthält außer dem kleinen Katechismus Luthers und einer kleinen Sammlung von Liedern, Liederversen und Gebeten eine kurze Auslegung des Katechismus in ansprechender Form nebst Wiederholungsfragen. Über das einzelne wird sich jemand, der nicht in der Ausübung des Taubstummen-Unterrichts steht, eines Urteils enthalten müssen.

G. H.

Handbuch der biblischen Geschichte, den Lehrern an Volks- und Bürgerschulen dargeboten von H. Gärtner. I. Teil: Das Alte Testament, M. 3,40. II. Teil: Das Neue Testament M. 3,60. Weimar, Hermann Böhlau. 1884.

In dem „Vorwort" und danach weiter in der „Einleitung" spricht der Verfasser sich über die Grundsätze aus, welche ihn bei der Abfassung seines Buches geleitet haben, es sind dieselben durchaus gesund und den Anforderungen entsprechend, welche auch von dem „Evangelischen Schulblatt" vertreten werden. Auch läßt sich nicht verkennen, daß durch die Ausführungen in einzelnen ein Hauch religiöser Wärme und sittlichen Ernstes weht, welcher oft wohlthuend anmutet. Wenn dessen ungeachtet Ref. dem Buche nur in sehr bedingter und beschränkter Weise seine Empfehlung zu teil werden lassen kann, so liegt das an dem schwankenden dogmatischen Standpunkt des Verfassers, bei welchem es an auffälligen Widersprüchen nicht fehlt, so wie auch an einer Anzahl von sachlichen Unrichtigkeiten, welche in einem derartigen Buche nicht vorkommen sollten. Um dieses allerdings harte Urteil vollständig zu begründen, müßte Ref. das ganze Buch im einzelnen durchgehen, wozu das Ev. Schulblatt wohl kaum den erforderlichen Raum zur Verfügung stellen würde, doch sei es erlaubt, wenigstens an einer Reihe besonders auffälliger Beispiele die Berechtigung unseres Urteils darzuthun. S. 14 ist von der Entstehung der 5 Bücher Mose die Rede, es heißt da: „Alle diese Aufsätze, auf verschiedene einzelne Rollen geschrieben, lagen in der Bundeslade, bis sie später geordnet und zusammengestellt und auf fünf größeren Rollen zum Pentateuch vereinigt wurden. Das so entstandene Ganze ging zur Zeit des geteilten Reiches öfter verloren und erhielt erst durch Esra seine gegenwärtige

Gestalt." Wie soll sich jemand, der die Sache nicht sonst kennt, das vorstellen, daß etwas öfter verloren geht?! „Die späteren Juden zur Zeit Jesu... bedienten sich statt des hebräischen Originals der 285 v. Chr. entstandenen griechischen Übersetzung der LXX." Der auch vom Verf. öfter angeführte „Kurtz" läßt die Übersetzung der LXX wahrscheinlich schon unter Ptolemäus Philadelphus (284—247) begonnen, aber erst viel später vollendet werden. — „Die Schöpfungsgeschichte ist nicht eine wissenschaftliche Theorie für kosmologische oder geologische Forschungen, sie ist eine Darstellung der Idee Gottes" (was heißt das: „Die Schöpfungsgeschichte ist eine Darstellung der Idee Gottes"? . . . „Wir dürfen nicht vergessen, daß jenes Buch (1. Mose) von Orientalen geschrieben ist; diese kleideten die ewigen Wahrheiten am liebsten in das historische Gewand, und ein solches historisches Gewand wollen wir diesen wahren, ewigen Grundgedanken lassen." (Was heißt das eigentlich?). S. 43: „Mose milderte später dieses grausame Recht (der Blutrache), indem er Geldentschädigungen für den Mord festsetzte" vergl. S. 175: Bei unfreiwilliger Tötung bestimmt Mose sechs Freistätten. Die Blutrache ist noch erlaubt (der nächste Freund des Getöteten hat den Mörder in die Hände der Obrigkeit zu bringen), aber durch Freistätten beschränkt und wird in gewissen Fällen durch Geldstrafen aufgehoben"(??); das angeführte Kapitel 4. Mose 35 giebt ein viel klareres Bild der Sache. S. 55 ist das über die Entstehung der Sprache Gesagte unsres Erachtens weder klar noch richtig z. B. „der Vorgang der Sprachentwicklung ist heute noch derselbe wie vor Jahrhunderten, nur daß heute der Prozeß sich viel schneller, im Verlauf weniger Jahre, an dem Kinde vollzieht. Was jetzt jedes einzelne Individuum durchmacht, das war früher die Arbeit ganzer Völkerschaften; doch mußte der Sprachbildungsprozeß bei der noch vorhandenen Spracharmut ungleich länger dauern". Dabei ist vergessen, daß wir gegenwärtig die Sprache als ein geschichtlich gewordenes, durch viele verschiedenartige Einflüsse gebildetes und verbildetes Ganze überkommen und daß die Art, in welcher wir die Sprache gelernt haben, sich sehr wesentlich von der ersten Entstehung der Sprache unterscheidet. — S. 73: „Hier hieß es: Lot ist ein Fremdling. So nannte man oft Frömmigkeit „Fremdheit"." (Wo ist das geschehen?). — S. 75: „Die biblische Lehre von den Engeln stimmt recht wohl mit unsrer Vernunft überein. Denn in der allmählich aufsteigenden, lückenlosen Stufenreihe der Geschöpfe ist zwar der Mensch das vorzüglichste, aber mit ihm, in dem sich noch so viel Unvollkommenheit findet, kann die Reihe der Geschöpfe auch noch nicht abgeschlossen sein. Die Lücke zwischen ihm und Gott, als dem Höchsten und Vollkommensten, wäre zu groß. Diese Kluft muß ausgefüllt sein durch Wesen, die höher organisiert sind als die Menschen, aber niedriger stehen als Gott: die Engel. Von andern Gründen ganz abgesehen!" Was ist das für eine Beweisführung!! — S. 83 „Särge kannten die Alten nicht" — wo bleibt da der Sarg des Jünglings zu Nain? (Herzog Realencykl. 2. Aufl. Bd. 2. S. 217: Die Leiche wurde in einem offenen Sarge auf einer Bahre hinausgetragen). „Nach Moses Verordnung mußte die Leiche bis spätestens den 7. Tag begraben werden" — wo steht das? Ref. hat keine Stelle darüber gefunden. — S. 147: Wie konnte man sobald der Wohlthaten Josephs vergessen? „Es ist leicht zu erklären, wenn man sich vergegenwärtigt, daß während der Zeit nicht nur ein „neuer" König, sondern ein ganz neues und fremdes Königsgeschlecht in Ägypten auf den Thron gekommen war" und nun läßt der Verf. die Hyksos einwandern und auch wieder vertrieben werden und unter dem auf sie folgenden Königsgeschlecht die Bedrückung der Israeliten vor sich gehen. Ist das letztere richtig (wie wir allerdings auch glauben), so waren eben die Hyksos die Dynastie, unter welcher die Familie Jakobs einwanderte. — „Das fünfte Buch Mose, Deuteronomion, (b. h. Gesetzeswiederholung, hebräisch Mischnah); das fünfte Buch Mose heißt hebräisch דברים (D'barim). — Samuel wird geschildert „mitunter von abstoßender Härte, rücksichtslos, herrschsüchtig, aber auch wieder sittlich rein, uneigennützig, redlich. Sein Benehmen gegen Saul wird oft falsch beurteilt" — wie so denn? Der Verf. schreibt S. 231: Saul soll ein Gottesgericht ausführen und führt nur einen Beutekrieg. Heftig getadelt wird er deshalb von dem beleidigten Samuel. „Mit Ausbruch der Feindschaft zwischen beiden Männern beginnt der zweite, unglücklichere Abschnitt der Regierung des bedauernswerten Königs. . . . Samuel spricht bei Gelegenheit jenes Auftritts ein sehr freisinniges, vernünftiges Wort: Gehorsam ist besser u. s. w. Freilich ist der Anwendung auf den vorliegenden Fall auch etwas Egoismus beigemengt. Samuel sucht sich einen „gehorsameren" König. Wir sehen, welche Macht dem Hohenpriester zu Gebote stand." Und in der Anmerkung unter dem Texte: „Die Päpste erhuben später dieselben Ansprüche, wie die Hohenpriester in der jüdischen Theokratie. Auch sie maßten sich das Recht an, Fürsten ein- und abzusetzen" u. s. w. Wir unseren Teiles glauben, daß der Verf. unseres Buches das Benehmen Samuels gegen Saul falsch beurteilt.

So könnten wir aus dem I. und dann auch aus dem II. Teil eine große Anzahl solcher Stellen anführen, gegen die wir Einspruch erheben müßten. Oft hat Ref. den Eindruck gewonnen, als ob der Verfasser bei der häufigen Anführung von Aussprüchen neuerer Theologen verschiedener Richtung oder bei der Bezugnahme auf solche Aussprüche sich der Tragweite derselben gar nicht genügend bewußt gewesen ist.

G. H.

Pädagogische Winke für Haus und Schule. Von Tischhaufer. Dritte, bedeutend vermehrte Auflage. Basel, Schneider. 1884. Pr. 1,60 Mk.

Ein ganz treffliches Büchlein, welches auf fester evangelischer Grundlage die wichtigsten Punkte der Erziehung in 84 Abschnitten behandelt (Taufe, Gebet, Wahrheit, Entwicklung, Gewissen, Achtung, Gehorsam, Konsequenz, Liebe u. s. w.). „Diese Winke sind zunächst für das Haus geschrieben und ist die Schule nur, was die Erziehung betrifft, berührt." Das Buch hat manche Ähnlichkeit mit Kellners Pädagogischen Aphorismen, doch mit dem Unterschiede, daß des letztern Buch zunächst und wesentlich für Lehrer bestimmt ist.

G. H.

Die ungeänderte wahre Augsburgische Konfession. Für die Genossen der evangelischen Kirche mit Erläuterung und Schriftgründen versehen zum Gebrauche in Schule und Haus. Nebst einer Einleitung und kurzen Geschichte ihrer Entstehung. Dritte Auflage. Heidelberg, Winter. Preis 80 Pfg. (10 Ex. 6 Mk., 50 Ex. 25 Mk., 100 Ex. 40 Mk.).

Dieses Büchlein ist in ganz besonderer Weise geeignet in das Verständnis und den Gedankengehalt des Augsburgischen Glaubensbekenntnisses einzuführen. Die Einleitung handelt von der Bedeutung des Bekenntnisses überhaupt für die Kirche und giebt dann eine kurze Geschichte der Reformation, insofern sie in dem Augsburgischen Glaubensbekenntnis einen vorläufigen Ausdruck und Abschluß gewann.

Die Erläuterungen zu den einzelnen Artikeln geben gute Dispositionen und eingehendere Erklärungen des Inhaltes derselben, sowie kirchengeschichtliche Mitteilungen. Am Schluß jedes Artikels sind als „Schriftgründe" eine Anzahl von Bibelsprüchen abgedruckt.

G. H.

**Der Brief Pauli an die Römer.** Für die evangelischen Volksschullehrer unter Hinzufügung einer genauen Übersetzung aus dem Griechischen nach wissenschaftlichen Quellen ausgelegt. Von Reinecke. Leipzig, Dürr. 1884. Pr. 1,80 Mt.

Gewiß ist es für Christen und insbesondere für christliche Volksschullehrer heilsam, neben einer kursorischen Lektüre der heiligen Schrift dann und wann auch ein Buch eingehender zu studieren, und dazu eignet sich ohne Zweifel gerade der Römerbrief in besonderer Weise. Das vorliegende Buch eignet sich auch sehr wohl dazu, bei solchem Studium hilfreiche Dienste zur Einführung in den Gedankengehalt und den Gedankenzusammenhang zu leisten. Aber wie schon früher bei der Anzeige der Thessalonicherbriefe, so wollen wir auch hier unser Urteil nicht zurückhalten, daß eine so wörtliche, man möchte sagen Interlinear-Übersetzung, wie sie hier neben der lutherischen geboten wird, weder einen praktischen noch einen besonders wissenschaftlichen Wert hat, ja nach unserer Meinung vielmehr bedenklich, weil leicht irre führend ist, selbst wenn (was nicht immer der Fall ist) in den nachfolgenden Anmerkungen das Nötige zur Erläuterung gesagt wird. De Wette, Lange, Weizsäcker, welche sich doch sorgfältig bemüht haben, eine dem Urtext sich möglichst anschließende Übersetzung zu geben, scheinen vielfach das bessere getroffen zu haben.

G. H.

**Schulkunde.** Unter Mitwirkung mehrerer Schulmänner herausgegeben von Bock. Teil 1: Allgemeines. Teil 2: Specielle Unterrichtslehre. Evangelische Ausgabe. Breslau, Hirt. Pr. 4,50 Mt.

„Vorliegendes Werk ist eine Umarbeitung und Erweiterung der 2. Auflage des „Volksschulunterrichtes" von demselben Verfasser. Es schließt sich an den in den „Allgemeinen Bestimmungen" vom 15. Oktober 1872 für den Unterricht in der Pädagogik in Schullehrer-Seminarien enthaltenen Lehrplan an, nimmt aber auch auf andere Staaten des Deutschen Reiches Rücksicht. Den Inhalt des ersten Teiles bildet 1. die äußere Einrichtung der Schule und im Anschlusse an diese eine Anweisung für die Pflege der Gesundheit der Schüler, 2. die Erziehungs- und Unterrichtslehre unter Hinzunahme des Notwendigen aus der Logik und Psychologie, 3. die Schulverwaltung, und 4. die Geschichte der Erziehung und des Unterrichtes. Der zweite Teil enthält die specielle Unterrichtslehre ... Sowohl der allgemeine wie der besondere Teil des Buches sind zunächst für Volksschulen, aber außerdem auch für Mittel- und höhere Mädchen-Schulen berechnet, und zwar nicht bloß insofern, als ein tüchtiger Elementarunterricht die notwendige Grundlage der über die Ziele desselben hinausgehenden Schulen bildet, sondern namentlich auch darum, weil die maßgebenden Grundsätze sowohl für den Unterricht wie für die Erziehung im wesentlichen auch auf den oberen Stufen genannter Schulen dieselben bleiben". Das Buch ist die reife Frucht langjähriger Erfahrungen, welche der Verfasser in seinen verschiedenen amtlichen Stellungen auf dem Gebiete der Schule gemacht hat, und wir glauben bestimmt versichern zu dürfen, daß kein junger Lehrer, der das Buch sorgfältig durchgearbeitet hat, die darauf verwendete Arbeit bereuen wird, ja daß auch ältere und erfahrene Lehrer noch vieles finden werden, was ihnen für ihre Auffassung und Behandlung des kindlichen Wesens und der Schularbeit förderlich ist. Denn wenn auch so manches von dem, was hier geboten wird, z. B. über die äußere Einrichtung der Schule und über die Schulverwaltung nicht unmittelbar von dem einzelnen Lehrer verwertet werden kann, so ist es doch ohne Zweifel von großer Bedeutung, daß er ein Verständnis dafür gewinnt (z. B. Einrichtung des Schulhauses, zweckmäßige Einrichtung der Schultische); anderes (was über Reinhaltung des Schulhauses und Schulzimmers, über die Gesundheitspflege in der Schule gesagt ist) wendet sich unmittelbar an das Gewissen und die Aufmerksamkeit des einzelnen Lehrers. — Die allgemeine Erziehungs- und Unterrichtslehre redet in zwei Hauptabschnitten zuerst von der Erziehung für den Unterricht und dann von der Erziehung **durch** den Unterricht; dabei sind nicht nur allgemeine Ausführungen gegeben, sondern es sind dieselben vielfältig auch auf die einzelnen Unterrichtsgegenstände und Erziehungsverhältnisse angewandt, dazu geben auch Aussprüche bedeutender Männer, nicht allein aus der Zahl der Pädagogen, vielfach Anregung zu weiterem Nachdenken. Unter anderen Abschnitten möchten wir z. B. auf die beiden: „Angemessene Zuchtmittel" und „Welches sind die wirksamsten Mittel, um den Mißbrauch und die Überschreitungen in der körperlichen Züchtigung der Schüler gründlich zu beseitigen". Der Abschnitt „Übersicht über die Psychologie und Logik" ist ja allerdings ziemlich kurz gefaßt und man möchte wohl hie und da eine etwas weitere Ausführung wünschen; aber andrerseits ist alles so knapp gefaßt, daß man bei genauerer Erwägung doch mehr findet, als man anfänglich meint; dazu kommen auch hier abermals vielfache lehrreiche Hinweisungen auf die praktische Verwertung der gewonnenen Erkenntnisse. Dasselbe gilt auch von dem Abschnitt: „Zur Geschichte des Volksschulunterrichtes," welcher nur von Luther, Amos Comenius, Ernst dem Frommen, A. H. Francke, den Philanthropen, Pestalozzi und der „landesväterlichen Fürsorge der Hohenzollern für das Volksschulwesen im brandenburgisch-preußischen Staate" redet; so sehr wir hier einen etwas reicheren Stoff (auch aus der Zeit vor Luther) wünschen möchten, so sehr müssen wir anerkennen, daß das Gegebene nicht allein vortrefflich dargestellt, sondern auch durch eingestreute praktische Bemerkungen und durch die hinter den sechs ersten Unterabschnitten angehängten „Fragen und Aufgaben" außerordentlich anregend angewandt wird. In der speciellen Unterrichtslehre werden neben den allgemeinen, theoretischen Erörterungen eine große Anzahl mehr oder weniger ausgeführter Beispiele und sehr eingehender Anweisungen, dazu auch reiche litterarische Nachweisungen gegeben. Es mag sein, daß man in einzelnen Punkten dem Gesagten nicht zustimmen kann (so ist es uns z. B. sehr zweifelhaft, ob es wohlgethan ist, auf der Mittelstufe den Kursus im Unterricht in biblischer Geschichte zweijährig zu machen), im ganzen und großen aber wird man auch in diesem Teil sehr viel Lehrreiches und Anregendes finden.

G. H.

**Der kleine Staatsbürger.** Ein Wegweiser durchs öffentliche Leben für das deutsche Volk. Von Max Haushofer. Stuttgart, Jul. Maier. 1883. 17 Bogen, geheftet 60 Pfg., in Leinwand 80 Pfg.

Das Buch behandelt in 20 Abschnitten die wichtigsten rechts-, staats- und volkswirtschaftlichen Grundwahrheiten und zwar in einfacher Weise. Von einzelnen Punkten seien genannt: das Zusammenleben der Menschen; Volkswirtschaft, Wohnsitz der Menschen;

der Staat; Gesetz und Recht; Verbrechen und Strafe; die Gerichte; der Prozeß um Geld und Gut, um Leben und Freiheit; die Verfassung; die Verwaltung; die bürgerliche Ordnung; Staat und Landwirtschaft; Staat und Gewerbe; Staat und Handel; die Finanzen; der Wehrstand. Ein kleiner Abschnitt aus der Volkswirtschaft möge die Art des Buches zeigen. „Es ist schon viel über den Reichtum nachgedacht und geschrieben worden. Gedankenlose Menschen meinen wohl, es wäre am schönsten, wenn es nur reiche Leute gäbe und gar keine arme. Aber wäre denn das überhaupt möglich? Wenn heute irgend eine gütige Fee jedem Menschen eine Million Mark unter das Kopfkissen legte, so wären morgen alle gleich arm. Ja, wie kommt denn das? wird vielleicht jemand ungläubig fragen. Das kommt davon, daß alles sofort entsprechend teurer würde. Der Bäcker würde für jede Semmel 100 Mark und der Metzger für jedes Pfund Fleisch ein paar tausend Mark verlangen, und die vielen Millionäre, die in der Stadt und im Lande umherliefen, würden es bezahlen. — Dann würde sich ein fleißiger Arbeiter vielleicht fünfzigtausend Mark im Tag verdienen; aber er müßte eben so viel ausgeben, um seinen einfachen Lebensunterhalt zu bestreiten." Wenn auch für junge Leute vielleicht die Abschnitte über das bürgerliche und Verfassungsrecht zunächst kein Interesse haben mögen, so ist dafür das Studium der ersten Hälfte bei unsern jetzigen socialen Zuständen so anregend und belehrend, daß man dem Buche eine weite Verbreitung wünschen muß.
R.  A. H.

Charakterbilder aus deutschen Gauen, Städten und Stätten, Land und Leute in Norddeutschland. Unter Mitwirkung kundiger Fachmänner herausgegeben von R. Dorenwell, Gymnasiallehrer, und A. Hummel, Seminarlehrer. Hannover 1885. Norddeutsche Verlagsanstalt (A. Goedel). Lieferung 1—12 à 60 Pfg. Lieferung 13 à 80 Pfg.

Dieses in 13 Lieferungen erschienene, gut ausgestattete Werk verfolgt den Zweck, die Heimatsliebe bei der reiferen Jugend zu wecken und zu pflegen, um dadurch das Volksgemüt zu erheben und zu begeistern zu patriotischem Streben und die Volkskraft zu stählen zu tüchtigem Handeln in Familie, Gemeinde und Staat. Die Herausgeber haben wohl daran gethan, bei der Bearbeitung der Geographie und Geschichte der verschiedenen Provinzen unseres norddeutschen Vaterlandes bewährte Hilfskräfte heranzuziehen und dadurch zu einem Werk zu gelangen, das im großen und ganzen auf Treue und Zuverlässigkeit Anspruch machen darf.

Die Verfasser des vorliegenden lesenswerten und nützlichen Buches haben sich die mustergültigen geographischen Schilderungen des bekannten Schriftstellers Kohl zum Muster genommen. Den gesamten verarbeiteten Stoff gliedern sie in zwei Abteilungen. Sie geben zuerst „Bilder aus den deutschen Küstenländern der Ost- und Nordsee" und sodann im zweiten Teile: „Bilder aus dem norddeutschen Binnenlande", wobei Niedersachsen, der Harz, die Provinz Sachsen, die Mark Brandenburg, die Provinz Schlesien und die Provinz Posen nach einander zur Behandlung kommen. — Die beschreibende und schildernde Darstellung ist mit poetischen, die betreffenden Mundarten in angemessener Weise berücksichtigenden Beigaben bereichert. Auch auf eine weiterführende „Litteratur" ist am Schluß jedes Abschnittes hingewiesen.

# Evangelisches Schulblatt.

November 1887.

## I. Abteilung. Abhandlungen.

### Zum Zeichenunterricht auf der Unterstufe.

Von J. Honte, Lehrer an der Präparanden-Anstalt in Orsoy a. Rh.

Was mich veranlaßt, die in der Überschrift genannte Angelegenheit hier zur Sprache zu bringen, ist die jüngst erlassene ministerielle „Anweisung für die Erteilung des Zeichenunterrichtes in den Volksschulen mit mehr als drei aufsteigenden Klassen" — soweit sie die Unterstufe betrifft. Dieser Teil lautet:

„Der Unterricht beginnt in allen drei- oder mehrklassigen Volksschulen im zweiten Schuljahre mit 2 wöchentlichen Halbstunden, welche auf verschiedene Tage zu legen sind, und wird vom dritten Schuljahre an mit zwei vollen Stunden wöchentlich fortgesetzt.

Für die Volksschule mit mehr als drei aufsteigenden Klassen gilt der folgende Unterrichtsplan:

Zweites und drittes Schuljahr: Netzzeichnen. Es soll die Hand geübt, das Auffassungsvermögen entwickelt, das Verständnis einfacher ebener Formen vermittelt und das Vorstellungsvermögen angeregt werden.

Die Schüler sollen dahin gebracht werden, solche ebene Gebilde, welche ungezwungen in ein quadratisches Liniennetz passen, richtig aufzufassen und darzustellen, teilweise gegebene symmetrische Figuren zu ergänzen, einfache Formen aus dem Gedächtnis zu zeichnen und gegebene Gebilde zu verändern.

Der Unterricht umfaßt das Zeichnen gerader Linien in verschiedenen Stellungen und aus denselben gebildeter Band- und Flechtmuster, Vielecke und Sterne, deren Bestandteile nach ihrer Lage und Form und nach ihren Größenverhältnissen besprochen werden.

Alle Formen werden vom Lehrer entweder an der Schultafel ganz oder teilweise entwickelt oder nur mündlich beschrieben.

Die Schüler zeichnen in Hefte mit blauem quadratischen Liniennetz von 1 cm Weite.

Der Unterricht ist als Klassenunterricht durchzuführen." —

Damit ist die Frage, ob das Netzzeichnen in den Unterricht der Unterstufe eingeführt werden soll oder nicht, vorläufig erledigt. Die getroffene Einrichtung wird ihre Fürsprecher und ihre Gegner haben, wie das bei der Einführung der Realien auch der Fall war. Die Gründe pro und contra sollen hier nicht erörtert werden. Ich will vielmehr an zwei Beispielen zeigen, wie ich mir den Unterricht im Netzzeichnen oder gebundenen Zeichen, sachlicher ausgedrückt, wie ich mir die schulgemäße Behandlung der textilen Formen zurecht gelegt habe. Ob diese Behandlung der Lehre von den formalen Stufen völlig entspricht, — ist mir noch nicht klar.

Schon vor 3 Jahren bot ich Herrn Dörpfeld Präparationen wie die nachfolgenden an; sie konnten in diesem Blatte nicht aufgenommen werden, weil die Herstellung der nötigen Tafeln mit Zeichnungen zu viele Kosten verursachte. Der Herausgeber bat mich nun, zu versuchen, ob es nicht möglich wäre, dem Leser anzugeben, in welcher Weise er sich die erforderlichen Zeichnungen selbst anfertigen könne. Das soll geschehen.

Der freundliche Leser bewaffne sich also mit einem karrierten Briefbogen und einem Bleistifte.

I. **Blatt.** Darauf sollen wagerechte Strichreihen von Senkrechten durch eine Stufe oder Quadratlänge gezeichnet werden.
1. Die Senkrechten haben alle eine Quadratlänge Abstand.
2. Der Abstand beträgt zwei Längen.
3. Je zwei und zwei Striche stehen zusammen, Abstand der Gruppen drei Längen.
4. Je drei Striche bilden eine Gruppe; derselbe Abstand.
5. Einzelne Striche wechseln mit zwei zusammengestellten Strichen ab.
6. Den 2., 4., 6. u. s. w.-Strich der ersten Reihe eine Stufe tiefer rücken.
7. Je 5 Striche in der Zusammenstellung wie die fünf Augen auf einem Würfel bilden eine Gruppe; Abstand der Gruppen eine Länge.
8. Je 10 Striche bilden eine Gruppe, welche 4 Längen tief ist. In der oberen Reihe 4 Striche; zwei Längen Abstand. In jeder Reihe darunter ein Strich weniger; treppenartig.
9. Diese Gruppe aus 10 Strichen soll auf 5 Stufen verteilt werden; in jeder Reihe 2 Striche; ihr Abstand abwechselnd 3 Längen und eine Länge. —

II. **Blatt.** Einfache Zugverzierungen aus Senkrechten und Wagerechten; ohne Durchschneidung.
1. 1 einfache Senkrechte; oben daran nach rechts 1 einfache Wagerechte; 1 Senkrechte nach unten; 1 Wagerechte nach rechts; 1 Senkrechte nach oben; ɩc.
2. Wie vorige Reihe, aber die Wagerechten doppelt so lang.
3. Wie Reihe 1, aber die Senkrechten doppelt so lang.
4. Wie Reihe 1, aber die Senkrechten und Wagrechten doppelt so lang.
5. 1 Senkrechte durch 2 Stufen; oben daran 1 Wagrechte nach rechts;

1 nach unten; 1 nach rechts; 1 nach unten; 1 nach rechts; 2 nach oben ꝛc.
6. 2 nach unten; unten daran 1 nach rechts; 1 nach oben; 1 nach rechts; 1 nach oben; 1 nach rechts; 2 nach unten; ꝛc.
7. Alle Striche haben eine Länge; also: 1 nach unten; nach rechts; nach unten; nach rechts; nach oben; nach rechts; nach oben; nach rechts; nach unten; ꝛc.
8. Wie vorige Reihe, aber noch eine Stufe tiefer; oben Quadrate einsetzen.
9. 2 nach unten; 1 nach rechts; unten, rechts, oben, rechts; 2 nach oben; 1 nach rechts; 2 nach unten; ꝛc. Oben Quadrate einsetzen.
10. 2 nach unten; 2 nach rechts; 1 nach oben, links, oben; 2 nach rechts; 2 nach unten; ꝛc.
11. 2 nach unten; oben daran 2 nach rechts; 1 nach unten, links, unten; 2 nach rechts; 2 nach oben; ꝛc.
12. 1 nach rechts, unten, links, unten; 3 nach rechts; 1 nach oben, links, oben; 3 nach rechts; 1 nach unten, links, unten; ꝛc.
13. 4 Reihen tiefer anfangen: 1 nach rechts, oben, links, oben, rechts, oben, rechts, unten, rechts, unten, links, unten; 3 nach rechts; 1 nach oben, links, oben, rechts, oben, rechts, unten, ꝛc.
14. Wie die vorige Reihe, wenn man das Blatt herum dreht.
15. 4 Reihen tiefer anfangen: 3 nach oben; 3 nach rechts; 2 nach unten; 1 nach links, oben links: 2 nach unten; 3 nach rechts; 3 nach oben; 3 nach rechts; ꝛc.
16. 4 Reihen tiefer anfangen: 2 nach rechts; 2 nach oben; 1 nach links, unten links; 2 nach oben; 5 nach rechts; 2 nach unten; 1 nach links, oben links; 2 nach unten; 5 nach rechts; 2 nach oben; ꝛc.

## I. Strichreihen von Senkrechten durch eine Stufe.

### I. Anschauen.

A. Ziel. — In den ersten Schulwochen, bei der Aufzählung der Kleider, fand es sich, daß ein Schüler einen Shawl hatte, der durch ein der ersten Reihe ähnliches Muster verziert war. Den Shawl zeige ich, weise auf die Verzierung hin und sage: Wir wollen diese Streifen zeichnen! — Ein Schüler muß die gestellte Aufgabe wiederholen; dies geschieht auch später.

B. Vorbereitung. — 1) Betrachtung der Verzierung.
Was ist das? — Das ist ein Shawl.
Was geschieht damit? — Er wird um den Hals gethan.
Weshalb? — Er hält warm.
Wovon ist der Shawl gemacht? — Der Shawl ist von Wolle gemacht.

Was seht ihr auf dem Shawle? — Auf dem Shawle sind Streifen.
Zählen: 1—2, 1—2 ꝛc.; 1—2—3—4, 1—2—3—4; u. a.
Was für eine Farbe haben diese (zeigen) Streifen? — Diese Streifen sind weiß.
Wie sind die andern (zeigen) gefärbt? — Die andern Streifen sind schwarz.
Was kommt zuerst? — Zuerst kommt ein weißer Streifen.
Was folgt dann? — Dann folgt ein schwarzer Streifen.
Aufzählen: Ein weißer Streifen, ein schwarzer Streifen, ein weißer Streifen, ein schwarzer Streifen ꝛc.
Weiße und schwarze Streifen wechseln ab. Sage das auch!
Warum hat man solche Streifen auf den Shawl gemacht? — Sie machen den Shawl schön.
Was seht ihr hier (zeigen)? — Das sind die Fransen.
Was thun die auch? — Die Fransen machen den Shawl auch schön.
Wie ist der Rand (zeigen)? — Der Rand des Shawles ist blau. — —
Jeder Satz wird erst von Einzelnen und dann im Chore gesprochen.

Wer will das alles allein sagen? — Wenn sich keiner dazu meldet, so mache ich es vor und fordere dann einen der besseren Schüler dazu auf. Er beschreibe dann das Muster gut oder schlecht — ich lobe ihn und mache ihm Mut. So werden allmählich die Kleinen beherzt, eine Sache im Zusammenhange vorzutragen.

Draußen zeige ich die Sprossen an einer wagerecht an der Hauswand hängenden Leiter. Sie bilden eine Reihe von ziemlich gleich großen Senkrechten. Benennung der Teile; Betasten: rund, aber nicht gleich dick; Zählen; Messen mit einem Stocke, ob alle Sprossen gleich groß sind.

Am Hause die senkrechten Stützen in jeder Balkenlage des Fachwerkes: Betrachten, Zählen und Messen.

(Ich behandle diesen ersten Teil der Lektion nicht während der eigentlichen Zeichenstunde, sondern benutze dazu eine von den Stunden, die für den Anschauungsunterricht bestimmt sind). —

2) Darstellung der Verzierung in materiellem Stoff.

Nun sollt ihr auch solche Reihen bilden.

Dazu benutzen wir weiße, rote und blaue Stäbchen, von denen jedes so lang ist wie eine Quadratseite des Liniennetzes auf der Schultafel. In der Mitte jedes Stäbchens befindet sich ein kleiner Stift, so daß ein leichter Druck genügt, das Stäbchen an der Tafel zu befestigen. Die Darstellung einer Reihe mache ich vor; dann können die Kleinen es auch.

Zum Zeichenunterricht auf der Unterstufe.

Es entstehen folgende Reihen*):

        a) durch eine Stufe mit einer Farbe.

1) w  w  w  w  w  2) r  r  r  r  r  3) b  b  b  b  b
4) ww — ww — ww — 5) rr — rr — rr — 6) bb — bb — bb —
7) www — www — 8) rrr — rrr — rrr 9) bbb — bbb — bbb

        b) durch eine Stufe mit zwei Farben.

1) w  r  w  r  w  2) w  b  w  b  w  3) r  b  r  b  r  b
4) wr — wr — wr 5) wb — wb — wb — 6) rb — rb — rb —
7) wr — rw — wr 8) wb — bw — wb — 9) rb — br — rb —
10) wrw — wrw — wrw 11) wbw — wbw — wbw 12) rbr — rbr — rbr
13) rwr — rwr — rwr 14) bwb — bwb — bwb 15) brb — brb — brb

        c) durch zwei Stufen; 1—3 eine Farbe; 4—9 zwei Farben.

```
{ 1) w   w   w     2) r   r   r     3) b   b   b
{    w   w   w        r   r   r        b   b   b
{ 4) w   w   w     5) w   w   w     6) r   r   r
{    r   r   r        b   b   b        b   b   b
{ 7) w   r   w     8) w   b   w   b  9) r   b   r   b
{    w   r   w        w   b   w        r   b   r   b
```

        d) durch drei Stufen mit zwei Farben.

```
     { w   w          { r   r          { b   b
1) }    r          2) }    w         3) }   w
     { w   w          { r   r          { b   b

     { w   w          { r   r          { b   b
4) }    b          5) }    b         6) }   r
     { w   w          { r   r          { b   b
```

Bei der 1., 4. und 7. Reihe, und so auch nachher, mache ich den Anfang und frage dann: Wer kann es weiter machen? Wer will eine Reihe mit roten, mit blauen Stäben bilden? Es tritt ein Schüler nach dem andern vor und bildet eine Reihe.

Ist die 1. Reihe fertig, so sprechen wir im Chore: Das ist ein weißes Stäbchen ꝛc. bis zum Ende. Dabei wird das Schema der Reihe in der angedeuteten Weise vom Lehrer auf die andere Wandtafel geschrieben und dann gelesen. —

Es ist nämlich nicht erforderlich, alle vorstehenden Reihen auszuführen.

---

*) w = weiß; r = rot; b = blau; w = ein einzelner weißer Strich; ww = zwei Senkrechte (die senkrechten Seiten des Quadrates); w—w = es ist eine Senkrechte übersprungen.

In den Gruppen c und d ist der Trennungsstrich (—) ausgelassen.

Ich wollte damit nur ad oculos zeigen, daß dem Lehrer eine reiche Auswahl zu Gebote steht, selbst wenn er bloß einfarbige Stäbchen besitzt. Zu diesen Operationen, die doch gewiß ebenso bildend und anregend sind, wie das Zeichnen der Striche, verwende man gerade eine Stunde; dabei beschränke man sich auf die beiden ersten Gruppen. Auf der Stufe der Anwendung sollen Reihungen aus den folgenden Gruppen dargestellt werden.

C. **Darbietung.** — **Nun wollen wir solche Reihen ins Heft und auf die Tafel zeichnen!**

Ich hänge eine für meine Schule ausreichende selbstgefertigte Tafel (27×45 cm) hin; darauf sind die Reihen in farbiger Ausführung dargestellt. Nur Reihe 1 ist sichtbar, die andern sind durch ein Blatt Papier verdeckt. Erst wird diese Form, die das Grundmuster bildet, beschrieben; dann wird über die Art und Weise der Anlage gesprochen; danach folgt die zeichnerische Ausführung und zwar im Takte.

1. **Beschreibung.** — Durch Frage und Antwort ergiebt sich Folgendes: Das sind viele rote Striche. Sie stehen auf den schwarzen Linien. Auf jeder Linie steht ein Strich. Jeder Strich fängt oben in einer Ecke an und hört unten in einer Ecke auf. Sie gehen durch eine Stufe. Es sind Senkrechte.

Die Senkrechten stehen neben einander. Sie sind eine Länge von einander entfernt. Sie bilden eine Reihe. Das ist eine Strichreihe. —

Vorstehendes wird satzweise von Einzelnen und im Chore gesprochen.

2. **Anlage.** — Wenn wir diese Reihe zeichnen, dann machen wir das so: Vorzeichnen! Die Schüler sehen hin. Ist die Vorzeichnung fertig, so zeigt der Lehrer mit dem Zeigestab wie mit einem Stifte darüber hin.

Die Haltung des Körpers, Griffels und Bleistiftes, die Lage der Tafel und des Heftes wird nochmals gezeigt. Diese Regierungsmaßregeln sind zusammengefaßt in dem Befehl: Fertig zum Zeichnen!

Zwei Regeln werden an dieser Stelle immer wiederholt auf die Frage: Wie müssen wir zeichnen?

**Wir müssen den Stift lang fassen!**

**Wir müssen dünne Striche machen!**

3. **Ausführung.** — Bei diesen ersten Übungen gehen wir langsam vor.

Zeigt die Stelle, wo ihr anfangen müßt! — Nachsehen.

Den ersten Strich zeichnen: Ansetzen! Zieht! — — — Fertig! — Nachsehen.

Noch drei Striche zeichnen: Eine Länge nach rechts — ansetzen! Zieht! — — — Fertig! Eine Länge nach rechts — ansetzen! Zieht! — — — Fertig! 2c. Schon während des Zeichnens erfolgt das Nachsehen der Hefte.

Die Reihe endigen. — Die Schüler geben jetzt die Befehle.

Korrektur. Sehr mißratene Striche werden vom Lehrer wegradiert und vom Schüler verbessert, entweder gleich, wenn noch Zeit übrig ist, oder in der nächsten Pause.

## II. Denken.

**A. Vergleichung.** — 1. Genetische Entwicklung neuer Reihen.

Hierzu wird die Schultafel benutzt.

Ist es nötig, daß auf jede rote Linie ein Strich gezeichnet wird? — Nein, wir können immer eine Linie überschlagen! — Dann giebt es eine solche Reihe: Der Lehrer zeichnet Reihe 2 vor und fragt: Wie weit stehen die Striche von einander entfernt? Wie lauten die Befehle fürs Zeichnen dieser Reihe? — Zeichnen! Die Schüler geben die Befehle; auch bei den folgenden Reihen.

Wir können die Striche noch anders reihen; wie? — Zwei rote Linien überschlagen! — Vorzeichnen. Ist das schön? — Nein, die Striche stehen so weit auseinander. Es sieht aus, als gehörten sie nicht zusammen! — Diese Reihe wollen wir nicht zeichnen.

Wer weiß etwas anderes? — Zwei und zwei Striche zusammen stellen. — Reihe 3 vorzeichnen. Wie stehen die Striche dieser Reihe von einander? Erst eine Länge, dann zwei Längen! — Wie lauten die Befehle? A! B! — — — F! Eine Länge nach rechts ansetzen! B! — — — F! Zwei Längen nach rechts ansetzen! B! — — F! :c. — Zeichnen!

Man kann noch mehr Striche zusammenstellen. — Je drei und drei! Reihe 4. Die Entfernungen sind abwechselnd eine Länge und zwei Längen. Die Befehle lauten zweimal: Eine Länge :c. und dann: Zwei Längen nach rechts ansetzen! — Zeichnen!

Jetzt wollen wir einen Strich und zwei Striche abwechseln lassen. Ihr sollt sagen, was ich zeichnen muß. Zuerst: Einen Strich! Dann: Zwei Längen nach rechts zwei Striche! :c. Reihe 5. Sagt jetzt die Befehle! — Zeichnen!

(Die Behandlung dieser vier Reihen nimmt nach meiner Erfahrung eine Stunde in Anspruch. Nach einigen Wochen, wenn die Kinder etwas freier und fertiger im Ausdruck und gewandter im Darstellen geworden sind, kann man in derselben Zeit das doppelte Stoffquantum behandeln.)

Wir wollen die erste Reihe nochmal verändern. Abzählen der Reihe: 1, 2, 1, 2, :c. Den zweiten Strich bezeichnen wir immer mit einem kleinen Querstrich. Diese Striche wollen wir eine Stufe herunterrücken. Dann giebt es eine solche Reihe. Reihe 6: Wie viel Reihen sind dies? Welcher Reihe gleichen sie? Wie stehen die Striche aus einander? Wie wird das gezeichnet? Wie lauten die Befehle? — Zeichnen!

Von Reihe 7 wird das erste Glied, (das erste Häuschen sagten die Kleinen) vorgezeichnet und besprochen: Oben und unten stehen zwei Striche. Sie sind zwei Längen von einander entfernt. In der Mitte steht ein Strich ganz allein. — Nun zeichne ich ein Häuschen daneben: Zwei oben, 1—2; zwei unten, 1—2; einer in die Mitte; fertig! So sollt ihr auch sagen. Befehle? — Zeichnen! — Korrektur.

I. Abteilung. Abhandlungen.

2. **Vergleichung der Reihen.**
Diese Reihen stehen alle auf der von mir gefertigten Vorlage. Die betreffenden Formen waren bisher verdeckt; ich nehme jetzt das Blatt davor weg. Jede Reihe wird bei der nun stattfindenden Besprechung von mir überfahren. Die Schüler zeigen mit ihrem Bleistifte ebenfalls darüber hin. Das Resultat der Vergleichung bilden folgende Sätze:

Die 1. und 2. Reihe bestehen aus **einzelnen** Strichen.
Bei der 1. Reihe stehen die Striche **eine Länge** von einander.
Bei der 2. Reihe beträgt die Entfernung **zwei Längen.** —
In der 3. Reihe sind immer **zwei** Striche zusammengestellt.
In der 4. Reihe stehen jedesmal **drei** Striche beisammen.
In der 5. Reihe wechseln **ein Strich und zwei Striche** ab. —
Die 6. und 7. Reihe sind aus **einfachen** Reihen zusammengesetzt.
Die 6. Reihe besteht aus **zwei gleichen** Reihen.
Die 7. Reihe besteht aus **drei** Reihen.
Die oberste und unterste sind sich gleich. —

Vorstehende Sätze werden frageweise entwickelt; jeder Satz wird erst von einzelnen und danach im Chore gesprochen.

B. **Zusammenfassung.** — An den vorhergehenden Abschnitt schließen sich ohne Unterbrechung folgende Fragen an:

Was haben wir gezeichnet? — **Wir haben Strichreihen aus einfachen Senkrechten gezeichnet.**\*)

Wozu dienen diese Reihen? — **Diese Reihen dienen zur Verzierung.**

### III. Anwenden.

A. **Wiederholung.** — Es wird wieder die Tafel mit den Reihen von 1—7 hingehängt und noch einmal die Hauptsache kurz angegeben, wie es in den beiden letzten Abschnitten geschehen ist.

Dann die Vorlagen weg — und jeder muß die erste Reihe auswendig zeichnen, jeder still für sich, so rasch er kann und ohne Hülfe. Wer früher fertig ist, darf eine beliebig zu wählende neue Reihe auswendig zeichnen; wer aber seine Zeichnung nicht schön gemacht hat, der muß sie noch einmal machen. Bei dieser Übung, die ungefähr 10—15 Minuten in Anspruch nimmt, gebrauchen alle Kinder die Schiefertafel.

B. **Anwendung.** — 1. Es werden nun allerlei Gegenstände, welche durch solche Reihen verziert sind, vorgezeigt und besprochen; z. B. Gürtel, Hosenträger, Bänder, Shawls, Vordüren.

2. Eine fortwährende Aufgabe dieser Stufe ist: Seht euch um nach Dingen,

---

\*) Die in der Überschrift gebrauchte Bezeichnung wenden wir später an.

welche solche Verzierungen an sich tragen! Der Lehrer muß natürlich selbst für diese Dinge offene Augen haben. Die Kinder müssen das Gesehene mitbringen oder darüber berichten. Sie thun es gern.

3. Ferner werden mit Stäbchen und in Strichen mancherlei neue Kombinationen hergestellt und besonders solche, wie sie eingangs in den Gruppen c und d erwähnt sind. Es soll dadurch die Nachahmung geweckt werden. Von diesen neu gebildeten Reihen werden gar keine oder doch nur wenige ins Heft gezeichnet, z. B. Reihe 8 und 9. Das Zeichnen ist besonders dann nötig, wenn die vorhin gezeichneten Striche verhältnismäßig nicht schön genug geworden sind.

4. Wir versuchen auch, solche Reihen freihändig zu zeichnen. Ich mache die Sache an der Schultafel vor. Mit dem Meterlineal ziehe ich zwei wagerechte Parallelen, eine Hand breit von einander; bezeichne oben und unten die Punkte und ziehe die Verbindungslinien. Nun ihr: Zieht (mit dem Lineal) die obere Linie! die untere! Setzt die Punkte! Zeichnet die Striche! — Diese Übung, an welcher die Kinder großes Vergnügen finden, wird 2-3 mal wiederholt. Die so hergestellten Reihen sind anfangs noch schlecht. Das macht aber nichts; es wird nach und nach immer besser.

5. Es giebt auch noch andere Reihen; z. B. eine Reihe Kinder: kleine und große, Mädchen und Knaben können auf dem Spielplatze in verschiedener Reihung marschieren, aus einer Art in die andere übergehen. —

Fensterreihe; Häuserreihe; Baumreihe; Perlenreihe; Blattreihe; u. a. m. Jede Art ist zu zeigen.

6. Der zweite Jahrgang, der an dieser Behandlung teilnimmt, schreibt ev. in einer Schreibstunde einen geeigneten Abschnitt dieses Stoffes von der Schultafel ab.

---

## II. Einfache Zugverzierungen aus Senkrechten und Wagerechten, ohne Durchschneidung.

### I. Anschauen.

A. Ziel. Ich zeige den Umschlag des Zeichenheftes, darauf Reihe 1; eine Kaffeedecke mit Reihe 10 und ein Handtuch mit Reihe 12; weise auf die Mäander hin und sage: Wir wollen diese Zeichnungen betrachten.

B. Vorbereitung: 1. Betrachtung der Verzierungen.

Der Umschlag. — Das ist ein Zeichenheft. Das Heft ist von Papier gemacht. Das ist der Umschlag des Zeichenheftes. Der Umschlag schützt die weißen Blätter. Er hat eine blaue Farbe. Auf dem Umschlage stehen Buchstaben. Um die Buchstaben ist ein Rand. Derselbe besteht aus vielen Strichen. Es sind Senkrechte und Wagerechte.

Dieser Rand heißt Zug. Der Zug geht um die Buchstaben herum. Er rahmt dieselben ein. Er gleicht dem Rahmen des Bildes. Der Zug macht den Umschlag schön. Er dient zur Verzierung. Ich darf ihn nicht beschmutzen. — Die Decke. — Das ist eine Tischdecke. Die Tischdecke ist von Zeug gemacht. Sie wird auf den Tisch gelegt. (Mit einem Bindfaden Länge und Breite messen und das Maß auf die Schultafel übertragen. Wieviel mal kann ich den Rücken des Heftes der Länge, der Breite nach legen?) Die Decke hat eine rote Farbe. (Zählen der Seiten und Ecken). In der Mitte sind viele Häuschen (Achtecke). (Zählen der Reihen in Länge und Breite; zählen der Seiten und Ecken und Angabe des Namens: Achtecke.) Die Achtecke sind gleich groß.

Um die Achtecke herum geht ein weißer Rand. Er gleicht dem Rahmen des Bildes. Der Rand ist oben und unten, links und rechts. Er besteht aus vielen Strichen. (Zeigen, wo große, wo kleine Striche sind.)

Nun Senkrechte und Wagerechte zeigen.

Die Aufeinanderfolge: Eine große Senkrechte — eine große Wagerechte unten — eine kleine Senkrechte unten — eine kleine Wagerechte in der Mitte — eine kleine Senkrechte oben — eine große Wagerechte oben — eine große Senkrechte 2c.

So wird eine ganze wagerechte Kante durchgesprochen; jeder Schüler muß einen Strich benennen.

Das Handtuch. — Was ist das? Wovon ist es gemacht? Was thut man damit? Länge und Breite messen und das Maß übertragen; die Länge mit der Breite messen! Die Länge ist bald dreimal so groß als die Breite! Zeige die Verzierung! Zeige die Senkrechten, die Wagerechten, die Reihenfolge. —

(Einer von diesen Abschnitten kann während der Schreibstunde wiederholt, vom Lehrer an die Wandtafel geschrieben und von den Kindern des zweiten Jahrganges abgeschrieben werden, nachdem die Schreibung der Wörter besprochen ist. So auch später.)

2. Darstellung in materiellem Stoff.

Ihr sollt auch solche Zeichnungen machen.

Wir benutzen hierzu die von Menard beschriebene Knopftafel; das Netz auf derselben ist mit entsprechend gereihten Knöpfen (Sattlernägeln) hergestellt; um diese Knöpfe werden farbige Schnüre gewunden, so daß mäandrische und maurische Muster entstehen.

Die Züge von 1—7 und von 10—16 lassen sich so anschaulich darstellen. Von den schwereren Mustern behandele ich in dieser Stunde aber nur 12 und 13.

Bei den leichteren Formen mache ich den Anfang vor und fordere dann einen Schüler auf, die Reihe zu vollenden. Bei jedem folgenden Muster tritt natürlich ein anderer Schüler an die Tafel. Von den Zügen 12 und 13 stelle ich jeden einmal oder zweimal ganz dar, löse ihn auf und lasse ihn dann von einem der besseren Schüler wieder konstruieren. Die übrigen Schüler geben acht und zeigen die Fehler an, aber erst wenn der Zeichner fertig ist und den Fehler selbst nicht finden kann. — —

Das geschieht in der Schule; zur häuslichen Beschäftigung dient der **Übungs-streifen**, mit dessen Behandlung ich die Schüler am Schlusse der Stunde bekannt mache.

Ich habe vorher weiße, rote und blaue Bogen Papier in Streifen von 1 cm Breite geschnitten und aneinander geklebt. Auf die linke Seite der Schultafel hefte ich nun mit einem Reißnagel das eine Ende des Streifens fest und lege den freien Teil nach oben, rechts, unten, rechts, oben, ꝛc. so oft als es geht. Dasselbe geschieht mit den übrigen Streifen. Die Endpunkte werden ebenfalls mit Reißnägeln befestigt. So entstehen die Züge 1, 3, 5, 7, 11 und 12.

Die Schüler des zweiten Jahrganges besitzen schon einen solchen aus Zeitungspapier gefertigten Streifen von 1 m Länge. Den Kleinen schenke ich welche, da ihre Anfertigung wenig Mühe kostet. **Zu hause müssen sich nun die Kinder üben, den ersten Zug und andere zu konstruieren.** Eine schöne Beschäftigung; Eltern und ältere Geschwister gehen dabei gern zur Hand. Sie sorgen auch dafür, daß ihr Kleines einen eigenen, farbigen Übungsstreifen bekommt, mit dem es mancherlei Formen aus dieser Gruppe und aus den folgenden Gruppen darstellt. Als Übungsfeld dienen der Tisch und die Bank; Phantasie und Gedächtnis bilden das Musterbuch.

In der nächsten Stunde lasse ich alle gleichzeitig auf dem Schultische eine Probe machen; zu weiterer Hantierung in der Schule eignet sich das Material nicht, wohl aber fürs Haus.

C. **Darbietung.** — Hinhängen der Farbentafel; nur der Zug 1 ist zu sehen. Wir wollen diesen Zug ins Heft zeichnen.

1. **Beschreibung.** — Das ist ein blaßgelber Streifen. Darauf steht ein dunkelgelber Zug. Der Zug besteht aus Senkrechten und Wagerechten. Alle Striche sind gleich groß. Die erste Senkrechte geht nach oben oder aufwärts. Die zweite Senkrechte geht nach unten oder abwärts; ꝛc. Die Wagerechten gehen alle nach rechts. Sie liegen oben und unten. Die erste Wagerechte liegt oben. Die zweite Wagerechte liegt unten; ꝛc.

(Nun durch Einteilung des Zuges die Gliederung zeigen.) Die vier ersten Striche kommen immer wieder. Sie bilden ein Glied. Die Glieder sind aneinander gereiht. Der Zug besteht aus 10 Gliedern.

2) **Anlage.** — Vorzeichnen: Was muß ich zuerst zeichnen? Eine Senkrechte durch eine Stufe. Was dann? Eine Wagerechte von einer Länge. Wohin? Oben. Was folgt nun? Eine Senkrechte durch eine Stufe nach unten; ꝛc. — **Befehle:** Ansetzen! Eine Senkrechte durch eine Stufe nach oben! Zieht! — — — Fertig! Oben ansetzen! Eine Wagerechte von einer Länge nach rechts! Zieht! — — — Fertig! ꝛc. — **Regel:** Stift lang! Striche dünn!

3) **Ausführung.** — Fertig zum Zeichnen! Jetzt erfolgt die Verteilung der Hefte und Bleistifte. — Fertig!
Das erste Glied zeichnen. Der Lehrer giebt die Befehle.
Noch drei Glieder zeichnen. Die Schüler geben die Befehle.
Den Zug endigen.
Korrektur! Schlechte Striche werden, wie früher angegeben, verbessert.

Zu dieser Behandlung ist ungefähr eine halbe Stunde erforderlich; es können also noch neue Formen entwickelt und gezeichnet werden.

## II. Denken.

A. **Vergleichung:** 1. Genetische Entwicklung neuer Formen.
Wie können wir den Zug verändern? Die Wagerechte unten hin setzen. Zeichnen! Ist der Zug anders? Ja. Wenn ich aber die beiden ersten Striche wegwische (geschieht)? Nein. Diesen Zug zeichnen wir nicht ins Heft.

Was können wir nun zeichnen? Die Wagerechte zwei Längen groß machen. Das sollst du thun! Ich ermuntere einen Kleinen, hervorzutreten und den Zug 2 darzustellen. Wie weit stehen die Senkrechten von einander? Wie lauten die Befehle? Ansetzen! Eine Senkrechte eine Stufe aufwärts! Zieht! — — Fertig! Ansetzen! Eine Wagerechte zwei Längen nach rechts! Zieht! ꝛc. Zeichnen! Die Schüler geben die Befehle; auch bei den folgenden Zügen.

Wer weiß etwas anderes? Die Senkrechte durch zwei Stufen zeichnen. Ein Schüler zeichnet den Zug 3 vor. Wie lauten die Befehle? Ansetzen! Eine Senkrechte durch zwei Stufen abwärts! Zieht! ꝛc. Zeichnen!

Welche Striche haben wir bei dem 2. Zuge verändert? Welche bei dem 3.? Jetzt wollen wir beide verändern. Was muß ich zeichnen? Erst eine Senkrechte durch zwei Stufen. Daran? Oben eine Wagerechte von zwei Längen. Zug 4. Welchem Zuge gleicht dieser? Dem 1. Zuge. Warum? Weil alle Striche gleich groß sind. Welcher Zug hat so große Senkrechte? Welcher hat so große Wagerechte? Wie lauten die Befehle? Zeichnen!

Zug 5. Die ersten 6 Striche zeichne ich vor. Wie geht es nun weiter? Der Reihe nach giebt ein Schüler nach dem andern einen Strich an, bis der Zug fertig ist. Was für Striche sind an diesem Zuge? Wie weit stehen die großen Senkrechten von einander? Wieviel kleine Senkrechte stehen dazwischen? Wo steht die erste? die zweite? Wieviel Wagerechte liegen zwischen den großen Senkrechten? Wo liegt die erste? die zweite? die dritte?

Wir wollen jetzt die erste Wagerechte unten hin zeichnen. Wie geht es nun weiter? Die Schüler geben die Striche an. Es entsteht Zug 6. Dort geht die Treppe herunter, hier geht sie herauf.

Den Zug 5 habe ich in zwei Exemplaren aus dickem Papier gemacht und in den Winkeln geleimt, so daß sie sich bequem zeigen lassen, nicht auseinander

Zum Zeichenunterricht auf der Unterstufe.

fallen. Beide lege ich hin. Die Schüler erkennen, daß beide ganz gleich sind. Nun drehe ich den zweiten so um, daß das, was eben unten war, nun oben ist. So sieht der Zug 6 aus. Er ist also die Umkehrung von Zug 5. — Freies Zeichnen; jeder kann wählen 5 oder 6.

Von den beiden vorigen Zügen sind die ersten Glieder (je 6 Striche) vorgezeichnet. Von jenem löschen wir die zwei ersten Striche, von diesem Gliede bloß den ersten Strich aus. Das ist übrig geblieben — das wollen wir zusammen stellen. Wie muß ich zeichnen? Die Schüler geben die Striche an: Zug 7.

Einen aus starkem Papier gefertigten Zug 1, der aber an den Winkeln rechts unten nicht geleimt ist, befestige ich auf die Schultafel. Dann lege ich das 2., 4., 6., 8., 10. Glied herum nach unten. Nun ist Zug 7 entstanden. Freies Zeichnen!

Zug 8. Die dritte Senkrechte des vorigen Zuges können wir abwärts zeichnen. Auf diese Bemerkung hin zeichnet ein Schüler den neuen Zug vor. Dann sage ich, daß wir die leeren Plätze durch Gevierte ausfüllen können.

Von dem Zuge 9 zeichne ich selbst das erste Glied vor; ein Schüler vollendet den Zug. — Die letzte Form wird gezeichnet: Zeichnet so weit das erste Glied (zeigen)! — — — Noch einmal! — — — Noch einmal! ꝛc.

Ich zeige nun, wie man die drei letzten Formen in Papier ausschneidet. Ein Streifen von 5 cm Breite und 40—50 cm Länge wird so zusammen gefaltet, daß die sich deckenden Flächen Rechtecke von 4, 6 und 4 cm Breite bilden. Dann werden die linke, rechte und untere Seite mit der Schere so beschnitten, daß der Rand der Fläche dem ersten Gliede des 7., 8. oder 9. Zuges gleicht. Um die einzeln stehenden Quadrate zu erhalten, faltet man die beschnittene Fläche noch einmal von links nach rechts und schneidet an der Falte 3 cm von unten ein halbes Quadrat aus. Der obere Rand darf aber nicht beschnitten werden.

Faltet man nun alles auseinander, so hat man eine in Schränken, an Eckbrettern, Bücherbrettern u. a. oft verwendete herabhängende Verzierung.

Zug 10. Das erste Glied wird vorgezeichnet und besprochen. Das Neue, was hier auftritt, besteht darin, daß die mittlere Wagerechte sich von rechts nach links bewegt. Darauf müssen die Schüler deshalb ganz besonders aufmerksam gemacht werden. Nun geben sie an, wie der Zug weiter gezeichnet werden muß.

Der Zug 11 ist die Umkehrung von 10. Das wird den Kindern in derselben Weise klar gemacht, wie es vorhin bei 5 und 6 geschehen ist. — Warum ist dieser Zug die Umkehrung von dem? 1. Stellung der kleinen Senkrechten; 2. Lage der großen Wagerechten. Was ist hier gerade so wie bei dem vorigen Zuge? 1. Stellung der großen Senkrechten. 2. Lage und Richtung der kleinen Wagerechten. 3. Richtung der großen Wagerechten. — (Die Züge 10 und 11 werden nicht gezeichnet.)

Das erste Glied von 10 soll mit dem von 11 so zusammen gestellt werden,

daß der Zug 12 gebaut werden kann. Er kann genauer beschrieben werden: 1. die Senkrechten; 2. die großen Wagerechten; 3. die kleinen Wagerechten. — Die Befehle angeben. Zeichnen im Takte.
2. Vergleichung der Züge.
Die Farbentafel hinhängen.
Woraus bestehen alle diese Züge?
Bei welchen Zügen sind alle Striche gleich groß?
Durch wieviele Stufen gehen die Senkrechten?
Durch wieviele Längen gehen die Wagerechten?
Bei welchen Zügen sind große und kleine Striche?
Was ist bei den Zügen 5 und 10 gleich? ungleich?
„ „ „ „ „ 6 „ 11 „ ? „ ?
„ „ „ „ „ 7 „ 12 „ ? „ ?
Welche Züge haben noch eine besondere Verzierung?
B. Zusammenfassung.
Wir haben Züge aus Senkrechten und Wagerechten gezeichnet.
Sie dienen zur Verzierung.
Man nennt sie Zugverzierungen.
(Die genauere Bezeichnung erfolgt erst später, wenn die Züge mit Durchschneidung bekannt sind.)

III. Anwenden.

A. Wiederholung. — Die Zugverzierungen 3, 6 und 9 werden genauer beschrieben; dann wird noch einmal der zweitvorige Abschnitt wiederholt; danach Auswendigzeichnen des Zuges 1 und anderer Züge.

B. Anwendung. — 1. Verschiedene Gegenstände, auf denen gleiche oder ähnliche Zugverzierungen stehen, werden vorgeführt und besprochen. An angewandten Verzierungsformen dieser Art ist kein Mangel, denn in jedem Handwerke, auf jedem Material werden solche Züge dargestellt. — Diese Zierformen haben den Zweck, eine Fläche abzuschließen. Darum richten sie sich nach der Gestalt der Fläche. Sie bilden einen Rahmen, der die Form eines Quadrates, eines Rechtecks, eines Kreises, einer Ellipse und andere Form annehmen kann.

Das brauchen die Schüler nicht dem Wortlaute nach zu wissen; aber die Sache sollen sie sehen; ihre Augen sollen für diese Formen geöffnet werden.

2. Aus dem 12. Zuge werden die Züge 13 und 14 entwickelt.

Erst unterbrechen wir die oberen Wagerechten; dann giebt es stehende Kreuze. Dasselbe geschieht dann mit den unteren Wagerechten, so entstehen hängende Kreuze. Durch Umkehren der Tafel wird die stehende Reihe zur hängenden und die hängende Reihe zur stehenden. Ebenso läßt sich die Umkehrung durch eine aus Streifen konstruierte Kreuzreihe veranschaulichen. Wenn wir beide Wagerechten verändern, dann bilden wir ineinander geschobene Kreuze.

Jeder Schüler darf sich von den Formen 13 und 14 eine wählen und ins Heft zeichnen. Dieses Zeichnen geschieht frei, nicht nach Befehl im Takte.

3. Es werden noch andere Zierformen dieser Gruppe vorgeführt und nachgefahren; z. B. Zug 15 mit seiner Umkehrung und seinen Variationen. Der Lehrer zeichnet ein Glied vor und dann geben die Schüler an, wie weiter gezeichnet werden muß.

4. Die besseren Schüler versuchen nun, die Formen von 13—16 mit Schnüren an der Knopftafel darzustellen.

Unterdessen beschäftigen sich die schwächeren Schüler mit den leichteren Zügen 1—7. Eine Gruppe ist bestrebt, eine Anzahl Würfel (2 cm Kante) in obiger Anordnung zu reihen. Als Unterlage dient die Tischplatte. Eine andere Gruppe versucht dasselbe mit den vorerwähnten Stäbchen.

5. Den Beschluß bilden die Versuche im freihändigen Zeichnen — wenn man sie so nennen darf. Hierbei beschränken wir uns auf die Züge 1—3. Zwischen zwei Parallelen steht der Zug so, daß die Wagerechten jene nicht berühren. Erst vorzeichnen; dann:

Zieht die obere und untere Wagerechte!

Setzt die Punkte!

Macht den Zug fertig!

6. Hier ist dann noch zu erwähnen, daß wir auf dem Spielplatze zu unser aller Ergötzen den Mäanderschritt und den Mäanderlauf geübt haben und noch üben. Die Eckpunkte haben wir vorher abgemessen und mit grünen Zweigen bezeichnet. Beim Gehen und Laufen kann die Schülerreihe durch Anfassen geschlossen und durch Loslassen geöffnet werden. Je größer die Reihe ist, desto schöner die Darstellung. Das Spiel wird immer schwerer, je zusammengesetzter der Mäander ist, der dargestellt werden soll. Der Name „Mäander" wird bei der Erlernung des Spieles mitgeteilt, aber nicht inbetreff seiner Abstammung erklärt.

---

## Die Erzählung und ihre Bedeutung im Unterricht.
### Von Lehrer Hermann in Barmen.

Jetzt, da in vielen Lehrerkonferenzen das Wesen des darstellenden Unterrichts theoretisch und praktisch festzustellen versucht wird, ist auch ein näheres Eingehen auf die Darbietungsform im Gesinnungsunterricht, welche zumeist in der darstellenden Unterrichtsmethode gepflegt wird, nämlich auf die Erzählung, wünschenswert. Die Erzählung ist so wichtig im Unterricht, daß Herbart, nachdem er in warmen und begeisterten Worten die Eigenschaften einer guten Erzählung, wie sie Kindern dargeboten werden soll, festgestellt hat (Allgem. Pädagogik, Einleitung, S. 14 und 15; Ausgabe von Kehrbach bei Veit & Komp.), fortfährt: „Ich weiß nur eine einzige Gegend, wo die beschriebene Erzählung gesucht werden könnte, — die klassische Kinderzeit der Griechen. Und ich finde zuerst — die Odyssee. Der Odyssee verdanke ich eine der angenehmsten Erfahrungen meines Lebens und größtenteils meine Liebe zur Erziehung." Aber auch jeder Lehrer wird erfahren haben, daß seine Ankündigung in der Schule, eine Geschichte oder ein Märchen zu erzählen, von den Kindern mit lebhafter Freude begrüßt wird. Die Anspannung der Aufmerksamkeit und der Erwartung zeigt sich in dem Aufhorchen und Aufrichten der Kinder, in dem Aufleuchten der Augen, selbst dann, wenn der Lehrer im sonstigen Unterricht auch interessant verfährt.

Die Erzählung muß also etwas besonders Anziehendes für die Kinder haben. Warum?

### 1. Die Erzählung nach psychologischer Beziehung.

Angenommen, vor den Kindern befände sich ein prächtiges Bild des Pferdes; sie beschreiben dasselbe so, daß ein Körperteil nach dem andern zu seinem Rechte kommt. Wird nun nicht ein elendes hölzernes Pferdegestell, welches durch irgend eine Vorrichtung imstande ist, sich zu bewegen, die Aufmerksamkeit in viel höherem Grade auf sich ziehen? Dasselbe findet an einem andern Beispiele statt: Das Kind läßt die schönste Puppe liegen, wenn es eine andere sieht (und sei diese auch minder schön), welche die Augen oder den Mund bewegen kann. Ferner: Das Kind beschäftigt sich lieber mit einem Hampelmann, als mit einem Bild.

Wir sehen: In dem einen Falle hat es das Kind nur mit der Wahrnehmung und der Vorstellung zu thun, im andern Falle jedoch außer dieser mit der Veränderung, dem Wechsel der Wahrnehmungen und Vorstellungen, mit Thätigkeiten, mit dem Geschehen. Diese Veränderung, die eine neue Vorstellung aus Teilen der alten entstehen und darum schon nach dem Grunde der Veränderung fragen läßt, ist also streng genommen nichts, als das Übergehen von einer Vorstellung zur andern, die ursächlich miteinander verbunden sind. Aber schon der bloße Wechsel von Vorstellungen, die nicht in einem ursächlichen Abhängigkeitsverhältnisse zu einander stehen, ist eine psychologische Notwendigkeit, die bei der Beschreibung ebensowohl stattfindet wie bei der Erzählung. Wenn nämlich die einzelnen Körperteile eines Tieres beschrieben werden, dann seine Lebensthätigkeiten, so ist gewiß in jedem Stadium ein Vorstellungswechsel vorhanden. Dieser Wechsel bezieht sich bei der Beschreibung, solange das einzelne Beschreibungsobjekt von aller Thätigkeit losgelöst vor Augen steht, auf das Nebeneinander im Raum. Soweit beschäftigt sich die Beschreibung gewissermaßen mit toten Dingen, und eine solche Beschreibung, die es lediglich mit dem Nebeneinander im Raum zu thun hat (wie der Beschreibung eines Tisches, eines Hauses, eines Naturkörpers), sei durch die Bezeichnung Beschreibung 1. Grads gekennzeichnet.

Das Verhältnis der Vorstellungen zu einander ist aber ein wesentlich anderes,

Die Erzählung und ihre Bedeutung im Unterricht. 417

wenn die Lebensthätigkeit eines Tieres, das Wachstum einer Pflanze, das allmähliche Aufgehen der Sonne und ähnliche Dinge vor die Augen geführt werden. Hier tritt ein Wechsel von Vorstellungen auf, der es mit dem zeitlichen Nacheinander zu thun hat. Sind solche Darstellungen mit idealen oder ästhetischen Zwecken verknüpft, so werden sie gewöhnlich Schilderung genannt. Wenn aber bekannte Lehrbücher von der erzählenden Prosa sagen, sie hätte es mit dem Nacheinander in der Zeit zu thun, so würden damit jene Darstellungen aus dem Rahmen der Beschreibung hinausgewiesen. Was würde uns dann hindern, zu sagen: Erzähle, wie der Löwe lebt; erzähle, wie sich das Samenkorn zur Pflanze entwickelt; erzähle, wie die Sonne aufgeht? Denn die Darstellung wird dann ein Aufzählen von verschiedenen Begebenheiten sein, wie bei der Beschreibung 1. Grads ein Aufzählen von verschiedenen Eigenschaften und Merkmalen, die dem Auge nebeneinander befindlich erscheinen.

Wäre also die Beschreibung eines Tieres nur insoweit Beschreibung, als es sich um seine Körperteile handelt, und das Übrige, seine Lebensthätigkeiten etc. — wäre Erzählung? Somit trüge das Ganze nur bedingungsweise den Namen Beschreibung? Ja und nein. Ja, wenn das einzige ausschlaggebende Merkmal das zeitliche Nacheinander ist; nein, wenn für die Erzählung noch ein besonderes Merkmal beansprucht wird. Wenn wir aber die erwähnten Schilderungen etwas genauer besehen, werden wir den Grund finden, warum sie nicht Erzählungen genannt werden. Sie bestehen nämlich aus lauter einzelnen Bildern, die eine große, ruhende Vorstellungsmasse gemeinsam haben. Beim Sonnenaufgang ists die Landschaft, die von Bild zu Bild in anderer Beleuchtung erscheint. Beim Gewitter zeigt sich die Landschaft zuerst klar und hell, dann vom Sturme durchtost, dann von schwarzen Wolken überdacht, dann von Regen, Blitz und Donner durchstürmt, dann wieder hell; also lauter einzelne Gemälde, die im zeitlichen Nacheinander verknüpft sind; lauter einzelne Teile des Fortgangs als ruhend fixiert. In ähnlicher Weise werden sich mehr oder minder schwierig andere Schilderungen zerlegen lassen. Seien sie Beschreibungen 2. Grades genannt.

Ihre Sonderstellung der Erzählung gegenüber wird dadurch begründet, daß für letztere wirklich ein besonderes Merkmal vorhanden ist. Und gerade dieses Merkmal erklärt die zu Anfang gestellte Frage. Die Erzählung, die es stets mit nach Ursache und Folge geordneten Begebenheiten (Handlungen) zu thun hat, erscheint von Personen oder personifizierten Dingen unzertrennlich. Dadurch werden die Begebenheiten in ein ganz anderes Verhältnis zu dem Kinde gebracht; dasselbe wird nämlich mehr oder weniger zu einem selbsterlebenden Subjekt der Handlung gemacht.

Und dieses innere Selbstleben, das besonders Phantasie und Gefühl, aber auch das Begehren und das Wollen in Thätigkeit setzt, ist der Zauberbann, der das Wort: „Freuet euch mit den Fröhlichen, und weinet mit den Weinenden"

31

zur Wahrheit macht. Also kommen bei einer Erzählung die Interessen der Teilnahme zur größten Anwendung. Dabei wird das Interesse zur Spannung gesteigert, die der vorauseilenden Spekulation, den Gefühlen, dem Begehren und Wollen Gewährung erhofft. Somit kommt die Erzählung zu einer sehr starken und bestimmten Bewußtseinsaneignung, und für alle Vorstellungen, die mit einer Erzählung verwebt sind, ist diese ebenso der anherhaltende, feste Grund, als auch für sämtliche aus Thatsachen gefolgerte Gesinnungssätze („Systeme").

Die Beschreibung gebraucht, um wirksamer zu sein, Mittel, die sonst bei der Erzählung zur Verwendung kommen (vergl. Lessings Laokoon); nämlich der Gegenstand wird nicht dargestellt, wie er ist, sondern wie er wird, also statt der Körper kommen Handlungen zur Darstellung; ferner wird die Wirkung ins Licht gesetzt, welche ein Gegenstand auf andere ausübt; ferner wird das Ganze oft in Verbindung mit einer Person gebracht, wodurch das Interesse gehoben wird. So lange wurde die bloße Beschreibung eines Tieres, mehr noch einer Pflanze oder eines Minerals, für sehr trocken und langweilig und darum unnütz gehalten, als man noch nicht anfing, das thätige Naturobjekt zu behandeln und dabei das Kind zum Beobachter und Lauscher zu machen. Wie schwer diese Methode bei der Pflanzenbeschreibung ist, wird jeder wissen, und mehr als ein mitleidiger Schulmann hat zuweilen versucht, das Leben einer Pflanze oder einzelne Eigentümlichkeiten derselben in ein Märchen zu verweben, um so wenigstens die lose nebeneinander bestehenden Vorstellungen durch Verknüpfung mit lebendigen am Leben zu erhalten.

### 2. Die Erzählung nach ethischer Beziehung.

Das Kind, welches in den Erzählungen Musterbilder fürs eigene Leben sieht, negativ oder positiv, sieht eigene Handlungen, modificiert oder nicht, eigene Gefühle und Strebungen in höherer Bedeutung, wenigstens oft in höherer Anwendungssphäre; dazu tritt regelmäßig die ethische Wertschätzung, welche gewissermaßen das Steuer bedeutet, welches das Menschenschifflein durch die Wirrnisse unbestimmter und ungefestigter Willensrichtungen festen, gefahrlosen Gestaden zuführt. Die Überlegenheit des Beispiels über die bloße Lehre ist auch in diesem Falle die Überlegenheit der Erzählung über die abstrakte Regel. Die Erzählung lehrt, ohne lehrhaft zu sein; die Erzählung pflanzt Moral, ohne zu moralisieren. Die Tendenzlosigkeit der Erzählung ist die beste Gewähr einer guten Tendenz. Die Erzählung als Veranschaulichungsform höherer Wahrheiten und als der Klärungsstoff ethischer Begriffe würde überall da am Platze sein, wo die Sittengesetze mit ihren einfachen Konsequenzen und Voraussetzungen von einem so verwickelten Wortschwall umgeben werden und zur Erläuterung kommen, daß der einfache Mann vor den Stätten solchen Docierens einen Widerwillen bekommt, dessen Heftigkeit ihn in entgegengesetzte Sphären zu treiben vermag. Christi Beispiel darf nicht vergessen werden, der die wichtigsten Sittengesetze in erzählender Form dem Verständnisse nahegelegt hat. Seine Pädagogik berücksichtigt dabei appercipierende Vorstellungsmassen, sowohl in seinen Erzählungen (Gleichnissen), als auch in dem ganzen bilderschmuckreichen Redegewand orientalischer Lehrweise. Schon darum ist seine Rede gewaltig und vor allen Dingen eindringlich, klar, verständlich; sie besitzt eben durch die Kraft des Erzählbeispiels die größte Aussicht auf Befolgung. „Gehe hin und thue desgleichen." Dasselbe Maß von Kraft besitzen aber auch — wenigstens den innerlich nicht feststehenden Menschen gegenüber — die Erzählungen, welche das Gegenteil von allem Wahren, Guten und Schönen in Poesie und Prosa verkündigen, oft in gefälliger Weise. Da ist der Lehrer ein Wächter, Arzt und Kämpfer für die Jugend. Rousseaus frühe Romanleserei war ein Unglück für ihn, das die großen andern Fehler seines Lebens mitbedingte. Mit welcher Verehrung dagegen blicken andere Männer auf Erzählungen herab, welche ein besseres Geschick ihnen in die jugendlichen Herzen eingrub, seien es biblische Geschichten, oder vaterländische Heldengeschichten, oder Volkssagen und -märchen, oder sei es Homer. So besteht also die große Bedeutung der Erzählung im Unterrichte darin, daß sie das Anschauungsmaterial für das Wichtigste ist, was den menschlichen Geist bewegt, für das sittliche Streben.

3. **Wie muß im besonderen eine Erzählung beschaffen sein, um ihren Zweck zu erfüllen?**

1. Nach psychologischer Richtung.

Es ist nun schon bereits ein Menschenalter her, daß Herbart schrieb: „Es ist unserer Zeit nicht mehr möglich, eine der Jugend würdige Erzählung zu erfinden." Wenn man die Jugendlitteratur unbefangen mustert, wird sich meistens soviel als unbestreitbar zeigen, daß die Zahl der glücklich Erzählenden sich sehr vermindert hat. Überhaupt haben nur wenige einen bleibenden Beifall errungen (Hebel, Schmid, Schubert, Stöber, Nieritz, Hoffmann, Horn u. a.) In der That, so wie der empirischen Psychologie durch die Realistik Herbarts und der Roman- und Novellen-Schriftstellerei zu einem gewissen Teil durch die realistische Schuld ein lebenskräftiger Impuls und der Stempel des Wahren verliehen worden sind, so kann auch nur durch eine gesunde Realistik die Jugenderzählung zu ihrer Bestimmung gebracht werden.

Welches sind denn die Fehler, welche so vielen Erzählungen, alten und neuen, die den Kindern dargeboten werden, ankleben? Es sind Fehler, welche nicht im besonderen der Erzählung eigen sind, sondern zum großen Teil in allgemeiner Anwendung menschlicher Rede auftreten.

a) Mangel an Anschaulichkeit.

In dem Falle gleicht das Erzählen dem Tauchen, welches keinen Boden findet. Der Mangel kann

aa) einzelne Vorstellungen,

bb) den Verlauf der Erzählung, also den Zusammenhang der Vorstellungen betreffen.

Zu aa. Das Kind hört das Wort, findet aber nicht die nötige Vorstellung dazu. Das heißt mit andern Worten, es findet keine Apperception statt.

Hierher gehören alle die Ausdrücke und Wendungen, welche für die Kinder völlig in der Luft liegen. Der Erzähler muß sich zu den Kindern herablassen, um sie hinaufziehen zu können. Es sei angesichts dieser allbekannten Wahrheit schon jetzt an Hamanns Worte erinnert (Werke 2,245): „Um für Kinder zu schreiben, ist vorzügliche Kenntnis der Kinderwelt vonnöten, die sich weder in der galanten, noch in der akademischen Welt erwerben läßt. — Nicht mit dem Raube bunter Federn, sondern mit einer freiwilligen Entäußerung aller Überlegenheit und Weisheit und mit Verleugnung aller Eitelkeit muß man dieses nicht gemeine Geschäft anfangen. Das größte Gesetz der Methode für Kinder besteht darin, sich zu ihrer Schwäche herunterzulassen, ihr Diener zu werden, wenn man ihr Meister sein will, ihnen zu folgen, wenn man sie regieren will, ihre Sprache und Seele zu erlernen, wenn wir sie bewegen wollen, die unsrige nachzuahmen. Dieser praktische Grundsatz ist aber weder möglich zu verstehen, noch in der That zu erfüllen, wenn man nicht, wie man im gemeinen Leben sagt, einen Narren an Kindern gefressen hat und sie liebt, ohne recht zu wissen, warum."

Das Herablassen zu den Kindern bis aufs einzelne Wort ist vor drei Jahrzehnten soweit getrieben worden, daß ernste Stimmen sich erhoben, welche dem ersten Unterricht in rein plattdeutscher Sprache das Wort redeten; vergl. „Morgenstimmen eines naturgemäßen und volkstümlichen Sprach- und Schulunterrichts in niederdeutschen Volksschulen. Von H. Burgwardt."

Ferner: Das Kind hört das Wort, dasselbe bringt aber nur einen Teil der entsprechenden Vorstellung ins Bewußtsein. In diesem Falle entstehen Unklarheiten, oder es wird durch eine verzögerte Auffassung der Gang der Aneignung unterbrochen, wodurch Lücken geschaffen werden, besonders wenn die kindliche Seele sich bemüht, eine Vorstellung vermittelst vieler Hilfen zu klären, an die rechte Stelle zu setzen; während dieser Thätigkeit können die folgenden Worte spurlos an der Seele vorüber gehen.

Die positiven Forderungen, welche also an den Erzähler herantreten, sind für diesen Punkt folgende:

Gieb für eine Vorstellung das dem Kinde verständliche Wort, welches zugleich der ganzen Vorstellung entsprechend sei. (Vergl. Lazarus, Leben d. Seele, 2. Band. 3. Aufl., S. 181, Fußnote: „Wenn aber die Familie die Schleusen der Sprache ohne Hemmung öffnen darf, dann hat die Schule desto ernster darüber zu wachen, daß nur verstandene Worte vom Schüler gehört und gebraucht werden.") Bereite das Verständnis solcher Wörter, bei welchen von vornherein auf Unverständlichkeit zu rechnen ist, vor durch Versinnlichung, Specialisierung (Anwendung von Allgemeinem auf einen besonderen Fall) und detaillierende Ausmalung.

Inwiefern eine genauere Ausmalung die Anschaulichkeit begünstigt, zeigt folgendes Beispiel. In der bibl. Geschichte: „Elias und die Baalspriester." (Zahn's Historien) heißt es am Schlusse: „Und alsobald ward der Himmel schwarz von Wolken, und kam ein großer Regen, dieweil Elias betete zum Herrn." Abgesehen davon, daß das Gebet des Elias, welches doch zuerst geschah, erst zuletzt, nach der Wirkung, Erwähnung findet, genügt diese Schilderung zur Bildung einer entsprechenden Vorstellung vollkommen. Aber nicht zur Bildung der klaren und bestimmten Vorstellung, welche die Bibel entwickelt. Dieselbe sagt nämlich zu der Sache weit mehr und zwar solches, welches ich im Unterrichte nicht zu entbehren wünsche. Nämlich (1. Kön. 18, 42—45): „Und da Ahab hinaufzog zu essen und zu trinken, ging Elia auf des Karmel Spitze und bückte sich zur Erde und that sein Haupt zwischen seine Knie. Und sprach zu seinem Knaben: Gehe hinauf und schaue zum Meere zu. Er ging hinauf und schauete und sprach: Es ist nichts da. Er sprach: Gehe wieder hin; siebenmal. Und am siebentenmal sprach er: Siehe, es gehet eine kleine Wolke auf aus dem Meere, wie eines Mannes Hand. Er sprach: Gehe hinauf und sage Ahab: Spanne an und fahre hinab, daß dich der Regen nicht ergreife. Und ehe man zusahe, ward der Himmel schwarz von Wolken und Wind und kam ein großer Regen. Ahab aber fuhr."

Hier ist also der geschichtliche Vorgang ausführlich erzählt und die Schnelligkeit des Regens auf eine meisterhafte Weise nachgewiesen, was auch der außerordentlichen Bedeutsamkeit dieses Ereignisses vollkommen entspricht. Wer wollte es dem Lehrer verbieten, nun noch behufs weiterer Ausmalung die Wirkung des Regens — der doch so lange Zeit sich nicht mehr gezeigt hatte — zu schildern?

Zu bb. Da die Erzählung eine fortschreitende Handlung repräsentiert, ist es nötig, daß der Fortschritt nicht durch Lücken gehemmt werde. Es werden nämlich oft Vorstellungen miteinander verknüpft, die sich nicht direkt zur Verknüpfung eignen, die womöglich in der Erfahrung des Kindes noch Vorstellungsreihen zwischen sich haben. Wir sind zwar gewohnt, solche Sprünge mit Gedankenschnelle auszufüllen, nicht so das Kind. Z. B.: In der bibl. Geschichte: „Von Isaaks Heirat," (Zahns Historien) erzählt Elieser, nachdem er in Bethuels Haus eingekehrt ist, alles, was geschehen war. Der Lesende weiß, was er erzählt, denn er kennt die Geschichte. Um ihm nun eine Wiederholung zu ersparen, übergeht Zahn die ganze Erzählung mit der Hindeutung, daß Elieser alles erzählt habe. Nicht so im Unterrichte. Nicht einmal so bei einem geschickten Erzähler, der der Erzählung des Knechtes soviel eigenartige Farbe zu geben versteht, daß sie trotz der Wiederholung der Thatsachen fesselt. Der Unterricht hat das Kind aufzufordern, an Eliesers Stelle die ganze Erzählung aufzubauen. Thatsächlich geschieht dieses auch in der Bibel, welche in anschaulicher Breite 15 Verse dazu verwendet.

Beim nachherigen Erzählen im Zusammenhange kann immerhin auf eine Verkürzung — die keine wesentlichen Punkte ausläßt — hingearbeitet werden; dann muß aber der Lehrer überzeugt sein, daß die Verkürzungsstellen wirklich keine Lücken im Gedankengange des Kindes hervorrufen. In dem Aufsatze der Mai=Nummer des Evangel. Schulblattes von 1887 — „Stoffauswahl für den Gesinnungsunterricht im ersten Schuljahre" von Redeker und Pütz — sind bei den praktischen Beispielen solche Ausführungen der Erfahrung, dem Vorstellungsverlaufe des Kindes gemäß in sehr geschickter Weise gemacht worden. Z. B.: Nach der Aufforderung des Engels an Joseph nachts folgen die Fragen: „Was hat er gewiß schnell gethan?" (Stand auf.) „Wen weckte er auch?" „Was hat er wohl der Maria erzählt?" U. s. f. Dasselbe geschieht im 2. Abschnitte. Die positive Forderung lautet also: Zerreiße, soviel es angeht und ohne daß dabei zu weit gegangen wird, die Kette der kindlichen Vorstellungen eigener Erfahrung nicht, sowohl im Interesse der Sache als auch der Sprache.

Eine fernere Versündigung ist es, wenn die Erwartung des Kindes durch Ablenkung von dem natürlichen Verlaufe der Handlung zum Ziele getäuscht wird. Solches tritt ein, wenn man von einer handelnden Person zur andern springt, d. h. unvermittelt übergeht, wenn man Nebensächliches zu sehr in die Länge zieht oder der Erzählung eine nichtssagende, matte Spitze giebt. Wie so oft müssen wir an Erzählungen beklagen, daß dann, wenn das Interesse am höchsten gespannt erscheint, der Leser oder Hörer aus dem Sattel geworfen wird und sich an einer Stelle wiederfindet, wo ihm das Verständnis des Zusammenhangs äußerst erschwert wird.

An dieser Stelle seien auch einige Worte über die **abschnittweise Darbietung und Durchnahme einer Erzählung** gesagt. Besteht eine solche aus Abschnitten, welche für sich eine kleine, selbständige Erzählung bilden (z. B. d. bibl. G.: „Elisa straft und hilft in Not und Tod"), so ist ein abschnittweises Vorgehen von selber geboten. Ist solches aber nicht der Fall, wie dann? Niemand wird leugnen, daß das Kind begierig ist, eine solche Erzählung sich bis zum Schlusse ohne das Zickzack einer abschnittweisen, wiederholenden Durchnahme entwickeln zu sehen. Niemand wird ferner leugnen, daß dann die Disposition der Erzählung im Interesse der wiederholenden Aneignungsoperationen von den Kindern mehr oder weniger selbständig gebildet werden kann. Warum wird nun doch abschnittweise vorgegangen, von Redeker und Pütz in dem 1. Beispiel sogar da ein Abschnitt gemacht, wo die Schlußfrage desselben („Wo ist der Heiland, der neue König?") fast mit Notwendigkeit auf die sofortige Antwort durch den 2. Abschnitt hindrängt? Offenbar gilt es einen Akt der Notwehr zu befolgen in Hinsicht auf das Unvermögen des Kindes, eine längere Reihe von Vorstellungen ohne befestigende Wiederholung zu reproducieren. Indem das Kind wieder an den Anfang gesetzt wird, wo doch seine Spannung, seine Spekulation vorwärts drängt, wird an seinen

Die Erzählung und ihre Bedeutung im Unterricht. 423

Willen eine Anforderung gestellt, welche alle Unluft über den Rückgang vertreiben soll; diese Anforderung muß gestellt werden im Interesse der Gedächtnispflege sowohl, als auch im Interesse der Spracherlernung, welche über ein kleines Gebiet ein klareres Netz spannt, als über ein großes. Solange der Abschnitt von dem Kinde übersehen werden kann, so lange kann sich auch der Lehrer überzeugen, ob die Anschauungsoperation eine gelungene gewesen ist oder nicht. Denn das Nichtmehrvorhandensein einzelner Teile bei der Wiederholung eines größeren Stückes läßt es zweifelhaft erscheinen, ob eine mangelhafte Anschauungsvermittelung vorliegt oder ein schlechtes Gedächtnis oder ein sonstiger Grund.

b. Mangel an Interesse.

Wenn man von einer Interessensphäre des kindlichen Geistes spricht, so darf man solche nicht dadurch beschränken, daß man sich die Seele als ihre Fühlhörner nur nach den nächsten, oft untersuchten und vertrauten Objekten ausstreckend denkt —: Diese sind dazu da, um allerdings einesteils ausschließlich den Webestoff der Erzählung zu bilden, anderenteils aber nur als Muster und Folie oder als Ausgangspunkt zu dienen, d. h. gemachte Erfahrungen auf große Gebiete zu übertragen, Gefühle zu erweitern, den Willen zu stärken und zu veredeln. So kann eine Erzählung, welche die Vaterlandsliebe der Handlung unterlegt, nur dann Vaterlandsliebe verständlich machen und erwecken, wenn das Kind schon die Liebe kennt, die Liebe zu Haus und Heim, eine Liebe, die auf kleine Kreise beschränkt und in kleinem Maße erprobt ist. Die Vertreter jener Richtung würden dann für die Kinder nur solche Erzählungen gutheißen und auswählen, in welchen die Hauptpersonen Kinder sind, und in welchen sogar oft der Ort ein den Kindern bekannter und zugänglicher ist. Es giebt thatsächlich solche Vertreter, und ihre Produkte sind erstens jene unwahren Schilderungen der Erlebnisse jugendlicher Ausreißer und zweitens die wässerigen Erzählungen von artigen und unartigen Kindern, welche Schriften ein „artiges" Betragen erzielen, mehr äußerliche Sitte als Veredelung der Sinnesart befördern wollen, dabei kindlich zu reden meinen, aber nicht selten ins kindische verfallen. (Vergl. Prof. Dr. Otto Willmann's „Pädagogische Vorträge über die Hebung der geistigen Thätigkeit durch den Unterricht," 2. Aufl., S. 19: „Aber darum ist es nicht erforderlich, daß die Personen der Geschichte Kinder seien; ja Könige, Prinzen und Prinzessinnen, wenn sie nur wie Kinder denken, sprechen und handeln, stehen der kindlichen Auffassung weit näher, als irgendwelche Paradekinder einer gemachten Geschichte, „für die fleißige Jugend".) Diese Erzählungen, welche sich allerdings sehr zu den Kindern herablassen, aber sie nicht hinaufziehen, und deren Liebhaber nicht bedenken, daß das Kind die Windeln ablegt, daß aus dem Knaben ein Mann wird, ja daß er sich sogar danach sehnt, ein Mann zu werden, kommen anfänglich einem kindlichen Interesse entgegen, aber dieses Interesse vergeht recht bald wegen Mangel an kräftiger Nahrung. Darum sagt Herbart (a. a. O., S. 14 u. 15): „Aber gebt ihnen eine interessante Erzählung, reich an Begebenheiten, Verhältnissen, Charakteren; es sei darin strenge psychologische Wahrheit und nicht jenseits der Gefühle und Einsichten der Kinder; es sei darin kein Streben, das Schlimmste oder das Beste zu zeichnen; nur habe ein leiser, selbst noch halb schlummernder sittlicher Takt dafür gesorgt, daß das Interesse der Handlung sich von dem Schlechten ab und zum Guten, zum Billigen, zum Rechten hinüberneige: Ihr werdet sehen, wie die kindliche Aufmerksamkeit darin wurzelt, wie sie noch tiefer hinter die Wahrheit zu kommen und alle Seiten der Sache hervorzuwenden sucht: wie der mannigfaltige Stoff ein mannigfaltiges Urteil anregt, wie der Reiz der Abwechselung in das Vorziehen des Bessern endigt, ja wie der Knabe, der sich im sittlichen Urteil vielleicht ein paar kleine Stufen höher fühlt, als der Held oder der Schreiber, mit innerem Wohlgefühl sich fest hinstemmen wird auf seinen Punkt, um sich zu behaupten gegen eine Roheit, die er schon unter sich fühlt. Noch eine Eigenschaft muß diese Erzählung haben, wenn sie dauernd und nachdrücklich wirken soll: Sie muß das stärkste und reinste Gepräge männlicher Größe an sich tragen. Denn der Knabe unterscheidet, so gut wie wir, das Gemeine und Flache von dem Würdevollen; ja, dieser Unterschied liegt ihm mehr als uns am Herzen; denn er fühlt sich ungern klein, er möchte ein Mann sein! Der ganze Blick des wohlangelegten Knaben ist über sich gerichtet, und wenn er acht Jahre hat, geht seine Gesichtslinie über alle Kinderhistorien hinweg. Solche Männer nun, deren der Knabe einer sein möchte, stellt ihm dar."

Wenn nun Herbart fortfährt: „Die findet ihr gewiß nicht in der Nähe, denn dem Männer-Ideal des Knaben entspricht nichts, was unter dem Einfluß unserer heutigen Kultur erwachsen ist," so setzt er damit die von ihm darauf vorgeschlagene Odyssee in Parallele mit den einfachen Verhältnissen der in der Seele des Kindes vorhandenen Erfahrungselemente — Gemeinschaft mit Genossen und innige Freundschaft; körperliches Hervorthun im Kampf; Abenteuerlust, Zug in die Ferne; Versinnlichung der Naturkräfte durch Gottheiten und Vorstellung derselben nach menschlichen Maßen etc.

Wenn nun auch an dieser Stelle nicht kritisch abgewogen werden soll, welcher Erzählstoff dem andern überlegen ist, wenn insbesondere auch nicht alle die Schwankungen erwähnt sein sollen zwischen denen, die Märchen, Robinson, Nibelungensage, moralische Erzählungen, Fabeln etc. besonders den biblischen Geschichten gegenüber in gewissen Alterszeiten dem kindlichen Interesse und Aufschauungsvermögen entsprechender halten (vergl. dazu den erwähnten Aufsatz von Rebeter und Pilz, ferner Willmanns Vorträge — der für den Anfang Märchen, dann Robinson, bibl. Geschichten, Odyssee, Herodot zur Behandlung empfiehlt — ferner die „Schuljahre" von Rein, dann Förster, Klaiber, Wiedemann, Dr. Weber, Grube, Richter, vor allen Dingen Ziller), so ist doch unbestritten richtig, daß die Kinder von der Kinderstube hinaus geführt werden in die sinnliche und geistige Welt, in welcher sie später einen Platz angewiesen bekommen, in Paläste und Hütten, auf Friedensstätten und Schlachtfelder, in Sonnenbrand und Eiseskälte, in Gegenwart und Vergangenheit, in die Höhen und Tiefen menschlicher Denk- und Handlungsweise. Ferner darf nicht unerwähnt bleiben, daß das Interesse am Erzählstoff des Gesinnungsunterrichts zugleich auch sein Licht auf das Einkleidungsmaterial der Handlung samt allem Beiwerk wirft, und daß somit — wenn das Interesse auch ein mittelbares ist — eine Brücke geschlagen ist zu all jenen Sachen des Unterrichts, die, losgerissen von aller Gemeinschaft mit dem kindlichen Fühlen und Handeln, durch selbständige Darbietung im Unterricht nicht viel von der Gleichgiltigkeit verlieren, mit der ihnen das kindliche Auge begegnet, und die erst durch Umgang und Erfahrung wesentliche Bedeutung erlangen. Somit muß das Ganze, wie Herbart (a. a. O., S. 15) sagt, in der Mitte oder an der Spitze einer langen Reihe von andern Bildungsmitteln stehen, so daß die allgemeine Verbindung den Gewinn des Einzelnen auffange und erhalte.

2. Nach ethischer Richtung.

Der vorhin erwähnte Mangel an kräftiger Nahrung bezieht sich auch auf den innern Wert der Erzählung, auf ihren ethischen Gehalt. Dieser ethische Gehalt ist die Handhabe, welche den Widerstreit der zwei Seelen, welche gleichsam in der Brust des Menschen wohnen, den besseren Forderungen gemäß zur Entscheidung bringt. Die Festigkeit im Guten bestätigt sich weniger glücklich da, wo man durch viele frühe moralische Lehren und Rührungen — seien sie übrigens von der reinsten Art — allen innen hervorbringenden verkehrten Charakterzügen zuvorzukommen sucht (vergl. Herbart, Allgem. Päd., 3. Buch). Der Charakter formt und erhebt sich unter den Augen des Erziehers langsam, und erst nachträglich ist von der ordnenden Kraft einer guten Sittenlehre Erfolg zu erhoffen. Da das Handeln das Princip des Charakters, und die Grundlage des Sittlichen im Menschen ein ruhig-klares, festes und bestimmtes Urteilen ist, so kann nur aus der Menge und Mannigfaltigkeit der Veranlassungen zum sittlichen Urteil — deren das Individuum schon in sich so viele findet, deren außerdem die Familie, der Umgang, endlich alles, was dementsprechend der Unterricht giebt, einen unerschöpflichen Vorrat darbieten — nur aus diesem Reichtum, welcher noch überdies einer geordneten, einer ergreifenden Darstellung fähig ist, kann Wärme fürs Gute hervorgehen.

Da nun der größere Teil der Thätigkeit des gebildeten Menschen bloß und zunächst innerlich vorgeht, so ist die Richtung des Charakters davon abhängig, wohin er seine Gedanken wendet. Die Art der Gedanken, sogar Trieb und Leichtigkeit, hängt zum guten Teil vom Unterricht ab. Der Erzieher kann den Einfluß des Gedankenkreises auf den Charakter bestimmen, kann Wille und Gemüt des biegsamen Kindes beeinflussen, und die Mittel, die er dazu in der Hand hat, sind so stark, daß wohl der ungünstige Einfluß der natürlichen Anlage des Kindes auf den Charakter, sowie der Lebensart außerhalb der Schule, geschwächt und modificiert werden kann. Wenn nun auch zerſtückelte Gedankenmaſſen an ſich keinen großen Einfluß auf die Charakterbildung ausüben, ſondern von Herbart eine große, ruhende Gedankenmaſſe gefordert wird, ſo entſteht dieſe durch innige **Verbindung** der Teile des ganzen Gedankenkreiſes. Die einzelnen Muſterbilder für das ſittliche Streben geben zuſammengefaßt eine Vertiefung in der Freundſchaft, eine Vertiefung in der Religion, eine Vertiefung in jeder einzelnen ethiſchen Idee. Leuchtende Punkte am Himmel des Unterrichts ſind dieſe Muſterbilder, zahlreich wie die ethiſchen Ideen, zahlreich wie die mannigfaltigen Ausſtrahlungen derſelben; zu ihnen hinauf ſieht das Auge und findet Weg und Erquickung. Kommen die Muſterbilder zur eigenen Erfahrung, ſo iſt der ſittliche Lehrſatz, das Gebot, kein Zwang mehr, ſondern eine aus freier Tugend entwachſene Notwendigkeit, keine losgeriſſene Blüte mehr, die in der Hand des Menſchen verdorrt, ſondern Blüten am Baume der Erkenntnis, welcher auf eigenem Grund und Boden wächſt, mit eigenem Mark und Saft ſeine Äſte erweitert und ſtärkt und herrliche Früchte hervorbringt.

Liegen nun die ſittlich guten Erzählungen, welche klare Einſicht und darum leichte Aneignung ermöglichen, ſo ſehr zuhauf, wie iſt es dann möglich, daß — von den ſchlechten zu ſchweigen — die ſchwankenden, die ſaft- und kraftloſen, die mehr zur leichten Ergötzung dienenden, in ſo hohem Maße den Kindern dargeboten werden? Warum ſoll nicht die verhältnismäßig kurze Zeit des Unterrichts alle Kraft in planvoller, konzentrierter Weiſe aufbieten, um das Geſchenk der Leſefertigkeit ſpäter nicht als ein verderbenbringendes beklagen zu laſſen? Hier klafft wirklich eine tiefe Wunde. Wo ſchlechte Romanſchreiber, unvorſichtige Zeitungsreporter, Kolportagewucherer, und wie die giftigen Schlangen alle heißen, die nächſten Vorbilder und Führer der Kinder verderben, ſie mit auf die Bahn der Hohlheit und Leere individueller und geſellſchaftlicher Zuſtände leiten, wie ſoll da noch immer inbetreff der Auswahl der Erzählungen auf ethiſcher Grundlage jenes alte Durcheinander von allerlei amüſanten, ſeichten Hiſtörchen beſtehen bleiben, die leicht hinweggedrängt werden und niemals den ruhigen, mächtigen Grundſtock in der Tiefe des Herzens einnehmen, deſſen Qualitätsbeſtimmung nicht mehr von allerlei Moralgeſetzen und Moralſtreitigkeiten abhängig iſt? Vor allen Dingen ſeien die Muſterbilder wahr — aus dem Leben für das Leben — und ich wage eine wahre Geſchichte immerhin dem Märchen vorzuziehen bei dem Gedanken, den mir die ewige, faſt vorwurfsvolle Bemerkung des Kindes beim Märchen veranlaßt. „Das iſt ja ein Märchen!" Es hat Gefallen daran, und doch dieſe Bemerkung! Ja, das bunte Spiel zerrinnt, jedoch nicht der Einfluß, insbeſondere auf Phantaſie und ſittliches Urteil. Sollte wirklich die Gefahr naheliegen, daß mit jener Bemerkung auch eine herrliche ſittliche That im Märchen für Schein und Blendwerk gehalten wird? Bei oberflächlichen Naturen vielleicht; bei richtiger, durchdringender Behandlung niemals. Aber jene Gefahr droht, wenn die Märchen deutungs- und anwendungslos lediglich der Ergötzung und dem kaleidoskopischen Spiele der Phantasie überlassen bleiben. Wie sehr wird dieses aber der Fall sein bei solchen Märchen, die einer sittlichen Spitze entbehren? So findet man z. B. das „Feuerzeug", in welchem Märchen keineswegs preiswürdige Sachen mit Vergnügen und vergnügenerweckend erzählt werden, unbedenklich mancher Auswahl von Andersens Märchen für die Jugend eingereiht. Die Musterbilder seien also wirkliche Wegweiser und Stützen des sittlichen Strebens. (Vergl. zu dem Ganzen Fr. Willmann, a. a. O., S. 18: „Die Schule hat die Pflicht sich solcher Erzählungen zu bemächtigen, weil in ihnen eine erziehende Macht liegt, wie nirgendwo anders, und die Schule erziehen, nicht bloß unterweisen soll." S. 22: „Gerade für die ersten Jugendjahre muß man um so wählerischer sein, weil sich in ihnen Eindrücke festsetzen, die zum Teil für das ganze Leben haften bleiben." Die Ansprüche, die W. an eine Erzählung stellt, wenn man sie einen **pädagogischen Schatz** nennen darf, sind folgende:

1. Sie muß **wahrhaft kindlich** sein, wozu sie Einfalt und Phantasiereichtum besitzen muß. „Die Einfachheit muß Einfalt sein. Nahe daneben gähnt der Abgrund der Einfältigkeit, an dem so viele Kindergeschichten straucheln."

2. Sie muß **sittlich bildend** sein, nämlich Billigung und Mißbilligung herausfordern.

3. Sie muß **lehrreich** sein, nämlich Anknüpfung zu belehrenden Besprechungen über Gesellschaft und Natur bieten.

4. Sie muß von **bleibendem Werte**, klassisch sein. So ladet sie zu steter Rückkehr ein und gewährt dem unterrichtenden Lehrer eine größere Freudigkeit.

5. Sie sei **einheitlich** und geschlossen, damit der Eindruck ein tiefer und das Interesse vielseitig sei.

Diese fünf Forderungen sind auch in „Das erste Schuljahr" von Rein, Pickel und Scheller aufgenommen worden.)

## 4. Wie soll erzählt werden?

a) Inbezug auf die Erzählung an und für sich.

Was hier angemerkt werden soll, ist nicht die Bedeutung und Beschaffenheit des Sprechens überhaupt für Entstehung klarer Vorstellungen, wie richtige Auswahl und Betonung des Wortes u. dgl., sondern die Mitwirkung der Reflex- und Associationsbewegungen beim Erzählen, treten letztere als die Vorstellungen begleitend (Gestikulation) oder ersetzend (Gebärdensprache) auf. Wie eine bildliche Darstellung imstande ist, der mündlichen durch Klarstellung und Befestigung zu Hülfe zu kommen, indem sie nämlich durch Gesichtswahrnehmungen den immerhin noch schwankenden Gestalten der Vorstellungs- und Phantasiethätigkeit Grenze und Stütze, Prägung und Dauerhaftigkeit giebt (es werden nämlich mehr Hülfen geschaffen), so kann zwar in geringerem Maße dasselbe von der Gestikulation und

Gebärdensprache gesagt werden. Nähert sich doch die Gebärdensprache mehr oder weniger der sinnlichen Darstellung. Wie sehr solche Darstellung appercipierende Verständnisstützen findet, zeigt die Thatsache, daß manche Zuhörer den Gesichtsausdruck des Erzählenden nachahmen. So sagt Lazarus (Leben der Seele, 2. Band, S. 65): „Die Zuschauer auf dem Fechtboden haben eine gewisse Mühe nötig, um nicht fortwährend die Fechtenden zu kopieren, und wenigstens mit den Armen zu zucken, können sie kaum vermeiden. Aber nicht bloß die mit dem Auge gesehenen, sondern auch die im Geiste vorgestellten oder in Worten ausgesprochenen Bewegungen ahmen wir unwillkürlich nach. Lebhafte Erzähler stellen gewöhnlich das zugleich mit den Händen und dem ganzen Körper mimisch dar, was sie vortragen und im Geiste lebendig sich vergegenwärtigen, und lebhafte Zuhörer wiederholen wieder die Bewegungen des Erzählers."

Ein klassisches Beispiel findet sich bei Dickens in „Zwei Städte": „Jeder stark ausgeprägte Gesichtsausdruck des Haupthandelnden in einem Auftritt von großem Interesse, dem viele Augen zusehen, wird unwillkürlich von dem Zuschauer nachgeahmt werden. Peinlich und angstvoll gespannt war der Ausdruck ihrer Züge, wie sie ihr Zeugnis abgab. Unter den Zuschauern im ganzen Saale zeigte sich derselbe Gesichtsausdruck und zwar in einem so hohen Grade, daß eine große Mehrzahl der Gesichter Spiegelbilder der Zeugin hätten sein können."

Im Unterrichte können willkürliche Associationsbewegungen zur Klarstellung örtlicher Vorstellungen benutzt werden, insofern die Raumvorstellung zur Auffassung irgend eines Zusammenhangs in der Erzählung notwendig ist. Was hindert daran, in der biblischen Geschichte von Naboths Weinberg die Gedanken des Königs beim Anblicke des benachbarten Weinberges zu fixieren, indem sich der Lehrer dabei ans Fenster begiebt, und aller Augen im Geiste den mißmutigen und lüsternen König durchdringen?

Der Gebrauch von derlei Mitteln erfordert aber die äußerste Vorsicht und Überlegung. Der Lehrer kann nicht den ausgiebigen Gebrauch davon machen, wie ein Schauspieler, dessen Vortrag einen ganz anders präparierten Boden inbezug auf sich selbst und auf das Publikum erfordert. Immerhin geschehe die Erzählung nicht bloß mit der Sprache des Mundes, sondern auch im geeigneten Falle mit der Sprache der Associationsbewegungen.

b) Inbezug auf die Anschauungsoperation.

Den vorigen Ausführungen kann eine kurze und bestimmte Stellungnahme in der Kontroverse zwischen Rein und Dörpfeld angeschlossen werden. Die Frage ist die: Soll die Erzählung so viel wie möglich unterredungsweise aufgebaut, oder soll sie von dem Lehrer oder dem Buche gegeben werden?

Es ist nicht zu leugnen, daß es für den Zögling viel angenehmer ist (insofern Arbeit ihm noch keine Annehmlichkeit geworden ist), eine fertige Erzählung in möglichster Ausführlichkeit geboten zu bekommen; aber ist dieses Verfahren nicht

Die Erzählung und ihre Bedeutung im Unterricht.

einem feinen Müßiggange vergleichbar, der dem Romanleser eigen ist, welcher nicht tiefer dringt, als die zur Befriedigung seiner Neugier, zur Sättigung seiner Spannung dienende Handlung an der Oberfläche zeigt? Dagegen verlangt die Operation des entwickelnden Lehrverfahrens, welches den Schüler schon während der Darbietung zum Selbstfinden nötigt, damit auch zum Gebrauch seiner eigenen Erfahrung, seiner eigenen Gefühle und Strebungen, daß der Schüler arbeite, und wenn auch diese Arbeit des damit verbundenen Interesses wegen eine fröhliche und leichte ist, so ist sie doch anstrengender, als das andere Verfahren es verlangt. Und die größere Anstrengung ist eine größere Regsamkeit. (Vergl. O. Folk, Die Frage als Bildungsmittel, in den Päd. Bl. von Kehr 1881, Nr. 31, S. 269: „Der Knabe sucht die Antwort, und je anstrengender das Suchen bei fröhlichem Gelingen ist, desto größer ist der geistige Gewinn.")

Nun kommt eine solche Anstrengung bei der Behandlung des Stoffes nach der Rein'schen Totalauffassung auch zur Geltung, aber erstens nur in geringerem Maße, weil ja schon die Hauptsache gegeben ist, und zweitens in schwächerem Maße, weil die ausgelöste Spannung des Interesses ihre Mitwirkung nur in abtönendem Grade zusagt. Bei der selbstthätigen aufbauenden und suchenden Mitwirkung des Kindes schlingen Phantasie und Spekulation ein reiches Arabeskenwerk um das nackte Gerüst, die Erzählung ist zum Teil seinem eigenen Geist entsprungen, wobei Gefühl und Wille eine viel intensivere Gestaltung erlangen, und auch von ihnen die Fäden der Handlung ausstrahlen. Ist nicht die Totalauffassung in vielen Punkten unthätig, ja im ungünstigsten Falle sogar zerstörend? Denn sie ist mit mancherlei Mißverständnissen durchsetzt, es kommen Unklarheiten zum Vorschein, manches bleibt mangelhaft und unvollständig (vergl. Just, Über die Form des Unterrichts, 15. Jahrb., S. 145, und Rein, das erste Schuljahr, S. 33). Sind da nicht manche Worte des Lehrers vergeblich gesprochen? Wie anders gestaltet sich die Sache, wenn mit der elementaren Kraft der Selbstthätigkeit von Anbeginn an auf eine reine, lautere, deutliche und lebendige Anschauung hingearbeitet wird! Ist dieses anerkannt, so fällt damit jede streitige Meinung über die andern Punkte. Denn wenn die „Form der Unterhaltung," wie Ziller sagt (9. Jahrb., S. 143), „welche einen jeden in seiner natürlichen Lage läßt, das bessere ist," wenn also, „dem individuellen Ausdruck, wenn er sprachlich gerechtfertigt ist, volle Freiheit zu gestatten ist" (so Rein, 1. Schuljahr, S. 33), wie kann man dann bei einer allgemeinen Anwendung dieser Sätze anders verfahren, als, wie vorhin auch angedeutet worden ist, unterredungsweise in detaillierter Form die Darbietung zu gestalten? Die Forderung dieser detaillierten Form allein schließt schon den Gebrauch des Buchtextes aus, denn dieser ist nicht detailliert; wäre er detailliert, so entspräche in den wenigsten Fällen die Detaillierung dem jeweiligen Vorstellungsfond des Kindes. Die bloße Darbietung des Erzählstoffes ohne selbstthätig aufbauende und suchende Mitwirkung des Kindes ist also in der

Regel verwerflich, eine Forderung, die für den Sachunterricht längst anerkannt ist. (Vergl. O. Biermann, In jeder Lektion des Sachunterrichts muß das mündliche Lehrwort voraufgehen; Ev. Schulbibl. 1873, Nr. 13: „Die dritte Methode besteht darin, daß eine Lektion im Buche gelesen, auch wohl vollends lesend eingeübt wird und dann die Erklärung resp. Besprechung nachfolgt. Im bibl. Geschichtsunterricht hat diese Weise vielfach die Form angenommen, daß der Lehrer die betreffende Geschichte, anstatt sie lesen zu lassen, selbst frei, aber mit Bibelwort, erzählt. Auch bei diesem Verfahren finden sich viele Übelstände. Wir wollen uns dasselbe zunächst vorstellen, angewandt bei der bibl. Geschichte oder bei einem andern geschichtlichen Lesestücke. Hierbei läßt sich annehmen, daß die Erzählung so einfach abgefaßt sei, daß sie dem Schüler das erste und notwendigste Verständnis darbiete. Aber — diese Voraussetzung zugestanden — hat man dann nicht den wesentlichen Nachteil, daß das beste Interesse durchs Lesen vorweggenommen ist? Es muß notwendig auf den Schüler einen befremdlichen Eindruck machen, wenn ihm, etwa nach dem Lesen einer bibl. Geschichte zu verstehen gegeben wird: Du hast zwar die Geschichte kennen gelernt, aber du hast sie noch nicht recht verstanden, und jedenfalls ist sie dir noch nicht recht zu Herzen gegangen; damit das aber nun noch nachträglich geschehe, wollen wir jetzt durch eine katechetische Unterredung nachhelfen. Dadurch, daß der Lehrer das Buch, oder die nackte Geschichte vorgeschoben, hat er sich in eine bedenkliche Position gesetzt; er darf sich nicht wundern, wenn ihm die Schüler für die nachfolgende Besprechung nicht das gewünschte Interesse entgegenbringen."

## II. Abteilung. Zur Geschichte des Schulwesens, Biographien, Korrespondenzen, Erfahrungen aus dem Schul- und Lehrerleben.

### Frankfurt a. M. zur Schulorganisationsfrage.

Seit einigen Monaten wendet sich das Interesse weiterer Kreise in der alten Kaiserstadt am Main intensiv der Frage der Organisation der Volksschulen zu. Im Mai vorigen Jahres haben nämlich 76 an diesen Anstalten wirkende Lehrer in einer Petition an die städtische Schuldeputation die Umwandlung der vierklassigen Volksschulen*) in siebenklassige, bezw. deren Gleichstellung mit den Bürgerschulen, beantragt und die Unterstützung des Frankfurter Lehrervereins und des demokratischen Vereins gefunden.

Es bestehen hier zur Zeit 3 vollständige vierklassige Volksschulen, deren erste Ostern 1877 eröffnet wurde, und 2 im Ausbau begriffene. Sie werden von 3 Rektoren geleitet — die unvollständigen haben vorläufig noch keine besonderen Rektoren, sondern gelten als Filiale — und umfassen heute 76 Klassen mit 2649 Knaben und 2498 Mädchen, zusammen 5147 Schüler, d. i. ungefähr ein Viertel der gesamten schulpflichtigen Jugend. Die Zahl der Lehrer beträgt 67,

---

\*) Dies sind wohl Armen- oder Freischulen? Die Red.

die der Lehrerinnen 19. Die Organisation ist im allgemeinen dieselbe, welche die früheren vierklassigen Bürgerschulen hatten, die zum größten Teile in den sechziger Jahren in siebenklassige erweitert wurden. Schulgeld wird nicht erhoben.

Im November vorigen Jahres hielt nun Herr Lehrer Schneider im Lehrerverein einen Vortrag über die vierklassigen Volksschulen unter besonderer Berücksichtigung der Frankfurter Verhältnisse, in welchem er an dem Gutachten des verehrten Herrn Herausgebers d. Bl. Kritik übte und folgende Sätze zu begründen versuchte: 1. Durch die Kombination zweier Jahrgänge tritt Zeitzersplitterung ein. 2. Der Unterricht kann dem geistigen Standpunkte des Schülers nicht genau angepaßt werden. 3. Die Disziplin ist erschwert. 4. Es geht Zeit beim Wechsel des Unterrichts verloren. 5. Die Einheitlichkeit im Schulleben und Unterricht leidet bei dem vielköpfigen Kollegium not. 6. Die Autorität des Lehrers wird geschädigt. 7. Durch die infolge der Zweistufigkeit notwendige schriftliche Beschäftigung ("stille" Beschäftigung) tritt Störung des Unterrichts der anderen Abteilung ein; die schriftlichen Arbeiten selbst aber können fast gar nicht kontrolliert werden und sind deshalb vielfach wertlos, und sie wirken nicht selten direkt schädlich. 8. Der mündliche Unterricht ist bei den großen Abteilungen von schweren Hemmnissen gedrückt. 9. Dem Lehrer geht infolge der aufreibenden Arbeit umsomehr alle innere Befriedigung und Berufsfreudigkeit verloren, als er sich sagen muß, daß die Schwere derselben nicht sowohl in der unabänderlichen Natur der Sache, als vielmehr in einer verkehrten Organisation der Arbeit begründet ist und daß ihm ein gut Teil derselben erspart werden und seine Arbeit dennoch reichere Früchte tragen könnte."

Nach mehrstündiger Debatte wurde fast einstimmig folgende Resolution angenommen: „Da die hiesigen vierklassigen Volksschulen mit ihrer großen Zahl von parallelen Klassen (a—g) alle Nachteile und Mängel teilen, welche diesem Schulsystem anhaften, insbesondere aber den Anforderungen, welche eine intelligente Stadtbevölkerung an die Volksschulen in Beziehung auf Erziehung und Unterricht der Kinder zu stellen berechtigt ist, nicht entsprechen können, außerdem in ihrer jetzigen Organisation eine nicht zu unterschätzende sociale Gefahr in sich bergen, so erklärt der Frankfurter Lehrerverein seine Übereinstimmung mit dem in der Petition der Lehrer an den hiesigen Volksschulen ausgesprochenen Wunsche (Umwandlung dieser Schulen in 7-, resp. 8-klassige) und beschließt, die Kollegen nach Kräften zu unterstützen."

Nun bemächtigte sich auch der „Demokratische Verein" der Angelegenheit, indem zunächst Stadtverordneter Hartherz einen Antrag in dieser Körperschaft stellte, die Volksschulen den Bürgerschulen gleichzustellen. Dann hielt Dr. Rößler in einer Versammlung des Vereins am 2. Mai einen Vortrag über diese Frage, in welchem er für die allgemeine Volksschule eine Lanze einlegte und die Volksschulen als sociale Gefahr bezeichnete, weil durch sie die Schuljugend auseinander gerissen werde. Es wurde schließlich folgende Resolution angenommen: „Der Demokratische Verein hält die möglichst baldige Gleichstellung der Organisation der vierklassigen Volksschulen mit derjenigen der Bürgerschulen im Interesse der heranwachsenden Jugend für geboten und ersucht die städtischen Behörden, mit allen Mitteln dahin zu wirken."

Die Stadtverordnetenversammlung hat dann den Antrag Hartherz dem Magistrate zur Prüfung und Rückäußerung überwiesen. Letztere ist bis jetzt aber noch nicht erfolgt.

In der jüngsten Zeit hat nun Herr Schuldirektor Dr. Veith, welcher früher selbst hier zwei Volksschulen als Rektor geleitet hat, in einer Broschüre\*) die angegriffene Einrichtung in Schutz genommen und nachgewiesen, unseres Erachtens überzeugend nachgewiesen, „daß die beantragte Umwandlung unserer vierklassigen Volksschulen in achtklassige bei unseren dermaligen Verhältnissen weder notwendig noch zweckmäßig ist, daß es aber gleichwohl in unserem Volksschulwesen noch manches zu bessern giebt."

Seinen pädagogischen Standpunkt kennzeichnet Dr. Veith in folgenden Worten: „Vor allen Dingen halte ich daran fest, daß die Leistungsfähigkeit einer Volksschule weniger von der Zahl der aufsteigenden Klassen als von der tüchtigen und hingebenden Arbeit ihrer Lehrer abhängt; auch bin ich überzeugt, daß vielgegliederte Schulen andere mit weniger Klassen in den Leistungen nicht um die Anzahl der vorhandenen Klassen überragen. Muß zugegeben werden, daß die einklassige Volksschule im Unterricht mit großen Hindernissen zu kämpfen hat, so hebt die Gliederung derselben in eine zwei-, drei- oder vierklassige wohl viele Übelstände auf, aber die weitere Teilung thut dies in immer geringerem Maße, weil mit der Zahl der Klassen mehr und mehr die innere Einheitlichkeit des Unterrichts entschwindet und andere Hemmnisse sich einstellen. Hiernach gilt mir die vierklassige Volksschule in ihrer äußeren Verfassung zwar nicht als die beste, doch glaube ich, daß ihre Organisation auf der theoretischen Stufenleiter weit über der Mitte steht und in ihrem Werte an die höchste Form, die achtklassige Volksschule, ziemlich nahe heranreicht, in der Praxis aber unter gewissen Verhältnissen sogar vorzuziehen ist."

Er will durchaus nicht den Wert der Kenntnisse unterschätzen, kann aber den Satz „Wissen ist Macht" für die Volksschule „doch nur mit großer Einschränkung gelten lassen; ihre Macht ruht nicht in der Summe der Kenntnisse, sondern in der Festigkeit der Grundlage. Am Tage der großen Rechenschaft könnte es leicht geschehen, daß mancher uns vor Gott verklagte, nicht weil wir ihm so wenig Kenntnisse, sondern so wenig Kräfte zum Guten verschafft haben."

Die vierklassigen Volksschulen haben aber gerade in erziehlicher Hinsicht eine große Bedeutung, da „das räumliche Zusammensein vorangeschrittener Kinder mit jüngeren außerordentlich anregend und befruchtend wirkt". Wenn die Schüler der Oberabteilung „durch die planmäßige Arbeit eines kinderfreundlichen Lehrers und den Einfluß der ihr vorangegangenen Abteilung, mit der sie ein Jahr zusammen waren, auf den richtigen Standpunkt gebracht sind, wird sie eine nicht allzugeringe Anzahl pflichttreuer Kinder haben, deren Verhalten genau so wie die hergebrachte und sorgsam gepflegte gute Sitte in einer rechtschaffenen Familie wirkt. Der Lehrer hat dann eine außerordentlich wirksame Mithilfe bei seiner erziehenden Thätigkeit. Die neu hinzutretenden Schüler überkommen den notwendigen guten Geist von der Tag für Tag mit ihr zusammensitzenden Oberabteilung, ohne sonderliches Zuthun des ohnehin genug in Anspruch genommenen Lehrers. Auf diese Weise ergiebt sich eine Kontinuität der Erziehung, die bei keiner anderen Schuleinrichtung, auch nicht bei dem rotierenden Klassenlehrersystem erreicht wird."

---

\*) Die vierkl. Volksschulen zu Frankfurt a. M. Ein Beitrag zur Volksschulpädagogik von Dr. Veith. Frankf. a. M. Auffarth. 1 M.

Die Wahrheit dieser Ausführungen wird auch durch die Erfahrung in den Ferienkolonien bestätigt. Je größer die Altersunterschiede der in einer Kolonie vereinigten Pfleglinge sind, desto leichter ist es, dem Leben in der Kolonie den Charakter einer Familie zu geben und desto geringer sind die Schwierigkeiten in der Leitung derselben.

Wir stimmen darum Dr. Beith vollständig bei in der Behauptung, daß die vierklassige Volksschule in erziehlicher Hinsicht mehr leisten kann als die achtklassige Schule.

Doch auch für die geistige Bildung hat die vierklassige Volksschule große Vorzüge. In dieser Beziehung sagt Dr. Beith: „Der Hauptvorteil, den Klassen mit zwei Jahrgängen bei geschicktem Verfahren gewinnen, besteht nach meinen Beobachtungen darin, daß die Schüler durch die zweimalige Durchnahme der meisten Unterrichtsstoffe in ihrem Wissen und Können sicherer werden, als dies in den vielgliedrigen Schulen der Fall ist. Was ich in dieser Hinsicht während der Zeit meines Rektorates an zwei vierklassigen Volksschulen bei Mitinbetrachtnahme der Erfahrungen, die ich in siebenjähriger Lehrthätigkeit an der Wöhlerschule (Realgymnasium) gewonnen hatte, ist mir durch meine Beobachtungen an der neunklassigen Humboldtschule (höhere Mädchenschule) zur vollen Gewißheit geworden: man kann in der acht- und neunklassigen Schule mehr Unterrichtsstoff durchnehmen und mehr Lehrgegenstände betreiben, aber in der vierklassigen Schule wird bei entsprechender Beschränkung des Lehrplanes fester gelernt."

Zunächst profitieren auch in dieser Hinsicht die jüngeren Schüler von den älteren; dann wird das Einüben und Auswendiglernen möglichst in der Klasse selbst bewirkt; ferner sprechen die Störungen des Schulbesuches für zweijährige Kurse. Die Unterbrechungen sind in größeren Städten so stark, daß eine zweimalige Durchnahme des Pensums unbedingt erforderlich ist. Ein anderer Grund liegt in den in der Großstadt notwendigen Einschulungen während des Schuljahres. Da fehlt es dem einen im Deutschen, dem anderen im Rechnen. „In derartigen Fällen hat es sich als zweckdienlich erwiesen, die Neulinge anfangs in dem einen Hauptgegenstand in der oberen, in dem anderen in der unteren Abteilung mitarbeiten zu lassen und zwar so lange, bis entweder eine einigermaßen befriedigende Ausgleichung bewirkt, oder die Überzeugung gewonnen war, daß das fragliche Kind entschieden in die untere Abteilung gehöre."

Gegen die allgemeine Volksschule erklärt sich Dr. Beith auch: „Kein Schulmann, der auf dem Boden gereifter Erfahrung steht, und die geschichtliche Entwicklung unseres Schulwesens und unserer socialen Verhältnisse beachtet, wird daher von einer gewaltsamen, naturwidrigen Zusammenpressung ungleichartiger Elemente, wie sie mit der allgemeinen Volksschule erstrebt wird, irgend welches Heil erwarten."

Ein wirklich vorhandener Übelstand ist dagegen die große Klassenfrequenz, welche eine Durchschnittszahl von 67 Schülern für eine Klasse ergiebt. Das ist entschieden zu viel, hier thut Abhilfe dringend not.

Vor allen Dingen aber, und es freut uns, daß Dr. Beith das auch betont, sollen die Volksschulen nicht solche Kolosse sein. In dieser Beziehung sei nur erwähnt, daß 1885 — leider habe ich ein neueres Programm nicht zur Hand — die Annaschule von 1043 Schülerinnen besucht wurde, die in 16 Klassen von 22 Lehrern unterrichtet wurden, die Bornheimer Volksschule zählte sogar in 26

Klassen 1618 Schüler. Das sind keine Schulen mehr, das sind, wie Herr Rektor Dörpfeld bezeichnend sagt, „Schulkasernen".

Wie soll da der Rektor die schwierige Aufgabe lösen, ein harmonisches Zusammenwirken aller Kräfte herzustellen?

Wir glauben, daß die ruhigen, sachgemäßen Darlegungen des Herrn Veith auf fruchtbaren Boden fallen werden. Auf einen Punkt hätte er übrigens aufmerksam zu machen nicht unterlassen sollen. Wir meinen die Sitte oder Unsitte, nur junge Lehrer — in Fr. nur unter 26 Jahren — anzustellen.

Im Interesse der Schule liegt dies gewiß nicht, und die finanzielle Ersparnis ist nur eine zeitweilige, da ja die Lehrergehälter später um so größere Summen ausmachen, wenn die jungen Lehrer einmal alt werden. Außerdem ist dies Verfahren älteren Lehrern gegenüber eine Ungerechtigkeit.

In Frankfurt ist es gelegentlich der Einziehung der Reserve anfangs dieses Jahres vorgekommen, daß in einer einzigen Schule — ich glaube, nicht zu irren — 19 Lehrer fehlten.

Das Motto des Herrn Veith „Gute Lehrer machen gute Schulen" ist in dieser Allgemeinheit nicht zu rechtfertigen. Denn da wäre die Diskussion über Organisationsfragen überflüssig.

E.    Fr.

## Die allgemeine Volksschullehrerversammlung (Seminarkonferenz) zu Erfurt am 30. Juni 1887.

Schon die Vorversammlung war recht gut besucht. Gegen 300 Lehrer und Freunde des Volksschulwesens hatten sich am Abend des 29. Juni in Steinigers Gasthaus zur Vorfeier eingefunden. Nachdem von der Versammlung das herrliche Bundeslied Mozarts: „Brüder reicht die Hand zum Bunde" gesungen worden war, wandte sich der Vorsitzende des Erfurter Lehrervereins, Herr Lehrer Thiel, mit einem herzlichen Willkommengruß an die erschienenen Berufsgenossen. Er betonte, daß Erfurt als die geistige Wiege der Mehrzahl der Anwesenden am besten geeignet sei, das Bewußtsein eines gemeinsamen Berufes bei der heutigen Vielgestaltigkeit der Schulverhältnisse in den Lehrern zu stärken. Eine Versammlung an diesem Orte biete die Bürgschaft, daß das Gefühl der Zusammengehörigkeit zwischen den getrennt wirkenden Kollegen voll und ganz zum Ausdruck komme. Im Anschluß an das von einem Erfurter Lehrer vorgetragene patriotische Lied: „Es wurzelt ein Baum tief im Preußenland" brachte der genannte Vorsitzende ein Hoch auf Se. Majestät den deutschen Kaiser aus. Die Anwesenden stimmten begeistert ein und sangen hierauf stehend eine Strophe der National-Hymne: „Heil dir im Siegerkranz."

Im Namen des Seminars bot nun Herr Seminardirektor Herrmann allen Anwesenden, Lehrern und Freunden und Gönnern der Schule seinen herzlichen Gruß. Er erzählte in fesselnder Weise, wie er vor wenigen Tagen auf einem Ausfluge, den das Erfurter Seminar nach Ilmenau unternommen hatte, beim Anblick des Hermannsteins den Stoff zu seiner heutigen Begrüßung gefunden habe. Sein Auge habe auf dem Gipfel jenes Steines 2 Fichten wahrgenommen, die ihm als ein treues Abbild der Lehrer erschienen seien. Die Fichten stehen auf felsigem, dürrem Grunde nahe bei einander, ihre Zweige sind verschlungen, junge

### Die allgemeine Volksschullehrerversammlung zu Erfurt.

Triebe zeigen sich überall, und Jahr um Jahr streben beide Bäume höher und höher. So ständen auch die Lehrer vielfach auf dürrem Boden; aber in brüderlicher Gemeinschaft sollten sie arbeiten und alle Jahre neue Triebe zeigen und zum Himmel emporwachsen. Der Druck irdischer Verhältnisse hänge sich zwar oft als Bleigewicht an die Füße, so daß der Lehrer nicht immer den erhofften und erwünschten Erfolg redlicher Arbeit erblicke, aber durch nichts dürfe er sich am Aufstreben zum Himmel hindern lassen. Dazu möchte Gott seinen Segen geben. Die aus vollem Herzen kommenden Worte fanden freudigen Wiederhall in den Herzen der Zuhörer. Ein Hoch auf den Redner fand deshalb kräftigste Unterstützung. Von der Versammlung wurde dann noch eine Reihe von Volksliedern gesungen, und unter herzlichen Begrüßungen und gemütlichen Unterhaltungen blieben alte und neue Freunde und Genossen noch einige Stunden beisammen.

Am andern Morgen begann um 10½ Uhr die Hauptversammlung. Während der Vormittagsstunden hatten sich noch so viel Lehrer und Freunde der Volksschule eingefunden, daß die Zahl der Teilnehmer auf 600 geschätzt wurde. Aus der stattlichen Schar der Ehrengäste seien die Herren Regierungspräsident v. Brauchitsch, Reg.-Rat Oberbürgermeister Breslau, Reg.- und Schulrat Hardt, Landrat Freiherr von Müffling, Gymnasialdirektor Hartung, Stadtschulrat Dr. Vorbrodt, Kreisschulinspektor Polack, die Geistlichen der Stadt und des Bezirkes Erfurt u. a. m. Als der Saal in der am Fuße des Steigers liegenden Wirtschaft „Zur Flora" dicht gefüllt war, wurde die Hauptversammlung mit dem Gesange der beiden ersten Strophen des Liedes: „O heilger Geist, kehr bei uns ein" und einem sich anreihenden Gebete des Herrn Seminardirektors Herrmann über die vorbildliche Hirtenliebe des Heilandes eröffnet. Der erste Punkt der Tagesordnung lautete: Ansprache des Seminardirektors Herrmann unter Zugrundelegung der Schrift Pestalozzis „Abendstunde eines Einsiedlers." Nachdem der Redner die Versammlung als eine Genossenschaft begrüßt hatte, die zu gleicher Sorge und gleicher Freude berufen sei und deren Pflege die höchsten Güter überantwortet seien, wies er darauf hin, daß der Lehrer Vorbilder brauche, um in rechter Weise Verstand, Gemüt und Willen des Kindes ausbilden zu können. Das mustergültigste Vorbild des Lehrers und Erziehers sei Pestalozzi, weil in ihm die unaussprechliche Liebe zur Menschheit überall zutage getreten sei, eine Liebe, die gleich der Liebe des Heilandes sich der verlornen Schäflein angenommen habe. Pestalozzi stehe mit dieser seiner Liebe im schärfsten Gegensatze zu Rousseau, der sich herzlos von den Armen und Verlassenen abwende, zu den Philanthropen, die nur die Kinder der Reichen und Vornehmen zu einem glücklichen Leben führen wollten. Pestalozzis Liebe zur Menschheit trete in seinem ganzen Erdenwirken hervor und sein erstes Schriftchen: „Abendstunde eines Einsiedlers," atme in jeder Zeile die christliche Hirtenliebe. Aus der vortrefflichen Ansprache wollen wir nur die folgenden Gedanken hervorheben: Wie der Hirt sein Schäflein kennt, so soll der Erzieher das Menschenkind, das ihm anvertraut ist, kennen und lieben. Die Liebe zu dem Pflegling mehrt sich um so mehr, je tiefer er seinen Blick in dessen Seele eindringen läßt und je gründlicher er das geistige Werden und Wachsen des Kindes versteht. Zunächst muß das Kind in intellektueller Beziehung gebildet werden. Unsere Kinder können nicht alle Wahrheit brauchen, ihr Wissenskreis bleibt klein und enge; aber ihr Wissen muß fest und gründlich sein. Die wahre Weisheit des Menschen ruht auf dem festen Grunde der Kenntnis der nächsten Verhältnisse. Ohne psychologische Erkenntnis ist aber ein richtiger Aufbau nicht möglich. Mit der intellektuellen Bildung muß die sittliche Bildung handinhand gehen. Für die Sitten ist das Vaterhaus die beste Schule. Die häuslichen Verhältnisse sind grundlegend für die Bestimmung des Menschen. Wird das Kind von der Kraft des Hauses getragen, so wird es auch in den Glauben zu seinem Gott hineinwachsen; denn der Kindessinn gegen Gott entspringt dem Kindesverhältnis in der Familie. In dem Glauben, daß Gott sein Vater, Quell seines Segens sei, findet der Mensch eine Ruhe, die durch nichts erschüttert werden kann. Zu diesem Glauben führe der Lehrer seine Kinder, so daß Ströme reichen Segens in Häusern, Gemeinden, in Staat und Kirche rauschen. Reicher Beifall belohnte den Redner für die gehaltvolle, begeisternde Ansprache.

Herr Lehrer Bauer aus Erfurt begann nun seinen Vortrag über die Schulgesundheitspflege. Das Thema lautete: „Welche Forderungen stellt gegenwärtig die Schulgesundheitspflege, und wie kann ihnen entsprochen werden? Der Berichterstatter wüßte keinen Punkt zu nennen, der von dem Vortragenden übergangen wäre. Alle jenen bedeutsamen Momente, die von Ärzten und Schulmännern in unsern Tagen aufgeführt werden, fanden in dem ansprechenden Vortrage des Herrn Bauer gebührende Beachtung. Der Vortragende sprach über die Frontlage der Schulhäuser, die Beschaffenheit der gut eingerichteten Schulstuben, die Einrichtung zweckmäßiger Schulbänke, die Notwendigkeit einer Heizung mittels Kachelöfen, die Entfernung des Schulstaubes durch fleißiges Auswischen. Ferner wünschte er, daß dem Turnen und dem Spiele mehr Raum gegönnt werde, daß der Unterricht öfters durch Aufstehen der Schüler und eingelegte passende Freiübungen am Orte unterbrochen werde u. dgl. m. Interessenten seien darauf aufmerksam gemacht, daß die fleißige Arbeit bei H. Beyer und Söhne in Langensalza im Druck erscheint.

Der Vortrag des Herrn Bauer wurde durch eine halbstündige Pause, in der ein Seminarist die erste Knabenklasse der Seminarübungsschule Gliederübungen ausführen ließ, geteilt. Die kleine Schar erntete großes Lob. Pünktlich und sicher wurde von jedem Schüler jeder Befehl vollführt; und — was gewiß nachahmenswert ist — die Schüler wurden dazu angehalten, die Übungen am Schlusse zu benennen und zu beschreiben, wodurch es möglich wurde, den ganzen Stoff in rascher Folge nochmals durchzuüben.

Mit derselben Knabenklasse hielt noch Herr Seminarlehrer Köppe eine Geschichtslektion über das Thema: „Albrecht der Bär." Er hatte den für eine Stunde zu reich bemessenen Stoff in folgender Weise gegliedert:
1. Wie Albrecht der Bär die Nordmark erwirbt.
2. Wie die Bewohner der Nordmark lebten.
3. Wie Albrecht der Bär die Nordmark erweitert.
4. Wie Albrecht der Bär das Land kultiviert.
5. Wie Albrecht der Bär die Bewohner zum Christentume bekehrt.

Der Geschichtsvortrag des Lehrers war fließend, klar, einfach und anschaulich. Die Wandkarte fand fleißige Benutzung. Die weniger bekannten Namen standen an der Schultafel, und die Eigentümlichkeit ihrer Schreibweise wurde angegeben. Die Schüler antworteten frisch und in vollständigen Sätzen auf die Wiederholungsfragen und waren auch imstande am Schlusse eines jeden Abschnittes in zufriedenstellender Weise eine Zusammenfassung zu geben.

Eine Besprechung fügte sich der Lektion nicht an, da die Zeit zu weit vorgeschritten war, und doch wäre es wünschenswert gewesen, über Einzelheiten eine

Unterredung herbeizuführen. Schon oben wurde bemerkt, daß der Stoff für eine Stunde zu umfangreich war; der Rahmen von einer Stunde wurde weit überschritten. Wenn aber der Lehrer in der guten Absicht, ein abgerundetes Bild darzubieten, über das Zeitmaß hinausgreift und notgedrungen wichtige Lehrakte (das Abfragen des dargebotenen Geschichtsstoffes, bei den letzten Lehreinheiten übergeht, so muß er gestehen, daß seine Lektion kein Muster für andere abgeben kann, oder er muß hinterher bemerken, daß er aus dem einen und andern Grunde sich gezwungen sah, abzuweichen von der rechten Bahn. Es war zu loben, daß den Schülern die schwierigen Wortformen auch sichtbar gemacht wurden; ob es aber ratsam ist, die betreffenden Wörter vor der Stunde an die Wandtafel zu schreiben, dürfte fraglich sein. Für ein solches Verfahren spricht die dadurch erzielte Zeitersparnis und die Möglichkeit, das Auge ohne Unterbrechung auf die zu unterweisende Schar gerichtet zu halten; es bleibt jedoch zu bedenken, daß alles Fremde und Sonderbare eine große Anziehungskraft auf Kinder ausübt und aus diesem Grunde einzelne Schüler sich versucht fühlen, das Auge vom Lehrer ab und nach der Tafel zu wenden. Mit den Augen schweifen natürlich auch die Gedanken ab. Wollte man aber die vor der Stunde angeschriebenen Wörter am Anfang der Geschichtslektion in einer Vorbereitung den Schülern erläutern, so würde man es nicht umgehen können, Stoffe vorweg zu nehmen (z. B. bei Erklärung solcher geschichtlichen Namen wie Asfanien, Pribislav, Petrussa, Jatzo u. s. w.) Das beste Verfahren bleibt jedenfalls das Anschreiben des betreffenden Wortes beim ersten Vorkommen desselben im Vortrage des Lehrers. Nimmt letzterer seinen Stand in der Nähe der Wandtafel, so kann er ohne Zeitverlust das fragliche Wort kurzer Hand anschreiben. In vielen Fällen wird sich auch ein fähiger Schüler finden, der imstande ist, diese Wörter anzuschreiben, wenn er auf ihre Eigentümlichkeiten aufmerksam gemacht oder ihm noch besser ein Blatt mit den aufzuschreibenden Wörtern vom Lehrer in die Hand gegeben wird. Bei einer solchen rechtzeitigen Notierung der den Kindern bisher noch ungebräuchlichen Wörter prägen sich dieselben gleichzeitig nach Inhalt und Form richtig ein, und der Unterrichtsgang erfährt doch keine Hemmung. Die oben genannten Überschriften der einzelnen Abschnitte wurden nach geschehener Zusammenfassung auf die Frage des Lehrers: Wovon haben wir jetzt gesprochen? von den Schülern selbst gesucht. Die Antworten der Knaben legten Zeugnis ab von ihrem Selbstvertrauen und der Teilnahme, die sie dem Unterrichte schenkten. Es läßt sich aber nicht vermeiden, daß bei solchen auf den Hauptinhalt des Abschnittes abzielenden Sätzen mannigfache Veränderungen vorgenommen werden müssen, ehe die Überschriften ganz zutreffend sind und ansprechende Formen besitzen. Dem kann abgeholfen werden, indem der Lehrer die Überschrift als Zielangabe seiner Erzählung voranschickt. Bei der Geschichtserzählung ist allerdings die Forderung einer Zielangabe bezüglich der Lehreinheit nicht so streng wie bei der Disputationsmethode, bei der durch gemeinsame Überlegung die Ergebnisse von der ganzen Klasse gewonnen werden müssen und wozu von Abschnitt zu Abschnitt bestimmte Ziele aufzustellen sind, wenn die Gedankenarbeit nicht in Verwirrung geraten soll. Aber man kann nicht in Abrede stellen, daß die Ankündigung: „Wir wollen jetzt sehen, wie Albrecht der Bär die Nordmark erweitert" eine ganz andere Anteilnahme bei den Schülern erweckt als die kurze Bemerkung: „Wir gehen jetzt weiter." Als die Lektion bei dem 5. Abschnitte stand, mahnten Rufe aus der Mitte der Versammlung an den Schluß. Herr Köppe erbat sich darauf noch einige Augenblicke die Aufmerksamkeit der Zuhörer, weil das noch Darzubietende "notwendig zum Abschluß" gehöre. Dieser Abschluß bestand in einem Rückblick (oder Vorblick) auf die hervorragenden Regenten aus dem Hohenzollernhause, auf Friedrich I., den ersten Kurfürsten von Brandenburg, auf Friedrich Wilhelm, den großen Kurfürsten, den großen König Friedrich II. von Preußen und auf unsern Heldenkaiser. Der Gedanke ist an sich ganz gut, durch den Hinblick auf diese hehren Gestalten den Nachweis zu liefern, daß das von dem Askanier Albrecht eroberte, kultivierte und christianisierte Brandenburg das Stammgebiet des durch die Tapferkeit und Weisheit der Hohenzollern jetzt so mächtigen Reiches geworden ist. Hier vermißte man aber ein erklärendes Wort des Lehrers. Waren diese Fürsten den Schülern aus der vorhergehenden Klasse genügend bekannt? Nur beim Bejahen dieser Frage kann ein solches Vorgehen für zulässig erklärt werden. Am Schluß des Schuljahres sind derartige Zusammenstellungen, Gruppierungen des Stoffes nach besondern Gesichtspunkten als "immanente Repetition" sehr zu empfehlen; sind aber die geschichtlichen Personen im früheren Unterrichte noch nicht eingehend betrachtet, so ist Gefahr vorhanden, daß die Schüler oberflächlich werden und von Verhältnissen und Zuständen zu reden sich gewöhnen, die sie nicht verstehen. Die Lehrprobe des Herrn Seminarlehrers fand allseitigen Beifall; der Nutzen, den eine solche Unterrichtsstunde als Musterlektion der Seminarkonferenz stiften kann und stiften soll, wird aber zweifelsohne erhöht, wenn auch für eine sich anschließende Diskussion Zeit gelassen wird.

In dem Gasthause "Flora" fand nach der Lektion ein gemeinsames Mittagessen statt. Der Preis war für das Gedeck so niedrig gestellt (80 Pfg.), daß die Teilnahme am Essen eine allgemeine war. Im Anschluß an die Aphorismen 111 und 112 aus Pestalozzis "Abendstunde eines Einsiedlers:" "der Fürst, der Kind seines Gottes ist, ist Kind seines Vaters" und: "der Fürst, der Kind seines Vaters ist, ist auch Vater seines Fürsten" brachte Herr Regierungs- und Schulrat Hardt einen Trinkspruch auf Se. Majestät unsern Kaiser aus, und aus vollem Herzen erklang dann die Strophe: "Heil dir im Siegerkranz, Herrscher des Vaterlands." Herr Kreisschulinspektor Polak toastete dann noch auf das Seminar und seine Lehrer und Herr Seminardirektor Herrmann auf die erschienenen Gäste.

In den späteren Nachmittagsstunden fanden noch musikalische Aufführungen seitens des Seminarchors unter Leitung des Herrn Seminarlehrer Thilo. Der erste und zweite Satz aus Beethovens C-dur-Sinfonie, arrangiert für Klavier und Streichinstrumente wurde von den Seminaristen trefflich gespielt. Die Motette von B. Klein "Der Herr ist König" stellte hohe Anforderungen an die Stimmmittel der jungen Leute, wurde aber gut durchgeführt. Ein angehender Künstler zeigte sich in dem Seminaristen Grundig, der mit einer staunenswerten Meisterschaft das achte Violinkonzert von L. Spohr vortrug. Den größten Genuß bereitete aber die Vorführung einer Kantate für Männerchor und Solostimmen von W. Taubert, betitelt "der Landsknecht." Die Komposition war trefflich einstudiert. Von den Chorsätzen fanden besonders Satz 1: Auszug und Satz: 12. Sturmchor und Siegesgesang den Beifall der lauschenden Menge. Ergreifend wurden die Solopartien von Fräulein Saarmann (Konzertsängerin aus Erfurt) und Herrn Better (Gymnasiallehrer in Erfurt) vorgetragen. Hier waren es die Nummern 4: Recitativ und Morgenlied des frommen Landsknechtsknaben und 11: Heimweh. Recitativ und Abendlied, die großen Eindruck machten. Für die aufgewendete Mühe gebührt allen Mitwirkenden wärmster Dank.

# Eine Stimme über das Volksschulwesen.

Ein Schulblatt sollte eigentlich nicht bloß Schulleute zu Worte kommen lassen, sondern auch auf Stimmen über das Schulwesen hören, die aus anderen, nicht amtlich interessierten Kreisen stammen. Jedenfalls können solche Stimmen, die nicht von den in unserm Stande gebräuchlichen Kriegs- und Heilrufen beeinflußt sind, dazu dienen, uns auf Dinge aufmerksam zu machen, deren Wichtigkeit und Unwichtigkeit, deren Schiefheit und Verkehrtheit uns bei zu großer Nähe sich nicht so auffällig zeigt, als dem Fernerstehenden. So entdeckt der Blick eines Menschen, der nur eben über einen Zaun sieht, mitunter das Unharmonische einer Gartenanlage besser als der im Garten waltende Besitzer. Aus diesem Grunde lassen wir hier dem Professor Riehl, der durch seine musikalischen Schriften und Novellen, seine Hausmusik, besonders aber durch seine „Naturgeschichte des deutschen Volkes" (3 Bde.) mit Recht allerwärts bekannt ist, wohlbedacht auch in unserm Schulblatt einmal das Wort. Unser Musiker und Kulturhistoriker sagt im 3. Bande des zuletzt erwähnten vortrefflichen Werkes, „die Familie", Dinge, die ein ernstes Überlegen herauszufordern sehr geeignet sind.

Vielleicht meint mancher Leser, der Professor aus München sehe einiges durch eine sehr gefärbte Brille an, er sei ein Pessimist, was er bekanntlich durchaus nicht ist, vielleicht glauben andere Leser, er mache auf wirkliche Schäden aufmerksam. Wie dem auch sei, der unermüdliche Vertreter des „deutschen Hauses", des „ganzen Hauses" soll jetzt das Wort haben. Er sagt:

„Die modernen Rettungshäuser" sind neben anderem ein thatsächlicher Beweis, daß man die Bedeutung der Familienzucht für die Erziehung wieder begreifen lernt. Nicht bloß Waisenkinder, sondern überhaupt familienlose Kinder, Kinder, welche „hinter den Hecken jung geworden" sind, sollen hier ein Haus wiederfinden; zuerst sollen sie erzogen werden in christlicher Familiensitte, in der liebevollen Zucht des Hauses, und alsdann gebildet in allerlei nützlicher Kenntnis; zuerst soll ihnen das Haus erschlossen werden und nachher die ganze Welt. Darin ist ein großer Gedanke geborgen.

So schrieb ich vor fast einem Menschenalter (1854). Seitdem ist das Schulwesen mächtig vorgeschritten, aber nicht immer fortgeschritten. Auf die geschmeichelte Generation folgte zwar nicht die geprügelte (denn Prügel sind streng verpönt), wohl aber die „stramm" abgerichtete. Die Schule soll gleichmäßig, gattungsmäßig erziehen, die Schüler sollen in geschlossener Front, gleichen Schrittes auf dem breiten Heerweg des Wissens marschieren, wie ein gut exerciertes Regiment. Die Gerechtigkeit der Noten, des Examens entscheidet; die statistische Tabelle, von einem Gewimmel schön geordneter Ziffern erfüllt, giebt doch zuletzt das allein wahre Bild der Leistung von Schülern und Lehrern. Statt in der individuellen Liebe zum Lernen erzieht man die Kinder in der Furcht vor schlechten Noten und mißlungenem Examen. Die materielle Lage der Lehrer hat sich ungemein verbessert, dafür ist ihnen aber die Freiheit der Berufsübung ungemein beschnitten worden. Es ist fast unmöglich, ein recht schlechter oder ein recht guter Lehrer zu sein. Die Schablone der Lehrordnung verhindert das eine und erschwert das andere, wenigstens bei den Volksschulen. („Seufzt da jemand?" Die Red.) Nur auf Universitäten existieren noch ganz schlechte Lehrer neben überragend vortrefflichen — kraft der akademischen Freiheit. Der Volksschullehrer darf seine Schüler nicht persönlich behandeln, das widerstritte der allgemeinen Gleichheit und Gerechtigkeit; aber die unpersönliche Schablone widerstreitet jeder subjektiv genialen Pädagogik, und die hat doch immer das Höchste geleistet. Privatinstitute zur persönlichen und familienhaften Erziehung von Kindern unabhängiger Eltern, die kein Examen, sondern das Leben ins Auge gefaßt wissen wollen, sind im Aussterben begriffen; denn ein Examen droht den Söhnen doch, das Freiwilligen-Examen. Die Verstaatlichung alles Schulwesens und die Abwendung der Schule von der Familie führt mit Macht zum Staatssocialismus, aus welchem leicht ein Socialismus ganz anderer Art erwachsen könnte, und in dem Streben nach militärisch straffer Festigung jeglicher Staatsgewalt hat man fast vergessen, daß der stärkste Schutz des Staates und der Gesellschaft in einem kräftig, eigenartig und vielgestaltig entwickelten Familienleben gegeben ist." (1881.)

## III. Abteilung. Litterarischer Wegweiser.

Kleine Schulgeographie. Leitfaden für den geographischen Unterricht in der Volksschule. Zugleich ein Hilfsbüchlein beim Gebrauch eines jeden Schulatlas. Elfte, neu bearbeitete Auflage von Ißleibs kleiner Schulgeographie. Berlin, 1885. Verlag von Theodor Hofmann. 9 Bogen. Preis 40 Pfg.

Neun Bogen für 40 Pfennige! Das kommt dem Absatz des Buches zu gute. Daß dasselbe eine weite Verbreitung gefunden hat, beweist die 11. Auflage. Ob man mit der Auswahl und Darstellung des Stoffes durchweg den Bedürfnissen gerecht geworden ist, welche die Volksschule an ein derartiges Lehrmittel stellen muß, erscheint doch etwas zweifelhaft. Schon die der Wissenschaft entlehnte Dreiteilung: mathematische, physikalische und politische Geographie, ferner die Abhandlung des zweiten, wichtigen Gebietes der physikalischen Geographie auf 4, sage 4 Seiten, während der politischen Betrachtung, der Länder- und Staaten-Beschreibung, über 100 Seiten gewidmet sind: alles dies ist doch, wenn es sich eben um die Bedürfnisse der Volksschule handelt, sehr anfechtbar. Des Zahlenwerts und der Namen ist auch bei der neuen Auflage immer noch zu viel, wenn schon gegen früher eine anerkennenswerte Verminderung eingetreten ist. Eine Schematisierung des Stoffes, wie wir sie bei den einzelnen Abschnitten fast immer von neuem antreffen: Grenzen, Küsten, Größe, Bodenbeschaffenheit, Bewässerung, Klima und Produkte, Einwohner, Einteilung des Landes, — woran dann zumeist notizenartige Aufzählungen von Provinzen und Städten folgen: das ist doch wohl keine Verarbeitung, wie sie die Volksschule verlangt. Es wird Sache des tüchtigen Lehrers sein, aus dem Buche erst das zu machen, was sich beim Unterricht daraus machen läßt. — Wir gebenals Beleg für die Berechtigung unserer Aussetzungen und Wünsche eine ohne viele Wahl herausgegriffene Probe, eine Beschreibung der Provinz Pommern, wie wir sie Seite 60 ff. des Büchleins finden: „Provinz Pommern, 546 □-M. 1 540000 Einw., hat 3 Reg.-Bezirke: a) Reg.-Bez. Stettin. Hauptstadt Stettin a. d. Oder, 92000 Einw., bedeutende Handelsstadt, deren Seehafen, Swinemünde, auf der Insel Usedom; Anklam 12 300 Einw., Stargard an der Ihna, 21,800 Einw.; b) Reg.-Bez. Stralsund. Stralsund 29 500 Einw., Greifswald 20000 Einw., Universität; c) Reg.-Bez. Köslin mit Köslin 16830 Einw., Stolp 21 600 Einw., Kolberg an der Persante, 16000 Einw., mit befestigtem Hafen. — Zur Provinz Pommern, Reg.-Bez. Stralsund, gehört die Insel Rügen mit den viel besuchten Seebädern Putbus und Sassnitz." —

Das ist Alles.

# Evangelisches Schulblatt.

Dezember 1887.

## I. Abteilung. Abhandlungen.

## Das Interesse nach seiner Bedeutung für Unterricht und Erziehung.*)

### II.

Wie ist es anzufangen, daß unsere Schüler ein vielseitiges Interesse gewinnen? Das ist die Frage, die wir heute zu besprechen haben.

Wollte ich eine vollständige Antwort auf diese Frage geben, so hätte ich nicht weniger als eine vollständige allgemeine und angewandte Pädagogik zu schreiben. Die Gewinnung eines vielseitigen Interesses ist das Ziel einer jeden Erziehungsschule; streng genommen darf infolgedessen nichts in derselben vorkommen, was nicht der Erreichung dieses Zieles diene; es sind vielmehr die sämtlichen Maßnahmen der Regierung, des Unterrichts und der Zucht im Blick auf das Ziel zu treffen.

Daß wir nun eine so ausgiebige Beantwortung unserer Frage in den Verhandlungen eines Nachmittags nicht versuchen können, versteht sich von selbst. Wir müssen uns vielmehr auf die Besprechung einiger Kardinalpunkte beschränken, oder besser noch aus einigen Umrißlinien es den Kundigen erraten lassen, wie die Ausführung sich gestalten würde.

Leben wird nur aus Leben geboren und wer Interesse erzeugen will, muß selbst ein Interessierter sein. So ist es billig, daß wir unsern Blick zunächst auf die Lehrerpersönlichkeit richten, uns fragen: Welche Anforderungen stellt die Möglichkeit der Erreichung unsers Zieles an unser Sein?

Phil. Melanchthon sagt von Trotzendorf, daß er vor seinen Schülern erschien, wie Scipio Afrikanus im Lager. Wie dieser als eine lebendige Verkörperung der römischen virtus, so erschien Trotzendorf als eine lebendige Darstellung des Zieles, zu dem er mit fester Hand und unverwandten Blickes seine Schüler führte, schon durch seine bloße Erscheinung niederhaltend, was als Leichtsinn und Gemeinheit im Wege stand dem Fortschritt zu dem gesteckten Ziele, und nicht minder die Schüler anreizend, den Versuch zu machen, ihm gleich zu werden oder doch ihm nachzustreben.

Das sind unerreichbare Ideale, denkt wohl mancher. Nun, wenn man

---

*) cf. die Nr. 10 dieses Bl.

Trotzendorf gefragt hätte, ob er das, was er hätte sein mögen, auch wirklich war, so würde er sicherlich mit dem Apostel bekannt haben: „Nicht, daß ich es schon ergriffen habe, oder schon vollendet sei; ich jage ihm aber nach, ob ich es auch ergreifen möge, nachdem ich auch von Christo Jesu ergriffen bin." In einem holländischen Katechismus zur Schulfrage heißt es mit Recht von den Idealen, daß sie nicht dazu da seien, um erreicht zu werden, sondern daß man sich zu ihnen richte. Wie Jakobus den Gläubigen aus Israel den geistesmächtigen Elias als einen Menschen wie sie vorstellt, so ist auch Pestalozzi ein Schulmeister wie du; denke nur daran, daß ein Haushalter nicht gelobt wird, je nachdem er fünf oder zwei Pfund erworben hat, sondern danach, ob er treu erfunden ist in seinem Haushalt.

Ich bin in den letzten Jahrzehnten oft auf der Böninghardt gewesen, einer armen Gemeinde auf dem Höhenzuge zwischen Maas und Rhein. Der erste evangelische Lehrer dieser Gemeinde war ein früherer Duisburger Diakon, Pohlmann, der seine Wirksamkeit damit begann, daß er mit seiner Frau die Kinder sich waschen, kämmen, die eigenen und der Geschwister Kleider flicken lehrte, und daß er in den Alten eine Ahnung davon zu erwecken suchte, daß unsers Herrgotts Himmel über ihrem armen Heidelande gerade so groß sei, wie über den fruchtbaren Gefilden in der nahen Rheinebene. Der Mann war kein pädagogischer Künstler; so oft ich aber die Stätte seiner Wirksamkeit sehe, beuge ich mich gern vor dem idealen Schulmeister, der mit wenigem treu war.

Unter allen Artikeln, die Dörpfeld seit 1857 im Schulblatt veröffentlicht hat, hat er schwerlich einen mit größerer innerer Beteiligung geschrieben, als die Erinnerung an den sel. Hindrichs (Schulblatt 1858 S. 65 ff.). Man merkt es dem Lebensbilde des früh heimgegangenen idealen Schulmeisters an der Dhün überall an, daß es keine Phrase war, wenn der Biograph sagte: „Ein Fürst und Großer ist gefallen im Schul-Israel."

Daß die hergebrachte Schulverfassung der idealen Entwicklung der Lehrerpersönlichkeit so vielfach hemmend entgegensteht, das ist für Dörpfeld ein Hauptantrieb gewesen, auf eine gesundere Ausgestaltung derselben zu dringen.

Nur noch auf einige Merkmale möchte ich hinweisen, die mir besonders geeignet erscheinen, es erkennen zu lassen, wie es mit unserer Berufsauffassung steht.

Wo siehst du die Höhe- und Lichtpunkte in deiner Schulmeisterei? Es ist nichts dagegen zu sagen, wenn jeder sich bemüht die Leistungen seiner Klasse so zu fördern, daß sie sich können sehen lassen; auch dagegen ist nichts zu erinnern, wenn sich jemand freut, wo einmal seine Leistungen dankbare Anerkennung finden. Das aber ist ein traurig Ding, wenn brillante Leistungen und die dazu gehörige Anerkennung das höchste Ziel der Arbeit werden, wenn das Trachten nach ihnen den Blick verwirrt für das, was den Kleinen in Wahrheit not thut, die der größten Mehrzahl nach nicht für brillante Leistungen geschaffen sind. Und so gestaltet sich die obige Frage also: Was erfreut dich mehr, der gute Stand deiner Klasse, oder die glückliche, wenn auch noch so bescheidene Entwicklung der einzelnen Kinder?

Es ist ein gefährlich Ding um die guten Klassen. Nur zu leicht verschwinden die einzelnen Schüler in der Gesamtheit; keiner bekommt sein Recht; der Ehrgeiz treibt die begabteren, sich an die Spitze zu bringen; das Gefühl, der Klassenaufgabe nicht gewachsen zu sein, läßt die schwächeren ermatten und auf allerlei unlautere Mittel sinnen, sich durchzuhelfen, und an Stelle des unmittelbaren Interesses, das der Unterricht pflegen sollte, gewinnen allerlei mittelbare Interessen in den Schülern die Herrschaft.

Ob die stille und unscheinbare Sorge für den Einzelnen dem Lehrer viel Dank und Anerkennung bringen werden, ist allerdings fraglich. In seiner Schrift: „Von den göttlichen Dingen und ihrer Offenbarung" sagt Fr. Jacobi von seinem Freunde, dem Wandsbecker Boten: „Guter Asmus, du begehrst keinen von denen Sternen — so wenig litterarischen als politischen — die auf dem Latz prangen; du verlangst ihn nicht wegen des andern auf der bloßen Brust" (Werke III S. 268). Das sollte auch von dem idealen Schulmeister gelten.

Wie stehst du zu deiner Schulgemeinde?

Der in Broich bei Mülheim verstorbene Grunerts war zuerst Lehrer in Pohlhausen. Er wurde von dort verschiedentlich auf bessere Stellen gewählt; sobald aber der Augenblick kam, wo er sich über die Annahme entscheiden mußte, machten sich die innigen Beziehungen, in denen er zu den einzelnen Familien seines Bezirks stand, so energisch geltend, daß er immer wieder bleiben mußte. Nach Broich wäre er wohl auch nicht gekommen, wenn nicht seine mütterliche Beraterin, die Frau Lehrer Sarres aus Elberfeld, gekommen wäre und ihn hinweggehoben hätte über den verhängnisvollen Punkt. Ich war sein dritter Nachfolger auf Pohlhausen und habe noch deutlich den Segen gespürt, der der Schule aus den von Grunerts angeknüpften guten Beziehungen zu den Familien erwuchs.

Es will mich bedünken, als ob die Schulmeister unserer Zeit in diesem Stück immer mehr hinter unsern Vorgängern zurückblieben, als ob sie gewöhnt würden, ihr Amt als einen Dienst anzusehen, den man ebensowohl in X als in Y ausüben kann, und den man deshalb da thut, wo er am besten honoriert wird. Das ist sehr zu beklagen, und es ist keine Frage, daß unter diesem Stand der Dinge der Lehrer nicht minder als die Schule leidet. So unsinnig es ist, an eine gedeihliche Arbeit einer mehrklassigen Schule zu glauben, ohne daß ein die Einheit sicherndes Hauptlehreramt vorhanden ist, so unsinnig ist es, reiche Frucht von der Schularbeit zu erwarten, ohne daß sie mit den übrigen Erziehungsfaktoren, und namentlich der Familie, in die rechte Beziehung gesetzt sei. Daß diese Beziehungen herzustellen, dem Lehrer auch in größeren Städten mit fluktuierender Bevölkerung möglich ist, dafür habe ich verschiedene Beweise gesehen. Je weniger jemand in dem Getriebe des öffentlichen Lebens gezählt wird, je dankbarer nimmt er es auf, wenn du ihm sagst, daß er für dich etwas bedeutet, ja sogar ein wesentlicher Faktor sei.

Direktor Brandt erzählt, daß er auf seinen Erholungsreisen, wenn er mit Kollegen zusammentraf, wohl für die Unterhaltung den Kanon habe aufstellen hören: Alles, nur keine Schulmeisterei! Das hat ihm mit Recht sehr schlecht gefallen. Aber auch das gefällt mir nicht, wenn die Schulmeisterunterhaltungen so geführt werden, daß andere sich höchst unbehaglich bei ihnen fühlen und froh sind, wenn sie nur entrinnen können. Wir haben ohne alle Frage manches zu besprechen, was andere wenig interessiert, und darum sind blühende Konferenzen immer ein gutes Lebenszeichen unsers Standes. Das ist aber kein gutes Zeichen, wenn wir uns nicht der Gelegenheit freuen, auch mit Nichtlehrern Erziehungsfragen besprechen zu können, denn die wichtigsten unter ihnen sind solche, die für alle gelten, die das Herz auf dem rechten Fleck und offne Sinne haben. Dazu muß ich gestehen, daß ich oft aus einem Gespräch mit einem schlichten Bauern über seine Arbeit, über den Stand seiner Felder, über seine Erlebnisse, seine religiösen, politischen und sonstigen Ansichten mehr für meine Schularbeit gelernt habe, als ich in gleicher Zeit aus streng pädagogischen Studien oder Besprechungen zu gewinnen wußte.

Endlich darf der echte Schulmeister kein Fachgelehrter, Künstler oder sonst einseitiger Liebhaber sein. Ich will nicht davon reden, daß manchem die Schulstunden zu lang werden vor Verlangen, wieder an seine Lieblingsbeschäftigung zu kommen, auch nicht davon, daß einer ein gründlicher Kenner eines Faches sein kann und zugleich ein erbärmlicher Lehrer desselben. Die Pflege eines einzelnen Interesses verträgt sich nicht mit der uns nötigen Vielseitigkeit. Wem es mit seiner Ausrüstung für seine Schularbeit ernst ist, wer sich in der Pädagogik und ihren Hülfswissenschaften, dazu in den einzelnen Unterrichtsfächern nach ihrer stofflichen Seite nur annähernd auf der Höhe erhalten will, der hat nicht Zeit noch Kraft zu besondern Fachstudien. Damit will ich nicht sagen, daß nicht jeder Liebhaber sein dürfe, liegt die Berechtigung hierzu doch schon in der Individualität begründet und erweisen sich die besondern Interessen oft genug als befruchtend für das gesamte Geistesleben und besonders als gute Schutzwehr gegen allerlei Versuchungen von innen und außen. Aber diese besondern Interessen dürfen uns nicht einseitig machen, nicht den Blick verwirren für das Ganze; in die Erziehungsschule gehört kein Fachunterricht, darum darf auch ihr Lehrer kein Fachmann sein in seiner Arbeit.

Das Mittelschul-Examen ist eine sehr dankenswerte Einrichtung, die es aber machen, sollten sehr auf ihrer Hut sein, daß sie darüber das gleichschwebende Interesse nicht verlieren.

Was nun die Rücksicht auf das im Schüler zu erweckende Interesse bei der

Das Interesse nach seiner Bedeutung für Unterricht und Erziehung. 445

Schularbeit selbst angeht, so haben wir zunächst einen Blick auf die Gliederung derselben zu werfen.

Wir unterscheiden in der Schularbeit Regierung, Unterricht und Zucht.

Unter Regierung verstehen wir die Summe aller derjenigen Maßregeln, durch die die Hindernisse der Erziehung, die sich aus dem ungebildeten Geisteszustande des Schülers und aus der Anhäufung vieler Schüler an demselben Orte ergeben, aus dem Wege geräumt oder doch zurückgedrängt und wenigstens zeitweilig unschädlich gemacht werden sollen. Es wird nie vorkommen, daß sich sämtliche Schüler aus freiem Antriebe pünktlich zum Unterricht einfinden, sich auf dem Wege und Spielplatz so verhalten, wie dies die Anwohnenden wünschen müssen, daß sie dem Unterricht mit der Ruhe und Aufmerksamkeit folgen, ohne welche ein befriedigendes Resultat nicht gehofft werden kann, u. s. w. Eben so wenig sind sie aus eigner Einsicht in der Lage, sich vor den sie umgebenden Gefahren zu hüten und das ihnen Heilsame sich zu nutze zu machen. So ist in dem eigenen Interesse des Kindes wie in dem seiner Umgebung in Bezug auf sein Thun und Lassen manches zu fordern, dessen innere Notwendigkeit es entweder gar nicht einsieht oder doch keineswegs zu jeder Zeit bedenkt; diese Forderung zu stellen und ihre Befolgung zu erwirken, ist Sache der Regierung.

Für gewöhnlich denken wir beim Unterricht an die Thätigkeit, bei der auf die Vorstellungen eines Menschen durch ein sprachliches oder sachliches Objekt von einem andern absichtlich eingewirkt, er von demselben mit dem Gegenstande beschäftigt wird. Ich halte diese Erklärung für zu eng. Wenn der Lehrer mit seinen Schülern eine Pflanze bespricht, so ist dies botanischer Unterricht; regt er sie zur Betrachtung auf einer botanischen Exkursion an, läßt man die Bezeichnung Unterricht auch noch gelten. Warum nun nicht, wenn der Lehrer die unabsichtliche Veranlassung zu einer solchen Betrachtung wird, oder der Schüler sich aus eigenem Antriebe an dieselbe macht? Ein Hauslehrer bei einem höheren Offiziere erzählte gelegentlich: Ich habe mich immer geschämt, wenn ich meine sorgfältigst präparierten Geschichtsstunden mit den Tischgesprächen verglich, in denen der Hausherr aus dem Schatz seiner Erfahrung altes und neues hervorholte und zum besten gab. Und Bismarck sagte gelegentlich: Wenn einer bei einer wichtigen Gesandtschaft ein Viertel Jahr Legationsrat gewesen ist, versteht er mehr von der Politik, als wenn er beim besten Professor sie drei Jahre gehört und studiert hat.

Wenn ich auf den psychischen Erfolg sehe, so kann ich nicht anders, als die Grenzpfähle des Begriffes Unterricht so weit stecken, daß jede Einwirkung eines Objekts auf den Vorstellungskreis eines Menschen, so lange dieselbe nicht direkt auf den Willen geht, darin Raum hat. Was also das Kind durch Umgang und Erfahrung kennen lernt, was die Eltern, Geschwister, Nachbarn, Lehrer ihm vorleben, was es im Spiel mit seinen Genossen und auf dem Spaziergang erlebt und erfährt, was es den Bilder- und andern Büchern entnimmt: durch das alles wird es nicht minder unterrichtet, als durch den Unterricht in der Schule, und der Lehrer unterscheidet sich von den freien Meistern da draußen nur dadurch, daß er sein Geschäft planmäßiger betreibt; trotzdem hat er aber nicht selten das Unglück, daß er weniger leistet als seine rohen Genossen da draußen, und zwar deshalb, weil er das Interesse weniger zu treffen versteht.

Mit dem Begriff der Zucht gehts ähnlich, wie mit dem des Unterrichts. Auch hier denkt man gewöhnlich an die planmäßige, also absichtliche Einwirkung auf den Zögling, sein Wollen und Thun seiner Einsicht gemäß zu gestalten. So gewiß Elieser besseren Religionsunterricht empfangen hat, als unsere Schüler ihn bei der Behandlung von Abrahams Leben erhalten, so gewiß ist die unabsichtliche Zucht des christlich gesitteten Hauses, der edlen Persönlichkeit, der christlichen Gemeinde mehr und besser, als alle planmäßige Zucht der Schule und des Hofmeisters. Wo also mit oder ohne Absicht der Mensch eine Einwirkung erfährt, die ihn anreizt, nicht länger in seinem Wollen und Thun seiner besseren Einsicht zu widerstreben, wo er sich vielmehr getrieben fühlt, sein besseres Ich zur Darstellung zu bringen: da steht er unter guter Zucht, gleichviel ob er die Hand des Zuchtmeisters sieht oder nicht.

Abgesehen von den Beschäftigungen und der allmählich sich herausbildenden Gewöhnung gehören die Maßregeln der Regierung in das Gebiet des mittelbaren Interesses; die Freude über die Anerkennung des Lehrers, die Furcht vor seinem Mißfallen, vor Verweis und Strafe sind die Triebfedern zur Befolgung der Polizeigesetze der Schule. Wir haben uns also bei der Beurteilung des Wertes der Regierungsmaßregeln und ihrer Erfolge zunächst dessen zu erinnern, was über die Bedeutung und den Wert des unmittelbaren Interesses ist gesagt worden.

Man denkt eben so leicht zu gering als zu hoch von dem Wert der Regierung.

Diejenigen schätzen den Wert der Regierung zu gering, die nicht an die mancherlei Gefahren denken, in denen das Kind aus Unkenntnis und Leichtsinn schwebt, und vor denen es durch ein gutes Regiment wenigstens in etwa bewahrt werden kann, die nicht bedenken, daß die Gewöhnung zu den mittelbaren Tugenden, wie Fleiß, Aufmerksamkeit, Reinlichkeit, Gehorsam der unmittelbaren Tugend wegbereitend wesentliche Dienste leistet, die endlich nicht an die Unterstützung denken, die das mittelbare Interesse dem unmittelbaren zu gewähren vermag.

Ein gutes Regiment ist für den Lehrer ein köstlich Ding. Wie viel Verdruß und Arbeit erspart es ihm, wie sehr erleichtert es ihm den Unterricht und die Behandlung der Kinder! Wo es fehlt, wird oft die beste Kraft des Lehrers vergeudet zur Aufrechterhaltung der notdürftigsten Ordnung; mit der besten Stimmung betritt er die Klasse, um sie sich nur zu bald durch Hervortreten von allerlei Schülerungezogenheit in ihr Gegenteil verkehren zu lassen; und was giebt es Widerwärtigeres als eine Rotte von Jungen und Mädchen, die auf dem

Schulplatz, durch Straßen und Gassen oder gar in dem Schulzimmer unbeschränkt nach Herzenslust umhertoben oder ihren Mutwillen treiben.

So hat man alle Veranlassung, das gute Regiment und seine kleinen Künste nicht gering zu achten.

Man darf die Regierung aber auch nicht überschätzen, und dies geschieht, sobald man ihr einen selbständigen Wert beilegt, es vergißt, daß ihre Aufgabe darin besteht, vorbereitend und unterstützend der Erziehung Dienste zu leisten. Namentlich strebsame Lehrer kommen leicht in die Gefahr, diesen Fehler zu begehen.

Ich habe seinerzeit in einer Klasse hospitiert, die ihr Unterrichtszimmer im ersten Stock des Schulgebäudes hatte. Auf der Treppe war es an dem verschiedenen Verschleiß genau zu sehen, auf welche Stelle der einzelnen Stufen die Schüler beim Hinauf- und Hinabgehen übereinstimmend getreten hatten. Der Unterricht begann mit dem Aufsagen von Katechismusfragen. Eine Abteilung der Knaben erhob sich, und ich konnte schon als Fremder aus dem Gesicht eines der Schüler herauslesen, daß er seine Fragen nicht konnte und einen Vorgeschmack der kommenden Prügel empfand. Die Schüler wußten viel; welchen Wert aber das Gelernte für sie hatte, war sehr fraglich; hätten sie einen Teil mit Freudigkeit gelernt, er wäre sicherlich wertvoller gewesen, als das viele aus Furcht Angeeignete.

Ein Seminardirektor kam auf einer Inspektionsreise einst in eine Klasse, deren Lehrer augenblicklich abwesend war, und fand die Schüler mit zusammengelegten Händen ruhig dasitzend. Er stürzte aus der Klasse zu dem nebenan beschäftigten Hauptlehrer und fragte, was für einen Menschen er da in seiner zweiten Klasse habe, das müsse doch ein fürchterlicher Tyrann sein; so etwas könne unmöglich geduldet werden. Der Hauptlehrer suchte ihn zu beruhigen und erklärte, daß der betreffende Kollege eine gute und keineswegs tyrannische Disciplin übe, daß auch er, der Hauptlehrer, es für geboten erachte, daß die Schüler einer Klasse sich bei eventueller Abwesenheit des Lehrers durchaus ruhig und in der geschilderten Weise verhalten. Der Seminardirektor aber ließ sich nicht beruhigen, und der zweite Lehrer mochte bei der Revision noch so schöne Resultate seiner Arbeit vorführen, sie fanden keine Gnade.

Und warum nicht?

Ich denke, der Revisor wird sich gesagt haben: Wer von einer Gesellschaft unbeschäftigter Kinder völlige Ruhe fordert, der übt einen unberechtigten Druck auf dieselben aus. Der Bewegungstrieb in den Gliedern, das Bedürfnis, den raschen Gedankenlauf zu äußern, sind bei gesunden Kindern viel zu groß, als daß man ohne Härte unthätige Ruhe von ihnen fordern dürfte.

Warum beschäftigte der Lehrer die Kinder nicht im Interesse des vorhergehenden oder des nachfolgenden Unterrichts? Wären die Kinder von der Lösung irgend einer Aufgabe so in Anspruch genommen worden, daß die Nachbarklasse vor jeder Störung durch sie wäre bewahrt geblieben, so hätte die Stille als ein

Beweis innerer Freiheit sittlichen Wert gehabt; der fehlte aber der durch das Schulregiment erzwungenen Ruhe, und so leistete das Regiment etwas, was viel besser auf anderem Wege hätte erzielt werden können. Was überhaupt durch Zucht und Unterricht gewonnen werden kann, sollte niemals dem Schulregiment zu besorgen überlassen werden.

3. macht ein so vortreffliches Schulregiment es dem Lehrer unmöglich, auch nur mit annähernder Sicherheit zu erkennen, ob der Unterricht wirklich interessiert und wie weit. Wenn die Kinder schon unbeschäftigt so gesammelt dasaßen, wie vortrefflich werden sie sich erst beim Unterricht benommen haben, gleichviel, ob derselbe ihr Interesse fand oder nicht.

Es ist gewiß Pflicht, dafür zu sorgen, daß die nicht-interessierten unter den Schülern sich während des Unterrichts nicht störend bemerklich machen oder auch nur völlig leer ausgehen; immerhin aber muß der Lehrer sehen können, ob Interesse vorhanden ist und ob dies einen geringern oder höhern Grad hat. Zu dem Zweck braucht das Schulregiment nicht gerade lax zu sein; es genügt schon, wenn in dem regimentlichen Gesetzbuch die Kapitel vom Sitzen und Sehen tolerant behandelt sind. An den Augen, an der mehr oder minder gespannten Haltung, wie an der Beteiligung in Frage und Antwort läßt sich das Nötige schon absehen.

4. darf auch das nicht unerwähnt bleiben, daß das zu stramme Regiment in den meisten Fällen nichts weiter ist, als ein Zeichen von Schwäche und mangelndem Selbstvertrauen des Lehrers. Wie die Mütter am meisten ge- und verbieten, drohen und strafen, die am wenigsten von der Erziehung verstehen, so sind dem Lehrer die Mittel zur künstlichen Erzielung eines erträglichen Standes seiner Klasse in Bezug auf Ordnung, Aufmerksamkeit, Fleiß u. s. w. besonders ans Herz gewachsen, der das unmittelbare Interesse nicht zu erregen versteht. Je weiter er in der Kunst der Regierung fortschreitet, um so mehr fühlt er sich der Pflicht überhoben, für interessierenden Unterricht zu sorgen, und um so tiefer sinkt er.

Wie die Regierung, so greift auch die Zucht leicht über die ihr gesteckten Grenzen.

Für mich finde ich den Hauptwert der Dreiteilung der gesamten pädagogischen Thätigkeit in Regierung, Unterricht und Zucht darin, daß sie mich erstens erinnert, den durch Regierungsmaßregeln erzielten mittelbaren Tugenden nie einen unmittelbaren Wert beizulegen, daß sie mich zweitens bei jedem Disciplinarfall auffordert, mich zu vergewissern, ob hier Maßregeln der Regierung oder der Zucht anzuwenden sind, daß sie mich 3. mahnt, das beste der Erziehung vom Unterricht zu erwarten. Das richtige Verhalten setzt neben der richtigen Einsicht das entsprechende Wollen voraus. Diese zu erzeugen ist der wichtigste Faktor der Unterricht, diesen Begriff in der vorhin angegebenen weiten Fassung genommen.

Wie die Sprachgelehrten die Männer besonders in ihr Herz geschlossen haben, die von ihrer Wissenschaft noch gar keine Ahnung hatten, wie die Dichter der Ilias und des Nibelungenliedes, die bekanntlich die Grammatik nicht einmal dem Namen nach kannten und doch feine Grammatiker waren: so ist die hohe Schule für den Kunstpädagogen da, wo die Pädagogik noch keine Kunst geworden, wo sie sich, wie auch andre normale Lebensverrichtungen mehr oder minder von selbst ergiebt. Die gut funktionierende Familie, diese Normal- und Musteranstalt für Erziehung, hat ihre Kraft in dem Sein und Thun der Alten; und ähnlich sagte der berühmte englische Erzieher Thomas Arnold, wenn nur die sixth form, die Schulen der Prima, in seinem großen Alumnate zuverlässig seien, so sei ihm vor den übrigen nicht bange.

Wer die Dreiteilung seiner pädagogischen Thätigkeit nur in etwa durchdenkt, dem ergiebt sich ganz von selbst die wichtige Mahnung: Sei fleißig und treu im Unterricht, setze deine Pflegebefohlenen in eine Lebensgemeinschaft, in der ein Geist guter Zucht herrscht, aber hüte dich vor reichlicher Anwendung von besondern Maßregeln der Regierung und Zucht! Wer durch die Maßregeln der Regierung Erziehung übt, der erzieht im besten Falle Pharisäer; wer aber sich freut über die Thränen und Versprechungen, die seine aufstürmende und herzberückende Zucht dem Sünder entlockte, der gleicht dem Kinde, das sich freut über die mannigfachen Formen, die es dem weichen Gummiball aufnötigt und bloß die Kleinigkeit vergißt, daß der Ball gleich nach aufgehobenem Druck in seine alte Form zurückspringt.

Man könnte sich allerdings hiergegen auf die vielfach vorhandenen Beispiele berufen, in denen ein mahnendes oder strafendes Wort und ähnliches unvergessen geblieben sind und den Anstoß gegeben zu haben scheinen zu einer völligen Sinnesänderung. Wer aber diese Fälle näher prüft, der wird finden, daß die Änderung unverständlich wird ohne Hinzunahme dessen, was ihr alles vorhergegangen, daß es auch hier geht, wie bei der Bekehrung Pauli, die allerdings auf dem Wege nach Damaskus erfolgte, aber durch seine früheren Lebenserfahrungen und namentlich durch das, was er bei den Christen gesehen hatte, vorbereitet und möglich gemacht war.

Über die Anforderung, die die Erzielung des Interesses an den Unterricht stellt, wäre sehr viel zu sagen. Zunächst erhebt sich wohl die Frage: Ist es bei den heutigen Schulverhältnissen überhaupt möglich, ein vielseitiges Interesse als Ziel des Unterrichts ernstlich ins Auge zu fassen?

Da denkt der eine an die gesetzlichen Normen, die nach seinem Dafürhalten es unmöglich machen, Stoffauswahl und Stundenplan so zu gestalten, wie der Blick auf das Interesse dies fordern; der andere denkt an den Revisor, der nach Kenntnissen und Fertigkeiten Umschau hält und für das bescheidene Pflänzchen Interesse schwerlich das rechte Auge hat; der dritte denkt an den Einfluß der miterziehenden Eltern, Geschwister, Nachbarn und des öffentlichen Lebens und fragt sich: Was kanns helfen, daß ich pflanze und pflege, was da draußen doch sogleich wieder niedergetreten wird! Das allgemeine Verlangen geht auf Kenntnisse und Fertigkeiten, für deren Erwerb finde ich allenfalls Unterstützung oder doch Anerkennung, darum will ich mich auf ihn beschränken.

In allen diesen Bedenken liegt etwas Wahres; gefährlich für die Sache des erziehenden Unterrichts werden sie aber erst dadurch, daß sich noch ein weiteres Bedenken hinter ihnen verbirgt, was allerdings nicht ausgesprochen, ja kaum deutlich gedacht wird. Es ist dies die Ahnung, daß die Erteilung eines wirklich erziehenden Unterrichts kein leichtes Ding ist, daß sie viel Selbstverleugnung und Demut und nicht minder ernste Arbeit und Anstrengung erfordert. In dem Stück sind wir Menschen gleich, daß wir nicht gern auf Bekanntes und Gewohntes verzichten, daß wir uns auf Neues besonders dann nicht gern einlassen, wenn die äußere Anerkennung ihm fehlt. Sie werden dies hoffentlich als eine Beleidigung empfinden und dagegen behaupten, daß es eine große Zahl von Menschen und namentlich auch von Kollegen gebe, die nicht so sind und fühlen. Ich freue mich, daß dieser Protest begründet ist, daß es an idealer gerichteten Naturen nicht fehlt; aber auch diese wissen, daß es einen alten Adam giebt, von dem Luther sagt, daß er durch tägliche Reue und Buße muß ersäuft werden und sterben, und der trotz des Sterbens auch den idealsten Leuten, sie mögens wissen oder nicht, immer wieder die ärgsten Streiche spielt, und sie zu seiner Weltanschauung sich bequemen lehrt, wo sie in den idealsten Sphären dahin zu segeln glauben. Im Blick auf ihn war es erlaubt, pessimistisch alle in einen Topf zu stecken, mag jeder sehen, wie weit er aus ihm heraus ist.

Die schlimmsten Hindernisse liegen in uns; wer diese mannhaft zu bestehen vermag, für den bedeuten die andern Bedenken nicht viel. Oder sollte wirklich in den Bestimmungen über Lehr- und Stundenplan ein ernstes Hindernis des erziehenden Unterrichts liegen?

Es giebt Leute, die die Forderungen, die von den besten Kennern des erziehenden Unterrichts, wie z. B. von Ziller und seiner Schule aufgestellt sind, so sehr als eine Einheit betrachten, daß sie sagen: Man muß sich entweder ganz genau in Bezug auf Stoffauswahl, -verteilung und -behandlung nach diesen Forderungen richten, oder auf den Nutzen des erziehenden Unterrichts verzichten. Wie Stahl z. B. von der lutherischen Lehre behauptete, es sei alles in ihr fundamental, es lasse sich kein Stein ohne Gefahr für das Gebäude herausnehmen oder durch einen andern ersetzen: so stehen sie zu der Lehre der Meister.

Ich glaube, sie thun der Sache ungewollt viel Schaden. Was würde wohl der Erfolg sein, wenn irgendwo ein Minister nach russischem Muster dekretierte: Vom 1. Mai 1888 an ist in allen Schulen der Monarchie nach beiliegendem Lehr- und Stundenplan erziehender Unterricht zu erteilen? Ich denke, das gäbe Resultate, die niemand loben würde. Gesetzt, die Pläne wären die denkbar besten, dann gilt es immer noch, sie Schritt für Schritt und ohne Bruch mit der Gegenwart einzuführen; und erst, wenn dies geschehen, wenn das Alte nahezu vor dem Neuen verschwunden wäre, wenn seine Reste als wunderliche Gedenkstücke alter Zeit gebrechlich aus dem Neuen hervorschauten, dann könnte man dem Neuen Alleinberechtigung zusprechen.

Die über Reinheit der lutherischen Lehre am strengsten wachten, die sind, ähnlich den Pharisäern zur Zeit Jesu, in tote Orthodoxie verfallen; wo aber lutherisches Leben war, da war es aus mit der Reinheit der Lehre, da fühlte man sich gedrungen, den mannigfaltig wechselnden Bedürfnissen des Lebens sich anzupassen, unbekümmert, ob dies lutherisch war oder nicht.

Wie die Kirche, so hat auch die Schule sich möglichst nach den gegebenen Verhältnissen zu richten, und wo diese etwa die Behandlung der Märchen im 1. Schuljahre, den Fortschritt im Gesinnungsunterricht nach Kulturstufen oder anderes nicht gestatten, da würden Ziller, Rein und ihre Freunde sicherlich mit dem Lehrer wenig zufrieden sein, der aus diesen Fragen Kardinalfragen machen wollte.

Wenn man nach den Männern Umschau hält, die in unsern Tagen der Pflege des Interesses und damit also dem erziehenden Unterrichte wesentliche Dienste geleistet haben, so findet man sicherlich Dörpfeld mit in erster Reihe. Daß er so viel hat wirken können, das beruht wesentlich auch darin, daß er seine Arbeit unter steter Berücksichtigung des Gegebenen gethan hat.

Einer meiner früheren Schüler, Lehrer in einer größeren Stadt, hat kürzlich nach Rücksprache mit seinem Hauptlehrer seinen Stadtschulinspektor, er möge ihm doch gestatten, daß er das Kirchenlied und den Katechismus, die er vorschriftsmäßig in besonderen Stunden zu behandeln hatte, im Anschluß an die biblische Geschichte behandeln dürfe. Sein Wunsch wurde ihm gern gewährt. Für seine desideria in Bezug auf Stoffauswahl wird er nächstens auch wohl geneigtes Gehör finden, sobald der Inspektor gesehen, daß er mit Gewährung des ersten Wunsches etwas Gutes gethan hat. Wäre mein junger Freund mit einer umfassenden und gründlichen Kritik des bestehenden religionsunterrichtlichen Betriebes vor seinen Inspektor getreten, so hätte der ihm wahrscheinlich gesagt, er möge nach Jericho gehen und sich den Bart wachsen lassen.

Die Bestimmungen über Lehr- und Stundenplan lassen gewiß an den meisten Orten allerlei zu wünschen; ich glaube aber nicht, daß den Änderungen, die notwendig sind, um das Interesse zu seinem Recht kommen lassen zu können, ernstliche Hindernisse im Wege stehen; machen wir nur nicht zu viel Geräusch dabei.

Aber nun der Revisor?

Es ist wahr, die Rücksicht auf das Interesse verbietet mir jegliches Einpauken, so auch der biblischen Geschichten; es verbietet mir die einseitige Kultur des Kopfrechnens, dessen Seiltänzerkünste so recht geeignet sind, den Zuschauer in Erstaunen zu setzen; es verbietet mir das rein mechanische Einlernen von geographisischen Namen, geschichtlichen Daten, naturgeschichtlichen Notizen und manches andere; und so ist's aus mit den brillanten Leistungen. Ich muß gestehen, daß es mir oft weh gethan hat, wenn ich einen brillanten Windbeutel mit Lob und Anerkennung überschütten sah, während der bescheidene treue Arbeiter unbeachtet zur Seite stand und keiner ein anerkennendes Wort für ihn übrig hatte. Aber so etwas muß er tragen können, mag sein Unterricht ein erziehender sein oder nicht. Und dann ist es doch auch kein Sonderrecht der Schulrevisoren, daß sie mit Blindheit geschlagen und mit Voreingenommenheit erfüllt sein müssen. So gewiß der erziehende Unterricht besser ist als anderer, so gewiß wird er sich auch als solcher legitimieren, wenn nicht gleich, so doch auf die Dauer.

Und nun die Eltern und das öffentliche Leben?

An keiner Stelle zeigt sich die Verschiedenheit zwischen der Praxis, die das Interesse zu seinem Recht kommen läßt und der, die dies nicht thut, handgreiflicher, als an dem Verhältnis zwischen Schule, Haus und Leben.

Es ist gar nicht zu verwundern, wenn ein strebsamer Lehrer, der an seine Verpflichtung gegen die Familien- und volkstümlichen Interessen nicht denkt und mit selbsterwählten Idealen in eine Gemeinde kommt, bei der Abstellung von allerlei Übelständen, zu denen er sich verpflichtet glaubt, in böse Konflikte mit seinen Interessenten gerät. Es ist sogar nichts Seltenes, daß auch seine Schüler mit hineingezogen werden und ihm auch in seiner Klasse mancher Ärger erwächst, der lediglich durch sein Verhältnis zu den Eltern herbeigeführt wird.

In mancher Augen mag er als Märtyrer für eine gute Sache gelten, in Wahrheit erntet er nur die Folgen seiner Thorheit. Wollte er durch Regierungsmaßregeln etwas erreichen, so hätte er wissen müssen, daß dieselben von der Autorität und Liebe wollen getragen sein. Beide hätte er sich erst erwerben, nicht aber ihre Quellen sich verstopfen sollen. Autorität beruht auf der Anerkennung geistiger und physischer Überlegenheit, und lieb gewinne ich den, von dem ich nach der Übereinstimmung in den wesentlichsten Seiten unsers seelischen Lebens Förderung in meinem Sein erwarten darf. Ein leichtes und sicheres Regiment vermag also nur der Lehrer sich führen, der auf Grund seiner genauen Kenntnis des Volks und seiner Jugend das Gefühl zu erwecken versteht, daß das Gute an ihm eine kräftige Stütze, alles geistige Leben und Streben, soweit es nicht auf Unerlaubtes geht, durch ihn Anerkennung und Förderung findet.

Ebenso schwach sind seine Zuchtmaßregeln fundiert. Die Zucht hat auf Übereinstimmung des Wollens und Thuns mit der bessern Einsicht zu halten. Lohn und Strafe erscheinen bei ihr unter dem Gesichtspunkte der Vergeltung, und ihre Bedeutung beruht darin, daß sie als sittlich notwendige Folgen des Thuns empfunden werden. Wie können sie aber als solche empfunden werden, wenn die Kinder von den Eltern gewöhnt sind, den Lehrer keineswegs als einen Mann

Das Interesse nach seiner Bedeutung für Unterricht und Erziehung.   453

zu betrachten, der überhaupt das Rechte kennt und will, gegen dessen Thun sie vielmehr in der verschiedenartigsten Weise Widerspruch erheben sehen? Es läßt gewiß die Familienerziehung und ebenso der Einfluß des öffentlichen Lebens überall manches zu wünschen. Fichte u. a. fanden den Stand der Dinge so übel, daß sie dafür hielten, es werde mit der Jugenderziehung nicht eher besser, als bis sie dem Einfluß des öffentlichen Lebens entzogen sei. Man braucht sich den Kopf nicht darüber zu zerbrechen, ob nicht die Anstaltserziehung auch wieder ihre großen Mängel habe: es hat glücklicherweise mit der spartanischen Erziehung gute Wege, ist es doch schon schwer genug, für die Gemeinschaft offenbar gefährliche Elemente aus dem Kreis der Schüler zu entfernen und in eine Besserungsanstalt zu bringen. Bedeutsam aber ist das Zugeständnis, daß mit dem Einfluß der Familie und des öffentlichen Lebens als einem wesentlichen Faktor zu rechnen ist.

Glücklicherweise ist dieser Einfluß auch nirgends ohne gute Elemente. Wir würden uns derselben ungleich mehr bewußt sein, wenn es nicht zur menschlichen Unart gehörte, zehnmal Gutes als selbstverständlich hinzunehmen und uns dann über das einmal auftretende Unbequeme ernstlich zu beschweren. Wie es eines ernsten Nachdenkens bedarf, um all des Dankenswerten bewußt zu werden, was wir in unserm Deutschtum haben, so übersehen wir auch leicht die mannigfachen Hülfen, die uns für unsre Schularbeit von außen zu teil werden.

Eines der bedeutsamsten Werke für die pädagogische Praxis ist Riehls Naturgeschichte des Volks. In dem zweiten Bande, in dem er die bürgerliche Gesellschaft behandelt, kommt er auch verschiedentlich auf die Lehrer zu sprechen und zwar immer mit schlecht verhaltenem Grimm. Sie sind ihm Geistesproletarier, die ihre Unzufriedenheit mit den sozialen Verhältnissen und ihre aus der Halbbildung hervorgegangene Aufklärung hineinpflanzen möchten in die Gesellschaft. Mit Recht sind ihm diese harten Urteile kräftig angestrichen worden; sie dürfen uns aber nicht hindern, aus dem trefflichen Werke zu lernen, was dort zu lernen ist. Dörpfeld hat verschiedentlich auf Riehls Bedeutung als Vertreter des Familienprinzips in der Pädagogik wie besonders auch in der Theorie des Schulwesens hingewiesen. Ich kann mir nicht denken, daß jemand die drei Bände durcharbeiten könnte, ohne daß er ein neues Interesse gewönne an dem eigenartigen Leben, das sich in der Familie und in den historisch erwachsenen Ständen vollzieht, ohne daß er die dort vorhandenen erzieherischen Kräfte schätzen lernte und die Verpflichtung empfände, in steter Rücksicht auf sie auch seine Schularbeit auszuüben.

Die Schule ist Hülfsanstalt der Familie. Ihre Abhängigkeit von derselben bleibt, mag man sie rechtlich so unabhängig stellen, wie man will; eine gedeihliche Arbeit in ihr ist nur möglich, wenn sie in einem möglichst innigen Verhältnis zur Familie steht. Deshalb ist es unbegreiflich, daß man nicht als erste und wichtigste Frage für die Schulorganisation die ins Auge faßt: Wie ist es einzurichten, daß schon in der rechtlichen Stellung der Schule ihr Verhältnis zur Familie zum Ausdruck gebracht wird? Man sagt wohl: Nicht von den Fragen der Verfassung, von den Persönlichkeiten hängt das Heil der Schule ab. Das ist richtig. Die beste Schulordnung ist ein totes Ding, wenn die Persönlichkeiten fehlen, die sie mit Leben zu erfüllen wissen, und mag die Organisation sein, wie sie will, der rechte Vater und der rechte Lehrer wissen, daß sie zusammengehören. Aber je deutlicher sie die Zusammengehörigkeit ihrer Arbeit erkennen, um so drückender müssen sie auch die Hindernisse fühlen, die die Schulorganisation ihrer gemeinsamen Arbeit entgegenstellt, um so energischer werden sie darauf dringen, daß hier Wandel geschaffen und die Schule so gestellt werde, daß die verschiedenen zu der Erziehung des Kindes berufenen Kräfte möglichst einheitlich und ungestört ihr Werk treiben können. Seit 25 Jahren hat Dörpfeld auf diesen wichtigen Punkt hingewiesen und leider wenig Gehör gefunden. Es wäre im Interesse der Schule wie der Familie sehr zu wünschen, daß die Arbeit für die Gewinnung wohlorganisierter Schulgemeinden von recht vielen ernstlich fortgeführt würde, wie dies schon von Trüper in Weße bei Bremen und Dr. Barth in Leipzig geschieht.

Eine der schlimmsten Folgen, die die geringe Rücksichtnahme von seiten der Schule auf die außer ihr wirkenden erziehlichen Kräfte hat, zeigt sich in der Stellung, die der Schulunterricht zu den frei erworbenen Interessen des Kindes einnimmt.

Wir staunen mit Recht über den Bildungserwerb, den das Kind in den ersten Lebensjahren macht. Welch eine reiche Welt findet sich in seinem Geiste schon aufgebaut, wenn es zum erstenmal die Schule betritt. Liegt darin nicht eine ernste Mahnung, nun auch in der Schule fortzugehen auf demselben Wege, den das Kind mit so gutem Erfolg, wenn auch planlos, bisher betreten hat? Statt aber an den im Kinde vorhandenen Interessenkreis anzuknüpfen, denselben planmäßig zu pflegen und weiterzubilden, kommt die Schule nur zu leicht dazu, neues pflanzen zu wollen, nur gelegentlich benutzend, was von dem frei Erworbenen in ihren Plan paßt.

Das Kind hat absolut kein Interesse für das Stillsitzen, für die Buchstaben und die meisten unserer schönen Verschen, und es dient nur wenig zur Versüßung der bittern Schularbeit, daß nach der Normalwortmethode dem Lesen und Schreiben eine Besprechung vorangeht, wie etwa des Eies und Leimes. Es würde auch auf diese Besprechung ganz gern verzichten, wenn es nur haben könnte, wonach sein Herz begehrt, Geschichten und Märchen, Spiel und Unterhaltung, Anschauen von Pflanzen und Tieren u. dergl. Nicht, als ob es sich die Mühen des Lesens und Schreibens, des Stillsitzens und Aufmerkens nicht gern gefallen ließe; sie müssen ihm nur als Bedingungen erscheinen, unter denen wesentliche

Interessen können befriedigt werden. So wird es gern lesen lernen, um die liebgewonnenen Märchen und Geschichten zu beliebiger Zeit und ohne fremde Hülfe genießen zu können.

Wer das Kind vergleicht, wie es innerhalb und außerhalb der Schule erscheint, dem kann es nicht verborgen bleiben, daß das von der Schule gepflegte Interesse nur zu oft neben dem unmittelbaren Interesse des Kindes steht, im besten Falle mit dünnen Fäden hinüberreichend zu ihm.

Nur zu leicht bleibt der böse Dualismus bestehen auch für die folgende Schulzeit. Wie man sich beim Beginn des Schulunterrichts, als man das Kind aus seiner Welt heranriß, um es in eine neue zu versetzen, damit tröstete, daß es doch nützlich und wichtig sei, daß das Kind stillsitzen und aufmerken, hören und sprechen, lesen und schreiben lerne, so denkt man später an die vielen Kenntnisse und Fertigkeiten, die sich im Leben trefflich verwerten lassen, ohne die das Fortkommen sogar sehr in Frage gestellt erscheint. So wird das Kind eingeführt in die Tiefen der Heilslehre, wird unterrichtet über das gottgewollte Verhältnis der Ehegatten zu einander, über die Pflichten der Eltern gegen die Kinder, schreibt Rechnungen und Quittungen, Schuldscheine und Wechsel, Geschäftsbriefe und Gesuche, berechnet Gewinn und Verlust nach Tausenden u. s. w., während es in Wahrheit in einer Welt lebt, in der alle diese Dinge noch gar nicht vorkommen.

Unter den bedenklichen Seiten, die dieses Thun hat, möchte ich nur zwei hier kurz erwähnen: Erstens geht die beste Kraft des kindlichen Geistes der Schularbeit verloren; zweitens wird dem Kinde immer wieder eine sehr verlockende Veranlassung zur Unwahrhaftigkeit geboten.

Daß das Kind mit ganz anderer Energie und darum auch mit ungleich bessern Erfolgen arbeitet, wo es wirklich unmittelbar interessiert ist, bedarf hier keines weiteren Nachweises. Aber auch das Vorhandensein von allerlei Versuchungen zur Unwahrhaftigkeit kann schwerlich jemandem verborgen bleiben, der nur eine beliebige Unterrichtsstunde daraufhin ansieht. Oder sind es nicht solche Versuchungen, wenn das Kind über religiöse Wahrheiten mitreden soll, die weit über seinen Erfahrungskreis hinausliegen, wenn es über Geographie und Geschichte referiert, als wären dies seine Leibfächer, obgleich es in Wahrheit bedauert, daß Deutschland nicht eine gute Zahl Flüsse und Staaten weniger und der alte Fritz Schlesien so umständlich erobert hat, wenn es überhaupt dem Unterricht mit einer Aufmerksamkeit folgt, die scheinbar nichts zu wünschen übrig läßt, während es in Wahrheit nur ein mittelbares Interesse hat und viel lieber seinen unmittelbaren Interessen folgte?

Die schlimmen Folgen kommen gewöhnlich erst deutlich zu tage nach vollendeter Schulzeit. Was sollen wir sagen, wenn der so wohl gezogene Junge sich mit einem Male als ein rechter Flegel entpuppt, dem Schulzucht, Schulbücher, Schulinteressen ein rechter Greuel sind? Was wollen wir sagen, wenn auch die besten Schüler so wenig Lust verraten, fortzubauen oder doch liebend zu bewahren, was sie gelernt haben in der Schule; wenn ehemalige Schüler die erworbenen Kenntnisse und Fertigkeiten in den Dienst nehmen von Interessen, die diametral entgegengesetzt sind den in der Schule gepflegten und für das Leben erhofften?

Wir können nicht anders, als wünschen: hätten wir doch diesen Dualismus vermieden und angeknüpft an das wirkliche Interesse, es pflegend und weiterbildend, soweit uns dies möglich war; hätten wir doch unterlassen, dem Schüler allerlei aufzuladen, von dem wir dachten, er werde es seinerzeit benutzen, ohne zu erwägen, daß es ihm doch jetzt nur als eine thörichte Last erscheint, die er abwirft, ohne unsere Zukunftsphilosophie zu teilen!

Unsere besten Männer sind erst Männer geworden, als es hierzu Zeit war und sie die Jugend als ganze Jünglinge, die Kindheit als echte Kinder vollaus genossen hatten; das aber ist ein böses Ding, wenn der Tertianer den Primaner, dieser den Studenten antizipiert, und so der Jüngling bereits alles genossen hat, was nach seinem blasierten Geschmack an Genüssen vorhanden ist. Darum aber sollte auch die Schule das Kind sein lassen, was es ist, und nicht mit Zukunftsmusik es unterhalten. Ist nicht sein Leben reich genug an Objekten des Interesses, so daß auch für die Schule kein Anlaß vorliegt, vorzugreifen in Gebiete, in die das Kind noch nicht getreten, und gewinnt es nicht gerade durch die kräftige Verfolgung seiner unmittelbaren Interessen Mut und Kraft, sich hineinzuarbeiten in die Verhältnisse, in die das spätere Leben es versetzen wird?

Nach der großen Bedeutung, die das volkstümliche Interesse für das Familien- und Kindesinteresse hat, würde ich es als eine höchst dankenswerte Leistung erachten, wenn die Kollegen gemeinsam den volkstümlichen Interessen in ihrem Kreise nachforschten und so feststellten, was an religiösen, ethischen, nationalen naturgeschichtlichen, wirtschaftlichen ꝛc. Interessen dort vorhanden ist.

Bei solchen Nachforschungen habe ich u. a. gefunden, daß in unserer ländlichen Bevölkerung das botanische Wissen ein sehr reiches ist und sich trefflich beim Unterricht verwerten ließe. Es werden gegen 300 Pflanzen volkstümlich benannt und zwar manche in sehr poetischer Weise. So heißt z. B. das Zittergras (briza media) Bevertеn (bevern = zittern). Kulturgeschichtlich interessant ist die Benennung des Goldlack (Cheiranthus Cheiri). Leunis erzählt, daß Cheiranthus bei den Römern viola hieß. An der Westküste der Balkanhalbinsel kam die Pflanze so häufig vor, daß die Seefahrer den Duft schon weit von der Küste wahrnahmen und nach der Pflanze die ganze Gegend Violarien nannten. Wahrscheinlich ist in unserer Gegend die Bezeichnung viola aus dem Kloster Camp ins Volk gekommen, und so heißt die Pflanze zugleich von ihrem gewöhnlichsten Stande an den Mauern murviole. Auch rätselhafte Bezeichnungen kommen vor; so heißt lithospermum hier Israel.

In Bezug auf das religiöse Interesse möchte ich noch anführen, daß durch ausgedehntes Nachfragen sich ergeben hat, daß hier der Verlauf Josephs durch seine Brüder wohl allgemein so aufgefaßt wird, als habe er denselben lediglich durch sein Benehmen verschuldet, eine Auffassung, die sicherlich weder durch die Schule noch durch die Kirche hervorgerufen worden ist.

Wie vorwiegend die Religiosität in der Familie und den kleineren Gemeinschaften ihre Pflege hat, zeigt sich hier wie anderwärts in der Selbständigkeit, mit der die religiösen Anschauungen sich von Geschlecht zu Geschlecht erhalten und fortpflanzen; daraus aber ergiebt sich auch, daß Schule und Kirche religiösen Einfluß nur gewinnen können in inniger Fühlung mit dem in den Familien und der Gemeinde vorhandenen religiösen Leben. Was in unsrer Nachbarschaft vor mehr als 40 Jahren ein alter Schuhmacher und zugleich Lehrer, der sich in inniger Beziehung zu dem religiösen Leben in seiner Gemeinde befand, über diese und jene Frage des Heidelberger Katechismus gesagt hat, das habe ich oft anführen hören; was Jünglinge vor wenigen Jahren bloß in der Schule gelernt haben und damals unverlierbarstes Eigentum zu sein schien, findet man oft fast spurlos aus ihrem Gedankenkreise verschwunden.

Genug, wäre die Lehre von den volkstümlichen Interessen hinreichend durchgearbeitet und hätten wir aus recht vielen Gegenden genaue Nachweise über die dort vorhandenen Interessenkreise, so würde kein Einsichtiger mehr zweifeln, daß ohne eine innige Anpassung an diese Interessen die Schularbeit ihres besten Erfolges verlustig gehen muß.

Wie der Unterricht einzurichten ist, damit er wirklich dem Interesse begegne, darüber muß das beste immer das durch psychologische Nachforschungen und Liebe zur Sache geschärfte Auge des Lehrers den gegebenen Verhältnissen absehen. Bei geförderteren Schülern ist ein sehr gutes Mittel, sich über die Interessen der einzelnen Schüler zu informieren, daß man von Zeit zu Zeit Arbeiten nach freier Wahl anfertigen läßt. So bekam ich z. B. nach den Pfingstferien von einem Präparanden eine ganz interessante physikalische Abhandlung über den Dreschflegel und das Dreschen, die nicht nur bewies, daß er für die Mechanik sich interessierte, gut beobachtete und zu abstrahieren verstand, sondern daß er auch das Leben und Thun der Menschen in seiner Umgebung mit Interesse verfolgte. Ein anderer hatte ein Gespräch wiedergegeben, welches er mit einem Manne geführt hatte, mit dem er bei Gelegenheit einer Fußtour eine Strecke Weges zusammen war. Er hat die Namen der Gehöfte, Hügel, Thalgründe und deren Herkunft erfragt und sich aus der zugehörigen Geschichte und Sage erzählen lassen. Seine anschauliche Schilderung bewies, daß er mit ganzer Seele dabei gewesen war, daß er sich nicht nur für die Poesie, die sich um die volkstümlichen Bezeichnungen der Gehöfte ꝛc. vielfach schlingt, interessiert, sondern daß ihm auch die Erforschung des Zusammenhanges zwischen Land und Leuten keine bedeutungslose Aufgabe mehr ist.

Daß die Rücksicht auf das vielseitige Interesse es gebietet, den Unterricht gemäß den psychischen Gesetzen einzurichten, für Vollständigkeit des Lehrplans zu sorgen, die Fertigkeiten in enger Beziehung zu den Wissensfächern zu erhalten, darüber möchte ich mich hier nicht weiter verbreiten, sondern Sie nur an die Arbeiten über die formalen Stufen, namentlich an Dörpfelds Denken und Gedächtnis, an seine Theorie des Lehrplans, die zwei dringlichen Reformen, an Langes Apperception ꝛc. erinnern.

Nur noch auf einige andere Punkte möchte ich in aller Kürze Ihre Aufmerksamkeit lenken, und zwar zunächst darauf, daß der Unterricht immer neue Aussichten dem Schüler eröffnen muß. Sobald dies fehlt, sobald der Schüler das Gefühl bekommt, er wisse die Sache ganz, so hört sie auf, für ihn Gegenstand des Interesses zu sein. So ist z. B. in der Geometrie darauf zu halten, daß der Schüler beim Erlernen des ersten Kongruenzsatzes es einsehe, daß dies erst eine Bestimmung der Dreiecke ist, und daß ihm die Frage erwachse: Durch welche andere Stücke läßt sich das Dreieck nun weiter bestimmen? Ähnlich darf beim Schüler nach der Behandlung eines Lesestückes nicht das Gefühl erweckt sein, als sei er nun mit ihm fertig; wie der Lehrer auf früher Behandeltes immer wieder zurückkommt, so soll auch der Schüler wissen, daß er alle Veranlassung hat, sich erneut in das Behandelte zu vertiefen. Zu dem Zwecke ist ihm möglichst oft Gelegenheit zu verschaffen, es zu erfahren, daß jeder Fortschritt in seiner Kenntnis der Litteratur, die Grammatik, Onomatik und Syntax, jedes tiefere Eindringen in das Wesen der Poesie u. s. w. ihn befähigen, in der scheinbar einfachsten Dichtung neue Seiten zu entdecken.

Vor allem hat der Unterricht die **Selbstthätigkeit** des Schülers zu fördern. Man betrachtet mit ganz anderm Auge eine Gegend, wenn man sie nach der Karte, als wenn man sie unter Leitung eines Führers durchwandert; so sieht auch ein Schüler die bibl. Geschichte mit ganz andern Augen an, wenn die Vergleichung mit andern Geschichten, die Beurteilung des Thuns, das Herausziehen der Lehre ꝛc. ihm überlassen bleiben. Dem Interesse ist Regsamkeit eigen; es wäre eine Schädigung desselben, wollte der Lehrer bei der Darbietung auch das geben, was die Schüler selbst finden können, wenn er nach der Darbietung des Objekts auch noch die Assimilierung, Verdauung und Verwendung als Baustoff ausführen wollte. Er hat nicht einmal das Recht, irrtümliche Bemerkungen, falls sie aus der behandelten Sache ihren Ursprung haben, abzuweisen; der Schüler muß selbst sehen, daß er in eine verkehrte Bahn geraten, und der Lehrer darf höchstens durch eingeschobene orientierende Fragen ihm die Gewinnung dieser Einsicht erleichtern.

Dann hat der Unterricht **Zusammenhängendes** zu bieten. Für das Kind scheiden sich die mannigfaltigen Objekte in seiner Umgebung in zwei Gruppen, in solche, die es intellektuell und solche, die es gemütlich erfaßt, und selbst diese Grenze bedeutet nicht viel, da die meisten Gegenstände es sowohl intellektuell wie gemütlich beschäftigen. An demselben Klötzchen, das soeben als Kind die zärtlichste Sorgfalt erfuhr, dem Liebkosungen aller Art zu teil wurden, macht das Mädchen seine ersten Studien über Formen und Farben, Kohäsion und Adhäsion. Erst allmählich scheiden sich in seinem Geiste die Objekte des Umgangs und der Erfahrung in speciellere Gruppen, in lebende und verstorbene Personen, in Eltern, Geschwister, Verwandte rc., aus den Pflanzen treten Bäume und Gras, Kirschen, Äpfel und Birnen, von den Teilen der Pflanze die Frucht, das Blatt, die Blüte u. s. w. hervor. Diese Teilung ist aber nichts weiter als ein Ordnen des immer reicher werdenden einheitlichen Besitzes, und als Teile dieser Einheit muß der Unterricht das Einzelne behandeln.

Es will mir scheinen, als ob bei der Frage nach der Konzentration auf diese Forderung und damit auf das kindliche Interesse nicht immer die gebührende Rücksicht genommen werden. So wirft man den Herbartianern oft vor, daß ihre Konzentration viel zu künstlich sei, daß sie Stoffe zusammenbrächten, die sachlich viel zu wenig miteinander gemein hätten, als daß ein solches Zusammenstellen erlaubt sei. Was habe z. B. das erste Rechnen mit dem Märchen von den Sternthalern zu thun.

Ich möchte zweierlei hierzu bemerken. Wie nach dem Gesetz der Arbeitsteilung die Wissenschaft das Interesse hat, daß möglichst weit gesondert werde, so ist auch in der Volksschule jedes Fach seiner Natur gemäß zu behandeln. Es läßt sich das Kind ebensowenig gelegentlich in den Zahlenkreis von 1—10 einführen, als es so lesen und schreiben lernen kann. Wer das Kind mit der Zahl und ihren Beziehungen bekannt machen, wer es in die Künste des Lesens und Schreibens einführen will, der mag nachsinnen, wie der Natur dieser speciellen Aufgaben gemäß die Sache am zweckmäßigsten anzugreifen ist. Mag sich hierbei ergeben, daß der Rechenunterricht eine ganz eigenartige Behandlung erfordert, daß es namentlich hier geboten sei, auf das sorgfältigste den Zusammenhang zu wahren und jeden weitern Schritt nach Maßgabe der vorhergemachten zu thun und sich nicht durch fremde Rücksichten ablenken zu lassen, mag also das Rechnen als eine Disciplin erscheinen, die durchaus ihren eigenen Weg frei haben muß: so hindert doch dies alles nicht, immer wieder von dem Sachunterricht zu dem Rechnen seinen Ausgang zu nehmen und die im Gebiete des Rechnens erworbenen Kenntnisse im Sachunterricht zu verwerten. Denn nicht darauf kommt es an, wie die einzelnen Objekte in der Wissenschaft zu einander stehen, sondern welche Stellung sie im kindlichen Geiste zu einander haben oder haben sollten. Erfahrungsgemäß wird die Betrachtung der Pflanzen, Tiere, Steine rc. dem Kinde das eine Mal zu einer Veranlassung, besondere Beobachtungen über Formen und Farben anzustellen; das andere Mal wird sie der Ausgangspunkt zu einer ersten Rechenstudie, und so wüßte ich nicht, warum nicht die drei Familienglieder in dem Märchen von den Sternthalern eine Veranlassung zu der Betrachtung der Zahl 3 werden dürfte, wohl aber würde ich es tadelnswert finden, wollte man das von dem Märchen angeregte Interesse der Zahlbehandlung nicht zu gute kommen lassen und umgekehrt.

Je reicher das Wissen in den einzelnen Gebieten wird, je stärker tritt das Bedürfnis hervor, sie gesondert zu behandeln, und es wäre thöricht, diesem Bedürfnis nicht gerecht werden zu wollen. Aber auch hier wäre ein Isolieren sehr bedenklich. Wir wünschen, daß unsere Schüler ein vielseitiges Interesse gewinnen; es soll aber das Interesse einer einheitlichen, charaktervollen Persönlichkeit sein. Deshalb kann man nicht zu ernstlich dahin wirken, daß der Zusammenhang zwischen den verschiedenen Interessenkreisen ein möglichst inniger sei und bleibe. Immermann hat in seinem Münchhausen in dem Besitzer des Oberhofes und dem General zwei Typen geschaffen, die uns den Wert einer einigen, in sich geschlossenen und einer durch widersprechende Interessen gespaltenen Persönlichkeit deutlich vor die Augen stellen. Nur zu leicht bekommen wir Ähnlichkeit mit dem General. Das Leben ist reich an Einwirkungen, die die Einheit der Persönlichkeit zu stören und zu vernichten geeignet sind, und erfahrungsgemäß gelingt es nur selten, vielleicht nie, ungeschädigt hindurchzukommen, und so hat die Erziehung gewiß alle Veranlassung, an ihrem Teile nichts zu unterlassen, was den Zögling gegen diese Einwirkungen stählen könnte. Deshalb muß sie ihn gewöhnen, all sein Thun und Denken für seine höchste Lebensaufgabe in den Dienst zu nehmen, auf sie alles zu beziehen.

Gymnasial-Direktor Hollenberg gedenkt in seiner Festschrift zu Dörpfelds 25jährigem Jubiläum (3. Mai 1873) ihres gemeinsamen Schüleraufenthaltes auf Fild bei Mörs. Namentlich rühmt er auch, was der selige Stein ihnen gewesen und sagt, daß er ihnen wohl deshalb soviel habe sein können, weil er selbst damals noch so recht im Werden stand. So zündete nicht nur die Wärme seiner ersten Begeisterung, er wußte auch noch genau die einzelnen Schritte anzugeben, die zu thun sind, um zu den verschiedenen Wissenszielen zu gelangen. Beides ist für das jugendliche Interesse von der höchsten Bedeutung. Es ist nicht jedermanns Sache, denselben Weg mit immer neuem und frischem Interesse zu gehen; und dem im Denken Geübteren passiert es nur zu leicht, daß er sich gar nicht mehr bewußt wird der Schwierigkeiten, die die einzelnen Operationen für den Anfänger haben, und daß er infolgedessen zu schnell vorwärts treibt. Der Mensch ist die Krone der Schöpfung; das „Erkenne dich selbst" ist seit der Griechen Tage Losung der Philosophie gewesen und wird es wohl bleiben; an immer neuen Fragen und Aufgaben wird es der Pädagogik nicht fehlen. Möchte das Interesse an dem unergründlichen Sein und Leben der Kindesseele uns mit immer neuem Interesse erfüllen, so daß es uns wenigstens in unserm Berufe ermöglicht würde, auch im Alter nach Schleiermachers Wunsch die Jugend uns zu bewahren. Horn.

## II. Abteilung. Zur Geschichte des Schulwesens, Biographien, Korrespondenzen, Erfahrungen aus dem Schul- und Lehrerleben.

### Über eine fast vergessene Schrift des Joh. Amos Comenius und ihre Bedeutung für unsere Schulen und Volksvereine.

Von Wilhelm Bötticher, Oberlehrer in Hagen i. W.

Wenn Comenius, der heute wieder oft genannte große Schulmann des 17. Jahrhunderts, das weite Gebiet unserer Bildungsbestrebungen durchwanderte, so würde er staunen über den großen Reichtum an Anstalten, durch welche wie durch tausend Kanäle der Strom der Bildung allen Schichten und Ständen und Berufsklassen des Volkes zugeführt wird. Er sähe jetzt nicht mehr wie zu seiner Zeit die Schulen der alten Sprachen in ausschließlicher Geltung, er sähe im lebhaften Wettstreite mit ihnen die Schulen des praktischen Lebens. Er sähe die Elementarschulen, die Schulen der Muttersprache, wie er sie nannte, nicht mehr ein kümmerliches, elendes Dasein fristen, sondern in reicher Entfaltung über Stadt und Land verbreitet. Und wie würde er, der für einen einzelnen praktischen Beruf nur Ausbildung des Lehrlings bei einem Meister kannte, über die Menge von Fachschulen staunen, die technischen, die Kunstschulen, die Handelsschulen, die Militärschulen! Und außer den Schulen sähe er an dem Werke der Verbreitung des Wissens noch eine große Zahl von Vereinen thätig. Mit besonderer Freude aber würde er wahrnehmen, wie man auf diesem Gebiete immer mehr seinen Wahlspruch befolgt: Omnia sponte fluant, absit violentia rebus! (Alles gehe von selbst, fern bleibe jede Gewaltthat!) Die Schulen suchen dieser Forderung gerecht zu werden durch gesteigerte Vervollkommnung der Unterrichts- und Erziehungskunst. Die Bildungsvereine aber können ihrer Natur nach nicht anders als auf dem Wege angenehmer Unterhaltung ihre Mitglieder geistig und sittlich fördern.

Freilich weiß es jeder, der auf diesem Gebiete Erfahrung hat, wie sehr die Wirklichkeit hinter der Forderung zurück bleibt. Wenige Lehrer vereinen in sich alle die Eigenschaften, welche zur Erweckung von eifriger Teilnahme an ihrem Unterrichte erforderlich sind. Daher hat die Schule noch manche andre Mittel sanfter Art sich geschaffen, und wird doch an solchen nie genug haben, wird jedes neue willkommen heißen, um den Gebrauch der harten aufs geringste Maß beschränken zu können. Und welche Erfahrung haben unsere Bildungsvereine gemacht? Um eine Versammlung ihrer Mitglieder über einen wichtigen Gegenstand der Wissenschaft oder des Lebens aufzuklären, haben sie zwei Mittel, den Vortrag und das Schauspiel. Die Mängel des ersteren sind gewiß schon manchem zum Bewußtsein gekommen. Um einem Vortrage so folgen zu können, daß man eine nennenswerte Bereicherung seines Wissens mit nach Hause nehmen und in sich bewahren kann, dazu gehört ein Maß geistiger Schulung, welches den meisten Mitgliedern jener Vereine fehlt. Denken wir nur an unsere Arbeiter-, Handwerker- und Jünglingsvereine! Den meisten bringt er keinen anderen Gewinn als den einer höheren geistigen Beschäftigung für den Augenblick. Noch immerhin gewiß ein sehr wertvoller, wenn nicht andere Mängel dazu kämen, die ihn bedenklich verringern. Wie wenige verstehen es volkstümlich, allgemein verständlich, unterhaltend vorzutragen! Wie wenige verstehen Maß zu halten in der Länge ihrer

Rede! Wie viele reden unaufhaltsam weiter, während die geistige Spannkraft ihrer Zuhörer, die vielleicht den Tag oder die Woche über angestrengt gearbeitet haben, schon längst erschöpft ist! Kann in solchen Fällen noch von einer angenehmen geistigen Beschäftigung die Rede sein? Solche Vorträge sind nichts als Geduldsproben. Man hört sie zu Ende nur aus Rücksicht auf den, der die Gefälligkeit hatte, ihn zu übernehmen, oder — weil die Anhörung eines Vortrages doch einmal Mode ist. Das andere Bildungs= und Belehrungsmittel in unsern Vereinen ist das Schauspiel. Ohne Frage regt unmittelbare Darstellung unsere Seelenkräfte viel mehr an, als ein Bericht, eine Schilderung. Aber hier sind wir auf das Gebiet des sittlichen Lebens beschränkt, und außerdem: es ist noch immer Mangel an solchen Schauspielen, die ihrer äußeren und inneren Einrichtung nach an die Leistungsfähigkeit unserer Vereine nicht zu hohe Ansprüche stellen. Kurz, auch ihnen wird eine neue Gabe zu anregender, belehrender Unterhaltung nur willkommen sein.

Eine solche bietet ihnen Johann Amos Comenius in seiner Schrift „Schola Ludus" (die Schule als Schauspiel), die man bis jetzt leider nur in der großen Amsterdamer Ausgabe der Comenii opera didactica besitzt, einem seltenen Schatz weniger Bibliotheken. Doch was kann aus dem 17. Jahrhundert für unsere Zeit noch Brauchbares kommen? So hat man lange gedacht und deshalb auch des Comenius bedeutendste Schrift, die Didactica magna, ein Jahrhundert hindurch fast ganz unbeachtet gelassen. Und heute ist sie in mehreren deutschen Übersetzungen verbreitet; heute wird sie jedem angehenden Erzieher zur Durcharbeitung empfohlen. Im folgenden soll gezeigt werden, daß man auch an der oben genannten Schrift mit Unrecht achtlos vorübergegangen ist, ja noch mehr, daß sich die Grenzen ihrer Brauchbarkeit, ursprünglich über die lateinische Schule nicht hinausgehend, bei unsern weit verzweigten Schul= und Vereinsverhältnissen in einem Maße ausgedehnt haben, wie es ihr ehrwürdiger Verfasser gewiß nicht geahnt hat.

Im Jahre 1650 wurde Comenius von dem Fürsten von Siebenbürgen Sigismund Rakoczy nach Saros-Patak berufen, wo er eine lateinische Schule nach seinen neuen Lehren einrichten sollte. Er widmete sich dieser Aufgabe mit ganzer Kraft, aber Lehrer und Schüler, von der alten Gewohnheit zu lehren und zu lernen beherrscht, brachten ihm nicht die gleiche Lust und Willigkeit entgegen. Um diese durch ein besonderes Mittel zu wecken, beschloß er, den Lehrstoff der Schule in öffentlichen Schauspielen zur Darstellung zu bringen. Konnte er hier doch auch seinen Grundsatz strenger durchführen, daß mit den lateinischen Werken zugleich die Dinge und Vorgänge, welche sie bezeichnen, anschaulich gelehrt werden sollten. Konnte hier doch jeder Gegenstand, von dem man sprach, teils wirklich, teils in Bildern vor Augen geführt werden. So entstand sein eigenartiges Werk „Schola Ludus", das uns in acht Schauspielen die Welt der natürlichen, der künstlichen, der moralischen und der religiösen Dinge unmittelbar darstellt, so weit sie nach der Meinung des Comenius der Jugend zur Kenntnis gebracht werden sollen.

Blättern wir nun noch ein wenig in diesem Buche, um zu sehen, wie sich seine Darstellungen, ins Deutsche übertragen, in unseren Versammlungen, bei unseren Schul= und Volksfesten ausnehmen würden! Ein König befragt die gelehrtesten Männer seines Reiches, auf welchem Wege man wohl am besten Licht und Weisheit im Volke verbreiten könne. Denn sein Volk lebe in Unwissenheit und Roheit dahin, und selbst unter den Gelehrten herrschten die verworrensten

Begriffe. Die Befragten raten ihm, zuerst eine Besichtigung aller Dinge vornehmen und jedes Ding mit seinem richtigen Namen bezeichnen zu lassen. Adam im Paradiese habe damit angefangen, als er jedem Tiere seinen Namen gab. Aber diese Schule des Paradieses sei durch den Sündenfall unterbrochen worden. Der König möge sie wieder eröffnen und für jede zu benennende Sache Männer berufen, die mit ihr vertraut seien, aber zugleich die Sachen selbst oder Abbildungen mitbringen lassen. Dem Könige gefällt dieser Rat, und bald wird überall in seinem Reiche der von ihm erlassene Aufruf verkündigt. Nun kommen sie herbeigeströmt, alle, die etwas wissen und können, im ersten Teile die Erforscher des Himmels und der Erde, die Kenner der Steine und Metalle, der Pflanzen und der Tiere, im zweiten Teile die Erforscher des menschlichen Körpers. Sie treten nacheinander vor den König und seine gelehrten Ratgeber und antworten auf die Fragen, indem sie die Gegenstände ihrer Forschung zeigen und beschreiben.

Das giebt schon manche unterhaltende Scenen für die Sommerfeste von Elementarschulen in der Stadt und auf dem Lande, von Arbeiter- und Handwerkervereinen für ihre Sommerfeste im Freien, an denen ja die Vereine oft auch ihre Frauen und Kinder teilnehmen lassen. Gern spielen die Kinder Schule. Gern würden auch die Jünglinge, welche vor kurzem die Schule verlassen haben, ein solches Schauspiel aufführen, in das sich überdies noch manche heitere Erinnerung aus der eigenen Schulzeit einflechten ließe. Im Winter aber könnte der zoologische Teil zur Darstellung kommen; da könnten sie mit Abbildungen von Tieren vor ihrem Könige und seinen Räten erscheinen und darüber berichten. Warum müssen denn durchaus nur Männer in unseren Volksvereinen lehren? Man lasse zu Zeiten auch die Kinder, die Jünglinge auftreten und in des Comenius Weise untereinander Schule halten! Das wird die Eltern mehr erfreuen und fesseln. — Sehen wir uns Scenen aus dem dritten Teile an, der die Werke der Menschenhand darstellt! Da drängen sich die Ackerleute, die Hirten, die Handwerker heran, um ihre Werkzeuge sehen zu lassen und ihre Arbeiten zu beschreiben. Was gäbe es z. B. für ein buntes, liebenswürdiges Bild bei einem ländlichen Schul- oder Kirchenfeste, wenn eine Menge Knaben als Gärtner mit Hacke und Spaten, als Pflüger mit einem Pflugmodell, als Schnitter mit Sense, als Drescher mit Flegel, als Hirten, Jäger, Fischer und Winzer aufgestellt einer nach dem andern unter entsprechender Handhabung ihrer Werkzeuge ihre Arbeit beschrieben! Und welches Vergnügen würde es unter den Handwerkern erregen, wenn an dem Feste eines Vereins oder etwa einer Fortbildungsschule die Jünglinge als Handwerker, als Weber, Gerber, Kürschner, Schuhmacher, Töpfer u. s. w. mit passenden Abzeichen geschmückt in schönen Werken und Handbewegungen eine jegliche Kunst vor Augen führten! — Nachdem wir in diesem Teile die Bildner der Stoffe gesehen haben, treten im vierten und fünften Teile die Bildner des Geistes auf. Der vierte zeigt uns den Unterricht in einer Elementarschule und in einer lateinischen Schule. Er giebt Lehrproben im Buchstabieren und Lesen, im Satzbau und in den Arten der Umformung eines Satzes nach der Weise des Comenius. Präparandenanstalten, Seminare und höhere Lehranstalten fänden hier manche geeignete Scene für festliche Stunden. Auch empfängt man von der Lehrweise des Comenius nirgends ein so anschauliches Bild wie hier. Auch ein hübsches Wettspiel wird hier beschrieben, das syntaktische Kartenspiel, recht geeignet für die letzten lateinischen Stunden eines Schulabschnittes in den mittleren Klassen, wenn die Schüler schon von Feriengedanken erfüllt sind.

Der fünfte Teil entrollt uns das Leben und Treiben auf einer hohen Schule, einer Akademie jener Zeit mit ihren Depositionen, Disputationen und Promotionen: Ein dankbarer Stoff für gesellige Zusammenkünfte von Studenten. Aber auch die oberen Klassen unserer höheren Schulen finden hier noch manches, was sie im Spiel zugleich belehren und erfreuen könnte, z. B. eine mathematische, eine astronomische Lehrstunde u. a., denn, was Comenius hier als akademischen Lehrstoff giebt, übersteigt nicht das geistige Vermögen eines Schülers.

Aber hier ändert sich plötzlich die Scenerie. Im sechsten und siebenten Teile erscheint nicht mehr der König mit seinen Räten. Wir sehen Männer aus dem Volke miteinander verkehren, und auf diese Weise schauen wir das Verhältnis des Menschen zum Menschen, das sittliche Leben. Einem unverdorbenen, aber auch unerfahrenen Jüngling bieten sich weltliche Gesellen als Führer an, der Zügellose, der Neugierige, der Ehrgeizige, der Reiche, der Genußsüchtige, alle schön und heiter geschmückt. Da aber tritt der Jugendlehrer dazwischen und vertreibt sie und nimmt den Jüngling mit in eine Schule, die er und andre Lehrer eben gegründet haben, wo strebsamen Jünglingen die Herrlichkeit der Tugend und die Schande des Lasters geschildert und in lebendigen Beispielen vor Augen geführt werden soll. Der Schauplatz ist ein Schulhof dicht an der Straße, auf welcher Menschen aller Art an ihnen vorüberziehen. Hier schaut er unter anderm das abschreckende Wesen eines Faulen, eines Schwelgers, eines Geizigen; sie offenbaren ihre verderbliche Denkweise schon durch ihre äußere Erscheinung, noch mehr aber im Gespräch mit den Jünglingen. — Der siebente Teil bietet unsern Volksvereinen zur Aufführung Scenen aus dem Familien- und dem öffentlichen Leben: wie ein Heiratslustiger von seinem erfahrenen Freunde Lehren empfängt über die Einrichtung eines Hauses und über die Wahl einer Gattin, wie ein glücklicher Familienvater durch das Beispiel eines verwahrlosten Menschen gewarnt wird, dem seine beiden hungernden Knaben um Brot schreiend nachlaufen; wie ein Hausherr über seine nachlässigen Diener Gericht hält. Als Darsteller dieser Scenen dürfte sich Comenius wohl recht bejahrte Schüler gedacht haben, deren es damals auf den lateinischen Schulen, wie bekannt, nicht wenige gab. Endlich hören wir von der Gründung einer Kolonie auf einer fernen fruchtbaren Insel. Solon giebt ihr eine aristokratische Verfassung, und der alsdann gewählte Consul mustert alle, die zum Gedeihen der neuen Stadt etwas beizutragen vermeinen.

Wie ein kundiger Lehrer nach dem Vorbilde dieser Scene, die uns einen aristokratisch gegliederten Freistaat zeigt, auch die Gliederung der athenischen oder der römischen Verfassung durch Schüler in einem Schauspiele zur Darstellung bringen könnte: so würde es nicht schwer sein, und gewiß nicht ohne Reiz, einer Zuhörerschaft von niederer Bildungsstufe in elementarer Weise unsere deutsche Reichsverfassung zur Anschauung zu bringen. Comenius zeigt seinen siebenbürgischen Zuschauern natürlich die Verwaltung ihres Fürstentums, gewiß gleich ergötzlich für die Eltern wie für ihre Kinder, die hier als hohe Würdenträger, als Kanzler, Schatzmeister, Mundschenk, Truchseß, erscheinen. Während nun so der König von jedem des Amtes Rechenschaft abnimmt, kommt plötzlich die Botschaft von dem Anrücken eines Feindes, und nun hören wir, wie mobil gemacht wird, sehen Flüchtlinge unter Jammergeschrei über die Verwüstungen des Feindes vorbeieilen, vernehmen einen kurzen, lebendigen Schlachtbericht, darauf den Bericht von der Belagerung einer Stadt, endlich die Friedensbotschaft. Ohne Zweifel das Ganze ein dankbarer Gegenstand für Militärschulen und für Kriegervereine, sei es daß man Mitglieder selbst, oder, was vielleicht besser, deren Söhne zu Darstellern wählt. Freilich müßten die Scenen nach den neuen Verhältnissen und Einrichtungen umgearbeitet werden, was einem federgewandten begeisterten Soldaten nicht schwer sein dürfte.

Den Schluß des ganzen Werkes bildet ein Gespräch über die Religion und die Religionen im zweiten und letzten Aufzuge des achten Teiles, eine Darstellung, welche man Seminaren für feierliche Gelegenheiten empfehlen könnte. Vierundzwanzig Theologen reden einmütig, nachdem sie vorher vor Streit ernstlich gewarnt sind, von jenem höchsten Gegenstande und belehren den König und seine Räte über das Heidentum, Judentum, Christentum und den Islam.

Aber wenn man nun auch nach dem Gesagten nicht wird bezweifeln können, daß jenes fast vergessene Buch des Comenius für unsere Zeit in reicherem Maße verwendbar ist als es selbst für seine eigene war, so darf man doch nicht glauben, es genügte schon eine deutsche Übersetzung, um es brauchbar zu machen. Muß sich doch selbst das beste Schauspiel aus unserer Zeit mancherlei Veränderungen und Streichungen gefallen lassen, um bühnengerecht zu werden, wieviel mehr ein Spiel, von dessen Zeit uns mehr als zweihundert Jahre trennen! Dies gilt schon von seiner Länge. Die Menschen jener Zeit konnten bei ihm drei bis vier Stunden ausharren — so lange dauerte nach einer Bemerkung der Vorrede jeder Teil. Das vermögen wir nur bei den spannendsten Schauspielen und bei den abwechselungsreichsten Tondichtungen. Höchstens eine Stunde darf jenes doch durchweg lehrhafte Spiel heute in Anspruch nehmen. Aber so lange folgt man ihm auch wirklich mit Vergnügen und heiterer Teilnahme, was wir selbst bei einer festlichen Gelegenheit erprobt haben. Es kann also nur von der Aufführung einer oder mehrerer Scenen die Rede sein. Und auch diese wird man sich bewogen fühlen mannigfach zu verändern, teils um sie mit Rücksicht auf das Gedächtnis der Darsteller zu kürzen, teils um sie nach Form und Inhalt dem Geschmacke unserer Zeit mehr anzupassen, teils um viele schon veraltete Begriffsbestimmungen, Einteilungen und Ansichten zu berichtigen, es sei denn, daß man gerade ein Stück alter Zeit zur Anschauung bringen wollte. In den oben angedeuteten Mängeln ist wohl der Grund zu suchen, weshalb man dieses Werk des Comenius, sein Lieblingswerk, unbeachtet gelassen. Und doch ist es für jeden federgewandten Lehrer und Jugendfreund eine ebenso leichte als vergnügliche Arbeit, sich einige Scenen nach seinen Wünschen und Zwecken umzugestalten. Ja Comenius selbst fordert uns auf, an seinem Werke ohne Scheu zu bessern, und zwar an einer Stelle, wo er fühlt, daß ihm die Gestaltung des Stoffes nicht recht gelungen ist, indem er von dem sechsten Teile sagt: „Die Kritiker sollen hiermit erinnert werden, daß in dieser Darstellung des sittlichen Lebens nicht alles in gleich ansprechender Weise sich vollzieht, und worin dies seinen Grund hat. Einiges nämlich ist durch lebendige Beispiele genügend zur Anschauung gebracht, anderes habe ich nur in Vortragsformen gegeben. Ich muß bekennen, daß dies nicht geschehen ist, weil ich es für gut hielte, sondern nur in der Eile, da ich, im Begriff, aus Ungarn abzureisen, nicht Zeit genug fand, dramatische Gemälde auszudenken. Wenn es nun einem der Lehrer Vergnügen macht, die Schüler noch mehr zu unterhalten, so ist es ihm unbenommen, einige Rollen noch zu erdichten. Indem wir auch hier mit gutem Beispiele vorangingen und zu dem noch zur Kurzweil geneigten Alter herabstiegen, haben wir dem Eifer keinen Hemmschuh anlegen wollen, sondern möchten vielmehr zur Nachahmung angeregt haben. Dies will ich wie von den vorhergehenden, so von den folgenden Darstellungen verstanden wissen, indem ich jedem volle Freiheit gebe, einzuschalten, wegzulassen und zu verändern (nur zum Bessern!)."

Zum Schlusse sei noch auf eine andere Seite des Buches aufmerksam gemacht, auf seinen Wert für die Kulturgeschichte. Man lernt aus ihm nicht bloß den Stand des damaligen Schulwissens kennen, sondern das Leben jener Zeit überhaupt nach den verschiedensten Beziehungen, namentlich Verhältnisse in Ungarn. Wir hören, wie man damals den Acker bestellte, wie man pflügte, pflanzte, säete; wir hören von den Geräten und Werkzeugen, welche damals der Landmann gebrauchte. Der Gewerbfleiß stellt sich uns dar in allen seinen Zweigen und das Maschinen= wesen in seinen ersten Anfängen. Wir gewinnen einen Einblick in das häusliche wie in das öffentliche Leben mit seinen Einrichtungen und Gebräuchen: Wie man damals die Wohnhäuser baute und mit welchen Geräten man die Wirtschaft versah, wie man sich kleidete und wie man spielte, wie es bei Gastmählern und wie es bei Begräbnissen zuging. Die Rechtspflege mit ihrem Strafapparat, das Steuer= wesen, das Militärwesen wird in bemerkenswerten Zügen dargestellt. Streng und stolz scheidet sich der Stand der Gelehrten von allen anderen. Ihre Sammelplätze sind die Universitäten. Wir hören von dem dortigen Leben und Treiben, den Sitten und Gebräuchen, und mit welchen wunderlichen Untersuchungen sich damals die Gelehrten beschäftigten. Kurz, des Comenius Schola Ludus ist ein Spiegel= bild seiner Zeit und darum eine schätzbare Gabe auch für den Kulturgeschichts= und Altertumsforscher, wohl würdig der Vergessenheit entrissen zu werden.

Nachschrift der Redaktion. Herr Oberl. Bötticher gedenkt eine deutsche Übersetzung der vorhin besprochenen Schrift herauszugeben. Es wäre dies jeden= falls eine sehr interessante Bereicherung unserer pädagogischen Litteratur, und so hoffen wir, daß dieselbe bald zustande kommen möge.  Horn.

---

## Herr Reg.= und Schulrat Voigt:
### „Zum deutschen Unterricht."
(Von einer Konferenz in Bielefeld.)

Vorbem. der Redaktion. Der im vorigen Jahre heimgegangene Schul= rat Voigt hat sich bei allen, die amtlich mit ihm in Berührung gekommen oder ihm sonst näher getreten sind, ein so dankbares Andenken erworben, daß sie gern die nachstehenden Mitteilungen lesen werden. Für weitere Kreise teilen wir noch folgendes über den treuen Berater und Pfleger der Schule nach einer freundlichen Zuschrift mit.

Schulrat Theodor August Voigt, geb. 2. Juli 1836 zu Kirchseifen in der Eifel, Schüler des Gymnasiums zu Duisburg, studierte Theologie in Bonn und Erlangen, bestand 1861 das Examen pro licentia conc. in Koblenz, war Haus= lehrer in Birkenfeld, Rektor in Calcar, dann 2½ Jahre Hauslehrer in Esthland und 1866 Pfarrvikar in Valendar. 1867 Pfarrer in Rüdesheim, folgte er einem Rufe an das Königliche Gymnasium zu Wiesbaden als Religionslehrer und richtete 1871 das Lehrerinnenseminar in Straßburg neu ein, worauf er ein Jahr später zum Kreisschulinspektor in Mühlhausen i. E. ernannt wurde. 1877 er= nannte ihn Dr. Falk zum Reg.= und Schulrat in Trier, vier Jahre später wurde er in gleicher Eigenschaft der Regierung zu Minden überwiesen. Sein stark ent=

#### Herr Reg.- und Schulrat Voigt. 467

wickeltes rheumatisches Leiden ließ in den ihm bald mit Achtung und Vertrauen ergebenen Lehrern die Sorge aufkommen, daß ihnen dieser deutsche Mann (im wahren Sinne des Wortes) zu früh entrissen werden würde. Sein Motto: Jedem das Seine und jeder das Seine erwarben ihm die unbegrenzte Liebe und Verehrung seiner Lehrer. — In der Rede stets kurz, prägnant, jedes überflüssige Wort vermeidend, vertrat er das Wohl der Schule und ihrer Lehrer mit bewunderswerter Wärme und Energie. Ohne das leiseste Haschen nach der Gunst des Publikums wurde durchgedrungen, das Steuer unentwegt geführt, der Blick scharf aufs Ziel gerichtet. Wer als Lehrer seinen Posten ausfüllte, der galt in seinen Augen, hatte sein Wohlgefallen. Andere Mittel, als treue Pflichterfüllung prallten bei ihm ab. Wer strebte, schaffte, der war sein Mann. Seine Worte waren der Ausdruck seiner Überzeugung. Ob sie diesem oder jenem mißfielen, war Nebensache. Nur der Gehalt, nicht die Stellung fand bei ihm Berücksichtigung und Anerkennung.

Ein solcher Mann mußte die Hochachtung, das Vertrauen und die Liebe seiner Lehrer bald erringen. Daß ihm dies in seltenem Maße gelungen, davon zeugte die starke Beteiligung aus nah und fern, als es galt, ihn zur letzten Ruhe zu geleiten, davon zeugten die vielen Kränze, welche seinen Sarg zierten, davon zeugt das ihm von den Lehrern in tiefer Dankbarkeit gewidmete Denkmal.

Einige wortgetreue Citate aus seinem Buche: Pädagogische Skizzen (Bielefeld, Velhagen & Klasing) mögen das Gesagte bekräftigen. So sagt Voigt zum Kapitel: Beruf des Lehrers:

Mit den Besten und Gebildetsten der Nation tritt der Lehrer durch seinen Beruf in eine Gemeinschaft, denn auch seine Arbeit gilt dem Wohle der Menschheit in eminentem Sinne. Sein Beruf der Menschenbildung ist und bleibt ein höherer als der des Geschäftsmannes oder des Arbeiters, die für die Befriedigung materieller Bedürfnisse zu sorgen haben. ... Wer unter schwierigen, widrigen Verhältnissen ausharrend, still und unverdrossen sein Werk fördert und Tüchtiges schafft, der ist ein Meister. Er spürt etwas von der Kraft Gottes, die in dem Schwachen mächtig ist. Welche Freude, hier und dort in einer Schule es bestätigt zu finden, wie der Arbeit, wenn sie nur mit rechter Treue gethan wird, auch unter den ungünstigsten Verhältnissen der Erfolg nicht ausbleibt. ... Fast unglaublich ist es, wie hart und ungerecht oft der Bauer sein kann, wo es sich darum handelt, eine für unnütz und nicht gewinnbringend gehaltene Ausgabe zu vermeiden. Noch mehr fast als in eigenen Angelegenheiten zeigt er solche Härte in Gemeindeangelegenheiten, wo das Gehässige der Maßregel nicht auf ihn fällt und er sich als Glied einer Majorität gedeckt glaubt. Das wissen die Lehrer, die unter ihnen alt geworden sind, sehr wohl und, weil sie es wissen, darum mögen so viele von ihnen sich nicht entschließen, den Sturm gegen sich herauf zu beschwören, den ein Pensionierungsantrag immer befürchten läßt. ... Solange dieser Schritt durch Kargheit und niedrige Gesinnung roher Menschen so erschwert werden darf, wie es heute noch hier und dort geschieht, kann ein Wohlmeinender kaum dazu raten, wenn auch noch jahrelang die Schule in altersschwachen Händen zu leiden haben sollte.

Zum Kapitel: Schulvorstand: Kann man sich wohl einen Kirchenvorstand ohne Geistlichen, eine Baukommission ohne sachverständigen Techniker oder eine Sanitätskommission ohne Hinzuziehung eines Arztes denken? Wohl jeder würde das Verfehlte dieser Einrichtung einsehen und niemand wird es einfallen von einem so mangelhaft organisierten Institut, in dem die Stimme des Sachverständigen oder des berufsmäßig mit der Sache Vertrauten fehlt, etwas Vernünftiges zu erwarten. Und doch machen und erleben wir diesen Widersinn noch alle Tage. Wir haben Schulvorstände aus allerlei Volk zusammengesetzt, in denen allerlei Weisheit zu Worte kommt, nur nicht die des Lehrers. . . . Wer früher auf diesen Schaden hinwies, brachte sich damit sicherlich in den Verdacht, die Unzufriedenheit des Lehrerstandes wecken oder nähren zu wollen. Heute scheint bereits das Gefühl ein ziemlich allgemeines geworden zu sein, daß die Sache doch nicht in der Ordnung ist. . . . Diese Einrichtung, die zum Schaden des Standes und zum Schaden der Sache zu lange beibehalten ist, muß fallen. . . . Man möchte fast den Schulvorstand den besten nennen, dem die Gesetze möglichst wenig Kompetenz beließen. . . . Einstweilen aber hat die Schule manchmal Grund zum Gebet: Behüte mich vor meinen Freunden! Namentlich sind es zweierlei Schulfreunde, die man argwöhnisch im Auge behalten muß. Da sind zunächst Leute, denen die Volksschule nie genug leisten kann, die geneigt sind, von ihr alles Heil zu erwarten und die sie darum für alles, was ein Mensch fürs Leben braucht, sogar für die besondere Berufsbildung in Anspruch nehmen möchten. Die andere Art von Schulfreunden betont vornehmlich die Erziehung als Aufgabe der Schule und glaubt damit das lösende Wort gefunden zu haben. So wie den vorhin Genannten nicht genug, so kann eigentlich diesen nicht wenig genug gelernt werden, da bei ihnen die beständige Furcht waltet, daß über dem Vielen das „Eine, was not ist" versäumt werde. In ihren Klagen und Ausstellungen stimmen sie daher, wenn auch aus andern Gründen, wesentlich überein mit den bäuerlichen Schulvorständen, d. h. den Schulräten, wie sie nicht sein sollen. Sind solche Bedenken gegen die moderne Schule berechtigt? Wir leugnen es aus innerster Überzeugung. H.

Herr Rat Voigt nahm, etwa wie folgt, das Wort: Meine Erfahrungen, nicht in dieser oder jener Schule gemacht, sondern im ganzen Bezirke, sind die Veranlassung zu folgender Mitteilung. —

Eine Ausstellung, die ich zu machen habe, ist zunächst die, daß im Schreiben die Resultate ganz gewiß nicht die sind, die erreicht werden sollen. Machen wir uns die Ziele nach § 24 der allgemeinen Bestimmungen klar.

Diese Ziele werden nicht erreicht. Als Entschuldigung führen wir an, daß wir Halbtagsschulen mit verkürzter Unterrichtszeit haben. Übung aber erfordert Zeit, die uns fehlt. — Daran liegt es allerdings, aber nur zum Teil und dies zu ändern, liegt für uns nicht in der Sphäre der Möglichkeit. Anderes dagegen wohl. Die Unterstufe soll zusammenhängende Stücke richtig l e s e n, in zusammenhängenden Sätzen n i e d e r s c h r e i b e n. — Dies Ziel wird gewöhnlich nicht erreicht. Daß die Kinder das nicht richtig können, liegt daran, daß das Schreiben vom ersten Tage an mit dem Lesen nicht genügend in Beziehung gesetzt ist, was nach § 24 geschehen soll. — Es wird viel gelesen, man arbeitet zu rasch, um im Lesen Resultate zu erzielen, wodurch sich wohl Eltern täuschen lassen, Kenner aber nicht. Das Schreiben bleibt zurück, das Lesen ist nur ein mechanisches, das keinen großen Wert hat. —

Es wird zu wenig auf lautes, richtiges, accentuiertes Sprechen und Lesen gesehen. Das eine oder andere dieser Stücke findet sich wohl, das ganze selten. Und doch ist's wesentlich, daß alles zusammen ist. Das Streben, daß die Kinder so bald wie möglich lesen können, ist von geringem Wert. Vergißt man nicht,

Schreibleſevorübungen zu machen, ſo gehts nachher deſto raſcher. Das Ohr, das Auge, die Hand müſſen genügend vorgeübt ſein. Wo das verſäumt iſt, finden ſich nachher allerlei Hemmniſſe. Die Vorübungen müſſen allein getrieben ſein, etwa ſechs Wochen lang. Dazu eignet ſich die Leſemaſchine beſſer als die Fibel, in der es dann gut voran geht. Der Anſchauungsunterricht muß fortgeſetzt werden. Auch hier muß auf lautes, wohlartikuliertes Sprechen gehalten werden. Das „Zu viel" fällt ſpäter — nach der Schulzeit — von ſelbſt weg. Dies gilt für alle Stufen. — Dann das ſelbſtändige Sprechen. — Was als wohlbehandelt im Tagebuche ſteht, muß nachher noch Zeugnis gründlicher Behandlung ſein. Den weſentlichen Inhalt muß man fordern können. Entſchuldigungen, daß Kinder ſich vor Fremden ſcheuen, kann man nicht gelten laſſen. Im Gegenteil, Kinder freuen ſich, wenn ſie etwas ſelbſtändig produzieren, Auskunft geben, ſelbſt mündlich ausdrücken können. Der mündliche Ausdruck kommt von ſelbſt, wenn die richtigen Beziehungen dageweſen ſind. Nehmen wir Realien auf der Oberſtufe, etwa Geſchichte, wo ſich die Fertigkeit des mündlichen Ausdrucks zeigt! Stelle ich allgemeine Fragen, ſo muß, wenn auch ohne Reihenfolge, doch in richtigen Sätzen, allerlei Material zuſammen kommen, ohne vor dem eigenen Sprechen zu erſchrecken. Auf das Viele kommt es dabei nicht an. Oder nehmen wir Gedichte! Die Art, wie ſie hergeſagt werden, — ich will das ſtolze Wort deklamieren nicht gebrauchen, — zeigt, daß ſie nicht nach allen Seiten behandelt, nicht richtig verſtanden ſind. Hat der Lehrer das Gedicht mehrere Male richtig vorgetragen — nicht vorgeleſen, — muſtergültig vorgetragen, dann wird auch das Sprechen beſſer werden, und das wird dem Schreiben wieder weſentliche Dienſte leiſten. Dieſes wird zu ſehr nach der äußern Seite aufgefaßt. Wenn in einer Unterklaſſe die Kinder an gedehnten, geſchärften Silben ſind, dann können ſie dieſelben auf Diktat gewöhnlich nicht ſchreiben, weil zwiſchen Leſen und Schreiben keine richtige Beziehung dageweſen iſt. Kalligraphiſch iſt das Schreiben dagegen genügend, ſonſt nicht. Es hat an den nötigen Übungen gefehlt. Abſchreiben, Ausſchreiben, Diktat, Aufſatz ſind Sachen, die Tag für Tag getrieben werden müſſen.

Die allgemeinen Beſtimmungen haben nicht den Fehler, zu hohe Ziele zu ſetzen, ſie ſind ja allgemein und ſollen von allen erreicht werden. Die Kinder müſſen etwas leidlich richtig mündlich darſtellen, ſchreiben, einen leidlichen Brief aus ihrer Sphäre ſchreiben können. — Ein Urteil über den deutſchen Unterricht geben die Soldatenbriefe, die im großen und ganzen recht verſchiedenen Charakters ſind. — Die Volksſchule treibt ſehr viel Überflüſſiges. Sie muß aber einen richtigen Brief ſchreiben lehren und dazu gehören die zur Sprache gebrachten Übungen. Es bedarf eben dazu großer Sorgfalt.

Es ſind in § 11 der allgemeinen Beſtimmungen zwei Hefte vorgeſchrieben, ein orthographiſches Heft, eins für Aufſatz. — Wo ſich Hefte finden, ſind dieſelben oft ſehr verſchiedener Güte. Die Aufſätze gleichen ſich zu ſehr. Es iſt kein ſelbſtändiges Produzieren. Die Schüler haben es auswendig gelernt; etliche ſind halb diktiert und unterſcheiden ſich vom Diktat kaum. Das Selbſtändige iſt aber ſehr wichtig und muß erreicht werden. Dieſen Stoff der Schule zu behandeln, haben die Konferenzen allen Grund. — Das Plattdeutſche betreffend, bemerke ich, daß beide Idiome Schwierigkeiten haben. Gerade in Gegenden, wo das Plattdeutſche zu Hauſe iſt, wird das Hochdeutſche am beſten geſprochen und geschrieben. Dagegen bieten in andern Gegenden die Dialekte große Schwierigkeiten. — Das erste Schuljahr ist von eminenter Bedeutung. —

Den hervorgehobenen Schwierigkeiten des Lesenlernens begegnete der Herr Rat etwa, wie folgt: Das Lesenlernen überschätzen wir. Warum haben sie das vor 300 Jahren fertig gebracht! Da hatten wir die Mütter. D. M. Luther gab ihnen die Bibel und den Katechismus. Die Kinder lernten von der Mutter lesen. Die Reformation wäre unmöglich gewesen, hätten die Leute nicht können lesen lernen. Bei dem heutigen Apparate müssen wir bessere Resultate erzielen. Man hat auch anderer Orten das anlehnende Verfahren verworfen und sich dafür entschieden, daß ein wirklich grammatikalischer Unterricht getrieben werden muß und ein Buch für alle Schulen des Bezirks eingeführt. Dieser Wunsch ist auch oft in Bezug auf das Lesebuch ausgesprochen. Wo eine Anzahl Schulmänner sind, da kommen solche Wünsche immer zu Tage. Thuts die Obrigkeit, so heißts: Es kommt vom grünen Tisch. — Die Leitfadenfabrikation leidet an Überproduktion. Jütting ist zu empfehlen, ist aber nicht in den Händen der Schüler. Wir haben nicht das Recht, dies zu fordern. Wenn nicht alle, solls keiner benutzen.

In Bezug auf den Anschauungsunterricht, welcher auf der Unterstufe als selbständige Disciplin aufzutreten hat, stellt der Herr Rat die Forderung, daß ein Resultat der Besprechung, in der Satz für Satz festgestellt, geschrieben, da sein muß, z. B. die Tafel ist von Stein, der Rand von Holz. Auf die Tafel schreibt man. — Punkt! — Oder: Man schreibt mit dem Griffel auf die Tafel. An der Tafel ist ein Schwamm. Mit dem Schwamm löscht man das Geschriebene aus. — Der Aufsatz ist eben selbständiges Wiedergeben. — Zu den Konferenzvorträgen übergehend, lautet die treffliche Bemerkung: Daß keine rechte Diskussion aufkommen will, liegt am Vortrage, der fast in allen Fällen zu kathedermäßig ist. Es fühlt sich keiner angemutet. Ein solcher Vortrag läßt keine andere Autorität aufkommen und reizt daher den Widerspruch nicht. Die Vorträge müssen einfach, kurz sein, aus der Praxis heraus. — Nicht bei Adam und Eva anfangen. Das hat das hat man mir auf dem Seminar gesagt. Ich habe das eine Zeit lang gemacht, mache es jetzt so und so. Wer von Ihnen weiß es besser. Dadurch wird die Diskussion fruchtbar angeregt. —

Heepen.  A. Westphal.

## Lehr- und Erziehungs-Institut am Donnersberg Station Marnheim, Pfalz.

Wohin soll ich nun meinen Sohn schicken? Diese Frage hat wohl jeder ältere Lehrer, der sich für die weitere Ausbildung seiner Schüler interessiert, oft aus besorgter Eltern Mund gehört. Das eine Mal wohnen die Eltern zu weit von einer höheren Schule entfernt, als daß sie von ihrem Wohnort aus dieselbe besuchen lassen könnten; das andere Mal könnte die Schule wohl erreicht werden, aber es liegen auf dem Schulwege oder sonstwo Gefahren, die es den gewissenhaften Eltern verbieten, ihre Kinder denselben auszusetzen; wieder ein anderes Mal müssen die Eltern sich das bittere Geständnis machen, daß sie gut daran thun, die Erziehung ihres Kindes andern zu überlassen, weil sie selbst nicht dazu imstande sind. Oft auch erfordert die leibliche oder geistige Eigenart

Lehr- und Erziehungs-Institut am Donnersberg. 471

des Kindes eine Rücksichtnahme, die die Schule im Ort nicht zu nehmen vermag; nicht selten ist auch ein Luftwechsel deshalb dringend geboten, weil an dem bisherigen Aufenthaltsort der Knabe auf Wege geraten ist, deren weitere Verfolgung ihn ins Verderben führen muß und bei denen es fraglich ist, ob man sie ihm hier verlegen kann. Ich brauche diese Tafel nicht zu vervollständigen; wir alle wissen, daß die obige Frage nicht leicht zu nehmen ist, besonders dann nicht, wenn Verhältnisse in Betracht zu ziehen sind, denen die öffentliche Schule entweder gar nicht, oder nur unter besonderen Verhältnissen gerecht zu werden vermag.

Die Leser, die an Pestalozzi, an den Einfluß, den das Plamannsche Institut in Berlin an der Einführung der Pestalozzischen Unterrichtsweise hatte, an den Fingerschen Bericht über das Institut der Gebrüder Beuder in Weinheim, an Sem.-Direktor Zahn und die Filder Erziehungsanstalt, an Stoy's und Wiese's Urteil über die Bedeutung der Privatinstitute und an Ähnliches denken, werden wissen, daß es auch sonst noch allerlei Gründe giebt, die die Privat-Erziehungsanstalt für die Pädagogik bedeutsam erscheinen lassen.

So geben wir gern aus dem Prospekt der oben genannten Erziehungsanstalt den wichtigsten §§ hier eine Stelle.

§ 1. Die Anstalt liegt 20 Minuten von der Station Marnheim (dem Knotenpunkt der Bahnen nach Kaiserslautern, Mainz und Worms), an der Straße nach dem Donnersberg. Die ländliche Lage am waldreichen Donnersberg, sowie die Nähe der kulturhistorisch so interessanten rheinischen Städte machen es möglich, den Unterricht nach den verschiedensten Seiten hin durch persönliche Anschauung zu beleben.

§ 2. Die Aufgabe der Anstalt ist, ihren Zöglingen eine tüchtige Schulbildung und zugleich eine gewissenhafte Erziehung im Sinn und Geist des Christentums angedeihen zu lassen. Die staatlich konzessionierte Realanstalt bereitet in 4 Jahreskursen für den praktischen Beruf vor durch Unterricht in Religion, deutscher, französischer und englischer Sprache, Geschichte und Geographie, Rechnen, Algebra, Geometrie, Naturkunde, Schreiben, Zeichnen, Singen und Turnen. Diejenigen Schüler, welche die zum Einjährig-Freiwilligen-Examen erforderlichen Kenntnisse sich erwerben wollen, werden in Specialkursen der Anstalt dazu vorbereitet. Als Progymnasium (Lateinschule) will sie in 5 Parallelklassen zum Besuch des Gymnasiums (Sekunda) vorbereiten.

Die Knaben sollen nicht kasernenmäßig in großen Massen zusammenwohnen, sondern werden familienweise in kleinen Abteilungen nach Charakter und Alter geschieden, damit eine gewissenhafte, individuelle Erziehung und beständige Überwachung möglich ist. Deshalb ist die Benutzung eines zweiten Hauses (s. unten) schon für die nächste Zeit in Aussicht genommen.

Für die Anstellung der Lehrer gelten dieselben Bedingungen, wie bei staatlichen Schulen, es finden nur solche Verwendung, welche die betreffenden Fachprüfungen bestanden haben.

§ 3. Die Aufnahme kann jederzeit erfolgen, am besten am Beginn des Winter- oder Sommersemesters (Michaelis oder Ostern).

Solchen Schülern, die beim Eintritt in einzelnen Fächern hinter den Anforderungen einer Klasse zurückstehen, für welche sie in der Mehrzahl der Lehrgegenstände genügende Kenntnisse besitzen, kann durch Privat-Nachhilfestunden die Aufnahme in die betreffende Klasse ermöglicht werden.

§ 4. Der Pensionspreis (einschließlich des Schulgeldes für die Pensionäre) beträgt bis zum 13. Lebensjahre 570 Mk.; nach vollendetem 13. Lebensjahr 690 Mk. pro Jahr. Dasselbe ist in 3 gleichen Beträgen zu Neujahr, Ostern und Michaelis vorauszubezahlen: für die erste Altersklasse jedesmal 190 Mk., für die zweite jedesmal 230 Mk. Bei Brüdern oder sonst in ganz besonderen Ausnahmefällen kann eine Ermäßigung eintreten.

Für diejenigen Schüler, welche schon vor dem Beginne des 12. Lebensjahres hier eintreten, bleibt der nämliche Pensionspreis (570 Mk.) für die ganze Schulzeit.

Das Schulgeld für diejenigen Schüler, welche nur am Unterricht der Anstalt teilnehmen, beträgt bis zum 13. Lebensjahre 90 Mk., nach vollendetem 13. Lebensjahr 120 Mk. Dasselbe ist zu Neujahr, Ostern und Michaeli mit je 30 oder 40 Mk. zu entrichten.

Erfolgt der Eintritt eines Zöglings im Laufe eines Dritteljahres, so wird das Pensions- oder Schulgeld vom Tage des Eintritts an berechnet; dabei ist das nächste Dritteljahr mitzubezahlen.

§ 5. Für die Erhaltung und Erweiterung der Bibliothek hat der Schüler 1 Mk. in jedem Dritteljahr zu entrichten.

Soll die Wäsche von der Anstalt besorgt werden, so sind dafür 15 Mk. pro Dritteljahr zu entrichten.

Zur Bestreitung der laufenden Ausgaben der Pensionäre ist ein Vorschuß von 50 Mk. zu hinterlegen. Jedem der Pensionäre sind 2 Mk. Taschengeld pro Dritteljahr zu bewilligen, das von der Anstalt verwaltet wird, und über welches die Knaben selbst genau Buch zu führen haben. Über alle Auslagen erhalten die Eltern zu Neujahr, Ostern und Michaeli genaue Abrechnung.

Den Zöglingen selbst Taschengeld mitzugeben oder zu schicken, ist untersagt.

Die §§ 6 bis 9 handeln von den einzureichenden Papieren, der Ausstattung der Schüler, den Ferien und dem Austritt.

§ 10. Die Anstalt wurde gegründet (im Jahre 1869) und wird unterhalten von einem zu diesem Zweck gebildeten Kuratorium. Alle Überschüsse können nur der Ausstattung und Erweiterung der Anstalt zu gute kommen.

Nach dem diesjährigen Jahresbericht, dem der Direktor Dr. E. Göbel eine wissenschaftliche Beilage „die Westküste Afrikas im Altertum" zugegeben hat, besteht die eben im Ausbau begriffene Realschule aus einem Vorkursus und drei Realklassen, an denen 6 Lehrer wirkten und welche von 62 Schülern aus Bayern, Preußen, Hessen ꝛc. besucht waren. Die Anstalt, Eigentum eines Bildungsvereins, erhielt von edlen Freunden 9650 Mk. zur Erbauung eines zweiten Anstaltsgebäudes.

Horn.

## III. Abteilung. Litterarischer Wegweiser.

Hauptdaten der Weltgeschichte, sowie Aufgaben und Fragen aus der Weltgeschichte. Ein Hilfsmittel beim Geschichtsunterricht im Seminar und bei der Vorbereitung für die zweite Lehrerprüfung, bearbeitet von E. Richter, Seminarlehrer. Dritte verbesserte und vermehrte Auflage. Preis 50 Pfg. Ober-Glogau, Verlag von Heinrich Handel, 1885.

Ein augenscheinlich aus der Praxis hervorgegangenes brauchbares Büchlein, das sich auf Notwendiges und Erreichbares beschränkt und dessen dritter und vierter Teil, beide zahlreiche Aufgaben und Fragen aus der Weltgeschichte enthaltend, besonders ansprechend sind. In Bezug auf Schlesien ist freilich einzelnes gefragt, worauf ein nichtschlesischer Seminarist kaum wird antworten können, z. B.: „Welche Städte und Klöster zerstörten die Hussiten in Schlesien?" Doch solche aus löblichem Lokalpatriotismus hervorgegangene Gründlichkeit thut der Brauchbarkeit des Büchleins keinen Eintrag.

**Leitfaden der Weltgeschichte.** In zwei Kursen bearbeitet von Dr. phil. O. Sommer, Direktor der städtischen höheren Mädchenschule und des Lehrerinnen-Seminars zu Braunschweig. Mit 4 xylographischen Karten. Zehnte verbesserte Auflage. Preis 60 Pfg. Braunschweig, Bruhns Verlag 1885.

Die 10. Auflage des Büchleins zeugt von dessen Verbreitung. Der Verfasser hat wiederum die bessernde Hand angelegt, um den Leitfaden nach Inhalt und Form zu vervollkommnen. Es erscheint uns die in früheren Recensionen des Buchs mehrfach ausgesprochene Klage, daß „das Streben nach Kürze zu Konstruktionen und Redewendungen geführt habe, deren Verständnis den Kindern schwer fallen müsse", auch bei der 10. Auflage noch berechtigt. Die vielen Parenthesen sind der Lesbarkeit des Buches nicht eben förderlich. — Wir geben zur Charakterisierung der Darstellung eine kurze Probe aus dem Buche (S. 76):

„Der orientalische Krieg. Zuerst wurde Rußland gedemütigt, indem Napoleon im Bunde mit England dasselbe zwang, seine Pläne gegen die Unabhängigkeit der Türken („der kranke Mann") aufzugeben (Eroberung des festen Sebastopol). — Alexander II. suchte Rußlands Kraft durch Verbesserungen im Innern, besonders durch Aufhebung der Leibeigenschaft, zu entwickeln, doch hatte er für seine Bestrebungen bei den Bauern, welche, roh und dem Trunke ergeben, die eben gewonnene Freiheit nicht zu nützen verstanden, wie auch äußerlich bei den zwar gebildeten, jedoch ebenso sittenlosen höheren Ständen wenig Dank gefunden: bald nachdem er einen glücklichen Krieg gegen die Türken geführt hatte, wurde er von den Verschworenen ermordet."

Es wird Sache des künftigen Lehrers sein müssen, den in etwas abstrakter, den Philologen verratenden Sprache gegebenen Stoff, den Schülern in volkstümlicher Weise nahe zu bringen.

**Kleine praktische Geometrie v. F. Schürmann**, weiland Seminarlehrer in Mörs. 13. Auflage. Mörs und Leipzig bei I. W. Spaarmann, 1887. 200 S. gebd. 1,30 M.

Die Schürmann'sche Geometrie, die in ihren letzten 5 Auflagen von dem Unterzeichneten bearbeitet wurde, hat sich in weitem Kreise Freunde zu verschaffen gewußt. Der heimgegangene Verfasser hat sie ursprünglich als 4. Teil zu seinen Rechenbüchern herausgegeben. Sein Augenmerk war vornehmlich darauf gerichtet, den Schüler zu befähigen, die im praktischen Leben vorkommenden geometr. Konstruktionen, Ausmessungen, Berechnungen, Teilungen und Verwandlungen genügend erklären und ausführen zu können. So bildete eine reiche Sammlung geometrischer Aufgaben in 4 Abteilungen den Schlußparagraphen des Buches. Die Aufgaben der ersten Abteilung, gegen 80, waren der Flächenberechnung gewidmet und konnten ohne Zuhilfenahme des pythagoräischen Lehrsatzes gelöst werden; die ebenso zahlreichen Aufgaben der 2. Abteilung setzten die Kenntnis dieses Lehrsatzes voraus. In der 3. Abteilung fanden sich über 100 Aufgaben aus der Körperberechnung, und den Schluß bildeten etwa 40 Aufgaben aus der Feldmeßkunde. Die vorhergehenden 20

Paragraphen enthielten dasjenige, was notwendig erschien, diese praktischen Aufgaben verstehen und lösen zu können. So rechtfertigte das Buch vollkommen seinen Titel: Praktische Geometrie.

Der Herr Verfasser mußte nach dem Plane seines Buches allerdings oft in die Versuchung kommen, Sätze aufzunehmen, die seinem Ziele fremd waren, sich aber als besonders interessant oder als zur Geistesdisciplinierung besonders geeignet sehr herandrängten. Er hat der Versuchung widerstanden und, wie jeder sich leicht überzeugen kann, zum Vorteil des Buches. Die auf die Lösung der für das praktische Leben bedeutsamen Rechnungen und Konstruktionen sich beziehenden Lehrsätze und Aufgaben sind so zahlreich, daß die Lehrer der Mittelschulen und Präparanden-Anstalten sich eher veranlaßt sehen werden, auszuscheiden als zuzusetzen; dazu bieten sie so reiche Gelegenheit, das, was der Geometrie an bildendem Einfluß eigentümlich ist, dem Schüler zu gut kommen zu lassen, daß auch nach dieser Seite hin keine Wünsche offen bleiben.

Der Herr Verfasser hat es meisterhaft verstanden, die Lehrsätze so folgen zu lassen, Aufgaben so einzuschieben, daß der Schüler den Fortschritt nicht nur als einen notwendigen einsieht, sondern auch immer wieder veranlaßt wird, selbstthätig fortzuschreiten. So lernt er z. B. die Sätze über die Kongruenz der Dreiecke nicht nur als richtig beweisen, sondern vorhergehende Konstruktionsaufgaben haben dieselben ihn finden und aussprechen, daneben zugleich erkennen lassen, daß und warum es keine weiteren Kongruenzsätze geben kann. Ähnlich regen die Sätze über das Abhängigkeitsverhältnis zwischen gleichen Seiten und deren Gegenwinkel im Dreieck zu der Frage an, ob nicht ein ähnliches Verhältnis auch zwischen ungleichen Seiten und deren Gegenwinkel und umgekehrt bestehe. Nebenbei mag hier bemerkt werden, daß ich es sehr bedauere, daß die Zeit noch nicht gekommen ist, wo ich durch Hinzufügung der trigonometrischen Elementarsätze dem Schüler zeigen könnte, wie die von der Planimetrie angeregten aber nicht beantworteten Fragen in der Trigonometrie ihre Lösung finden. Mit dem Winkel wächst im Dreieck die Gegenseite, aber wie? Das Dreieck ist durch 2 Seiten und durch den eingeschlossenen Winkel bestimmt. Wie aber ist's hiernach zu berechnen? Solche Fragen regt die Planimetrie immer wieder an, die Trigonometrie beantwortet sie, ohne dabei mehr vorauszusetzen, als die von der Planimetrie behandelte Ähnlichkeit der Figuren, und so halte ich die elementare Lehre von der Geometrie eigentlich für verpflichtet, wenigstens den fähigen Köpfen die Möglichkeit zu bieten, die aus der Planimetrie ihnen erwachsenen Fragen sich beantworten zu können. *)

Als einen besonderen Vorzug erachte ich es, daß das Buch das gesamte Gebiet der für das Leben bedeutungsvollen elementaren Geometrie behandelt, also neben der Flächen- auch die Körperlehre und zwar das letztere Gebiet ebenso wie das erste in entwickelnder Weise, ohne alle Dogmatik.

Der Unterzeichnete hat sich bemüht, dem Buche seinen ursprünglichen Charakter zu erhalten. Abgesehen von den Änderungen, die die neueren gesetzlichen Bestimmungen über Maße, Schreibung ɔc. notwendig machten, sind wesentlich nur solche methodischer Natur vorgenommen. So ist in der vorliegenden Auflage das Kapitel vom Winkel zum Teil umgearbeitet und sind die meisten §§ schärfer gegliedert worden. Soll der Schüler

*) Wie ich mir die Vorbereitung für die wissenschaftlich-systematische Geometrie und zugleich den mit der Volksschule abschließenden geometrischen Unterricht denke, können die Leser aus meinem bei Bädeker in Essen erschienenen „Geometrischen Anschauungskursus" ersehen.

aus dem geometrischen Unterricht den rechten Nutzen ziehen, so muß er nicht nur angeleitet werden, sich den Inhalt der einzelnen §§ und deren Zusammenhang zum disponibeln Eigentum zu machen und so sein Wissen immer zur Anwendung bereit zu haben, er muß auch durch die Schule der strengen Beweisführung gehen. Schon die Anschauung lehrt, daß die Scheitelwinkel gleich, daß in 2 Seiten und dem eingeschlossenen Winkel übereinstimmende Dreiecke kongruent sind; die Geometrie hat demnach recht, wenn sie auch für solche Sätze genausten Beweis fordert, und zwar, abgesehen von der dadurch zu bewirkenden Geistesdisciplinierung, schon deshalb, weil die Anschauung in der Geometrie wie anderswo manches zu lehren scheint, was nicht so ist. So habe ich seinerzeit die Erfahrung gemacht, daß gut geschulte Mathematiker der Ansicht waren, die Eckenachsen im Würfel schnitten sich unter rechten Winkeln. Hätte die vage Anschauung nicht zu viel Recht bei ihnen besessen, würden sie die falsche Ansicht nicht so lange gehabt haben.

Das Büchlein sei der Beachtung der Kollegen bestens empfohlen.

Horn.

**Leitfaden der preußischen Geschichte** von Dr. G. Schumann, Schulrat in Trier, und W. Heinze, Seminarlehrer in Alfeld.

Die Herren Verfasser sagen im Vorwort, daß sie ihr Buch für preußische Schulen geschrieben haben, ob für niedere oder höhere, wird nicht angedeutet. Auf 180 Seiten bietet das Buch zum Preise von 1,20 Mk. eine chronologische Reihenfolge sämtlicher brandenburgisch-preußischer Regenten. — Schon diese Gesamtauswahl des Stoffes für das vorliegende Werkchen weist darauf hin, daß es sich zum Gebrauche in Volks- und Mittelschulen nicht eignet; denn diese Schulen müssen aus vielen Gründen von einer fortlaufenden chronologischen Geschichtsbetrachtung absehen.

Wie steht es nun um die Stoffauswahl innerhalb jeder einzelnen Lektion? Selbstverständlich müssen in jedem Geschichtsbilde zunächst die geschichtlichen Ereignisse vorkommen, aber es dürfen 2. die wirtschaftlichen und socialen Zustände und 3. die ethisch-religiösen Züge nicht fehlen. — Daß eine Menge geschichtlicher Vorkommnisse angeführt sind, bleibt unbestritten; über den Wert vieler derselben wird später die Rede sein. Aber häufig muß sich der Schüler statt der Thatsachen mit bloßen Behauptungen abfinden lassen, so z. B. heißt es bei Fr. W. III.: „Es war nötig, daß ein ganz neuer Geist diese Schöpfungen durchdrang" oder: „Der Unbefangene mußte aber zugestehen, daß der ganze Zuschnitt des preußischen Heeres den Vergleich mit den französischen Heeren .. nicht aushalten konnte." Oder bei Fr. d. Gr.: „Um den sittlichen Geist und die militärische Ehre im Soldatenstande zu erhöhen, traf der König alle nur erdenklichen? Einrichtungen und Bestimmungen. Das sind bloße Behauptungen, und solche haben für die geschichtliche Bildung nicht nur keinen Wert, sondern sie sind ein Übel. — Noch weniger berechtigt sind sie, wenn man inhaltlich derselben Bedenken tragen muß, sie Schülern anzubieten. Wenn z. B. von Fr. III. eingangs so gesagt wird: „An schöpferischer Kraft und Einsicht war er dem Vater nicht gewachsen; er war weder Staatsmann noch Feldherr. Er war nach Fr. d. Gr. Urteil groß in Kleinigkeiten und klein in großen Dingen" — so ist ein solches Urteil im Munde eines Schülers nichts anderes als ein oberflächliches Aburteilen. Hielten die Herren Verfasser das Urteil des großen Königs ganz und voll für zutreffend, so mußte der Abschnitt über Fr. III. als zu nebensächlich, einfach wegbleiben. Denn es muß dem Schüler doch höchst sonderbar vorkommen, wenn man von ihm verlangt, daß er sich mit einer so eingeführten Persönlichkeit im Ernst beschäftigen soll und zwar fast eben so viel, wie mit den bedeutendsten Männern, da der Abschnitt über Fr. III. (den Mann, klein in großen Dingen ꝛc.) 7 S. umfaßt, während dem großen Kurfürsten nur 3 und Fr. W. I. sogar nur 1 S. mehr gewidmet sind. Eben so wenig dürfen die angeführten Urteile einander widersprechen. In demselben Abschnitt ist einige Seiten weiter abermals ein Urteil Fr. d. Gr. angeführt, welches lautet: „Fr. I. schien seinen Nachfolgern zu sagen: Ich habe euch einen Titel erworben, macht euch dessen würdig; ich habe den Grund zu eurer Größe gelegt, vollendet das Werk." Und die Herren Verf. sagen den Kindern vor: „Das glänzendste und in seinen Erfolgen großartigste Ereignis in der Regierung Fr. III. war die Erhebung Preußens zum Königreich." Und weiter: „In der auswärtigen Politik wandelte er ganz in den Wegen seines Vaters, (war der große Kurfürst auch klein in großen Dingen ꝛc.?) und suchte stets die Macht und das Ansehen seines Staates zur Geltung zu bringen und zu erhöhen! Das alles steht unter der Überschrift: Groß in Kleinigkeiten und klein in großen Dingen.

Auch der Forderung, daß die wirtschaftlichen und gesellschaftlichen Zustände und Verhältnisse gebührend vertreten sein müssen, ist nicht genügt. Als Beispiel wähle ich den Abschnitt über den großen Kurfürsten. Soll das Kind das Leben und Wirken dieses Fürsten verstehen, so muß es die wirtschaftlichen und socialen Zustände des Landes bei seinem Regierungsantritt kennen und zwar nicht aus Behauptungen, sondern durch Thatsachen. Nur dann kann es einsehen lernen, weshalb die Geschichte ihn „den Großen" nennt. Nun ist aber in diesem Abschnitte von den Zuständen, die durch den 30jährigen Krieg auf wirtschaftlichem, gesellschaftlichem und religiösem Gebiete entstanden waren, mit keinem Worte die Rede, abgesehen von den Eingangsworten: „Als die Stürme des 30jährigen Krieges über die Mark dahinbrausten." —

Von einem Schulbuche muß man selbstverständlich verlangen, daß sich die in demselben dargebotenen Stoffe dem Verständnis der Kinder nahe bringen lassen. Wie steht es nun in dieser Hinsicht beispielsweise mit folgenden Stellen: „J. G. Fichte errang durch seine im Winter 1807 u. 1808 vor einem dichtgedrängten Publikum aller Stände in Berlin gehaltenen Reden an die „deutsche Nation" unendliches Ansehen und Einfluß." Oder: Hier arbeitete Fr. Schleiermacher dem Rationalismus kräftig entgegen und zeigte wieder, daß Religion nichts Äußeres, sondern die Hingabe des Herzens an Gott sei. Das sind nicht nur undeutliche Stoffe für Volksschulen, sondern auch für höhere Schulen. Zugleich aber fallen sie auch unter das Urteil, daß sie nichts als Behauptungen enthalten.

Sehen wir jetzt den Wert der angeführten Ereignisse näher an. Da der Schüler sich unmöglich mit sämtlichen Thatsachen der Geschichte bekannt machen kann, so muß ein Schulbuch so wählen, daß die angeführten Züge ihm ein möglichst deutliches Bild der betreffenden Zeit vor Augen malen; d. h. die dargebotenen Züge müssen gehaltvoll sein. Alle andern sind auszuscheiden. Diese Forderung ist leider fast ganz unberücksichtigt geblieben und daher erklärt sich die massenhafte Anhäufung von geschichtlichen Begebenheiten, Behauptungen, Namen u. Zahlen, so daß das Buch auch für höhere Schulen viel zu große Stoffmengen enthält. Welchen Wert haben beispiels-

weise für die geschichtliche Bildung der Schüler all' die vielen sorgfältigst verzeichneten Angaben über die Wandlungen im Ländergebiet und über die Fehden aus der Zeit der brandenburgischen Markgrafen und Kurfürsten, die ungeheure Zahl von Schlachten und Gefechten überhaupt und die notizmäßigen Angaben über die meisten derselben? Dasselbe gilt von den Notizen über den spanischen Erbfolgekrieg, den nordischen Krieg ꝛc. Sehr geringen oder gar keinen Wert haben auch solche Züge, wie die über die Herbeischaffung eines langen Mönches aus Italien. Nicht das bloße Wissen aller möglichen Ereignisse ist der Zweck des Geschichtsunterrichts, sondern die Befähigung des Schülers, durch das Vergleichen mit der Vergangenheit die Gegenwart verstehen zu können. Dazu gehören aber gehaltvolle und charakteristische Züge. Sehen wir jetzt die **sprachliche Darstellung** etwas näher an. Von ihr gilt allgemein als oberster Grundsatz, daß sie verständlich sein muß. Nun ist in dem Abschnitte über Fr. W. III. in 19 Reihen die Rede:
1) Von dem Verlangen des Volkes nach freien Verfassungen; 2) von der Aufregung der studierenden Jugend; 3) vom Wartburgfest; 4) von der Jenaer Burschenschaft; 5) von volksfeindlichen Schriften; 6) von der Ermordung des russischen Staatsrates Kotzebue; 7) von Metternich; 8) von den Karlsbader Beschlüssen; 9) von burschenschaftlichen Verbindungen; 10) vom Schließen der Turnplätze; 11) von der Zensur; 12) von den demagogischen Umtrieben; 13) von der Ministerkonferenz in Wien; 14) von der Wiener Schlußakte; 15) von landständischen Verfassungen. Bei einer solchen Darstellung huschen die angeführten Stoffe ja wie lauter Schemen am Auge des Kindes vorüber; dabei kann von einer verständlichen

Darstellung für Kinder gar nicht die Rede sein. Ob die angeführten Stoffe der oben bei der Stoffauswahl angeführten Bedingung entsprechen, daß sie sich überhaupt dem Verständnis der Kinder nahe bringen lassen, wollen wir nicht weiter untersuchen. Ähnliche Stellen lassen sich sehr viele aus dem Buche anfzählen. Man sehe darauf hin die oben angeführten Stellen über Fichte und Schleiermacher an, ob das eine Sprache für Schulbuben oder nicht viel mehr für die Studenten auf Universitäten ist? Dazu kommt nun noch der allzuhäufige Gebrauch von Fremdwörtern und wenig gebräuchlichen, sprachlichen Ausdrücken, wie auch eine oft unklare und ungenaue Darstellungsweise; z. B.: „Fr. II. versäumte nicht, das verkommene Land (Westpreußen) seinen übrigen Provinzen gleich zu machen;" oder „Fr. W. I. liebte eine fast übertriebene, pünktliche Ordnung;" oder: „der Beitritt Österreichs gewährte den Verbündeten eine gewisse Überlegenheit." — Wenn das Buch, das den Kindern ein Muster des sprachlichen Ausdrucks sein soll, nicht klar spricht, wie will man's von den Kindern verlangen? Eine Sprache aber, die nicht einfach und klar ist, fehlt nach Lessing auch die rechte Schönheit.

R.                L.

**Repetitorium zu Luthers Leben.** Ein Auszug aus „Luthers Leben von Köstlin" zum Gebrauch für die Mittelklassen höherer Lehranstalten. Für seine Schüler hergestellt von einem Religionslehrer. Pr. 50 Pf. R. L. Friederichs, Elberfeld.

Das Büchlein kann solchen Schülern der Oberklassen höherer Schulen, welche neben demselben im Besitze einer ausführlichen Lebensbeschreibung von Luther sind, beim Wiederholen gute Dienste thun, indem es dieselben der Mühe des Exzerpierens überheben und ihren

Blick auf die Hauptsachen hinlenken kann. Für die Mittelklassen enthält es einerseits zu viel Stoff, wie auch andrerseits das Gebotene dem Interesse dieser Altersstufe in manchen Stücken zu fern liegen dürfte. Vielleicht würde das Buch seinem Zwecke besser entsprechen, wenn es in wohlberechneten zusammenfassenden Fragen abgefaßt wäre; Papier und Druck sind gut und der Preis von 50 Pf. bei guter Heftung ein mäßiger.

K.                 L.

### Zur Recension eingegangene Bücher:

Krummel, die Evangelien des Kirchenjahres. Basel, Ferd. Riehm. 50 Pf.

Vigelius, evangelische Schulandachten. Hannover, Karl Meyer. 1,20 M.

Deiter, Erläuterungen zu den Meisterwerken der deutschen Litteratur. II. Teil. Ebd. 80 Pf.

Meyer, Hosianna! Bibl. Erzählungen. 2. Aufl. Ebd. 1,80 M.

Neißert, der Notstand der höhern Mädchenschule in Preußen. Ebd. 1,50 M.

Heinze, die Geschichte in tabellarischer Übersicht. Hannover, Helwing'sche Buchh. 1,50 M.

Haack, Orthographisches Übungsbuch. 3. Aufl. Ebd. 70 Pf.

Henßge, Leitfaden für den Gesangs-Unterricht. Heft I 30 Pf. Heft II 60 Pf. Leipzig, J. H. Robolsky.

Riemann, Musik-Lexikon. 3. Aufl. Liefg. 19 u. 20. à 50 Pf. Leipzig, Max Hesse.

Schneider, Sagen der alten Griechen. 2. Aufl. Leipzig, Wilh. Opetz. 1,50 M.

Jung, Kleine Erdkunde. 7. Aufl. Wiesbaden, Chr. Limbarth. 50 Pf.

Graffer, Naturwissenschaftl. Unterricht. Ebd. 1,80 M.

Weber, Unterricht im Kopfrechnen. Ebd. 2,80 M.

Heyer, aus dem alten deutschen Reiche. Bd. I u. II à 1 M. Breslau, Max Woywod.

Zwick, Naturgeschichte der Pflanzen. Berlin, R. Stricker. 1,20 M.

Biegansky, Rechenbuch. Heft 1, 2 u. 3 à 20 Pf. Hildesheim, Borgmeyers Verlag.

Beith, die vierklassigen Volksschulen zu Frankfurt am Main. Frankfurt, F. B. Auffarth.

Monod, das Weib. Bearb. von Ferd. Seinecke. 8. Aufl. Hannover, K. Meyer. 1,60 M.

# Inhalt des 31. Bandes.

| | Seite |
|---|---|
| Neuhaus, Die zehn Aussätzigen | 3 |
| v. Rohden, Eine ethische Grundfrage | 21 |
| Aus dem Leben | 27. 225 |
| Der Zweigverein evang. Lehrer und Schulfreunde für Barmen | 31 |
| Litterarischer Wegweiser | 32. 71. 117. 157. 195. 237. 261. 321. 341. 383. 440. 472 |
| Schred, Karl Friedrich v. Klöden. Ein deutscher Universitätsprofessor | 41 |
| Einiges z. Vorgeschichte der Dörpfeldschen Schrift „Der didaktische Materialismus" | 50 |
| Wie stellen wir uns zur Sonntagsschulfrage | 66 |
| Seminarfeier | 70 |
| Das „VIII. Schuljahr" von Rein, Pickel und Scheller | 81 |
| Reich, Aus dem Seminar zu Jena | 85 |
| Einiges über französische Seminare und Volksschulen | 90 |
| Honte, Der Zeichenkursus an d. Kunstgewerbeschule in Düsseldorf | 103 |
| Oberhausener Weihnachtskonferenz | 108 |
| Zu dem Artikel „Aus dem Leben" | 113 |
| Noten oder Ziffern | 115 |
| Einige Grundfragen der Ethik | 121. 201 |
| Zur Erinnerung an D. Schürmann | 138 |
| Schürmann, Stille Feier z. Übersicht meiner 50jähr. Amtsführung | 146 |
| Rebeker und Pütz, Stoffauswahl für den Gesinnungsunterricht | 161. 210 |
| Verhandlungen üb. b. Schulaufsichtsfrage in Hannover | 183 |
| Präparationen f. die Bibellesestunden | 210 |
| Aus dem Lehrerleben | 233 |
| Korrespondenzen: Aus Schlesw.-Holst. | 235 |

| | Seite |
|---|---|
| Weiber, Das Reich Gottes | 241. 298 |
| Aus vergangenen Zeiten | 253 |
| Ein alter Bekannter | 256 |
| Die Melodien der deutschen evang. Kirchenlieder | 259 |
| Erklärung, die „Bemerkungen" des Herrn Grau betreffend | 258 |
| Schumacher, Ein Beitrag zur bibl. Pädagogik | 281 |
| Die Entwicklung der Ferienkolonien | 304 |
| Der Einfluß des Fröbelschen Kindergartens | 307 |
| Zum Gesang-Unterricht | 311 |
| Lesefrucht | 316 |
| Korrespondenzen: Aus Nassau | 317 |
| v. Rohden, Zur Katechismusfrage | 329 |
| Das Interesse nach seiner Bedeutung für Unterricht und Erziehung | 361. 441 |
| Die 100jährige Geburtstagsfeier des Seminar-Direktors Harnisch | 376 |
| Zur Pensionsfrage | 381 |
| Staatsausgaben für öffentl. Unterricht in Preußen | 382 |
| Honte, Zeichenunterricht auf d. Unterstufe | 401 |
| Hermann, Die Erzählung und ihre Bedeutung im Unterricht | 415 |
| Frankfurt a. M. zur Schulorganisationsfrage | 430 |
| Die allgem. Volksschullehrerversammlung zu Erfurt | 434 |
| Eine Stimme über das Volksschulwesen | 439 |
| Eine vergessene Schrift des Comenius | 461 |
| Voigt, Zum deutschen Unterricht | 466 |
| Lehrinstitut am Donnersberg | 470 |

## Im Litterarischen Wegweiser 1887 recensierte Bücher.

| | |
|---|---|
| Ackermann, Pädagog. Fragen | 73 |
| Bänitz, Lehrbuch der Physik | 383 |
| — — Leitfaden | 383 |
| Bauer, Der christliche Hausstand | 269 |
| Baur, Beicht- und Kommunionbuch | 209 |
| Becker, Litteraturkundliches Handbuch | 386 |
| Bendziula, Fibel | 350 |
| Berthelt, Chemie für Schulen | 72 |

| | |
|---|---|
| Bock, Schulkunde | 398 |
| Breitmaier, Geschichte der Kirche | 70 |
| Brube, Das Zeichnen d. Stereometrie | 382 |
| Claaß, Schulandachten | 268 |
| Coordes, Unterr. Leitfaden | 349 |
| Couard, Das Neue Testament | 265 |
| Dietlein, Deutsche Fibel | 350 |
| — — Leitfaden zur Litteraturgesch. | 388 |

| | |
|---|---|
| Dorenwell u. Hummel, Charakterbilder | 400 |
| Dorner, Grundzüge der Physik | 38 |
| Dürer, Die vier Apostel | 77 |
| Eckert, Lesefehre | 350 |
| Engelien, Gesch. der deutschen Grammatik | 301 |
| Erzählungen aus der Weltgeschichte | 37 |
| Flügel, Ritschls Philosoph. Ansichten | 32 |
| Frädrich und Zauleb, Katechumenen-Unterricht | 338 |
| Frage, die sociale | 341 |
| Frey, Unserer Töchter Schaffen und Wirken | 78 |
| Frid u. Polad, Aus deutschen Lesebüchern | 385 |
| Fride, Katechismus-Unterricht | 334 |
| Gärtner, Handbuch der bibl. Geschichte | 325 |
| Glod, Pädagogik Luthers | 79 |
| Günther, Rhetorik und Poetik | 389 |
| Häuselmann, Anleitung z. Studium der Künste | 196. 237 |
| — — Moderne Zeichenschule | 239. 270. 321 |
| Harttmanns Leichenpredigten | 269 |
| Haushofer, Der kl. Staatsbürger | 390 |
| Hemmersbach, Bilder a. d. Geschichte der Frauen | 357 |
| Heyne, Deutsche Sprachlehre | 800 |
| Hildebrandt, Auslegung der Episteln | 266 |
| Hoffmeyer und Hering, Erzählungen aus der Weltgeschichte | 354 |
| Hoos, Handbuch des Stilist. Unterrichts | 392 |
| Hopstein, Handarbeits-Unterricht | 385 |
| Hupfer, Übungsplan | 352 |
| Jensen, Religionslehre | 340 |
| Jugendschatz, deutscher. Bd. 8. 11 | 78 |
| Junge, Geschichts-Repetitionen | 354 |
| Jütting, Der Unterricht im Deutschen | 321 |
| — — Die deutsche Sprache | 301 |
| — — Fibel | 391 |
| Kaulbach, Evang. Kirche | 337 |
| Kern, Grundriß der Satzlehre | 300 |
| Knauth, Johannes Bugenhagen | 358 |
| Knote, Katechismus-Unterricht | 336 |
| Köbrich, Christenlehre | 395 |
| Konfession, Augsburgische | 397 |
| Krasta, Unterricht in der Geschichte | 358 |
| Krause u. Wöllmann, Geschichtsbilder | 348 |
| Kröger, Elemente der Poetik | 390 |
| Krüger, Lebensbilder aus d. Geschichte | 35 |
| Kupfermann, Turnunterricht | 352 |
| Kuznol, Vaterlandskunde | 38 |
| Langheim, Vaterlandskunde | 71 |
| Leimbach, Hülfsbuch f. d. Religions-Unterricht | 395 |
| — — Leitfaden für Relig.-Unterricht | 339 |
| Leitfaden für den Unterricht in weibl. Handarbeiten | 385 |
| Leitfaden für Religions-Unterricht | 340 |
| Liese, Bausteine | 36 |
| Loehrke, Zwölf Psalmen | 267 |
| Luger, Christus unser Leben | 269 |
| Maaß, Katechismus Luthers | 329 |
| Moritz, Begebenheiten a. d. Kirchengeschichte | 35 |
| Mosche, Weibliche Handarbeiten | 385 |
| Nissen, Unterrichtliche Behandlung v. 50 geistlichen Liedern | 268 |
| Ohorn, Grundzüge der Poetik | 390 |
| Petong, Übersichtskarte des Alpengebietes | 392 |
| Polad, Geschichtsbilder | 39 |
| Preger, Psalmbüchlein | 268 |
| Reinede, Brief an die Römer | 393 |
| — — Behandlung der bibl. Geschichte | 394 |
| — — L. Brief Pauli an d. Korinther | 205 |
| Repetitorium z. Luthers Leben | 477 |
| Richter, Gebrauch des Lesebuchs | 387 |
| — — Hauptbaten der Weltgeschichte | 472 |
| Ritter, Turnunterricht | 351 |
| Rotted, Katechetische Unterredungen | 207 |
| Schäfer, Erklärung d. bibl. Geschichten | 262 |
| Schallenfeld, Handarbeitsunterricht | 384 |
| — — in Schulen | 384 |
| Schmidt, Lehrbuch der Technologie | 393 |
| — — Relig.-Unterricht | 340 |
| Schurig, Grundriß der Geschichte | 354 |
| Schulgeographie, kleine | 440 |
| Schulze, Bausteine | 341 |
| Schumann, Leitf. d. preuß. Geschichte | 475 |
| — — Katechismus-Unterricht | 337 |
| — — und Heine, Leitfaden | 347 |
| Schürmann, Praktische Geometrie | 473 |
| — — und Walde, Übungsstoff | 352 |
| Schwarzkopff, Freiheit des Willens | 21 |
| Sommer, Leitf. d. Weltgeschichte | 478 |
| Sei getreu. Ein Wort a. b. Lebensweg | 269 |
| Stade, Hülfsbuch für die erste Unterrichtsstufe | 353 |
| Stark, Naturgeschichte | 40 |
| Staude, Präparationen | 263 |
| Sterzenbach, Kaiser Wilhelm | 359 |
| Stobbe, Handarbeits-Unterricht | 392 |
| — — Regelverzeichnis | 392 |
| Strümpell, Grundriß der Psychologie | 117 |
| Thilo, Geschichte der Philosophie | 157 |
| Tischhauser, Pädagogische Winke | 397 |
| Volksschulwesen, das, in Sachsen | 75 |
| Wegener, Deutsche Musterstücke | 387 |
| Weichsel, Turnunterricht | 351 |
| Weiß, Aus d. Leben der Frau Kronprinzeß | 355 |
| Weitbrecht, Harttmanns Leichenpred. | 269 |
| Weitzel, Maschinentechniker | 72 |
| Wernede, Schreiblesefibel | 340 |
| Werner, Praktische Anleitung | 387 |
| Wichmann und Zipler, Aufsätze | 388 |
| Witt, Biblische Geschichten | 261 |
| Wohlrabe, Meier Helmbrecht | 77 |
| — — Präparationen | 345 |
| Wolter, Aussprüche bew. Pädagogen | 195 |

www.ingramcontent.com/pod-product-compliance
Lightning Source LLC
Chambersburg PA
CBHW051239300426
44114CB00011B/810